MW01046738

Economía Contemporánea

LAS INSTITUCIONES ECONÓMICAS DEL CAPITALISMO

Traducción de
EDUARDO L. SUÁREZ

OLIVER E. WILLIAMSON

LAS INSTITUCIONES ECONÓMICAS DEL CAPITALISMO

FONDO DE CULTURA ECONÓMICA

Primera edición en inglés, 1985
Primera edición en español, 1989
Primera reimpresión, 2009

Williamson, Oliver E.
Las instituciones económicas del capitalismo / Oliver E. Williamson ; trad. de Eduardo L. Suárez. — México : FCE, 1989.
435 p. ; 23 × 16 cm — (Colec. Economía)
Título original The Economic Institutions of Capitalism
ISBN 978-968-16-3132-1

1. Empresas — E.U.A. 2. Capitalismo 3. Economía I. L. Suárez, Eduardo, tr. II. Ser. III. t.

LC HC501 Dewey 338.7 W73li

Distribución mundial

Carretera Picacho-Ajusco 227; 14738 México, D. F.
Empresa certificada ISO 9001: 2000

Comentarios: editorial@fondodeculturaeconomica.com
www.fondodeculturaeconomica.com
Tel. (55)5227-4672 Fax (55)5227-4694

ISBN 978-968-16-3132-1

Impreso en México • *Printed in Mexico*

A mis maestros:

KENNETH J. ARROW

ALFRED D. CHANDLER, JR.

RONALD H. COASE

HERBERT A. SIMON

A mis maestros

Kenneth J. Arrow

Alfred D. Chandler, Jr.

Ronald H. Coase

Herbert A. Simon

PREFACIO

Lo que llamaremos aquí "economía del costo de transacción" forma parte del resurgimiento del interés en la nueva economía institucional. La economía del costo de transacción debe su origen a ciertos avances notables —en los campos del derecho, la economía y la organización— realizados en los años treinta. Como ocurre con muchas ideas buenas, la operatividad no llegó en forma rápida o fácil. Sin embargo, a pesar del gran escepticismo existente acerca de su reputación tautológica, las explicaciones del costo de transacción seguían reapareciendo. La supervivencia de esta línea de análisis se aseguró por la observación realizada en los años sesenta de que las "fallas del mercado" tenían su origen en el costo de transacción. A medida que se repetían los modelos y que se reconocían los aspectos comunes, la operatividad empezó a configurarse gradualmente. En el último decenio se han observado esfuerzos sucesivos para inyectar un contenido operativo mayor a la economía del costo de transacción.

En realidad, este sistema es todavía primitivo y necesita cierto refinamiento. Sin embargo, se han hecho numerosas aplicaciones del razonamiento del costo de transacción. Y otras se encuentran en perspectiva. Muchas de ellas son variaciones de un tema que concuerda con la observación de Hayek de que "siempre que se ha adquirido en un campo la capacidad de reconocer una regla abstracta que sigue el arreglo de estos atributos, se aplicará el mismo molde maestro cuando los signos de estos atributos abstractos sean evocados por elementos completamente diferentes".

No se busca aquí un tratamiento del todo balanceado de la organización económica. Por el contrario, se examina la organización económica casi por entero, sin duda de manera preponderante, mediante la perspectiva de la economía del costo de transacción. Tal enfoque concentrado revela el grado extraordinario en que las consideraciones de la economía del costo de transacción determinan la organización económica. El gran conjunto de los fenómenos a los que se aplica tal razonamiento sorprende incluso a quienes, como yo, estamos ya persuadidos de que se trata de una orientación fructífera.

En realidad, los argumentos del costo de transacción con frecuencia se emplean mejor en unión de otros métodos de examen de los mismos fenómenos, en lugar de excluirlos. Por lo tanto, no propongo un enfoque estrecho de la organización económica, que no tome en cuenta otras alternativas. Un tratamiento comprensivo tomará en cuenta todos los factores relevantes. Sin embargo, es de presumirse que se otorgará un peso mayor a los enfoques que permitan la obtención de avances mayores y más sistemáticos.

Mi excusa principal por utilizar un enfoque estrecho es que la economía del costo de transacción se encuentra todavía en el inicio de su desarrollo. El alcance y la importancia potenciales del enfoque sólo podrán advertirse luego de una aplicación constante de este tipo de razonamiento. En realidad, existe la preocupación legítima de que tal análisis concentrado caiga en excesos. Sin embargo, los excesos son de ordinario evidentes, así que pido a los lectores —escépticos o no— que estén alertas para hacer concesiones y restablecer las perspectivas.

La economía del costo de transacción se asemeja a la ortodoxia en su insistencia en que la economización es fundamental para la organización económica. Sin embargo, hay algunas diferencias reales entre un costo de producción neoclásico y la orientación gobernada por el costo que se propone. Pero la economización, en cualquier forma que sea, es un propósito aceptado por la mayoría de los economistas y con el que todos pueden relacionarse.

El enfoque propuesto sostiene que cualquier cuestión que surja o que pueda reformularse como un problema de contratación podrá examinarse convenientemente en términos del costo de transacción. La literatura reciente sobre el "diseño del mecanismo" se orienta de igual modo hacia el estudio del contrato. Pero también aquí hay algunas diferencias reales. La literatura del diseño del mecanismo se concentra en el lado *ex ante* (o de alineamiento del incentivo) del contrato y supone que las disputas se refieren rutinariamente a los tribunales, los que imparten justicia de manera eficaz (en realidad, sin costo). En cambio, la economía del costo de transacción sostiene que *la gobernación de las relaciones contractuales se efectúa primordialmente a través de las instituciones del orden privado y no del centralismo legal.* Aunque se reconoce la importancia del alineamiento de los incentivos *ex ante*, la atención primordial se concentra en las instituciones del contrato *ex post*.

Los supuestos conductistas que invoco en apoyo de este enfoque al estudio del contrato son la racionalidad limitada y el oportunismo. Ambos supuestos pretenden ser concesiones a "la naturaleza humana tal como la conocemos". No hay duda de que la concepción de la naturaleza humana resultante es rígida y algo afectada. Quienes destacan otros aspectos más afirmativos de la condición humana y desean incluir características de la organización económica que van más allá de la economización rechazarán naturalmente tal elección de supuestos conductistas.

Esos dos supuestos conductistas apoyan la siguiente presentación compacta del problema de la organización económica: crear estructuras de contratación y gobernación que tengan el propósito y el efecto de economizar la racionalidad limitada, al mismo tiempo que defienden a las transacciones de los peligros del oportunismo. De aquí deriva inevitablemente una orientación relativamente calculadora hacia la organización económica, una de cuyas preocupaciones constantes es la posibilidad de que el espíritu calculador se lleve a extremos antifuncionales. Con esas reservas, postulo que todo estudio de la organización que trate de examinar las realidades económicas deberá manejar este par de supuestos conductistas.

Tengo el gran privilegio de dedicar este libro a mis maestros, Kenneth Arrow, Alfred Chandler Jr., Ronald Coase y Herbert Simon. Tuve el placer de aprender de Arrow y Simon en el salón de clases. Chandler y Coase me han enseñado principalmente a través de sus publicaciones. Cada uno de estos maestros ha ejercido un efecto profundo sobre mi entendimiento de la organización económica. Este libro sería muy diferente si se eliminara la influencia de cualquiera de ellos. Sin embargo, es claro que ninguno de ellos es individual o colectivamente responsable del resultado.

Me han beneficiado grandemente los consejos de los académicos que han leído diversas partes del manuscrito, a veces en forma de artículos anteriores que pasaron a formar parte del libro. Entre quienes leyeron el libro en su forma casi acabada y me aconsejaron al respecto se encuentran William Allen, Masahiko Aoki, Erin Anderson, Banri Asanuma, Kenneth Arrow, William Baxter, Yoram Ben-Porath, Dennis Carlton, Frank Easterbrook, Donald Elliott, Victor Goldberg, Neal Gross, Sanford Grossman, Bengt Holmstrom, Alvin Klevorick, Benjamin Klein, Reinier Kraakman, David Kreps, Arthur Leff, Richard Levin, Paul MacAvoy, Scott Masten, Eitan Muller, Douglass North, William Ouchi, Thomas Palay, Robert Pollak, Michael Riordan, Mario Rizzo, David Sappington, Joseph Sax, Herbert Simon, Chester Spatt, Richard Stewart, David Teece, Lester Telser, Peter Temin, Gordon Winston y Sidney Winter. También me han beneficiado las reacciones y los consejos de los estudiantes durante el último decenio, en particular de los que participaron en un curso sobre la economía de la organización que impartí en la primavera de 1984.

Aunque sólo lo advertí mucho tiempo después, el libro empezó a cobrar forma cuando *Markets and Hierarchies* se encontraba todavía en galeras (el capítulo XIII, la licitación de las franquicias, se encontraba en preparación en esa época). La investigación realizada en los años posteriores contó con el apoyo financiero de la Fundación Nacional de la Ciencia, una beca Guggenheim, un año en el Centro de Estudios Avanzados de las Ciencias de la Conducta, la Fundación Sloan y la Fundación Japonesa para la Investigación Económica, ayuda que aquí agradezco.

Muchos de los capítulos se basan en investigaciones previamente publicadas. Se incluyen aquí algunos artículos y capítulos míos que aparecieron en la *Journal of Law, Economics and Organization*, vol. 1, primavera de 1985 (Yale University Press (capítulo I); en la *Journal of Institucional and Theoretical Economics*, vol. 140, marzo de 1984 (capítulos I y II); en la *Journal of Law and Economics*, vol. 22, octubre de 1979 (capítulo III); en la *American Journal of Sociology*, vol. 87, noviembre de 1981 (© 1981 por la Universidad de Chicago; todos los derechos reservados; The University of Chicago, editor), y en la *University of Pennsylvania Law Review*, vol. 127, abril de 1979 (capítulo IV); en *Entrepreneurship* (1983), compilado por Joshua Ronen y publicado por Lexington Books (capítulo V); en *Weltwirtschaftliches Archiv*, diciembre de 1984 (capítulo VI); en la *American Economic Review*, vol. 73, septiembre de 1983 (capítulos VII y VIII); en la *Journal of Economic Behavior and Organization*, vol. 1, marzo de 1980 (capítulo IX); en *Firms, Organization and Labor* (1984), Frank Stephen, compilador (capítulo X); en la *Journal of Economic Literature*, vol. 19, diciembre de 1981 (capítulo XI); en la *Yale Law Journal*, vol. 88, junio de 1984, pp. 1183-1200 (reproducido con permiso de The Yale Law Journal Company y de Fred B. Rothman and Company) (capítulo XII); en la *Bell Journal of Economics*, vol.VII, primavera de 1976 (capítulo XIII); y en *Industrial Organization, Antitrust and Public Policy* (1982), John Craven, compilador (capítulo XIV). Agradezco el permiso que me dieron los editores para modificar estos materiales e integrarlos a este libro.

La empresa contó con el apoyo entusiasta de Ann Facciolo y Shelby Sola, quienes produjeron la versión inicial y la final del manuscrito, respectivamente. Expreso mi agradecimiento a ambos.

No puedo describir la participación de Dolores y de nuestros hijos en la aventura conjunta que ha producido este libro. Aunque todos saben que estoy profundamente agradecido, vale la pena repetirlo.

OLIVER E. WILLIAMSON

PRÓLOGO

El entendimiento de las instituciones económicas del capitalismo plantea algunos desafíos profundos y permanentes al derecho, la economía y la organización. Este estudio utiliza el trabajo de estas tres disciplinas y trata de integrarlo. Lo que se menciona aquí como la economía del costo de transacción es, por concepción, una empresa interdisciplinaria.

Contra lo que sostenían algunas concepciones anteriores —donde se explican las instituciones económicas del capitalismo por referencia a los intereses clasistas, la tecnología o el poder monopólico—, el enfoque del costo de transacción sostiene que estas instituciones tienen el propósito y el efecto fundamental de economizar los costos de transacción. Han debido modificarse algunas interpretaciones legales y económicas que se sostenían confiadamente hace apenas 10 o 20 años. Algunas de ellas han resultado profundamente incorrectas.

Como lo sugiere el término, la economía del costo de transacción adopta un enfoque microanalítico para el estudio de la organización económica. Se centra la atención en las transacciones y los esfuerzos de economización que se realizan en la organización correspondiente. Ocurre una transacción cuando se transfiere un bien o servicio a través de una interfase tecnológicamente separable. Termina una etapa de la actividad y se inicia otra. Con una interfase que funcione bien, como en el caso de una máquina que funciona bien, estas transferencias ocurren suavemente. En los sistemas mecánicos, buscamos las fricciones: ¿encajan los engranes, están lubricadas las piezas, hay fugas innecesarias u otras pérdidas de energía? La contraparte económica de la fricción es el costo de transacción: ¿operan armoniosamente las partes de la transacción, o hay frecuentes malentendidos y conflictos que generan demoras, descomposturas y otras deficiencias del funcionamiento? El análisis del costo de transacción sustituye a la preocupación habitual por la tecnología y los gastos de la producción (o la distribución) del estado estable con un examen de *los costos comparativos de la planeación, la adaptación y el monitoreo de la terminación de la tarea bajo diversas estructuras de gobernación.*

En realidad, las organizaciones complejas sirven de ordinario a diversos propósitos económicos y de otra índole. Eso se aplica sin duda a las instituciones económicas del capitalismo, las que son numerosas, sutiles y están en continua evolución. El hincapié que hago en los aspectos del costo de transacción no trata de sugerir que la economización de tal costo sea el único propósito que se busca; pero su importancia ha sido descuidada y minimizada hasta ahora. Creo que se justifica un esfuerzo para modificar esta situación. Aquí aplico hasta sus últimas consecuencias la lógica de la economización del costo de transacción, a fin de profundizar nuestro entendimiento y desarrollar las singulares implicaciones refutables que resultan de este punto de vista.

Este libro se ocupa principalmente de los aspectos de la economía del costo de transacción de los que se ha ocupado mi propia investigación durante el último decenio,[1] pero el trabajo sobre esas cuestiones y otras relacionadas data de hace más de 50 años. El decenio de los años treinta es muy rico en este sentido. En los campos del derecho, la economía y el estudio de la organización se han realizado algunos descubrimientos notables sobre la naturaleza de la organización económica. Pero las contribuciones principales fueron en gran medida independientes, y no se percibieron los intereses unificados de las tres literaturas. En parte por esa razón, pero principalmente porque la economía neoclásica era un rival tan formidable, la economía del costo de transacción languideció durante los treinta años siguientes.

1. Antecedentes de los años treinta

1.1 *Economía*

Una contribución importante al estudio de la organización económica, anterior a los años treinta, fue el tratamiento clásico de Frank Knight (1965), *Risk, Uncertainty, and Profit,* de 1922. Knight anticipó claramente el consejo de Percy Bridgeman a los científicos sociales en el sentido de que "el problema principal para el entendimiento de las acciones de los hombres consiste en entender cómo piensan: cómo funciona su mente" (1955, p. 450). Knight había señalado antes la importancia del estudio de "la naturaleza humana tal como la conocemos" (1965, p. 270), y había identificado específicamente el "azar moral" como una condición endémica que debe tomar en cuenta la organización económica (1965, p. 260).[2]

Pero las agudas observaciones conductistas de Knight jamás destacaron. En cambio, la atención se centró en la distinción técnica que había introducido Knight entre el riesgo y la incertidumbre. Esto se explica en parte por el hecho de que la referencia de Knight al azar moral aparecía unida a su estudio del aseguramiento, donde este término tiene un significado técnico bien definido. Su pertinencia más general para el estudio de la organización económica pasó inadvertida. Si Knight hubiese usado un término no técnico, tal como "oportunismo", que tiene una importancia amplia y reconocible para la organización social y económica en general, quizá pudiera haberse evitado ese resultado.[3]

[1] Este libro es un descendiente lineal de *Markets and Hierarchies* (1975). Los lectores podrán consultar en el capítulo I de ese libro una exposición relacionada que trata de los antecedentes intelectuales de la economía del costo de transacción.

[2] La organización interna aparece a veces como una consecuencia de esta condición, pero no deberá considerarse como una panacea de la organización. Por ejemplo, entre los problemas internos de la corporación se encuentra "la protección [. . .] de los miembros y adherentes contra las propensiones depredadoras de los demás" (Knight, 1965, p. 254).

[3] Incluso Coase, cuyas credenciales para el estudio de la organización económica son impecables, critica erróneamente a Knight en cuanto a la eficacia de los mercados de información. Mientras que Knight reconoció implícitamente que la organización interna podría surgir a causa de los problemas relacionados con la compra y la venta de información, Coase insistió en

John R. Commons fue otro economista cuyo entendimiento profundo de la organización económica pasó inadvertido en gran medida, fuera de un reducido núcleo de institucionalistas. Commons propuso que se considerara la transacción como la unidad básica del análisis (1934, pp. 4-8). Así se sugería el estudio del intercambio a un nivel de análisis mucho más microanalítico. Commons advirtió también que la organización económica no es sólo una respuesta a las características tecnológicas —economías de escala; economías de alcance; otros aspectos físicos o técnicos—, sino que a menudo tiene el propósito de armonizar las relaciones existentes entre partes que, por lo demás, están en conflicto real o potencial (Commons, 1934, p. 6). Así pues, la propuesta de que la organización económica tiene la intención de promover la continuidad de las relaciones mediante la elaboración de estructuras de gobernación especializadas, en lugar de permitir que las relaciones se fracturen bajo el martillo de la contratación de mercado sin asistencia, era una idea que pudo haberse tomado de Commons. Pero el mensaje avanzó poco ante la opinión prevaleciente de que los tribunales constituían el foro principal para la resolución de conflictos.

El artículo clásico publicado por Ronald Coase en 1937 planteaba expresamente la cuestión de la organización económica en términos institucionales comparados. Mientras que los mercados se consideraban ordinariamente como el medio principal para la realización de la coordinación, Coase insistió en que las empresas sustituían a menudo a los mercados en el desempeño de estas mismas funciones. En lugar de considerar tecnológicamente determinadas las fronteras de las empresas, Coase propuso que las empresas y los mercados se consideraran como medios alternativos de la organización económica (1952, p. 333). Por lo tanto, el hecho de que las transacciones se organizaran dentro de una empresa (jerárquicamente) o entre empresas autónomas (a través de un mercado) era una variable de decisión. El modo adoptado dependía de los costos de transacción de cada uno.

Pero persistía un dilema fundamental. Si no se identificaban los factores responsables de las diferencias existentes en el costo de transacción, permanecerían inevitablemente oscuras las razones de la organización de algunas transacciones en una forma y la de otras transacciones en otra forma. La persistente incapacidad para volver operativos los costos de transacción era responsable de su reputación tautológica (Alchian y Demsetz, 1972, p. 783).[4] Dado que la virtual totalidad de los resultados podía explicarse mediante el razonamiento del costo de transacción, tal recurso adquirió gradualmente

que "podemos imaginar un sistema donde se cuente con todos los consejos o conocimientos necesarios" (1952, p. 346). Este enunciado olvida los graves peligros del oportunismo a los que está peculiarmente sujeto el intercambio de la información (Arrow, 1971).

[4] Steven Cheung afirma que "el argumento de Coase [...] no es tautológico si podemos identificar diferentes tipos de transacciones y establecer cómo variarán bajo diferentes circunstancias" (1983, p. 4). Esto es correcto. Pero el hecho es que Coase no prescribió tal esfuerzo analítico, y que tal necesidad pasó inadvertida hasta que la integración vertical se explicó expresamente en términos del costo de transacción (Williamson, 1971). En efecto, la operatividad plena requirió un esfuerzo adicional que todavía continúa (Williamson, 1975, 1979a, 1983; Klein, Crawford y Alchian, 1978; Klein y Leffler, 1981; Masten, 1982; Riordan y Williamson.)

"una mala fama bien merecida" (Fisher, 1977, p. 322, n. 5). Así pues, el avance en estas cuestiones requería inevitablemente la operatividad.

1.2 *El derecho*

La literatura legal que conozco se refiere principalmente al derecho de los contratos, aunque también se han hecho algunas contribuciones importantes al derecho laboral. Una aportación muy importante es el tratamiento visionario de Karl Llewellyn en su ensayo de 1931: "What Price Contract?" Llewellyn criticó la doctrina del derecho contractual prevaleciente, que hacía hincapié en las reglas legales, y sostuvo que se necesitaba prestar mayor atención a los propósitos que debían perseguirse. Por lo tanto, se requería menos atención a la forma y más a la sustancia, sobre todo porque el legalismo podía obstruir a veces la tarea.[5] Se postuló un concepto del contrato como marco. Llewellyn distinguió entre las "reglas de hierro" y las "reglas flexibles" (1931, p. 729), y sostuvo que

> [. . .] la importancia principal del contrato legal es la provisión de un marco para casi todo tipo de organización grupal y para casi todo tipo de relación pasajera o permanente entre individuos y grupos [. . .] un marco muy ajustable, un marco que casi nunca indica correctamente las relaciones reales en operación, pero que nos da una idea general alrededor de la cual varían tales relaciones, una guía ocasional en caso de duda, y una norma de apelación final cuando las relaciones cesan de operar en efecto [1931, pp. 736-737].

Tal concepto del contrato como marco concuerda en general con el análisis del proceso del tipo preferido por Commons, donde se destaca el estudio de las reglas de trabajo y la continuidad del intercambio. Se desafía aquí claramente el supuesto conveniente, tanto en derecho como en economía, de que se invocará rutinariamente la intervención de los tribunales. El limitado papel contractual que asigna Llewellyn al litigio es un precursor de la literatura más reciente sobre el "ordenamiento privado" (Galanter, 1981).

1.3 *Las organizaciones*

En los años treinta se publicó también el importante estudio de Chester Barnard titulado *The Functions of the Executive* (1938). Mientras que los teóricos de la organización se habían ocupado antes de la creación de "principios" de organización —los que a menudo eran empíricamente vacuos (March y Simon, 1958, pp. 30-31)—, Barnard se ocupaba de los procesos de la organización. En su teoría de la organización, Barnard destacaba el estudio de la organización formal, pero sin excluir la organización informal, y asig-

[5] Como dicen Lon Fuller y William Perdue: "En la evaluación de los daños, el derecho no tiende a concebirse como un ordenamiento deliberado de los asuntos humanos sino como una especie de medición jurídica" (1936, p. 52).

naba a la cooperación un lugar central. Incluía expresamente el conocimiento tácito o personal.

Así pues, aunque Barnard aprobaba el estudio extenso, por parte de los científicos sociales, de "las costumbres, los hábitos, las estructuras políticas, las instituciones, las actitudes, las motivaciones, las propensiones, los instintos", lamentaba que se hubiese descuidado relativamente el estudio de la organización formal (1938, p. ix); entendía por organización formal "esa clase de cooperación entre los hombres que es consciente, deliberada, dotada de un propósito" (1938, p. 4). Barnard quería que se destacara más la racionalidad intencionada, tomando en cuenta los límites impuestos por los factores físicos, biológicos y sociales (1938, pp. 12-45). Se anticipaba así lo que Herbert Simon llamaría más tarde la "racionalidad limitada" (1957).

La adaptación efectiva distinguía los sistemas cooperativos eficaces de los ineficaces:

> La supervivencia de una organización depende del mantenimiento de un equilibrio de carácter complejo en un ambiente continuamente fluctuante de materiales, fuerzas y elementos físicos, biológicos y sociales, lo que requiere el ajuste de los procesos internos de la organización. Nos ocuparemos de la naturaleza de las condiciones externas ante las que deberá hacerse el ajuste, pero el centro de nuestro interés es el proceso mediante el cual se realiza [Barnard, 1938, p. 6].

La cooperación se determina conjuntamente por los factores sociales y los alineamientos de los incentivos: dado que los "beneficios sociales [de la cooperación] son limitados [...], la eficiencia depende en parte del proceso distributivo del sistema cooperativo" (1938, p. 58). Además, el estudio de la organización formal debe tomar en cuenta el papel de la organización informal: "las organizaciones formales se ven fortificadas y condicionadas por la organización informal [...]; no puede existir la una sin la otra" (Barnard, 1938, p. 120). La organización informal facilita las comunicaciones, promueve la cohesión, y sirve para proteger la integridad personal y el autorrespeto del individuo frente a los efectos desintegradores de la organización formal (1938, p. 122).

Por último, en un pasaje muy visionario, Barnard menciona explícitamente lo que Michael Polanyi (1962) desarrollara más tarde en el contexto del conocimiento personal. Dice Barnard:

> En el sentido común, cotidiano, práctico, que se necesita para la práctica de las artes, hay muchas cosas que no pueden enunciarse verbalmente: es una cuestión de saber. Podríamos llamarlo conocimiento conductista. Es algo necesario para hacer ciertas cosas en situaciones concretas. En ninguna parte es más indispensable que en las artes ejecutivas [1938, p. 291].

Así pues, la notable descripción hecha por Barnard de la organización interna afirma o desarrolla lo siguiente: 1) es importante la forma de la organización, es decir, la organización formal; 2) la organización informal tiene propósitos instrumentales y humanizantes; 3) se reconocen los límites de la racionalidad; 4) la toma de decisiones adaptable, secuencial, es vital para la eficacia de la organización, y 5) el conocimiento tácito es importante. Aunque hay algunas deficiencias en la comparación institucional —por ejemplo, no se intentó ninguna comparación de empresas o mercados—, se consideró claramente un concepto de la empresa como una estructura de gobernación.

Se habían postulado así las proposiciones siguientes, las que en principio podrían haberse reunido en un estudio concertado de la organización económica existente en 1940: 1) el oportunismo es una condición sutil y generalizada de la naturaleza humana de la que debe ocuparse activamente el estudio de la organización económica (Knight); 2) la transacción es la unidad básica del análisis de la organización (Commons); 3) un propósito fundamental de la organización económica es la armonización de las relaciones de intercambio (Commons, Barnard); 4) el estudio del contrato, en un sentido amplio, es la contraparte legal del estudio de la organización económica, del que puede beneficiarse y al que puede brindar información (Llewellyn), y 5) el estudio de la organización interna y el de la organización del mercado no se separan, sino que se unen útilmente dentro de un marco común de economización del costo de transacción (Coase).

2. Los siguientes 30 años

Éstos fueron inicios prometedores. Se habían echado cimientos sólidos para nuevos avances. Pero no floreció el análisis institucional comparado de la organización económica. La atención se concentró en otra parte.

La orientación prevaleciente hacia la organización económica en el intervalo de 30 años que va de 1940 a 1970 se centró en los aspectos tecnológicos de la organización de la empresa y del mercado como determinantes. La asignación de la actividad económica entre empresas y mercados se tomó como un fundamento; las empresas se caracterizaron como funciones de producción; los mercados servían como instrumentos señaladores; la contratación se realizaba mediante un subastador; y se descartaban las disputas en vista de la supuesta eficacia de la adjudición judicial. En este marco ortodoxo, no es posible que la diversidad de la organización sirva a los propósitos sutiles de la economización; de hecho, tal posibilidad queda fuera del alcance de tal marco. En consecuencia, la actitud de la política pública prevaleciente hacia las prácticas comerciales poco familiares o poco convencionales fue una actitud de profunda sospecha y aun hostilidad durante ese intervalo.

En su ensayo de 1972 sobre el estado de la organización industrial, lamentaba Ronald Coase ese estado de cosas. Su ensayo de 1937, donde se destacaban los costos de transacción más que los costos de producción, era muy citado pero poco usado (Coase, 1972, p. 63). Sin embargo, estaba surgiendo el descontento por el uso exclusivo de la teoría neoclásica de los precios. Apenas dos años después, Vernon Smith declaraba audazmente que la ortodoxia estaba muerta y pronosticó que surgiría una nueva microteoría que "se ocupará de los fundamentos económicos de la organización y la institución, y esto nos obligará a tener una economía de la información y un tratamiento más refinado de la tecnología de la transacción" (1974, p. 321).[6]

En efecto, a pesar de la tradición principal, no todos trabajaban en el marco de la microteoría recibida en el intervalo de 1940 a 1970. Por el contrario, continuaban apareciendo en los campos del derecho, la economía y la organización, algunos disentimientos importantes, cuyo beneficiario especial ha sido la economía del costo de transacción.

2.1 *La economía*

Friedrich Hayek se resistió a la tradición principal insistiendo en que "el problema económico de la sociedad es principalmente un problema de rápida adaptación a los cambios ocurridos en las circunstancias particulares de tiempo y lugar" (1945, p. 524). Resulta por demás fácil, observaba Hayek, "que un administrador ineficiente disipe los diferenciales en los que descansa la rentabilidad, y que con los mismos medios técnicos se produzca una gran diversidad de costos, son algunos de los lugares comunes de la experiencia empresarial que no parecen ser igualmente familiares en el estudio del economista" (Hayek, 1945, p. 523).

Hayek aconsejaba además que el estudio de los sistemas adaptables no se facilitaría concentrándose en los agregados estadísticos sino reconociendo la importancia del conocimiento idiosincrásico, el que por su propia naturaleza no puede resumirse con medidas estadísticas y sin embargo posee gran valor económico, ya que tal conocimiento sirve de base a la acción local de adaptación (Hayek, 1945, pp. 523-524). Si una gran complejidad es inherente a la naturaleza de las cosas económicas, esto debiera reconocerse en lugar de suprimirse (Hayek, 1967, cap. II). Así pues, un enfoque de equilibrio a la economía es sólo preliminar para el estudio de las cuestiones principales (Hayek, 1945, p. 530).

La literatura de la posguerra sobre las fallas del mercado señaló también a los economistas la importancia de la información, su distribución entre los agentes económicos y las dificultades de su transmisión y su revelación correcta.[7] Especialmente digno de mención fue el tratamiento de los costos sociales hecho por Coase (1960). No sólo se imputaban las fallas del mercado al costo de transacción, sino que se planteaban los problemas de la organiza-

[6] De hecho, ya se empezaban a sembrar las semillas de una investigación sobre lineamientos. Véase el apartado 2.2 del capítulo II.

[7] Son también dignas de mención las importantes aportaciones de Armen Alchian a la economía de los derechos de propiedad. El análisis de la propiedad nominal conduce a un examen de quienes controlan efectivamente los recursos. En esta forma se revisa la preocupación de Berle y Means por la separación existente entre la propiedad y el control (Alchian, 1965). También conviene recordar aquí los esfuerzos que se hacen para frenar la discreción de los administradores, ya sea mediante la activación del mercado para el control corporativo (Manne, 1965), la reorganización interna de las empresas para lograr una mejor asignación de los recursos (Alchian, 1969), o por otros medios. El estudio de las empresas no lucrativas y socialistas se incluye convenientemente dentro de la perspectiva de los derechos de propiedad (Furubotn y Pejovich, 1974). La obra de Steven Cheung sobre los derechos de propiedad (1969, 1983) ilustra la continua vitalidad de esta tradición. Véase también a Louis DeAlessi (1983).

ción económica enteramente en términos de comparación institucional. El desarrollo y el refinamiento progresivos de esta literatura culminaron con la observación de Kenneth Arrow de que "la falla del mercado no es absoluta; es preferible considerar una categoría más amplia, la de los costos de transacción, que en general impiden, y en casos particulares obstruyen, la formación de mercados" (1969, p. 48), donde Arrow entiende por costos de transacción los "costos de la administración del sistema económico" (1969, p. 48).

Esa orientación microanalítica se refleja en una serie de contribuciones importantes hechas por Arrow para el estudio de la organización económica. Como Hayek, Arrow destaca que las necesidades de la economía del equilibrio difieren de las necesidades de la economía del desequilibrio: "La teoría económica tradicional destaca la suficiencia del sistema de precios como una fuente de información, y esto es correcto en el equilibrio [pero] en las condiciones del desequilibrio se paga un precio por la adquisición de información de fuentes distintas acerca de los precios y las cantidades" a las que tiene acceso directo la empresa (Arrow, 1959, p. 47). Más tarde describió Arrow las empresas y los mercados como instrumentos alternativos para la organización de la actividad económica en el discurso presidencial que pronunciara en 1963 ante el Instituto de Ciencias de la Administración. Señaló Arrow, a ese respecto, que los límites de una organización se definen comúnmente por la línea a través de la cual sólo ocurren transacciones mediadas por los precios, pero observó que el contenido económico de las transacciones realizadas dentro de la organización es a menudo similar al contenido económico de las transacciones mediadas por los precios (1971, p. 232). Por lo tanto, se justifica un marco común, aplicable a ambos casos. Además, Arrow reconoció que la estructura jerárquica de la organización interna es una variable de decisión (1971, pp. 226-227). Presumiblemente, una evaluación de la eficacia de la organización interna debería tomar esto en cuenta. El tratamiento de la economía de la información en manos de Arrow reveló que la "paradoja fundamental" de la información es imputable al oportunismo: "su valor para el comprador sólo se conoce cuando él tiene la información, pero entonces la habrá adquirido gratuitamente en efecto" (Arrow, 1971, p. 152).[8] Por último, Arrow insistió en que el problema de la organización económica se ubica en un contexto más amplio, donde se considera expresamente la integridad de las partes contratantes (1974). Así, la eficacia de los modos de contratación alternativos variará entre las culturas a causa de las diferencias de la confianza (Arrow, 1969, p. 62).

2.2 *El derecho y la evolución del ordenamiento privado*

Entre los avances notables del derecho se encuentran las evaluaciones de los atributos especiales de los contratos colectivos hechas por Harry Shulman,

[8] Si no existiese el oportunismo, el comprador podría confiar en que el vendedor le cobrara sólo el valor verdadero antes de conocer el producto, o el vendedor podría confiar en que el comprador le pagaría el valor pleno después de conocer el producto. Si ninguna de las partes cree en la otra, surgen las dificultades del intercambio a las que se refiere Arrow.

Archibald Cox y Clyde Summers. Para decidir sobre la implantación de la Ley Wagner, había necesidad de evaluar los méritos relativos del ordenamiento privado en relación con el ordenamiento judicial. Shulman aconsejaba que esta ley se interpretara como un "mero marco legal", dentro del cual operara el ordenamiento privado entre el empresario y los trabajadores (1955, p. 1000). Así se favorecía al procedimiento de quejas y arbitrajes sobre la resolución judicial de las disputas, en vista de los efectos corrosivos alentados por los procedimientos adversos sobre la continuación de las relaciones (Shulman, 1955, p. 1024). También sostuvo Cox que el acuerdo de negociación colectiva debía entenderse como un medio de gobernación, en el espíritu de Commons, además de ser un medio de intercambio: "El acuerdo colectivo gobierna las relaciones complejas, múltiples, que existen entre gran número de personas en una empresa activa, durante grandes periodos de tiempo" (1958, p. 22). Se toman en cuenta las contingencias imprevisibles redactando el contrato en términos generales, flexibles, y proveyendo a las partes un sistema de arbitraje especial. "Simplemente, no podemos expresar todos los detalles de la vida en un establecimiento industrial, ni siquiera de la porción que, tanto el empresario como el trabajador, reconocen que es objeto de interés mutuo" (Cox, 1958, p. 23).

La distinción entre lo técnico y lo deliberado, hecha anteriormente por Llewellyn, fue refinada por Summers, quien distinguió entre "el derecho de letra negra" por una parte y un enfoque más circunstancial del derecho por la otra. "El epítome de la abstracción es la declaración, que ilustra sus reglas de letra negra con transacciones suspendidas en el aire, creando la ilusión de que las reglas del contrato pueden enunciarse sin referencia a las circunstancias cercanas, de modo que son generalmente aplicables a todas las transacciones contractuales" (Summers, 1969, p. 566). Tal concepción no puede proveer un "marco para la integración de las reglas y los principios aplicables a todas las transacciones contractuales" (Summers, 1969, p. 566). Para tal propósito se requiere una concepción más amplia del contrato que haga hincapié en los propósitos afirmativos del derecho y en las relaciones de gobernación eficaces. Summers conjeturó en este sentido que "los principios comunes al conjunto total de las transacciones contractuales son relativamente escasos y de tal generalidad y competitividad que no debieran enunciarse en absoluto como reglas legales" (1969, p. 527).

Los estudios empíricos de los contratos, realizados por Stewart Macaulay, constituyen también una importante contribución legal. Observó Macaulay que la ejecución del contrato es normalmente un procedimiento mucho más informal y cooperativo que lo sugerido por los enfoques legalistas de la contratación. Citaba a un empresario: "se puede arreglar cualquier disputa si se deja fuera del asunto a los abogados y los contadores. Ellos no entienden el toma y daca que se necesita en los negocios" (1963, p. 61). En términos más generales, los estudios de las prácticas contractuales realizados por Macaulay apoyan la idea de que las disputas y las ambigüedades contractuales se arreglan más a menudo por el ordenamiento privado que por la apelación a los tribunales, lo que contrasta marcadamente con las presunciones neoclásicas del derecho y la economía. Los costos de transacción y el análisis institucional comparado figuraban prominentemente en la notable obra de Guido Calabresi (1970) sobre los daños y perjuicios.

2.3 *La organización*

Entre las aportaciones importantes a la teoría de la organización se encuentra la explicación seminal de la tesis de Barnard hecha por Herbert Simon en *Administrative Behavior* (1947); el notable libro de Alfred Chandler, *Strategy and Structure* (1962); y el tratamiento de Michael Polanyi en *Personal Knowledge* (1962). Simon lleva adelante el análisis de la racionalidad de Barnard y desarrolla en el proceso un vocabulario más preciso. Imputa Simon el problema central de la organización a la reunión de propósitos racionales con los límites cognoscitivos de los actores humanos: "Es precisamente en el terreno donde el comportamiento humano es *intencionalmente* racional, pero sólo *limitadamente*, que hay lugar para una teoría genuina de la organización y la administración" (1952, p. xxiv). La racionalidad intencional es responsable de la determinación observada en los agentes económicos y las organizaciones económicas. Sólo en un contexto de racionalidad limitada surgen interesantes elecciones económicas y de organización.

Simon se refiere reiteradamente al criterio de la eficiencia (1957, pp. 14, 39-41, 172-197), pero también previene que el diseño de la organización debe estar informado por "un conocimiento de los aspectos de las ciencias sociales que son pertinentes para los propósitos más amplios de la organización" (1952, p. 246). Entre tales aspectos se encuentran una sensibilidad para la búsqueda de metas secundarias, con las que se identifiquen los individuos, de modo que persiguen metas locales, quizá a expensas de las metas globales (Simon, 1957, p. 13), así como la "adivinanza" o los aspectos del juego en el comportamiento humano (Simon, 1957, p. 252).

El libro de Chandler de 1962 tuvo su origen en la historia empresarial, más bien que en la teoría de la organización. En muchos sentidos, su relato histórico de los orígenes, la difusión, la naturaleza y la importancia de la forma multidivisional de la organización se colocaba adelante de la teoría económica y de la organización contemporánea. Chandler estableció claramente que la forma de la organización tenía importantes consecuencias en la realización de los negocios, algo que no habían hecho antes ni la economía ni la teoría de la organización (y que ni siquiera se había intentado, en general). Tras la publicación de este libro, ya no podía sostenerse la noción errada de que la eficiencia económica es sustancialmente independiente de la organización interna.

El enfoque de Polanyi acerca del conocimiento personal reveló que ya no podía caracterizarse a la empresa exclusivamente en términos tecnológicos:

> El esfuerzo por analizar científicamente las artes industriales establecidas ha conducido en todas partes a resultados similares. De hecho, el conocimiento indefinible es todavía una parte esencial de la tecnología, incluso en las industrias modernas. Yo he observado en Hungría una nueva máquina importada para la

fabricación de bulbos de lámparas eléctricas, cuya réplica exacta estaba operando con éxito en Alemania, que durante todo un año no podía producir un solo bulbo sin fallas [Polanyi, 1962, p. 52].

En su disertación sobre la artesanía continuó Polanyi este examen. Observó que "un arte que ha caído en desuso durante una generación se perderá por completo. [...] Resulta patético observar los esfuerzos incesantes —equipados con microscopio y química, con matemáticas y electrónica— que se han hecho para reproducir un solo violín de la clase que el semianalfabeto Stradivarius fabricaba rutinariamente hace más de 200 años" (Polanyi, 1962, p. 53). El conocimiento idiosincrásico es también importante en lo tocante al lenguaje:

El conocimiento de un idioma es un arte, realizado por juicios tácitos y la práctica de habilidades inespecificables [...] La comunicación hablada es la aplicación eficaz que hacen dos personas del conocimiento y la habilidad lingüísticos adquiridos mediante tal aprendizaje, en la que una persona desea transmitir y la otra recibir la información. Confiando en lo que cada uno ha aprendido, el que habla pronuncia tranquilamente las palabras y el que escucha las interpreta de igual modo, mientras que confían recíprocamente en el uso y el entendimiento de estas palabras por parte del otro. Se realizará una comunicación verdadera sólo si en efecto se justifican estos supuestos combinados de autoridad y confianza [1962, p. 206].

Sin embargo, seguía siendo elusiva una teoría coherente de la organización económica que tratara de reunir estas diversas corrientes. Estos tratamientos heterodoxos dejaron en general incólumes a las teorías económicas neoclásicas de la organización de la empresa y del mercado y a la tradición neoclásica de la contratación legal. Mientras tanto, la teoría de la organización se desviaba del desarrollo del enfoque de la racionalidad hacia los enfoques del estudio de la organización basados en la ausencia de racionalidad y en el poder (Williamson, 1981b, pp. 571-573). El resultado fue una confirmación total de la sombría evaluación de Coase acerca del estado del análisis institucional comparado en 1972.

3. Una visión panorámica

El libro establece con éxito los rudimentos de la economía del costo de transacción; aplica los argumentos básicos a una serie de instituciones económicas acerca de las cuales ha habido un desacuerdo o un desconcierto generalizados, y desarrolla las ramificaciones de la política pública.

El capítulo I presenta una visión panorámica del enfoque de la economía del costo de transacción al estudio de la organización económica. En el capítulo II se estudian las hipótesis conductistas en las que descansa la economía del costo de transacción y las dimensiones fundamentales para distinguir entre las transacciones. Se describen algunos enfoques alternativos al mundo del contrato. Se examina lo que llamo la "transformación fundamental" —por la que una condición de grandes números al principio (competencia *ex ante*) se transforma en una condición de pequeños números durante la ejecución del contrato y en los intervalos de renovación del contrato (competencia *ex post*)— y su importancia generalizada para el estudio de la organización económica.

En lugar de caracterizar a la empresa como una función de producción, la economía del costo de transacción sostiene que la empresa es (por lo menos para muchos propósitos) más bien una estructura para ejercitar el poder. En el capítulo III se considera un enfoque institucional comparado del ejercicio de poder de las relaciones contractuales.

Los capítulos IV y V se ocupan de la integración vertical. El capítulo IV se refiere a la teoría y la política económica. El capítulo V examina las pruebas. La integración vertical no es sólo una condición importante por derecho propio, sino también porque el tratamiento del costo de transacción de la decisión de integración es paradigmático. Fenómenos aparentemente no relacionados, tales como la relación del empleo, ciertos aspectos de la regulación, algunas prácticas de contratación no convencionales, la gobernación corporativa, e incluso la organización familiar, son variaciones del mismo tema.

El capítulo VI trata de llenar una brecha importante en la literatura existente sobre la organización económica. Examina los incentivos y los límites burocráticos de la organización interna en el contexto del dilema siguiente: ¿por qué no puede hacer una empresa grande todo y aún más de lo que puede hacer un conjunto de empresas pequeñas?

Los capítulos VII y VIII se ocupan de los usos de la contratación no convencional para la creación de compromisos creíbles. Esta contratación —restricciones de clientes y territorios, las ataduras, la venta en bloque y otras limitaciones relacionadas— ha provocado gran consternación en la política pública. Esto se deduce de la concepción neoclásica de que las transacciones se asignan correctamente a las empresas o los mercados de acuerdo con algún orden natural (principalmente tecnológico). Por lo tanto, se presume que los esfuerzos que se hacen para modificar este orden natural tienen un propósito y un efecto anticompetitivos. El enfoque del costo de transacción revela que esta formulación es simplista: muchas prácticas de contratación no convencionales o poco familiares sirven a legítimos propósitos de economización en el costo de transacción. Las partes tratan a menudo de elaborar salvaguardias contractuales que promuevan un intercambio más eficiente. En esta forma surgen los equivalentes comerciales de los rehenes.

El capítulo IX se ocupa de la organización del trabajo. Este capítulo responde en parte a la reciente literatura de la economía radical, la que sostiene que la jerarquía carece de propósitos económicos redentores pues opera enteramente al servicio del poder (Marglin, 1974, 1984; Stone, 1974). Este argumento triunfa principalmente por abandono: en la medida en que la economía neoclásica se preocupa por las funciones de producción y calla en lo tocante a la jerarquía, la existencia —de hecho la ubicuidad— de la jerarquía se explica presumiblemente por otros factores, entre los que destaca el poder. Cuando se examina la economía de la organización en términos del costo de transacción se observa que la jerarquía tiene propósitos de eficiencia y además se pueden formular diversos enunciados proféticos acerca de la organización del trabajo.

El capítulo X aborda la organización eficiente del trabajo. Al contrario de lo que ocurre con el capítulo anterior, donde la naturaleza de la posición de los trabajadores era una variable, aquí se supone que prevalece una relación de autoridad entre trabajadores y administradores. Lo más interesante son los apoyos de la estructura de gobernación que se forjarán en respuesta a los atributos del trabajo de diversas clases. Se examinan aquí las ramificaciones del argumento en favor de la organización sindical.

La corporación moderna es el tema del capítulo XI. Se traza la transformación de la corporación, de su forma tradicional (unitaria) a su forma moderna (multidivisional), y se evalúa su importancia. Se demuestra que los desarrollos subsecuentes —el conglomerado y la corporación multinacional— son extensiones de la estructura multidivisional básica, con el objeto de manejar diversas líneas de productos en primera instancia y de facilitar la transferencia tecnológica en segundo lugar.

En el capítulo XII se consideran algunos aspectos de la gobernación corporativa. Sostengo que la junta de directores es una respuesta correcta de la estructura de gobernación a quienes tienen inversiones difusas o por otra razón carentes de protección en la corporación. Así considerada, es principalmente un instrumento de los accionistas.

En el capítulo XIII se examina la regulación. Se objeta la proposición de que puede usarse la licitación de franquicias para sustituir la regulación de la tasa de rendimiento en las industrias de monopolio natural. La evaluación de esta cuestión en términos del costo de transacción revela que el argumento se justifica en algunas circunstancias, pero no en todas. Por lo tanto, se propone un enfoque analítico para el uso de la licitación de franquicias. En un apéndice se examina un caso particular que ilustra los problemas contractuales de la licitación de franquicias.

En el capítulo XIV se resumen las ramificaciones antimonopólicas de la economía del costo de transacción. Se examinan los problemas del costo de transacción que surgen en el contexto de la contratación, la fusión y el comportamiento estratégico. Se cuestiona la preocupación anterior por el monopolio, con exclusión virtual de la economización en formas no tecnológicas. Se indican las circunstancias en que surge la monopolización antisocial problemática.

Las conclusiones se exponen en el capítulo XV. Se resumen allí las hipótesis conductistas, los principales argumentos en los que se basa la economía del costo de transacción, y las implicaciones principales. Se bosqueja la agenda implícita de investigación.

I. LA ECONOMÍA DEL COSTO DE TRANSACCIÓN

LAS EMPRESAS, los mercados y la contratación correlativa son instituciones económicas importantes. También son el producto evolutivo de una serie fascinante de innovaciones en la organización. Sin embargo, el estudio de las instituciones económicas del capitalismo no ha ocupado una posición importante en la agenda de investigación de las ciencias sociales.

Este descuido se explica en parte por la complejidad inherente a esas instituciones. Pero la complejidad puede servir, y a menudo lo hace, como un incentivo antes que como una disuasión. El estado primitivo de nuestro conocimiento se explica por lo menos igualmente por una renuencia a admitir que los detalles de la organización son importantes. La concepción generalizada de la corporación moderna como una "caja negra" es el epítome de la tradición de investigación no institucional (o premicroanalítica).

Pero no basta el mero reconocimiento de que son importantes los detalles microanalíticos de la organización. Deben identificarse los principales aspectos estructurales de las formas de organización del mercado, las formas jerárquicas y las formas de cuasimercado, y deben conectarse a las consecuencias económicas en forma sistemática. La falta de acuerdo (o las concepciones erradas) acerca de los propósitos principales de la organización económica ha sido también un impedimento para el avance de la investigación.

Se necesitará un capítulo sobre alguna historia todavía no escrita del pensamiento económico para aclarar estas cuestiones. Cualquiera que sea la explicación final, el hecho es que el estudio de las instituciones económicas ha presenciado un renacimiento. Por lo tanto, mientras que el estudio de la economía institucional alcanzó su punto más bajo en el inicio de la posguerra, en una visión retrospectiva podemos observar una renovación del interés por las instituciones y una reafirmación de su importancia económica desde principios de los años sesenta.[1] El contenido operativo empezó a aparecer a principios de los años setenta.[2] Una característica común de la nueva línea de investigación es que el concepto de la empresa como una función de producción se ve sustituido (o incrementado) por el concepto de la empresa como una estructura de gobernación. En 1975 había alcanzado una masa

[1] Entre las primeras contribuciones se encuentra el nuevo concepto de Ronald Coase (1960) en relación con los costos sociales, el tratamiento pionero de los derechos de propiedad hecho por Armen Alchian (1961), el trabajo de Kenneth Arrow sobre las problemáticas propiedades económicas de la información (1962, 1963), y la contribución de Alfred Chandler, Jr., a la historia empresarial (1962).

[2] Se incluyen aquí mis primeros esfuerzos para reformular el problema de la integración vertical en términos del costo de transacción (Williamson, 1971), y mis esfuerzos por generalizar tal enfoque en el contexto de los mercados y las jerarquías (Williamson, 1973); los tratamientos de Armen Alchian y Harold Demsetz, de la "empresa capitalista clásica" en términos de la organización en equipo (1972), y su trabajo relacionado sobre los derechos de propiedad (1973); la reformulación de la historia económica propuesta por Lance Davis y Douglass North (1971); el importante trabajo de Peter Doeringer y Michael Piore (1971) sobre los mercados laborales; y el provocativo estudio de la economía del desequilibrio por Janos Kornai (1971).

crítica la investigación de la nueva economía institucional.[3] El decenio siguiente ha presenciado un crecimiento exponencial.

La economía del costo de transacción forma parte de la tradición de investigación de la nueva economía institucional. Aunque la economía del costo de transacción (y en forma más generalizada, la nueva economía institucional) se aplica al estudio de la organización económica de todas clases, este libro se concentra primordialmente en las instituciones económicas del capitalismo, con referencia especial a las empresas, los mercados y la contratación correlativa. Esa concentración abarca desde el discreto intercambio de mercado en un extremo hasta la organización jerárquica centralizada en el otro, con una multitud de matices mezclados o intermedios. Resulta particularmente interesante el carácter cambiante de la organización económica a través del tiempo, dentro de los mercados y jerarquías y entre ellos.

Aunque se aceptan ampliamente las notables propiedades de los mercados neoclásicos, donde los precios son estadísticas suficientes —como dijera Friedrich Hayek, el mercado es una "maravilla" (1945, p. 525)—, difieren las opiniones con respecto a la evaluación de las transacciones organizadas dentro de los modos de organización de cuasi mercado y los que no tienen mercado. En el mejor de los casos, la organización administrativa y los apoyos de orden privado que se ocupan de estas transacciones son confusos. Algunos investigadores se niegan incluso a estudiarlos. Otros consideran las desviaciones como pruebas de una condición generalizada de la "falla del mercado". Hasta hace poco tiempo, el monopolio era la explicación económica primaria para las prácticas empresariales no convencionales o poco familiares: "Si un economista encuentra algo —una práctica empresarial de una u otra clase— que no entiende, buscará una explicación monopólica" (Coase, 1972, p. 67).[4] No es sorprendente que otros científicos sociales consideren antisociales estas mismas instituciones. Esa orientación se refleja en la aplicación de las leyes antimonopólicas desde 1945 hasta 1970.

Sin duda, a veces se justifica una evaluación social neta negativa. Sin embargo, ha venido surgiendo un entendimiento más sutil y analítico de las instituciones económicas del capitalismo. En el proceso, se han puesto de relieve, en grados diferentes, muchas prácticas desconcertantes o anómalas. Este libro postula la proposición de que el propósito principal y el efecto de las instituciones económicas del capitalismo son el de economizar los costos de transacción.

[3] Algo de esto se describe en el primer capítulo de *Markets and Hierarchies* (1975), titulado "Hacia una nueva economía institucional". La conferencia sobre "La economía de la organización interna", realizada en la Universidad de Pensilvania en 1974 (cuyos documentos se publicaron en 1975 y 1976 en la *Bell Journal of Economics*) ayudó a redefinir la agenda de la investigación. Muchos de los artículos de la *Journal of Economic Behavior and Organization*, que inició su publicación en 1980, tienen el nuevo espítitu institucionalista. Véase un comentario reciente y las aportaciones a esta literatura en el número de marzo de 1984 de la *Journal of Institutional and Theoretical Economics* y el próximo libro de lecturas compilado por Louis Putterman y Victor Goldberg.

[4] Entre las excepciones importantes a esta tradición —que permanecieron generalmente ignoradas— se encuentra el enfoque de las prácticas comerciales restrictivas de Lester Telser (1965) y el de Lee Preston (1965).

Pero el propósito principal no debe confundirse con el único propósito. Las instituciones complejas sirven de ordinario a diversos objetivos. Así ocurre en este caso. El peso desmesurado que asigno a la economización del costo de transacción es una estratagema para invertir una condición previa de descuido y subvaluación. Creo que no podrá lograrse una evaluación acertada de las instituciones económicas del capitalismo si se niega la importancia fundamental de la economización del costo de transacción.[5] Se requiere mayor respeto por los aspectos de la *organización* (por oposición a la tecnología) y por los propósitos de la *eficiencia* (por oposición al monopolio). Este tema se repite, con variaciones, a lo largo del libro.

Creo que todo el conjunto de las innovaciones de organización que caracterizan al desarrollo de las instituciones económicas del capitalismo durante los últimos 150 años amerita una revaluación en términos del costo de transacción. El enfoque propuesto adopta una orientación de contratación y sostiene que cualquier cuestión que pueda formularse como un problema de contratación puede investigarse ventajosamente en términos de la economización del costo de transacción. Todas las relaciones de intercambio se incluyen aquí. Muchas otras cuestiones que al principio parecen carecer de una faceta de contratación, después de un estudio cuidadoso resultan tener una calidad de contratación implícita. (El problema del cártel es un ejemplo.) En consecuencia, es muy grande el alcance real y potencial de la economía del costo de transacción.

Por comparación con otros enfoques del estudio de la organización económica, la economía del costo de transacción 1) es más microanalítica; 2) está más consciente de sus supuestos conductistas; 3) introduce y desarrolla la importancia económica de la especificidad de los activos; 4) recurre más al análisis institucional comparado; 5) considera a la empresa como una estructura de gobernación antes que como una función de producción, y 6) asigna un peso mayor a las instituciones contractuales *ex post*, con hincapié especial en el ordenamiento privado (por oposición al ordenamiento judicial). Al enfocar los problemas de la organización económica en esta forma, surge un gran número de inplicaciones adicionales. El estudio de las instituciones económicas del capitalismo, tal como se propone aquí, sostiene que la transacción es la unidad básica del análisis e insiste en que es determinante la forma de la organización. La tesis subyacente que informa al estudio comparado los problemas de la organización económica es ésta: se economizan los costos de transacción asignando las transacciones (cuyos atributos difieren) a estructuras de gobernación (cuyas capacidades de adaptación y cuyos costos asociados difieren) en una forma analítica.[6]

[5] Una visión imparcial de las instituciones económicas del capitalismo tendrá que aguardar una atención más concertada a la sociología de la organización económica, la que felizmente se encuentra en marcha. Véase el trabajo reciente de esta clase en Harrison White (1981), Martha Feldman y James March (1981), Arthur Stinchcombe (1983), Mark Granovetter (próxima publicación) y James Coleman (1982).

[6] De hecho, la economización del costo de transacción es fundamental para el estudio de la organización económica en términos muy generales, en economías capitalistas y no capitalistas por igual.

Dada la complejidad de los fenómenos examinados, la economía del costo de transacción debería usarse a menudo además de otros enfoques, en lugar de excluirlos. Sin embargo, no todos los enfoques son igualmente instructivos, y a veces son rivales más que complementarios.

En el apartado 1 se estudia la naturaleza de los costos de transacción. En el apartado 2 se elabora un plan cognoscitivo del contrato, donde se describen diversos enfoques de la organización económica y respecto a los cuales se ubica la economía del costo de transacción. En el apartado 3 se presenta la relación existente entre las hipótesis conductistas y otras concepciones del contrato. En el apartado 4 se desarrolla un esquema contractual rudimentario al que recurre reiteradamente el argumento del libro. En el apartado 5 se examinan algunos problemas contractuales que surgen en la organización de los pueblos de compañías. En el apartado 6 se bosquejan otras aplicaciones. Al final se anotan las conclusiones.

1. Los costos de transacción

1.1 *La ausencia de fricción*

Kenneth Arrow ha definido los costos de transacción como "los costos de la administración del sistema económico" (1969, p. 48). Tales costos deben distinguirse de los de producción, que es la categoría de costos de la que se ha ocupado el análisis neoclásico. Los costos de transacción son el equivalente económico de la fricción en los sistemas físicos. No hay necesidad de recordar aquí los numerosos éxitos logrados por la física en la determinación de los atributos de sistemas complejos gracias a la idea de la ausencia de la fricción. Tal estrategia ha ejercido una influencia obvia sobre las ciencias sociales. Como sería de esperarse, se cita la ausencia de fricción en los sistemas físicos para ilustrar el poder analítico asociado a los propuestos "poco realistas" (Friedman, 1953, pp. 16-19).

Pero mientras que los instrumentos de laboratorio y el mundo que los rodea se encargaban de recordar a los físicos que la fricción es general y que a menudo debe tomarse expresamente en cuenta, los economistas no tenían una apreciación correspondiente de los costos de la administración del sistema económico. Por ejemplo, no hay ninguna referencia a los costos de transacción, mucho menos a los costos de transacción como la contraparte económica de la fricción, en el famoso ensayo metodológico de Milton Friedman (1953), ni en otros escritos de la economía positiva de la posguerra.[7] Así pues, aunque la economía positiva admitía que las fricciones son importantes en principio, carecía de un lenguaje para describir las fricciones en el mundo real.[8]

[7] La perspectiva de la toma de decisiones en la economía que ofrece Herbert Simon se centra principalmente en aspectos individuales, antes que institucionales, de la organización económica (1959; 1962).

[8] En realidad, la literatura de las fallas del mercado se ocupaba de muchos de los problemas pertinentes. Pero raras veces planteaba los problemas en términos del costo de transacción. En

El descuido de los costos de transacción tuvo numerosas ramificaciones, una de las cuales fue la interpretación de los modos no convencionales de la organización económica. Mientras no se consideraron expresamente los costos de transacción, no se apreció mucho la posibilidad de que los modos de organización no convencionales —restricciones de clientes y territorios, ataduras, venta en bloque, franquicias, integración vertical, etc.,— operan al servicio de la economización del costo de transacción. Por el contrario, la mayoría de los economistas invocaban explicaciones monopólicas —ya fuese la palanca, la discriminación de los precios o las barreras que impiden la entrada— cuando se enfrentaban a las prácticas contractuales no convencionales (Coase, 1972, p. 67). La postura de Donald Turner es representantiva: "No enfoco restricciones de clientes y terroristas de manera hospitalaria en la tradición del derecho común, sino de manera inhóspita en la tradición antimonopólica."[9] Como veremos más adelante, la agenda de investigación y la política pública hacia las empresas se vieron masivamente influidas por esa predisposición monopólica. En esa situación estaba fundamentalmente implicada la concepción prevaleciente de la empresa como función de producción.

1.2 *Explicación*

La economía del costo de transacción plantea la cuestión de la organización económica como un problema de contratación. Debe realizarse una tarea particular, la que puede organizarse en varias formas alternativas. A cada una de ellas se asocia un mecanismo explícito o implícito de contrato y apoyo. ¿Cuáles son los costos?

Conviene distinguir los costos de transacción de tipo *ex ante* y de tipo *ex post*. Los primeros son los costos de la redacción, negociación y salvaguarda de un acuerdo. Esto puede hacerse con gran cuidado, redactando un documento complejo en el que se reconozcan numerosas contingencias, y se estipulen y convengan por adelantado las adaptaciones adecuadas para las partes. O bien el documento puede ser muy incompleto, para que las partes llenen las lagunas a medida que surjan las contingencias. Por lo tanto, en lugar de considerar por adelantado todos los cruces de puentes concebibles, que es una empresa muy ambiciosa, sólo se consideran las elecciones efectivas de cruces de puentes a medida que se desenvuelven los acontecimientos.

Las salvaguardas pueden asumir varias formas, y la más obvia es la propiedad ordinaria. Ante la perspectiva de que los negociantes autónomos experimenten dificultades de contratación, las partes pueden sustituir la organización interna por el mercado. Desde luego, esto no carece de sus

---

consecuencia, las observaciones de Arrow son visionarias: "Opino que la falla del mercado es una categoría más general que la exterioridad [. . .] [Además], la falla del mercado no es absoluta; es preferible considerar una categoría más amplia, la de los costos de transacción, que en general impide la formación de mercados y en casos particulares la obstruye por completo" (1969, p. 48).

[9] La cita se atribuye a Turner por Stanley Robinson, 1969, Simposio antimonopólico de la asociación de abogados del estado de Nueva York, p. 29.

propios problemas (véase el capítulo VI). Además, a veces pueden elaborarse salvaguardas *ex ante* entre las empresas, para señalar compromisos creíbles y restablecer la integridad de las transacciones. El estudio de la contratación "no convencional" se ocupa fundamentalmente de tales cuestiones.

La mayoría de los estudios del intercambio suponen que son adecuadas las eficaces reglas de derecho referentes a las disputas contractuales, y que los tribunales las aplican de manera informada, refinada y a bajo costo. Tales supuestos son convenientes porque los abogados y los economistas se libran así de la necesidad de examinar las diversas formas en que las partes individuales de una transacción se alejan de las estructuras de gobernación del Estado elaborando ordenamientos privados. Surge así una división del esfuerzo que lleva a los economistas a ocuparse de los beneficios económicos derivados de la especialización y el intercambio, mientras que los especialistas legales se concentran en los tecnicismos del derecho contractual.

La tradición del "centralismo legal" refleja la última orientación. Sostiene que "las disputas requieren el 'acceso' a un foro ajeno al contexto social original de la disputa [*y que*] se provean remedios como se prescribe en algún cuerpo de aprendizaje autorizado, aplicados por expertos que operen bajo los auspicios del estado" (Galanter, 1981, p. 1). Pero los hechos son distintos. La mayoría de las disputas, incluidas muchas que bajo las reglas corrientes podrían llevarse a un tribunal, se resuelven por evitación, autoayuda, etc. (Galanter, 1981, p. 2).

La falta de realismo de los supuestos del centralismo legal puede defenderse por referencia al carácter fructífero del modelo de intercambio puro. Eso no se pone en duda aquí. Lo que me preocupa es que el derecho y la economía del ordenamiento privado hayan pasado consiguientemente a segundo plano. Eso es lamentable porque "en muchos casos los participantes pueden encontrar soluciones más satisfactorias para sus disputas que los profesionales obligados a aplicar reglas generales sobre la base de un conocimiento limitado de la disputa" (Galanter, 1981, p. 4).[10]

Los temas son aquí similares a los que preocupaban a Karl Llewellyn en el estudio que hizo del contrato en 1931, pero desde entonces han sido evadidos sistemáticamente.[11] Si no existiesen las limitaciones del centralismo legal, podría olvidarse el lado *ex post* del contrato. Pero dadas las limitaciones muy reales que afectan al ordenamiento judicial, es inevitable que intervengan los costos del contrato *ex post*. La economía del costo de transacción insiste en que los costos de contratación de todas clases deben ser considerados en la misma medida.

Los costos *ex post* de la contratación asumen varias formas. Se incluyen aquí: 1) los costos de mala adaptación en que se incurre cuando las transacciones se salen del alineamiento en relación con lo que Masahiko Aoki llama

[10] Marc Galanter añade que "la variabilidad de las preferencias y las situaciones, comparada con el pequeño número de las cosas que pueden tomarse en cuenta por las reglas formales [. . .] y la pérdida de significado en la transformación de la disputa en categorías profesionales, sugiere límites a la conveniencia de conformar los resultados a reglas autorizadas" (1981, p. 4).

[11] Véase el apartado 1.2 del capítulo anterior.

la "cambiante curva contractual" (1983);[12] 2) los costos del regateo en que se incurre cuando se hacen esfuerzos bilaterales para corregir las malas alineaciones *ex post*; 3) los costos de establecimiento y administración asociados a las estructuras de gobernación (que a menudo no son los tribunales) a las que se envían las disputas, y 4) los costos del aseguramiento de los compromisos.

Por ejemplo, supongamos que el contrato estipula *x*, pero que en una visión retrospectiva (o con pleno conocimiento) advierten las partes que debieron haber estipulado *y*. Pero el cambio de *x* a *y* puede ser difícil. La forma como se dividen los beneficios asociados puede originar una negociación intensa, de interés particular. Es posible que surja un comportamiento complejo, estratégico. Es posible que ayude el envío de la disputa a otro foro, pero eso variará con las circunstancias. Se realizará una adaptación incompleta si, a resultas de los esfuerzos de ambas clases, las partes no se desplazan a *y* sino a *y'*.

Un factor que complica todo esto es la interdependencia de los costos contractuales *ex ante* y *ex post*. Dicho de otro modo, estos costos deberán considerarse en forma simultánea, no secuencial. De igual modo, los costos de ambos tipos resultan a veces difíciles de cuantificar. Pero la dificultad se mitiga por el hecho de que los costos de la transacción se evalúan siempre en una forma institucional en la que un modo de contratación se compara con otro. En consecuencia, lo que importa es la diferencia existente entre los costos de transacción, antes que su magnitud absoluta. Como ha observado Herbert Simon, la comparación de alternativas estructurales discretas puede emplear un mecanismo bastante primitivo: "tales análisis pueden realizarse a menudo sin elaborar un mecanismo matemático refinado o un cálculo marginal. En general, bastarán argumentos mucho más generales y sencillos para demostrar la existencia de una desigualdad entre dos cantidades que para demostrar las condiciones bajo las cuales se igualan estas cantidades en el margen" (1978, p. 6). La investigación empírica sobre el costo de transacción no intenta casi nunca la medición directa de tales costos. Por el contrario, se trata de saber si las relaciones de la organización (prácticas de contratación; estructuras de gobernación) corresponden a los atributos de las transacciones como lo pronostica el razonamiento del costo de transacción.

1.3 *Un contexto más amplio*

Este libro se concentra en la economización del costo de transacción, pero los costos deben ubicarse en el contexto más amplio del que forman parte. Entre los factores pertinentes —a los que me refiero a veces pero no de continuo— se encuentran los siguientes:

[12] Los costos de transacción *ex post* se relacionan con lo que Michael Jensen y William Meckling llaman costos de agencia, pero son claramente diferentes. Jensen y Meckling definen los costos de agencia como la suma de "1) los gastos de monitoreo del principal, 2) los gastos de atadura del agente, y 3) la pérdida residual" (1976, p. 308). Esta última es una categoría muy amplia.

1. Manteniendo constante la naturaleza del bien o servicio que habrá de entregarse, la economización ocurre por referencia a la suma de los costos de producción y transacción, así que deben reconocerse las tasas de sustitución en este sentido.
2. En términos más generales, el diseño del bien o servicio que deberá entregarse es una variable de decisión que influye sobre la demanda y sobre los costos de ambas clases, de modo que el diseño debe formar parte del cálculo.
3. El contexto social en el que ocurren las transacciones —las costumbres, las tradiciones, los hábitos, etc.— ejerce alguna influencia, de modo que debe tomarse en cuenta cuando se pasa de una cultura a otra.[13]
4. El argumento descansa en general sobre la eficacia de la competencia para seleccionar entre los modos más y menos eficientes y desplazar recursos en favor de los primeros. Esto parece plausible, sobre todo cuando los resultados convenientes son los que aparecen en intervalos de cinco y diez años, no los inmediatos.[14] Sin embargo, esta intuición se beneficiaría con una teoría más desarrollada del proceso de selección. Así pues, los argumentos del costo de transacción son susceptibles de algunas de las mismas objeciones formuladas a la ortodoxia por los economistas evolutivos (Nelson y Winter, 1982, pp. 356-370), aunque en otros sentidos hay fuertes complementariedades (pp. 34-38).
5. Siempre que difieran los beneficios y los costos tanto privados como sociales, el cálculo del costo social debe gobernar si se intentan realizar tratamientos prescriptivos.

2. Un mapa cognoscitivo del contrato

La organización industrial es el campo de especialización con el que se asocia más estrechamente la economía del costo de transacción. Examinaremos aquí varios de los enfoques principales del estudio de la organización industrial y la relación que guarda con ellos la economía del costo de transacción.

La organización industrial examina el contrato en términos de los propósitos servidos. ¿Qué tratan de realizar las partes? Aquí, como en otras partes de la organización industrial, se distingue convenientemente entre los propósitos del monopolio y los de la eficiencia. El mapa cognoscitivo que aparece en la gráfica I-1 inicia esta distinción.

[13] Véase el punto de vista de Mark Granovetter (1983) acerca de la importancia de la incorporación. Véase también a Douglass North (1981).

[14] Esta intuición se asemeja a la expresada por Michael Spence en su conjetura de que los argumentos de la barrera a la entrada originan mercados disputables a la larga (1983, p. 988). Aunque el largo plazo de Spence excede probablemente de los cinco o diez años, algunos de los fenómenos evolutivos que me interesan también duran medio siglo. Esto puede expresarse diciendo que yo estoy de acuerdo con la selección de forma débil en lugar de la de forma fuerte, con la distinción de que "en un sentido relativo sobrevive el *más apto*, pero no hay ninguna razón para suponer que sea el *más apto de todos* en un sentido absoluto" (Simon, p. 1983, p. 69; cursivas en el original).

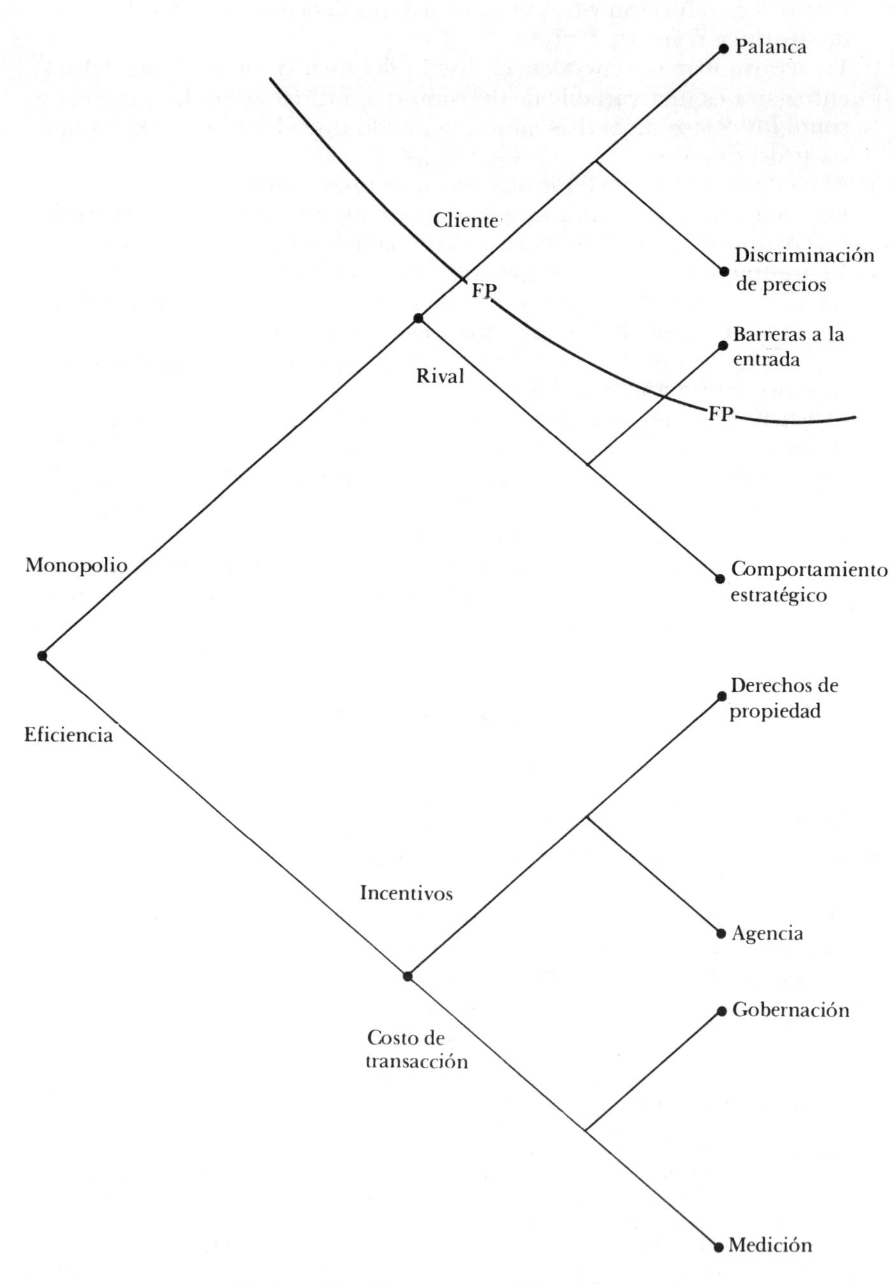

GRÁFICA I-1. *Mapa cognoscitivo del contrato*

2.1 *La rama monopólica*

Todos los enfoques del contrato que aparecen en la gráfica I-1, tanto los del monopolio como los de la eficiencia, se ocupan de la misma interrogante: ¿a qué propósitos se sirve cuando se sustituye el intercambio de mercado clásico —en el que se vende el producto a un precio uniforme para todos los clientes, sin restricción— por formas de contratación más complejas (incluidos los modos de organización económica ajenos al mercado)? Los enfoques monopólicos imputan las desviaciones de la norma clásica al propósito monopólico. Por otro lado, los enfoques de la eficiencia sostienen que las desviaciones sirven a los propósitos de la economización.

Los cuatro enfoques monopólicos del contrato se agrupan bajo dos rubros. El primero examina los usos de las restricciones de clientes y territorios, el mantenimiento del precio de reventa, la distribución exclusiva, la integración vertical y otras técnicas semejantes en relación con los compradores. El segundo estudia la repercusión de tales prácticas sobre los rivales.

La teoría de la "palanca" del contrato, y la interpretación de la contratación no convencional en términos de la discriminación de precios, se enfocan a los compradores. Richard Posner (1979) asocia la teoría de la palanca con el (anterior) enfoque de la Escuela de Harvard y la discriminación de precios con el de la Escuela de Chicago a la economía antimonopólica. La teoría de la palancas sostiene que el poder monopólico original puede extenderse y que esto se logra con prácticas de contratación no convencionales. Aunque esta teoría está desacreditada en gran medida entre los economistas,[15] sigue interesando a muchos abogados y continúa apareciendo en los resúmenes legales[16] y las opiniones de los tribunales.[17]

El enfoque de la discriminación de precios a la contratación no convencional sostiene que el poder monopólico original se mantiene constante. La discriminación de precios es sólo un medio para la realización del poder monopólico latente. Esta interpretación de la contratación no convencional ha sido presentada por Aaron Director y Edward Levi (1956) en relación con las ventas atadas, y por George Stigler (1963) en relación con la venta en

[15] El "principal" argumento de la palanca se aplica a la venta de bienes complementarios en el mercado que va corriente abajo. Chicago sostiene que la atadura en estas circunstancias no puede extender el poder monopólico sino que apenas representa un esfuerzo por efectuar la discriminación de precios: "en ausencia de la discriminación de precios, un monopolista no obtendrá beneficios monopólicos adicionales de la monopolización de un producto complementario" (Posner, 1976, p. 173). Esta evaluación se acepta ampliamente. Timothy Brennan y Sheldon Kimmel han examinado después el caso especial pero interesante en que la atadura no ocurre en el mercado que se encuentra corriente abajo, sino corriente arriba. Muestran estos autores que una atadura puede efectuar aquí un monopolio en el segundo mercado si "las economías de alcance o las condiciones de la demanda [...] [son] tales que los productores no pueden vender con beneficio el segundo bien, a menos que vendan el primer bien también al monopolista" (1983, p. 21).

[16] Véase, por ejemplo, el informe preparado por Lawrence A. Sullivan en apoyo a la demandada en *Monsanto Company v. Spray-Rite Service Corporation.*

[17] Aunque la opinión mayoritaria en *Jefferson Parish Hosp. Dist. No. 2. v. Hyde* (44CCH S. Ct. Bull., P.) llega al resultado correcto, también crea confusión con su referencia pasajera a la teoría de la palanca.

bloque. Las ventas atadas y la venta en bloque son instrumentos utilizados deliberadamente por los vendedores para descubrir las diferencias de la valuación del producto subyacentes entre los consumidores y monetizar el excedente de éstos.

Los otros dos enfoques monopólicos examinan algunas prácticas de contratación no convencionales en relación con los rivales. Se ocupan expresamente del agrandamiento del poder monopólico de las grandes empresas establecidas en relación con los rivales efectivos o potenciales más pequeños. La literatura acerca de las barreras a la entrada, que se asocia prominentemente a la obra de Joe Bain (1956), se encuentra en esa tradición. El trabajo inicialmente realizado en esta área ha sido muy criticado, en gran parte por la Escuela de Chicago. Dicho trabajo inicial era estático y no identificaba cuidadosamente las condiciones esenciales para la aceptación de los argumentos de las barreras a la entrada. La literatura más reciente del comportamiento estratégico resuelve muchas de las objeciones.[18] Se introducen expresamente algunas asimetrías de la inversión y la información. Se reconocen algunos atributos intertemporales, y se desarrollan algunas características del efecto de reputación. El uso de la contratación no convencional como un medio para la "elevación de los costos de los rivales" (Salop y Scheffman, 1983) es una posibilidad especialmente intrigante.

Con la excepción de la literatura reciente sobre el comportamiento estratégico, todos los enfoques monopólicos al contrato se mueven en el marco neoclásico, donde se considera a la empresa como una función de producción. Dado que *los límites naturales de la empresa se definen allí por la tecnología, todo esfuerzo de la empresa para extender su alcance* recurriendo a la contratación no convencional se suponía que tenía un propósito y un efecto monopólicos.[19] Este enfoque de la "teoría aplicada de los precios" en la organización industrial era la orientación prevaleciente en la posguerra. Como observara Coase (1972, p. 61), tal enfoque inspiraba los dos textos principales de la organización industrial: el de Joe Bain (1958) y el de George Stigler (1968). El enfoque de la inhospitalidad a la aplicación de las leyes antimonopólicas, al que hice referencia en 1.1, tenía una orientación similar. En cambio, gran parte de la literatura del comportamiento estratégico se asocia más estrechamente a la concepción de la empresa como una estructura de gobernación (véase el capítulo XIV). Para destacar esta importante distinción monopólica, la curva discontinua de la gráfica I-1 (denotada FP) separa los enfoques anteriores de la función de producción de la concepción estratégica del contrato, más reciente.

[18] Véase el capítulo XIV.

[19] En realidad, puede argüirse que la discriminación de precios es eficiente, lo que ocurre de ordinario si tal discriminación puede efectuarse con un costo de transacción nulo y si se eliminan los efectos de distribución del ingreso. Sin embargo, raras veces se justifica el supuesto del costo de transacción nulo. Por esta razón, la valuación privada y la valuación social de la discriminación de precios pueden producir resultados contradictorios (Williamson, 1975, pp. 11-13).

2.2 *La rama de la eficiencia*

La mayor parte de lo que llamo la nueva economía institucional se ubica en la rama de la eficiencia del contrato. Esta rama distingue entre los enfoques que destacan los alineamientos de los incentivos y los que destacan las economías de los costos de transacción.

La literatura de la alineación de los incentivos se concentra en el lado *ex ante* del contrato. Las nuevas formas de los derechos de propiedad y de la contratación compleja se interpretan entonces como esfuerzos para superar las deficiencias de los incentivos de las tradiciones más sencillas de los derechos de propiedad y la contratación. Ronald Coase (1960), Armen Alchian (1961; 1965) y Harold Demsetz (1967; 1969) destacan en la literatura de los derechos de propiedad.[20] Leonid Hurwicz (1972; 1973), Michael Spence y Richard Zeckhauser (1971), Stephen Ross (1973), Michael Jensen y William Meckling (1976), y James Mirrlees (1976) fueron los iniciadores del enfoque de la agencia.[21]

La literatura de los derechos de propiedad hace hincapié en que *la propiedad es importante*, y que los derechos de propiedad de un activo se dividen en tres partes: el derecho a usar el activo, el derecho a apropiarse los rendimientos del activo, y el derecho a cambiar la forma o la sustancia de un activo (Furubotn y Pejovich, 1974, p. 4).

Una vez aclarados los derechos de propiedad, se supone de ordinario (a menudo en forma implícita; a veces de manera explícita) que la utilización del activo seguirá en adelante los propósitos de sus propietarios. Esto ocurrirá si: 1) se respeta la estructura legalmente sancionada de los derechos de propiedad, y si 2) los agentes humanos realizan su trabajo de acuerdo con sus instrucciones.[22]

Así pues, mientras que la rama monopólica del contrato interpreta las formas no convencionales del intercambio como algo dotado de propósito y efecto monopólicos, la literatura de los derechos de propiedad preguntaría si los errores cometidos en las asignaciones de los derechos de propiedad fueron responsables de mala distribución de los recursos. La nueva descripción de los derechos de propiedad, quizá en formas complejas (no convencionales), es lo que explica las irregularidades contractuales. Dicho de otro modo, la contratación discreta de mercado se ve sustituida por formas más complejas de la contratación, porque ésa es la forma en que los derechos residuales del

[20] Véase una reseña reciente de Louis de Alessi (1983). Hay una reseña anterior por Erik Furubotn y Steve Pejovich (1974).

[21] Véase una reseña reciente en Stanley Baiman (1982).

[22] Una perspectiva reciente de la integración vertical, elaborada por Sanford Grossman y Oliver Hart, ilustra estas dos proposiciones. Así pues, estos autores consideran la propiedad de activos como un control sobre derechos residuales: "Cada activo tendrá un solo propietario y ese propietario tiene derecho a controlar el activo en el caso de que falte una disposición [contractual]" (1984, p. 7). Además, Grossman y Hart sostienen que el propietario de los activos físicos "puede ordenar a los empleados de la planta" que utilicen estos activos de acuerdo con sus instrucciones (1984, p. 17). En consecuencia, las diferencias existentes entre la organización de mercado y la integración vertical se atribuyen por entero a las diferencias de la propiedad de los activos que las distinguen.

control pueden ponerse en manos de quienes pueden usar tales derechos en forma más productiva.

La bibliografía de la agencia, en particular la de un principio, destaca que los principales* contratan con plena conciencia de los peligros planteados por el hecho de que la ejecución del contrato queda a cargo de agentes. Así pues, aunque la separación de la propiedad y el control atenúa los incentivos del beneficio, eso se anticipa en el momento de la separación y se refleja plenamente en el precio de las nuevas acciones (véase al respecto Jensen y Meckling, 1976). Por lo tanto, el futuro no trae sorpresas; toda la acción de contratación pertinente se engloba en alineamientos de incentivos *ex ante*.

En realidad, como se señala en la influyente reseña de Michael Jensen (1983), la literatura de la agencia se ha desarrollado en dos partes. Se refiere Jensen a una de ellas como la teoría positiva de la agencia. Aquí, "la intensidad de capital, el grado de especialización de los activos, los costos de información, los mercados de capital, los mercados de mano de obra internos y externos, son ejemplos de los factores del ambiente de contratación que se interrelacionan con los costos de diversas prácticas de monitoreo y atadura para determinar las formas contractuales" (Jensen, 1983, pp. 334-335). La rama positiva afirma reiteradamente que los procesos de selección natural son confiablemente eficaces (Fama,1980; Jensen, 1983, p. 331; Fama y Jensen, 1983, pp. 301, 327); la presentación clásica del enfoque evolutivo de la economía que hiciera Armen Alchian (1950), muy matizada y cauta, se cita como la autoridad principal.

Jensen se refiere al segundo tipo de la literatura de la agencia como el de "principal-agente" (1983, p. 334). Esta literatura relativamente matemática destaca en grado superlativo los alineamientos de los incentivos *ex ante*. Más recientemente se le ha llamado el enfoque del diseño del mecanismo. Esta línea de investigación se asemeja a la literatura anterior de la contratación con derechos contingentes,[23] pero va más allá al admitir complicaciones de la contratación en forma de la información privada. Se plantean algunos problemas complejos del alineamiento de los incentivos (que la literatura de la contratación con derechos contingentes había omitido) cuando no puede suponerse una revelación plena y franca de la información privada. En otros sentidos, sin embargo, la literatura del diseño del mecanismo es muy similar a la literatura de la contratación con derechos contingentes: ambas resuelven todas las cuestiones contractuales pertinentes en una comprensiva negocia-

* Se le llama "principal" al jefe de una casa de comercio. [N. del E.]

[23] Mervyn King describe como sigue el modelo de Arrow-Debreu:

> [...] los bienes no se distinguen sólo por sus características físicas y espaciales, ni por la fecha en que el bien se vuelve disponible, sino también por el "estado del mundo" en el que se entregue. Se define un "estado del mundo" asignando valores a todas las variables inciertas que son pertinentes para la economía [...] e incluye una lista completa de todas estas variables. Estos estados del mundo se excluyen mutuamente, y en total forman un conjunto exhaustivo. [...] Los bienes se definen ahora como dependientes de la presentación de ciertos eventos, y el sistema de mercado incluye mercados en todos estos bienes contingentes [1977, p. 128].

ción *ex ante*;[24] y ambas suponen que el ordenamiento judicial es eficaz.[25] De nuevo, los propósitos de la eficiencia, más que los monopólicos, dominan la escena.

La literatura del costo de transacción sostiene también la discutible presunción de que las formas no convencionales de la contratación tienen propósitos de eficiencia. Sin embargo, se presta la mayor atención a la etapa de la ejecución del contrato. Como se muestra en la gráfica I-1, el enfoque del costo de transacción se divide en una rama de gobernación y otra de medición. Este libro se ocupa más del primer enfoque. Pero ambos son importantes y de hecho interdependientes.

Al igual que la literatura de los derechos de propiedad, la economía del costo de transacción sostiene que la propiedad es importante. También reconoce que el alineamiento de los incentivos *ex ante* es importante. Pero mientras que el enfoque de los derechos de propiedad y el del diseño del mecanismo funcionan dentro de la tradición del centralismo legal, la economía del costo de transacción disputa la eficacia del ordenamiento judicial. En cambio, la atención se centra en el ordenamiento privado. ¿Cuáles instituciones se crean, con cuáles propiedades adaptables, secuenciales, para la toma de decisiones y el arreglo de las disputas? Por lo tanto, la economía del costo de transacción agrega a la propiedad y el alineamiento de los incentivos la proposición de que las *instituciones* de apoyo del contrato *ex post* son *importantes*.

James Buchanan ha dicho que "la economía se aproxima más a una 'ciencia de contrato' que a una 'ciencia de elección' [por cuya razón] el maximizador debe ser sustituido por el arbitrador, el observador externo que trata de obtener transacciones entre reclamaciones en conflicto" (1973, p. 229). El enfoque de la gobernación adopta la orientación de la ciencia del contrato pero une al árbitro un especialista en diseño institucional. No se trata sólo de resolver el conflicto en marcha sino también de reconocer por adelantado el conflicto potencial y diseñar estructuras de gobernación que lo impidan o atenúen.

La economía del costo de transacción sostiene que es imposible concentrar toda la acción de negociación pertinente en la etapa de contratación *ex ante*. Por el contrario, la *negociación es generalizada*, por cuya razón adquieren una importancia económica decisiva las instituciones del ordenamiento privado y el estudio de la contratación en su totalidad. Los atributos conductistas de los agentes humanos, por los que se unen las condiciones de la racionalidad limitada y el oportunismo, y los atributos complejos de las transacciones

[24] La literatura del diseño del mecanismo supone que las partes de un contrato tienen la competencia cognoscitiva necesaria para elaborar contratos de ilimitada complejidad. En el lenguaje del capítulo II, las partes de un contrato tienen una racionalidad ilimitada; véase a Bengt Holmstrom (1984). En cambio, en la literatura de los derechos de propiedad, el enfoque del diseño del mecanismo sostiene que "dado que la obligación de cada parte con la otra está completamente especificada para cada estado natural, no hay derechos residuales de control sobre los activos que puedan asignarse" (Grossman y Hart, 1984, p. 7). Por lo tanto, los contratos complejos no se ocupan de los derechos residuales sino de la definición de las obligaciones desde el principio, habiendo tomado debidamente en cuenta la información privada.

[25] Véase Baiman (1982, p. 168).

(con referencia especial a la condición de especificidad de los activos), son responsables de esa condición.

La rama de la medición de la economía del costo de transacción se ocupa de las ambigüedades de la ejecución o el atributo asociados a la oferta de un bien o servicio. El tratamiento de las inseparabilidades tecnológicas (organización de equipo) de Alchian-Demsetz (1972) es un ejemplo. Luego se han ocupado de estas cuestiones William Ouchi (1980b) en el contexto de la organización del trabajo y Yoram Barzel (1982) en lo tocante a la organización de los mercados. Una interesante aplicación reciente es el estudio de Roy Kenney y Benjamin Klein (1983) acerca de lo que llaman la "búsqueda excesiva". Estos autores refutan la opinión de Stigler en el sentido de que la venta en bloque tiene propósitos monopólicos (de discriminación de precios) y sostienen que por el contrario sirve para economizar los costos de medición.

Como se indicó antes, este libro se ocupa principalmente de la rama de la gobernación de la economía del costo de transacción. Sin embargo, también se tratan los aspectos de la medición, como de hecho debe hacerse, ya que la gobernación y la medición son interdependientes.

3. El mundo del contrato

El mundo del contrato se describe como un mundo de: 1) planeación, 2) promesa, 3) competencia y 4) gobernación (u ordenamiento privado). Cuál de estas descripciones sea la más aplicable es algo que depende de los supuestos conductistas aplicables a un intercambio y de los atributos económicos del bien o servicio en cuestión.

Como veremos más ampliamente en el capítulo II, el estudio de la organización económica depende decisivamente de dos supuestos conductistas. ¿Cuáles competencias cognoscitivas y cuáles propensiones egoístas se imputan a los agentes humanos que participan en el intercambio? La economía del costo de transacción supone que los agentes humanos están sujetos a una racionalidad limitada, de modo que el comportamiento es "*intencionadamente* racional, pero sólo *en forma limitada*" (Simon, 1961, p. xxiv), y que se inclinan al oportunismo, que es una búsqueda del interés propio con dolo. La economía del costo de transacción sostiene además que la dimensión más decisiva para la descripción de las transacciones es la especificidad de los activos. Las partes que intervienen en un intercambio apoyado por inversiones no triviales en activos específicos de ciertas transacciones operan efectivamente en una relación de intercambio bilateral. La armonización de la fase contractual que une a las partes, para efectuar así la adaptabilidad y promover la continuidad, se convierte en una fuente de valor económico real.

Si no existiese la incertidumbre, los problemas de la organización económica serían relativamente poco interesantes. Por lo tanto, supongamos que está presente la incertidumbre en un grado no trivial y consideremos las ramificaciones que tienen para el contrato las diferencias de la racionalidad limitada, el oportunismo y la especificidad de los activos. Supongamos, en particular, que cada una de estas condiciones puede asumir cualquiera de dos valores: está presente en un grado significativo (denotado +) o se presume ausente (denotado 0). Consideremos los tres casos en los que se presume que está ausente sólo uno de estos factores y luego el caso en que se unen los tres factores. El cuadro I-1 muestra las cuatro condiciones que se comparan y el modelo de contratación asociado con cada una de ellas.

CUADRO I-1. *Atributos del proceso de contratación*

Supuesto conductista			
Racionalidad limitada	*Oportunismo*	*Especificidad de los activos*	*Proceso de contratación implicado*
0	+	+	Planeación
+	0	+	Promesa
+	+	0	Competencia
+	+	+	Gobernación

El caso en que las partes son oportunistas y los activos son específicos pero los agentes económicos tienen una competencia cognoscitiva irrestricta describe esencialmente la literatura de diseño del mecanismo (Hurwicz, 1972; 1973; Meyerson, 1979; Harris y Townsend, 1981). Aunque el oportunismo requiere que los contratos se escriban en forma tal que se respete la información privada, de modo que se planteen complejos problemas de alineamiento de los incentivos, todos los aspectos pertinentes del contrato se arreglan en la etapa de la negociación *ex ante*. Dada una racionalidad ilimitada, se obtiene desde el principio un arreglo comprensivo en cuyos términos se describen plenamente las adaptaciones apropiadas para los subsecuentes sucesos contingentes (públicamente observables). En consecuencia, no surgen jamás problemas de ejecución (o el incumplimiento de tales acuerdos se evita porque se supone que es eficaz la resolución judicial de todas las disputas [Baiman, 1982, p. 168]). En el contexto de la racionalidad ilimitada, el contrato se describe así como un mundo de planeación.

Consideremos ahora la situación en que los agentes están sujetos a la racionalidad limitada y las transacciones están apoyadas por activos específicos, pero se supone ausente la condición del oportunismo, lo que implica que el mundo de un agente es tan bueno como sus ataduras. En estos contratos aparecerán ciertas lagunas a causa de la racionalidad limitada, pero no hay problemas para la ejecución si las partes recurren a una cláusula general de cumplimiento automático. Cada parte interesada en el contrato promete sencillamente al principio que ejecutará el contrato en forma eficiente (para maximizar el beneficio conjunto) y buscará sólo rendimientos justos en los intervalos de renovación del contrato. Así se evita el comportamiento estratégico. Las partes de un contrato obtienen así todas las ventajas que les permiten sus dotaciones cuando se celebra la negociación inicial. Enseguida, la ejecución del contrato se completa eficientemente porque las promesas de la clase antes descrita son de cumplimiento automático en ausencia del oportunismo. En este contexto, el contrato se reduce a un mundo de promesas.

Considérese entonces la situación en que los agentes están sujetos a la racionalidad limitada y se inclinan al oportunismo, pero en la que se presume ausente la especificidad de los activos. Las partes de tales contratos no tienen intereses continuos en la identidad de la parte contraria. Esto describe el mundo en que es eficaz la contratación discreta en el mercado, donde los mercados son plenamente disputables,[26] y donde hay una licitación de las franquicias del monopolio natural. En la medida en que el ordenamiento judicial elimina el fraude y los engaños contractuales descarados,[27] el contrato se describe por un mundo de competencia.

Cada uno de los tres instrumentos falla cuando se unen la racionalidad limitada, el oportunismo y la especificidad de los activos. La planeación es necesariamente incompleta (a causa de la racionalidad limitada), falla la previsibilidad de la promesa (a causa del oportunismo), se convierte en importante la identidad de cada una de las partes (a causa de la especificidad de los activos). Éste es el mundo de la gobernación. En virtud de que la eficacia de la ordenación judicial resulta problemática, la ejecución de los contratos recae en gran medida en las instituciones del ordenamiento privado. Éste es el mundo del que se ocupa la economía del costo de transacción. El imperativo de la organización que surge en tales circunstancias es éste: *organizar las transacciones para economizar la racionalidad limitada al mismo tiempo que se las protege contra los peligros del oportunismo.* Tal enunciado apoya una concepción diferente y más amplia del problema económico que el imperativo: "¡A maximizar beneficios!"

4. UN ESQUEMA SENCILLO DE LA CONTRATACIÓN

Supongamos que un bien o servicio puede proveerse por cualquiera de dos tecnologías alternativas. Una es una tecnología de propósito general, la otra es de propósito especial. Esta última requiere una inversión mayor en activos durables, específicos de ciertas transacciones, y es más eficiente para la satisfacción de las demandas del estado estable.

Usando k como una medida de los activos específicos de ciertas transacciones, las transacciones que usan la tecnología de propósito general son

[26] Son dignas de mención las diferencias existentes entre la economía del costo de transacción y la "teoría de la refutabilidad" (Baumol, Panzer y Willig, 1982) en lo tocante a la especificidad de los activos. Ambos enfoques para el estudio de la organización económica reconocen la importancia de la especificidad de los activos, pero la consideran desde extremos opuestos del telescopio. Por lo tanto, la teoría de la refutabilidad reduce a una insignificancia la especificidad de los activos, así que se facilita la entrada de corta duración. En cambio, la economía del costo de transacción aumenta la condición de la especificidad de los activos. Se supone generalizada la existencia de activos durables, específicos de la empresa, de modo que la entrada de corta duración es a menudo imposible.

[27] Es evidentemente gratuito el supuesto de la eficacia del ordenamiento judicial en un régimen de racionalidad limitada y oportunismo, pero de todos modos se mantiene tal supuesto.

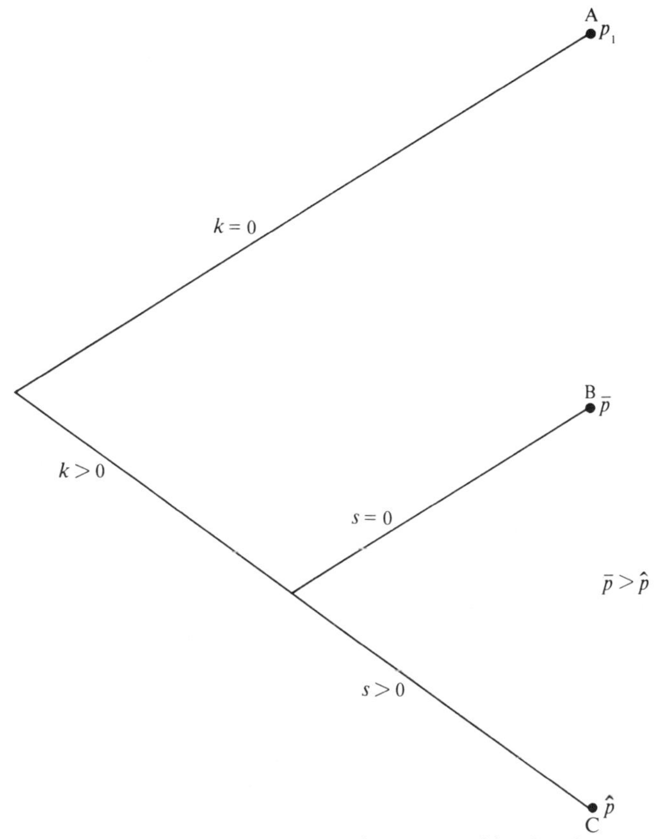

GRÁFICA I-2. *Un esquema de contratación simple*

aquellas en las que $k = 0$. Cuando las transacciones usan la tecnología de propósito especial, en cambio, existe una condición de $k > 0$. Los activos están aquí especializados para las necesidades particulares de las partes. Por lo tanto, se sacrificarían los valores productivos si las transacciones de esta clase terminaran prematuramente. A tales transacciones se aplica la condición de monopolio bilateral descrita antes y precisada en el capítulo II.

Mientras que la contratación clásica de mercado —"que se inicia por un acuerdo claro; que se realiza por una ejecución clara" (Macneil, 1974, p. 738)— basta para las transacciones de la clase $k = 0$, la gobernación del mercado sin asistencia plantea algunos peligros siempre que los activos no triviales, específicos de ciertas transacciones, se aplican con riesgo. Las partes tienen un incentivo para elaborar salvaguardas que protejan las inversiones en transacciones de la última clase. Digamos que s denota la magnitud de cualquiera de tales salvaguardas. Una condición de $s = 0$ es aquella en que no se proveen salvaguardas; una decisión de proveerla, se refleja en un resultado $s > 0$.

La gráfica I-2 indica los tres resultados de contratación correspondientes a tal descripción. A cada nudo se asocia un precio. Para facilitar la comparación entre los nudos, supongamos que los proveedores: 1) son neutrales al riesgo, 2) están preparados para proveer bajo cualquier tecnología, y 3) aceptarán cualquier condición de salvaguarda mientras pueda proyectarse un resultado de empate. Así, el nudo A es la relación de oferta con tecnología de propósitos generales ($k = 0$) para la que se proyecta un precio de empate p_1. El contrato del nudo B está apoyado por activos específicos de ciertas transacciones ($k > 0$) para los que no se ofrece ninguna salvaguarda ($s = 0$). El precio esperado de empate es aquí $\bar{p}$. El contrato del nudo C emplea también la tecnología de propósito especial. Pero dado que el comprador de este nudo provee una salvaguarda para el proveedor ($s > 0$), el precio de empate, $\hat{p}$, en el nudo C es menor que $\bar{p}$.

Las salvaguardas protectoras a las que me refiero asumen normalmente una o más de tres formas. La primera es la realineación de los incentivos, lo que de ordinario implica algún tipo de pago por separación o de castigo por un final prematuro. La segunda es la creación y el empleo de una estructura de gobernación especializada para el conocimiento y la resolución de las disputas. El uso del arbitraje, en lugar del litigio en los tribunales, es así una característica de la gobernación del nudo C. La tercera es la introducción de regularidades de intercambio que apoyan y señalan las intenciones de continuidad. Un ejemplo de esta última forma es la expresión de una relación comercial, de intercambio unilateral al intercambio bilateral —por ejemplo, mediante el uso concertado de la reciprocidad—, para lograr así un equilibrio de los peligros del intercambio.

Este esquema de contratación simple, que se detallará más adelante, se aplica a una gran diversidad de problemas de la contratación. Facilita el análisis institucional comparado al destacar que la tecnología (k), la gobernación y las salvaguardas contractuales (s) y el precio (p) se interrelacionan plenamente y se determinan en forma simultánea. A lo largo del libro haremos referencia reiterada a los esquemas. De hecho, resulta grato advertir que tantas aplicaciones son variaciones del mismo tema. Como observara Hayek, "siempre que se adquiere en un campo la capacidad de reconocer una regla abstracta que sigue el arreglo de estos atributos, se aplicará el mismo molde maestro cuando las señales de esos atributos abstractos sean evocadas por elementos completamente diferentes" (1967, p. 50).[28]

A modo de resumen, diremos que los nudos A, B y C de los esquemas contractuales establecidos en la gráfica I-2 tienen las propiedades siguientes:

1. Las transacciones eficientemente apoyadas por activos de propósitos generales ($K = 0$) se ubican en el nudo A y no necesitan estructuras de

[28] Aunque estaba consciente de que el enfoque contractual a la integración vertical con el que estaba trabajando en 1971 tendría otras aplicaciones (tales como la organización y regulación del mercado laboral), no me imaginaba que los modos no convencionales de la contratación y la gobernación corporativa generarían el mismo tipo de análisis tras enunciar los problemas en términos de contratación.

gobernación protectoras. Basta la contratación discreta del mercado. Predomina el mundo de la competencia.

2. Las transacciones que involucran inversiones importantes, específicas de ciertas transacciones ($K > 0$) son aquellas que buscan efectivamente las partes en el comercio bilateral.
3. Las transacciones ubicadas en el nudo B no tienen salvaguardas ($s = 0$), por lo cual es grande el precio de oferta de empate que se proyecta ($\bar{p} > \hat{p}$). Tales transacciones tienden a ser contractualmente inestables. Pueden revertir al nudo A (en cuyo caso la tecnología de propósito especial sería sustituida por la de propósito general ($k = 0$), o reubicarse en el nudo C (introduciendo salvaguardas contractuales que alienten el uso continuo de la tecnología $k > 0$).
4. Las transacciones ubicadas en el nudo C incluyen salvaguardas ($s > 0$) y así están protegidas contra los peligros de la expropiación.
5. Dado que el precio y la gobernación están conectados, las partes de un contrato no deben esperar que puedan conservar el pastel (precio bajo) y comérselo al mismo tiempo (ausencia de salvaguarda). En términos más generales, es importante el estudio de *la contratación en su totalidad*. Tanto los términos *ex ante* como la forma en que se ejecutan después los contratos varían con las características de la inversión y las estructuras de gobernación asociadas, en las que se incorporan las transacciones.

5. La organización económica del pueblo de una compañía

El pueblo de una compañía se considera principalmente como un doloroso recordatorio de los abusos laborales asociados a una época anterior. Seguramente no hay nada favorable, mucho menos redentor, que pueda decirse de tal condición.

Sin embargo, los pueblos de compañía eran una excepción más que una regla. Además, debemos preguntarnos por qué aceptaría alguien un empleo bajo una situación patentemente desfavorable. En términos más generales ¿cuáles son las alternativas contractuales pertinentes para las que se requiere una evaluación comparativa? Ya que el estudio de casos extremos ayuda a menudo a iluminar lo esencial de una situación (Subpanel de las Ciencias Conductistas, 1962, p. 5), un examen de los problemas de organización afrontados por la compañía podría ser instructivo.

Examinaremos los problemas en dos etapas. La primera ilustra las ventajas y la segunda las limitaciones del estudio de la organización económica desde el punto de vista de la "contratación en su totalidad".

5.1 *El análisis del contrato*

Supongamos lo siguiente: 1) se ha localizado una fuente mineral remota, cuya explotación se considera económica; 2) el mineral sólo puede extraerse si se hacen grandes inversiones en activos físicos durables que después no podrán llevarse a otra parte; 3) las habilidades laborales requeridas no son específicas de la empresa en ningún grado importante, pero hay costos de asentamiento asociados a la reubicación de los trabajadores; 4) en la región hay un clima severo, lo que requiere la provisión de una vivienda durable para protegerse contra los elementos; 5) la comunidad de mineros es demasiado pequeña para sostener más de una tienda general de abarrotes, y 6) la ciudad más cercana se encuentra a sesenta kilómetros de distancia.

Quiero concentrarme en dos problemas: ¿deberán ser las casas de la comunidad propiedad de los trabajadores o de la empresa minera? ¿Y a quién pertenecerá y cómo operará la tienda general de abarrotes? A fin de presentar con mayor claridad los aspectos que vienen al caso, consideremos dos escenarios de movilidad diferentes.

a. *La sociedad inmóvil*

Ésta es la época anterior al automóvil. La empresa solicita trabajadores y describe los términos del empleo. En virtud de la localización remota, los trabajadores no se interesarán sólo por los salarios sino también por la vivienda y la infraestructura económica.

Si la empresa decidiera construir por su cuenta las viviendas, podría: 1) vender las casas a los trabajadores, 2) rentar las casas a corto plazo a los trabajadores, 3) celebrar contratos de larga duración con severos castigos por la terminación anticipada del arrendatario, o 4) celebrar contratos de larga duración, obligatorios para la empresa pero que permitieran una terminación fácil para el arrendatario. Alternativamente, la empresa podría: 5) exigir que los trabajadores construyeran su propia vivienda.

En vista del escaso mercado, los trabajadores que construyeran sus propias casas estarían haciendo de hecho inversiones específicas de la empresa. Al carecer de salvaguardas contractuales —cláusulas de recompra (por las que la compañía garantizara un mercado en caso de despido o terminación), garantías de empleo a largo plazo, indemnizaciones de suma fija por el despido, beneficios en caso de muerte, etc.—, los trabajadores aceptarán realizar tales inversiones sólo si se les ofrece un bono por firmar o un premio salarial. Expresado en términos de los esquemas contractuales de la gráfica I-1, esto último corresponde a un nudo B más bien que a un nudo C (es decir, un resultado $\bar{w} > \hat{w}$).

Pero los resultados del nudo B son notoriamente ineficientes. Los costos marginales de la empresa serán elevados por una negociación de salario $\bar{w}$, de modo que la empresa hará despidos con un criterio ineficiente. De igual modo, los diseños de viviendas escogidos por los trabajadores se arreglarán en consideración de los riesgos. Así pues, las ventajas de la concentración total de las inversiones específicas en la empresa minera tienden a ser evidentes para ambas partes desde el principio (o se harán obvias durante las negociaciones). Por lo tanto, deberá considerarse la propiedad de las viviendas en manos de la empresa minera en términos de arrendamiento eficente. La opción 4 —arrendamientos de larga duración que obligan al arrendador pero proveen una renuncia fácil para el arrendatario— tiene atractivos obvios.[29]

Consideremos la tienda general. Las principales posibilidades son aquí: 1) la tienda es propiedad de la empresa minera y *a*) opera como un monopolio, *b*) opera con una restricción de tasa de rendimiento justa, o *c*) trabaja con una restricción de la canasta del mercado (número índice); 2) se otorga una franquicia de varios años al mejor postor, y los ingresos de la competencia *a*) se pagan a la tesorería de la compañía, *b*) se dividen entre el grupo inicial de trabajadores, o *c*) se colocan en un fondo del mercado monetario y se pagan a los clientes durante la vida de la franquicia en proporción a las compras, y 3) la tienda es propiedad de los trabajadores, quienes la administran como una cooperativa. Aunque ninguna de estas opciones está libre de dificultades, las opciones 2*c* y 3 tienen muchas ventajas.[30] Cualquiera que sea la elección, la conclusión más general es ésta: la prestación salarial aceptada por los trabajadores dependerá de la forma de la propiedad y la operación de la tienda general de abarrotes si, como se supone, el contrato refleja todos las características principales, entre las cuales se encuentran obviamente la propiedad y la gobernación de la tienda misma.

b. *La sociedad móvil*

La aparición del automóvil, las casas rodantes, los refrigeradores caseros, las tiendas de pedidos por correo, etc., aliviaron en gran medida las dificultades de la contratación de la época anterior a la movilidad. La necesidad de inversiones de sitio específicas en viviendas se reduce por el invento de activos adecuados sobre ruedas, como se observa en el caso de las casas rodantes. La dependencia exclusiva de la tienda de abarrotes desaparece frente a la posibilidad de comprar a distancia, gracias a la facilidad de transporte a la ciudad cercana y a las compras por correo a las tiendas. Así pues, los cambios ocurridos en los mercados y en la tecnología tienen grandes ramificaciones en el terreno de la contratación. De hecho, se ha introducido una alternativa viable de nudo A en lo que antes era un conjunto de elección de nudo B/nudo C contractualmente complicado.

En realidad, las comunidades mineras remotas pueden plantear otros problemas cuya solución requiere cuidadosas evaluaciones institucionales comparadas. Sin embargo, es obvio que las tensiones contractuales de la época anterior se aliviaron grandemente por la movilidad que permiten los activos sobre ruedas y la competencia.

[29] El lector deberá determinar si los defectos de las tres primeras opciones descritas en el texto superan a los de la opción 4. Se favorecen los arreglos de arrendamiento al suponer que los ocupantes tendrán el cuidado debido, lo que requiere que en el contrato de arrendamiento se incluyan algunas cláusulas contra los abusos que puedan aplicarse a satisfacción de las partes. Véase una opinión relacionada en Alchian (1984, p. 40).

[30] También esto se deja como un ejercicio al lector.

5.2 *Algunas reservas*

Si se obtiene confiablemente una contratación en su totalidad, aparecerá una configuración eficiente de salarios, propiedad de viviendas, operaciones de la tienda de la compañía, etc., cualquiera que sea la condición de movilidad de la población. ¿Cómo se explica entonces el descontento generalizado con la organización de los pueblos de compañías en la época anterior a la movilidad?

Hay dos posibilidades principales. Una es que los estudiosos de estos pueblos no han realizado las pruebas institucionales comparativas pertinentes. En lugar de describir y evaluar el conjunto efectivo de las elecciones contractuales entre las que debe escoger la organización del pueblo de compañía, se comparan estos pueblos con otros que no se encuentran en tal situación. Como sería de esperarse, los pueblos de las compañías salen mal parados en la comparación. Así, en la medida en que esta comparación sea operativamente irrelevante, no ayudará en nada a un entendimiento de los problemas organizativos afrontados por el pueblo de compañía.

La segunda posibilidad es que, sobre todo en el contexto de la organización del mercado de trabajo, raras veces se realiza la contratación en su totalidad. Los pueblos de compañía serían mucho menos objetables si efectivamente se organizaran de acuerdo con los principios de una contratación eficiente. ¿Pero qué tienda de alguna compañía se organizó jamás como una cooperativa? Un problema crónico de la organización del mercado de trabajo es que los trabajadores y sus familias son optimistas irredentos. Se dejan atrapar con promesas de buena fe, cuyo cumplimiento no puede exigirse legalmente, y con sus propias esperanzas de una buena vida. Una negociación del todo objetiva no ocurre jamás, o llega demasiado tarde. Así pues, una evaluación imparcial de los peligros del empleo, que debiera preceder a todo acuerdo de empleo, sólo llega después de la decepción. Las "demandas" de compensación en tales circunstancias tenderán a considerarse como un ardid, ya que se basan en la debilidad. La organización colectiva puede ayudar, pero sería necesaria una lucha. Los arreglos consiguientes pueden consolidar las pérdidas en lugar de efectuar una transfusión.

Opino que ambos factores contribuyen a la mala opinión que se tiene de los pueblos de compañías. Sin embargo, como se indicó al principio, este libro no intenta comprender todos los factores implicados. En cambio, estoy casi seguro de que las partes de un contrato son sensatas y que las ramificaciones de contratos alternativos se intuyen, si no es que se meditan plenamente. Esto arroja alguna luz a menudo, pero con cierto costo. A veces surgen omisiones y distorsiones. Creo que tales costos son menores cuando las prácticas comerciales de la contratación (incluidas la integración vertical y las estructuras de gobernación interna de apoyo), y no la organización del mercado laboral, constituyen el objeto del estudio. En todo caso, mi interés por algunos aspectos del costo de la transacción, que antes se habían pasado por alto, trata de corregir un desequilibrio anterior. Me parece indudable que la contratación compleja se entenderá mejor si se examina desde varias perspectivas bien enfocadas.

6. Aplicaciones

Las aplicaciones de la economía del costo de transacción bosquejadas aquí se desarrollan más ampliamente en capítulos posteriores. Aquí sólo trato de motivar la proposición de que la economía del costo de transacción es útil para resolver muchos de los problemas fundamentales de la microeconomía aplicada.

6.1 *Restricciones del mercado vertical*

Mientras que antes solían considerarse las restriccciones de clientes y territorios, y las formas relacionadas de la contratación no convencional, como presuntas contrarias a la competencia, la economía del costo de transacción sostiene la presunción refutable de que tales prácticas tratan de salvaguardar las transacciones. El esquema de contratación del apartado 4 revela que las empresas cuyos activos específicos corren peligro ($k > 0$) tienen un incentivo para diseñar una gobernación protectora ($s > 0$), ubicándose así en el nudo C. Muchas de las prácticas no convencionales, por ejemplo las restricciones de clientes y territorios, sirven precisamente a este propósito.

Supongamos entonces que una empresa desarrolla un bien o servicio distintivo y lo distribuye a través de tenedores de franquicias. Supongamos además que el incentivo para la promoción del bien o servicio experimenta exterioridades: algunos tenedores de franquicias pueden tratar de aprovechar gratuitamente los esfuerzos de promoción de otros; o los tenedores de franquicias que sirven a una población móvil pueden reducir sus costos, permitir que se deteriore la calidad, y desplazar el efecto de reputación hacia el sistema. En consecuencia, quienes otorgan las franquicias tienen un incentivo para extender su alcance más allá de los términos iniciales, a fin de incluir en las franquicias ciertas restricciones sobre la condición del abasto.

Esto parece evidente, pero no fue siempre así. Consideremos la posición del gobierno cuando defendió el caso Schwinn ante la Suprema Corte: una "regla que trata a los fabricantes que asumen la función de distribución con mayor tolerancia que a quienes imponen restricciones a los distribuidores independientes sólo refleja el hecho de que, aunque la integración en la distribución beneficia a veces a la economía gracias a un ahorro de costos, nunca se ha demostrado que los acuerdos celebrados para mantener precios de reventa o imponer restricciones territoriales de duración limitada, o limitaciones de ventas del tipo involucrado aquí, generen economías comparables".[31] La clara preferencia de los modos de organización internos sobre los modos del mercado concuerda con la preocupación prevaleciente a la sazón por los aspectos tecnológicos y el olvido correspondiente de los beneficios de las salvaguardas contractuales.[32] En términos del esquema de contratación indicado en la gráfica I-2, el gobierno suponía implícitamente que todos los

[31] Informe para los Estados Unidos en 58, *United States v. Arnold Schwinn and Co.*, 388 U.S. 365 (1967).

[32] El perspicaz enfoque de las "prácticas comerciales abusivas", realizado por Lester Telser (1965), era del dominio público pero pasó del todo inadvertido.

intercambios eran de la clase del nudo A, de modo que todos los esfuerzos tendientes a imponer restricciones eran presuntamente anticompetitivos.

6.2 *Discriminación de precios*

La Ley Robinson-Patman se ha interpretado como un esfuerzo "para privar a un gran comprador de [descuentos] excepto en la medida en que pudiera justificarse un precio menor en razón de la disminución del costo de un vendedor debida a la fabricación, la entrega o la venta en grandes *cantidades*, o en razón del esfuerzo realizado de buena fe por el vendedor para igualar el precio bajo de un competidor".[33] De nuevo, esto supone una transacción de nudo A. Pero si un vendedor está operando en la rama $K > 0$ y está vendiendo a dos compradores, uno de los cuales ofrece una salvaguarda contractual mientras que el otro se niega a hacerlo, no sería realista esperar que el producto se vendiera a ambos al mismo precio. Por el contrario, el comprador del nudo B deberá ofrecer una graficación ($\bar{p} > \hat{p}$) que equilibre su negativa a salvaguardar el peligro.

6.3 *Regulación/Desregulación*

La oferta monopólica es eficiente cuando las economías de escala son grandes en relación con el tamaño del mercado. Pero como lamenta Friedman, "desafortunadamente no hay ninguna solución buena para el monopolio técnico. Sólo hay una elección entre tres males: el monopolio privado sin regulación, el monopolio privado regulado por el Estado, y la operación gubernamental" (1962, p. 128).

Friedman consideró al monopolio privado sin regulación como un mal porque supuso que la propiedad del monopolio privado implicaba la determinación de los precios en términos monopólicos. Pero como afirmaran posteriormente Demsetz (1968b), Stigler (1968) y Posner (1972), puede evitarse un resultado de precio monopólico usando la licitación *ex ante* para otorgar la franquicia monopólica a la empresa que ofrezca abastecer el producto en los mejores términos. Demsetz presenta el argumento de la licitación de la franquicia del monopolio natural eliminando las "complicaciones irrelevantes", tales como la durabilidad del equipo y la incertidumbre (1968b, p. 57). Sostiene Stigler que "los clientes pueden subastar el derecho a la venta de electricidad, usando al Estado como un instrumento para la realización de la subasta. [. . .] La subasta [. . .] consiste en [licitaciones de franquicias] para vender barato" (1968, p. 19). Posner está de acuerdo y además sostiene que la licitación de franquicias es un procedimiento eficaz para la concesión y la operación de franquicias de televisión por cable.

La economía del costo de transacción reconoce que el argumento tiene méritos, pero insiste en que se examinen los aspectos de la contratación *ex*

[33] *FTC v. Morton Salt Co.*, 334 U.S. 37 (1948). Sin cursivas en el original.

ante y *ex post*. Sólo cuando la competencia es eficaz en *ambas* etapas, triunfa el argumento de la licitación de franquicias. Los atributos del bien o servicio que se otorgarán en franquicia son decisivos para la evaluación. Específicamente, si el bien o servicio ha de proveerse en condiciones de incertidumbre y además están involucradas algunas inversiones importantes en activos específicos, la eficacia de la licitación de franquicias resultará muy problemática. De hecho, la implantación de un esquema de licitación de franquicias bajo tales circunstancias requiere esencialmente la elaboración progresiva de un aparato de administración que difiere en nombre, más bien que en clase, del tipo asociado a la regulación de la tasa de rendimiento. Es elemental que *un cambio de nombre carece de importancia institucional comparada.*

Sin embargo, esto no sugiere que la licitación de franquicias de bienes o servicios proveídos en condiciones de costos decrecientes no sea viable jamás, ni implica que la regulación existente o la propiedad pública no pueda ser sustituida jamás por la licitación de franquicias con ganancias netas. Podemos citar como ejemplo las aerolíneas de servicio local y quizá la entrega postal. En ambos casos, podrá desplazarse al ganador de la licitación sin plantear graves problemas de valuación de activos, porque la planta básica (terminales, oficina de correos, almacenes, etc.) puede ser propiedad del gobierno, y otros activos (aviones, camiones, etc.) tendrán un activo mercado de segunda mano. Por lo tanto, la licitación de franquicias no carece por completo de méritos. Por el contrario, es una propuesta muy imaginativa. Sin embargo, la economía del costo de transacción sostiene que todos los esquemas de contratación —uno de los cuales es la licitación de franquicias de monopolios naturales— deben examinarse en términos microanalíticos y evaluarse en forma institucional comparada.

7. Observaciones finales

La economía del costo de transacción descansa en las proposiciones siguientes y las desarrolla:

1. La transacción es la unidad básica del análisis.
2. Cualquier problema que pueda plantearse de manera directa o indirecta como un problema de contratación se investiga provechosamente en términos de la economización del costo de transacción.
3. Se realizan ahorros del costo de transacción asignando las transacciones (cuyos atributos difieren) a las estructuras de gobernación (que son los marcos de organización en los que se decide la integridad de una relación contractual) en una forma discriminante. En consecuencia:

   a) Deben identificarse los atributos que definen las transacciones.
   b) Deben describirse los atributos de incentivo y adaptación de estructuras de gobernación alternativas.

4. Aunque a veces se emplea el análisis marginal, la implantación de la economía del costo de transacción comprende una evaluación insti-

tucional comparada de alternativas institucionales discretas, entre las cuales se ubica en un extremo la contratación de mercado clásica, mientras que la organización centralizada, jerárquica, se ubica en el otro extremo, y los modos mixtos de organización de la empresa y el mercado se ubican en un punto intermedio.

5. Todo esfuerzo por abordar seriamente el estudio de la organización económica deberá ajustarse a las ramificaciones *combinadas* de la racionalidad limitada y oportunismo ligados a una condición de especificidad de los activos.

Por lo que toca al último punto, deberá advertirse que las diferencias principales de los cuatro conceptos del contrato que se discuten en el texto pueden imputarse a variaciones de una o más de estas tres condiciones. Así pues, el contrato como una planeación comprensiva *ex ante* y el contrato como una promesa deben considerarse como supuestos heroicos acerca de la naturaleza humana: la ausencia de una racionalidad limitada se destaca en un caso (el de la planeación); la ausencia de oportunismo se presume en el otro caso (el de la promesa). En cambio, los conceptos del contrato como competencia y el contrato como gobernación formulan demandas menos exigentes en aspectos conductistas. Ambos conceptos se ajustan a las limitaciones de la racionalidad y los peligros del oportunismo y los toman expresamente en cuenta.

Así pues, la condición de la especificidad de los activos o bienes es lo que distingue a los modelos de contratación de competencia y de gobernación. El contrato como competencia funciona bien cuando la especificidad de los activos es insignificante. En virtud de que ésta es una condición generalizada, la aplicación del modelo competitivo es correspondientemente amplia. Pero no todas las inversiones son fácilmente desplazables. El uso del modelo competitivo fuera de las circunstancias en las que se adapta bien es engañoso en ocasiones.

Mientras que el modelo competitivo de los mercados se ha desarrollado en alto grado, las formidables dificultades de la contratación en el contexto de las inversiones que no pueden desplazarse han empezado a examinarse sólo recientemente. Esto se debe en gran medida al hecho de que las fuentes y la importancia económica de la especificidad de los activos habían sido subestimadas previamente. La extensión de la teoría de la organización económica para considerar la especificidad de los activos ha sido una preocupación fundamental de la agenda de investigación de la nueva economía institucional. Este libro presenta y emplea un enfoque de ordenamiento privado para la organización económica donde destaca el concepto del contrato como gobernación.

II. EL HOMBRE CONTRACTUAL

Los sistemas complejos se estudian con provecho desde varios puntos de vista. Entre aquellos que han sido productivamente empleados están el hombre económico, el hombre trabajador, el hombre político (Rawls, 1983, p. 13), e incluso el hombre jerárquico. En este libro se emplea el enfoque del hombre contractual para el estudio de la organización económica.

Como vimos en el capítulo I, en la evaluación del contrato se han empleado diversos enfoques económicos. Esos enfoques diferentes se distinguen por: 1) los supuestos conductistas imputados al hombre contractual, 2) los atributos de las transacciones que se consideren de importancia económica, y 3) el grado en que se recurra a los tribunales para el arreglo de las disputas. Este capítulo se ocupará de los dos primeros puntos. El problema del ordenamiento privado frente al centralismo legal se considerará en el capítulo III.

En el apartado 1 se describen los supuestos conductistas utilizados por la economía del costo de transacción. En el apartado 2 se examinan las principales dimensiones para la caracterización de las transacciones. En el apartado 3 se analiza la "transformación fundamental", responsable de una condición generalizada de la contratación bilateral. Aunque no hay resultados sustantivos en este capítulo. la especificidad de los activos y la transformación fundamental desempeñan papeles destacados en los capítulos siguientes. Por lo tanto, estos supuestos deben ser considerados incluso por quienes no conceden importancia a los supuestos conductistas.

1. Los supuestos conductistas

Muchos economistas tratan los supuestos conductistas[1] como una cuestión de conveniencia. Esto refleja una opinión muy generalizada en el sentido de que el realismo de los supuestos no importa y que la fecundidad de una teoría depende de sus implicaciones (Friedman, 1953).[2] Sin embargo, como vimos antes, Bridgeman sostiene que para comprender las acciones de los hombres es necesaria una atención más consciente al estudio del funcionamiento de las mentes de los hombres (1955, p. 450). Iredell Jenkins está de acuerdo. Dice que "las instituciones humanas —incluido el derecho— heredan sus principales problemas y propósitos de la condición general del hombre", y afirma que el estudio de la mente y del proceso social es algo necesario para llegar a las raíces (1980, p. 5). Como dice Coase, "la economía

[1] Se dice que la belleza está en el ojo del observador. En cierto sentido, lo mismo se aplica a los supuestos conductistas. Por lo tanto, quienes se impacientan con estas cosas podrán pasar directamente al apartado 2. Sin embargo, es evidente que muchas de las diferencias existentes entre los enfoques alternativos al estudio de la organización económica tienen su origen en las diferencias subyacentes en los supuestos conductistas (véase el apartado 1.3).

[2] Véase una crítica reciente e informada de esta "metodología oficial" en Donald McCloskey (1983). Hay una reiteración reciente en Baiman (1982, p. 177).

institucional moderna debe estudiar al hombre tal como es, cuando actúa dentro de las restricciones impuestas por las instituciones reales. La economía institucional moderna es economía como debe ser" (1984, p. 231).

La economía del costo de transacción caracteriza la naturaleza humana tal como la conocemos por referencia a la racionalidad limitada y el oportunismo.[3] La primera reconoce los límites de la competencia cognoscitiva. El segundo sustituye la búsqueda llana del interés propio por una búsqueda sutil.

1.1 *La racionalidad*

Se distinguen convenientemente tres niveles de racionalidad. La forma fuerte considera la maximización. La racionalidad limitada es la forma semifuerte.[4] La forma débil es la racionalidad orgánica.

a. *La maximización*

La economía neoclásica mantiene una orientación de maximización. Esto no tiene nada de objetable si se reconocen todos los costos pertinentes.[5] Sin embargo, la tradición de la maximización no alienta tales reconocimientos. Por el contrario, se reprime el papel de las instituciones en favor del enfoque según el cual las empresas son funciones de producción, los consumidores funciones de utilidad, la asignación de la actividad entre los modos de organización alternativos se toma como dada, y la optimación es ubicua (DeAlessi, 1983). La contratación con derechos contingentes de la clase de Arrow-Debreu constituye una forma especialmente ambiciosa de la maximización. La ocasión para el estudio de medios de contratación alternativos se desvanece cuando se supone que es viable el intercambio intertemporal comprensivo de esta clase. El mundo se reduce a un solo regateo gigantesco y definitivo (Meade, 1971, p. 166), de modo que la tecnología, las dotaciones iniciales y las preferencias y percepciones del riesgo están plenamente determinadas.

[3] Originalmente traté de incluir también un análisis de los valores de la dignidad y su influencia sobre la organización económica. Sin embargo, el esfuerzo fracasó. Creo que ésta es una deficiencia lamentable y espero que se remediará. En el texto aparecen algunas referencias ocasionales a la dignidad (sobre todo en lo referente a la relación del empleo y la organización informal), y en el capítulo XV se estudian en una forma más general los problemas. Se requiere con urgencia un tratamiento más completo y sistemático de las ramificaciones de la dignidad para la organización económica. En el apartado 5.2 del capítulo I se introduce la posibilidad de que la organización económica se vea distorsionada en ocasiones por los excesos del optimismo. También se necesitan nuevas investigaciones al respecto.

[4] Adviértase que esto no agota las categorías de la racionalidad. También podrían incluirse la ausencia de racionalidad y la irracionalidad. Su exclusión refleja aquí la postura expresada en el capítulo I en el sentido de que es preferible que el estudio de la organización económica se concentre en los propósitos servidos.

[5] No todos los escépticos del análisis de la maximización convendrían en esto. Sin embargo, estoy convencido de que la mayoría de las cuestiones de las que se ocupa este libro pueden tratarse de manera más formal. No obstante, los esfuerzos formales que se hacen para introducir los costos pertinentes se quedan cortos a menudo, o carecen de una significación operativa. A pesar de esto, se ha avanzado y se sigue avanzando en la formalización.

b. *La racionalidad limitada*

La racionalidad limitada es el supuesto cognoscitivo empleado por la economía del costo de transacción. Ésta es una forma semifuerte de la racionalidad en la que se supone que los actores económicos son "*intencionalmente* racionales, sólo *en forma limitada*" (Simon, 1961, p. xxiv). Adviértase la referencia simultánea a la racionalidad buscada y limitada a la vez. Esa conjunción ha sido rechazada por los economistas y otros científicos sociales, aunque por razones diferentes. Los primeros la objetan porque los límites de la racionalidad se interpretan erradamente en términos de la ausencia de racionalidad o de irracionalidad. En virtud de que se consideran los "guardianes de la racionalidad" (Arrow, 1974, p. 16), los economistas se resisten naturalmente a tal enfoque. Otros científicos sociales se oponen porque la referencia a la racionalidad buscada hace una concesión demasiado grande al modo de investigación maximizador de los economistas. El resultado es que la racionalidad limitada invita al ataque desde ambos lados.

La economía del costo de transacción reconoce que la racionalidad es limitada y afirma que deben respetarse ambas partes de la definición. La orientación de la economización deriva de la parte de la racionalidad buscada de la definición, mientras que se alienta el estudio de las instituciones al admitir que la competencia cognoscitiva es limitada.

La contratación comprensiva no es una alternativa de organización realista cuando se toma en cuenta la racionalidad limitada (Radner, 1968). Si el entendimiento es el recurso escaso (Simon, 1978, p. 12), la economización de sus exigencias resulta claramente justificada. El respeto por la racionalidad limitada suscita un estudio más profundo de las formas de organización de mercado y de otras clases. Dada la limitación de la competencia, ¿cómo se organizan las partes para utilizar con la mayor ventaja su limitada competencia? A pesar de las opiniones contrarias, se agranda, en lugar de reducirse, el conjunto de cuestiones a las que puede aplicarse útilmente el razonamiento económico cuando se admiten los límites de la racionalidad.

La economización de la racionalidad limitada asume dos formas. Una se ocupa de los procesos de decisión; la otra comprende las estructuras de gobernación. El uso de una solución heurística para los problemas —en general (Simon, 1978) y en unión de problemas específicos como el del cubo de Rubic (Heimer, 1983)— es una respuesta del proceso de decisión. Sin embargo, la economía del costo de transacción se ocupa principalmente de las consecuencias de economización de la asignación de las transacciones a estructuras de gobernación en una forma analítica. Cuando se afrontan las realidades de la racionalidad limitada, deben considerarse expresamente los costos de la planeación, adaptación y monitoreo de las transacciones. ¿Cuáles estructuras de gobernación son más eficaces para cuáles tipos de transacciones? *Ceteris paribus*, los modos que exigen mucho de la competencia cognoscitiva están relativamente en desventaja.[6]

[6] Se afirma a menudo que la racionalidad limitada es sólo una forma embrollada de decir que la información es costosa. Una vez aceptado esto, los modos de maximización del análisis pueden aplicarse a todas las cuestiones de las que se ocupa la racionalidad limitada. Esta tesis tiene cierto

c. *La racionalidad orgánica*

La forma débil de la racionalidad es una racionalidad de proceso u orgánica, el tipo de racionalidad al que se asocian los enfoques evolutivos modernos (Alchian, 1950; Nelson y Winter, 1982) y la economía austriaca (Menger, 1963; Hayek, 1967; Kirzner, 1973). Pero mientras que Nelson y Winter se ocupan de los procesos evolutivos dentro de las empresas y entre ellas, el enfoque austriaco se ocupa de procesos de clases más generales, por ejemplo de las instituciones del dinero, los mercados, algunos aspectos de los derechos de propiedad y de la ley. Como dice Louis Schneider, tales instituciones "no se planean. Un catálogo general de las instituciones no se encuentra originalmente en la mente de nadie. [De hecho], hay algunas situaciones donde la ignorancia [. . .] funciona con mayor 'eficacia' en el logro de ciertos fines que el conocimiento y la planeación para los mismos fines" (1963, p. 16). Aunque la economización del costo de transacción es seguramente un factor importante para la viabilidad de las instituciones de las que se ocupa la economía austriaca, y una reunión de los dos enfoques sería útil, la agenda de investigación de la racionalidad orgánica es ahora diferente de la agenda de la economía del costo de transacción. Sin embargo, ambas agendas son complementarias; cada una de ellas puede beneficiarse de los hallazgos de la otra (Langlois, 1982, p. 50).

1.2 *La orientación del interés propio*

También pueden distinguirse tres niveles en la búsqueda del interés propio. La forma más fuerte, a la que recurre la economía del costo de transacción, es la del oportunismo. La forma semifuerte es la búsqueda sencilla del interés propio. La obediencia es la forma débil (en realidad nula).

valor. Como observa Simon, un gran "trecho de terreno común es compartido por el análisis de la optimación y de la satisfacción" (1978, p. 8, n. 6). Aunque en aras de la parsimonia podríamos recomendar que "preferimos el postulado de que los hombres son razonables al postulado de que son supremamente racionales cuando cualquiera de estos supuestos es aplicable" (Simon, 1978, p. 8), puede entenderse sin dificultad que otros puedan decidir de modo diferente. La operación en un marco neoclásico ampliado no es un beneficio que se sacrifique a la ligera.

Sin embargo, como sostienen Richard Nelson y Sidney Winter, subsisten algunas tensiones fundamentales:

> Existe [. . .] una diferencia fundamental entre una situación en la que aquel que toma decisiones se siente inseguro acerca del estado X y una situación en la que él mismo no ha considerado para nada si X importa o no, entre una situación en la que ocurre un suceso que antes se juzgaba de escasa probabilidad y una situación en la que ocurre algo que jamás se había pensado [. . .] La mayoría de los modelos complejos de la elección de maximización no se ocupan del problema de la racionalidad limitada. Sólo metafóricamente puede considerarse un modelo de información limitada como un modelo de decisión con habilidades cognoscitivas limitadas [1982, pp. 66-67].

La economía evolutiva, de la que se ocupan Nelson y Winter, se apoya menos que yo en la racionalidad deliberada y más en los límites de la racionalidad.

a. *El oportunismo*

Entiendo por oportunismo la búsqueda del interés propio con dolo. Esto incluye algunas formas más flagrantes tales como la mentira, el robo y el engaño, pero no se limita a ellas. Más a menudo, el oportunismo comprende algunas formas sutiles del engaño. Se incluyen aquí tanto las formas activas como las pasivas, y tanto los tipos *ex ante* como los tipos *ex post*.

El oportunismo *ex ante* y el *ex post* se reconocen en la literatura de los seguros bajo los rubros de la selección adversa y el azar moral, respectivamente. La primera es una consecuencia de la incapacidad de los aseguradores para distinguir entre los riesgos y la renuencia de quienes tienen escasos riesgos a revelar francamente su verdadera condición de riesgos. La incapacidad de los asegurados para comportarse en una forma plenamente responsable y realizar acciones apropiadas de mitigación del riesgo origina problemas de ejecución *ex post*. Ambas condiciones se resumen bajo el rubro del oportunismo.

En términos más generales, el oportunismo se refiere a la revelación incompleta o distorsionada de la información, especialmente a los esfuerzos premeditados para equivocar, distorsionar, ocultar, ofuscar o confundir de otro modo. El oportunismo es responsable de las condiciones reales o aparentes de asimetría de la información que complican enormemente los problemas de la organización económica. Tanto las principales como las terceras partes (árbitros, tribunales, etc.,) afrontan problemas mucho más difíciles de inferencia *ex post* como una consecuencia. Además, no hay necesidad de que todas las partes se inclinen hacia el oportunismo en la misma medida. De hecho, los problemas de la organización económica se complican si se sabe que la propensión a comportarse con oportunismo varía entre los miembros de la población contratante, ya que ahora pueden obtenerse ganancias gastando recursos para discriminar entre los tipos.

La referencia que hace Nicholas Georgescu-Roegen al comportamiento que se desvía de las reglas concuerda con esta visión de la naturaleza humana. Dice Georgescu-Roegen:

> La observación de lo que ocurre en la esfera económica de las organizaciones, o entre las organizaciones y los individuos, [revela] fenómenos que no consisten en el tanteo con medios dados hacia fines *de acuerdo con las reglas*. Tales fenómenos demuestran fuera de toda duda que, en todas las sociedades, el individuo típico también persigue de continuo un fin ignorado por el marco convencional: el incremento de lo que considera suyo [. . .] Es la búsqueda de este fin lo que convierte al individuo en un verdadero agente del proceso económico [1971, pp. 319-320; sin cursivas en el original].

En suma, cuando no hay oportunismo, todo comportamiento podría ser gobernado por reglas. Además, esto no necesita una planeación previa comprensiva. Los eventos no previstos podrían manejarse con reglas generales, por medio de las cuales las partes aceptan la limitación de acciones de maximización conjunta del beneficio. Así, podrían evitarse problemas durante la ejecución del contrato por la insistencia *ex ante* en una cláusula general parecida a ésta: "Acepto revelar francamente toda la información relevante y luego proponer y cooperar en los cursos de acción que maximicen el beneficio conjunto durante el intervalo de ejecución del contrato, cuyos beneficios se dividirán sin disputa de acuerdo con la razón de repartición aquí establecida."

Resulta digno de atención que los esfuerzos de Nicolás Maquiavelo por tratar a "los hombres como son" (Gauss, 1952, p. 14) incluyan prominentemente el oportunismo. Tras observar que los seres humanos tienen una propensión a comportarse en forma oportunista, Maquiavelo aconsejó a su príncipe que "un gobernante prudente no debe cumplir lo que promete cuando ello vaya en contra de sus intereses, ni cuando ya no existan las razones que lo llevaron a comprometerse [...] Jamás han faltado excusas legítimas a un príncipe que deseara incumplir honorablemente su promesa" (Gauss, 1952, pp. 92-93). Pero el oportunismo recíproco o de anticipación no es la única lección que puede aprenderse de la advertencia de que los agentes humanos no son completamente confiables. De hecho, ésta es una respuesta muy primitiva.

La lección más importante, para los fines del estudio de la organización económica, es ésta: las transacciones sujetas al oportunismo *ex post* se beneficiarán si pueden elaborarse salvaguardas apropiadas *ex ante*. Por lo tanto, en lugar de replicar al oportunismo con oportunismo, el príncipe sabio es aquel que trata de dar y recibir "compromisos creíbles". Los incentivos pueden realinearse, o pueden elaborarse estructuras de gobernación superiores para la organización de las transacciones. En capítulos posteriores se detallarán las ramificaciones.

Como antes vimos, el oportunismo es una fuente problemática de incertidumbre "conductista" en las transacciones económicas, cuya incertidumbre se desvanecería si los individuos fuesen enteramente abiertos y honestos en sus esfuerzos por obtener ventajas individuales, o bien si pudiera presumirse plena subordinación, autonegación y obediencia. La búsqueda abierta o llana del interés propio es el supuesto de la motivación en que descansa la economía neoclásica. Ésta es la forma semifuerte de la búsqueda del interés propio. La obediencia equivale a la ausencia de búsqueda del interés propio.

b. *La búsqueda sencilla del interés propio*

Aunque el hombre neoclásico confronta a través de los mercados a otros buscadores de su propio interés, esto sólo supone que se realizan negociaciones en términos que reflejan las posiciones originales. Pero las posiciones iniciales se revelan de manera plena y franca cuando se hagan preguntas, las declaraciones del estado del mundo serán precisas, y la ejecución está regida por el juramento o la regla, en la forma antes descrita. Por lo tanto, si las partes obtienen todas las ventajas que corresponden a su riqueza, recursos, patentes, conocimientos, etc., tales ventajas serán evidentes desde el principio. Dado que no hay sorpresas posteriores, puede decirse que existe una condición de búsqueda sencilla del interés propio. En consecuencia, los problemas de la organización económica dependen de los aspectos tecnológicos (por ejemplo, las economías de escala), sin que haya un comportamiento problemático imputable al incumplimiento de la regla por los actores humanos.[7]

c. *La obediencia*

La obediencia es el supuesto conductista asociado a la ingeniería social (Georgescu-Roegen, 1971, p. 348). Adolph Lowe lo expresa de este modo: "Podemos imaginar el caso limitante de un colectivismo monolítico donde se ejecutan las prescripciones del plan central por funcionarios que se identifican plenamente con las macrometas impuestas. En tal sistema, los procesos pertinentes del orden económico se reducen casi por completo a manipulaciones técnicas" (1965, p.142). La identificación plena a la que se refiere Lowe prevé una gerencia de clase extrema donde se desvanece el interés propio. Aunque es un tema recurrente en la literatura utópica y otras relacionadas, la proyección de tal "ordenamiento mecanicista" se justifica menos aún que "la posición básica de la economía convencional" (Georgescu-Roegen, 1971, p. 348). Sin embargo, los problemas de la organización económica se simplificarían grandemente si se satisficiera esa condición o siquiera algo cercano a ella. Los robots tienen la virtud de satisfacer los requerimientos de la obediencia con un costo nulo de condicionamiento social, aunque con una capacidad de respuesta limitada.

1.3 *Algunas comparaciones*

En la gráfica II-1 se resumen los principales supuestos conductistas que emplean los diferentes enfoques de los derechos contingentes, el diseño del mecanismo, la economía del costo de transacción, la economía evolutiva (u orgánica), la teoría del equipo y los enfoques utópicos. Resulta especialmente importante el hecho de que la economía del costo de transacción une una forma semifuerte de competencia cognoscitiva (la racionalidad limitada) a un supuesto motivacional fuerte (el oportunismo). Sin *ambos* elementos, los problemas principales de la organización económica de los que se ocupa este libro se desvanecerían o cambiarían mucho.

Habría así un margen relativamente pequeño para el diseño y el análisis de la organización si prevaleciera la racionalidad de alta potencia o la racionalidad orgánica. La contratación comprensiva regiría en el primer caso, mientras que los esfuerzos conscientes conducirían a procesos evolutivos en el segundo. Además, si no fuese por el oportunismo, el método de la cláusula general —por la que convienen las partes en limitarse a acciones de maximización del beneficio conjunto— apoyaría también la contratación ubicua. Simplemente no hay ocasión para sustituir el intercambio de mercado por

[7] Como dice Peter Diamond, los modelos económicos convencionales tratan a "los individuos como si intervinieran en un juego de reglas fijas que no dejan de obedecer. No compran más de lo que pueden pagar, no desvían los fondos, no roban bancos" (1971, p. 31).

	Supuestos conductistas	
	Racionalidad	*Orientación del interés propio*
Fuerte	DC; DM	CT; DM
Semifuerte	CT; T	DC
Débil	E	U; T

DC: Derechos contingentes
DM: Diseño del mecanismo
CT: Costo de transacción
E: Evolutiva
U: Utópica

GRÁFICA II-1. *Supuestos conductistas de enfoques alternativos de la organización económica*

otros modos de organización económica si las promesas de comportarse en una forma de maximización conjunta se cumplen de manera automática y si se convienen desde el principio las reglas de la repartición. En el apéndice se examinarán estas cuestiones.

La teoría del diseño del mecanismo acopla una variante de la racionalidad ilimitada al oportunismo. La variante de la racionalidad es ésta: existe una condición de repercusión de la información por la que el principal y el agente conocen una información diferente y esencialmente privada y realizan un contratación compleja. La teoría del diseño del mecanismo se ubica así entre la economía de la contratación con derechos contingentes y la economía del costo de transacción en lo tocante a la racionalidad. La imputación de una capacidad de computación de alto poder es consistente con la primera, mientras que una condición de asimetría de la información la aproxima a la segunda. Sin embargo, en lo tocante a la búsqueda del interés propio, la economía de diseño y la economía del costo de transacción son enteramente congruentes. En realidad, hay diferencias de lenguaje —la teoría de diseño del mecanismo se refiere a la propensión de los agentes humanos a comportarse en forma oportunista como el "azar moral"—, pero ambos enfoques suponen profundos problemas de veracidad y de revelación de la verdad.[8]

[8] Me he resistido a sustituir el término "oportunismo" por el de "azar moral" debido a dos razones. Por una parte, el azar moral es claramente distinguible de la selección adversa. Ambas cosas se engloban bajo el oportunismo. Segundo, y más importante, la referencia al azar moral desalienta a veces la profundidad de la investigación.

En realidad, es posible que el término "azar moral" se extienda legítimamente para sacarlo de su estrecho contexto del aseguramiento —donde se refiere a la posibilidad de que los asegurados se abstengan de tomar medidas apropiadas para mitigar las pérdidas en el intervalo del seguro y

Dado que la información puede revelarse en forma estratégica y no franca cuando se solicita, las disparidades de la información inicial entre las partes de seguro no serán superadas por las propuestas de reunión de toda la información pertinente. Por el contrario, las asimetrías de la información inicial persisten. De hecho, surgirán asimetrías adicionales a medida que se desarrollen los acontecimientos.

La teoría del equipo reconoce la racionalidad limitada pero supone que los agentes tienen preferencias idénticas, lo que equivale a una forma débil de la búsqueda del interés (Marschak y Radner, 1972). Aunque así se plantean interesantes problemas de descentralización de la información, la postulada ausencia del oportunismo simplifica en gran medida las cosas.

Los modos de organización utópicos son deliberadamente humanistas y por lo general no recurren al mercado. Ya sean democráticos o jerárquicos, estos modos requieren un compromiso sólido con los propósitos colectivos y de ordinario abarcan la subordinación personal. La historia de la organización social y económica registra reiterados esfuerzos de elaboración de tales estructuras. Pero las sociedades utópicas son especialmente vulnerables al ataque del oportunismo.[9]

El hombre nuevo de la economía socialista está dotado de un alto nivel de competencia cognoscitiva (de aquí la presumida eficacia de la planeación) y revela un grado menor de preocupación por el interés propio (mayor predisposición a la cooperación) que su homólogo capitalista. La "cooperación y solidaridad" en que se basa el socialismo se "introducen por la planeación social", lo que "no sólo mejora la eficiencia macroeconómica sino que [también agrega estas cualidades nuevas] al proceso económico" (Horvat, 1982, p. 335).

2. Dimensiones

La economía del costo de transacción sostiene que hay razones económicas racionales para organizar algunas transacciones de una manera y otras transacciones de otra manera. Pero ¿cuáles transacciones se organizan de cierto modo y por qué razón? Una teoría visionaria de la organización económica requerirá que se identifiquen y expliquen los factores responsables de las diferencias existentes entre las transacciones.

Las dimensiones principales respecto de las cuales difieren las transaccio-

---

no aceptan francamente su responsabilidad—, a fin de incluir todas las ausencias del "cuidado debido". Pero de ordinario no despierta una sensibilidad ante el conjunto total de esfuerzos *ex ante* y *ex post* para mentir, engañar, robar, desorientar, disfrazar, ofuscar, adulterar, distorsionar y confundir. Si todos aquellos que usaran el término "azar moral" reconocieran y estuvieran dispuestos a aceptar todas las ramificaciones contractuales de esos atributos de la naturaleza humana, el término general (oportunismo) y el término técnico (azar moral) serían sinónimos. Pero en la medida en que el azar moral centre la atención en los aspectos analíticamente más tratables de la contratación, puede ocurrir un acortamiento de la perspectiva. No es por accidente que la literatura formal del principal y el agente utiliza el término "azar moral", mientras que la economía del costo de transacción utiliza el término "oportunismo".

[9] Frank y Fritzie Manuel (1979) examinan la experiencia de las sociedades utópicas. En el capítulo X de este libro se encuentra un breve análisis de este tema.

nes son la especificidad de los activos, la incertidumbre y la frecuencia. La primera es la más importante y la que más distingue la economía del costo de transacción de otros tratamientos de la organización económica, pero las otras dos también desempeñan papeles importantes.

2.1 *La especificidad de los activos*

El conocimiento de la condición descrita aquí como especificidad de los activos puede rastrearse por lo menos hasta Alfred Marshall.[10] Sin embargo, las ramificaciones de contratación y organización pasaron inadvertidas. De hecho, la condición de la cuasirenta a la que se refirió Marshall perdió importancia en vez de ganarla a medida que progresó la economía neoclásica.

Sin duda, el notable estudio del "conocimiento personal" de Michael Polanyi incluía varias ilustraciones de las artes y las artesanías industriales en las que las habilidades en cuestión se encuentran tan profundamente arraigadas en los trabajadores experimentados que los demás sólo podrán conocerlas o inferirlas con gran dificultad, si acaso (Polanyi, 1962, pp. 52-53). También Jacob Marschak reconoció que los activos pueden ser idiosincrásicos y expresó su preocupación por la facilidad con que los economistas aceptan o emplean los supuestos de la calidad de lo intercambiable: "Existen algunos investigadores, maestros y administradores casi únicos, insustituibles; también existen ubicaciones únicas para plantas y puertos. El problema de los bienes únicos o imperfectamente estandarizados [. . .] se ha descuidado en los libros de texto" (Marschak, 1968, p. 14). Se creía generalmente que tales condiciones de singularidad eran raras o poco importantes. Por lo tanto, las precisiones mencionadas por Polanyi y por Marschak podían relegarse sin peligro a notas de pie.

En el último decenio se ha alterado notablemente ese punto de vista. Alchian, quien antes opinaba de otro modo,[11] sostiene ahora que "toda la

[10] Considérese el análisis que hace Marshall del empleo idiosincrásico:

> El punto de vista del empleador [. . .] no incluye todas las ganancias de la empresa: hay otra parte que corresponde a sus empleados. De hecho, en algunos casos y para algunos propósitos, casi todo el ingreso de una empresa puede considerarse como una cuasi renta, es decir, un ingreso determinado por el momento por el estado del mercado de sus productos, con escasa referencia al costo de la preparación para su trabajo de las diversas cosas y personas empleadas en ella. [. . .]Por ejemplo, el empleado principal de una empresa está familiarizado con las personas y las cosas, y en algunos casos podría vender su conocimiento a las empresas rivales, a un alto precio. Pero en otros casos, ese conocimiento sólo tiene valor para la empresa en la que ya se encuentra el empleado; en este último caso, su alejamiento podría lesionar a la empresa en varias veces el valor de su salario, mientras que el empleado no podría obtener quizá la mitad de su sueldo en otra parte [1948, p. 626].

Los empleados a quienes se refiere Marshall están evidentemente especializados en el trabajo de una empresa particular. La contratación discreta está mal adaptada para tales transacciones. La economía del costo de transacción pronostica la aparición de contratos con mejores prestaciones para la salvaguarda del empleo.

[11] Alchian y Demsetz sostuvieron originalmente que "ni el empleado ni el empleador están limitados por alguna obligación contractual de continuar con su relación. Los contratos a largo

justificación de la posición de empleador-empleado, y aun de la existencia de las empresas, se basa en [la especificidad de los activos]; sin ella, no se conoce ninguna razón para que existan las empresas".[12]

La proposición de que los atributos idiosincrásicos de las transacciones tienen ramificaciones de organización grandes y sistemáticas apareció primero junto con el estudio de la integración vertical (Williamson, 1971). Las transacciones apoyadas por inversiones en activos durables, específicos de ciertas transacciones, experimentan efectos de "encerramiento", por cuya razón se verá sustituido de ordinario el comercio autónomo por la propiedad unificada (integración vertical). Así pues, aunque puede haber al principio gran número de solicitantes calificados, si el "ganador de un contrato original adquiere una ventaja de costos, digamos en razón de [...] una localización o un aprendizaje únicos, incluidas la adquisición de procedimientos técnicos y administrativos que se mantienen en secreto y las habilidades laborales específicas para ciertas tareas", se verá perturbada la paridad de la licitación en los intervalos de renovación del contrato, de modo que es probable que surjan ciertas tensiones de la contratación *ex post* (comparativas o remediables) si se intenta una contratación discreta (Williamson, 1971, p. 116).

a. *Explicación*

La especificidad de los activos surge en un contexto intertemporal. Como se observó en los esquemas contractuales del capítulo I, las partes de una transacción pueden elegir de ordinario entre las inversiones de propósitos especiales y las de propósitos generales. Suponiendo que los contratos se terminen como estaba planeado, las primeras permitirán a menudo el ahorro de costos. Pero tales inversiones son también riesgosas, ya que los activos especializados no pueden cambiarse de lugar sin sacrificar el valor productivo si los contratos se interrumpen o se terminan prematuramente. Las inversiones de propósitos generales no plantean las mismas dificultades. Los "problemas" surgidos durante la ejecución del contrato pueden resolverse en un régimen de activos de propósitos generales si cada una de las partes sigue su propio camino. Por lo tanto, hay necesidad de evaluar esta cuestión: ¿justificará el ahorro de costos esperado de la aplicación de una tecnología de propósito especial los peligros estratégicos que surjan a resultas de su carácter irrecuperable?

Así se plantea un dilema que debe evaluarse. A diferencia de lo que ocurría en los tratamientos anteriores de la organización económica, la economía del costo de transacción se preocupa fundamentalmente por tal condición. De igual modo, la naturaleza del dilema no es invariable sino que varía en

---

plazo entre el empleador y el empleado no son la esencia de la organización que llamamos una empresa" (1972, p. 177). Alchian ha abandonado ya esta posición (1984, pp. 38-39).

[12] Alchian, "First National Maintenance vs National Labor Ralations Board", manuscrito inédito, 1982, pp. 6-7. Alchian añade generosamente que "*Markets and Hierarchies* [es] con mucho la enunciación más elegante, aunque abstrusa, del principio [de la especificidad de los activos]" (p. 7).

forma sistemática con la estructura de gobernación a la que se asignen las transacciones en cuestión. Se requiere entonces una evaluación del dilema en términos de la organización comparada.

Suele distinguirse entre los costos fijos y los costos variables, pero ésta es sólo una distinción contable. Es de más importancia para el estudio de la contratación el hecho de que los activos puedan trasladarse o no (Klein y Leffler, 1981). Muchos activos que los contadores consideran fijos son en realidad trasladables, como ocurre por ejemplo con los edificios y equipos de propósitos generales de ubicación central. Los activos durables pero móviles, tales como los caminos y los aviones para usos generales, son también desplazables. Otros costos que los contadores tratan como variables tienen a menudo una gran parte que no se puede trasladar, como ocurre por ejemplo con el capital humano específico de una empresa. La gráfica II-2 ayuda a establecer la distinción.

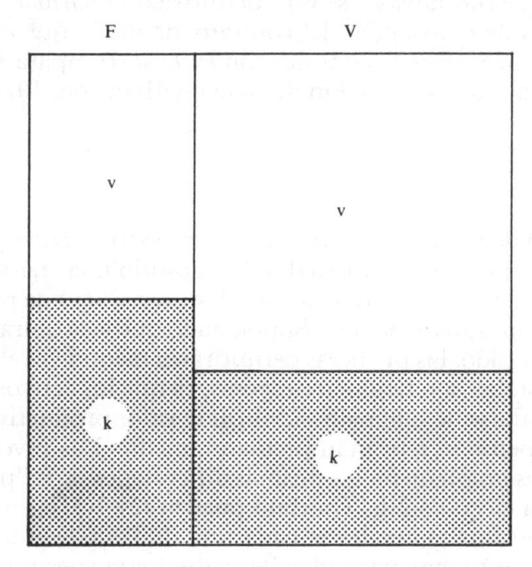

Contabilidad: fijo (*F*) y variable (*V*)
Contratación: específico (*k*) y no específico (*v*)

GRÁFICA II-2. *Distinciones de costos*

Se distingue así entre las partes fijas (*F*) y variables (*V*) de los costos. Pero además se clasifican tales costos por el grado de su especificidad, de la que se reconocen sólo dos clases: totalmente específica (*k*) y no específica (*v*). (El hecho de que sólo se distingan dos clases de especificidad no implica que los activos deban ser enteramente de una clase o de otra. Los activos semiespecíficos encierran una mezcla de *k* y *v*.) La región sombreada de la parte baja de la gráfica es la que causa problemas en el terreno de la contratación. Allí se ubican los activos específicos. Tal especificidad es responsable de lo que se llamará la "transformación fundamental" en el apartado 3 de este capítulo.

Resulta conveniente distinguir por lo menos cuatro tipos diferentes de especificidad de los activos: especificidad del sitio; especificidad de los activos físicos; especificidad de los activos humanos, y activos dedicados. Además, las ramificaciones de la organización varían con cada tipo. Los detalles se desarrollan mejor en el contexto de cuestiones específicas de la organización: integración vertical, contratación no convencional, empleo, gobernación corporativa, regulación, etc., que examinaremos en los capítulos siguientes. Basta observar aquí que: 1) la especificidad de los activos se refiere a las inversiones durables que se realizan en apoyo de transacciones particulares, cuyo costo de oportunidad es mucho menor en los mejores usos alternativos o para usuarios alternativos si la transacción original se terminara prematuramente, y 2) en estas circunstancias, es evidente que la identidad específica de las partes de una transacción, lo que quiere decir que se otorga valor a la continuidad de la relación, de modo que: 3) surgen salvaguardas contractuales y de organización en apoyo a las transacciones de esta clase, cuyas salvaguardas son innecesarias (originarían costos evitables) para las transacciones de la variedad neoclásica más familiar (no específica). Así pues, mientras que las transacciones neoclásicas ocurren en mercados donde "compradores y vendedores sin rostro [. . .] se reúnen por un instante para intercambiar bienes estandarizados a precios de equilibrio" (Ben-Porath, 1980, p. 4), los intercambios apoyados por inversiones específicas de ciertas transacciones no carecen de rostro ni son instantáneos. El estudio de la gobernación debe su origen a esa condición.[13]

b. *La importancia*

Resulta difícil exagerar la importancia de la especificidad de los activos para la economía del costo de transacción. Así como la ausencia de una aversión diferencial al riesgo disminuiría si no viciara gran parte del trabajo reciente sobre los incentivos de la contratación (Akerlof y Miyazaki, 1980; Bull, 1983), la ausencia de la especificidad de los activos viciaría gran parte de la economía del costo de transacción.[14] Ésta es la fuente de notables semejanzas entre las transacciones y de numerosas implicaciones refutables.

En realidad, la especificidad de los activos sólo asume importancia en unión de la racionalidad limitada y el oportunismo, y en presencia de la incertidumbre. Sin embargo, es cierto que la especificidad de los activos es la gran locomotora a la que debe la economía del costo de transacción

[13] También Klein, Crawford y Alchian están persuadidos de la importancia de la especificidad de los activos. Estos autores desarrollan el argumento en el contexto de lo que llaman "cuasi rentas apropiables", donde el valor de cuasi renta de un activo es el valor en el siguiente uso mejor y la "porción especializada potencialmente apropiable de la cuasi renta es la porción que excede de su valor para el usuario que le asigne el segundo valor más alto" (1978, p. 298). Véase también Klein (1980), Klein y Leffler (1981), Goetz y Scott (1981), y Alchian (1984).

[14] Los mercados son enteramente refutables —según Baumol Panzer y Willig (1982)— si se presume ausente la especificidad de los activos. En este sentido, la teoría de la refutabilidad y la economía del costo de transacción observan el mismo fenómeno —la condición de la especificidad de los activos— a través de los extremos opuestos del telescopio.

gran parte de su contenido profético. En ausencia de esta condición, el mundo del contrato se simplifica enormemente; en cuanto interviene la especificidad de los activos, aparecen las prácticas de contratación no convencionales. El olvido de la especificidad de los activos es responsable en gran medida de la preocupación de las antiguas tradiciones contractuales por el monopolio.

2.3 *La incertidumbre*

a. *General*

Muchas de las cuestiones interesantes de las que se ocupa la economía del costo de transacción se reducen a una evaluación adaptable, secuencial, de la toma de decisiones. Dependiendo del conjunto de transacciones que deban efectuarse, la proposición básica es aquí que las estructuras de gobernación difieren en sus capacidades para responder eficazmente a las perturbaciones. En realidad, tales cuestiones se desvanecerían si no existiera la racionalidad limitada, ya que entonces podría desarrollarse una estrategia detallada para el cruce de todos los puentes posibles por adelantado.[15] También sería posible la adaptación efectiva mediante el empleo del método de la "regla general" antes descrito, si no existiera el oportunismo. Pero dada la necesidad de afrontar la racionalidad limitada y el oportunismo, es inevitable que se hagan algunas evaluaciones institucionales comparadas de los atributos adaptables de estructuras de gobernación alternativas.

Como sostenía Hayek, los problemas interesantes en la organización económica sólo surgen en unión de la incertidumbre: "El problema económico de la sociedad es principalmente un problema de adaptación a los cambios ocurridos en las circunstancias particulares de tiempo y lugar" (Hayek, 1945, p. 524). Además, las perturbaciones no son todas de la misma clase. Es conveniente distinguir diversos orígenes. La incertidumbre conductista tiene una importancia especial para el entendimiento de los problemas de la economía del costo de transacción.

Aunque en los análisis anteriores existe la sugerencia de que la incertidumbre puede tener orígenes conductistas (Williamson, 1975, pp. 26-37), generalmente pasa inadvertido. Ni siquiera Tjalling Koopmans, cuya distinción entre la incertidumbre primaria y la secundaria va más allá de la mayoría de los enfoques, y quien describe el problema fundamental de la organización económica de la sociedad como el problema de afrontar y manejar la incertidumbre (1957, p. 147), se ocupa de los problemas conductistas. La incertidumbre primaria es de una clase dependiente del Estado, mientras que la incertidumbre secundaria deriva "de la falta de comunicación, es decir, del

[15] Simon ha asumido la posición algo extremista de que no es esencial la distinción entre la complejidad determinista y la incertidumbre. Lo que se llama "incertidumbre" en el ajedrez es "la incertidumbre introducida en un ambiente perfectamente cierto por la incapacidad —computacional— para determinar la estructura del ambiente. Pero el resultado de la incertidumbre, cualquiera que sea su fuente, es el mismo: la aproximación debe sustituir a la exactitud para llegar a una decisión" (1972, p. 170).

hecho de que aquel que toma decisiones no puede conocer éstas ni los planes concurrentes de los demás", lo que en opinión de Koopmans es "en términos cuantitativos por lo menos tan importante como la incertidumbre primaria derivada de actos aleatorios de la naturaleza y de cambios imprevisibles en las preferencias del consumidor" (1957, pp. 162-163).

Sin embargo, la incertidumbre secundaria a la que se refiere Koopmans es de una clase inocente o no estratégica. Hay una falta de comunicación, pero no se hace ninguna referencia a la incertidumbre que surge a causa de la ausencia de revelación estratégica, el engaño o la distorsión de la información (adviértase que la distorsión de la información no significa una ausencia de información sino la aportación consciente de señales falsas o engañosas). De igual manera, los planes a los que se refiere Koopmans son simplemente desconocidos. No se sugiere en ninguna parte la posibilidad de que las partes elaboren planes estratégicos con cada uno de los rivales,[16] que originen incertidumbre *ex ante* y sorpresas *ex post.*

La incertidumbre de tipo estratégico es imputable al oportunismo y la llamaremos *incertidumbre conductista.* Tal incertidumbre es presumiblemente semejante a lo que llama Ludwig von Mises la probabilidad del caso, donde "la probalidad del caso es un aspecto peculiar del hecho de que abordemos problemas de la *acción humana.* Aquí resulta poco apropiada toda referencia a la frecuencia, ya que nuestros enunciados se refieren a *sucesos únicos*" (1949, p. 112; sin subrayado en el original).[17] Así pues, aunque fuese posible caracterizar la propensión general de una población a comportarse de manera oportunista por adelantado, y quizá incluso a buscar la confiabilidad, el conocimiento de que se está tratando con un negociante

[16] El dilema de Holmes-Moriarty, descrito por Oskar Morgenstern, es un ejemplo:

> Sherlock Holmes, perseguido por Moriarity su oponente, sale de Londres para Dover. El tren se detiene en una estación del camino, y Holmes se baja allí en lugar de continuar el viaje a Dover. Ha visto a Moriarity en la estación ferroviaria, reconoce que es muy astuto y espera que tome un tren especial más rápido para atraparlo en Dover. La presunción de Holmes resulta correcta. ¿Pero qué hubiera ocurrido si Moriarity hubiese sido más astuto aún, hubiese estimado mejor las capacidades mentales de Holmes y hubiese previsto consiguientemente sus acciones? Entonces, es obvio que habría viajado a la estación intermedia. De nuevo, Holmes tendría que calcular eso y habría decidido continuar a Dover. Entonces, Moriarity habría "reaccionado" otra vez de manera diferente. A causa de tanto pensamiento, quizá no hubiesen podido actuar en absoluto los protagonistas, o el más débil de los dos en el terreno intelectual tendría que rendirse al otro en la estación Victoria, ya que todo el viaje se habría vuelto innecesario [1976, pp. 173-174].

[17] También G. L. S. Shackle opina que "en una gran multitud y diversidad de cuestiones, el individuo no tiene experiencia de un número suficiente de actos suficientemente similar, propios o de otras personas, para poder construir un cuadro válido de frecuencia de los resultados de actos de esta clase. En lo tocante a estos actos, el individuo no dispone de las probabilidades" (1961, p. 55). Evidentemente, Georgescu-Roegen está de acuerdo. Dice que "una medida para todas las situaciones inciertas [...] no tiene ningún sentido, ya que sólo puede obtenerse por una representación intencionalmente mutilada de la realidad. Casi todos los días escuchamos a la gente hablar del 'riesgo calculado', pero nadie puede decirnos cómo deberá hacer el cálculo de modo que podamos comprobarlo" (1971, p. 83). Los sucesos que comprenden una "novedad" no pueden describirse por distribuciones de la probabilidad (Georgescu-Roegen, 1971, p. 122).

que proviene de una parte de la distribución del oportunismo y no de otra, describe plenamente las incertidumbres surgidas por esta causa. Las incertidumbres adicionales podrán evaluarse sólo después de proyectar las respuestas engañosas (ajenas y propias) que introduce el oportunismo. Y tales respuestas sólo pueden evaluarse en unión de los detalles particulares del contrato. Además, ni siquiera el conocimiento de los detalles particulares evita las sorpresas. La capacidad de la mente humana para la novedad es inconcebiblemente rica.[18] Los problemas que surgen aquí han sido enunciados muy bien por Leif Johansen, quien observa que el estudio del comportamiento económico entre agentes económicos de motivaciones complejas se complica por el hecho de que "resulta difícil la delimitación del alcance de los mensajes, ofrecimientos, amenazas, etc., que pueden ocurrir durante el proceso, con inclusión de la cronología de los movimientos. La imaginación y la capacidad para sorprender a los oponentes pueden ser puntos importantes, y muy a menudo se expandirá la 'agenda' durante el proceso" (1979, p. 511). Los movimientos sorpresivos suscitan a menudo respuestas complejas. Se alcanzan rápidamente los límites de la racionalidad limitada, ya que no puede generarse todo el árbol de decisión, ni siquiera en el caso de problemas moderadamente complejos (Feldman y Kanter, 1965, p. 615).[19]

En realidad, las incertidumbres conductistas no plantearían problemas contractuales si se *supiera* que las transacciones están libres de perturbaciones exógenas, ya que entonces no habría ocasión para adaptarse y los esfuerzos unilaterales que se hicieran para alterar los contratos podrían ser anulados por los tribunales o por la acción de terceros. La insistencia en los términos originales se observaría así en todas partes. Sin embargo, se desvanece la facilidad de ejecución de los contratos en cuanto surge la necesidad de la adaptación (o en cuanto puede afirmarse plausiblemente). Surgen interrogantes de esta clase: ¿debieran tolerarse las malas adaptaciones al cambio de las circunstancias, por temor a que los esfuerzos de la adaptación provoquen complejas respuestas conductistas de los contrarios, con la posibilidad de incurrir en pérdidas netas? ¿Podrá elaborarse una estructura de gobernación que atenúe tales incertidumbres conductistas?[20] Tales problemas no surgen

[18] "Cuando decimos que todos se sorprendieron ante el anuncio del presidente Johnson de que no buscaría ni aceptaría la nominación presidencial de 1968 no queremos decir simplemente que la creencia *ex ante* acerca de este evento fuese extremadamente pequeña: lo que queremos decir es que nadie más había pensado tal cosa" (Georgescu-Roegen, 1971, p. 123).

[19] Dado que gran parte de la información pertinente acerca de la confiabilidad, o de su ausencia, que se genere en el curso de la negociación bilateral es en esencia una información privada —ya que no puede comunicarse abiertamente ni compartirse con otros (Williamson, 1975, pp. 31-37)—, es muy deficiente el conocimiento acerca de las incertidumbres conductistas. En consecuencia, la organización de la actividad económica es más complicada aún.

[20] El interesante análisis que hace Stephen Littlechild de la perspectiva radical-subjetivista introduce la posibilidad de que las estructuras de gobernación reflejan incertidumbres conductistas. Observa Littlechild que "si la incertidumbre deriva de las acciones todavía no determinadas de otros agentes, es necesario conocer las decisiones de esos otros agentes (mediante acuerdo, colusión, fusión, etc.), o reducir nuestra dependencia de ellos (por ejemplo, estableciendo o extendiendo los derechos de propiedad)" (1983, p. 6). Jenkins se refiere a la misma condición cuando dice que las relaciones humanas son inestables porque "los hombres indican mediante palabras o acciones que actuarán de un modo y luego de otro" (1980, p. 18), a lo cual añade que "en

en el contexto de la incertidumbre primaria pero son importantes para el estudio de la organización económica.

b. *Efectos de la interacción*

La influencia de la incertidumbre sobre la organización económica es condicional. Específicamente, un aumento de la incertidumbre paramétrica importa poco para las transacciones que no son específicas. Dado que las nuevas relaciones comerciales se arreglan con facilidad, la continuidad tiene escaso valor y la incertidumbre conductista es irrelevante. En consecuencia, continúa el intercambio del mercado y se aplica el paradigma de la contratación discreta a las transacciones estandarizadas de todas clases, cualquiera que sea el grado de la incertidumbre.

Esto no se aplica a las transacciones apoyadas por inversiones idiosincrásicas. Siempre que los activos son específicos en grado no trivial, el incremento del grado de incertidumbre hace más imperativo que las partes elaboren un sistema para "resolver las cosas", ya que las brechas contractuales serán mayores y las ocasiones de adaptaciones secuenciales aumentarán en número e importancia a medida que se eleve el grado de la incertidumbre. También surgen ahora, como sería de esperarse, las preocupaciones por las incertidumbres conductistas antes mencionadas.

Convendrá diferir para el capítulo III un análisis más amplio de las ramificaciones de la gobernación. Basta observar aquí que: 1) los efectos de interacción entre la incertidumbre y la especificidad de los activos son importantes para el entendimiento de la organización económica, y que: 2) el análisis empírico de algunos aspectos del costo de transacción se complica en consecuencia.

2.3 *La frecuencia*

Se cree que el famoso teorema de Adam Smith según el cual "la división del trabajo está limitada por la extensión del mercado" tiene sobre todo ramificaciones neoclásicas en el terreno de los costos. Si los mercados son pequeños, es posible que no se recuperen las inversiones hechas en técnicas de producción especializadas, cuyos costos podrían recuperarse en un mercado grande, de modo que en los mercados pequeños se observarán plantas, equipos y procedimientos de propósitos generales. Se aplica un razonamiento similar al estudio de los costos de transacción. La proposición básica en este último sentido es la siguiente: las estructuras de gobernación especializadas se adaptan más sensiblemente a las necesidades de gobernación de las transacciones no convencionales que las estructuras no especializadas, *ceteris paribus*.

---

apariencia, sólo en el contexto humano se vuelve el desorden una característica conspicua; y sólo el hombre se encuentra a la vez retado y equipado para ocuparse deliberadamente de tal desorden" (1980, p. 18).

Pero las estructuras especializadas tienen gran costo, y se trata de saber si los costos podrán justificarse. Esto varía con los beneficios, por una parte, y con el grado de la utilización, por la otra.

Los beneficios de las estructuras de gobernación especializadas son mayores para las transacciones apoyadas por una inversión considerable en activos específicos de ciertas transacciones. Las razones se describieron antes. Habrá necesidad de saber ahora si el volumen de las transacciones mediante una estructura de gobernación especializada utiliza tal estructura a toda su capacidad . El costo de las estructuras de gobernación especializadas se recuperará con mayor facilidad en el caso de las transacciones grandes de tipo recurrente. Por lo tanto, la frecuencia de las transacciones en una dimensión apropiada. Cuando la frecuencia es baja pero las necesidades de una gobernación matizada son grandes, se sugiere la posibilidad de agregar las demandas de transacciones similares pero independientes. En tales circunstancias, el arbitraje suele sustituir al ordenamiento judicial: ambos procedimientos permiten la agregación, pero el último está más orientado hacia las necesidades de continuidad de las transacciones de activos específicos.

En términos más generales, no se trata de economizar en los costos de transacción sino en los costos de transacción así como en los de la producción neoclásica. Por lo tanto, debe evaluarse la obtención de economías del costo de transacción a expensas de las economías de escala o las economías de alcance. Se requiere un marco de tasa de sustitución para examinar las ramificaciones del costo de producción y de la gobernación de modos de organización alternativos al mismo tiempo. En el capítulo IV se elabora un método rudimentario de esta clase.

3. La transformación fundamental

Los economistas de todas las orientaciones reconocen que los términos en los que se realizará una negociación inicial dependen de la posibilidad de obtener licitaciones de más de un proveedor calificado. Se obtendrán términos monopólicos si hay un solo proveedor altamente calificado, mientras que habrá términos competitivos cuando haya muchos. La economía del costo de transacción acepta plenamente esta descripción de la competencia de licitación *ex ante*, pero insiste en que el estudio de la contratación se extienda para incluir algunos espectos *ex post*. Así pues, la licitación inicial sólo fija el proceso de contratación en movimiento. Una evaluación plena requiere el escrutinio de la ejecución contractual y de la competencia *ex post* en el intervalo de renovación del contrato.

Contra lo que ocurría en la práctica anterior,[21] la economía del costo de transacción sostiene que una condición de gran número de licitaciones al principio no implica necesariamente que más tarde prevalecerá tal condición. La eficacia plena de la competencia *ex post* depende del hecho de que el

[21] Los enfoques anteriores de la licitación de franquicias, que se examinarán en el capítulo XIII, ilustran el análisis del contrato en el que se olvidaron o descartaron los aspectos *ex post*.

bien o servicio en cuestión esté apoyado por inversiones durables en activos humanos o físicos específicos de ciertas transacciones. Si no existieran tales inversiones especializadas, el licitante inicialmente triunfador no obtendría ninguna ventaja sobre los derrotados. Aunque puede continuar proveyendo durante largo tiempo, ello sólo ocurre porque, de hecho, está encontrando de continuo licitaciones competitivas de rivales calificados. Sin embargo, no puede presumirse que los rivales operen en un plano de igualdad en cuanto se hacen inversiones sustanciales en activos específicos de ciertas transacciones. En tales circunstancias, los ganadores disfrutarán ventajas sobre los perdedores, lo que quiere decir que se perturba la paridad. En consecuencia, lo que era al principio una condición de gran número de licitantes se transforma efectivamente en una condición de oferta bilateral. Esta transformación fundamental tiene consecuencias de contracción generalizada.

La razón de que las grandes inversiones en activos durables, específicos de ciertas transacciones, introduzcan una asimetría contractual entre el licitante ganador, por una parte, y los derrotados, por la otra, es que se sacrificarían algunos valores económicos si terminara la relación de la oferta vigente. La contratación sin rostro se ve sustituida así por la contratación donde importa la identidad pareada de las partes. Ocasionalmente, la identidad de las partes es importante desde el principio, como ocurre cuando un comprador induce a un proveedor a invertir en capital físico especializado de una clase específica de ciertas transacciones. Dado que el valor de ese capital en otros usos es por definición mucho menor que en el uso especializado para el que ha sido diseñado, el proveedor se ve en efecto comprometido con la transacción en un grado importante. Además, el resultado es a menudo simétrico porque el comprador no puede recurrir a otras fuentes de abasto para obtener el bien en términos favorables, dado que el costo del abasto proveniente de un capital no especializado es presumiblemente grande.

Sin embargo, de ordinario hay en el intercambio idiosincrásico algo más que un capital físico especializado. Las inversiones en capital físico que son específicas de ciertas transacciones también ocurren comúnmente. Estas inversiones surgen durante la ejecución del contrato. La economía del adiestramiento especializado y la del aprendizaje en el trabajo para las operaciones de producción son ejemplos de esta situación. Excepto cuando tales inversiones pueden transferirse a otros proveedores de costo bajo, lo que es raro, sólo podrán obtenerse los beneficios mientras se mantenga la relación existente entre el comprador y el vendedor.

Pueden obtenerse ahorros específicos de ciertas transacciones en la interrelación existente entre el proveedor y el comprador a medida que los contratos se adaptan sucesivamente a los eventos que se van desenvolviendo, y a medida que se llega a acuerdos periódicos de renovación de contrato. La familiaridad permite aquí la realización de economías de la comunicación: se desarrolla un lenguaje especializado a medida que se acumula la experiencia y que se emiten y reciben señales en forma sensible. Evolucionan relaciones de confianza institucional y personal. En consecuencia, los individuos responsables de la adaptación de las interrelaciones tienen un interés personal y comunal en los resultados. Cuando se cree que opera la integridad personal, los individuos ubicados en las interrelaciones pueden negarse a participar en los esfuerzos oportunistas que se hagan para aprovechar la letra del contrato cuando el espíritu del intercambio se haya violado. Tales negativas pueden frenar las tendencias de la organización a comportarse de manera oportunista.[22] En igualdad de las demás circunstancias, las relaciones de intercambio idiosincrásicas que revelen una confianza personal soportarán mayores tensiones y mostrarán mayor adaptabilidad.

La realización de estas adaptaciones plantea un grave dilema de contratación, aunque conviene repetir que, si no existiesen los peligros del oportunismo, las dificultades se desvanecerían, ya que entonces podrían llenarse sin defecto las lagunas existentes en los contratos incompletos a largo plazo, recurriendo a la cláusula general antes descrita. Pero en vista de la imposibilidad de aplicar las cláusulas generales y de la inclinación de los agentes humanos a hacer afirmaciones falsas y engañosas, deberán afrontarse los peligros siguientes: unidos como están en una condición de monopolio bilateral, tanto el comprador como el vendedor se encuentran estratégicamente situados para negociar sobre la disposición de cualquier ganancia adicional siempre que la otra parte formule una propuesta de adaptación. Aunque ambos tienen un interés a largo plazo en la realización de adaptaciones para la maximización del beneficio conjunto, cada uno tiene también interés en apropiarse la mayor parte de la ganancia en cada ocasión de adaptación. Por lo tanto, las adaptaciones que de otro modo serían eficientes conducen a un regateo costoso o incluso se omiten por temor a que se disipen las ganancias ante una costosa búsqueda de metas secundarias. Es evidente que se requieren estructuras de gobernación que atenúen el oportunismo e infundan confianza.[23]

[22] Cabe aquí mencionar observaciones de Thorstein Veblen sobre la relación distante entre el director de una gran empresa y sus transacciones. Observa Veblen que, en tales circunstancias impersonales, el "efecto mitigador que puede tener la conducta personal en los tratos entre hombre y hombre se [. . .] elimina en gran medida. [. . .] El gerente de la empresa tiene [entonces] una oportunidad para proceder [. . .] libre de consideraciones sentimentales sobre la amabilidad humana, la irritación o la deshonestidad" (1927, p. 53). Evidentemente, Veblen asigna escaso peso a la posibilidad de que aquellos a quienes se asignen responsabilidades de negociación y ejecución realicen las transacciones con integridad. Los estudios realizados recientemente por Thomas Palay, sobre las transacciones de la transportación, sugieren que Veblen erró porque las transacciones especializadas disfrutan de la salvaguarda adicional del honor y la integridad personales de los individuos que negocian los términos (Palay, 1981, pp. 105, 117, 124). La evaluación que hace Ronald Dore de las prácticas contractuales japonesas sugiere también que la integridad personal es importante (1983).

[23] Considerando la importancia de la transformación fundamental para el estudio de la organización económica, nos preguntamos por qué se pasó por alto esta condición durante tanto tiempo. Una explicación es que tales transformaciones no ocurren en el contexto de la contratación comprensiva, definitiva, lo que es una ficción contractual conveniente y a veces productiva, pero que impone demandas excesivas a la racionalidad limitada. Una segunda razón es que no surgirá la transformación en ausencia del oportunismo, una condición que los economistas se han resistido a conceder. En tercer lugar, aunque se acepten la racionalidad y el oportunismo, la transformación fundamental aparece sólo en unión de una condición de especificidad de los activos, un aspecto de la contratación que sólo se ha explicado recientemente.

APÉNDICE

Oportunismo: una digresión

El supuesto conductista de que los agentes humanos son dados al oportunismo suscita diversas reacciones, desde el fuerte rechazo hasta la aceptación fácil pasando por la actitud que insiste en que éste es sólo otro ejemplo de que no hay nada nuevo bajo el sol. Hay incluso quienes consideran irrelevante al oportunismo.

Quienes rechazan el uso del oportunismo lo consideran como una faceta despreciable de la naturaleza humana y se sienten desalentados ante la teoría de la organización económica que plantea el oportunismo. Comprendo ambas preocupaciones. Por lo que toca a la primera, debe advertirse que no intento decir que los individuos se inclinen en forma continua, o incluso de lleno, por el oportunismo. Sólo afirmo que algunos individuos son oportunistas a veces y que la confiabilidad diferencial es raras veces transparente *ex ante*. En consecuencia, se hacen esfuerzos de selección *ex ante* y se crean salvaguardas *ex post*. De otro modo, quienes tienen menos principios (los más oportunistas) podrán explotar excesivamente a quienes tienen más principios. (Además, incluso en los tratos realizados entre quienes se sabe que son oportunistas, hay algunos beneficios en la restricción mutua, como se refleja en el aforismo de que hay honor entre los ladrones, aunque sin duda invita a una interpretación más compleja de la que se puede intentar aquí).

Una de las tesis del oportunismo es que son muy frágiles los modos cooperativos "ideales" de la organización económica, es decir, los modos en los que se imputa generosamente a los miembros la confianza y las buenas intenciones. Tales organizaciones son fácilmente invadidas y explotadas por agentes que no poseen esas cualidades. Las formas de organización "de altos principios" —aquellas que presumen la confiabilidad y que se basan en principios no oportunistas— pierden así su viabilidad por la intrusión de oportunistas que no son detectados y castigados. En consecuencia, es forzoso que aquellos que harían triunfar las cooperativas hagan algunas concesiones a los efectos debilitantes del oportunismo. Las cooperativas viables tratarán de establecer una vigilancia, un reacondicionamiento social y otras penas para los invasores oportunistas.

En el otro extremo se encuentran quienes sostienen que el oportunismo ha sido siempre el supuesto conductista operativo. Por lo tanto, la referencia expresa a la "búsqueda del interés propio con dolo" es algo superfluo. Mi comentario a esto se divide en dos partes. Primero, aunque lo anterior fuese cierto, hay algunas ventajas cuando somos más explícitos acerca de lo que queremos decir, sobre todo cuando tratamos con quienes pueden estar poco familiarizados con las tradiciones orales. Pero en segundo lugar, y más importante aún, rechazo que el oportunismo haya sido el supuesto conductista operativo. Aparte de los bienes públicos, el aseguramiento y el oligopolio, todavía en 1970 había escasa consideración o ninguna del oportunismo en la mayoría de los enfoques de la organización económica, ya fuera en textos o en otras presentaciones. Cabe aquí la opción de Peter Diamond sobre la orientación prevaleciente hacia la búsqueda del interés propio en la posguerra: "los modelos económicos convencionales [tratan] a los individuos como si participaran en un juego de reglas fijas que les toca obedecer. No compran más de lo que saben que podrán pagar, no desvían fondos, no roban bancos" (1971, p. 31). Es evidente que, antes que el oportunismo, la mera búsqueda del interés propio era la concepción prevaleciente. Así pues, cerca de 1970:

1. La integración vertical no se consideraba como un problema de contratación sino como un problema de la teoría aplicada de los precios y de la tecnología.
2. La organización sindical se trataba casi enteramente como una cuestión de monopolio, con escasa o ninguna referencia a la gobernación eficiente y la atenuación del oportunismo.
3. Los beneficios de la eficiencia en las formas no convencionales de la contratación fueron casi totalmente olvidados en favor de las explicaciones monopólicas de tales condiciones.
4. Se prescribieron soluciones regulatorias donde se descartaron o suprimieron las complicaciones contracturales imputables al oportunismo.
5. El estudio de la doctrina del contrato se basaba (y se basa todavía) casi por entero en los supuestos de la aversión al riesgo diferencial, quedando suprimidas las preocupaciones por los riesgos del oportunismo.
6. Se consideraba a las empresas como funciones de producción y no como estructuras de gobernación.
7. En términos más generales, se minimizaba la importancia del proceso y de las instituciones de la gobernación para el estudio de la organización económica.

De hecho, si hubiese estado generalizada la apreciación del oportunismo ¿cómo se explica el efecto extraordinario del punto de vista de George Akerlof acerca del "problema de los limones" en 1970? ¿O cómo se explica la afirmación no refutada de Ronald Coase en el sentido de que la organización industrial era, cerca de 1970, un estudio de la "teoría aplicable de los precios", donde predominaba el monopolio neoclásico más que las consideraciones de la contratación eficiente?

Veamos por último la tesis según la cual el oportunismo es irrelevante: sólo importa la racionalidad limitada. Se llega a esta conclusión al considerar que, si se aplicara la racionalidad ilimitada (de la clase más comprensiva, donde se eliminaran incluso todas las formas de la información privada), sería viable la contratación comprensiva a largo plazo y se eliminarían sin ningún costo todos los problemas debidos deliberadamente al "oportunismo en la renovación contractual. [Por lo tanto, la] explicación de la eficiencia comparada vigente para la organización interna [el oportunismo] se reduce en última instancia a una explicación del conocimiento estructural imperfecto [la racionalidad limitada]" (Langlois, 1984, p.33).

Convengo en que el oportunismo no pesa nada cuando hay una racionalidad. Pero insisto también en que, a pesar de la racionalidad limitada, la contratación sería ubicua en ausencia del oportunismo, es decir, si se supone la mera búsqueda del interés propio. Así pues, aunque la simple búsqueda del interés propio asegura la realización plena de todas las ventajas de la negociación original (por ejemplo, la propiedad monopólica de los recursos), también permite la eliminación de los problemas de contratación *ex post* mediante la utilización de una "cláusula general" en la que las partes de un contrato prometan revelar francamente toda la información relevante y comportarse de manera cooperativa durante la ejecución del contrato y en los intervalos de la renovación contractual.[1]

La mecánica de la cláusula general se discute en otra parte (Williamson, 1975, pp. 27, 91-93). Baste observar aquí que deben distinguirse cuatro casos y que los problemas de la contratación se desvanecen en tres de ellos. Tales

		Condición de racionalidad limitada	
		Ausente	*Admitida*
Condición de oportunismo	*Ausente*	Felicidad	Contratación con "cláusula general"
	Admitida	Contratación comprensiva	Graves dificultades contractuales

[1] Esa contratación funciona bien en ambos casos, pero ello no significa que generen resultados idénticos las economías que difieren inicialmente sólo en los atributos de los agentes humanos: una tiene agentes ilimitadamente racionales pero oportunistas (por lo tanto, si tales agentes fuesen transportados a un planeta de agentes limitadamente racionales, se aprovecharían de la población nativa); la otra tiene agentes limitadamente racionales pero no oportunistas. Por el contrario, la última economía será menos eficaz que la primera: algunas oportunidades de mejoramiento no se percibirán en absoluto; algunos errores se reconocerán sólo después del hecho. Sin embargo, las "deficiencias" debidas a la mala percepción o al error, *no podrán remediarse* sustituyendo el contrato por la integración vertical. Éste es el punto crítico.

Ya que cada agente puede confiar en el otro, la delegación de las responsabilidades de la decisión procede en una forma enteramente armónica en una comunidad de agentes que no son oportunistas. Dado que no hay peligros estratégicos, la especialización de la toma de decisiones refleja los gustos, el acceso diferencial a la información, y competencias diferenciales en la toma de decisiones.

Por lo tanto, los agentes que aprecien la participación en la decisión pondrán esto en claro en los contratos que celebren. Todas las adaptaciones para las que puedan proyectarse ganancias netas se realizarán en lo sucesivo sin resistencia dentro de una comunidad de agentes que no son oportunistas. Si hubiera necesidad de expandir el nexo de los contratos, o de alterarlo —por ejemplo, para los fines del aseguramiento—, esto se haría desplegando los datos relevantes en una forma enteramente objetiva. Los cambios de los papeles de decisión debidos al envejecimiento, el aprendizaje, etc., ocurrirán siempre que se perciba la posibilidad de ganancias netas, distribuyéndose la disposición de estas ganancias de acuerdo con la regla de distribución negociada al principio.

casos son: 1) la racionalidad ilimitada y ausencia de oportunismo: una condición de utopía contractual; 2) la racionalidad ilimitada con oportunismo: un caso en que puede lograrse un funcionamiento eficaz de los contratos recurriendo a una contratación comprensiva; 3) la racionalidad limitada con ausencia de oportunismo, donde la contratación funciona bien gracias a la protección de una cláusula general contra los peligros de las lagunas contractuales, y 4) la racionalidad limitada con oportunismo, que en mi opinión es un enfoque acorde a la realidad, algo difícil de lograr y cuya emisión ocasiona todos los problemas difíciles de la contratación. La gráfica siguiente ofrece una visión panorámica de la clasificación de los contratos.

III. LA GOBERNACIÓN DE LAS RELACIONES CONTRACTUALES

Los capítulos anteriores se concentraron en los diversos enfoques económicos utilizados en el estudio del contrato. Los diversos enfoques legales empleados con el mismo fin también ameritan una reseña, lo que haremos en este capítulo.

La diversidad contractual origina numerosos interrogantes de cuya solución se ocupa el estudio de las instituciones económicas del capitalismo. La economía del costo de transacción sostiene que tal diversidad se explica principalmente por las diferencias subyacentes en los atributos de las transacciones. Los propósitos de la eficiencia se satisfacen adaptando las estructuras de la gobernación a los atributos de las transacciones en una forma analítica.

En el apartado 1 se presenta la clasificación triple del contrato elaborada de manera meditada y provocativa por Ian Macneil (1974; p. 738). En el apartado 2 aparece una interpretación del costo de transacción. En el 3 y el 4 se examinan los problemas de la incertidumbre y la medición. En el apartado 5 se analiza la distribución de las transacciones dentro del abanico de los contratos.

1. Las tradiciones de la contratación

Hay un acuerdo generalizado acerca de que el paradigma de la transacción discreta, "precisado por el acuerdo claro; delineado por la ejecución clara" (Macneil, 1974, p. 738), ha sido útil tanto para el derecho como para la economía. Pero hay también una conciencia de que muchas relaciones contractuales no son de esta clase bien definida. Ha surgido una comprensión más profunda de la naturaleza del contrato porque el hincapié en la regla legal, asociado al estudio de la contratación discreta, ha dado lugar a una preocupación más general con los propósitos contractuales que habrán de satisfacerse. Resultan instructivas las distinciones que establece Macneil entre el derecho clásico, neoclásico y relacional.

1.1 *El derecho contractual clásico*

Como observa Macneil, todo sistema de derecho contractual tiene el propósito de facilitar el intercambio. Lo que distingue al derecho contractual clásico es que trata de hacerlo aumentando la discrecionalidad e intensificando la "presentación" (1978, p. 862), donde la presentación hace referencia a los esfuerzos que tienden a "hacer presente en el lugar o el tiempo; a lograr que se perciba o se advierta en el presente" (1978, p. 863, n. 25). La contraparte económica de la presentación completa es la contratación con derechos contingentes, lo que comprende la contratación comprensiva en la que todas las contingencias futuras relevantes para la oferta de un bien o servicio se describen y descuentan en lo tocante a la probabilidad y el alejamiento en el tiempo futuro.

El derecho contractual clásico trata de aplicar la discrecionalidad y la presentación en varias formas. Por una parte, se considera irrelevante la identidad de las partes de una transacción. En ese sentido, corresponde exactamente a la transacción "ideal" del mercado en la economía.[1] En segundo lugar, la naturaleza del acuerdo está delimitada cuidadosamente, y las características más formales gobiernan cuando se disputan los términos formales (por ejemplo, escritos) e informales (por ejemplo, orales). En tercer lugar, se prescriben estrechamente los remedios, de modo que "si la presentación inicial dejara de materializarse a causa de la falta de ejecución, las consecuencias sean relativamente previsibles desde el principio y no sean del todo mudables" (Macneil, 1978, p. 864). Además, se desalienta la participación de terceros (p. 864). Se hace así hincapié en las reglas, los documentos formales y las transacciones de liquidación automática.

1.2 *El derecho contractual neoclásico*

No todas las transacciones encajan cómodamente en el esquema de la contratación clásica. En particular, en los contratos a largo plazo, ejecutados en condiciones de incertidumbre, la presentación completa tiende a ser prohibitivamente costosa, si no es que imposible. Surgen problemas de varias clases. Primero, no todas las contingencias futuras para las que se requieren adaptaciones pueden preverse desde el principio. Segundo, las adaptaciones apropiadas no serán evidentes para muchas contingencias mientras no se materialicen las circunstancias. Tercero, excepto en el caso de que los cambios ocurridos en los estados del mundo sean claros, la contratación dura entre partes autónomas puede originar disputas tremendas cuando se formulen reclamaciones en relación con tales estados. En un mundo donde las partes (por lo menos algunas de ellas) se inclinan a ser oportunistas ¿cuáles representaciones habrán de creerse?

Frente al derrumbe probable de la contratación clásica en tales circunstancias, se dispone de tres alternativas. Una sería la eliminación total de las transacciones. Una segunda sería la eliminación de las transacciones del mercado para organizarlas internamente. Entonces se tomarían decisiones adaptables, secuenciales bajo la propiedad unificada y con la asistencia de

[1] Como dicen Lester G. Telser y Harlow N. Higinbotham:

> En un mercado organizado, los participantes celebran un contrato estandarizado tal que cada unidad del contrato es un sustituto perfecto de cualquiera otra unidad. Las identidades de las partes en cualquier transacción mutuamente conveniente no afectan los términos del intercambio. El propio mercado organizado, o alguna otra institución, crea deliberadamente un bien homogéneo que puede intercambiarse anónimamente por los participantes o sus agentes [1977, p. 997].

sistemas jerárquicos de incentivos y controles. Tercero, podría elaborarse una relación contractual que preservara la negociación pero proveyera una estructura de gobernación adicional. Esta última alternativa nos lleva a lo que llama Macneil una contratación neoclásica.

Observa Macneil que "dos características comunes de los contratos a largo plazo son la existencia de lagunas en su planeación y la presencia de un conjunto de procesos y técnicas que utilizan los creadores de los contratos para crear flexibilidad en lugar de dejar las lagunas o tratar de planear con rigidez" (1978, p. 865). La asistencia de terceros para la resolución de las disputas y la evaluación de la actuación tiene a menudo ventajas sobre el litigio pues cubren las funciones de la flexibilidad y la eliminación de las lagunas. Resultan instructivas las observaciones de Lon Fuller sobre las diferencias procesales existentes entre el arbitraje y el litigio:

> Están a disposición del árbitro [...] métodos de instrución rápida que no están a disposición de los tribunales. Un árbitro interrumpirá con frecuencia el examen de testigos con una petición de que las partes lo instruyen para que pueda entender el testimonio que está recibiendo. Esta instrucción puede ser informal, con frecuentes interrupciones dispuestas por el árbitro, y por personas informadas en ambos bandos, cuando haya necesidad de aclarar algún punto. A veces habrá pláticas en la mesa, ocasionalmente incluso dentro de cada uno de los campos separados. El resultado final será de ordinario una aclaración que permita a todos proseguir más inteligentemente con el caso [1963, pp. 11-12].

El reconocer la complejidad del mundo, que los acuerdos son incompletos, y que algunos contratos sólo podrán celebrarse cuando ambas partes tengan confianza en el sistema procesal, es característico del derecho contractual neoclásico. Una importante diferencia de propósito en el arbitraje y el litigio que contribuye a las diferencias procesales descritas por Fuller es el hecho de que, mientras que se presume la continuidad (por lo menos hasta la terminación del contrato) bajo el sistema del arbitraje, esa presunción es mucho más débil cuando se utiliza el litigio.[2]

Cabe citar aquí las opiniones de Patrick Atiyah acerca de "la falla del derecho clásico":

> En la práctica, la moderna transacción comercial tiende a incluir una provisión para la variación de los términos de intercambio de acuerdo con las condiciones aplicables en el momento de la ejecución. Los bienes pedidos para entrega futura tenderán a ser proveídos a los precios vigentes en el momento de la entrega; las cláusulas de aumento y disminución en las construcciones son la regla y no la excepción; en las transacciones internacionales pueden incluirse algunas cláusulas de variación de la moneda. Y aun cuando no se incluyan tales provisiones en el contrato mismo, los hombres de negocios se ven obligados a menudo, en la práctica, a aceptar ciertos ajustes a los términos contractuales cuando los eventos subsecuentes hagan que el contrato original ya no pueda ejecutarse sobre una base justa. Ya no se piensa automáticamente que las recompensas y los castigos por

[2] Como observa Lawrence Friedman, las relaciones se ven fracturadas si una disputa llega a los tribunales (1965, p. 205).

adivinar el futuro sean las consecuencias naturales del éxito o el fracaso de la habilidad y la experiencia en la actividad económica. En los contratos públicos, por ejemplo, se hacen de ordinario pagos de gracia en los contratos de precio fijo "cuando las circunstancias imprevistas han elevado sustancialmente los costos y provocado una pérdida para el contratista". Y a la inversa, los contratistas que obtienen "beneficios excesivos" en sus tratos con el gobierno pueden descubrir que tales beneficios no son una recompensa por una habilidad y actividad anormales, sino que son el resultado de malos cálculos del gobierno que los contratistas deberán resarcir. Y tales circunstancias no son exclusivas del gobierno u otras autoridades públicas. Incluso entre las organizaciones comerciales privadas, el hecho de que las relaciones económicas sean a menudo continuas significa que el deseo de conservar la buena voluntad de las otras partes contratantes es a menudo más importante que la letra de un contrato [1979, pp. 714-715].

1.3 *La contratación relacional*

Las presiones para el sostenimiento de las relaciones "han conducido a la exclusión de muchas áreas del sistema de derecho contractual clásico, y más tarde del neoclásico, como ocurrió con gran parte del derecho de las sociedades anónimas y de la negociación colectiva" (Macneil, 1978, p. 885). El aumento progresivo de "la duración y la complejidad" del contrato ha conducido incluso al desplazamiento de los procesos de ajuste neoclásicos por los del ajuste administrativo continuo, específicos de ciertas transacciones. La ficción de la discreción se destruye por completo a medida que la relación asume las propiedades de una "minisociedad con un vasto conjunto de normas distintas de las que se centran en el intercambio y sus procesos inmediatos" (Macneil, 1978, p. 901). Contrastando con el sistema neoclásico, donde el punto de referencia para la realización de adaptaciones sigue siendo el acuerdo original, el punto de referencia bajo un enfoque verdaderamente relacional es la "relación total tal como se ha desarrollado [a través del] tiempo. Esto puede incluir o no un acuerdo original; y si lo incluye, puede generar o no una gran deferencia para tal acuerdo" (Macneil, 1978, p. 890).

A pesar de la exclusión mencionada por Macneil, el derecho mercantil, el derecho laboral y el derecho de las sociedades anónimas poseen notables rasgos comunes.

2. La gobernación eficiente

Como antes vimos, las dimensiones principales para la descripción de las transacciones son la especificidad de los activos, la incertidumbre y la frecuencia. Se facilitará el argumento de esta sección si suponemos que la incertidumbre está presente en grado suficiente para plantear un requerimiento de decisión adaptable, secuencial, y para concentrarse en la especificidad de los activos y la frecuencia. Consideraremos tres clases de frecuencias —una vez, ocasional y recurrente— y tres clases de especificidad de los activos: no específicos, mixtos y muy específicos. A fin de simplificar aún más el argumento formularemos los supuestos siguientes: 1) Los proveedores y los compradores tratan de mantenerse en su actividad en forma continua; en consecuencia, pueden pasarse por alto los problemas especiales que plantean las empresas efímeras. 2) Hay numerosos proveedores potenciales para cada requerimiento dado, lo que quiere decir que se supone ausente el monopolio *ex ante* de la propiedad de recursos especializados. 3) La dimensión de la frecuencia se refiere estrictamente a la actividad del comprador en el mercado. 4) La dimensión de la inversión se refiere a las características de las inversiones hechas por los proveedores.

Aunque las transacciones discretas son curiosas —por ejemplo, no esperamos que nos envíen la compra de licores locales en un área remota de un país extranjero—, pocas transacciones tienen tal carácter totalmente aislado. Para las transacciones que no son discretas, no es evidente la diferencia entre las que se realizan una sola vez y las que son ocasionales. En consecuencia, sólo haremos la distinción entre la frecuencia ocasional y la frecuencia recurrente. La matriz de dos por tres que aparece en la gráfica III-1 describe así los seis tipos de transacciones a los que deben adaptarse las estructuras de gobernación. En las celdillas aparecen algunas transacciones ilustrativas.

Se trata ahora de saber cómo corresponden las clasificaciones contractuales de Macneil a la descripción de las transacciones que aparece en la gráfica III-1. Varias proposiciones se sugieren de inmediato: 1) Las transacciones muy estandarizadas no tienden a requerir una estructura de gobernación especializada. 2) Sólo las transacciones recurrentes soportarán una estructura de gobernación muy especializada.[3] 3) Aunque las transacciones ocasionales de una clase no estandarizada no soportarán una estructura de gobernación específica de ciertas transacciones, requieren una atención especial. En términos de la triple clasificación de los contratos de Macneil, la contratación clásica se aplica presumiblemente a todas las transacciones estandarizadas (cualquiera que sea la frecuencia), la contratación relacional se desarrolla para las transacciones de tipo recurrente y no estandarizada, y la contratación neoclásica se requiere para las transacciones ocasionales, no estandarizadas.

Específicamente, a la contratación clásica se aproxima por lo que se describirá más adelante como la gobernación del mercado, la contratación neoclásica comprende la gobernación trilateral, y los contratos relacionales descritos por Macneil están organizados en estructuras de gobernación bilaterales o unificadas. Vamos a examinarlos por turno.

2.1 *La gobernación del mercado*

La gobernación del mercado es la principal estructura de gobernación para las transacciones no específicas de la contratación ocasional y recurrente. Los

[3] La contratación de la defensa puede aparecer como un ejemplo contrario, ya que se diseña una estructura de gobernación refinada para muchos contratos de la defensa. Sin embargo, esto refleja en parte las incapacidades especiales del gobierno para encargarse de su propia producción. Si no fuese por eso, muchos contratos se organizarían internamente. De igual modo, los contratos muy grandes y de larga duración, como son muchos contratos de la defensa, tienen un carácter recurrente.

		Características de la inversión		
		No específicas	*Mixtas*	*Idiosincrásicas*
Frecuencia	*Ocasional*	Compra de equipo convencional	Compra de equipo a la medida	Construcción de una planta
	Recurrente	Compra de material convencional	Compra de material a la medida	Transferencia de productos intermedios a sitios específicos a través de etapas sucesivas

GRÁFICA III-1. *Transacciones ilustrativas*

mercados son especialmente eficaces cuando se consideran las transacciones recurrentes, ya que ambas partes sólo necesitan consultar su propia experiencia para decidir si continúan una relación de intercambio o se van a otra parte con un pequeño gasto de transición. En virtud de que están estandarizados, los arreglos alternativos de compra y de dotación son presumiblemente fáciles de realizar.

Las transacciones no específicas pero ocasionales son aquellas en que los compradores (y los vendedores) tienen menor capacidad para recurrir a la experiencia directa a fin de salvaguardar las transacciones contra el oportunismo. A menudo, sin embargo, pueden consultarse los servicios de clasificación o la experiencia de otros compradores del mismo bien. En virtud de que el bien o servicio está estandarizado, tal experiencia de clasificación, por medios formales e informales, proveerá incentivos para que las partes se comporten en forma responsable.

En realidad, tales transacciones ocurren en el interior y se benefician de un marco legal. Pero tal dependencia no es grande. Como dice S. Todd Lowry, "el análisis económico tradicional del intercambio en un contexto de mercado corresponde propiamente al concepto legal de la *venta* (más bien que al contrato), ya que ésta presume la existencia de arreglos en un texto de mercado y requiere el apoyo legal sobre todo para realizar las transferencias de títulos" (1976, p. 12). Por lo tanto, reserva Lowry el concepto del contrato para los intercambios donde, en ausencia de alternativas de mercado estandarizadas, las partes han diseñado "normas de relaciones futuras en las que pueden confiar" (1976, p. 13).

Los supuestos del paradigma de la contratación discreta se satisfacen bien en las transacciones donde los mercados sirven como un modo principal de la gobernación. Por lo tanto, la identidad de las partes tiene una importancia insignificante; el contenido sustantivo se determina por referencia a los términos formales del contrato; y se aplican las reglas legales. Las alternativas del mercado son más que nada las que protegen a cada parte contra el oportunismo de su oponente. El litigio se reserva estrictamente para el arreglo de las reclamaciones; no se concentran esfuerzos para sostener la relación, porque no se valúa independientemente la relación.[4]

2.2 *La gobernación trilateral*

Los dos tipos de transacciones para los que se requiere la gobernación trilateral son las transacciones ocasionales de la clase mixta y de la clase altamente específica. Una vez que celebran un contrato los principales de tales transacciones, hay fuertes incentivos para vigilar el cumplimiento del contrato hasta su terminación. No sólo se han hecho inversiones especializadas, cuyo costo de oportunidad es mucho menor en otros usos, sino que la transferencia de tales activos a otro proveedor plantearía enormes dificultades de valuación de activos.[5] Los intereses de los principales en el sostenimiento de la relación son muy fuertes en las transacciones altamente idiosincrásicas.

Por lo tanto, el alivio del mercado es poco satisfactorio. A menudo no pueden recuperarse los costos de la creación de una estructura de gobernación específica de ciertas transacciones en el caso de las transacciones ocasionales. Dados los límites del derecho contractual clásico para el sostenimiento de tales transacciones por una parte, y el costo prohibitivo de la gobernación (bilateral) específica de ciertas transacciones por la otra parte, es evidente que se requiere una forma institucional intermedia.

El derecho contractual neoclásico tiene muchas de las cualidades buscadas. Por lo tanto, en lugar de recurrir de inmediato al litigio judicial — con su característica perturbación de las transacciones—, se recurre a la *asistencia* (el arbitraje) de terceros para la resolución de las disputas y la evaluación de la ejecución. (El empleo del arquitecto como un experto relativamente independiente para la determinación del contenido de los contratos de construcción es un ejemplo [Macneil, 1978, p. 566].) De igual modo, la expansión del remedio de la actuación específica observada en los últimos decenios es consistente con los propósitos de la continuidad, aunque Macneil se niega a caracterizar la actuación específica como el "remedio contractual neoclásico principal" (1978, p. 879). La sección del Código Comercial Uniforme que permite al "vendedor agraviado por una violación del comprador [. . .] mantener unilateralmente la relación" es otro ejemplo.[6]

[4] "En términos generales, un conflicto grave, incluso uno muy secundario, tal como una objeción a una entrega tardía de los bienes que no causa daños, termina el contrato discreto y sólo deja un conflicto por daños monetarios que deberá ventilarse en los tribunales. Tal resultado encaja muy bien en las normas del incremento de la discreción y la intensificación [. . .] de la presentación" (Macneil, 1978, p. 877).

[5] Como veremos en el capítulo IV, los activos físicos constituyen a veces una excepción.

[6] La justificación de esta sección del Código es que "la identificación de los bienes del contrato permitirá, dentro de ciertos límites, que el vendedor recupere el precio de los bienes en lugar de

2.3 *La gobernación bilateral*

Los dos tipos de transacciones para las que suelen diseñarse estructuras de gobernación especializadas son las transacciones recurrentes apoyadas por inversiones mixtas y por inversiones altamente específicas. Se aplica la transformación fundamental a causa de la naturaleza no estandarizada de las transacciones. Así se aprecia la continuidad de la relación comercial. La naturaleza recurrente de las transacciones permite potencialmente la recuperación del costo de las estructuras de gobernación especializadas.

Dos tipos de estructuras de gobernación específicas de las transacciones con productos intermedios del mercado pueden distinguirse: estructuras bilaterales, donde se mantiene la autonomía de las partes, y estructuras unificadas, donde la transacción se saca del mercado y se organiza dentro de la empresa, sujeta a una relación de autoridad (integración vertical). Las estructuras bilaterales han recibido sólo recientemente la atención que merecen, y su operación es la que se entiende menos. En los capítulos VII y VIII se examinan estos temas.

En las transacciones altamente idiosincrásicas, los activos humanos y físicos requeridos para la producción se encuentran muy especializados, de modo que no pueden obtenerse obvias economías de escala a través del intercambio entre empresas que el comprador (o vendedor) no pueda obtener por sí mismo (a través de la integración vertical). Pero en el caso de las transacciones mixtas es menos completo el grado de especialización de los activos. En consecuencia, la obtención de estos componentes en el exterior puede verse favorecida por las consideraciones de las economías de escala.

Por comparación con la integración vertical, la obtención en el exterior mantiene también los incentivos de alta potencia y limita las distorsiones burocráticas (véase el capítulo VI). Sin embargo, surgen algunos problemas con la adquisición en el mercado cuando se consideran la adaptabilidad y el gasto contractual. Mientras que las adaptaciones internas pueden efectuarse por decreto, la obtención en el exterior requiere de adaptaciones por medio de una interrelación de mercado. A menos que la necesidad de adaptaciones se haya tomado en cuenta desde el principio y se haya considerado en forma expresa en el contrato —lo que a menudo resulta imposible o prohibitivamente caro—, las adaptaciones mediante una interrelación de mercado sólo pueden lograrse por acuerdos mutuos y continuos. Dado que los intereses de las partes chocarán de ordinario cuando se formulen propuestas de adaptación (por cualquiera de las partes), es evidente que se plantea un dilema.

Por un lado, ambas partes tienen un incentivo para sostener la relación en lugar de permitir su destrucción, ya que se quiere evitar el sacrificio de las economías específicas de ciertas transacciones que se parecían. Por otro lado, cada una de las partes se apropia de una corriente de beneficios separada y no puede esperarse que acepte con facilidad una propuesta de adaptación del contrato. Evidentemente, se requiere algún procedimiento para declarar que

---

reclamar sólo el pago de daños por el incumplimiento [. . .] (cuando estos últimos pueden tener un monto mucho menor y pueden ser más difíciles de probar)" (Macneil, 1978, p. 880).

ciertas dimensiones admisibles del ajuste, como la flexibilidad, se establecerán en términos que inspiren confianza a ambas partes. Esto puede lograrse parcialmente: 1) reconociendo que los peligros del oportunismo varían en el tipo de adaptación que se proponga, y 2) restringiendo los ajustes a las dimensiones en que sean menores los peligros. Pero es igualmente importante el espíritu con el que se efectúen las adaptaciones (Macaulay, 1963, p. 61).

Los ajustes de la cantidad tienen propiedades de incentivos y compatibilidad mucho mejores que los ajustes del precio. Por una parte, los ajustes de precios tienen una desafortunada cualidad de suma cero, mientras que las propuestas para incrementar, disminuir o demorar la entrega no tienen esa cualidad. De igual modo, fuera de los casos analizados más adelante, las propuestas de ajuste de los precios corren el riesgo de que el contrario trate de alterar los términos dentro de la brecha de intercambio del monopolio bilateral en su propia ventaja, En cambio, se acepta de ordinario la presunción de que los eventos exógenos, más que los propósitos estratégicos, son responsables de los ajustes de la cantidad. Dada la naturaleza idiosincrásica del intercambio, un vendedor (o comprador) tiene escasa razón para dudar de las manifestaciones de su contrario cuando se proponga un cambio de la cantidad.

Así pues, los compradores no buscarán abastecerse en otras fuentes ni desviarán los productos obtenidos (a precios favorables) a otros usos (o usuarios), porque otras fuentes tendrán elevados costos iniciales y un producto idiosincrásico no es fungible entre usos y usuarios. De igual modo, los vendedores no restringirán el abasto porque surjan mejores oportunidades, ya que los activos en cuestión tienen un carácter especializado. El resultado es que las manifestaciones de cantidades pueden tomarse de ordinario como válidas en el caso de los productos idiosincrásicos. Dado que la incapacidad para adaptar la cantidad y el precio volvería irrealizables a la mayoría de los intercambios idiosincrásicos, los ajustes de la cantidad ocurren rutinariamente.

Por supuesto, no todos los ajustes del precio plantean el mismo grado de peligro. Es de esperarse que se realicen los ajustes que planteen menos peligros. Una posibilidad es el uso de cláusulas de indización simple que reflejen los cambios ocurridos en las condiciones económicas generales. Pero dado que tales indizadores son específicos de ciertas transacciones, a menudo ocurren ajustes imperfectos cuando se aplican a las condiciones locales. Por lo tanto, consideremos si los ajustes de precios más estrechamente relacionados con las circunstancias locales son viables. Se trata de saber si pueden elaborarse ajustes de precios temporales para algún subconjunto de condiciones tales que no surjan los peligros estratégicos antes descritos. ¿Cuáles son las condiciones necesarias?

Las crisis afrontadas por cualquiera de las partes de un intercambio idiosincrásico constituyen una clase de excepciones. Frente a una crisis de viabilidad que ponga en peligro la relación, quizá pueda permitirse un alivio *ad hoc* del precio. Pero es más pertinente e interesante la existencia de circunstancias en las que se hagan en forma rutinaria los ajustes temporales de los precios. Hay dos condiciones necesarias: primero, las propuestas de ajuste de los precios deben relacionarse con eventos exógenos, aplicables y fácilmente verificables; y segundo, las consecuencias cuantificables de los costos deben relacionarse con seguridad. Un ejemplo podrá ayudarnos a aclarar la cuestión. Consideremos un componente en el que un material básico (cobre, acero) representa una parte importante del costo. Supongamos además que está bien especificado el costo fraccional de componente en términos de este material básico. En el caso, un cambio exógeno de los precios de los materiales plantearía escasos peligros si se permitiera un alivio temporal del precio mediante el traslado de acuerdo con una fórmula. Se obtiene así un ajuste más refinado que el de los indizadores agregados.

Sin embargo, debe subrayarse que no todos los costos tienen esta cualidad. Los cambios de los gastos fijos o de otra clase, cuya validación es difícil y que, aunque se verifiquen, guardan una relación incierta con el costo del componente, no se trasladarán en una forma semejante. Reconociendo los peligros, las partes se abstendrán simplemente de un alivio de esta clase.

2.4 *La gobernación unificada*

Los incentivos existentes para el intercambio se debilitan a medida que las transacciones se vuelven cada vez más idiosincrásicas. La razón es que, a medida que los activos humanos y físicos se vuelven más especializados para un uso singular, y por lo tanto menos transferibles a otros usos, las economías de escala pueden realizarse tan plenamente por el comprador como por un proveedor externo. La elección del modo de organización dependerá entonces por entero del modo que tenga superiores propiedades de adaptación. Como veremos en el capítulo IV, la integración vertical aparecerá de ordinario en tales circunstancias. La ventaja de la integración vertical consiste en que pueden hacerse las adaptaciones en una forma secuencial sin necesidad de consultar, completar o revisar los acuerdos realizados entre las empresas. Cuando una entidad de propiedad singular engloba los dos lados de la transacción, se justifica la presunción de una maximización del beneficio conjunto. Por lo tanto, los ajustes de los precios que se hacen en las empresas verticales integradas serán más completos que los que se hacen en el intercambio entre empresas. Y suponiendo que los incentivos internos no estén mal alineados, los ajustes de la cantidad se realizarán con cualquier frecuencia que sirva para maximizar la ganancia conjunta de la transacción.

Así pues, las transacciones muy idiosincrásicas se caracterizan por la constancia de la identidad en la interrelación aunada a una adaptación extensa del precio y de la cantidad. La contratación del mercado deja su lugar a la contratación bilateral, la que a su vez se ve sustituida por la contratación unificada (organización interna), a medida que se profundiza progresivamente la especificidad de los activos.[7]

[7] Adviértase que esta justificación de la organización interna por el costo de transacción es muy diferente de la sugerida originalmente por Coase, quien sostuvo que hay dos factores favorables para la organización de la producción en la empresa, por comparación con el mercado: el costo de "descubrir los precios apropiados" es deliberadamente menor, y se reducen

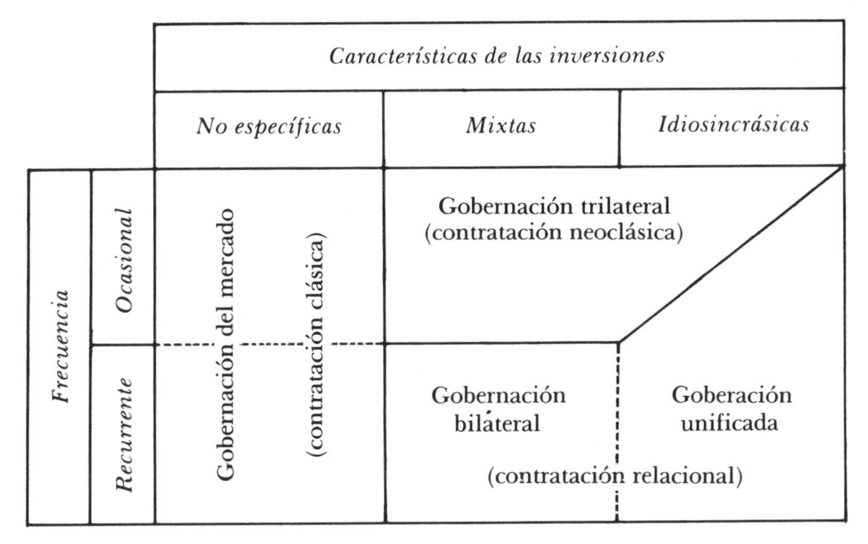

GRÁFICA III-2. *La gobernación eficiente*

En la gráfica III-2 aparece la correlación eficiente de las estructuras de gobernación con las transacciones que resulta de lo dicho hata aquí.

3. LA INCERTIDUMBRE

La correlación propuesta entre las estructuras de gobernación y las transacciones considera sólo dos de las tres dimensiones para la descripción de las transacciones: la especificidad de los activos y la frecuencia. La tercera dimensión, la de la incertidumbre, está presente en grado suficiente como para plantear un problema de decisión adaptable, secuencial. Surge la ocasión para hacer adaptaciones sucesivas a causa de la imposibilidad (o la carestía) de enumerar todas las contingencias posibles o estipular adaptaciones apropiadas para ellas por adelantado. Sin embargo, no se han considerado los

"costos de la negociación y conclusión de un contrato separado para cada transacción de intercambio que ocurre en un mercado" (Coase, 1952, p. 336). Su enfoque de 1972, acerca de las principales diferencias existentes entre las empresas y los mercados, invoca precisamente estos dos factores (Coase, 1972, p. 63). Expresado en términos de los supuestos conductistas que empleo yo, Coase reconoce (implícitamente) la racionalidad limitada pero no hace ninguna referencia al oportunismo. En realidad, cuando se afirma, como lo hace Coase, que Knight no ofrece ninguna razón para descartar el sistema de precios, ya que "podemos imaginar un sistema donde se compre toda la asesoría o todo el conocimiento que se requiera" (Coase, 1952, p. 346), se niega esencialmente que los mercados de información estén afectados por el oportunismo. Coase calla no sólo en lo tocante a los riesgos de la contratación y las malas adaptaciones que utilizo yo para explicar la contratación no convencional, sino que tampoco menciona la necesidad de imponer dimensiones a las transacciones, que es la clave del enfoque analítico. A pesar de tales diferencias, sin embargo, la economía del costo de transacción tiene una deuda inmensa con el trabajo anterior de Coase.

efectos de los aumentos de la incertidumbre por encima de ese nivel de umbral sobre la organización económica.

Como se indicó antes, las transacciones no específicas son aquellas para las cuales tiene escaso valor la continuidad, ya que ambas partes pueden arreglar fácilmente nuevas relaciones de intercambio. El incremento del grado de incertidumbre no altera esta situación. La gobernación del mercado (contratación clásica) se aplica así a las transacciones estandarizadas de todas clases, cualquiera que sea el grado de la incertidumbre.

La situación cambia cuando se introduce la especificidad de los activos. Dado que ahora importa la continuidad, el aumento del grado de la incertidumbre paramétrica vuelve más imperativa la organización de las transacciones dentro de estructuras de gobernación que tengan la capacidad necesaria para "hacer funcionar las cosas". Como sería de esperarse, la falta de apoyo a los activos específicos de ciertas transacciones con estructuras de gobernación protectoras genera costosos regateos y malas adaptaciones. Por esta razón es posible que se eviten los esfuerzos tendientes a restablecer una posición sobre la cambiante curva de contrato. La introducción de la incertidumbre conductista, que se asocia a los eventos únicos, agrava las dificultades.

De hecho, aunque es extremo y aun poco plausible en muchas situaciones de intercambio, no es estrictamente esencial que la perturbación original a la que se busca una adaptación tenga orígenes exógenos. Como veremos en el capítulo VII, apartado 4, una de las partes de un intercambio bilateral puede tratar de introducir una perturbación que altera las perspectivas de beneficio de la otra. Un ejemplo más claro aún se tendría cuando una de las partes haga declaraciones falsas sobre el estado del mundo. Supongamos entonces que un contrato estipula que se entregará X bajo θ_1 y $X + \delta$ bajo θ_2, donde θ_1 y θ_2 se refieren a realizaciones de estados. Si resulta difícil que los terceros disciernan cuál es el estado real, los compradores podrán afirmar falsamente que se obtiene θ_2. Tal oportunismo descarado puede ser raro, pero ilustra los problemas que surgen cuando las partes del intercambio que poseen los atributos conductistas de la naturaleza humana tal como la conocemos se unen, por razón de la especificidad de los activos, en una situación de intercambio bilateral.

Las transacciones que tienen atributos de inversión mixtos plantean problemas de organización especialmente interesantes. Si no puede elaborarse una estructura de gobernación apropiada, asistida por el mercado, tales transacciones pueden "huir" hacia uno de los extremos polares a medida que aumenta el grado de la incertidumbre. Una posibilidad sería el sacrificio de características de diseño apreciadas en favor de un bien o servicio más estandarizado. Entonces se aplicaría la gobernación del mercado. Alternativamente, podrían preservarse las características del diseño apreciadas (quizá podrían aumentarse incluso), asignándose la transacción a la organización interna. A veces, sin embargo, podrán elaborarse contratos no convencionales de las clases examinadas en los capítulos VII y VIII. Cuando así ocurre (y no lo prohíbe la política pública), las relaciones contractuales bilaterales que existen entre los agentes contratantes nominalmente autónomos podrán sobrevivir a menudo a las tensiones de la mayor incertidumbre.

Por supuesto, las reducciones de la incertidumbre ameritan que las transacciones se desplacen en la dirección contraria, aunque tales desplazamientos pueden demorarse si los activos en cuestión tienen larga vida. En la medida en que la incertidumbre disminuye al madurar una industria, como ocurre de ordinario, los beneficios de la organización interna (integración vertical) presumiblemente declinarán. En consecuencia, es común recurrir en mayor medida al abasto del mercado para las transacciones de la interacción recurrente en las industrias maduras.

4. La medición

El mapa cognoscitivo del conjunto contractual representado en la gráfica I-1 (capítulo I) distingue dos ramas de la economía del costo de transacción: la rama de la gobernación y la rama de la medición. La primera se ocupa principalmente de organizar las transacciones de tal modo que se faciliten las adaptaciones eficientes. La última se ocupa de los procedimientos que pueden asegurar mejor una correspondencia más estrecha entre las acciones y las recompensas (o entre el valor y el precio). En realidad, estos elementos no son independientes. Sin embargo, la diferencia del hincapié es real y debe destacarse. Además, es digno de mención el hecho de que se desvanecen tanto los problemas de la gobernación como los de la medición si se presumen ausentes los límites de la racionalidad o el oportunismo.

Supongamos entonces que las partes de un intercambio no experimentan la racionalidad limitada. Supongamos, además, que esto implica la ausencia de información privada y que esta competencia se extiende a los árbitros imparciales. Los problemas de la gobernación se desvanecen en tal caso ya que la contratación comprensiva es viable. Las inclinaciones oportunistas no influyen para nada. Los problemas de la medición también se desvanecen, porque un mundo de racionalidad ilimitada es un mundo donde los costos de la medición son nulos. En estas circunstancias aparece viciada la propensión oportunista a explotar la información privada.

Supongamos por el contrario que las partes experimentan la racionalidad limitada pero no son oportunistas. La contratación incompleta no plantea entonces ningún problema de gobernación, ya que el instrumento de la cláusula general asegura que se implantarán adaptaciones apropiadas sin resistencia de ninguna de las partes de un intercambio bilateral. De igual modo, la medición costosa no es un problema si ninguna de las partes de un intercambio trata de explotar la información privada en desventaja de la otra, lo que ocurrirá si el oportunismo está ausente.

Sin embargo, no basta una referencia reiterada a la racionalidad limitada y el oportunismo, sin mayor atención directa a los problemas particulares más graves de la organización económica. Algunas transacciones ponen a prueba con mayor severidad los límites de la racionalidad. Otras plantean mayores riesgos de oportunismo. ¿Cuáles son?

Así como el estudio de la gobernación se ha beneficiado de los esfuerzos que se hacen para identificar las dimensiones críticas respecto de las cuales difieren las transacciones en lo tocante a la gobernación, el estudio de la medición se beneficia de los esfuerzos que se hacen para desarrollar la microanalítica subyacente. Aunque la rama de la medición de la economía del costo de transacción ha avanzado considerablemente durante el último decenio (Barzel, 1982; North, 1982; Kenney y Klein, 1983), las dimensiones pertinentes para determinar dónde residen las dificultades de la medición siguen siendo algo oscuras. Sin embargo, trataremos de examinar algunas de las características subyacentes.

4.1 *Problemas* ex ante

El problema de la selección adversa antes mencionado es un ejemplo de una condición *ex ante* en la que una de las partes de un intercambio tiene información privada cuya revelación puede escoger selectivamente, mientras que la otra parte sólo puede superar esta asimetría a gran costo. Esta condición es una manifestación de un problema más general que provoca ciertas dificultades de medición: el de la información idiosincrásica. Muchos de los problemas que trata George Akerlof (1970) en el contexto de los "limones" son imputables precisamente a tal condición de valuación *ex ante*. Por ejemplo, puede presumirse que el vendedor de un automóvil usado tiene un conocimiento más profundo que el comprador, cuya asimetría introduce ciertas distorsiones en este mercado. Y la negativa de Groucho Marx a unirse a un club que lo admitiera refleja una condición de asimetría bilateral: si los socios supieran en realidad cómo era Groucho, no lo admitirían; y puesto que no lo saben, presumiblemente habrán admitido antes a muchos otros de dudosa reputación.

El tratamiento reciente que hacen Kenney y Klein (1983), de la "búsqueda excesiva" en el mercado de diamantes, también ilustra este fenómeno. A pesar de la clasificación en más de dos mil categorías, subsiste evidentemente una gran variación en la calidad de las piedras. ¿Cómo podrá organizarse tal mercado para no incurrir en los gastos de la búsqueda excesiva, mientras que cada una de las partes del intercambio tiene confianza en la otra? Según la "solución" de Kenney y Klein se necesita algo más que la mera acumulación de la experiencia como base de la "confianza". Formando grupos de diamantes —o "vistas"— y sometiendo el intercambio a reglas especiales, se aminoran más los riesgos del oportunismo.

4.2 *La ejecución del contrato*

En la etapa de ejecución del contrato pueden distinguirse asimetrías de información de dos clases. La asimetría más familiar es cuando una de las partes del intercambio tiene más conocimiento que la otra sobre los detalles del caso. Por ejemplo, el éxito de un vendedor depende por igual de sus esfuerzos de venta y de las realizaciones de estados fortuitos. Aunque el vendedor conoce sus esfuerzos de venta, no es posible confiar en que los revele correctamente. En consecuencia, si el productor puede observar sólo la producción, la compensación se basará por entero en las ventas. (Éste es el problema clásico de la agencia, donde $X = X(a, \theta)$, donde X denota la producción, a es el esfuerzo, y θ es la realización del estado.) Así se plantean complejos problemas de alineación de los incentivos (Holmstrom, 1979).

Otro tipo de asimetría, menos advertido, asume la forma de los problemas del rey Salomón. Aquí, cada una de las partes de la transacción conoce toda la verdad de lo ocurrido, pero resulta costosa la revelación de los hechos a quienquiera que no sea un observador en el sitio. Éstas son las cuestiones de las que se ocuparon Alchian y Demsetz (1972) en su análisis de la organización de equipos. Si dos o más trabajadores deben trabajar coordinadamente y sus contribuciones separadas no pueden determinarse por un examen *ex post* del producto del trabajo, quizá deba designarse a alguien para que supervise el trabajo. Así surge la supervisión deliberada.

Como sería de esperarse, muchos de los problemas más interesantes de la organización económica están relacionados con la especificidad de los activos y la asimetría de la información. En realidad, como ha sostenido Alchian (1984, p. 39), ambos elementos son a menudo inseparables.

5. La distribución de las transacciones

El estudio de las relaciones contractuales comprende más que un examen de los mercados discretos por una parte y de la organización jerárquica por la otra. Como observara Llewellyn en 1931, el abanico del intercambio recorre toda la gama, desde el mercado puro hasta la jerarquía, e incluye complejos "tratos futuros" ubicados entre los extremos del mercado y de la jerarquía (1931, p. 727). En forma similar, George Richardson opina que "lo que afrontamos es un paso continuo de las transacciones donde es mínimo el elemento de la cooperación — como las de un mercado organizado— a las áreas intermedias donde hay lazos de conexión y buena voluntad tradicionales, y finalmente a los grupos y alianzas que representan la cooperación desarrollada de manera plena y formal" (1972, p. 887). Tanto los ejemplos de Richardson como los estudiados y analizados más recientemente por Arthur Stinchcombe (1983), demuestran que hay una actividad extensa en el área intermedia. Esto se confirma con el examen empírico que hace Stewart Macaulay de las prácticas de contratación comerciales (1963).

Supongamos que las transacciones debieran arreglarse en términos del grado en que las partes del intercambio mantengan la autonomía. Las transacciones discretas se ubicarían así en un extremo, altamente centralizado, mientras que las transacciones jerárquicas estarían en el otro extremo, y las transacciones híbridas (franquicias, empresas conjuntas, otras formas de la contratación no convencional) se ubicarían en medio de esos extremos. ¿Cómo sería la distribución resultante de las transacciones?

Las tres posibilidades principales serían: 1) la distribución bimodal, donde la mayor parte de las transacciones se agrupan en un extremo o el otro, 2) la distribución normal, donde los extremos son raros y la mayoría de las transacciones tienen un grado de interdependencia intermedio, y 3) la transacción uniforme. Antes creía yo que las transacciones de la clase intermedia eran muy difíciles de organizar y por lo tanto eran inestables, por lo cual era más exacta la distribución bimodal (Williamson, 1975), pero ahora estoy convencido de que las transacciones intermedias son mucho más comunes. (Además, tales transacciones han sido objeto de creciente atención en la literatura económica,[8] legal,[9] y de las organizaciones.)[10] Sin embargo, dado que son numerosas las transacciones con bienes estandarizados y que la organización administrativa está similarmente generalizada, las colas de la distribución son gruesas. Por un proceso de eliminación, la distribución uniforme parece corresponder más de cerca al mundo del contrato como realmente es. Cualesquiera que sean las realidades empíricas, una mayor atención a las transacciones del área intermedia ayudará a iluminar el entendimiento de la organización económica compleja. Si tales transacciones huyen a los extremos ¿cuáles son las razones? Si tales transacciones pueden estabilizarse ¿cuáles son los procesos de gobernación?

[8] Véanse especialmente los capítulos VII, VIII, X y XIII, y sus numerosas referencias a la literatura económica reciente.

[9] Macaulay (1963); Macneil (1974); Clarkson, Miller y Muris (1978); Atiyah (1979); Goetz y Scott (1983); Palay (1984); Masten (1984), y Kronman (1985) son ejemplos.

[10] Stinchcombe (1983), Harrison White (1981); y Robert Eccles (1981), y Granovetter (1983) son ejemplos.

IV. INTEGRACIÓN VERTICAL: TEORÍA Y PRÁCTICA

EL DERECHO y la economía de la integración vertical han generado controversias desde hace largo tiempo. La reciente reseña de los problemas, presentada por Roger Blair y David Kaserman, utiliza el lenguaje de la guerra —campo de batalla, escaramuzas, campañas, etc.— para fijar el escenario (1983, p. 1). Pueden distinguirse contiendas de dos clases. Las primeras ocurrieron en el campo del monopolio: las disputas se referían al hecho de que la integración vertical fuese principalmente un instrumento de la discriminación de precios, estuviese diseñada para frenar la marginalización sucesiva, o tuviese propósitos de bloquear la entrada. Más recientemente se han conjuntado las explicaciones del monopolio y las de la eficiencia. A pesar de una resistencia vigorosa, la orientación tecnológica y las presunciones monopólicas de una época anterior han cedido gradualmente el lugar a una interpretación donde destacan más los propósitos de la eficiencia. En comparación con las Orientaciones para la Fusión Vertical de 1968, las que publicó el Departamento de Justicia en 1982 hacen concesiones significativas a la eficiencia. De hecho, las Orientaciones para la Fusión de 1984 contienen incluso algunas provisiones para una defensa de la eficiencia (capítulo XIV).

En realidad, como ocurre con la mayoría de las formas complejas de la organización, la integración vertical sirve a veces a diversos propósitos económicos.[1] Me referiré a lo que considero el propósito principal: economizar

[1] Paul Kleindorfer y Gunter Knieps (1982, p. 1) ofrecen el siguiente resumen sobre los propósitos de la integración vertical:

> [La explicación] más popular sostiene que cuando son suficientemente fuertes las economías del alcance entre etapas sucesivas, debido a las interrelaciones de la organización tecnológica, estas actividades deberán proveerse bajo la propiedad conjunta (por ejemplo, Chandler [1966]). Otros argumentos favorables a la integración vertical han sido la evitación de las distorsiones factoriales en los mercados monopolizados (por ejemplo, Vernon y Graham [1971], Warren-Boulton [1974], Schmalensee [1973]); la incertidumbre en el abasto del bien ubicado en la parte superior de la corriente, con la necesidad consiguiente de información por parte de las empresas que se encuentran en la parte inferior de la corriente (Arrow [1975]); y la transferencia de riesgos de una sección de la economía a otra (Crouhy [1976], Carlton [1979]). Además, se ha señalado que los costos de transacción podrían generar importantes incentivos para la integración vertical (por ejemplo, Coase [1937], Williamson [1971, 1975]).

En esta lista no aparece el incentivo para el uso de la integración como un escudo de organización para evadir los impuestos de los productos intermedios (Stigler, 1951), o como un instrumento para aprovechar la ventaja de las diferencias existentes entre las jurisdicciones fiscales (por ejemplo, entre los estados) a través del uso juicioso de los precios de transferencia. También podría incluirse el examen reciente de las exterioridades de la información hecho por Jerry Green (1984). Yoram Barzel (1982) y Douglass North (1978) imputan la integración vertical a las dificultades de la medición.

los costos de transacción. Sin embargo, incluyo también un breve análisis de los propósitos estratégicos.

La explicación lógica de la integración vertical es que tiene un origen tecnológico.[2] En el apartado 1 se refuta esa explicación. El factor principal al que atribuyo la decisión de integrarse es una condición de especificidad de los activos. En el apartado 2 se desarrolla un modelo sencillo donde se destaca la especificidad de los activos y se examinan las tasas de sustitución entre los costos de transacción y los costos de producción. En el apartado 3 se estudian otras implicaciones de este enfoque. En el apartado 4 se examinan las Orientaciones para la Fusión Vertical.

1. El determinismo tecnológico

Podemos afirmar que nuestra sociedad cuenta con una tecnología avanzada. Indudablemente es lógica la afirmación de que se requiere una organización compleja para servir a una tecnología compleja. En particular, se cree que la integración comprensiva —hacia atrás en los materiales, lateralmente en los componentes, y hacia adelante en cuanto a la distribución— es el modelo de organización por el que se crean, producen y eficientemente se llevan al mercado los productos y servicios complejos.

Esa concepción se sustenta en la orientación de la empresa como función de producción. Las empresas grandes, integradas, donde la producción se realiza uniendo insumos fungibles para producir de acuerdo con las especificaciones de ingeniería, son supuestamente la regla más bien que la excepción. La referencia a los "aspectos físicos o técnicos" apoya a veces esta presunción de ausencia del mercado. El ejemplo convencional es la integración de la fabricación de hierro y acero, donde se afirma que la realización de economías térmicas requiere la integración (Bain, 1958, p. 381). Además, aunque falten algunas conexiones tecnológicas estrechas de esa clase, por lo general se cree que las configuraciones de activos existentes reflejan principios tecnológicos. Especialmente entre quienes no son economistas, se cree que es preferible un aumento de la integración. Sólo en las circunstancias raras en que los proveedores externos tienen patentes, o donde son muy grandes las economías de escala o de alcance, se consideraría seriamente el abasto externo.

Todo lo anterior es plausible, lo que quiere decir que la integración vertical parece ser el resultado sencillo de un orden tecnológico natural. Sin embargo, creo que las transacciones del mercado en productos intermedios son mucho más numerosas que lo sugerido por los conocimientos convencionales.[3] Las maravillas del mercado a las que hacía referencia Hayek en

[2] El libro reciente de Roger Blair y David Kaserman (1983) presenta una amplia reseña y evaluación de la literatura al respecto.

[3] En ausencia de buenas medidas del cambio cuantitativo de la integración vertical, a menudo se infiere de los incrementos observados en el tamaño de las empresas a través del tiempo, que ha aumentado el grado de la integración vertical. Pero tales incrementos del tamaño de las empresas se deben a menudo a la expansión radial, en la que crece la empresa para servir a mercados más

1945 se aplican igualmente ahora. Creo además que las decisiones de la integración se deben raras veces al determinismo tecnológico y se explican más a menudo por el hecho de que la integración es la fuente de economías del costo de transacción.

Podemos expresar esto de la siguiente manera: la tecnología es un determinante decisivo de la organización económica sólo cuando: 1) hay una tecnología singular que es claramente superior a todas las demás, y 2) esa tecnología implica una forma de organización única. Considero que raras veces hay una sola tecnología viable, y más raramente aún queda determinada por la tecnología la elección entre formas de organización alternativas.

Recuérdense en este sentido los esquemas de contratación del capítulo I, donde se distingue entre las tecnologías de propósito general y las de propósito especial. Recuérdese además que las partes de las transacciones así descritas tienen la opción de elaborar estructuras de gobernación sensibles a sus necesidades de contratación. Sólo cuando los contratos mediados por el mercado se derrumban, se retiran de los mercados las transacciones en cuestión y se organizan en forma interna. La presunción de que "en el principio había mercados" moldea esta perspectiva.

Esta premisa favorable al mercado tiene dos ventajas. Una es que ayuda a airear una condición de falla burocrática que tiene una importancia económica generalizada pero pasa en gran medida inadvertida. (Los problemas planteados en este terreno se introducen brevemente en el apartado 3 y se desarrollan con más detalle en el capítulo VI.) En segundo lugar, esa premisa alienta la concepción, en mi opinión correcta, de que la separabilidad tecnológica entre las etapas sucesivas de la producción es una condición generalizada, que es la regla antes que la excepción.[4] Resulta así fácil, e incluso natural, considerar la transacción como la unidad básica del análisis. Entre los modos viables existentes para la organización de las transacciones, ¿cuál tiene superiores propiedades de eficiencia y por qué? Una vez que se tiene esa idea, la organización interna se ve menos como una consecuencia de la tecnología y más como el resultado de una evaluación comparada de mercados y jerarquías.

Una estrategia útil para la explicación de la decisión de integrarse consiste

---

grandes pero no cambia la composición de la actividad, o a la diversificación. Es evidente que pocas empresas de bienes de consumo están ampliamente integradas hacia atrás, hacia las materias primas. Y muchos fabricantes no quieren integrarse hacia adelante, al campo de la distribución. También es incompleta la integración lateral hacia los componentes, como lo revela un examen de la industria automotriz (General Motors, Ford, Chrysler, Toyota) (Monteverde y Teece, 1982).

[4] Armen Alchian y Harold Demsetz (1972) opinan que la inseparabilidad tecnológica es una condición común y primordialmente responsable de la aparición de la "empresa capitalista clásica" y su sucesora. El principal ejemplo que ofrecen en apoyo de su tesis es el de la carga manual, en la que se necesitan dos hombres trabajando coordinadamente para cargar un camión. Sin embargo, tales relaciones de equipo se limitan a grupos relativamente pequeños. La orquesta sinfónica es el mayor de tales grupos que conozco. Véase en Karl Marx, vol. 1, cap. XIII, un temprano análisis perspicaz de la inseparabilidad. Aunque tal condición es interesante, las inseparabilidades no explican la aparición y la viabilidad de la organización a muy grande escala. Alchian (1984) afirma ahora que la organización compleja debe su origen a los costos de transacción.

en mantener constante la tecnología en los diversos modos de organización y neutralizar las fuentes obvias del beneficio económico diferencial, tal como el ahorro del costo de transportación. Por ejemplo, consideremos dos operaciones de manufactura separables donde la producción de una etapa alimenta a la siguiente. Un empresario ha decidido entrar a la actividad de la etapa II y está considerando formas alternativas de organización de la etapa I. Una posibilidad es la solicitud de licitaciones de proveedores calificados para satisfacer sus necesidades. Otra es la integración hacia atrás para hacer el trabajo él mismo.

Supongamos que se empleará en la etapa I la misma tecnología, independientemente de que el empresario produzca o compre. Un factor que parecería favorecer la manufactura sobre la adquisición es la posibilidad de realizar economías en el costo de transportación. Sin embargo, esa ventaja es superficial porque un proveedor independiente de la etapa I puede ubicarse en la misma relación de cercanía con la etapa II que un propietario integrado. En consecuencia, se neutralizan los ahorros del costo de transportación (y otros costos de inventarios relacionados). ¿Qué favorece entonces a uno de los modos en relación con el otro?

Aunque podría esperarse razonablemente que una teoría de la empresa se ocupara de este interrogante, la mundana integración vertical de esta clase es un tema sobre el que curiosamente se mantiene silenciosa la visión ortodoxa de la empresa como función de producción. Dado que las etapas en cuestión son tecnológicamente separables, y dado que es obvio que no se plantean las distorsiones de los precios de factores, de los impuestos y otras relacionadas, no hay ninguna razón neoclásica imperiosa para preferir la integración a la adquisición en el mercado.

Sin embargo, es contraria a la intuición la idea de que un proveedor independiente de la etapa I estaría dispuesto a ubicarse a gran proximidad del comprador de la etapa II. ¿Habría algunos peligros no revelados en tal asociación? En caso afirmativo, ¿tendrá esto algunas ramificaciones en la organización?

Adviértase que la referencia a los peligros introduce algunas consideraciones distintas de la producción (las del costo de transacción). La siguiente proposición tiene una importancia especial en este contexto y en relación con la contribución clara de la economía del costo de transacción: la magnitud de los peligros depende de los atributos de los activos y de las características de la relación de contratación.

Supongamos entonces que la etapa I requiere una inversión en equipo durable, de propósito general, que está montado "sobre ruedas", de modo que puede reubicarse sin costo. Los problemas contractuales existentes entre el comprador y el proveedor independientes son aquí limitados porque los contratos pueden terminarse y los recursos productivos pueden reubicarse a un costo insignificante. Dadas la naturaleza no especializada de las inversiones y la movilidad que se les ha imputado, ni el comprador ni el proveedor operan en perjuicio del otro. Sin embargo, surgen algunos problemas si la etapa I comprende inversiones especializadas durables, o si, una vez ubicados los activos de propósitos generales, su reubicación resulta muy costosa. Las partes deben afrontar aquí ciertas interrogantes: ¿podrá redactarse y ejecutarse a bajo costo el contrato complejo, de modo que las partes independientes adapten con eficiencia y ecuanimidad su relación a las circunstancias cambiantes? ¿Cuáles son los peligros de la contratación incompleta? Tomando en cuenta la transformación fundamental a la que está sujeta la contratación autónoma en estas circunstancias, ¿debería optarse mejor por la propiedad unificada de las dos etapas? Las decisiones adaptables, secuenciales, de las etapas combinadas, se realizarían entonces bajo el control administrativo, no en un contexto de negociación recurrente.[5]

En realidad, éste es un ejemplo muy simplificado y estilizado. Pero el argumento básico se aplica en términos generales: la tecnología no determina la organización económica si pueden describirse medios alternativos de contratación que utilicen la misma tecnología, por lo menos en el estado estable. Creo que de ordinario existen varios modos alternativos aplicables, de modo que la tecnología debe considerarse más bien como un factor que delimita el conjunto de los modos viables; la elección final depende entonces de una evaluación del costo de transacción. La distinción entre las transacciones de acuerdo con sus atributos resulta esencial para los fines de la selección final del modo.

Pero aún eso es demasiado sencillo. Supone un proceso secuencial en el que se selecciona primero la tecnología y luego se elige entre los modos de organización viables. Este modelo expositivo conveniente se usa más adelante, en el apartado 2. De hecho, sin embargo, el modo de la tecnología y el de la organización debieran tratarse simétricamente; son variables de decisión cuyos valores se determinan al mismo tiempo. Estos problemas se han examinado en otra parte (Masten, 1982; Riodan y Williamson). Baste observar que, aunque con ciertas reservas, los argumentos principales sobreviven cuando se formulan en un marco más general.

2. Un modelo heurístico

Como vimos en capítulos anteriores y bosquejamos en el apartado 1 anterior, la especificidad de los activos es el factor principal al que recurre la economía del costo de transacción para explicar la integración vertical. Sin ese atributo, la contratación del mercado entre las etapas sucesivas de la producción tiene buenas propiedades de economización. No sólo puede realizar economías de producción un proveedor externo que sume pedidos, sino que los costos de la gobernación del abasto del mercado son insignificantes, ya que ninguna de las partes tiene un interés específico en que continúen las transacciones. Sin embargo, a medida que aumenta la especificidad de los activos, la balanza se inclina a favor de la organización interna.

El argumento se desarrolla en dos partes. Primero, la producción se man-

[5] También deben examinarse los límites del decreto. Baste observar aquí que la propiedad común de etapas sucesivas atenúa los incentivos para que los administradores trabajen a niveles distintos de los óptimos, ya que no se apropian de las corrientes de beneficios separadas. Pero los problemas son más complejos. Véase el capítulo VI.

tiene constante y se suponen insignificantes las economías de escala y de alcance (o que la empresa en cuestión tiene un tamaño suficiente para agotarlas). La elección entre la empresa y el mercado depende entonces por entero de la diferencias del costo de la gobernación. Segundo, se admiten las economías de escala y de alcance, pero la producción se restringe para que sea la misma.[6]

2.1 *Los costos de la gobernación y la organización económica*

Éstas son las diferencias principales entre la organización del mercado y la organización interna: 1) los mercados promueven incentivos de alta potencia y restringen las distorsiones burocráticas con mayor eficacia que la organización interna; 2) los mercados pueden agregar a veces las demandas con ventaja, obteniendo así economías de escala y de alcance, y 3) la organización interna tiene acceso a distintos instrumentos de gobernación. En el capítulo VI se estudian las diferencias existentes entre la organización del mercado y la organización interna en lo que respecta a los incentivos y al control. Para los fines de este capítulo, tomaré como dadas tales diferencias.

Ahora bien, consideremos la decisión de una empresa de producir o comprar un bien o servicio particular. Supongamos que se trata de un componente que ha de unirse al cuerpo principal y que la cantidad que ha de proveerse está fija.[7] Se suponen insignificantes las economías de escala y de alcance, de modo que los factores críticos determinantes de la decisión de producir o comprar son el control del costo de producción y la facilidad para efectuar la adaptación intertemporal.

Los incentivos de alta potencia de los mercados se manifiestan en ambos sentidos: favorecen un control más estricto del costo de producción pero, a medida que se fortalece la dependencia bilateral de la relación entre las partes, impiden la facilidad de la adaptación. Este último efecto es una consecuencia de la transformación fundamental que ocurre a medida que se profundiza una condición de especificidad de los activos. Sea $\beta(k)$ los costos burocráticos de la gobernación interna y $M(k)$ los correspondientes costos de gobernación de los mercados, donde k es un indicador de la especificidad de los activos. Supongamos que $\beta(0) > M(0)$, a causa de los efectos de control de los costos antes descritos. Pero supongamos además que $M' > \beta'$, evaluados en cada k. Ésta es una consecuencia de la relativa incapacidad de los mercados en materia de adaptabilidad. Haciendo $\Delta G = \beta(k) - M(k)$, se obtiene la relación mostrada en la gráfica IV-1.

Así pues, el abasto del mercado es el modo de oferta preferido cuando la especificidad de los activos es ligera, dadas las desventajas de incentivos y burocráticas de la organización interna en lo relacionado al control del costo de producción. Pero se prefiere la organización interna cuando la especifici-

[6] Como antes vimos, un modelo más completo y general trataría la producción, la especificidad de los activos y la forma de la organización como variables de decisión.

[7] Supongamos que el componente se usa en proporciones fijas y representa una fracción insignificante del costo total.

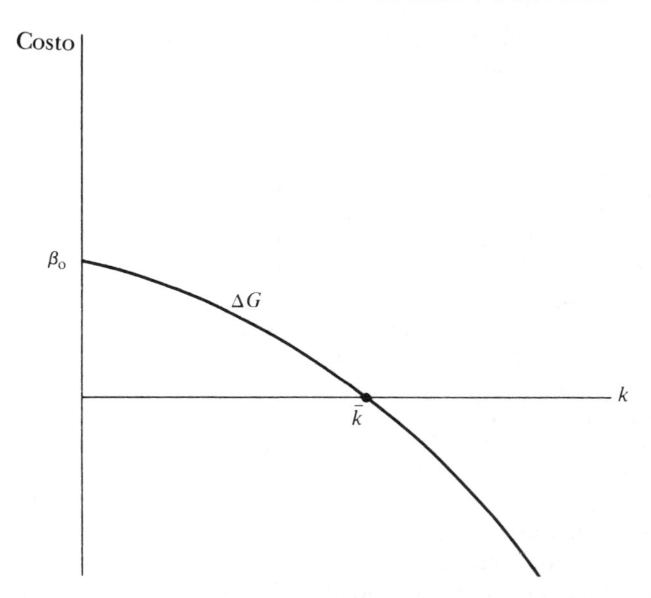

GRÁFICA IV-1. *Costo comparado de la gobernación*

dad de los activos es grande, ya que en tales circunstancias existe un alto grado de dependencia bilateral y los incentivos de alta potencia afectan la facilidad de los ajustes adaptables, secuenciales, ante las perturbaciones. Como se indica en la gráfica, el valor de cambio, donde resulta indiferente la elección entre la empresa y el mercado, se encuentra en $\bar{k}$.

2.2 *Economías de escala y de alcance*

Lo anterior supone que las economías de escala y de alcance son insignificantes, de modo que la elección entre la empresa y el mercado descansa por entero en las diferenciales del costo de gobernación. Ésa es una simplificación excesiva. Los mercados son a menudo capaces de agregar demandas diversas para realizar así economías de escala y de alcance. En consecuencia, también deben tomarse en cuenta las diferencias existentes en el costo de producción.[8]

[8] El argumento supone que la empresa produce sólo para sus propias necesidades. Por lo tanto, si son grandes las deseconomías de escala o de alcance, los aspectos tenológicos harán que todas las empresas, excepto las que sean muy grandes, desistan de proveer a sus propias necesidades.

Aunque parezca plausible, ni las economías de escala ni las de alcance son responsables por sí mismas de las decisiones de comprar en lugar de fabricar. Por lo tanto, supongamos que las economías de escala son grandes en relación con las necesidades propias de una empresa. Si no hay problemas de contratación potenciales, la empresa podría construir una planta de tamaño suficiente para agotar las economías de escala y vender el producto excedente a los rivales y otros compradores interesados. O supongamos que se realizan economías de alcance vendiendo el

De nuevo, convendrá mantener constante la producción. Sea ΔC la diferencia del costo de producción de estado estable entre la producción de la empresa y la obtención en el mercado. (El supuesto del estado estable evita la necesidad de la adaptación.) Expresando ΔC como una función de la especificidad de los activos, puede suponerse plausiblemente que ΔC será positivo en todo momento pero será una función decreciente de k.

El castigo de costo de producción por el uso de la organización interna es grande para las transacciones estandarizadas donde son grandes las economías de agregación del mercado, de modo que ΔC es grande cuando k es bajo. La desventaja del costo disminuye pero sigue siendo positiva para los grados intermedios de especificidad de los activos. Por lo tanto, aunque empiezan a aparecer algunas desemejanzas entre los pedidos, los proveedores externos pueden agregar las diversas demandas de muchos compradores y producir a costos menores que los de una empresa que produce para sus propias necesidades. Sin embargo, a medida que los bienes y servicios se aproximan mucho a la calidad de únicos (k es alto), ya no pueden realizarse las economías de agregación de la oferta externa, de modo que ΔC se aproxima asintóticamente a cero. La contratación externa no provee economías de escala ni de alcance en tales circunstancias. La empresa puede producir sin castigo para sus propias necesidades. En la gráfica IV-2 se muestra esta relación ΔC. Por supuesto, no se trata de minimizar ΔC o ΔG tomados por separado, sino de minimizar la suma de las diferencias de los costos de producción y gobernación, dado el nivel óptimo o especificado de la especificidad de los activos. También aparece la suma vertical $\Delta G + \Delta C$. El valor de cambio de k en el que se vuelve negativa la suma $(\Delta G + \Delta C)$ se indica por $\hat{k}$, cuyo valor supera al de $\bar{k}$. Las economías de escala y de alcance favorecen así a la organización del mercado en un conjunto de valores de la especificidad de los activos mayor que el que se observaría si estuviesen ausentes las economías del costo de producción del estado estable.

En términos más generales, si k^* es el grado óptimo de la especificidad de los activos,[9] la gráfica IV-2 revela que:

---

bien final en unión de diversos productos relacionados. La empresa podría integrarse hacia adelante en el terreno de la comercialización y ofrecer la venta de su producto junto con los elementos relacionados sobre una base de paridad: los elementos rivales y complementarios se mostrarían, venderían y atenderían sin referencia a propósitos estratégicos.

Es dudoso que otras empresas, en particular las rivales, estuviesen dispuestas a proceder sobre esta base. En lugar de someterse a los riesgos estratégicos, algunas empresas dejarán de participar en tal esquema (Williamson, 1975, pp. 16-19; 1979c, pp. 979-980). La conclusión es que *todas* las diferencias de costos entre el abasto interno y el del mercado descansan en última instancia en consideraciones del costo de transacción. Sin embargo, utilizo aquí este supuesto porque las necesidades de la investigación empírica sobre la organización económica se sirven mejor con el supuesto de que las empresas que se abastecen internamente sólo satisfacen así sus propias necesidades, de modo que se otorga una importancia independiente a las economías tecnológicas de escala y de alcance (véase, por ejemplo, el estudio de Walker y Weber [1984], el cual se examina brevemente en el apartado 3.2 del capítulo V.)

[9] La referencia a un solo nivel "óptimo" de k es una conveniencia expositiva: el nivel óptimo varía de acuerdo con la forma de la organización. En la nota 13, más adelante, se describe la idea en que se basa esta aseveración. Véase un enfoque más completo en Scott Masten (1982) y en Riordan y Williamson (próxima publicación).

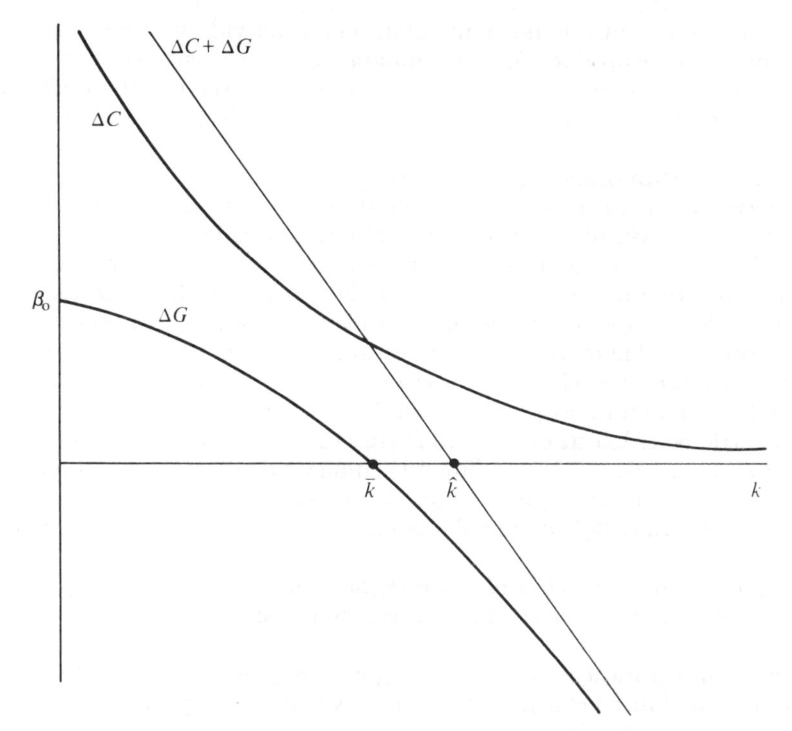

GRÁFICA IV-2. *Costos comparados de producción y gobernación*

1. El abasto del mercado tiene ventajas en lo tocante a las economías de escala y a la gobernación cuando es ligera la especificidad óptima de los activos ($k^* << \hat{k}$).
2. La organización interna tiene la ventaja cuando la especificidad óptima de los activos es sustancial ($k^* >> \hat{k}$). El mercado no sólo obtiene escasos beneficios de la economía agregada, sino que la gobernación del mercado resulta peligrosa a causa de los problemas de "encerramiento" que surgen cuando los activos son muy específicos.
3. Sólo aparecen pequeñas diferencias de costos en los grados intermedios de la especificidad óptima de los activos. En este caso tenderá a surgir una gobernación mixta, en la que algunas empresas comprarán, otras producirán, y todas expresarán su "insatisfacción" con su solución de abastecimiento actual. Los accidentes históricos pueden ser determinantes. O bien pueden surgir algunos contratos no convencionales de los tipos discutidos brevemente en el capítulo III y examinados más ampliamente en los capítulos VII y VIII.
4. En términos más generales, es digno de mención el hecho de que, dado que la empresa se encuentra en todas partes en desventaja frente al mercado en lo relacionado al costo de producción ($\Delta C > 0$ en todas

partes), la empresa no se integrará jamás movida sólo por las razones del costo de producción. La comparación entre la empresa y el mercado apoya la integración vertical sólo cuando aparecen dificultades en la contratación, y entonces sólo para los valores de k^* que superen a $\hat{k}$.

Podrían vislumbrarse algunas implicaciones adicionales introduciendo los efectos de la cantidad (o el tamaño de la empresa) y la forma de la organización. Consideremos entonces el tamaño de la empresa (el nivel de la producción). Aquí la proposición básica es que las deseconomías asociadas a la producción propia se reducirán en todas partes a medida que aumente la cantidad del componente que ha de proveerse. La empresa está en mejor situación para obtener economías de escala a medida que sus propios requerimientos crecen en relación con el tamaño del mercado. Por lo tanto, la curva ΔC baja en todas partes a medida que aumenta la cantidad. Se trata entonces de saber lo que ocurre con la curva ΔG. Si dicha curva gira hacia $\bar{k}$, que es una construcción plausible,[10] la suma vertical $\Delta G + \Delta C$ intersectará al eje en un valor de $\bar{k}$ que se mueve progresivamente hacia la izquierda a medida que aumenta la cantidad que habrá de proveerse. En consecuencia:

5. Las empresas más grandes se integrarán más que las más pequeñas, en lo que respecta a los componentes, *ceteris paribus*.

Por último, aunque esto adelante algunos argumentos que se desarrollan más ampliamente en el capítulo XI, diremos que las incapacidades burocráticas a las que está sujeta la organización interna varían con la estructura interna de la empresa. Suponiendo que la forma *M* es viable, la creación de varias divisiones frena las distorsiones burocráticas que aparecen en la forma unitaria (forma *U*) de la empresa. Expresado en términos de la gráfica IV-2, la curva ΔG baja bajo la creación de varias divisiones, por comparación con la forma de organización unitaria. Por lo tanto, suponiendo que ΔC permanece constante:

6. Una empresa de forma *M* estará más integrada que la empresa de forma *U*, *ceteris paribus*.[11]

[10] Suponemos que $\beta(k, X) = I(k)X$, donde $I(0) > 0$ e $I(k)$ es el costo de gobernación interno por unidad de adaptación. Suponemos además que $M(k, X) = M(k)X$, donde $M(0) = 0$ y $M(k)$ es el costo de gobernación correspondiente por unidad de adaptación en el mercado. Entonces $\Delta G = [I(k) - M(k)]\,X$, y el valor en el que ΔG baja a cero será independiente de X. El incremento de X hace girar a ΔG como las manecillas del reloj alrededor del valor de $\bar{k}$ en el que baja a cero.

[11] Sin embargo, hay algunas consideraciones contrarias. Es posible que los administradores de la forma *U* sean más capaces de realizar sus preferencias de construcción de imperios, lo que podría asumir la forma de una integración vertical. Véase el capítulo VI.

3. Otras implicaciones

3.1 *Distinciones de la especificidad de los activos*

Pueden derivarse otras implicaciones de la economización del costo de transacción reconociendo que la especificidad de los activos asume diversas formas y que entre ellas varían las ramificaciones de la organización. Se distinguen convenientemente cuatro tipos de especificidad de los activos: especificidad del sitio —por ejemplo, estaciones sucesivas que se ubican en una relación de proximidad recíproca, a fin de economizar los gastos de inventarios y de transportación—; especificidad de los activos físicos —por ejemplo, los dados especializados que se requieren para producir un componente—; especificidad del activo humano que surge en el aprendizaje en el trabajo; y los activos dedicados, que representan una inversión discreta en capacidad de producción generalizada (por oposición a la capacidad de propósitos especiales) que no se haría si no existiera la perspectiva de vender una cantidad considerable del producto a un cliente específico. Las ramificaciones de cada una en cuanto a la organización son las siguientes:

1. *Especificidad del sitio.* La propiedad unificada es la respuesta preponderante a una condición de especificidad de los activos que surge cuando las etapas sucesivas se ubican con gran proximidad entre sí. Tal especificidad se explica por una condición de inmovilidad de los activos, lo que quiere decir que son grandes los costos del establecimiento o de la reubicación. Por lo tanto, una vez ubicados tales activos, las partes continuarán operando en una relación de intercambio bilateral durante la vida útil de los activos.

2. *Especificidad de los activos físicos.* Si los activos son móviles y la especificidad es imputable a características físicas, es posible que todavía sea viable el abastecimiento del mercado mediante la concentración de la propiedad de los activos específicos (por ejemplo, los dados especializados) en el comprador y la solicitud de licitaciones. Se evitan los problemas del encerramiento ya que el comprador puede reclamar los dados y reabrir la licitación si surgen dificultades contractuales.[12] Así pues, la competencia *ex post* es eficaz, y la organización interna resulta innecesaria.

3. *Especificidad de los activos humanos.* Toda condición que origine una sustancial especificidad de los activos humanos —ya sea el aprendizaje en el trabajo o los problemas crónicos del movimiento de los activos humanos en las configuraciones de equipo— favorecerá una relación de empleo sobre la contratación autónoma. En consecuencia, se pronostica la propiedad común de etapas sucesivas a medida que aumenta la especificidad de los activos humanos.

4. *Activos dedicados.* Las inversiones en activos dedicados comprenden la expansión de la planta existente a causa de un comprador particular. En estas circunstancias, raras veces se toma en cuenta la propiedad común. Sin

[12] Véase un análisis anterior de este punto en Teece (1981).

embargo, se reconocen los peligros del intercambio y a menudo se mitigan *expandiendo* la relación contractual para efectuar una exposición simétrica. Aunque resulte paradójico, puede preferirse recíprocamente una mayor exposición peligrosa si, en consecuencia , se obtiene un "equilibrio" de los peligros. (Los problemas examinados aquí se desarrollan más ampliamente en los capítulos VII y VIII.)

Otra implicación del razonamiento del costo de transacción es que, cuando se observa que las empresas producen y compran a la vez un bien o servicio idéntico, la tecnología interna se caracterizará por una especificidad de activos mayor que la de la tecnología externa, *ceteris paribus.*[13] Ningún otro enfoque del estudio de la integración vertical genera este conjunto de implicaciones.

3.2 *Los límites eficientes*

Hasta aquí hemos tratado cada etapa de la producción separable como una etapa en la que se justifica una evaluación cuidadosa de la fabricación o la compra. En realidad, la situación es a menudo más sencilla. Hay algunas etapas donde no es probable que se considere seriamente la integración. La integración hacia atrás, al campo de las materias primas, no es viable para muchas empresas. Además, hay otras etapas donde parecería natural la propiedad común. Las referencias de James Thompson a una "tecnología fundamental" (1967, pp. 19-23) presumen que se consolidarán algunas etapas. La especificidad del sitio suele asociarse a estas etapas. Más interesante es el abasto de los bienes cuya producción fuera del sitio experimenta un castigo leve o quizá ninguno. ¿Cuándo se comprará y cuándo se fabricará tal componente?

Todas estas cuestiones pueden unirse en el contexto del problema de los "límites eficientes".[14] Consideremos entonces la organización de tres etapas

[13] Supongamos que es muy grande el nivel óptimo de k, cualquiera que sea el modo de organización que se utilice. En estas circunstancias se ve favorecido el abasto interno. Supongamos que se hace esto, pero que la empresa abre luego una segunda planta (de tamaño idéntico) en una región geográfica diferente, para la que debe adquirir el componente en el mercado. El nivel óptimo de k no será idéntico en estos dos casos. Por el contrario, la elección de k en el segundo caso (no integrado) será menor que en el primer caso (integrado). La razón es que una k menor permitirá que el mercado realice economías de agregación y reduzca los costos de gobernación del abasto en el mercado, mientras que se niega a la organización interna los mismos beneficios de la agregación (sin embargo, véanse las observaciones introductorias del capítulo VI) y tiene características de gobernación superiores. Véase un estudio más general en Riordan y Williamson. Véase también a Scott Masten (1982), quien demostró rigurosamente este punto por primera vez.

[14] William Ouchi (1980a) utilizó este término por primera vez. Cuando se quiere saber si es importante el trazo de la frontera de la empresa en una forma, y no en otra, convendrá plantearse varias interrogantes relacionadas. Consideremos las siguientes:

A. Aspectos de la producción
   1. ¿Se agotarían fundamentalmente las economías de escala si la empresa produjera sus propios requerimientos?
   2. ¿Son considerables las economías de alcance y podrán realizarse dentro de la empresa?

de producción distintas, las que forman parte de la misma empresa por razones de la especificidad del sitio. Éste es el núcleo tecnológico. Supongamos que las materias primas son diversas y se adquieren naturalmente en el mercado. Supongamos además que dos cosas ocurren en cada etapa de la producción: hay una transformación física, y los componentes se unen al "cuerpo principal". Y supongamos por último que la empresa debe elegir entre su propia distribución y la distribución del mercado.

Sea que las etapas de la producción fundamental se representen por *S*1, *S*2, *S*3, y que se describan por rectángulos. Sea que las materias primas se representen por *R* y que se describan por un círculo. Sea que la oferta de componentes se represente por *C*1-*B*, *C*2-*B*, *C*3-*B*, si la empresa compra sus componentes, y por *C*1-*O*, *C*2-*O*, *C*3-*O*, si la empresa fabrica sus propios componentes, los que describimos por triángulos. Sea que la distribución esté dada por *D-B* si la empresa usa la distribución del mercado, y por *D-O* si la empresa usa su propia distribución. Las distribuciones se describen por cuadrados. Por último, sea que una línea continua entre las unidades represente una transacción efectiva y una línea de guiones represente una transacción potencial, y tracemos la frontera de la empresa como una curva cerrada que incluye las actividades que la empresa hace por sí misma.

Dados los supuestos de la tecnología fundamental, las etapas *S*1 a *S*3 se organizarán internamente y las materias primas se comprarán. Por lo tanto, deben evaluarse los componentes *C*l a *C*3 y la etapa *D*, en lo tocante a las tasas de sustitución mencionadas en el apartado 2.2 anterior. Supongamos que la empresa determina sobre esta base que fabricará el componente *C*2 y realizará su propia distribución. La frontera eficiente de la empresa está dada entonces por la curva cerrada de la gráfica IV-3 que incluye, además del núcleo técnico, el componente *C*2 y la etapa de la distribución *D*. Los componentes *C*l a *C*3 y las materias primas, se obtienen en el mercado.

Es obvio que esto es arbitrario y sólo ilustrativo. También simplifica en forma exagerada. Sin embargo, resulta relativamente fácil la elaboración de los esquemas que deben unirse al núcleo, la consideración de componentes adicionales, la inclusión de varias etapas de materias primas y la consideración de la integración hacia atrás para incluir tales etapas, la división de la distribución, etc. Pero las observaciones principales permanecerían intactas, a saber: 1) la propiedad común de algunas estaciones —el núcleo— es suficientemente obvia para que no se requiera una cuidadosa evaluación comparada (la especificidad del sitio caracterizará a menudo estas transacciones);

B. Aspectos de diseño y de activos
1. ¿Tiene el bien en cuestión algunas características de diseño especiales? ¿Debiera tenerlas?
2. ¿Se obtienen economías de estado estable produciendo el bien con el uso de una tecnología de propósito especial?

C. Aspectos de la contratación
1. ¿Están las partes contratantes potencialmente encerradas en una relación de intercambio bilateral?
2. ¿Hay necesidades frecuentes de adaptar la relación de intercambio a perturbaciones inesperadas?

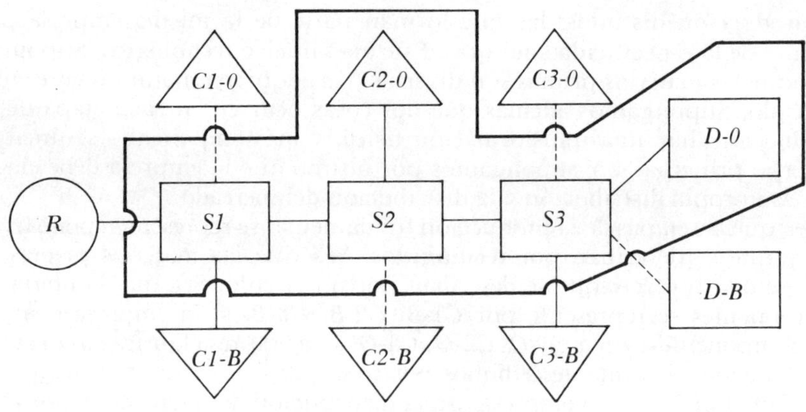

GRÁFICA IV-3. *La frontera eficiente*

2) hay un segundo conjunto de transacciones en que el abasto propio es manifiestamente antieconómico, de modo que se requiere el abasto del mercado (muchas materias primas suelen ser de esta clase); pero 3) hay un tercer conjunto de actividades para las que pueden tomarse decisiones de fabricar o comprar sólo después de evaluar las consecuencias de modos alternativos en lo relacionado con la producción y el costo de transacción. La frontera eficiente es el conjunto inclusivo del núcleo más las etapas adicionales para las que puede demostrarse que el abasto propio es la elección eficiente.

La orientación básica que moldea el enfoque del costo de transacción para la integración vertical es que la integración debe ser *selectiva*. Contra lo que a veces se arguye, más integración no es siempre mejor que menos. Los datos disponibles confirman esto (véase el capítulo v).

4. ORIENTACIONES PARA LA FUSIÓN VERTICAL

El mapa cognoscitivo del contrato elaborado en el capítulo I (gráfica I-2) identifica dos enfoques principales para el estudio del contrato: el monopolio y la eficiencia. De los dos, el primero se desarrolló y se prefirió más hasta principios de los años setenta (Coase, 1972). La integración vertical es una de las áreas donde se pensó que la rama monopólica del contrato tenía pertinencia.

La teoría de la palanca y los argumentos de las barreras que impiden la entrada eran muy relevantes. Se creía que la integración vertical permitía que aumentara el poder monopólico en un área mediante la adquisición de otra (hipótesis de la teoría de la palanca) o perjudicaba la condición de la entrada (la hipótesis de las barreras que impiden la entrada).[15] Al carecer de un "aspecto físico o técnico" (Bain, 1968, p. 381) que permitiera una asociación

[15] Robert Bork (1954) refutó expresamente esta tesis, pero sus ideas no fueron del todo aceptadas.

plausible del ahorro del costo tecnológico con la integración vertical, se pensaba que el propósito anticompetitivo era la fuerza impulsora. En consecuencia, podía concluirse fácilmente que se justificaba el interés de la política pública siempre que la integración vertical incluyera un "grado apreciable de control del mercado incluso en una etapa del proceso productivo" (Stigler, 1955, p. 183). Específicamente, Stigler afirmó que cuando una empresa tenía por lo menos 20% de la producción de una industria, su adquisición de más de 5% de la capacidad productiva de las empresas a las que vendía o de las que compraba podía presumirse que violaba las leyes antimonopólicas (Stigler, 1955, pp. 183-184).

Las Orientaciones de la Fusión Vertical de 1968, que fijan los límites de participación de mercado de la empresa adquirente y la empresa adquirida en 10 y 6% respectivamente, es claro que tenían este espíritu de monopolio y tecnología. O tales orientaciones estaban moldeadas por esta línea académica y la reflejaban, o la correspondencia entre ambas era una coincidencia notable. Dado el marco prevaleciente de la empresa como función de producción, no era evidente una justificación de la integración vertical que tuviera orígenes tecnológicos. Dado que no había economías del costo de transacción por realizar, incluso el grado más pequeño de poder monopólico se creía responsable de las decisiones de integración. El nivel de umbral para la imputación de poder y propósitos monopólicos a la empresa adquirente se fijó en 20% por Stigler y luego se redujo a 10% en las Orientaciones de 1968.

La economía del costo de transacción refuta este enfoque en dos sentidos. Primero debe tomarse en cuenta la posibilidad de que la integración vertical esté impulsada por las economías del costo de transacción cuando las partes están operando en un contexto de intercambio bilateral. Segundo, el menor grado de poder monopólico no provocará la integración si, como se verá más detalladamente en el capítulo VI, la organización interna se ve afectada por dificultades de incentivos. Los pequeños grados de poder monopólico en una etapa no bastan para garantizar el abasto interno por sí solos.

Esto no quiere decir que la integración vertical carezca por completo de problemas en lo que respecta al monopolio. Por el contrario, la integración por las empresas dominantes puede colocar a los rivales más pequeños en una desventaja estratégica. Resulta interesante observar que tales efectos anticompetitivos tienen también orígenes en el costo de transacción.

Pueden surgir impedimentos de entrada de dos tipos cuando se integran (hacia atrás o hacia adelante) las empresas líderes en la etapa I para realizar lo que de otro modo podría ser una actividad de la etapa II organizada competitivamente. Por una parte, el sector residual (no integrado) del mercado puede ser tan reducido que sólo unas cuantas empresas de tamaño eficiente sirvan al mercado de la etapa II. Las empresas que de otro modo estarían dispuestas a entrar a la etapa I pueden desalentarse ante la perspectiva de tener que realizar una negociación de pocos con las escasas empresas no integradas de la etapa II, con todos los peligros que eso involucra. Además, si quienes podrían entrar a la etapa I carecen de experiencia en la actividad relacionada de la etapa II —de modo que incurrirían en elevados costos de capital si entraran a ambas etapas—, la entrada integrada puede resultar poco atractiva. La integración de las etapas I y II por las empresas líderes es entonces anticompetitiva, por lo menos en lo relativo a la entrada, si la destrucción de las conexiones verticales permitiera el desarrollo de una actividad competitiva (de gran número) en la etapa II, sin pérdida de las economías de escala.[16]

La integración vertical en las industrias que tienen grados bajos o moderados de concentración no plantea los mismos problemas. Aquí, una empresa que participe en cualquier etapa puede obtener negociaciones competitivas con empresas de la otra etapa independientemente de que estén integradas o no. Esto ocurre porque ninguna empresa integrada disfruta una ventaja estratégica en lo tocante a tales transacciones y porque resulta difícil la colusión por la colección de empresas integradas (del lado de la oferta y de la demanda). Por lo tanto, la integración plantea raras veces conflictos antimonopólicos, a menos que la industria en cuestión esté altamente concentrada, o que se observen negaciones colectivas a la transacción en las industrias menos concentradas. Fuera de tales circunstancias, la integración vertical tenderá a promover la eficiencia.

Las Orientaciones para las Fusiones de 1982 afirman que es improbable que las fusiones verticales planteen complicados problemas antimonopólicos, a menos que el índice de Herfindahl en el mercado de la empresa adquirida pase de 1 800 (esto corresponde, aproximadamente, a una razón de concentración de 70% en un conjunto de cuatro empresas) y que la participación de la empresa adquirida en el mercado pase de 5%. Se presume que las empresas no integradas de la etapa I pueden satisfacer sus requerimientos de la etapa II negociando términos competitivos con empresas de la etapa II cuando el índice de Herfindahl se encuentre por debajo de 1 800. Las Orientaciones de la Fusión Vertical de 1982 se concentran así exclusivamente en el subconjunto monopólico, lo que es congruente con el razonamiento del costo de transacción. Además, debe advertirse que los conflictos anticompetitivos a los que se refieren las orientaciones —en lo relacionado a los costos del capital,[17] las

[16] Posner acepta ahora que los efectos del costo de capital antes descritos pueden tener efectos bloqueadores de la entrada (1979, p. 946), pero evidentemente lo considera un caso muy especial. Sin embargo, como observan Steven Salop y David Scheffman, ésta es sólo una de una serie de acciones que pueden realizar las empresas dominantes para imponer castigos de costos diferenciales a los rivales efectivos o potenciales (1983, p. 267). Entre las tácticas que describen éstos se encuentran: 1) los boicoteos de grupos selectivos (aquí ofrecen como ejemplo el caso de *Klor*), 2) los contratos salariales industriales, en los que los incrementos salariales tienen una repercusión desproporcionada sobre la banda intensiva en mano de obra (mi estudio del caso *Pennington* es un ejemplo; Williamson, 1968a), 3) las reducciones de precios verticales, y 4) la integración hacia atrás por una empresa dominante, de tal manera que se eleva diferencialmente el precio en la parte inferior de la corriente para los rivales del insumo afectado (Salop y Scheffman, 1983).

[17] El Departamento de Justicia observa que la necesidad de capital adicional no constituye por sí sola una barrera a la entrada al mercado primario (aquí la etapa I) mientras se disponga de los fondos necesarios a un costo conmensurado en el nivel del riesgo en el mercado secundario. Pero el Departamento reconoce correctamente que el riesgo del mercado secundario no es independiente de la estructura. La entrada integrada que incluye una etapa poco familiar tiende a llevar consigo un premio por el riesgo. Esto es así porque los prestamistas "dudan de que quienes quieren entrar al mercado primario tengan las habilidades y los conocimientos necesarios para triunfar en el mercado secundario, y por ende en el mercado primario" (Orientaciones, sec. iv [B] [l] [b] [i]). Las Orientaciones de 1982 señalan además que este problema se agrava cuando un porcentaje elevado de los activos de capital del mercado secundario es de larga

deseconomías de escala, y el uso de la integración vertical para evadir la regulación de las tarifas— son congruentes con el razonamiento del costo de transacción.[18] De igual modo, las Orientaciones de 1982 reconocen expresamente que las inversiones del mercado secundario son riesgosas en la medida en que "los activos de capital en el mercado secundario tienen larga vida y se especializan en ese mercado".[19] Es claro que esta proposición fundamental tiene su origen en la economía del costo de transacción.

A pesar de esta correspondencia sorprendente, las Orientaciones de 1982 no armonizan del todo con el razonamiento del costo de transacción a cada momento. No es evidente la justificación del costo de transacción para combatir una adquisición de 5% siempre que el índice Herfindahl exceda de 1 800. Además, fue sólo en 1984 que las orientaciones incluyeron una defensa de las economías. En realidad, hay ciertos riesgos en la defensa de las economías, sobre todo cuando deben presentarse pruebas económicas ante los tribunales.[20] Sin embargo, estos riesgos pueden mitigarse si el Departamento de Justicia se niega a presentar acusaciones cuando sea obvio que las economías estén produciendo ciertas modificaciones de la organización (Kauper, 1983, pp. 519-522).[21]

Independientemente de lo que se decida en lo relacionado con la defensa de las economías, el hecho es que las Orientaciones para la Fusión Vertical de 1982/1984 reflejan una sensibilidad genuina ante ciertos aspectos del costo de transacción, y en consecuencia son mucho más tolerantes que sus predecesoras. Aunque hay quien cree lo contrario (Schwartz, 1983), puede afirmarse que la política pública está mejor informada y se ha vuelto más consonante con el interés público.

---

duración y especializado de ese mercado, de modo que resulta difícil de recuperar en caso de un fracaso. Es claro que el razonamiento del costo de transacción sirve de base a las reformas de 1982.

[18] La preocupación es que el regulador no podrá evaluar lo razonable de los costos causados y los precios cobrados por un proveedor integrado porque la información adecuada es costosa de obtener y difícil de evaluar. Tales preocupaciones se desvanecerían si los reguladores tuviesen conocimientos comprensivos (no sujetos a la racionalidad limitada), o si las empresas reguladas revelaran toda la información pendiente con franqueza (no sujetas al oportunismo).

[19] Orientaciones, sec. iv (B) (l) (b).

[20] Algunos de estos peligros se discuten en Williamson (1977).

[21] La negativa a considerar las pruebas fehacientes de que las partes de una transacción están proponiendo una fusión vertical a causa de las dificultades de contratación planteadas por las negociaciones autónomas constituiría una grave violación de la racionalidad. Klein, Crawford y Alchian (1978) describen la adquisición de Fisher Body por la General Motors después de que una relación contractual experimentara ciertas tensiones. Véase también Bain (1958, p. 658).

V. INTEGRACIÓN VERTICAL: ALGUNAS PRUEBAS

LAS PRUEBAS sobre la integración vertical que se mencionan más adelante son a menudo rudimentarias, y algunas de las interpretaciones pueden ponerse en tela de juicio. Sin embargo, creo que, en conjunto, las pruebas apoyan la proposición de que la integración vertical —hacia atrás, hacia adelante, y lateral— es más consistente con la economización del costo de transacción que con las alternativas principales. En particular, la condición de especificidad de los activos es el factor fundamental al que debe apelar una teoría predictiva de la integración vertical.

La afirmación de que la economización del costo de transacción es el factor principal de las decisiones de integración no significa que no haya otros factores, varios de los cuales operan a veces simultáneamente. Pero si la economización del costo de transacción es en realidad esencial, los otros factores resultan secundarios. Éste es el argumento básico.

En el apartado 1 se examinan los tipos de pruebas pertinentes para una evaluación de los problemas del costo de transacción. En el apartado 2 se analiza la integración mundana de las tecnologías fundamentales. En el apartado 3 se considera la integración vertical hacia adelante, de la manufactura a la distribución. En el apartado 4 se examina la integración lateral en los componentes. En el apartado 5 se estudia la integración hacia atrás en las materias primas. En el apartado 6 aparecen algunas observaciones sobre la manufactura japonesa. En el apartado 7 se tratan explicaciones alternativas de la integración vertical. Al final vienen las conclusiones.

1. LOS TIPOS DE PRUEBAS

No hay sólo una unidad correcta del análisis para abordar los problemas de la organización económica. Las unidades más apropiadas dependen de las interrogantes que se formulen. Los problemas que interesan en este libro requieren un nivel de análisis semimicroanalítico: más microanalítico que el de la teoría convencional de los precios, pero menos que el de muchos estudios sociológicos y de psicología social del comportamiento de la organización.

Los datos contables, incluso cuando son bastante detallados, a menudo se ajustan mal a las necesidades de la economía del costo de transacción. La razón principal es que la distinción habitual entre el costo fijo y el costo variable no se aplica a los problemas fundamentales. Como vimos en los capítulos anteriores, la distinción más importante se establece entre los costos trasladables y no trasladables (véase la gráfica II-2). Esos costos reflejan a su vez la condición de especificidad de los activos.

Se han realizado varios tipos de estudios microanalíticos para evaluar la condición de especificidad de los activos y sus consecuencias contractuales. Entre ellos se encuentran:

1. Los modelos estadísticos (que utilizan, por ejemplo, técnicas de exploración), donde se asocian los atributos de las transacciones a la forma de la organización. El estudio de la integración vertical en la industria automotriz, realizado por Kirk Monteverde y David Teece (1982), es un ejemplo.
2. Las pruebas de dos variables para estimar la asociación existente entre los atributos de las transacciones y los modos contractuales. Los estudios de la contratación aeroespacial y de la transportación, realizados por Scott Masten (1984) y por Thomas Palay (1984; 1985), son ejemplos de ello.
3. El examen de viñetas contractuales, algunas de las cuales surgen en los procedimientos antimonopólicos. El estudio canadiense mencionado en el capítulo VIII es una ilustración.
4. Los estudios de casos particulares. El estudio de CATV que aparece en el capítulo XIII es un ejemplo.
5. Estudios de las características contractuales y la estructura de gobernación de los contratos a largo plazo, de los que son ejemplos algunos estudios recientes de los contratos del carbón a largo plazo (Goldberg y Erickson, 1982; Joskow, 1985).
6. Otros estudios de la contratación no convencional, ilustrados por la contratación de la IDE y, en términos más generales, por la contratación de la defensa.
7. Estudios de industrias particulares, entre los que destaca el notable enfoque de la integración vertical y las empresas conjuntas realizado por John Stuckey en la industria del aluminio (1983).
8. Un examen de las cambiantes prácticas de la organización, tal como se registran en la literatura de la historia empresarial. El trabajo de Chandler (1962; 1977) es especialmente importante.

El rasgo común de todos estos estudios es que se ocupan de algunos aspectos más microanalíticos de la organización económica que lo habitual en el campo de la organización industrial. Generalmente está implícito un dilema entre el alcance (más observaciones) y la profundidad (mayor detalle). Estoy convencido de que se requiere mayor profundidad, la que es incluso esencial para el progreso de los estudios de la organización económica. Otra característica común de estos estudios es el hecho de que raras veces se intentan medidas directas de los costos de transacción. Por el contrario, el problema interesante en el campo de la comparación institucional consiste en saber si las transacciones, que difieren en sus atributos, están apoyadas por las estructuras de gobernación, como lo pronostica la teoría.

2. La integración mundana

Es conveniente distinguir las dos clases de integración vertical y sus pruebas correspondientes. La primera clase, que llamaré la integración vertical mundana, comprende la integración de etapas sucesivas dentro de la tecnología fundamental. (Éstas son las etapas en el sitio mencionadas como S1, S2 y S3 en la gráfica IV-3.) La segunda clase, que es más exótica, comprende la integración de las actividades periféricas o fuera del sitio: la integración hacia atrás en los materiales básicos, la integración lateral en los componentes, la integración hacia adelante en la distribución, etc. La mayoría de los análisis de la integración vertical se olvidan de la primera clase y se concentran por entero en la segunda. Aparte de esta breve consideración, seguiremos en este capítulo la misma práctica.

Sin embargo, conviene repetir que la integración de la tecnología fundamental —las etapas localizadas en asociación próxima entre sí, para ahorrar así los costos de transportación y de inventarios, realizar economías térmicas, etc.— no está tan libre de problemas que pueda considerarse como un hecho dado. También conviene señalar que la teoría ortodoxa de la empresa no explica el hecho de que las etapas sucesivas de la tecnología fundamental deban estar bajo una propiedad unificada, en lugar de que cada una de ellas tenga su propiedad autónoma.

Dado que hay pruebas abundantes de la integración de etapas sucesivas muy próximas, el hecho de que no exista una teoría de la empresa que explique esta condición constituye una falla grave. En cambio, las teorías que ofrecen explicaciones consistentes para los tipos de integración en el sitio y fuera del sitio deben acreditarse presumiblemente (o desacreditarse, según el caso) con pruebas de ambas clases.

Abundan las pruebas de que las estaciones sucesivas en el sitio están predominantemente integradas. Pero lo que se da por sentado en todas partes no debe escapar al examen. En especial se cree obvia la integración de las operaciones del proceso de flujo. Considérese, por ejemplo, la propiedad y la operación de etapas sucesivas dentro de una refinería de petróleo.

Aunque suele suponerse que una refinería es una unidad tecnológica inseparable, esta presunción tecnológica es incorrecta cuando las interrogantes interesantes de la integración comprenden evaluaciones de la integración vertical hacia atrás, en el abasto de petróleo crudo, o de la integración hacia adelante, en la distribución del producto refinado. Pueden identificarse numerosas etapas separables dentro de la refinería de petróleo cuya organización es problemática. ¿Cómo debiera ser la propiedad y la operación de los tanques de almacenamiento de productos intermedios y terminados? ¿Deberá otorgarse la franquicia de la unidad del asfalto al mejor postor? ¿Deberá tener el laboratorio de control de calidad una propiedad y una operación independientes? Tales interrogantes se plantean raras veces, pero son cuestiones que obviamente debería resolver una teoría de la organización económica.

Creo que una de las razones por las que se pasan por alto las cuestiones mundanas es que la mayoría de nosotros tenemos una intuición aceptable del costo de las transacciones. Sin embargo, la economía del costo de transacción pide que esta intuición sea sometida a prueba mediante el examen de los atributos de las transacciones, con hincapié especial en la condición de la especificidad de los activos. Las transacciones problemáticas en potencia son aquellas en que las partes están operando efectivamente en una relación de intercambio bilateral y necesitan adaptar la interrelación en intervalos recurrentes. Éstas son precisamente las circunstancias en que se reúnen la especificidad de los activos, la incertidumbre y la frecuencia.

La etapa del tanque de almacenamiento y la etapa de la unidad del asfalto descritas antes se caracterizan casi seguramente por un alto grado de especificidad del sitio. Es improbable que en el caso de los tanques de almacenamiento haya un valor de recuperación superior al de la chatarra; y la unidad del asfalto puede dedicarse a usos o usuarios alternativos sólo a gran costo. Es concebible que pudiera preservarse la transferibilidad del laboratorio de control de calidad montándolo sobre ruedas, aunque con un gasto adicional. Sin embargo, en la medida en que el conocimiento idiosincrásico de la refinería tenga alguna importancia para el control de calidad, interviene una condición de especificidad de los activos humanos.

La integración vertical es así la respuesta pronosticada para la unidad del tanque de almacenamiento y la de asfalto. Además, a menos que los activos físicos y humanos del laboratorio puedan moverse con escaso sacrificio, la integración es la respuesta preponderante también en lo que respecta a la organización del laboratorio. La economía del costo de transacción pronostica además que si se plantean prohibiciones o castigos contra la integración vertical por estas transacciones, por razones regulatorias o de otra índole, se elaborarán contratos a largo plazo en los que se incluirán salvaguardas bilaterales (de ordenamiento privado) cuidadosamente redactadas (Joskow, 1985).

Supongamos, para los fines de este examen, que existe la capacidad necesaria de la economía del costo de transacción para alcanzar y manejar la integración mundana. Sin embargo, la integración hacia adelante, lateral y hacia atrás es seguramente más problemática. ¿Cuál es la situación en estos casos? Veámoslos por orden.

3. Integración hacia adelante en la distribución

3.1 *La transformación observada*

La aparición de los ferrocarriles en la segunda mitad del siglo XIX fue el principal acontecimiento que indujo la integración vertical hacia adelante en la distribución. (Porter y Livesay, 1971, p. 55). En realidad, hubo otros desarrollos tecnológicos importantes, tales como el telégrafo (Chandler, 1977, p. 189), el desarrollo de la maquinaria de procesamiento continuo (Chandler, 1977, pp. 249-253), el refinamiento de la fabricación de partes intercambiables (Chandler, 1977, pp. 75-77), y otros progresos tecnológicos que apoyaron la fabricación masiva (Chandler, 1977, cap. VIII). Sin embargo, el incentivo para la integración hacia adelante habría sido mucho menor sin la transportación barata, confiable, disponible en todo clima, que ofrecía el ferrocarril.[1]

[1] El ferrocarril no sólo tuvo una repercusión importante sobre la distribución de los bienes manufacturados, sino que su organización planteó algunos problemas claros (Chandler, 1977, cap. III), y el servicio de las necesidades de abasto de la creciente industria ferroviaria tuvo un efecto directo sobre la organización de la industria del hierro y el acero (Porter y Livesay, 1971, pp. 55-62).

Pero la extensa integración hacia adelante, de la fabricación a la distribución, que ocurriera durante los últimos 30 años del siglo XIX fue muy variable. Las diferencias son las condiciones que deben explicarse. De menos a más, la integración en la distribución varió como sigue: 1) ninguna, en cuyo caso continuó la estructura de mayoreo y menudeo prevaleciente; 2) integración en mayoreo, pero no es menudeo, y 3) menudeo (que de ordinario incluía al mayoreo). En todo esto conviene tener presente una dimensión temporal, pues es posible que los factores que favorecen la integración en un punto del tiempo no continúen indefinidamente. También debe examinarse la integración hacia adelante errada. Presumiblemente, tales errores de integración tienen menores probabilidades de ser imitados o renovados y por esta razón serán reportados con menor frecuencia. Pero una teoría visionaria de la integración hacia adelante debiera explicar tanto los fracasos como los éxitos.

a. *Distribución constante*

Los sectores de la economía estadunidense donde los mayoristas independientes continuaban sirviendo como distribuidores de bienes a detallistas independientes incluían "el complejo de los bienes vendidos a través de instalaciones de menudeo tales como los abarrotes, las drogas, la ferretería, la joyería, los licores y los granos" (Porter y Livesay, 1971, p. 214). Sin embargo, el hecho de que mayoristas y detallistas independientes proveyeran todo el conjunto de servicios de apoyo, o que los fabricantes realizaran algunas de estas actividades, dependía de la diferenciación del producto. Como antes vimos, el papel del intermediario era reducido en el caso de los productos con marcas.

b. *El mayoreo*

Pueden distinguirse tres clases de participación del fabricante en las funciones de distribución de mayoreo: preventa, administración de inventarios, y propiedad de las instalaciones. El cigarrillo fue el "huérfano" de la industria tabacalera hasta 1880. La aparición de la máquina Bonsack para el procesamiento continuo de los cigarrillos en 1881, y su adaptación por James Duke, cambió esa situación en un momento (Chandler, 1977, pp. 249-250). Éste redujo drásticamente los precios de los cigarrillos para reflejar las economías de la manufactura y unió esto a la publicidad masiva (Chandler, 1977, pp. 290-292). Duke continuó vendiendo a través de corredores y detallistas, pero organizó también una red de oficinas de ventas en las mayores ciudades estadunidenses donde trabajaban administradores a sueldo en la coordinación de la comercialización y la distribución (Chandler, 1977, p. 291). La aparición de una maquinaria de procesamiento continuo y las consiguientes economías de escala originaron también la aparición de marcas y los esfuerzos subsecuentes para prevender el producto y manejar la distribución en "cerillos, harina, cereales para desayuno, sopas y otros productos enlatados, y películas fotográficas" (Chandler, 1977, p. 289).

Es digna de mención la decisión de Whitman de usar dos métodos diferentes en la venta de dulces. Se hizo a un lado a los mayoristas en la venta de dulces de alta calidad, empacados. En cambio, los dulces pequeños, baratos, en barras y empacados, se vendían a través de la red habitual de tiendas de menudeo y mayoreo. El control de la función de distribución de mayoreo era más importante en el primer caso para los fines del control de calidad. Los productos de alta calidad se "vendían directamente a los detallistas, de modo que la compañía pudiera regular el flujo de los bienes perecederos y evitar el enojo de los clientes" (Porter y Livesay, 1977, p. 220), quienes estaban presumiblemente dispuestos a pagar un premio para evitar los dulces rancios.

La propiedad de la distribución de mayoreo quedaba reservada para los productos que requerían un manejo especial, principalmente la refrigeración. El empacado de carne y la cerveza son ejemplos de esto (Chandler, 1977, pp. 299-302). Gustavus Swift fue el innovador principal en el empacado de la carne. Reconoció que la práctica de embarcar ganado vivo hacia el oriente acarreaba desperdicios considerables y se propuso eliminar tales desperdicios sacrificando y arreglando el ganado en el Oriente Medio y embarcando la carne hacia el Este en carros refrigerados. Pero la ejecución de esta transformación no fue tarea fácil. Encontró la resistencia de los carniceros, empacadores e intermediarios del Este (Porter y Livesay, 1971, p. 169), así como la resistencia de los intereses ferroviarios (Chandler, 1977, p. 300). A fin de ejecutar su estrategia, Swift hubo de construir sus propios carros refrigeradores y sus figoríficos, y debió construir una red de sucursales que proveyeran "espacio de almacenamiento refrigerado, oficina de ventas, y equipo de ventas que se ocupaba de vender y entregar la carne a las pequeñas carnicerías, tiendas de abarrotes y otras tiendas de alimentos" (Chandler, 1977, p. 300).

c. *El menudeo*

La integración en ventas finales y servicios representó una variedad más ambiciosa de la integración hacia adelante. Pueden distinguirse tres clases de productos: bienes de consumo perecederos especializados; bienes de consumo durables que requieren auxilios de información, crédito y servicio posterior; y bienes de productores durables que tienen los mismos requerimientos.

La película fotográfica Kodak es un ejemplo de la primera clase. George Eastman desarrolló una película basada en el papel para remplazar a las placas de vidrio que se usaban a principios del decenio de 1880. Sin embargo, la película requería una cámara especial, y la elaboración de la película era algo compleja. Contando con escaso éxito entre los fotógrafos profesionales, Eastman y sus asociados se dieron a la tarea de desarrollar el mercado de aficionados. "Para vender y distribuir su nueva cámara y su nueva película, y servir a sus compradores, Eastman [...] creó una red de comercialización mundial" (Chandler, 1977, p. 297). Eastman explicó de este modo su decisión de eliminar a los mayoristas independientes:

> El mayorista o intermediario es un detrimento para nuestro negocio porque una gran parte de éste se encuentra en bienes sensibles que son perecederos. [...]

> Hemos organizado nuestras redes de distribución de modo que los bienes lleguen a las manos del consumidor con la mayor rapidez posible. Nuestras propias casas de menudeo [. . .] han sido instruidas para que controlen sus inventarios muy cuidadosamente, de modo que las mercancías se mantengan en movimiento [Porter y Livesay, 1971, p. 178].

Los bienes de consumo durables para los que se intentó la integración hacia adelante en la distribución de menudeo fueron las máquinas de coser y más tarde los automóviles. Tras la resolución de las disputas legales sobre las patentes en 1854, se liberaron las patentes de máquinas de coser para 24 fabricantes. Sólo tres de ellos trataron de integrarse hacia adelante, y sólo ellos siguieron siendo factores importantes en la industria. Las normas adoptadas por Singer en las 14 sucursales que había abierto para 1859 consistían en equipar a cada una con "una demostradora femenina, un mecánico para la reparación y el servicio, y un vendedor o empacador que vendiera la máquina, así como un gerente que supervisara a los otros y se encargara de los cobros y los créditos" (Chandler, 1977, p. 303).

Aunque los automóviles se vendían principalmente a través de distribuidores autorizados y no por tiendas propiedad de la compañía la Ford Motor Company y otras requerían que sus distribuidores "proveyeran demostraciones e instrucciones completas para los clientes que desconocían la operación de los vehículos nuevos. Además, los distribuidores se comprometían a instruir a los consumidores en los métodos apropiados para el cuidado de los automóviles y a tener a la mano una provisión de partes y un equipo de mecánicos capaces de reparar los automóviles" (Porter y Livesay, 1971, p. 195). Y por supuesto, se eliminaron por completo los mayoristas independientes del proceso de distribución.

Resulta interesante la explicación de Alfred P. Sloan acerca del hecho de que los fabricantes de automóviles decidieran usar franquicias en lugar de sus propios distribuidores. Dice Sloan que

> [. . .] los fabricantes de automóviles no podrían ocuparse de la venta de su propio producto sin gran dificultad. Cuando el automóvil usado entró en grande al escenario en los años veinte, como parte del pago de un automóvil nuevo, la comercialización de los automóviles se convirtió en un intercambio más que en una venta ordinaria. La organización y supervisión de los millares de complejas instituciones de intercambio que eran necesarias habría sido algo difícil para el fabricante; el intercambio es una operación que no encaja fácilmente en el tipo convencional del esquema de organización controlado por la administración. Fue así que la venta de automóviles al menudeo creció con el tipo de organización del distribuidor con franquicia [1964, p. 282].

Así pues, la venta de menudeo y el servicio de los automóviles no requerían sólo la realización de inversiones específicas de ciertas transacciones, sino también —sobre todo cuando se volvió más común la entrega de automóviles usados— la formulación de juicios basados en una información idiosincrásica local. La propiedad centralizada redujo el incentivo existente para el ejercicio de ese juicio en una forma analítica y planteó graves problemas de monitoreo. Por lo tanto, en lugar de integrarse plenamente en la venta de automóviles al menudeo, surgió una forma intermedia: el distribuidor con franquicia.

Los bienes de producción durables se distribuían a través de dos redes. La pequeña maquinaria estandarizada se vendía a través de comerciantes e intermediarios comisionistas. En cambio, se desarrollaron sistemas de comercialización integrados para los productos de diseño especial, tecnológicamente complejos y muy caros, cuya instalación y reparación requería conocimientos especiales (Porter y Livesay, 1971, pp. 183-184). Tenemos aquí el ejemplo de Cyrus McCormick, quien encabezó el desarrollo de la distribución integrada para el equipo agrícola y preparó el escenario para otros imitadores (Livesay, 1979, capítulo III). Las máquinas de oficina constituyeron otro caso en que la demostración, la venta y el servicio requerían conocimientos especializados, y donde los distribuidores con franquicia contribuyeron al éxito (Porter y Livesay, 1971, pp. 193-194).

La fabricación de maquinaria textil, maquinaria de ingenios azucareros, los calentadores industriales y las grandes máquinas de vapor estacionarias favorecían también el contacto directo entre comprador y vendedor (Porter y Livesay, 1971, pp. 181-182). La venta de maquinaria eléctrica planteaba problemas particulares para los clientes que tenían "necesidades y requerimientos especiales que hicieron muy difícil la estandarización en los primeros años de la industria" (Porter y Livesay, 1971, p. 187). La venta, la instalación y el servicio de los generadores eléctricos y el equipo de estación central relacionado requerían una atención más estrecha aún. La integración hacia adelante en todas estas áreas fue consiguientemente extensa (Porter y Livesay, 1971, pp. 180-192).

d. *La integración errada*

Los errores de la integración hacia adelante no se reportan ampliamente y, si se reportan, no siempre se registran como errores. Una excepción es el esfuerzo de American Tobacco para usar la integración en la venta al mayoreo y menudeo de cigarrillos como un instrumento para la expansión de su posición en este mercado. Porter y Livesay registran este esfuerzo como sigue:

> [La American Tobacco] tuvo gran éxito en los años noventa extendiendo su dominio desde el negocio de los cigarrillos hasta otras líneas de la industria tabacalera, tales como el tabaco para fumar, el tabaco para rellenar y el tabaco en polvo. Pero el comercio de los cigarrillos resultó mucho más difícil de conquistar, sobre todo porque [. . .] no estaba sujeto a las economías de escala en la producción. La American Tobacco [se dedicó entonces, por el contrario, a la integración hacia adelante] [. . .] Estos esfuerzos para introducirse al extremo de la distribución al mayoreo, y aun al menudeo, de la industria [de los cigarrillos] resultaron muy caros, y la American Tobacco experimentó pérdidas sustanciales en su guerra de la comercialización de los cigarrillos [1971, p. 210].

Porter y Livesay reportan también que la "American Sugar Refining Co., realizó un esfuerzo similar para sacar de la competencia a John Arbuckle mediante la compra de tiendas de mayoreo y menudeo para desalentar la venta del azúcar de Arbuckle. El intento fracasó miserablemente y resultó muy costoso" (1971, p. 211, n. 52).

Pabst Brewing, Schlitz y otras grandes cervecerías compraron cantinas a fines del siglo pasado y las entregaron en arrendamiento a los operadores a condición de que vendieran sus cervezas (Cochran, 1948, pp. 143-146). Cualesquiera que fuesen los méritos de esta medida en su época —los que parecen dudosos, excepto a corto plazo (Cochran, 1948, p. 199)—, el cambio de la cerveza de barril a la cerveza embotellada la volvió irrealizable.

3.2 *Interpretación del costo de transacción*

Chandler (1977, pp. 287, 302) y Porter y Livesay (1971, pp. 166, 171, 179) se refieren reiteradamente a las "inadecuaciones de los distribuidores existentes" para explicar la integración de los fabricantes hacia adelante en la distribución a fines del siglo pasado y principios del actual. Presumiblemente podría decirse lo mismo de los distribuidores de los años cincuenta, cuando la IBM se integró hacia adelante en la venta y el servicio de las computadoras. ¿Pero a qué se refieren estas inadecuaciones? Según la respuesta diferencial, era evidente que variaba considerablemente la naturaleza o el grado de la severidad.

La explicación presentada aquí es a lo sumo sugerente. Sin embargo, se observa la operación de los factores de la economía de escala, la economía del alcance y el costo de transacción. Además, aparece también un factor que hasta ahora no se había destacado: el de las exterioridades.[2]

Recuérdese que el mapa cognoscitivo del contrato divide la economización del costo de transacción en dos partes: la rama de la gobernación y la rama de la medición. La primera se ocupa de los problemas de la armonización y la adaptación del intercambio, donde el comercio bilateral *ex post* está apoyado por las inversiones en activos específicos. Aunque la rama de la medición desempeña un papel menos sustancial en el análisis de los problemas abordados en este libro (debido en parte al hecho de que los problemas seleccionados para el estudio tienen una calidad de intercambio bilateral), sigue siendo importante. Las complicaciomes de la contratación planteadas por las exterioridades tienen orígenes de medición.

Surgen algunos problemas de exterioridades cuando se trata de un bien o servicio de marca que está sujeto al deterioro de la calidad. Mientras que un fabricante puede inspeccionar —y así controlar mejor— la calidad de los componentes y de las materias primas que compra a proveedores de etapas anteriores y laterales, es menos fácil el ejercicio del control de calidad sobre los bienes vendidos a distribuidores.[3] Ése no es un problema especial si las

[2] Las exterioridades tienen también su origen en el costo de transacción (Arrow, 1969; Williamson 1975, pp. 5-6). Sin embargo, parece conveniente examinar por separado las exterioridades de distribución de tipo arrimadizo, ya que suelen justificar el ejercicio de controles sobre el proceso de distribución.

[3] Como se verá más adelante, esto puede superarse a veces incurriendo en gastos adicionales de empacado o de otra clase —por ejemplo, colocando el producto en un recipiente herméticamente sellado con una atmósfera inerte—, en lugar de extender el control sobre los distribuidores.

demandas de distribuidores individuales son independientes entre sí. Pero si los esfuerzos de incremento (o deterioro) de la calidad hechos por los distribuidores originan efectos de interacción positivos (o negativos), cuyos beneficios (o costos) pueden ser no del todo apropiados por los originadores (o asignados a ellos), la incapacidad para extender los controles de calidad a la distribución conducirá a una falta de optimación.

Mientras que las economías de escala surgen cuando se realizan ahorros de costo mediante la adición de manzanas con manzanas —formalmente, $C(X_1 + X_2) < C(X_1) + C(X_2)$—, las economías de alcance surgen si hay ahorro de costos cuando se suman manzanas con naranjas: formalmente, $C(X,Y) < C(X) + C(Y)$. Es probable que las economías de escala sean menos pertinentes que las economías de alcance para una decisión de integración hacia adelante en la distribución. En realidad, las industrias que son muy grandes en relación con el tamaño del mercado pueden ser capaces de justificar su propia distribución cuando las empresas más pequeñas no pueden hacerlo: el procesamiento de películas por parte de Kodak es un ejemplo.[4] A menudo, sin embargo, los bienes de menudeo son vendidos por detallistas independientes, aunque la participación del productor en el mercado sea muy grande, como se advierte en los casos de los cereales para desayuno y de los diamantes. Los cereales para desayuno, las sopas, el pan, la carne y la leche se venden así en tiendas de abarrotes no integradas. Los diamantes se venden con otras joyas. Las economías del alcance o las deficiencias de los incentivos para la integración, son evidentemente muy grandes en relación con cualesquiera ganancias potenciales de la integración hacia adelante en tales circunstancias.

Tomando en cuenta las potenciales economías del alcance a las que tienen acceso los modos de distribución del mercado, las decisiones de integración hacia adelante dependen presumiblemente de los beneficios —o del ahorro del costo de transacción, ya que en todo momento hemos hecho hincapié en los costos— que los modos de mercado no pueden obtener. Por lo tanto, debemos examinar los problemas del costo de gobernación que surgen en relación con los activos especializados, incluidos los que se asocian a la disipación de algunos efectos valiosos de reputación específicos de las empresas (que es el efecto de exterioridad antes mencionado). ¿Guardarán estos problemas alguna relación sistemática con los tipos de decisiones de integración hacia adelante tomadas por los fabricantes a fines del siglo XIX?

Afirmo que sí existe tal relación. Específicamente, las decisiones de integración hacia adelante reportadas por Chandler asumen la pauta mostrada en el cuadro V-1, donde ++ denota considerable, + denota alguna, ~ indica incierta, y 0 es insignificante. En la columna de la izquierda aparece el grado observado de integración hacia adelante, y en las siguientes tres co-

[4] En efecto, los especialistas independientes en el acabado de las fotografías florecieron después de que la Kodak firmara en 1954 un decreto de consentimiento con el Departamento de Justicia que terminaba sus ventas atadas de películas de colores y de procesamiento. Pero mientas que el mercado residual (no integrado) del acabado fotográfico fuese muy pequeño, los competidores potenciales podrían considerar esa condición como un impedimento para la entrada exitosa.

lumnas aparecen la importancia relativa de las economías de alcance, las exterioridades y la especificidad de los activos.

CUADRO V-1. *Integración hacia adelante en la distribución*

Grado de integración hacia adelante	*Economías de alcance*	*Exterioridades*	*Especificidad de los activos*
I. Ninguno			
Mayoreo	++	0	0
II. (1) Preventa	+	+	0
III. (2) Manejo del inventario	+	++	0
IV. (3) Propiedad			
Menudeo	0	+	++
V. (1) Bienes de consumo perecederos	~	+	+
VI. (2) Bienes de consumo durables	0	+	++
VII. (3) Bienes de productores durables	0	+	++
VIII. (4) Errada	+	0	0

Por ejemplo, la integración hacia adelante no se observa jamás si son insignificantes las exterioridades y la especificidad de los activos (clase I), o si ocurre es errada (clase VIII) y finalmente se dará marcha atrás. En tales circunstancias, no puede servirse a ningún propósito de gobernación o medición. Ocurre una integración limitada en la distribución de mayoreo en respuesta a las necesidades de coordinación y de manejo de inventarios (clase II y III), pero sólo se observa la integración comprensiva cuando se requieren inversiones especializadas, sobre todo en el campo de la refrigeración (clase IV).

La integración en ventas finales y servicios se observa principalmente en el caso de bienes durables de consumo y de producción, donde se imparten considerables conocimientos en el punto de venta y se requiere un servicio especializado continuo (clases VI y VII). Algunos productos requieren complicados problemas de incentivos, como ocurre por ejemplo con la decisión de vender automóviles a través de distribuidores con franquicias en lugar de utilizar una red de empleados. Estos problemas se discuten más ampliamente en el capítulo VI.

En realidad, la anterior es una evaluación muy provisional. Las asignaciones cualitativas (desde ++ hasta 0) son de criterio y se basan en la descripción; se han pasado por alto otros factores que influyen sobre la integración hacia adelante (sin embargo, véase más adelante el apartado 7); y también se han pasado por alto los elementos temporales —como el aprendizaje de los clientes— que pueden reducir la necesidad de asistencia en las ventas y el servicio. A menudo, sin embargo, no se requieren evaluaciones refinadas para calcular las alternativas estructurales discretas (Simon, 1978, p. 6), lo que quiere decir que las asignaciones gruesas son a menudo adecuadas para los fines de la búsqueda de modelos.

4. La integración lateral

La distinción que se establece entre la integración lateral y la integración hacia atrás tiene algo de arbitrario. Incluiré en el primer caso el abasto de componentes, carrocerías, etc., y reservaré la integración hacia atrás para los materiales más básicos.

4.1 *El estudio de un caso particular*

El punto de vista de Klein, Crawford y Alchian (1978, pp. 308-310), de la relación de intercambio bilateral que existía entre Fisher Body y General Motors en los años veinte, ilustra la integración lateral. Éstos son los hechos básicos:

1. En 1919, la General Motors celebró con Fisher Body un acuerdo contractual de diez años por el que la General Motors se comprometía a comprar la virtual totalidad de sus carrocerías a Fisher.
2. El precio de entrega se fijó sobre una base del costo más un margen, e incluía la disposición de que no se cobraría a General Motors más que a los fabricantes de automóviles rivales. Las disputas sobre precios serían arregladas por el arbitraje obligatorio.
3. La demanda de carrocerías por parte de la General Motors aumentó sustancialmente por encima de lo que se había pronosticado. En consecuencia, la General Motors se sintió insatisfecha con los términos de ajuste de los precios. Además, instó a Fisher a ubicar sus plantas de carrocerías al lado de las plantas de ensamblado GM, a fin de obtener economías de transportación e inventarios. Fisher Body se resistió.
4. La General Motors empezó a adquirir las acciones de Fisher en 1924 y completó un acuerdo de fusión en 1926.

La relación contractual entre General Motors y Fisher Body pasó así por tres etapas. Una contratación más o menos autónoma funcionaba evidentemente a satisfacción de las partes en la época de las carrocerías de madera. Pero se necesitaron activos físicos especializados para apoyar los diseños de carrocerías especiales tras el paso a la época de las carrocerías metálicas. Surgió así una condición de mayor dependencia bilateral. Los principios de la contratación eficiente requerían la elaboración de una nueva estructura contractual. Entonces se estableció expresamente el ajuste de los precios mediante fórmulas y el arreglo de las disputas mediante el arbitraje. Sin embargo, algunos eventos inesperados del lado de la demanda y de los costos ejercían tensiones sobre esta relación de contratación bilateral. Además, podían surgir otras tensiones si Fisher Body aceptaba la petición de General Motors de que realizara ciertas inversiones específicas del sitio. Ante la perspectiva de que las decisiones de operación y de inversión se desalinearan durante gran parte de la etapa de desarrollo de crecimiento rápido, la gobernación bilateral cedió finalmente el paso a gobernación unificada.

En realidad, el razonamiento del costo de transacción no pronostica esta secuencia en detalle. Pero la sucesión de cambios observados —de la contratación clásica a la bilateral y a la unificada—, en respuesta a la profundización progresiva de las inversiones específicas de ciertas transacciones, en un periodo de grandes necesidades de adaptación, es consistente con el argumento de la búsqueda excesiva. Además, la hipótesis del costo de transacción habría sido refutada si la relación de contratación permaneciera constante frente a estos cambios. Las teorías rivales de la organización económica casi no se ocupan de estas cuestiones.

4.2 *Estimaciones de modelos estadísticos con datos de campo*

Kirk Monteverde y David Teece (1982) han estudiado recientemente el grado de integración hacia atrás de la General Motors y la Ford en los componentes, y los factores económicos responsables. Estos autores examinaron 133 agrupamientos de componentes, los que "incluyen a la mayoría de los elementos principales que integran un vehículo completo" (1982, p. 207). Se usan técnicas de ensayo para estimar una función de probabilidad en logaritmos con ocho variables independientes, las más importantes de las cuales son: 1) el esfuerzo de ingenieria dedicado al diseño del componente número *i*; 2) una variable binaria que indica si el componente es específico del fabricante o no; 3) una variable ficticia para la compañía (Ford o GM), y 4) una serie de variables ficticias de subsistemas (máquina, chasis, ventilación, sistema eléctrico, carrocería). Sus hallazgos principales fueron los siguientes: 1) "la variable que se escoja como una aproximación de las habilidades específicas de ciertas transacciones ('ingeniería') es muy importante", 2) "los componentes específicos de un solo proveedor [son] candidatos para la integración vertical"; 3) "la General Motors está más integrada que la Ford en la producción de componentes"; y 4) las variables ficticias de los subsistemas no eran muy importantes tomadas por sí solas, pero en conjunto "contribuyeron significativamente al poder explicativo del modelo" (1982, p. 212). Concluyeron los autores que las consideraciones del costo de transacción, especialmente el conocimiento industrial especializado de una empresa particular, son importantes para la definición de las fronteras eficientes en las dos corporaciones.

Un estudio independiente de Gordon Walker y David Weber confirma parcialmente y extiende esta evaluación. Su muestra estaba formada con partes relativamente simples que son insumos de la etapa de ensamble inicial de la fabricación de automóviles (1984, p. 381). Examinaron estos autores los efectos de la especificidad de los activos (aunque la midieron de modo más bien indirecto), la incertidumbre y las economías de escala. Los datos en que se basaron fueron 60 decisiones tomadas por una división de componentes donde se reunía un comité para evaluar los méritos de la fabricación o la compra. Se hicieron algunas observaciones microanalíticas en la compra de componentes, la ingeniería de la producción, la ingeniería del producto y las ventas. Luego se analizaron los datos usando el procedimiento de mínimos cuadrados no ponderados de Jöreskog y Sörbom (1982). Aunque interpretan sus resultados como "mixtos" en términos del costo de transacción y atribuyen la mayor parte del poder explicativo a los "costos de producción comparados", reconocen que esto puede deberse a las limitaciones de los datos y del modelo, de modo que se requieren nuevas investigaciones (Weber y Walker, 1984, p. 387). Creo que nuevos esfuerzos para sondear los factores responsables de las diferencias relativas del costo de producción entre el comprador y el proveedor revelarán otros aspectos del costo de transacción. (Las deseconomías de la pequeña escala en una empresa integrada se explican a menudo por las dificultades de contratación experimentadas por una empresa integrada en la venta del producto a sus niveles.)

Erin Anderson y David Schmittlein (1984) examinan la organización de la comercialización. Investigan si el equipo de ventas de la industria de componentes electrónicos se integra mediante la estimación de una función logística. También obtienen efectos mixtos: "la integración se asocia a la elevación de los niveles de la especificidad de los activos, la dificultad de la evaluación de la actuación, y la combinación de estos dos factores", pero las medidas de la frecuencia y la incertidumbre no resultan significativas (Anderson y Schmittlein, 1984, p. 385). Una de las conclusiones de los artículos de Walker y Weber y de Anderson y Schmittlein es que se requieren adicionales elaboraciones teóricas para satisfacer las necesidades de los estudios empíricos de los problemas del costo de transacción.

Thomas Palay ha estudiado recientemente las transacciones de la transportación entre los fabricantes y los ferrocarriles. Aunque la mayoría de los embarques ferroviarios son inobjetables, ya que los embarcadores están contratando servicios estandarizados, algunos plantean problemas especiales de diseño o manejo de los carros de ferrocarril. Un ejemplo es el de los carros de "cubo alto" que se especializan en el embarque de partes automotrices. Estos carros, más grandes y caros que los de caja convencional, son transferibles entre los fabricantes de automóviles sin sacrificio de valor. Sin embargo, las rejas usadas para asegurar las partes automotrices en tránsito, a un costo que fluctúa entre 5 000 y 15 000 dólares por carro, están diseñadas a la medida de las necesidades de cada fabricante, de modo que no son transferibles. Aunque los transportistas eran inicialmente propietarios de los carros de cubo alto y las rejas, surgieron algunos problemas en relación con estas últimas. De acuerdo con la teoría, las rejas en su mayor parte son ahora propiedad de los embarcadores (Palay, 1981, pp. 117-118).

Los barcos tanques y las tolvas cubiertas para el movimiento de productos químicos eran los más especializados y requerían la mayor inversión de las transacciones de transportación examinadas por Palay:

> Este equipo se construye generalmente de acuerdo con las necesidades de las sustancias particulares que se transportan [. . .] Los forros de vidrio o de caucho,

los volúmenes de presiones especiales, y el equipo de control de daños, son algunos ejemplos del equipo singular empleado [. . .] Los modelos de la utilización vuelven demasiado costosa la modificación de un carro para manejar un nuevo producto en cada viaje, y la limpieza requiere instalaciones y tecnologías caras. El costo de los carros tanques especializados fluctuaba entre 50 000 y 100 000 dólares [1981, pp. 129-130].

La "naturaleza altamente idiosincrásica del equipo ferroviario ha hecho que los embarcadores tengan sus propios carros tanques y sus tolvas cubiertas" (Palay, 1981, p. 134).

También resulta fehaciente el examen hecho recientemente por Scott Masten de la organización de la producción en la industria aeroespacial y de las políticas de abastecimiento gubernamental:

En general, los datos del sistema aeroespacial apoyan la afirmación de que la especificidad y la complejidad del diseño son condiciones necesarias, si no es que suficientes, para separar la cooperación en los intercambios por el mercado y la integración subsecuente de la producción dentro de la empresa. Además, las políticas de abastecimiento implantadas por el gobierno proveen detalles de apoyo todavía no disponibles en el análisis formal, tales como los efectos de la incertidumbre sobre el alcance de los acuerdos contractuales y la pertinencia del valor absoluto de las inversiones para la necesidad de estructuras de gobernación especializadas [Masten, 1984, p. 417].

Por último, el ambicioso estudio de Paul Joskow (1985) sobre la integración vertical y los contratos a largo plazo para el abasto de carbón en los servicios públicos de electricidad demuestra que las estructuras de gobernación se ajustan a las necesidades de las transacciones en una forma analítica. La correspondencia existente entre el razonamiento del costo de transacción y la organización económica microanalítica en la práctica se ve fuertemente apoyada también por el estudio empírico de las fusiones verticales realizado por Pablo Spiller (1985).

5. La integración hacia atrás

La integración hacia atrás en las materias primas puede ocurrir por tres razones principales: 1) para realizar potenciales economías del costo de transacción; 2) para propósitos estratégicos, o 3) por razones erradas. Las economías del costo de transacción justificarán la integración cuando las partes estén estrechamente unidas en una relación de intercambio bilateral, lo que vuelve vitales los problemas de armonización de la interrelación, y cuando la integración no sacrifique las economías de la agregación. La adquisición de los depósitos de mineral de hierro del Mesabi por parte de las compañías siderúrgicas puede ser un ejemplo (Parsons y Ray, 1975), aunque otros autores prefieren una explicación estratégica (Wall, 1970). Las adquisiciones de depósitos de carbón y de piedra caliza por parte de las compañías siderúrgicas parecen carecer de justificación por el costo de transacción o por razones estratégicas, de modo que quizá hayan sido erradas. Sin embargo, como lo revela el estudio reciente de Joskow, se requiere un conocimiento detallado de las opciones de contratación viables (Joskow, 1985).

Un ejemplo de lo que se tomó como una integración estratégica hacia atrás, emprendida para impedir las rivalidades, es la adquisición de depósitos de bauxita y de sitios hidroeléctricos por parte de Alcoa. Se formularon alegatos al respecto en el famoso juicio antimonopólico en el que el Departamento de Justicia acusó a Alcoa de monopolio y monopolización.[5] La evaluación definitiva de la integración hacia atrás en los depósitos de bauxita ha sido realizada después por John Stuckey (1983). En términos muy generales, la diferencia que existe entre el costo del procesamiento de una bauxita mezclada con hidratos que se procesa eficientemente con una tecnología de alta temperatura y el que se realiza en una refinería de baja temperatura llega casi a 100% (Stuckey, 1983, pp. 53-54). Pero los detalles son también importantes. Las cubiertas de almacenamiento de bauxita se necesitan para algunos minerales y no para otros (p. 49); varían grandemente los costos del procesamiento de los residuos (p. 53); y el equipo de combate a la contaminación aérea se hace a la medida de los atributos de la bauxita (p. 60). Además, aunque la fundación es menos idiosincrásica, existe un "arte de fundición por partes", el que se perturba si varía el abasto de aluminio (p. 63).

Stuckey se refiere a la especificidad física y del sitio en su evaluación resumida:

> La naturaleza de monopolio bilateral de las relaciones de intercambio de la bauxita deriva de varios factores técnicos y estructurales en gran medida inmutables. Primero, la bauxita es un producto heterogéneo, y el mineral de cualquier depósito tiene propiedades químicas y físicas singulares. El procesamiento eficiente de una bauxita determinada requiere de ordinario una refinería hecha a la medida, con tecnologías especialmente diseñadas para el procesamiento químico, el manejo de los materiales y la disposición de los desperdicios. Una vez desarrollada una mina y su infraestructura asociada, y una vez construida su refinería en forma apropiada, las dos plantas se unen en la medida económica de su complementariedad técnica. Las pruebas indican que, en términos económicos, la complementariedad es a menudo fuerte, lo que significa que la extracción y la refinación están unidas económicamente en un gran conjunto de precios de transacción de la bauxita.
>
> Un segundo conjunto de factores que une a minas y refinerías incluye la gran dispersión geográfica de los principales depósitos de bauxita del mundo, las grandes distancias que separan los depósitos de las fundiciones primarias, el bajo valor de la bauxita en la mina en relación con las tarifas del transporte y la reducción de más de 50% que ocurre durante la refinación en el volumen del material. Los últimos tres factores alientan la localización adyacente de minas y refinerías por razón del costo de transportación [1983, p. 290].

Stuckey observa también que las asimetrías de la información referente a la calidad y la extensión de los depósitos de bauxita complican los problemas de la contratación a largo plazo (pp. 291-292).

El incentivo para la integración a causa de la especificidad de los activos de

[5] *United States v. Aluminum Company of America*, 148 F. 2d. 416 (2ª cir. 1945).

la planta física y del sitio se refuerza así por las consideraciones de la asimetría de la información. El resultado es que la integración hacia atrás, de la refinación a la bauxita, es del todo previsible desde el punto de vista de la economía del costo de transacción, lo que presumiblemente explica que ésta sea la forma de organización preponderante.

Los fabricantes parecen haber operado a veces la premisa errada de que siempre es preferible una mayor integración que una menor. Desde el punto de vista del costo de transacción, los siguientes ejemplos de integración hacia atrás parecerían ser errores (y supongo que en su mayor parte han sido abandonados a medida que llega el momento de la renovación): 1) integración hacia atrás de Pabst Brewing en bosques maderables y plantas de fabricación de barriles (Chandler, 1977, p. 301); 2) integración hacia atrás de la Singer Sewing Machine en madera, una acería y algo de transportación (Chandler, 1977, p. 305); 3) integración hacia atrás de la McCormick Company en bosques maderables, minas, fábricas de cuerdas y plantaciones de cáñamo (Chandler, 1977, p. 207), y 4) "el monstruo completamente integrado de la Ford Motor Company en River Rouge, abastecido por un imperio que incluía tierras de minerales, minas de carbón, 300 000 hectáreas de bosques, aserraderos, altos hornos, una fábrica de vidrio, barcos de mineral y de carbón, y un ferrocarril" (Livesay, 1979, p. 175).

En realidad, los administradores se rehúsan a reconocer sus errores, como todo el mundo. En consecuencia, es posible que la integración errada no se corrija rápidamente. Además, algunos de ellos, como "el monstruo de River Rouge", requieren la construcción de instalaciones a gran proximidad. Tal especificidad del sitio impone a las partes una relación de intercambio bilateral y por esta razón tiende a continuar. En cambio. las fábricas de cuerdas distantes pueden venderse o cerrarse con facilidad.

Aparte de los problemas de la ubicación, la integración hacia atrás que carece de justificación por el costo de transacción o no sirve a propósitos estratégicos será presumiblemente advertida y eliminada.[6] La eliminación o la venta de las actividades de integración erradas ocurrirán con mayor rapidez si la empresa afronta una rivalidad activa.

6. Algunas observaciones sobre la manufactura japonesa

Los japoneses recurren mucho más que los estadunidenses a la subcontratación. La experiencia de la Toyota Motor Company, que ha establecido una relación poco habitual con sus proveedores de partes, se cita frecuentemente en este sentido. ¿Cómo se explica el éxito de Toyota con la subcontratación? ¿Cuál es la experiencia japonesa en términos más generales? Aquí no intenta-

[6] La American Tobacco, y la Campbell Soup y Heinz emprendieron una integración hacia atrás en la compra y el almacenamiento de productos agrícolas (Chandler, 1977, pp. 291, 295). Se dice que la razón de este movimiento fue el deseo de asegurar un "abasto sostenido" de tabaco, vegetales y otros productos perecederos, pero se necesitarían más detalles para evaluar la naturaleza de la fragmentación del mercado (si es que ocurrió tal cosa).

remos respuestas definitivas a ninguna de estas interrogantes. Sin embargo, trataremos de obtener una idea general.[7]

6.1 *Toyota*

Como mencionamos antes, el "estudio de ejemplos extremos provee a menudo claves importantes para llegar a la esencia de la situación".[8] En particular, a menudo se seleccionan ciertos casos particulares, no porque se consideren representativos sino porque permiten la ilustración de los problemas en cuestión de una forma particularmente dramática.[9] Ése es el espíritu con el que debe interpretarse la experiencia de Toyota con sus maquiladores. Entre las grandes corporaciones japonesas, Toyota ha sido especialmente afortunada en forjar una relación recíprocamente rentable y durable con sus maquiladores. Algunas características de esa situación deben destacarse:

a. *Larga historia*

Toyota inició la fabricación de automóviles en 1937 y sus relaciones con muchos de sus maquiladores actuales datan de sus primeros años. El hecho de que la industria automotriz estuviese bien establecida para 1937 significaba que la tecnología de la actividad podría tomarse prestada y, consiguientemente, las relaciones de contratación podrían establecerse. Las condiciones iniciales de Toyota eran así diferentes de las que afrontaron quienes primero entraron a la industria.

b. *Destino común*

Toyota subrayó desde el principio que la compañía matriz, sus subsidiarias y sus maquiladores afrontan un "destino común". Se alentaba así a las partes a considerar la relación como un vínculo a largo plazo. Se mantuvo la presunción de que las relaciones serían continuas y las diferencias serían arregladas.

c.

A pesar de una aureola generalizada de buena voluntad, se respeta el razonamiento del costo de transacción. Toyota realiza inversiones estratégicas y muy específicas. Además, las renovaciones de los contratos para incluir

[7] Estas aseveraciones se basan en las entrevistas que sostuve con empresarios japoneses (incluidos Toyota y sus proveedores) durante una visita que realicé a Japón entre abril y julio de 1983.

[8] Subpanel de las Ciencias Conductistas, Comité de Asesoría Científica del Presidente, *Strengthening the Behavioral Sciences,* Washington, D. C., 1962, p. 5. Véase en Williamson (1964, pp. 86-89) un análisis de los usos de ejemplos extremos en la investigación económica.

[9] El estudio de un caso particular de licitación de franquicias que se examinan en el capítulo XIII tiene estos atributos.

el trabajo realizado por contratistas externos jamás son automáticas. Los contratos anuales están siempre sujetos a la disciplina de la licitación competitiva. Se evita la dependencia exclusiva adhiriéndose a una "política de dos vendedores" mediante la cual Toyota divide el trabajo entre dos o más proveedores. Ocasionalmente, Toyota fabrica y compra pero esto es raro.

d. *La gobernación*

Muchos maquiladores de Toyota venden casi toda su producción anual a Toyota. Su dependencia se refuerza por la naturaleza de la inversión específica del sitio, lo que es especialmente importante. Así pues, aunque la planta, el equipo y la mayor parte de la fuerza de trabajo de los maquiladores no están muy especializados, la ubicación de las plantas en la vecindad inmediata de las plantas ensambladoras de Toyota las aleja de otras actividades manufactureras.[10] Los proveedores se ven así expuestos a un riesgo de expropiación.

Como veremos en el capítulo VII, la elaboración de salvaguardas contra el oportunismo suele beneficiar a las dos partes que intervienen en una negociación. Un tipo de garantía es el desarrollo de una maquinaria para registrar en forma más correcta y confiable los efectos de reputación y para compartir las experiencias entre las partes interesadas. La organización colectiva sirve a menudo para este propósito. Resulta interesante que Toyota y sus subcontratistas reconozcan evidentemente esta situación y hayan organizado en consecuencia asociaciones de proveedores. Cualquiera que sea su intención original, estas asociaciones sirven ahora a los propósitos del efecto de reputación, entre otros.[11]

e. *Posible tensión*

Es notable el crecimiento de Toyota en la posguerra. La compañía produjo su automóvil número un millón en 1962. El total acumulado llegó a 20 millones en 1976 y a 40 en 1983. Los proveedores de Toyota compartieron ese crecimiento y la prosperidad correspondiente.

Sin embargo, en fechas recientes han empezado a surgir algunas tensiones al frenarse el mercado mundial automotriz, y al aumentar las presiones de contenido nacional en los automóviles importados en los Estados Unidos y otras partes. Aunque no se ha desarrollado una grave divergencia de intereses, ya no es tan fuerte la presunción de un interés idéntico. Toyota, por ejemplo, no consultó con sus organizaciones de proveedores antes de llegar a

[10] Las plantas de Toyota se ubican en Ciudad Toyota, cerca de Nagoya.

[11] La mayor de las organizaciones de proveedores es la Kyohokai. Está integrada por 224 fabricantes de partes y componentes automotrices. La Seihokay (23 fabricantes de moldes, calibradores, guías, etc.) y la Eihokai (37 contratistas de instalaciones de plantas) se organizaron en 1962 y se fusionaron en 1983. Tales asociaciones sirven como importantes lazos de comunicación y planeación. El contacto organizado de los proveedores entre sí y con la compañía cliente también asegura que la experiencia se comparta en forma rápida y precisa.

un acuerdo de empresa conjunta con la General Motors para la fabricación de automóviles en la planta de la GM que a la sazón tenía ociosa en Fremont, California. (De hecho, avisó a sus principales proveedores sólo horas antes de que el acuerdo se hiciera público.) Aunque sus proveedores reconocieron la necesidad de adaptarse al cambio de las circunstancias, no dejaron de sentirse incómodos. Además, Toyota ha expresado recientemente su preocupación por la posibilidad de que sus proveedores traten de mantener su crecimiento vendiendo a empresas automotrices rivales algunas partes en las que Toyota tiene intereses de diseño u otros intereses de propietario.

La fuerza de una relación se pone a prueba cuando se somete a tensión. Aunque Toyota y sus proveedores parecen reconocer los beneficios de la contaminación de su cooperación y el famoso sistema Kanban no parece estar en peligro, las relaciones futuras entre Toyota y sus proveedores no debieran proyectarse como una sencilla extrapolación del pasado.

6.2 *La maquila en términos más generales*

Aunque los japoneses dependen en gran medida de la maquila, también se aplican en Japón los mismos principios que en los Estados Unidos y otros países de Occidente que conforman las decisiones de fabricar o comprar.[12] Lo que difiere son los márgenes. Los peligros de la negociación son menos severos en Japón que en los Estados Unidos porque en aquél existen frenos culturales e institucionales contra el oportunismo.

a. *La negociación*

Zentaro Kitagawa, un destacado especialista en el derecho contractual, describe de este modo el proceso de negociación japonés: "Los empresarios japoneses hacen más hincapié en la construcción de una relación personal que en la elaboración de un contrato detallado; todas las decisiones las toma el grupo antes que el individuo; de ordinario no se consulta a los abogados durante las negociaciones" (1980, pp. 1-24). Se cree que de aquí resulta un mayor sentimiento de compromiso para vigilar el contrato hasta la terminación y para acomodarlo a las necesidades de los otros.

b. *El litigio*

La propensión al litigio es mucho menor en Japón que en los Estados Unidos. Como observa Frank Gibney, "El número total de acciones civiles ejercitadas en Japón en un año (1980) se aproximó a 500 000, cerca de la

[12] Este punto surgió reiteradamente en las conversaciones que sostuve con especialistas de compras en empresas japonesas, en particular quienes tenían experiencia internacional. En cambio, muchos de los encargados de la producción en las empresas japonesas creían que sus prácticas y sus principios de contratación eran únicos.

mitad del número de casos de California. En términos per cápita, hay un juicio en Japón por cada 20 en los Estados Unidos'' (1982, p. 106). El hincapié que hacen los japoneses en la armonía que debe existir en la justicia ayuda a explicar esa condición. Gibney sostiene que los japoneses prefieren la transacción a la confrontación, y que ''el proceso de análisis y consulta es a menudo más importante por sí mismo que la clase precisa de decisión que pueda obtenerse'' (1982, p. 108). Por lo tanto, aunque los tribunales japoneses están formalmente comprometidos a impartir justicia, están más interesados que un tribunal estadunidense en el establecimiento de la armonía (Gebney, 1982, p. 109). El hecho de que se mantenga deliberadamente pequeño el número de abogados en Japón ayuda también a preservar esta tradición de ausencia de litigio.[13]

7. Otras explicaciones

Las principales teorías alternativas que se han propuesto para explicar los cambios de la organización son la teoría de la dominación, el poder de mercado, la tecnología, el ciclo vital, las economías pecuniarias y el comportamiento estratégico. Consideraré cada uno de estos enfoques.

7.1 *Teoría de la dominación*

La teoría de la dominación se centra en los actores humanos. Hay quienes poseen poder económico y quienes no lo poseen. La organización de la actividad económica se encuentra bajo el control de quienes poseen el poder. Se escoge un modo en lugar de otro porque ello permite que quienes tienen el control extiendan y consoliden su poder.

Esta teoría de la innovación organizativa se aplica presumiblemente a las relaciones existentes entre capitalistas y trabajadores y entre los propios capitalistas. En el capítulo IX examinaremos la tesis de que el trabajo está jerárquicamente organizado para impedir que los trabajadores ganen poder. En consecuencia, consideremos si la teoría del poder explica las confrontaciones surgidas entre los capitalistas en los mercados de productos intermedios. Porter y Livesay reportan que durante los ''dos primeros siglos posteriores al primer asentamiento inglés en el contienente americano, dominaron los comerciantes urbanos'' (1971, p. 5). Tales ''capitalistas comerciantes urbanos[...] eran el segmento más rico, mejor informado y más poderoso de la sociedad estadunidense antigua'' (p. 6). Pero el comerciante general se transformó en el comerciante especializado de principios del siglo XIX, y los nuevos comerciantes se convirtieron entonces en ''los hombres más importantes de

[13] El pequeño número de abogados japoneses se explica por el hecho de que, de las decenas de millares de estudiantes que se gradúan de abogados cada año, unos 30 000 de los cuales toman los exámenes de admisión del Instituto Nacional de Adiestramiento e Investigación, el Instituto sólo acepta 500 (Gibney, 1982, p. 113). Todos los abogados, fiscales y jueces deben ser graduados del Instituto.

la economía" (p.8). A su vez, el comerciante especializado vio reducirse marcadamente sus funciones por el surgimiento del fabricante integrado a fines del siglo XIX: "El largo reinado del comerciante había llegado a su fin. En muchas industrias, el fabricante de productos se había convertido también en su distribuidor. Había surgido una economía nueva, dominada por la moderna empresa manufacturera integrada" (1971, p. 12).

La teoría del poder debe afrontar dos hechos problemáticos para explicar tales cambios. Primero, ¿por qué permitieron los comerciantes generales, y luego los especiales, que su actividad económica se organizara en formas que alejaron el poder de su control? Segundo, ¿por qué perdió el poder selectivamente, de modo que algunos tipos de fabricantes se apropian extensamente del papel del comerciante, mientras que otros no pudieron hacerlo? Como antes vimos, el enfoque del costo de transacción explica ambos interrogantes en términos de la eficiencia.

En realidad, esto no impide que el poder opere también. Por ejemplo, los intereses creados pueden demorar a veces las transformaciones de la organización. Pero los partidarios del poder no han demostrado que las innovaciones organizativas importantes —aquellas en las que estén en juego grandes costos de transacción— sean regularmente derrotadas por los intereses establecidos. Hay abundantes pruebas contrarias. Por lo tanto, creo que dentro de la arena económica,[14] si no es que en términos más generales, las innovaciones organizativas para las que puedan proyectarse ganancias de eficiencia no triviales encontrarán una vía para someter a los intereses opuestos (o éstos las absorberán de algún modo). En tal organización, el poder queda relegado a un papel secundario.

7.2 *El poder de mercado*

Los argumentos del poder de mercado pueden aplicarse a la innovación organizativa en dos formas. Una dice que los poseedores de poder de mercado simplemente prefieren ciertos arreglos organizativos. La segunda dice que se usa la organización estratégicamente como un impedimento contra los rivales.

En el apartado 7.6 consideraremos el segundo enfoque. Porter y Livesay parecen recurrir al primero para explicar el hecho de que los fabricantes se integraran en la distribución de algunas industrias específicas. Observan así que la "incidencia del oligopolio y del gran tamaño era mucho menos frecuente" entre los fabricantes que no se integraban hacia adelante que entre los que sí lo hacían (1971, p. 214). Sin embargo, resulta digno de mención el hecho de que se incluyan entre los fabricantes no integrados gran número de

[14] La arena política es otra cosa. Aunque las empresas establecidas no han bloqueado el desarrollo de la forma conglomerada, han frenado su difusión. Gran parte de la legislación promulgada por los estados para impedir las adquisiciones fue promovida a solicitud de los administradores de empresas establecidas (Cary, 1969; Winter, 1978, p. 43). Incapacitados para suprimir los conglomerados mediante el ejercicio del poder económico en el mercado, los administradores recurrieron al proceso político. Es posible que sea en ese foro donde la teoría del poder tenga más que ofrecer.

grupos industriales concentrados, de empresas grandes: cereales para el desayuno, jabones de tocador, sopas y navajas de rasurar, para sólo nombrar algunos. Esas industrias serían presumiblemente grandes candidatos para la integración hacia adelante si las preferencias oligopólicas, antes que la eficiencia, fuesen los factores decisivos en la organización.

7.3 *La tecnología*

Es antiguo el argumento de que los imperativos tecnológicos explican los cambios de la organización. Como antes vimos, sin embargo, la propiedad común de dos etapas que están operando en asociación muy próxima debe entenderse como una solución de una relación de negociación bilateral problemática. Siempre pueden realizarse economías térmicas de estado estable colocando los altos hornos y los molinos de laminación autónomos uno al lado del otro, cualquiera que sea la estructura de la propiedad. La elección entre las estructuras depende entonces de la mediación de la interrelación en respuesta a las perturbaciones. Éste es un problema del costo de transacción.

Aunque la integración hacia adelante en la distribución es una anomalía si se quiere explicar en términos de los aspectos físicos o técnicos, Chandler ha propuesto otra explicación tecnológica para esa condición. Reconociendo que las innovaciones organizativas exitosas sirven, entre otras cosas, para economizar los costos de transacción (1977, p. 256), el factor principal al que recurre para explicar la integración hacia adelante es lo que llama "economías de la velocidad" (pp. 281, 298; Chandler y Daems, 1979, pp. 30-31). Según Chandler y Daems, tales economías

> [. . .] sólo podrían realizarse [. . .] si una jerarquía administrativa programara cuidadosamente los flujos [. . .] Por lo tanto, cuando una tecnología nueva permitía la producción en masa, y cuando nuevos mercados permitían la distribución en masa, tal coordinación administrativa resultaba más eficiente que cuando el movimiento de bienes *entre* las unidades era el resultado de una multitud de transacciones del mercado [1979, p. 31].

Aunque las economías de la velocidad no se han especificado, la apreciación de una noción intuitiva de tales economías conduce a varios resultados anómalos. ¿Por qué no se integraron comprensivamente los fabricantes en la distribución para la venta de cigarrillos, cerveza y productos empacados de marca? ¿Por qué se vendían a través de distribuidores independientes ciertos bienes durables de productores, estandarizados y pequeños, mientras que los propios fabricantes vendían y daban mantenimiento a ciertos bienes durables de productores, singulares y grandes? Creo que se emplearon activos humanos fungibles para la venta al menudeo y el servicio de los cigarrillos, otros productos empacados, y algunos bienes de productores durables y estandarizados, mientras que no ocurrió tal cosa en el caso de bienes de productores, durables, singulares y grandes. En esto (aunado a las economías del alcance disponibles para el primer conjunto de productos y no para el segundo, más las deseconomías de la burocracia que acompañan a la integración hacia adelante), más que las "economías de velocidad" diferenciales, lo que explica el patrón.

7.4 *El ciclo vital*

George Stigler (1951) ha propuesto una teoría de la integración vertical en la que destacan algunos aspectos del ciclo vital. En ella se favorece la integración extensa en las primeras y las últimas etapas del desarrollo de una industria, mientras que ocurre menos integración en las etapas intermedias. Se afirma que la integración de la industria textil es consistente con la hipótesis (Stigler, 1951).[15]

Tanto Porter y Livesay (1971, p. 132) como Chandler (1977, p. 490) opinan de otro modo. Específicamente, Porter y Livesay sostienen que "mientras que las empresas grandes pueden pasar por las tres etapas que describe Stigler, con frecuencia recurren a la integración a resultas del aumento, no la declinación, de la demanda" (Porter y Livesay, 1971, p. 132). La pronosticada reducción de la integración vertical en la etapa dos no se observa tampoco en la industria del aluminio (Stuckey, 1983, pp. 26-46).

Me parece que el análisis del ciclo vital debe unirse a los costos de transacción para explicar los modelos observados en la integración vertical. Además, más interesante que los disputados aspectos de la demanda mencionados arriba es el siguiente fenómeno del ciclo vital: a medida que los clientes y los intermediarios independientes conocen mejor la tecnología, y a medida que aumenta la confiabilidad de un producto (de modo que disminuyen los requerimientos del servicio), se reduce el incentivo del costo de transacción para el mantenimiento de la presencia de un mercado hacia adelante. En consecuencia, algunos productos que eran comercializados por una organización integrada de ventas y servicio pueden volver a menudo al mercado en las etapas posteriores del ciclo vital de un producto.

Lo anterior tiene numerosas ramificaciones, entre ellas la viabilidad de las casas de descuento para vender productos maduros. De igual modo, la política pública aplicada a la integración hacia adelante debiera tomar en cuenta algunos aspectos del ciclo vital. La probabilidad de que la integración hacia adelante se justifique por consideraciones del costo de transacción es mucho mayor para los productos que se venden antes del inicio de su madurez. También debe considerarse la posibilidad de que tal integración continúe en las etapas maduras porque sirve a los propósitos estratégicos del impedimento de la entrada.

Estas cuestiones afectan la actuación diferencial de empresas cuyos productos complejos tienen una tecnología igualmente avanzada pero siguen diferentes estrategias de comercialización en la etapa inicial. Es posible que

[15] Aunque los molinos textiles fueron los primeros en introducir grandes fábricas en los Estados Unidos, la industria no es el líder que muchos han pensado (Chandler, 1977, p. 72). La organización fabril, con su hincapié en la tecnología de la producción, se queda muy atrás de la organización empresarial, que se ocupa de la organización de toda la institución.

el éxito de la IBM en relación con SperryRand (y más tarde RCA y GE) se haya debido a los intensos esfuerzos de venta y de apoyo realizados por la IBM a favor de su producto relativamente poco familiar pero complejo en los años cincuenta, que fueron años formativos críticos en la historia de la industria de la computadora.

7.5 *Las economías pecuniarias*

La integración vertical puede adoptarse como una estratagema para evadir los impuestos a las ventas (Coase, 1937; Stigler, 1951). Sin embargo, nunca se ha demostrado que éste haya sido un factor importante en la explicación de la integración vertical en los Estados Unidos. Conjeturo que ha tenido una importancia secundaria en relación con el ahorro real de costo de transacción antes mencionado.

Los impuestos a las empresas (y los créditos fiscales) han sido un factor en algunas fusiones, pero probablemente en mayor medida para los conglomerados que para las fusiones verticales en los Estados Unidos, sobre todo en el periodo siguiente a la segunda Guerra Mundial (aunque esto no ha sido investigado). Las consideraciones típicamente fiscales desempeñaron un papel principal en las adquisiciones de Royal Little al inicio de la posguerra (Sobel, 1974, p. 356). Y tales consideraciones continúan influyendo hasta ahora en las adquisiciones de los conglomerados, como se observa en el ejemplo reciente del intento de adquisición de la Mead Corporation por parte de la Occidental Petroleum.[16] El hecho de que tales activos, una vez adquiridos, sean efectivamente administrados, es un problema de la forma de la organización (véase el capítulo XI). Por lo tanto, cualesquiera que sean los incentivos inmediatos de la integración, todavía deben examinarse los problemas del costo de transacción. (Los conglomerados que adoptan una estructura de compañía tenedora en lugar de una estructura de forma M estarían presumiblemente menos preparados para afrontar la complejidad y la diversidad y serían candidatos a la desaparición con el paso del tiempo.)

7.6 *El comportamiento estratégico*

El comportamiento estratégico se refiere a los esfuerzos realizados por las empresas dominantes para tomar y mantener posiciones avanzadas o excluyentes así como para responder punitivamente a los rivales. En ambos casos, se trata de disuadir a los rivales. Un ejemplo de la primera clase sería la integración hacia adelante en la distribución, donde son insignificantes los ahorros del costo de transacción. El comportamiento estratégico punitivo se ilustra por la fijación de precios predatorios. En el capítulo XIV se examinan más ampliamente estas cuestiones problemáticas en un contexto antimono-

[16] *Mead Corp. v. Occidental Petroleum Corp.*, No. C-3-78-241 (S.D. Ohio, iniciado el 18 de agosto de 1978) y *United States v. Occidental Petroleum Corp.*, No. C-3-78-288 (S.D. Ohio, queja descartada sin perjuicio, 4 de abril de 1979).

pólico. Baste observar aquí que el comportamiento estratégico es aplicable sobre todo en las industrias de empresa dominante o muy oligopólicas. Dado que la mayor parte del cambio organizativo antes mencionado ocurrió en industrias donde no hay empresas dominantes, la apelación a consideraciones estratégicas tiene obviamente una importancia limitada para ayudar a explicar la reorganización de la industria estadunidense durante los últimos 150 años.[17]

Ninguna de las seis teorías alternativas de la estructura organizativa y la innovación examinadas aquí hace una contribución significativa a un entendimiento de las modificaciones ocurridas en la economía estadunidense, y algunas de ellas están francamente erradas. En cambio, la economización del costo de transacción no sólo se aplica ampliamente —a la cambiante gobernación de los mercados de productos intermedios, los mercados laborales, la gobernación de las empresas y la regulación—, sino que también ayuda a explicar muchos de los detalles microanalíticos y algunos de los movimientos generales de la integración vertical.

8. Observaciones finales

La caracterización de la empresa como una función de producción es una abstracción conveniente y útil, pero tal enfoque suprime gran parte de la acción interesante que explica las características de alta realización de una economía empresarial. Tal enfoque facilita el análisis marginal dentro de un marco institucional dado a costa de las características de la organización y las instituciones comparadas. El enfoque de la empresa como estructura de gobernación mantiene una perspectiva de economización pero considera expresamente la innovación organizativa y recurre más a las consideraciones institucionales comparadas que al análisis marginal para evaluar las alternativas.

Schumpeter, Porter y Livesay, Chandler, Cochran, Cole, y Davis y North han sostenido convincentemente que la economía estadunidense ha experimentado numerosas e importantes innovaciones organizativas durante los últimos 150 años. Este capítulo acepta ese juicio y lleva el argumento un paso más adelante. Creo que la economización del costo de transacción es el concepto decisivo, aunque hasta ahora descuidado, para el entendimiento de la innovación organizativa en general y de la integración vertical en particular.

El estudio de la economización del costo de transacción requiere un examen de los diversos procedimientos que gobiernan las etapas del intercambio. Las empresas, los mercados y los modos mixtos se reconocen como instrumentos alternativos de la gobernación. Las características subyacentes de la transacción o transacciones en cuestión determinarán el enfoque más adecuado para la mediación de una transacción (o un conjunto relacionado de transacciones). El establecimiento de dimensiones en las transacciones, con atención

[17] Sin embargo, este principio se aplica selectivamente, si no en la decisión de integrarse hacia adelante, en la decisión de mantener una actividad hacia adelante una vez que la industria ha madurado y que se han debilitado o desvanecido los incentivos originales del costo de la transacción. Este asunto requiere una investigación adicional.

especial a sus aspectos de especificidad de los activos, es vital para el ejercicio. Dado que son a veces importantes las tasas de sustitución entre las economías de escala y las del alcance por una parte, y las economías del costo de transacción por otra parte, deben considerarse tales tasas de sustitución.

Aunque muchos de los beneficios de las innovaciones organizativas exitosas redundan originalmente en una ventaja para las empresas que las realizaron, los beneficios llegan al conjunto de la sociedad a medida que avanza el proceso competitivo. Es innegable que Andrew Carnegie se benefició grandemente, y a veces a expensas de otros, con la reorganización de la industria siderúrgica. Pero tiene una importancia económica mayor el hecho de que la industria siderúrgica se haya racionalizado con beneficios permanentes para la sociedad.[18] El proceso de "transmisión" funciona siempre "a través de una baja en el precio del producto hasta el nuevo nivel de los costos" (Schumpeter, 1947, p. 155), siempre que los rivales estén alertas a las nuevas oportunidades y no se vea impedida su adopción por restricciones deliberadas.

Sin embargo, las fuerzas de la selección natural no operan siempre con rapidez. Las empresas protegidas contra la rivalidad en el mercado de productos —como parece haber ocurrido en Europa antes de las reducciones arancelarias implantadas dentro de la Comunidad Económica Europea en 1968 (Franko, 1972)— y contra la disciplina del mercado de capital —como lo estaba la Ford Motor Company con su propiedad concentrada y su cuenta bancaria de 600 millones de dólares en tiempos de la depresión (Livesay, 1979, p. 179)—, pueden posponer el ajuste. Pero tales empresas parecerían ser la excepción antes que la regla. Si los administradores titulares no se encuentran presionados para adoptar los procedimientos nuevos por los eventos económicos, los administradores sucesores sí lo estarán a menudo, de ordinario en unión del nombramiento de un nuevo ejecutivo principal (Chandler, 1962, cap. VII).

El enfoque del costo de transacción para el estudio de la integración vertical produce numerosas implicaciones refutables, muchas de las cuales son peculiares de este enfoque. Las pruebas acumuladas, que incluyen la integración mundana, hacia adelante, lateral y hacia atrás son positivas en general.[19] Sin embargo, se requieren estudios adicionales. Por una parte, el aparato teórico utilizado por la economía del costo de transacción es primitivo y debe ser refinado. Deben determinarse con mayor claridad las tasas de sustición básica, deben explicarse más ampliamente los atributos básicos en los que difieren las transacciones.

Relacionado con lo anterior, las evaluaciones empíricas de la integración vertical deben reconocer la naturaleza compleja de esta condición. Si la integración vertical es comúnmente el producto de varios factores, los estudios empíricos deberán tomar más en cuenta tales factores.

[18] Esto no implica que todos los esfuerzos de reorganización de la industria siderúrgica hayan tenido beneficios sociales. En el capítulo X se describen e interpretan algunos cambios importantes hechos por Carnegie y por Frick.

[19] Aunque algunos estudios dispares que usan datos y métodos diferentes son a menudo más convincentes que el resultado econométrico de un solo "experimento crucial" (Mayer, 1980, p. 173), no quiero sugerir que las pruebas acumuladas sean concluyentes.

A pesar de estas precauciones, el diálogo de la integración vertical ha sido permanentemente alterado por la infusión del razonamiento del costo de transacción. Se ha vuelto mucho menos común la costumbre de hacer una referencia pasajera a los problemas del costo de transacción —reconociéndolos en principio, para olvidarlos después (Coase, 1972, p. 63)—, y en opinión de algunos autores (por ejemplo, Alchian, 1984; Joskow y Schmalensee, 1983; Stuckey, 1983; Joskow, 1985), es incluso insostenible.

VI. LOS LÍMITES DE LAS EMPRESAS: ASPECTOS DE INCENTIVOS Y BUROCRÁTICOS

¿Por qué no podrá hacer una empresa grande todo lo que puede hacer un grupo de empresas pequeñas y más aún? Ésta es una variante de una interrogante planteada con frecuencia, para la que no se ha encontrado jamás una respuesta adecuada, es decir ¿cómo se explican las limitaciones del tamaño de las empresas? También podría formularse de este modo la misma interrogante: ¿por qué no se organiza todo en una empresa grande?

El modelo de la tasa de sustitución del capítulo IV ofrece dos razones por las que una empresa evitaría la integración: primero, es posible que se sacrifiquen economías de escala y de alcance si la empresa trata de hacer por sí misma lo que puede obtener en el mercado; y segundo, los costos de gobernación de la organización interna superan a los de la organización del mercado cuando la especificidad de los activos es escasa. Expresadas en términos de las gráficas IV-1 y IV-2 (capítulo IV), tales posibilidades corresponden a $\Delta C > 0$ y $\Delta G > 0$, respectivamente. La primera no es una explicación completamente comparativa. Si el proveedor externo obtiene economías de escala, las mismas economías podrán preservarse tras la fusión instruyendo al proveedor para que sirva al mercado en el futuro como lo ha hecho en el pasado.[1] Así pues, la limitación fundamental del tamaño de la empresa debe encontrarse en los incrementos del costo de gobernación de la organización interna cuando la especificidad de los activos es insignificante. ¿Pero dónde residen las desventajas comparativas en tales aspectos del costo de gobernación ($\Delta G > 0$)? ¿Por qué es positiva la intercepción (β_0) de la curva ΔG?

En el apartado 1 se bosquejan brevemente las deficiencias de los tratamientos anteriores del enigma del tamaño de la empresa. En el apartado 2 se hace una evaluación institucional comparada de los efectos de incentivo de la adquisición de un proveedor administrativo por su propietario. Creo que los esfuerzos que se hagan para preservar los incentivos de alta potencia en la situación integrada tienen efectos secundarios desagradables, entendiendo por incentivos de alta potencia la situación de reclamaciones residuales en la que un agente, por acuerdo o bajo la definición prevaleciente de los derechos de propiedad, se apropia de una corriente de ingresos netos, donde los ingresos o los costos brutos de tal corriente se ven influidos por los esfuerzos del agente económico. En el apartado 3 se examina la adquisición de un proveedor donde la propiedad y la administración se encuentran ya separadas. Un enfoque simétrico considerará no sólo los efectos de la introducción de incentivos similares a los del mercado (de alta potencia) en las empresas, sino

[1] En realidad, los rivales de una empresa que ha adquirido a su proveedor podrían resistirse a hacer pedidos a la etapa abastecedora (integrada). En consecuencia, es posible que el proveedor se vea imposibilitado para continuar sus actividades habituales. Ese defecto podría remediarse fusionando en una gran empresa todas las empresas con las que negociaba el proveedor. Esto intensifica la evaluación y por ende lo dejaremos de lado.

también el uso de incentivos similares a los de la empresa (de baja potencia, por ejemplo un margen de utilidad sobre el costo) en los mercados. Tal es el tema del apartado 4. En el apartado 5 se examinan los costos burocráticos de la interiorización de la transacción marginal. En el apartado 6 se describen varios ejemplos que ilustran los límites de los incentivos de alta potencia en las empresas. Al final aparecen las conclusiones.

1. Un enigma crónico

Frank Knight hizo una referencia temprana a las limitaciones del enigma del tamaño de la empresa cuando, en 1921, observó que los "rendimientos decrecientes de la administración constituyen un tema mencionado a menudo en la literatura económica, pero acerca del cual hay escaso análisis científico" (1965, p. 286, n. 1). Y en 1933 añadió lo siguiente:

> La relación existente entre la eficiencia y el tamaño de la empresa constituye uno de los problemas más graves de la teoría, ya que en contraste con lo que ocurre en una planta, depende en gran medida de una cuestión de personalidad y de accidente histórico y no de principios generales inteligibles. Pero la cuestión es peculiarmente vital porque la posibilidad de una ganancia monopólica ofrece un incentivo poderoso para una expansión *continua e ilimitada* de la empresa, cuya fuerza debe ser contrarrestada por otra igualmente poderosa que tienda a disminuir la eficiencia [1965, p. xxiii; cursivas en el original].

Aquí son pertinentes las observaciones recientes de Tracy Lewis en el sentido de que las grandes empresas establecidas obtendrán siempre, de los insumos, un valor mayor que el de los pequeños rivales potenciales.

> La razón es que el líder puede usar por lo menos el insumo *exactamente* como lo habría hecho el nuevo competidor, y ganar los mismos beneficios que tal competidor. Pero de ordinario puede el líder *mejorar* esto coordinando la producción de sus insumos nuevos y antiguos. Por lo tanto, el nuevo insumo será valuado mayormente por la empresa dominante [1983, p. 1092, sin cursivas en el original].

Si la empresa dominante puede usar el insumo exactamente en la misma forma que el nuevo competidor más pequeño, la empresa más grande podrá hacer todo lo que pueda hacer la empresa más pequeña. Si puede mejorar el uso del insumo, podrá hacer más. En consecuencia, las industrias no se organizan en todas partes como monopoliós sólo en virtud de la vigilancia y las restricciones de la política pública.

También puede plantearse el problema en términos de la integración vertical. Ronald Coase inquirió: "¿Por qué no organiza el empresario una transacción menos o una transacción más?" (1952, p. 339). En términos generales, ésta es la cuestión: "¿Por qué no realiza toda la producción una empresa grande?" (p. 340).

Se han sugerido varias respuestas, pero ninguna de ellas adopta y mantiene el patrón institucional comparativo adecuado. Veamos, por ejemplo, la respuesta de Knight. "La cuestión de los rendimientos decrecientes de la empresa depende realmente de la cantidad de incertidumbre existente. Imaginar que un hombre podría administrar adecuadamente una empresa de tamaño y complejidad infinitas es imaginar una situación donde está del todo ausente la incertidumbre efectiva" (1965, pp. 286-287). En efecto, Knight atribuye las limitaciones de la empresa a una condición de racionalidad limitada. A medida que aumenta la incertidumbre, los problemas de la organización se vuelven cada vez más complejos, y se alcanzan los límites de la competencia cognoscitiva. Pero él no se ocupa de estos problemas en una forma genuinamente comparativa.

Supongamos que dos empresas están compitiendo. En principio, deberán obtenerse siempre ganancias netas fusionando ambas empresas. Las economías de escala pueden explotarse más ampliamente. Ciertos gastos fijos y de rivalidad pueden reducirse. Y los precios de los productos pueden mejorar, por lo menos en forma temporal. La unión de las dos empresas no incrementa la incertidumbre agregada. Dado que se han eliminado los avances y las réplicas de la rivalidad, es de esperarse que disminuya la incertidumbre. Además —y éste es realmente el punto básico—, las decisiones no tienen que forzarse al máximo, sino que siempre pueden asignarse al nivel donde los problemas se resuelvan más apropiadamente. En particular, al conferir una calidad semiautónoma a empresas que antes habían sido enteramente autónomas, se presume que puede obtenerse lo mejor de ambos mundos. Por ejemplo, si los efectos de interacción de la demanda o del costo son tales que pueden obtenerse ganancias netas llevando las decisiones al máximo, así se hará. Pero las decisiones que se tomen con mayor eficiencia en los niveles de operación se mantendrán allí. Así pues, la intervención al máximo ocurre siempre *selectivamente*, es decir, sólo cuando se esperan ganancias netas. Por lo tanto, la empresa combinada resultante puede hacer todo lo que antes podían hacer las dos empresas autónomas *y más*. Por añadidura, se aplica el mismo argumento no sólo a las fusiones horizontales sino también a las fusiones verticales y los conglomerados.[2] El resultado es que, dejando de lado las posibles restricciones de la política pública (contra el monopolio, la integración vertical o el tamaño agregado), el argumento de Knight no descubre ninguna razón imperiosa para explicar el hecho de que no se concentre toda la producción en una empresa grande.

Aunque se han hecho otros esfuerzos para explicar las limitaciones del tamaño de la empresa, ninguno examina los problemas como acabo de plantearlos, y ninguno resuelve realmente el enigma. Consideremos entonces mi enfoque de los límites impuestos al tamaño de la empresa en términos del fenómeno de la "pérdida de control" (Williamson, 1967b). Dicho enfoque emprendía la aplicación a la organización jerárquica de lo que llamaba F.C Bartlett el efecto de la reproducción serial en la transmisión de mensajes

[2] Los beneficios de los conglomerados pueden ser pequeños a veces. De ordinario, sin embargo, habrá algo —quizá la administración del efectivo— en lo que podría ser mejor, en principio, la actuación de la entidad combinada. Si la división conserva la autonomía en todos los demás sentidos y la empresa combinada obtiene una ganancia neta en este sentido, la fusión se traducirá en una ganancia agregada, *ceteris paribus*.

o imágenes entre individuos. Sus experimentos incluían la transmisión oral de pasajes descriptivos y discursivos a través de una cadena de individuos serialmente ligados. Bartlett concluyó de varios de tales estudios:

> Ahora está fuera de duda que la reproducción serial genera normalmente ciertas alteraciones sorprendentes y radicales en el material usado. Los epítetos se troncan en sus contrarios; incidentes y eventos se trasponen; los nombres y los números raras veces permanecen intactos en más de unas cuantas repeticiones; opiniones y conclusiones se invierten; casi todas las variaciones posibles parecen viables, incluso en una serie relativamente corta. Al mismo tiempo, los sujetos pueden estar muy satisfechos con sus esfuerzos, creyendo que han transmitido todos los aspectos importantes con poco o ningún cambio, a lo sumo omitiendo algunos detalles que no son esenciales [1932, p. 175].

Bartlett ilustró esto gráficamente con el trazo de un búho. Éste fue dibujado sucesivamente por 18 individuos, cada bosquejo basado en el de su predecesor inmediato: éste terminó como un gato reconocible, y a medida que se alejaba del dibujo inicial, mayor era la distorsión experimentada (1932, páginas 180-181).

Apliqué el mismo argumento al dilema del tamaño de la empresa invocando la racionalidad limitada y advirtiendo que así se implican ciertos límites del control. Si cada administrador puede encargarse directamente sólo de un número limitado de subordinados, el agrandamiento de la empresa requerirá inevitablemente la adición de niveles jerárquicos. La transmisión de la información a través de estos niveles experimenta las pérdidas mencionadas por Bartlett, las que son acumulativas y de forma supuestamente exponencial. Por lo tanto, a medida que aumenta el tamaño de la empresa y se añaden niveles de organización sucesivos, los efectos de la pérdida de control superan finalmente a las ganancias. En esta forma se alcanza un límite a la expansión radial.

Este argumento parecía plausible en su momento, pero no permite la intervención selectiva de la clase antes descrita. Más bien, toda la empresa se administra desde la cima. Toda la información que afecta las decisiones se transmite a través de niveles sucesivos, de abajo hacia arriba; todas las instrucciones siguen el camino inverso hacia abajo.

El escenario incluye así ciertas conexiones comprensivas (no selectivas) entre las etapas. Pero la organización interna no tiene que adoptar esta estructura. Supongamos por el contrario que la empresa matriz se ocupa de cada una de sus partes soportando las actividades que no tienen perspectivas de ganancias netas (en cuyo caso la empresa matriz ordena a la parte operante que repita el comportamiento de la empresa pequeña) e interviene siempre que la coordinación genera ganancias netas. Evidentemente vuelve a plantearse el enigma mencionado al principio —o por lo menos no se aplica la "solución" de la pérdida por reproducción serial— si se admite tal intervención selectiva.

Además, se aplica lo mismo a los argumentos que sostienen que el tamaño de la empresa está limitado por el crecimiento (Penrose, 1959) o por el capital de la organización (Prescott y Visscher, 1980). Ambos argumentos olvidan la posibilidad de que la fusión vaya unida a la intervención selectiva. Así pues, si una serie de empresas pequeñas pueden crecer con rapidez, o si las empresas pequeñas pueden adquirir un capital organizativo valioso, una fusión de las mismas empresas podrá hacer selectivamente lo mismo y más.

Un importante ensayo reciente de John Geanakoplos y Paul Milgrom (1984) imputa las limitaciones del tamaño de la empresa a los "plazos y demoras" que acompañan a los modos de organización jerárquicos. Pero en ninguna parte se describe el modo alternativo de la organización respecto del cual experimenta la jerarquía una desventaja de costos. Si se mantiene constante el conjunto de las actividades que habrán de organizarse, y si la organización interna puede intervenir selectivamente, no podrá sostenerse la supuesta desventaja de la jerarquía frente a una colección de empresas pequeñas.

La conclusión es que todavía están por describirse las limitaciones institucionales comparadas sobre el tamaño de la empresa.[3]

2. Integración de una etapa de abasto administrada por el propietario

La respuesta obvia al enigma de que las empresas no se integren comprensivamente es que la intervención selectiva no es viable. ¿Pero por qué es esto? Si las razones fueran obvias, no persistiría el enigma de los factores responsables de las limitaciones del tamaño de la empresa.

Aquí trataré de identificar algunas de las razones principales del fracaso de la intervención selectiva. Para facilitar el argumento, supongamos que el comprador adquiere a un proveedor administrado por su propietario.[4] Supongamos que este cambio de la propiedad se realiza como sigue:

1. Se conviene en un precio para la transferencia de los activos.
2. Se estipula la fórmula para la determinación del precio al que se

[3] Sin embargo, véase Kenneth Arrow (1974), y mi análisis de los límites de la integración vertical en Williamson (1975, cap. VII).

[4] Los lectores familiarizados con el reciente examen de los costos de la integración vertical hecho por Sanford Grossman y Oliver Hart (1984) reconocerán que estos autores, al igual que yo, imputan estos costos al deterioro de los incentivos que acompaña a la propiedad unificada de etapas sucesivas. Su trabajo sobre estas cuestiones fue contemporáneo del mío, pero yo me he beneficiado de su enfoque y específicamente lo recomiendo a quienes deseen consultar un tratamiento más formal de estas cuestiones.

A pesar de las semejanzas, su trabajo difiere del mío en los siguientes aspectos importantes: 1) Grossman y Hart omiten precisamente los factores —mala utilización de los activos; estratagemas contables— que yo considero fundamentales para las distorsiones de los incentivos en las empresas; 2) niegan estos autores que la organización interna y la del mercado difieran en algunos aspectos de la auditoría; 3) su insistencia "equilibrada" en que se apliquen incentivos de alta potencia (precios de transferencia) en todos los regímenes de propiedad en forma asimétrica niega las ventajas de la adaptabilidad para la integración que podrían soportar los incentivos más débiles (por ejemplo, el margen de beneficio por encima de los costos) aunados a la propiedad unificada; y 4) pasan por alto las consecuencias burocráticas de la organización interna. Mi análisis en este apartado incluye los efectos de la utilización de los activos y de la contabilidad. En el apartado 4 se tratan las diferencias de la auditoría. La administración asalariada en la etapa de abasto anterior a la adquisición es el tema del apartado 3, y el apartado 5 se ocupa de los aspectos burocráticos.

transferirá el producto de la división de abasto a la división de compras.

3. A fin de alentar la economización del costo, se aplican a la empresa los incentivos de alta potencia característicos de los mercados. En consecuencia, se ordena a la división de abasto que se apropie de sus ingresos netos, definidos como los ingresos brutos menos la suma de los costos de operación, los cargos del uso (por el mantenimiento y la depreciación de los activos), y otros gastos relevantes (por ejemplo, los de IDE).
4. Se obtendrá una intervención selectiva. En consecuencia, se ordena a la división de abasto que continúe sus actividades como de costumbre, con la excepción siguiente: el proveedor aceptará las decisiones del comprador para adaptarse a las circunstancias nuevas, obteniendo así ganancias colectivas, sin resistencia.[5] La falta de aceptación será una causal de rescisión.

Así pues, la propiedad unificada de los activos de las dos etapas: 1) preserva los incentivos de alta potencia (regla 3); 2) permite la intervención selectiva (regla 4), y 3) evita el regateo costoso (regla 4). Las últimas dos características permiten la obtención de economías al tomar decisiones adaptables y secuenciales mediante la fusión de lo que antes habían sido etapas no integradas de la organización.

En el argumento está implícito el supuesto de que las dos etapas están operando en una relación de intercambio bilateral entre sí en razón de las inversiones realizadas en activos específicos de ciertas transacciones. Tal especificidad puede asumir por lo menos cuatro formas: especificidad del sitio, especificidad de los activos físicos, especificidad de los activos humanos, y activos dedicados. Aquí convendrá considerar sólo la especificidad de los activos físicos.

De hecho, dada la regla 4 anterior, la especificidad de los activos humanos queda efectivamente descartada. Como veremos más detalladamente en el capítulo X, conviene a la empresa y al trabajador la salvaguarda de la relación de empleo contra la terminación abrupta (por cualquiera de las partes) siempre que los trabajadores desarrollan habilidades y conocimientos específicos de la empresa en el curso de su empleo. En consecuencia, la regla de seguir instrucciones al pie de la letra so pena de terminar la relación no se adapta bien a las necesidades de las partes cuando son considerables los activos humanos específicos de la empresa.[6] Así pues, suponemos aquí que

[5] Esto no impide la consulta entre las dos divisiones, para seguir así cursos de acción superiores. Sin embargo, en caso de un conflicto, las preferencias de la división de compras son determinantes.

[6] Supongamos que los activos físicos de la etapa del abasto son de propósitos generales, mientras que los activos humanos revelan una especificidad considerable. La empresa compradora acepta comprar los activos físicos de la etapa del abasto e indica a la división de abastos que el producto se negociará en lo sucesivo de acuerdo con una regla de precios de transferencia; que los administradores de la división de abastos se apropiarán todos los ingresos netos que soporte esta regla; y que la división de abastos operará bajo la dirección de la unidad de compras después de la adquisición.

la relación de intercambio bilateral se debe por entero a una condición de especificidad de los activos físicos. Se aplica entonces la regla 4, según la cual será causa de terminación el hecho de no obedecer cualquiera orden de adaptación. Al advertir que siempre podrán venir nuevos administradores a ejecutar las nuevas órdenes, los administradores actuales se disciplinan siempre.[7]

Si aquí terminara la historia, presumiblemente se obtendría una intervención selectiva con ganancias netas. Sin embargo, numerosas dificultades de medición impiden llevar a cabo un acuerdo de fusión acompañado por incentivos de alta potencia. Algunas de ellas operan en perjuicio del comprador, algunas lo hacen en perjuicio del proveedor, y otras imponen pérdidas a ambos.

2.1 *Pérdidas de utilización de los activos*

El anterior propietario-administrador de la etapa del abasto se convierte en el administrador de la división de abastos tras de la venta de los activos de la etapa de abasto al comprador. El cambio de la situación tiene efectos de incentivo inmediatos y marcados si se aplican las reglas de incentivos de alta potencia antes descritas. Por una parte, el administrador que se apropia de los ingresos netos asociados a la división de abastos ya no tiene los mismos incentivos para utilizar el equipo con un cuidado equivalente ni para proporcionarle un mantenimiento preventivo idéntico. Dado que, por hipótesis, el administrador no dispone de activos humanos específicos de la casa comercial, se comporta de manera miope en lo tocante a la empresa. Dado que se trata de maximizar los ingresos netos inmediatos, se ahorrarán costos laborales utilizando el equipo intensivamente, y el gasto de mantenimiento se diferirá a un administrador sucesor. Dado que se le pagó por sus activos al renunciar a su carácter de propietario, el administrador de la división de abasto procede a administrar tales activos sin grandes ambiciones, y deja que la empresa invierta en otra parte sus incrementados ingresos netos.

En realidad hay algunos frenos contra los abusos de ambas clases sobre los activos. El nuevo propietario de los activos puede insistir en que se observen ciertos procedimientos de utilización y mantenimiento, y además vigilará el

---

La última es una disposición del rey Canuto. La propiedad de los activos físicos carece de contenido en tales circunstancias. Los agentes humanos que incorporan la especificidad de los activos pertinentes son las unidades decisivas con las que debe llegarse a un arreglo. Dado que tales agentes humanos se encuentran en posición de negociar —y de hecho continuarán negociando, dados los incentivos de alta potencia a los que permanecen sujetos—, apenas estarán sujetos a las "órdenes" de la unidad de compras en cualquier sentido habitual del mando y el control. Por lo tanto, la propiedad común de los activos físicos de ambas etapas no logra ninguna ganancia de adaptación.

[7] En su interesante estudio de los límites de la integración vertical, Grossman y Hart (1984) proceden de manera similar. Al contrario de los estudios mencionados en el apartado 1, el análisis de Grossman y Hart es genuinamente comparativo. Sin embargo, estos autores imputan las limitaciones de los incentivos a las empresas, en lugar de examinar los factores microanalíticos subyacentes que son responsables de tales limitaciones.

cumplimiento de la división de abasto. Pero adviértase que ahora se han introducido costos de vigilancia adicionales, los que son innecesarios en el estado no integrado. Además, los efectos de reputación pueden disuadir el comportamiento irresponsable de los administradores. Pero tales efectos son imperfectos. Algunos administradores pueden eludirlos si las ganancias inmediatas son suficientemente grandes y si no se les puede obligar a entregar sus ganancias mal habidas. (En este sentido, las cuentas bancarias suizas tienen cierto atractivo.)

El resultado es que la utilización eficiente de los activos y el uso de incentivos de alta potencia experimentan tensiones en una empresa integrada. Estas tensiones no surgen cuando las dos etapas de la producción son independientes. Al contrario de lo que ocurre con el tipo de intervención selectiva que postulé en el apartado 1, la empresa integrada no *puede* repetir totalmente el abastecimiento externo en términos cotidianos. Por el contrario, hay algunos *efectos colaterales inevitables*.

2.2 *Estratagemas contables*

El precio al que un proveedor acepta vender sus activos al comprador variará con la corriente de ingresos netos que espere recibir después de la fusión. Dados los incentivos de alta potencia antes descritos, esa corriente variará según: 1) los ingresos, 2) los costos, y 3) la continuación del empleo.

Uno de los peligros es que se "prometa" al proveedor una corriente favorable de ingresos netos y así acepte un precio bajo por la transferencia de la propiedad de sus activos, sólo para descubrir con dolor que su empleo ha terminado. Supongamos que, consciente de tal peligro, el proveedor exige y recibe una garantía de continuación de su empleo. Pero tales garantías logran poco si los ingresos netos de la división de abasto pueden alterarse sustancialmente mediante el ejercicio de la discreción contable. La expropiación podrá lograrse entonces de manera indirecta.

Los ingresos netos pueden reducirse en una de dos formas o en ambas. Por una parte, los ingresos pueden reducirse bajando los precios de transferencia. Por la otra, pueden elevarse los costos imputados. La división de abasto es vulnerable en ambos sentidos.

Dada la imposibilidad de una contratación comprensiva, la regla de la transferencia de precios estipulada al principio será inevitablemente incompleta. A fin de corregir las malas alineaciones, habrá necesidad de revisar periódicamente los precios para reflejar las circunstancias cambiantes. Esto puede hacerse consultando el mercado si la especificidad de los activos es nula. Sin embargo, surgen algunas complicaciones cuando aparece el más ligero grado de especificidad de los activos. Los términos de intercambio del producto entre partes autónomas están disciplinados por la amenaza creíble de que el proveedor retirará sus activos especializados, en lugar de usarlos para apoyar las necesidades de abasto especializado del proveedor, pero el administrador de la división de abasto de la empresa integrada no tiene la misma opción si no se establecen términos mutuamente aceptables. Si surgen tensiones, los activos físicos ya no están bajo su control para retirarlos (o dedicarlos a otros usos). A pesar de las garantías de empleo, el administrador de la división de abasto puede ser hecho a un lado si se niega a aceptar los términos propuestos. (Simplemente, se le "reasigna".) Así pues, la determinación de los precios de transferencia se ha vuelto, en efecto, después de la fusión, una decisión que toma unilateralmente la división de compras (que ahora es dueña de los activos de ambas partes). El peligro es obvio: a pesar de las seguridades de lo contrario, los precios se fijarán de tal modo que se reducirán los ingresos netos de la etapa del abasto.

Además, la determinación del costo es problemática, cualquiera que sea el grado de especificidad de los activos. Mientras que cada etapa determina sus propias prácticas contables antes de la fusión, tal cosa ya no se permite —de hecho, es imposible— después de la fusión. Por el contrario, la responsabilidad de las reglas contables se concentrará en el dueño de los activos.[8] A pesar de los acuerdos explícitos que limitan la discreción, la etapa del abasto corre el riesgo de que se revisen los costos en su perjuicio.[9]

La conclusión que resulta es que a la etapa del abasto le conviene descontar grandemente toda promesa de favorables corrientes de ingresos netos en el futuro y explotar plenamente su ventaja de negociación imponiendo al principio los términos máximos de valuación de los activos, porque más tarde serán reducidos. Pero hay más. Si el uso de incentivos de alta potencia en las empresas está intrínsecamente sujeto a la corrupción, la noción de que la empresa integrada puede hacer todo lo que podrían realizar las partes no integradas es una ficción. Por el contrario, la empresa integrada actúa mejor en algunos sentidos y peor en otros.

2.3 *Ramificaciones de los incentivos y* β_0

Los incentivos de alta potencia en las empresas originan dificultades de dos clases: los activos de la etapa del abasto no se utilizan con el cuidado debido, y la corriente de ingresos netos de la etapa del abasto está sujeta a manipulación. Cuando se advierte que los incentivos de alta potencia de las empresas experimentan tales desventajas pueden introducirse en su lugar algunos incentivos de baja potencia. Si el administrador de la etapa del abasto fuese compensado principalmente por el sueldo y estuviese sujeto a una vigilancia periódica (revisión de las decisiones, auditorías, etc.), la etapa del abasto tendría menos necesidad de incurrir en la trampa legal contable, y se reduci-

[8] Estos costos podrían sujetarse a repetidas negociaciones en el periodo *ex post*. Pero eso refuta la noción de que los costos de la gobernación se reducen con la fusión.

[9] Es concebible recurrir a los tribunales para salvaguardar los intereses de las etapas de abasto en lo tocante a los precios de transferencia y la contabilidad de costos. Sin embargo, es evidente que éste es un foro muy imperfecto y costoso para la discusión de estas decisiones. Además, adviértase que pueden usarse los precios presentes para definir los precios de transferencia en el caso limitante en que $k = 0$, pero no se dispone de una norma de mercado correspondiente para definir los costos imputados.

ría la preocupación del propietario de activos, en cuanto a la disipación de tales activos.

Los incentivos de baja potencia tienen ventajas de adaptabilidad bien conocidas. Después de todo, eso es lo que recomienda la contratación con un margen de utilidad sobre el costo. Pero tales ventajas tienen un costo, lo que explica que la contratación con un margen de utilidad sobre el costo se acepte con renuencia (Williamson, 1967a). Así pues, nuestra primera explicación del hecho de que las empresas no sustituyan en todas partes a los mercados es que: 1) las empresas no pueden imitar los incentivos de alta potencia de los mercados sin experimentar costos adicionales; 2) aunque las empresas deben recurrir así a los incentivos de baja potencia, también eso tiene un costo, y 3) los costos adicionales de la organización interna no se ven compensados por las ganancias de la adaptabilidad comparativa cuando $k = 0$, ya que tales son precisamente las condiciones bajo las cuales no importa la identidad de las partes, de modo que la contratación clásica del mercado funciona bien. Así pues, los costos de gobernación netos de la adquisición de una etapa de abasto operada por el propietario son positivos cuando la especificidad de los activos es ligera. Se obtiene así una condición $\beta_0 > 0$.

En términos más generales, el argumento es éste: los incentivos y los controles se adaptan a los atributos de cada alternativa de organización. Es entonces errado el intento de "mantener las reglas constantes en la mayor medida posible", según la teoría de que lo que funciona bien en un régimen debiera aplicarse igualmente a otro. Deberán descubrirse y respetarse las potencias y los límites de cada forma de organización.

2.4 *La innovación*

Lo anterior no hace referencia a la innovación. Implícitamente, las innovaciones de productos y procesos son poco importantes. Las transacciones se desplazan de los mercados a las jerarquías a medida que se incrementa la especificidad de los activos porque los incentivos de alta potencia de las empresas operan como una desventaja cuando se intentan algunas adaptaciones a las perturbaciones fortuitas o de otra índole en un contexto de intercambio estrechamente bilateral.

¿Cómo se alterará la asignación de las transacciones a los mercados y las jerarquías por la introducción de innovaciones de procesos o productos? Desafortunadamente, el estudio de la innovación es muy complejo (Phillips, 1970; Nelson, 1984). Algunas corporaciones grandes sostienen que la innovación ha sido exitosamente burocratizada: "Empleamos muchas personas que quizá no se inclinaran a la investigación por sí mismas. En otras palabras, contratamos personas para que sean curiosas como un grupo [. . .] Estamos tratando de *crear* una capacidad de investigación mediante la pura presión del dinero."[10] Sin embargo, como veremos en el apartado 6.4, parecen existir algunos proyectos para los que el uso de incentivos de alta potencia

[10] Daniel Hamburg (1963, p. 107) atribuye la cita al coordinador de investigación de la Standard Oil of Ohio (1963, p. 107).

genera mejores resultados en la investigación. ¿Cómo se comparan las etapas de abasto integradas y no integradas en lo relacionado con la provisión de incentivos para la innovación?

Los problemas tienen muchos aspectos. Una ventaja obvia de la integración es el hecho de que puede facilitarse la cooperación en la investigación y el desarrollo experimental entre las etapas. Pero hay por lo menos dos efectos que reducen los incentivos.

a. *La ambigüedad causal*

Como veremos en el apartado 4.2, se espera que los sistemas de razonamiento se comporten de manera razonable. La violación de los límites administrativos es mucho más fácil que la de los límites del mercado cuando se expresan demandas de razonamiento.

Así pues, si la división de abasto de una empresa integrada es responsable en gran medida, pero no totalmente, del éxito (o fracaso) de un esfuerzo innovador, puede resultar difícil la concentración de los beneficios (o costos) de tal manera que se refleje esa condición. Por ejemplo, supongamos que la etapa de compras propone que la etapa de abasto considere una innovación de proceso o producto. Compárense los resultados si la etapa del abasto está integrada o es independiente, y si la propuesta tiene éxito o no. Supóngase en todo caso que la etapa del abasto incurre en costos no triviales al realizar la investigación y desarrollo experimental necesarios.

La autonomía de la propiedad en el régimen no integrado servirá para concentrar los beneficios netos de los fracasos y los éxitos en la etapa del abasto independiente. El uso incorrupto de incentivos de alta potencia en las empresas haría lo mismo. Pero mientras que las solicitudes de un comprador independiente tienden a ser descartadas si pide su "justa participación" en las ganancias, una etapa de compra integrada tiene probabilidades mucho mayores de triunfar cuando pide que se reconozca su importante contribución al proyecto. No es sólo que la justicia dicte la repartición de las recompensas, sino que lo contrario generaría grandes disparidades de compensación entre las dos etapas. Esto daría lugar a comparaciones envidiosas. Dado que la empresa tiene la discreción de remediar las disparidades mediante una decisión administrativa, y dado que lo contrario plantea graves tensiones, los incentivos de alta potencia de los mercados tienden a deteriorarse.

Pero el debilitamiento *ex post* de los incentivos existentes para la innovación tiene un costo. El administrador de la división de abasto preverá que surgirán presiones similares en el futuro, lo que quiere decir que, a pesar de las reglas, los incentivos de alta potencia en las empresas están sujetos a la degradación.[11]

[11] Se aplican argumentos similares cuando fracasa un proyecto de investigación y desarrollo experimental. Aquí, la etapa de abasto independiente soporta casi totalmente los costos. Cuando se pide la operación del comprador, éste se niega. En cambio, la etapa del abasto integrada tiende a pedir y recibir ayuda. Después de todo, emprendió el proyecto a petición de la etapa compradora. Por lo tanto, se ordenará la repartición de los costos *ex post* entre las etapas integradas.

b. *La intrusión de la oficina general*

Aunque pudiera decidirse objetivamente la división de los beneficios entre las etapas del abasto y de la compra, hay serias dudas de que se respetará un acuerdo *ex ante* para distribuir proporcionalmente las ganancias. Por el contrario, tenderá a efectuarse una redistribución en contra de las partes operantes y en favor de la propiedad mediante la manipulación de las reglas de precios de transferencia y la contabilidad de costos.

En realidad, la administración de una etapa de abasto independiente corre también el riesgo de que los propietarios lleven dos juegos de libros. Así podrían ocultarse los verdaderos resultados de la operación. Sin embargo, la cuestión que viene al caso es una cuestión de grado. Si la integración permite ordinariamente una mayor discreción contable, como puede sostenerse (véase el apartado 2.2), los resultados de la innovación se ocultan con mayor facilidad en el estado integrado.

Además, aunque los propietarios de una empresa integrada se opusieran a una manipulación de esa clase, no surgirán necesariamente los incentivos de alta potencia para la innovación. El problema está en la asimetría de la información y del efecto. Así pues, si resulta muy costoso probar que no ha ocurrido la manipulación, a pesar de las promesas de buen comportamiento de los propietarios, los administradores sospecharán con frecuencia que tal manipulación ocurrirá, en cuyo caso se deteriorarán inevitablemente sus incentivos.

c. *Un ajuste provisional*

La introducción de la innovación complica claramente la asignación antes descrita de las transacciones a los mercados o las jerarquías, basada por entero en un examen de sus cualidades de especificidad de activos. De hecho, el estudio de la organización económica en un régimen de rápida innovación plantea problemas mucho más difíciles que los examinados aquí. Sin embargo, quizá resulte instructivo el análisis de una simplificación del problema.

Consideremos una empresa que tiene necesidad de un abasto continuo de bienes y servicios que no difieren sólo en lo relacionado a la especificidad de los activos sino también en su potencial innovador, donde esto último se refiere al grado en que un bien o servicio sea susceptible de mejoramientos en su ahorro de costos. El argumento anterior —que los bienes y servicios apoyados por activos no específicos se adquirirán en el mercado y que la balanza se inclina a favor de la integración vertical a medida que se profundiza la especificidad de los activos— permanece intacto cuando es ligera la potencialidad innovadora. Por lo tanto, las diferencias se concentran en el régimen en que la potencialidad innovadora es grande.

En este sentido conviene distinguir entre el ahorro de costos genéricos y el ahorro de costos de propietarios. Los ahorros de costos genéricos son rápidamente reconocidos e imitados con facilidad por los proveedores rivales. Las patentes, los derechos de autor, los secretos comerciales, etc., proveen escasa protección para tales ahorros. En cambio, los ahorros de costos de propietarios son aquellos para los que pueden apropiarse los beneficios de la innovación.

En principio, tanto los ahorros de costos genéricos como los de propietarios pueden apoyarse por activos de clase específica o no específica. Sin embargo, la imitación fácil se asocia de ordinario a las inversiones no específicas. En consecuencia, la adquisición de bienes o servicios en el mercado, de la clase de ahorros de costos genéricos, generará de ordinario escasa tensión de dependencia bilateral o beneficio, de modo que normalmente se aconseja la adquisición en el mercado. La adquisición de bienes en los que se obtienen ahorros de costos de propietario, especialmente los que se encuentran apoyados por activos específicos de ciertas transacciones, es otra cuestión.

La tensión deriva aquí del hecho de que el comprador deseará participar en los beneficios de la innovación y alentar inversiones eficientes (específicas de ciertas transacciones) en la etapa del abasto, mientras que disminuirán los incentivos a la innovación del proveedor (lo que comprende la realización de ahorros de costos sutil, no obvia y a menudo no comparable), si la etapa del abasto está integrada.[12] Se plantea así una compleja situación de sustitución cuando son grandes los beneficios de incentivos potenciales y la transacción se caracteriza por una sustancial especificidad de los activos. En respuesta a tal condición pueden aparecer nuevas formas híbridas de la organización. (Como ejemplo tenemos las formas organizativas innovadoras en la industria de semiconductores [Levin, 1982]. Aunque es aquí aplicable el análisis de formas híbridas de los capítulos VII y VIII, los ejemplos del apartado 6.4 son más pertinentes aún. Se necesita un estudio mucho más amplio de las relaciones existentes entre la organización y la innovación.)

[12] Las limitaciones de los incentivos utilizados por las empresas grandes para recompensar la innovación se sugieren en la siguiente historia publicada por el *Wall Stret Journal* el 15 de mayo de 1984, p. 1:

> Las recompensas en efectivo por las ideas de los empleados se observan en el número y la cuantía de los grandes premios.
>
> Commerica Inc. iniciará el 5 de julio su programa La Gran Idea para solicitar de sus trabajadores algunas ideas que ahorren dinero. En una prueba, obtuvo 3 000 sugerencias. Los premios principales ascienden a 10 000 dólares. La General Motors duplicó recientemente su premio mayor, a la suma de 20 000 dólares, y ahora incluye algunos empleados que ganan sueldos. También los supervisores de primera línea pueden ganar hasta 1 000 dólares por sus ideas. Anteriormente, tales trabajadores no tenían incentivos.
>
> Pitney Bowes Business Systems elevó su premio principal a 50 000 dólares pagaderos en dos años, mientras que antes pagaba 30 000 en tres años. La Ford Motor permite ahora que algunos grupos de trabajadores por horas ganen su premio principal de 6 000 dólares, mientras que antes sólo podía ganarlo un individuo. Eastman Kodak pagó 3 600 000 dólares en premios el año pasado, lo que implica un aumento de 8.7% sobre el nivel de 1982, y calcula que las sugerencias le ahorran 16 millones de dólares.

Sin embargo, estos premios son insignificantes en el planteamiento general de las cosas. Los grandes premios por la innovación llegan siempre a las manos de los empresarios. Pero los problemas son complicados. Véase el punto de vista de Williamson (1975, capítulo X).

3. ADQUISICIÓN DE UNA ETAPA DE ABASTO EN LA QUE ESTÁN SEPARADAS LA PROPIEDAD Y LA ADMINISTRACIÓN

Supongamos, en aras del argumento, que la integración vertical *de la clase antes descrita* experimenta las desventajas de incentivos que se le imputan. Sin embargo, es digno de mención el hecho de que las condiciones antes descritas son muy especiales. En particular, doy por sentado que la propiedad y la administración se unen en la etapa del abasto antes de la adquisición. ¿Qué ocurrirá si no se da esa condición?

Supongamos que un proveedor independiente experimenta un cambio de propiedad antes de que se considere siquiera una adquisición del proveedor. Supongamos, en particular, que lo que había sido una empresa administrada por el propietario, estrechamente unida, se convierte en una empresa difusamente unida, donde ninguno de los administradores tiene una participación importante en el capital social.

Tanto los propietarios como los administradores advertirán claramente los peligros del empleo de incentivos de alta potencia (ingresos netos) para compensar la administración de esta empresa. Los propietarios reconocerán los peligros de la disipación de los activos, mientras que a los administradores les preocupará el hecho de que los propietarios conserven su influencia sobre la contabilidad, lo que genera el riesgo de la manipulación de los ingresos netos. Cuando se prevén tales consecuencias, los incentivos de alta potencia en esta empresa de propiedad ahora difusa dejarán su lugar a los incentivos de baja potencia. Entonces aparecerá la compensación salarial.

La consideración decisiva es la aparición de costos adicionales en la fusión, en vista de los cambios antes descritos, que acompañan al cambio de propietarios. Si no hay tales costos adicionales, la adquisición de una etapa de abasto por una etapa de compra, cuando la propiedad ya ha cambiado de manos, ofrecería la perspectiva de una ganancia sin costos. Las ganancias asumirían presumiblemente la misma forma de las que se imputaron antes a la fusión: se atenuaría la búsqueda de metas secundarias por los administradores de la etapa de abasto, de modo que la coordinación entre las dos etapas se lograría con mayor facilidad y eficacia después de la fusión cuando se aplicara la propiedad común.

El dilema del tamaño de la empresa, al que me referí al principio, volvería a plantearse entonces por un pequeño cambio. La interrogante se expresaría ahora de este modo: ¿por qué no se colocan bajo una propiedad unificada todas las etapas de producción de *propiedad difusa*, para organizarse y operar así como una gran empresa? Si no se descubren algunos costos de la fusión que hubiesen permanecido ocultos, estaremos básicamente como al principio. Dicho de otro modo, el apartado 2 es una explicación del problema de Berle y Means y no provee una explicación de los límites de la integración vertical fuera de ese contexto especial.

Deben considerarse tres clases de consecuencias de la fusión que hasta ahora no se han destacado. Primero, el que la propiedad y la administración estén separadas no establece que los propietarios carezcan en adelante de todo control. Una posibilidad es entonces la de los efectos de control diferenciales dentro de las entidades fusionadas y no fusionadas. Segundo, el hecho de que estén asalariados los administradores antes y después de la fusión no implica necesariamente que la compensación está desconectada de los ingresos netos. Por último, debe examinarse la posibilidad de que la integración afecte la política interna de la corporación con consecuencias sistemáticas para la actuación. Aquí consideraremos las dos primeras consecuencias. En el apartado 4 nos ocuparemos de la tercera consecuencia.

3.1 *Efectos de la propiedad*

La ausencia de un control continuo (manos adentro) permite que ejerzan una discreción aquellos a quienes se delegan poderes de decisión. Pero ello no implica una ausencia de control total. Por el contrario, si se reafirma el control de la propiedad cuando la actuación se aproxima a los niveles de umbral o baja más allá, las interrogantes pertinentes se referirán a los umbrales y a la competencia para intervenir. *Ceteris paribus*, las normas débiles implican mayores oportunidades para la discreción administrativa. Sin embargo, los intereses de los propietarios se activan de ordinario antes de que la quiebra se vuelva inminente.

Los problemas se aproximan aquí a los que surgen en la corporación de forma M, donde están separadas las decisiones operativas y estratégicas. Por lo tanto, aunque los administradores intermedios estén "ostensiblemente" libres de vigilancia durante el intervalo operativo, como veremos en el capítulo XI, la ausencia de vigilancia no debe implicarse si: 1) interviene una administración estratégica cuando ocurre una crisis —es decir, cuando las "variables esenciales" caen afuera de los límites prescritos— y 2) los planes de operación se renegocian periódicamente (digamos en intervalos de revisión presupuestaria anual).

Aunque atenuada, los propietarios conservan una relación similar de vigilancia sobre la administración estratégica. Ahora se trata de saber si surgirá por ese motivo una actuación diferencial entre el régimen integrado y el no integrado. La diferencia principal, si es que hay alguna, es que la vigilancia de los propietarios opera generalmente sobre medidas de actuación más agregadas. Así pues, la actuación divisional escapa casi siempre al escrutinio. Se plantea así una tasa de sustitución por la que es menos intensa la vigilancia de los propietarios en el nivel divisional del régimen integrado. Sin embargo, los problemas se refieren aquí principalmente a los costos de la burocracia y se tratarán más ampliamente en el apartado 4.

3.2 *La compensación contingente*

Las compensaciones de los administradores asalariados y otros empleados que trabajan por sueldos están ostensiblemente desconectadas de la actuación. Sin embargo, esa observación es superficial si los sueldos se ajustan en efecto en los intervalos de renovación del contrato y se realizan ascensos en relación con la actuación pasada o prometida. En términos más generales, la modelación de la relación del empleo sólo por referencia a las distinciones de pagos salariales fijos o a destajo únicamente se justifica cuando están ausentes (o son constantes) los aspectos de la reputación y el compromiso intertemporales entre tales clasificaciones. Esto ocurre raras veces.

a. *El sueldo*

Supongamos que los sueldos siguen a los ingresos netos reportados con cierto retraso. Se trata entonces de saber si los ingresos netos de la división de abastos son independientes de la situación existente antes y después de la fusión. Una diferencia posible es que la administración de la división de abastos después de la fusión puede estar sujeta a la manipulación contable de los ingresos netos reportados en mayor medida que la misma administración cuando la empresa era un proveedor independiente. Si, como parece plausible, los administradores de la etapa adquirente tienen mayor influencia sobre los procedimientos contables después de la fusión, los ingresos netos del periodo posterior a la adquisición se inclinarán a favor de la etapa adquirente. Los precios de transferencia del régimen posterior a la fusión tenderán a distorsionarse (comparativamente) en consecuencia.

b. *Los ascensos*

Si los ascensos no se otorgan sobre la base de la antigüedad, la rotación, un volado o alguna otra condición sobre la cual no tengan un control discrecional los administradores, también deberá examinarse la forma en que opere el proceso de promoción antes y después de la fusión: los ascensos dentro de la etapa abastecedora podrán hacerse sobre una base diferente a resultas de la fusión; y ahora serán posibles los ascensos de la etapa abastecedora para pasar a la administración de la entidad combinada. Si el proceso de promoción posterior a la fusión se vuelve más politizado en uno de estos sentidos o en ambos, el hecho de la compensación salarial antes y después de la fusión no constituirá una neutralidad de los incentivos.

Es por lo menos plausible que los administradores que actúen en el juego más grande (posterior a la fusión) observarán un comportamiento diferente al que tenían en el juego más pequeño (antes de la fusión). Así pues, mientras sería de esperarse que recibieran ascensos quienes se presentaran como defensores efectivos de la relación de intercambio antes de la fusión, la ventaja tenderá a beneficiar a quienes sean conciliadores eficaces después de la fusión. Aquí son pertinentes las observaciones de Chester Barnard:

> El método general para el mantenimiento de una organización ejecutiva informal consiste en operar, seleccionar y ascender a los ejecutivos de tal modo que se mantenga una condición general de compatibilidad del personal. Quizá a menu-

do, y sin duda ocasionalmente, los hombres no pueden ser ascendidos o seleccionados, o incluso deben ser despedidos, porque no pueden funcionar, porque "no encajan", cuando no está en duda la competencia formal [1938, p. 224].

En realidad, pueden hacerse algunos esfuerzos para aislar el proceso de promoción de tales efectos. Por ejemplo, podría advertirse a los administradores de la división de abastos que no serán ascendidos a la oficina general. Pero tal política puede ser ineficaz e incluso contraproducente. Si tales políticas no van acompañadas de compromisos creíbles, habrá una ineficacia. Si tales políticas engendran resentimiento, habrá efectos colaterales adversos. Además, existe la posibilidad de que los administradores de la etapa de abastos a quienes se niega la promoción demoren o aun impidan la promoción de otros.

En consecuencia, son inevitables las diferencias de la promoción entre el régimen integrado y el régimen no integrado. Si el balance del ascenso ya no se inclina a favor del mérito sino a favor de la política en el proceso, como parecería ser el resultado probable, se verán afectados los incentivos después de la fusión,[13] en cuyo caso tendrá costos adicionales la integración, a pesar de los beneficios de adaptación que potencialmente puede generar la integración. La intervención selectiva —ganancia sin costo— no forma parte del conjunto viable.

4. Los costos de la burocracia

Los costos de la adquisición examinados en el apartado 2 son principalmente los que ocurrirán en toda separación de la propiedad y el control, relacionados con la fusión o no. Aunque los costos de la adquisición analizados en el apartado 3 no se confunden en lo relacionado con la propiedad y el control, tienen también una naturaleza más especulativa y probablemente un efecto más débil. Nos preguntamos entonces si la fusión tendrá todavía otros costos no identificados. En particular, ¿habrá algunos "costos de la burocracia" ocultos que surjan cuando se unen etapas de producción sucesivas?

Philip Selznick afirma que "lo más importante acerca de las organizaciones [distintas del mercado] es que, aunque son instrumentos, cada una de ellas tiene vida propia" (1949, p. 10). A pesar de las intenciones instrumentales, las estructuras formales "jamás podrán conquistar las dimensiones no racionales del comportamiento organizativo" (Selznick, 1948, p. 25). Richard Scott resume el argumento como sigue:

[13] El texto destaca las negativas consecuencias de politización que tiene una fusión sobre los ascensos. Pero esto no agota las posibilidades. Pueden obtenerse algunos beneficios si los administradores, que de otro modo no tendrían ninguna perspectiva, vieran en la fusión nuevas oportunidades de avance.

Así pues, debe examinarse la condición de las perspectivas de ascenso antes de la fusión. Si tales perspectivas están estrechamente limitadas (el mercado de administradores está poco desarrollado; la empresa está creciendo lentamente; los administradores principales están lejos de la jubilación), se justificará una evaluación más amable de los efectos de una fusión sobre los incentivos de los administradores.

La racionalidad organizativa está restringida por "la renuencia de los instrumentos de la acción": las personas traen a la organización ciertas características y desarrollan otros compromisos como miembros que restringen su capacidad para la acción racional; los procedimientos organizativos se vuelven fines valiosos en sí mismos; la organización celebra negociaciones con su ambiente que comprometen sus objetivos presentes y limitan sus posibilidades futuras [1981, p. 91].

¿Cuáles son las ramificaciones de tales concepciones para los enfoques económicos del estudio de la organización? Una posible respuesta económica es la consideración de las condiciones que Selznick, Scott y otros llaman "el ruido". Las aberraciones de la racionalidad se tratan entonces como términos de error. Una respuesta más fuerte consiste en negar que tal comportamiento existe siquiera. Aquí no se propone ninguna de las dos cosas. Por el contrario, un enfoque económico informado al estudio de la organización mostrará un interés por todas las regularidades, de cualquier clase que sean, y *luego las tomará en cuenta*. Si el comportamiento en cuestión es sistemático, podrá tomarse en cuenta al hacer elecciones institucionales comparadas y en los diseños de la organización. Por lo tanto, si algunas formas de la organización están menos sujetas que otras a las distorsiones burocráticas, esto se tomará en cuenta al evaluar los modos alternativos. Además, dentro de los modos donde son especialmente severas las distorsiones, quizá puedan mitigarse tales condiciones estableciendo frenos o reformas organizativas.

La literatura de las fallas burocráticas está relativamente subdesarrollada en comparación con la literatura de las fallas del mercado. Aquí sólo trataremos de identificar algunos de los aspectos principales del ciclo vital que acosan a la organización interna. Al compararla con la organización del mercado, la organización interna revela una propensión diferencial a manejar la complejidad, a perdonar el error y a buscar la transacción.

4.1 *La propensión al arreglo*

Una propensión al arreglo parece caracterizar todas las formas de la organización burocrática. En realidad, se cree que el sector público es especialmente culpable en este sentido, y es probable que así sea. Charles Morris capta el espíritu de esta concepción en su referencia al "costo de las buenas intenciones". Lo que describe como "el nuevo estilo racionalista del gobierno" se basa en "un confiado optimismo en que los problemas más intratables cederán ante el ataque resuelto de personas inteligentes, comprometidas" (1980, p. 23). Pero la misma actitud caracteriza también al sector privado (Feldman y March, 1981).

En realidad, la propensión al arreglo tiene dos partes, no sólo una. La parte a la que se refiere Morris es la propensión *instrumental*: los que toman las decisiones proyectan una capacidad de manejo de la complejidad que se ve reiteradamente refutada por los acontecimientos. Aunque tal propensión es bien intencionada, los problemas resultan regularmente más difíciles o la competencia administrativa más limitada que lo proyectado en un principio por los administradores (Perrow, 1983). A pesar de los ejemplos contrarios, ésta es la opinión principal.

El segundo tipo de propensión es más censurable. Es la propensión *estratégica* a usar los recursos de la organización para perseguir metas secundarias. Si, por las razones señaladas en el apartado 2, los incentivos pecuniarios de las empresas son más débiles que en los mercados, tendrán mayor fuerza los juegos y las preferencias políticas. Entonces surgen de ordinario algunos esfuerzos para hacer declinar la organización, a menudo mediante una administración más intervencionista.

Las soluciones tipo Odiseo son a menudo atractivas cuando se sabe que la resolución *ex ante* falla de ordinario frente a las exigencias o las tentaciones recurrentes. Sabiendo que el llamado de las sirenas sería irresistible, Odiseo dio órdenes para que lo ataran al mástil. Como observa Jon Elster, "atarse uno mismo es una forma privilegiada de resolución del problema de la debilidad de la voluntad" (1979, p. 37). Tales beneficios de la autonegación pueden obtenerse dentro de la empresa si se niegan las fusiones para las cuales sólo pueden identificar, sus defensores, limitados beneficios potenciales. Así se evitarán con seguridad los costos inespecificados, pero previsibles, imputables a la propensión futura al arreglo.

4.2 *El perdón*

Los sistemas de justicia varían sistemáticamente con la organización. Se presume de ordinario que las familias tienen un conocimiento profundo de las transacciones que ocurren entre los miembros, o que los afectan, que utilizan horizontes de largo plazo, y que son relativamente indulgentes.[14] Por el contrario, se presume que los mercados tienen un conocimiento menor de las circunstancias idiosincrásicas, utilizan horizontes más estrechos, y son relativamente severos (nada indulgentes).

Por las razones mencionadas en el apartado 5, la organización interna disfruta ventajas relativas de auditoría. En consecuencia, la empresa integrada tiene una mayor capacidad para tomar decisiones informadas por los méritos que la de las entidades negociadoras no integradas. La confusión de riesgos y decisiones, que complica las evaluaciones del mercado, podrá detectarse así con mayor precisión y confianza internamente. En consecuencia, los administradores de activos internos podrán discernir mejor que el mercado de capital si conviene o no patrocinar un proyecto.

Pero hay por lo menos otras dos consecuencias. Primero, la perspectiva del castigo desata a menudo energías. El mercado es un amo severo. A menos que se hayan convenido expresamente ciertas cláusulas de indización desde el principio, los incrementos de costos inesperados serán absorbidos y no trasladados cuando las transacciones sean mediadas por el mercado. En cambio, los incrementos de costos inesperados que ocurren en las transacciones

[14] De estos tres aspectos, todos ellos relacionados entre sí, la indulgencia es el más importante y claro.

realizadas dentro de la empresa tenderán a ser negociables. La justificación de tales incrementos puede examinarse más ampliamente dentro de la empresa, y los peligros de una representación errada son menos graves que en el mercado. Pero así se niega a la organización interna el acceso a las energías supranormales que el mercado puede movilizar. Es poco realista esperar que tales esfuerzos se realicen si pueden ofrecerse explicaciones razonadas o plausibles en apoyo de los incrementos de costos en cuestión: se espera que los sistemas de razonamiento se comporten en formas razonables. (Por esa razón, los académicos están a menudo mal preparados para ocupar posiciones administrativas, ya que buscan las razones finales.)

En segundo lugar, el cálculo del beneficio neto empleado por la empresa difiere del cálculo empleado por el mercado. De hecho, una definición útil de la indulgencia, por lo menos para los fines de la evaluación de las transacciones comerciales, consiste en saber si las "excusas" se evalúan estrictamente por referencia a un cálculo de beneficio neto pecuniario o no. Se espera que el mercado utilice un cálculo de beneficio neto pecuniario más estricto que el de la empresa. En este sentido, es menos indulgente. Una razón importante para esto es que la empresa mantiene una mayor separación entre las transacciones con el mercado que la separación que el mercado puede establecer para las transacciones organizadas internamente.

Es entonces fácil que una empresa elimine a un proveedor de bienes o servicios que se encuentra apoyado por activos no específicos ($k = 0$) a la primera indicación de fallas. En cambio, si la misma transacción estuviera organizada internamente, la empresa realizaría una investigación y consideraría segundas oportunidades. En parte, ésta es una manifestación de la ventaja de auditoría de la organización interna antes mencionada. Pero ocurre también que la empresa no puede tratar cada transacción interna en una forma plenamente separable. En efecto, las transacciones internas de la clase $k = 0$ se benefician de una asociación con otras transacciones internas para las que $k > 0$.

Así pues, mientras que la continuidad de las transacciones de la última clase se evalúa desde el punto de vista de un beneficio pecuniario, no se aplica lo mismo a las transacciones de la primera clase. Sin embargo, las empresas que interiorizan las transacciones de ambas clases no pueden tratarlas en forma enteramente analítica. Una decisión racional de "arreglar las cosas" cuando marchan mal en las transacciones de $k > 0$ se desborda e infecta a las transacciones de la clase $k = 0$. Resulta inaceptable, tanto para los actores como para los observadores interesados, que la empresa se comporte de modo diferente. La sencilla consideración de la dignidad humana exige el respeto del procedimiento debido. Aquí son pertinentes las observaciones de Barnard acerca de la organización informal: uno de los propósitos de la organización informal es la "protección de la personalidad del individuo contra ciertos efectos de las organizaciones formales que tienden a desintegrar la personalidad" (Barnard, 1938, p. 122).

Así pues, mientras que los resultados extremos del mercado pueden aceptarse como obra de la suerte, las acciones administrativas se interpretan por todas las partes afectadas, incluidos los terceros interesados (asociados, familiares, amigos, etc.), como elecciones por méritos. Eso echa una pesada carga del proceso debido sobre la organización interna. Un caso plausible no será bastante; se requiere una prueba fehaciente para la imposición de castigos severos. Sabiendo que operan bajo la protección de una norma del debido proceso interno, los individuos pueden explotar la organización interna con una actuación indolente, y muchos lo hacen.

En realidad, el debilitamiento de los incentivos antes descritos se aplica estrictamente a las actividades de $k = 0$. No se niega la posibilidad de que un ambiente de elección por el mérito intensifique los incentivos dentro de la empresa, por comparación con el mercado, para las actividades de $k > 0$. Sin embargo, para los fines del argumento basta que los desbordamientos del proceso debido sean responsables de la atenuación de los incentivos para la condición de $k = 0$.

4.3 *La componenda*

De nuevo, no se trata de saber si la organización interna experimenta costos, sino de saber si se incurre en costos diferenciales al pasar de una situación no integrada a una situación integrada. Creo que las decisiones internas de operación e inversión están más sujetas a la politización.

a. *Decisiones de operación*

Alvin Gouldner sostiene que la norma de la reciprocidad es tan importante y universal como el tabú del incesto (1961). Tal norma encuentra expresión en toda la sociedad humana a través de las culturas y los grados de desarrollo y a través del tiempo. Sin embargo, las oportunidades existentes para la aplicación de la reciprocidad varían con las circunstancias. En general, tales oportunidades son mayores dentro de las organizaciones más altamente integradas. Además, tales oportunidades tienden a expresarse, lo que es una manifestación de la tendencia antes descrita de los negociantes internos a ser más flexibles que los negociantes autónomos. Esto no es necesariamente algo malo; la perspectiva de tal acomodo es un factor que pesa favorablemente en la evaluación de las actividades apoyadas por activos específicos. Sin embargo, la posibilidad de que esta flexibilidad vaya más allá de los méritos objetivos para incluir los intereses recíprocos de los administradores es motivo de preocupación y se toma debidamente en cuenta en la decisión de interiorizar las transacciones marginales.

b. *Los sesgos de la renovación de la inversión*

Un sesgo de abastecimiento interno está apoyado por varios factores.[15] Por una parte, el proveedor interno que produce principalmente para usos inter-

[15] Este punto de vista se basa en Williamson (1975, p. 119).

nos puede considerarse con cierta desventaja relativa en el mercado. El proveedor interno puede carecer de la organización de comercialización grande y experimentada, y de las conexiones establecidas con los clientes, a las que tiene acceso el proveedor externo no integrado. Tomando en cuenta tales condiciones, y si los costos fijos no se pueden trasladar, parecería apropiada una "preferencia" por el abasto interno, por lo menos mientras el precio externo supere al costo variable del abasto interno.

Sin embargo, éste puede ser un argumento engañoso, ya que fácilmente puede exagerarse la incapacidad del traslado de los activos (puede haber un mercado de segunda mano para la maquinaria en cuestión), y las decisiones individuales de renovación del equipo deberán tomarse finalmente por referencia a la viabilidad de la transacción interna a largo plazo. Pero los administradores se resisten con firmeza a abolir sus propios empleos, aun cuando existan garantías de nuevos empleos. El problema de tales garantías es que, aunque la continuación del empleo puede estar segura, no pueden hacerse valer las seguridades de que se conservará la antigüedad cuando se elimine un puesto y de que las perspectivas del ascenso no se perturbarán cuando se abandone una escala de promoción bien conocida. Así pues, es de esperarse una preferencia por el abasto interno, la que puede manifestarse en la insistencia en que toda decisión de reposición del equipo se tome en forma serial, semindependiente. En esta forma podrá preservarse sin espíritu crítico una capacidad interna que fundamentalmente no es viable.

4.4 *Otras observaciones*

De acuerdo con el enfoque de la economía del costo de transacción adoptado aquí, los beneficios principales de la integración vertical asumen la forma de la gobernación y no del ahorro de costos de producción. Tales beneficios se disciernen examinando los problemas que acompañan a la contratación autónoma cuando las partes de una negociación están operando en una relación de intercambio bilateral. En cambio, los costos principales de la integración vertical son más difíciles de descubrir. Es claro que no corresponden a la función de producción neoclásica. Tampoco son transparentes los aspectos diferenciales del costo de gobernación. Evidentemente, se requiere un análisis más microanalítico.

Ésa es una inconveniencia analítica, para decir lo menos, sobre todo por el estado de subdesarrollo de la literatura de las fallas burocráticas. Una posibilidad, cuando las realidades económicas no encajan en las conveniencias analíticas, consiste en pretender que las cosas ocurren de otro modo. Así como el razonamiento del costo de transacción y el examen de los fenómenos microanalíticos han ayudado a iluminar los factores responsables de las fallas del mercado, conjeturo que puede lograrse un avance similar en el tema de la burocracia si también se realizara un esfuerzo concertado.

En realidad, pueden aparecer algunos elementos del costo de producción, antes ocultos, que vicien la necesidad de tal esfuerzo. O pueden surgir dificultades contractuales imprevistas en asociación a la integración vertical. Sin embargo, me sorprendería que los límites principales de la integración vertical tuvieran un origen que no fuera burocrático. Nos espera un camino difícil.

5. Incentivos de baja potencia en los mercados

Un tratamiento simétrico de la organización económica examinará no sólo las tensiones resultantes cuando se introducen a las empresas los incentivos de alta potencia asociados a los mercados, sino que también considerará si pueden introducirse sin tensión, a los mercados, los incentivos de baja potencia empleados por las empresas. Aquí nos ocuparemos de esta última cuestión.

Para los fines de este apartado, supongamos que son ligeras las tensiones innovadoras discutidas en la sección 2.4 anterior. Supongamos además que es grande la especificidad de los activos físicos en la etapa del abasto. La integración es así la forma de organización indicada.

Supongamos que, como una consecuencia de los factores examinados en las secciones 2.1 y 2.2, la empresa integrada decide transferir productos entre las divisiones en términos de un margen de beneficio sobre el costo. La división de abastos acepta así las solicitudes de la división de adquisiciones para que adapte la cantidad o la calidad del producto sin resistencia.[16] Sin embargo, a fin de impedir que los costos aumenten o que pasen inadvertidas las oportunidades de economización, se revisa periódicamente la división de abastos en lo tocante a sus costos y decisiones. Supongamos, en aras del argumento, que la actuación resultante se juzga satisfactoria.

Si tales incentivos de baja potencia aunados a la auditoría periódica tienen ventajas para las empresas ¿por qué no hacer lo mismo con los mercados? Ésta es una presentación diferente del interrogante que plantée al principio, sólo que ahora se quiere saber por qué no puede el mercado imitar a la empresa. Convendrá abordar la cuestión examinando el siguiente enunciado del problema, más operativo: ¿cuáles son las consecuencias de la contratación con un margen de beneficio sobre el costo entre empresas autónomas?

La contratación con un margen de beneficio sobre el costo entre las empresas por un lado y dentro de las empresas por el otro difiere por lo menos en dos aspectos importantes. Ambos se relacionan con el hecho de que una empresa autónoma tiene un grado de libertad adicional que una división integrada no tiene: puede tomar sus activos y huir. La primera diferencia es que un proveedor independiente tiene un incentivo para incurrir en costos para fines estratégicos que no tiene la división de abastos interna. La segunda es que no puede presumirse que la auditoría entre las empresas sea tan eficaz como la que se realice dentro de las empresas.

La diferencia estratégica es ésta: la empresa independiente tiene un incentivo más fuerte para hacer inversiones para las que pueden reclamarse plau-

[16] Esto está demasiado simplificado. La división de abastos se resistirá a las reducciones, ya que no quiere caer por debajo de cierto nivel de actividad mínima viable, porque tal cosa significaría su cierre total.

siblemente reembolsos —en planta y equipo y en capital humano— si tales inversiones le dan una capacidad adicional para competir por otros negocios. En realidad, puede aconsejarse al proveedor externo y a la división de abastos interna (y ellos pueden aceptarlo) que satisfagan exclusivamente las necesidades de la división de adquisiciones. Pero puede resultar mucho más difícil el cumplimiento forzado de tal provisión en el caso de un proveedor independiente. Un ordenamiento judicial es mucho menos eficaz que un decreto administrativo en lo relacionado con la modificación de las preferencias sobre estas cuestiones.[17]

A veces se afirma que las auditorías entre empresas y dentro de las empresas son indistinguibles. Por ejemplo, Sanford Grossman y Oliver Hart "suponen que la integración no vuelve por sí misma observable por ambas partes cualquier variable nueva. Todas las auditorías que un empleador haya hecho a su subsidiaria son factibles también cuando la subsidiaria es una compañía separada" (1984, p. 5). Me parece que hay razones para creer lo contrario. Específicamente, la organización del mercado y la organización interna difieren en algunos aspectos de la "organización informal". Chester Barnard expresó el argumento de este modo:

> Dado que la eficiencia de la organización se ve afectada por el grado en que los individuos acepten las órdenes, la negación de autoridad a una comunicación de la organización es una amenaza para los intereses de todos los individuos que derivan una ventaja neta de su conexión con la organización, a menos que las órdenes sean también inaceptables para ellos. En consecuencia, en cualquier momento dado habrá en la mayoría de los contribuyentes un interés personal activo en el mantenimiento de la autoridad de todas las órdenes que para ellos se encuentren en la zona de indiferencia. El mantenimiento de este interés es en gran medida una función de la organización informal [1938, p. 169].

Aunque Armen Alchian no hace referencia a la organización informal, reconoce que "quienquiera que sea vulnerable a [una] amenaza de pérdida [si la coalición se ve afectada] no sólo tratará de preservar la coalición sino también de reducir la probabilidad de esa amenaza de los otros miembros de la coalición" (1983, p. 9). Si puede presumirse un interés mutuo más fuerte en la integridad de la organización entre los miembros de una organización integrada que entre unidades negociadoras independientes —porque sus destinos están más estrechamente ligados en el primer caso que en el último—, los auditores internos podrán esperar una cooperación mayor, incluso con sugerencias acerca de dónde se encuentran las fallas, que en el caso de una auditoría realizada por encima de los límites de una propiedad autónoma.[18]

[17] Después de todo, las empresas violan sus contratos, y los tribunales se resisten a menudo a ejecutar los acuerdos de trato exclusivo entre las empresas. Pero los tribunales no se ocuparán de ordinario de la decisión interna de una empresa de satisfacer exclusivamente sus propias necesidades.

[18] Sin embargo, no quiero sugerir que las auditorías internas carezcan de problemas. Como han observado y reportado reiteradamente los sociólogos, la auditoría interna es susceptible de corrupción (Dalton, 1957; Granovetter, próxima publicación). Pero estos mismos sociólogos no ofrecen una perspectiva comparada. Por lo tanto, aunque resulta instructivo saber que la

De hecho el auditor externo puede preveer de ordinario sólo una cooperación superficial. Dado que si sus costos son descartados bajarán sus beneficios y su viabilidad puede estar en peligro, los empleados de la etapa de abasto independiente tratarán de justificar y encubrir sus costos.

En realidad, las divisiones también practican la ofuscación y el ocultamiento frente a los auditores internos. Pero los administradores divisionales no pueden tomar los activos físicos que han acumulado a través de manipulaciones de los costos y huir con ellos. La terminación con activos no es lo mismo que la terminación sin activos. Por lo tanto, si han de rodar cabezas en una división integrada donde se han vuelto grandes los excesos de costos, y si en estas circunstancias se hunden juntos culpables e inocentes, se entiende sin dificultad que quienes no estén implicados en las fechorías colaboren temprano y activamente con los auditores internos.

En consecuencia, no puede presumirse que la contratación con un margen de beneficio sobre los costos sea idéntica en los mercados y en las empresas. Por lo tanto, la transferencia de una transacción, de la empresa al mercado, ocurrirá raras veces en términos constantes de un margen de beneficio sobre el costo; más comúnmente irá acompañada por realineamientos de los incentivos y de la gobernación.

Esto reitera el argumento presentado antes: las estructuras de incentivos y de gobernación que funcionen bien en un medio organizativo no se transfieren sin espíritu crítico a otros medios. Por el contrario, la forma de la organización, los instrumentos de incentivos y las salvaguardas de la gobernación deben obtenerse simultáneamente.[19]

6. Ejemplos ilustrativos

No abundan las pruebas sobre los límites de incentivos de las empresas. Por una parte, las empresas se resisten naturalmente a admitir las tensiones administrativas que pueden interpretarse como fallas administrativas. Además, los límites de los incentivos de las empresas han eludido el escrutinio analítico. Simplemente no hay lugar, en el marco de la función de producción donde se prescribe un objetivo de maximización del beneficio, para la aparición de límites a los incentivos.

Los seis ejemplos que examinaremos en seguida con sólo sugerentes. A lo sumo confirman que todos los límites de incentivos analizados hasta ahora encuentran contrapartes en el mundo real. Pero se requiere un desarrollo mucho más sistemático de los datos microanalíticos pertinentes.

---

organización interna tiene fallas, es igualmente importante saber si las fallas son remediables o no. Si todas las alternativas de organización pertinentes tienen fallas iguales o más severas, la observación de que las auditorías internas son imperfectas carece de importancia en el terreno de la comparación de las instituciones.

[19] Por lo tanto, no se justifica la extrapolación de la convergencia eventual de la empresa capitalista y la empresa socialista, puesto que ya manifiestan grandes rasgos comunes. Igualmente importante es el hecho de que cada uno de estos modos ha manifestado y seguirá manifestando características distintivas, cuya transferencia experimenta algunas tensiones, aunque sea viable.

6.1 *Contratación interna*

El uso de incentivos de alta potencia en las empresas se intentó en algunas empresas manufactureras de Nueva Inglaterra a principios de este siglo. Lo que se ha llamado el sistema de contratación interna se describía como sigue:

> Bajo el sistema de contratación interna, el administrador de una empresa proveía espacio de piso y maquinaria, materia prima y capital de trabajo, y arreglaba la venta del producto final. Pero la brecha que mediaba entre la materia prima y el producto terminado no era llenada por empleados pagados ordenados en [una] jerarquía descendiente [. . .] sino por contratistas [internos], a quienes se delegaba la tarea de la producción.
>
> Ellos contrataban sus propios empleados, supervisaban el trabajo en proceso y recibían de la compañía un pago a destajo [negociado]. [Buttrick, 1952, pp. 201-202.]

Como he señalado en otra parte, el sistema de contratación interna tenía varias dificultades contractuales (Williamson, 1975, pp. 96-97):

1. El equipo no se utilizaba ni mantenía con el cuidado apropiado.
2. Las innovaciones del proceso estaban: a) sesgadas en favor del ahorro de mano de obra, por oposición al ahorro de material, y b) regularmente demoradas hasta que se renovaba el contrato.
3. Eran débiles los incentivos existentes para la innovación del producto.
4. A veces se pensaba que los ingresos de los contratistas eran excesivos en relación con los ingresos del capitalista, en cuyo caso el capitalista buscaba un resarcimiento en los intervalos de renovación del contrato.

Así pues, la contratación interna puede considerarse como un esfuerzo de aplicación de las reglas 1 a 4 descritas en el apartado 2 anterior, con la diferencia principal de que el contratista interno no podría ser remplazado a voluntad sino en los intervalos de renovación del contrato. Este esfuerzo imaginativo para preservar los incentivos de alta potencia en las empresas alentaba presumiblemente la economización de los costos variables. Pero era evidente que los mismos incentivos de alta potencia originaban una mala utilización de los activos y ciertas distorsiones en el proceso de innovación. También surgían algunas tensiones intertemporales de ingresos entre el capitalista y el contratista. Éstas (y quizá otras) desventajas fueron presumiblemente responsables de la desaparición de la contratación interna, aunque ciertos vestigios de esa forma de organización persisten en la industria de la construcción, pero el trabajo se hace allí en términos de proyectos y no de un abasto continuo (Eccles, 1981).

6.2 *Distribución de automóviles con franquicias*

Recordemos la explicación que daba Alfred P. Sloan (véase el capítulo V, apartado 4) del hecho de que los fabricantes de automóviles no se integraran hacia adelante en la venta y el servicio de automóviles, sino que utilizaran franquicias para tal propósito. Uno de los factores principales que complicaban la situación era la transacción interna. Tenían que hacerse muchos centenares de miles de tales transacciones en lugares geográficamente dispersos. Era evidente que se necesitaba mucho criterio para evaluar la calidad altamente variable de los automóviles que se presentaban para la transacción interna. Una valuación generosa de los automóviles usados ayudaría a vender automóviles nuevos, pero se registraría una pérdida neta al revender los usados. Una subvaluación de un automóvil propuesto en la transacción no satisfaría a los clientes, de modo que no se venderían los nuevos.

En realidad, el fabricante de automóviles podría insistir en que cada transacción se dividiera en dos partes: el propietario de un automóvil usado haría su mejor transacción en otra parte y usaría los fondos para comprar un automóvil nuevo. La venta del automóvil nuevo sería entonces más bien lo que llamaba Sloan "una venta ordinaria" y no una "transacción" (1964, p. 282). Pero dado que gran número de clientes se sentían evidentemente atraídos por el comercio bilateral, la cuestión que venía al caso era la respuesta a tal demanda. Sloan explica que los administradores de las grandes empresas carecen de "gracia" para negociar, pero yo creo que la dificultad fundamental reside en los incentivos de la gran empresa controlada por administradores. Los supervisores y los vendedores de tal organización no tienen confianza en que podrán apropiarse plenamente las ganancias cuando se realicen negociaciones muy rentables. Y esos mismos supervisores y vendedores no pueden ser considerados plenamente responsables si se incurre en pérdidas (su despido es una solución imperfecta si los empleados pueden obtener empleo en otra parte sin soportar un castigo pleno en su reputación). Es obvio que se necesita algún medio que concentre con mayor eficacia los efectos de incentivo. Eso, antes que la incapacidad para hacer negociaciones, es lo que explica la respuesta de la distribución con franquicias.

6.3 *Adquisiciones, incentivos y equidad interna*

Tenneco, Inc., es el conglomerado más grande de la nación. Sus empleados llegan casi a 100 000 y sus ventas anuales pasan de 15 000 millones de dólares. Tenneco adquirió la Houston Oil and Minerals Corporation a fines de 1980. La Houston era una compañía relativamente pequeña, con ventas de 383 millones de dólares, 1 200 empleados y una reputación de agresividad en la exploración petrolera.

Con la esperanza de conservar a la gente experimentada en la exploración petrolera de la Houston, la Tenneco ofreció sueldos, bonos y beneficios especiales que no disfrutaban otros empleados de la propia Tenneco. También convino la Tenneco en "mantener a la Houston Oil intacta y operarla como una subsidiaria independiente", en lugar de consolidar la nueva adquisición (Getschow, 1982, p. 17).

A pesar del entusiasmo inicial, los administradores de la Houston y sus geólogos, geofísicos, ingenieros y exploradores se marcharon en gran número durante el primer año. Se quejaban de las excesivas demoras burocráticas para lograr que se definiera el paquete de la compensación (Getschow, 1982, p. 17). También había algunas restricciones burocráticas: como observara el vicepresidente de administración de la Tenneco; "tenemos que asegurar la equidad interna y aplicar la misma norma de compensación a todos" (Getschow, 1982, p. 17), lo que significa que el tratamiento diferencial no podía sostenerse. Para octubre de 1981 la Tenneco "había perdido 34% de los administradores de la Houston Oil, 25% de sus exploradores y 19% de sus trabajadores de producción, de modo que resultaba imposible mantenerla como una unidad distinta" (p. 17). Los ofrecimientos de productores independientes, que evidentemente tienen cargas y restricciones menores y diferentes en lo tocante a las "opciones de acciones, bonos de producción, y en especial a las regalías en el petróleo que descubran, son [incentivos] que las grandes compañías no han podido o no han querido ofrecer" (p. 1). A pesar de sus grandes esfuerzos, las empresas grandes no pueden igualar siempre a las empresas pequeñas en todos los aspectos relevantes.

6.4 *Los modos híbridos*

Un procedimiento para la unión de empresas grandes y pequeñas en el proceso innovador es el siguiente: se concentra el desarrollo inicial y la prueba del mercado para que los realicen inventores y pequeñas empresas independientes (quizá nuevos competidores) de una industria; los desarrollos afortunados que así se adquieren, quizá mediante licencias o fusiones, serán tomados para su desarrollo subsecuente por una gran empresa de muchas divisiones. Pero ésa no es la única solución de sistemas que permite la concentración de incentivos de alta potencia en las primeras etapas innovadoras del proceso de IDE. Un reporte reciente de *Business Week* sobre el método para "adquirir las innovaciones creadas en compañías pequeñas" se inicia como sigue:

> En 1982, la Ramtek Corp., quería añadir una avanzada máquina de gráficas a su línea de aditamentos periféricos de las computadoras. A pesar de su abultado presupuesto de investigación y desarrollo experimental —cerca de 11% de las ventas, muy por encima del promedio de su industria—, la compañía de Santa Clara (Calif.), decidió que no desarrollaría por sí misma el sistema. Por el contrario, canalizó dos millones de dólares hacia la Digital Productions Inc., de los Ángeles, que tenía una gran delantera en la tecnología. Pero no fue una adquisición. Más bien, la Ramtek invirtió en la minúscula compañía específicamente para que la Digital desarrollara el material de un poderoso sistema nuevo de imágenes que será un gran éxito, según espera la Ramtek.

> La experiencia de la Ramtek representa un importante viraje en la forma como las compañías establecidas están aprovechando la tecnología de compañías empresariales más pequeñas. En el pasado, las grandes compañías compraban de ordinario las compañías pequeñas cuando deseaban sus conocimientos técnicos. Pero en muchos casos, las corporaciones adquirentes manejaban mal su nueva propiedad y perdían precisamente a las personas y el ambiente creativo que las había atraído en primer lugar [*Business Week*, 25 de junio de 1984, p. 40].

El informe observa luego que tales arreglos están creciendo rápidamente, de 30 en 1980 a 1 140 en 1983: "las empresas establecidas aunque son fuertes en la investigación a largo plazo y en la comercialización, están descubriendo que les conviene más confiar en las compañías empresariales para las innovaciones de más corto plazo" (p. 41). La General Motors explicó en estos términos su compra de 11% de Teknowledge en 1984: "Si compráramos esa compañía en su totalidad, mataríamos a la gallina de los huevos de oro" (p. 41).

En realidad, tales posiciones de propiedad parcial no carecen de riesgos. Sin embargo, resulta instructivo que, por lo menos en lo que respecta a muchos proyectos que no requieren una inversión enorme en investigación, las compañías grandes están advirtiendo cada vez con mayor claridad que el aparato burocrático que usan para manejar productos maduros es menos apropiado para el manejo de la actividad empresarial en sus primeras etapas. De aquí resultan algunas formas de organización híbridas.

6.5 *Los límites de la auditoría de la organización entre empresas*

Aquí cabe mencionar la experiencia de los ferrocarriles a fines del siglo XIX. Según reporta Alfred Chandler Jr. (1977), generalmente fracasaban los esfuerzos de los ferrocarriles para establecer una coordinación entre empresas. Las alianzas informales dejaron su lugar a las federaciones, las que a su vez fueron sustituidas por las fusiones. Entre los numerosos problemas que debían afrontar las federaciones se encontraban las "notas falsas acerca del peso o las cantidades embarcadas o las distancias enviadas y la clasificación incorrecta de la carga movilizada" (Chandler, 1977, p. 141). Se intentaron algunos controles de auditoría, pero la imposibilidad del cumplimiento forzoso de los acuerdos del cártel alentaba la defección continua (pp. 141-144).

La experiencia de los carteles en la industria telegráfica siguió un curso similar. Los limitados arreglos cooperativos del decenio de 1850 no fueron eficaces. Luego se intentó la división del mercado creando seis regiones de operación, con una compañía asignada a cada región. Cuando las líneas se traslapaban, se concentraba la operación, pero surgieron problemas de ejecución. Las seis empresas se redujeron primero a tres y luego, en 1866, a una sola compañía, la Western Union (Chandler, 1977, p. 197).

En los decenios de 1870 y 1880, los fabricantes recurrieron a las asociaciones comerciales para elaborar "técnicas crecientemente complejas de mantenimiento de tarifas de precios y cuotas de producción en toda la industria" (Chandler, 1977, p. 317). Cuando tales asociaciones fracasaron, los fabricantes recurrieron a la compra de acciones en las compañías de sus rivales, lo que "les permitió examinar los libros de sus asociados y así vigilar mejor su acuerdo de cártel". Pero no podían estar seguros de que fuesen correctas las cuentas de las compañías a las que tenían acceso. Como en el caso del ferrocarril y del telégrafo, el control efectivo requería el paso siguiente, la fusión (Chandler, 1977, pp. 317-319). Evidentemente, los límites de la auditoría eran uno de los factores.

6.6 *La empresa socialista*

La organización interna de las empresas socialistas experimenta también ciertas tensiones cuando se le pide que cumpla sus promesas de incentivos de alta potencia. Branko Horvat reporta el siguiente incidente:

> [. . .] Había un Centro de Computación que no podía cubrir sus costos. Decidimos introducir un plan de incentivos para que los miembros del centro participaran en todas las diferencias positivas y negativas de los resultados del negocio por comparación con los de años anteriores. El mejoramiento no parecía muy probable y, en todo caso, las diferencias de los incentivos eran muy moderadas. Sin embargo, el nuevo administrador del centro resultó ser un hombre excepcionalmente capaz, de modo que en el momento del debate anual pudo mostrar el centro enormes avances. En lugar de dar pleno reconocimiento a lo que se había logrado, el consejo decidió olvidar su propia decisión de un año antes, proclamar inaplicable el plan de incentivos, y distribuir el excedente en forma arbitraria [. . .] No sabíamos que pudieran hacerlo tan bien, fue la [explicación], y no puede tolerarse que ganen más que otros. El centro volvió a incurrir en pérdidas [1982, p. 256].

El incidente es digno de mención por dos razones. Por una parte, tanto los administradores socialistas como los capitalistas responden evidentemente a los incentivos pecuniarios. La exhortación puede ser útil en ambos casos (de hecho, puede ser enteramente adecuada en algunas circunstancias), pero la realización de potenciales ahorros de costos se ve promovida a veces por la introducción de incentivos de alta potencia. En segundo lugar, tanto las empresas socialistas como las capitalistas reniegan si la realización de ahorros y la participación de los beneficios derivados de los incentivos de alta potencia son "excesivas". Dicho de otro modo, las "promesas" de socialistas y capitalistas deben estar apoyadas por compromisos creíbles de las clases examinadas en los capítulos VII y VIII.

7. Observaciones finales

¿Por qué no puede hacer una empresa grande todo lo que puede hacer un grupo de empresas pequeñas y más aún? El argumento básico de este capítulo es el siguiente: la intervención selectiva, en cuyos términos obtiene la integración ganancias de adaptación sin incurrir en pérdidas, no es viable. Por el contrario, la transferencia de una transacción, del mercado a la empresa, se ve de ordinario acompañada por un deterioro de los incentivos. Tal deterioro es especialmente severo cuando la innovación (y las recompensas de la innovación) son importantes, pero aparece en todas las transacciones realistas a las que se refirió antes Austin Robinson (1934, p. 250). El mercado es una maravilla, por lo tanto, no sólo por sus notables propiedades de señalamiento (bajo las condiciones previas requeridas), sino también por su notable capacidad para presentar y preservar incentivos de alta potencia.

Aunque el argumento es especialmente transparente en el caso en que un propietario-administrador antes de la adquisición queda reducido a la calidad de simple administrador tras la adquisición, las consecuencias de incentivos acompañan también a las fusiones donde los administradores de antes de la adquisición no mantienen una posición de propiedad importante. En el primer caso, el problema es que los esfuerzos que se hacen después de la fusión para preservar los incentivos de alta potencia originan distorsiones y tienden a corromperse, de modo que son sustituidos por incentivos de bajo poder. En el último caso, el problema es que incluso los planes de compensación de baja potencia (asalariados) tienen características o remuneraciones contingentes en términos de pagos y de ascensos. También están sujetos a deterioros posteriores a la adquisición.

Los esfuerzos que se hacen para "mantener constantes los incentivos", a fin de lograr así una neutralidad de los incentivos, resultan frustrados. El problema es que ninguno de los enfoques siguientes puede hacerse cumplir forzadamente sin costo: las promesas de los administradores divisionales de utilizar los activos con el "cuidado debido"; las promesas de los propietarios de revisar los precios de transferencia y ejercer la discreción contable "responsablemente"; las promesas de recompensar la innovación "a plenitud"; las promesas de preservar las perspectivas de ascenso "sin cambio", y los acuerdos de los administradores para "eludir la política". La interiorización de las nuevas transacciones genera desventajas de incentivos en todos estos sentidos, de modo que las transacciones tienden a organizarse de manera muy diferente después de la fusión.

Así pues, aunque conviene pensar en los mercados y las jerarquías como modos alternativos dotados de muchas características comunes, también es esencial reconocer que se asocian a cada uno de estos modos distintas ventajas y desventajas. Deben reconocerse aspectos de incentivos y de gobernación. Por comparación con las transacciones internas, las transacciones mediadas por el mercado descansan más en los incentivos de alta potencia y menos en el proceso administrativo (incluida la auditoría) para alcanzar el mismo resultado.

VII. COMPROMISOS CREÍBLES I: APLICACIONES UNILATERALES

LAS TRANSACCIONES que nos interesan en este capítulo y el siguiente son las que están apoyadas por inversiones no triviales en activos específicos. Aunque la integración (propiedad unificada) de etapas sucesivas tiene las ventajas contractuales *ex post* que le imputamos en los capítulos anteriores, las ventajas no se adquieren sin un costo. Por una parte, las economías de escala y las economías de alcance pueden sacrificarse al eliminar las transacciones de los mercados y organizarlas internamente. (Recuérdese que el valor de cambio de la especificidad de los activos, $\hat{k}$, es un valor en el que las ventajas del mercado en lo tocante al costo de producción se ven exactamente compensadas por la desventaja del mercado en lo tocante al costo de gobernación.)[1] De igual modo, como vimos en el capítulo VI, la organización interna experimenta graves desventajas de incentivos y burocráticas.

La decisión de integración se ve así afectada por los dilemas. Tomando en cuenta tales dilemas ¿podrían elaborarse estructuras intermedias, ubicadas entre la contratación discreta del mercado en un extremo y la organización jerárquica en el otro extremo, de modo que se atenúen los riesgos de la contratación bilateral con sacrificios menos severos en los terrenos antes mencionados de los incentivos y las economías de escala y de alcance? Dicho de otro modo ¿podrán las partes de un intercambio bilateral crear compromisos creíbles, de modo que ambas tengan confianza en su trato con la otra, de modo que (expresada en términos del esquema contractual representado en la gráfica I-2) la transacción se moviera del nudo B al nudo C?

Mi análisis de estas cuestiones supone que hay muchos proveedores calificados al principio, y que éstos son neutrales al riesgo, de modo que producirán con cualquier contrato para el que pueda proyectarse un resultado sin pérdidas. Además, se supone que los proveedores no padecen miopía. Así se reconocen los riesgos diferenciales de violación que surgen bajo diferentes escenarios de inversión y contratación. Dado que los proveedores evalúan los contratos en esta forma, los compradores escogen los términos contractuales que se ajustan mejor a sus necesidades. El planteamiento de los problemas en esta forma revela que las partes tienen un interés *mutuo* en el establecimiento de una relación de intercambio en que ambas tengan confianza. En términos más generales, el análisis ilustra los errores que se cometen cuando se centra la atención en las condiciones *ex ante* o *ex post* del contrato. Por el contrario, los contratos deben evaluarse "en su totalidad".

En el apartado 1 se examinan más ampliamente los méritos del centralismo legal frente al ordenamiento privado como enfoques del contrato que se examinaron brevemente en el capítulo II. En el apartado 2 se examinan algunos compromisos creíbles. En el apartado 3 se elabora el modelo del rehén. En el apartado 4 se tratan los problemas del compromiso del proveedor.

[1] Véase la gráfica IV-2 en el capítulo IV.

En el apartado 5 se bosquejan las aplicaciones de la negociación unilateral. En el apartado 6 se interpreta el caso de Schwinn. En el capítulo siguiente se desarrollarán algunas aplicaciones de la negociación bilateral.

1. El ordenamiento privado

Como se indicó antes, la tradición del centralismo legal mantiene que los tribunales están preparados para administrar justicia siempre que surjan disputas contractuales. Si se presentan pocos casos a los tribunales para su resolución, ello ocurre sólo porque los contratos se redactan con cuidado o porque el derecho de los contratos está lleno de matices y los hechos pertinentes se destacan con facilidad. Raras veces surgen disputas en los litigios, porque las partes pueden prever su resolución y llegarán rápidamente a un arreglo entre ellas mismas. Las excepciones —es decir, los casos que se presentan a los tribunales— sólo prueban la regla de que el ordenamiento judicial es eficaz.

El enfoque del ordenamiento privado disputa esa idea. Sostiene, por el contrario, que los contratos deberán considerarse como un marco y una base para la apelación final (Llewellyn, 1931). Todos los contratos, pero especialmente los contratos a largo plazo, son documentos incompletos e imperfectos. Considérese la siguiente "cláusula general" que aparece en el acuerdo de abasto de carbón de 32 años entre la Nevada Power Company y la Northwest Trading Company:

> Es la intención de las partes que este acuerdo, en conjunto y en todas sus secciones, sea equitativo para ambas partes durante su vigencia. Las partes reconocen que las omisiones o los defectos del acuerdo que escapen al control de las partes o que no sean evidentes en el momento de su ejecución pueden crear injusticias o dificultades durante la vigencia del acuerdo, y también que las condiciones, las circunstancias o los eventos posteriores que van más allá del control razonable y practicable de las partes pueden originar de tiempo en tiempo ciertas injusticias que impongan a una de las partes, o a ambas, algunas dificultades económicas o de otra índole. Si surge una condición injusta que afecte a una de las partes, ambas partes serán conjunta e igualmente responsables de actuar con rapidez y de buena fe para determinar la acción requerida para remediar o ajustar la injusticia y para realizar efectivamente tal acción. Cuando una de las partes reclame a la otra por escrito una injusticia, las partes actuarán conjuntamente para llegar a un acuerdo al respecto dentro de sesenta (60) días de la fecha de tal reclamación por escrito. Un precio del carbón de base ajustada que difiera del precio de mercado en más de diez (10) por ciento constituirá una dificultad. La parte que reclame una injusticia incluirá en su reclamación la información y los datos que sean razonablemente necesarios para probar la reclamación y proveerá en forma libre y sin demora otras informaciones y datos que la otra parte considere razonablemente pertinentes y necesarios. Si las partes no pueden llegar a un acuerdo en el término de sesenta (60) días, el conflicto se someterá al arbitraje [1980, pp. 10-11].

Al revés de lo que ocurre con un contrato comprensivo, este contrato prevée las omisiones, los defectos de redacción y las contingencias imprevistas.

Contra lo establecido por el centralismo legal, se harán esfuerzos bilaterales y trilaterales (arbitraje) para arreglar las disputas, en lugar de recurrir de inmediato al ordenamiento judicial.

Aquí es pertinente el interesante análisis que hace Hobbes de los juramentos y las promesas en *El leviatán*:

> Como mencioné antes, la fuerza de las palabras es demasiado débil para obligar a los hombres a cumplir sus compromisos; hay en la naturaleza humana sólo dos fuerzas que concebiblemente la robustecen. Tales son el temor a las consecuencias del incumplimiento de la palabra empeñada, o bien la gloria o el orgullo que se experimenta cuando parece que se respeta. Esta última es una generosidad demasiado rara para darla por supuesta, especialmente en los buscadores de riqueza, mando o placer sensual, que forman la mayor parte de la humanidad [...] De modo que antes de la época de la sociedad civil [...] no hay nada que pueda fortalecer un convenio de paz que se haya acordado, contra las tentaciones de la avaricia, la ambición, la lujuria, u otro deseo fuerte, como no sea el temor a ese poder invisible que todos veneran como Dios; el temor a un vengador de su perfidia [Hobbes, 1928, pp. 92-93].

Por lo tanto, concluye Hobbes que "debe haber algún poder coercitivo que obligue a todos los hombres a cumplir sus pactos" (1928, p. 94). Esa solución del centralismo legal ha tenido gran atractivo para muchos juristas y científicos sociales. Jerold Auerbach ilustra lo anterior en su examen reciente de la incapacidad de las partes privadas para ordenar sus asuntos con eficacia.

Observa Auerbach que el "éxito del arreglo no legal de las disputas ha dependido siempre de una visión coherente de la comunidad" (1983, p. 4). Aunque las comunidades religiosas proveían la coherencia necesaria en los primeros asentamientos coloniales de América, la utilización del litigio en los tribunales se volvió común y permisible a medida que se desvanecía la intensidad religiosa (p. 5). El dilema fundamental es que los beneficios del individualismo al que aspiran los estadunidenses sólo se obtienen recurriendo extensamente al "sistema legal" (pp. 10, 146).

Sin embargo, reconoce Auerbach que "los intereses mercantiles" pueden constituir una excepción. El valor comunitario que asigna a los negocios es "una comunidad de beneficio. [...] Egoístas y seculares hasta la médula, han surgido sin embargo entre los defensores estadunidenses más persistentes del arreglo alternativo de las disputas" (1983, p. 6). Así registra Auerbach la paradoja de que "la búsqueda del interés propio y el beneficio generó sus propios valores comunitarios, expresados por el arbitraje comercial. El individualismo competitivo del mercado se vio frenado por la necesidad de continuas relaciones armoniosas entre los hombres que negociaban entre sí" (p. 44).

La paradoja a la que se refiere Auerbach deriva de la concepción de que el ordenamiento privado es posible sólo si está apoyado por valores comunitarios, cuyos valores se presumen ajenos a una relación comercial. Suponiendo que se da al término "comunitario" su significación ordinaria, tal carga es a la vez innecesaria e inútil. Creo que el estudio de la organización económica se sirve mejor concentrándose en los propósitos servidos. Como opina Philip Wicksteed,

> Entramos en relaciones de negocios con otros no porque nuestros propósitos sean egoístas, sino porque aquellos con quienes tratamos son relativamente indiferentes a ellos [...] Seguramente no hay nada degradante o repulsivo para nuestra sensibilidad superior en este hecho de nuestro mutuo apoyo a los propósitos de los demás porque estamos interesados en nuestro propio propósito [...] [El nexo del intercambio] expande infinitamente nuestra libertad de combinación y movimiento, ya que nos permite formar un conjunto de grupos unidos por la cohesión de [diversas] facultades y recursos, y otro conjunto de grupos ligados por la comunidad del propósito, sin tener que encontrar la "doble coincidencia", que de otro modo sería necesaria [Robbins, 1933, pp. 179-180].

Una utilización extensa del ordenamiento privado no es ninguna paradoja si los límites del contrato y de los tribunales se reconocen desde el principio y si se plantean en términos comparativos los problemas de la organización. Además, dado que los beneficios de las "relaciones continuamente armoniosas" a las que se refiere Auerbach no son exclusivos de los negocios sino que se aplican a las organizaciones de todas clases, mientras que los límites de los tribunales para abordar problemas complejos son severos en todos sus aspectos, se requiere prestar mayor atención a los procedimientos por los que se mitiga el conflicto *ex ante* y al conjunto de instrumentos formales e informales mediante los cuales se arreglan las disputas *ex post*. La posibilidad de que los "compromisos creíbles" desempeñen un papel mayor en la celebración y la ejecución de los contratos de lo que hasta ahora se ha reconocido se encuentra entre las cuestiones que deben estudiarse.

2. Los compromisos creíbles

2.1 *Compromisos y amenazas*

Los compromisos creíbles y las amenazas creíbles tienen este atributo común: ambos aparecen principalmente en unión de inversiones irreversibles, especializadas. Pero mientras que los primeros se celebran en apoyo de alianzas y para promover el intercambio, las amenazas creíbles aparecen en el contexto del conflicto y la rivalidad.[2] Los primeros comprenden actos recíprocos destinados a salvaguardar una relación, mientras que las últimas son esfuerzos unilaterales para tomar una ventaja. Los esfuerzos tendientes a apoyar el intercambio operan generalmente al servicio de la eficiencia; en cam-

[2] Debe advertirse que uso los términos de la amenaza y el compromiso de manera diferente a la de Curtis Eaton y Robert Lipsey (1981). Estos autores distinguen entre las amenazas vacías y creíbles y usan el término "compromiso" para referirse a las últimas. Me parece que el lenguaje de la rivalidad aconseja la referencia a las amenazas, y sugiero que el término "compromiso" se reserve para describir el intercambio. Así pues, en la evaluación del intercambio se distingue entre los compromisos creíbles y no creíbles.

Las alianzas complican las cosas porque se organizan en relación con un tercero. Eso podría ser enteramente benéfico, pero no necesariamente. Los proveedores podrían formar una alianza en relación con los compradores, con posibles resultados antisociales. Así pues, los compromisos creíbles que al mismo tiempo apoyan el intercambio y promueven alianzas plantean a veces ciertos dilemas.

bio, las inversiones ventajosas suelen ser antisociales. Ambos son obviamente importantes para la política y la economía, pero el estudio de los compromisos creíbles es el más fundamental de los dos.

Sin embargo, el interés por las amenazas creíbles está mucho más generalizado, y la literatura de la amenaza creíble más desarrollada [3] que la literatura del interés y la economía que se ocupa de los compromisos creíbles. La disparidad es consistente con el enfoque acordado a cada uno en el ensayo clásico de Thomas Schelling (1956) sobre la negociación, donde se destaca sobre todo la táctica por la que una de las partes puede obtener una ventaja en relación con un rival "atándose las manos" creíblemente. Pero Schelling se ocupa también de la promesa, aunque en forma breve. Observa en este sentido que "la negociación puede tener que ocuparse de un sistema de 'incentivos' y de la división de las ganancias" (p. 300) y añade en una nota de pie que el intercambio de rehenes servía como incentivo en una etapa anterior (p. 300, n. 17).

El estudio de los compromisos creíbles ha sido relativamente descuidado, como se explica por el supuesto antes mencionado, común al derecho y la economía, de que el sistema legal impone el cumplimiento de las promesas en una forma experta, refinada y barata. Aunque instructivo, este supuesto conveniente se ve refutado comúnmente por los hechos, por cuya razón han surgido modos de gobernación adicionales o alternativos. Los esfuerzos bilaterales para la creación y el ofrecimiento de rehenes constituyen un ejemplo interesante y económicamente importante. Cuando no se reconocen y aprecian los méritos del ordenamiento privado, puede descartarse por fantasiosa la sugerencia de que se usan rehenes para apoyar el intercambio contemporáneo. Sin embargo, creo que los equivalentes económicos de los rehenes no sólo se usan ampliamente para efectuar compromisos creíbles, sino que la falta de reconocimiento de los propósitos económicos servidos por los rehenes ha sido responsable de reiterados errores de la política económica.

En realidad, el ordenamiento privado puro es extremoso. Como dicen Robert Mnookin y Lewis Kornhauser, el ordenamiento privado opera invariablemente "a la sombra de la ley" (1979).[4] Sin embargo, entre las ficciones contractuales, la ficción del ordenamiento privado es por lo menos tan instructiva como la del centralismo legal. De hecho, para los fines del estudio de los problemas del costo de transacción, es más instructivo aún. (Sin embargo, un enfoque más equilibrado se ubicará a la sombra de las disposiciones legales.)

[3] Algunas aplicaciones recientes en el campo de la economía incluyen las inversiones en capital específico, realizadas con el propósito de impedir nuevas entradas (Dixit, 1979, 1982; Eaton y Lipsey, 1981; Schamalensee, 1981). Véase un análisis de los efectos de reputación y la cuasicredibilidad dentro de la literatura económica de David Kreps y Robert Wilson (1982), Paul Milgrom y John Roberts (1982), y el capítulo XIV de este libro.

[4] Galanter sugiere que el estudio del contrato se puede caracterizar mejor como "el derecho del ordenamiento nativo" (1981, p. 23). Hay mucho que decir a este respecto. Lo más importante es que en todo estudio comprensivo del contrato se deja un lugar apropiado para el derecho.

2.2 *Acuerdos de aplicación automática*

Lester Telser describe un acuerdo de aplicación automática como aquel en que, si "una de las partes viola los términos, el único recurso de la otra es la terminación del acuerdo" (1981, p. 27). Contra lo que ocurre en el centralismo legal, se supone que no existen los tribunales ni otros terceros. Benjamín Klein y Keith Leffler son explícitos sobre este punto: "Suponemos en todo momento [. . .] que los contratos no pueden ser ejecutados por el gobierno o algún tercero" (1981, p. 616). El derecho contractual mercantil vigente en Formosa a fines del siglo XIX se aproximaba evidentemente a esta condición (Brockman, 1980). Las observaciones de Stewart Macaulay sobre la informalidad del contrato en los negocios tienen también este espíritu: "A menudo, los negociantes no sienten que tienen 'un contrato': tienen más bien 'un pedido'. Hablan de 'cancelar el pedido', más bien que de 'violar nuestro contrato' "(1963, p. 61).

Este capítulo y el siguiente adoptan esa orientación. De igual modo, aunque los rehenes pueden tener efectos *ex ante* (selección) y *ex post* (atadura), las consecuencias de la ejecución contractual *ex post* tienen un interés principal para la literatura del acuerdo de aplicación automática y constituyen el foco principal aquí. Además, como lo hacen Telser y Klein y Leffler, los contratos intertemporales que nos interesan aquí incluyen la incertidumbre y el capital específico de ciertas transacciones. Pero mientras que Telser se ocupa de "una secuencia de transacciones a través del tiempo tal que la fecha terminal es desconocida e incierta" (1981, p. 30), porque se desarrollará cualquier secuencia finita de transacciones usando su modelo, las transacciones que considero aquí pueden ser (y normalmente son) finitas. El análisis de Klein y Leffler sostiene también que los contratos de aplicación automática tienen una duración infinita. Otra diferencia entre el modelo del rehén y el tratamiento muy perspicaz de los problemas del aseguramiento de la calidad de Klein y Leffler es que su modelo se aplica a los mercados de productos finales, mientras que las aplicaciones principales del modelo del rehén se encuentran en los mercados de productos intermedios (por lo menos son tales las aplicaciones principales descritas aquí). Además, se evita el sacrificio de la eficiencia que Klein y Leffler asocian al aseguramiento de la calidad.[5]

3. El modelo del rehén

El modelo sencillo del rehén sirve para iluminar el intercambio unilateral y bilateral, permite que el concepto del capital específico se extienda más allá de sus usos anteriores, y aclara cómo deben describirse los costos para evaluar

[5] El "resultado teórico fundamental" de Klein y Leffler incluye el aseguramiento de la calidad mediante el sacrificio de las "técnicas de producción de costo mínimo" (1981, pp. 618, 628-629), mientras que el modelo del rehén no comprende tal sacrificio (de hecho, el uso de rehenes para apoyar el intercambio alienta la inversión en tecnologías de activos específicos que tienen costos esperados *menores*).

el intercambio. Aunque es primitivo y sugerente, antes que refinado y definitivo, este modelo sirve como una cuña paradigmática para exponer la importancia del ordenamiento privado y se convierte fácilmente en el vehículo de nuevos análisis.

3.1 *Tecnologías y costos*

Se facilitará la evaluación de diversos contratos si suponemos que el producto en cuestión puede producirse por cualquiera de dos tecnologías. La primera es una tecnología de propósitos generales; la segunda es una tecnología de propósito especial. Esta última requiere una inversión mayor en activos durables específicos de ciertas transacciones y, como se describe más adelante, es más eficiente para el servicio de las demandas del estado estable.

Emplearemos aquí la distinción introducida en el capítulo II (véase especialmente la gráfica II-2) entre las inversiones trasladables y las inversiones no rescatables. Por lo tanto, en lugar de usar la convención de los costos fijos y los costos variables, describiremos las dos tecnologías en cuestión en términos de su valor de realización.[6] El valor que puede obtenerse trasladando los costos variables y fijos se denotará por v. El valor no rescatable de los gastos adelantados se denotará por k. Las dos tecnologías en cuestión pueden describirse como:

T_1: La tecnología de propósito general, cuyos gastos adelantados son todos rescatables, cuyos costos de operación unitarios trasladables son v_1.

T_2: La tecnología de propósitos especiales, cuyos gastos adelantados tienen un valor no rescatable de k, y cuyos costos de operación unitaria trasladables son v_2.

3.2 *La contratación*

Hay dos periodos. En el primero se hacen los pedidos, y la producción ocurre en el segundo, si es que hay alguna. Los compradores pueden recibir la entrega o rehusarla. La demanda es fortuita. El valor bruto para los compradores se supone uniformemente distribuido en el intervalo de 0 a 1, y la cantidad demandada en cada precio se supondrá constante y será conveniente considerarla igual a la unidad. En el primer periodo se hacen los gastos fijos, si es que los hay. Dado que los costos fijos son seguros mientras que la decisión de incurrir en costos trasladables depende de la decisión del comprador de confirmar o cancelar un pedido, una elección entre las tecnologías es interesante sólo si $k + v_2 < v_1$. En la gráfica VII-1 se presentan las relaciones de demanda y de costo.

[6] Sólo la parte no rescatable de un compromiso adelantado se considera propiamente como fija (Klein y Leffler, 1981, p. 619).

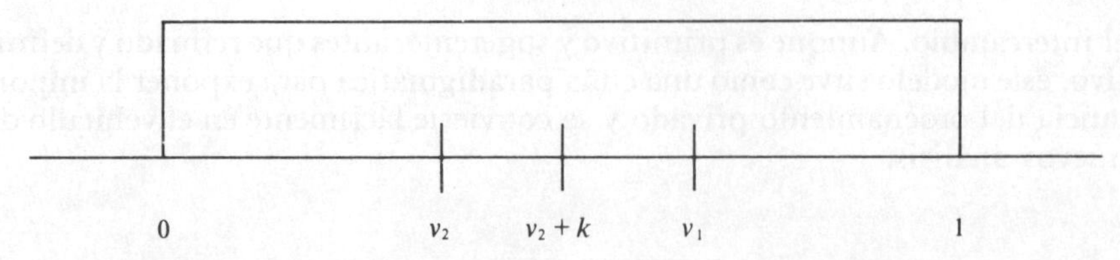

GRÁFICA VII-1. *Distribución de la demanda y costos de la oferta*

a. *Beneficios netos*

La maximización del beneficio conjunto es el criterio por el que se evaluarán las decisiones de aceptar o negar la entrega. Aparte de las desventajas de viabilidad o de las burocráticas, es seguro que la integración vertical alcanza el resultado de la maximización del beneficio conjunto. Así pues, la condición de referencia para la evaluación de los contratos será una empresa integrada con dos divisiones, una de producción y otra de comercialización. La división de producción tiene acceso a las mismas dos tecnologías antes descritas, una de las cuales emplea activos específicos, mientras que la otra no. Cualquiera que sea la tecnología empleada, el producto se transfiere entre las divisiones al costo marginal.

La condición de $k + v_2 < v_1$ no establece que la tecnología de propósitos especiales (T_2) sea más eficiente. Que lo sea o no, depende de un cálculo del beneficio neto. Los beneficios netos esperados del uso de la tecnología de propósito general (T_1) están dados por el producto de la probabilidad de que la empresa integrada decida producir y los beneficios netos medios que se obtienen cuando se provee el producto. La empresa integrada decidirá producir sólo si el precio de demanda obtenido supera a los costos marginales, de modo que la probabilidad de la producción bajo T_1 es $1 - v_1$. La media de los beneficios netos durante los periodos de producción es $(1 - v_1)/2$, de modo que los beneficios netos esperados para la tecnología T_1 son:

$$b_1 = (1 - v_1)\,(1 - v_1)/2 = \frac{(1 - v_1)^2}{2} \tag{1}$$

Los beneficios netos esperados de la tecnología de activos específicos (T_2) se encuentran de manera similar. De nuevo, la empresa integrada producirá siempre que el precio de demanda obtenido supere a los costos marginales. Sin embargo, los ingresos netos esperados deberán reducirse por el monto de la inversión anterior en activos específicos k, al calcular los beneficios netos esperados. Tenemos entonces:

$$b_2 = (1 - v_2)(1 - v_2)/2 - k = \frac{(1 - v_2)^2}{2} - k, \tag{2}$$

donde el primer término es el exceso esperado del ingreso sobre los costos directos.

La tecnología de activos específicos se seleccionará sólo si $b_2 > b_1$, lo que requiere que

$$k < \frac{(1 - v_2)^2}{2} - \frac{(1 - v_1)^2}{2} \ . \tag{3}$$

b. *La contratación autónoma*

Supongamos que se aplica la desigualdad de (3) y consideremos el caso de la contratación autónoma entre un comprador que sirve a la demanda final y un productor que fabrica el producto. Supongamos que la demanda y las tecnologías de la producción son como se describieron antes. Las relaciones de contratación eficientes son las que reproducen el resultado de la integración vertical, a saber: 1) seleccionar la tecnología de activos específicos y 2) producir y vender el producto siempre que el precio de demanda obtenido supere a v_2. Supongamos que ambas partes son neutrales al riesgo y que el lado de la producción de la industria está competitivamente organizado. Cualquiera que sea la relación de contratación descrita los productores estarán dispuestos a proveer si puede proyectarse una condición de empate (expresada en términos del valor esperado).[7]

Recuérdese que los pedidos se hacen en el primer periodo. Los activos específicos, si es que hay, se comprometen en este periodo, en anticipación del abasto del segundo periodo. Sin embargo, el hecho de que haya efectivamente una producción en el segundo periodo dependerá de las realizaciones de la demanda. Los compradores tienen la opción de confirmar o cancelar los pedidos en el segundo periodo. Consideremos tres alternativas de contratación:

I. El comprador adquiere activos específicos y los asigna al vendedor que haga el ofrecimiento más bajo, $\tilde{p}$.
II. El productor hace por sí mismo la inversión en activos específicos y recibe un pago de $\bar{p}$ en el segundo periodo si el comprador confirma el pedido, pero nada en caso contrario.
III. El productor hace por sí mismo la inversión en activos específicos y recibe $\hat{p}$ del comprador si éste confirma el pedido, se le paga $\alpha\ h$, $0 \leq \alpha \leq 1$, si el pedido es cancelado, mientras que el comprador paga $\hat{p}$ al recibir la entrega y experimenta una reducción de h en su riqueza si se cancela la entrega del segundo periodo.

El tercer escenario puede concebirse como aquel en que el comprador coloca un rehén, que valúa en la cantidad h, el cual es entregado al productor, quien lo valúa en la cantidad $\alpha\ h$, si el pedido es cancelado.

[7] En principio no hay ningún problema en el hecho de permitir que los proveedores obtengan beneficios positivos como una condición del abasto. Se preservan todos los aspectos prominentes del modelo del rehén si, en lugar de una condición de empate esperada, supusiéramos que el proveedor obtiene algún nivel dado de beneficios esperados en cada contrato. Aunque las demandas finales se reducirán en consecuencia, persistirán los aspectos principales del argumento contractual.

El productor saldrá a mano incluso bajo la relación de contratación I si se le compensa con la cantidad v_2, que es su costo directo, por cada unidad demandada. Por lo tanto, el mejor postor ofrecerá proveer el producto por $\tilde{p} = v_2$. Dado que los beneficios netos del comprador se maximizan si invierte en los activos específicos, y dado que el producto se transfiere en términos del costo marginal, el contrato reproduce la relación de la integración vertical. Sin embargo, los contratos del tipo I sólo son viables si los activos especializados son móviles y la especificidad es imputable a atributos físicos (por ejemplo, los dados especializados). La adquisición en el mercado podrá servir entonces a las necesidades de las partes sin plantear problemas de retención concentrando la propiedad de los activos específicos en el comprador (quien luego los asigna al mejor postor). Dado que el comprador puede reclamar los dados y, sin costo, solicitar nuevos ofrecimientos si surgen dificultades contractuales, los contratos de tipo I generan un resultado eficiente.[8]

Aquí centraremos la atención en los contratos II y III, bajo el supuesto de que la especificidad de los activos es de la clase humana, específica del sitio, o del activo dedicado. El comprador autónomo confirmará un pedido bajo el contrato II siempre que el precio de demanda obtenido supere a $\bar{p}$, pero no de otro modo. Así pues, el productor saldrá a mano aunque $(1 - \bar{p})\bar{p} - [(1 - \bar{p})v_2 - k] = 0$, de modo que

$$\bar{p} = v_2 + \frac{k}{1 - \bar{p}} \cdot \qquad (4)$$

El producto se intercambiará así a un precio superior al costo marginal bajo este escenario contractual.[9] Es claro que si $\bar{p} \geq v_1$, el comprador estará en mejor posición si termina el contrato II y compra en cambio a los productores que utilizan la tecnología (inferior) de costo variable, T_1 (y saldrán a mano proveyendo el producto de un precio de v_1).

El comprador confirmará un pedido bajo el contrato III siempre que el precio de demanda obtenido supere a $\hat{p} - h$. Sea que $\hat{p} - h$ se denote por m. El vendedor saldrá también a mano cuando $(1 - m)\hat{p} + m\,\alpha\,h - [(1 - m)v_2 + k] = 0$, de modo que

$$\hat{p} = v_2 + \frac{\mathrm{k} - m\,\alpha\,h}{1 - m} \cdot \qquad (5)$$

[8] No se considera aquí la posibilidad de que los proveedores abusen de los dados si la propiedad corresponde al comprador.

[9] Es concebible que $\bar{p}$ supere a v_1, en cuyo caso el comprador que está considerando el contrato II preferirá comprar a vendedores que usan la tecnología de propósitos generales. La comparación del texto supone implícitamente que $p < v_1$. Adviértase también que una tecnología permanente que puede aplicarse y dejar de aplicarse sin costo al producto en cuestión podría truncar efectivamente la demanda en v_1. Esto ocurriría si los intermediarios potenciales pudieran hacer pedidos para tomar el producto en v_1, de fabricantes de propósitos generales, cuyos pedidos podrían cancelarse sin costo (mientras que los activos de propósitos generales se trasladan a otra parte) si las demandas bajan más allá de este valor. Supondré arbitrariamente que esto no es viable. Sin embargo, el problema podría reformularse describiendo la demanda con una distribución uniforme en el intervalo de 0 a v_1, con una extensión en v_1 que tenga una masa de probabilidad de $1 - v_1$.

El caso en que $h = k$ y $\alpha = 1$ es un caso en que el comprador sacrifica riqueza por el monto de la inversión en activos específicos en estados de cancelación, y esto se entrega al productor, quien lo valúa en la cantidad k. En estas circunstancias, (5) se vuelve

$$\hat{p} = v_2 + k. \tag{5'}$$

Dado que el comprador hace un pedido siempre que la demanda supere a $m = \hat{p} - h$, esto genera el resultado de que $m = v_2$, de modo que se harán pedidos siempre que la demanda supere a v_2, que es el criterio del abasto eficiente (costo marginal).

Los beneficios netos del comprador bajo el plan de contratación III son

$$b_3 = (1 - m)[(m + \frac{1 - m}{2} - \hat{p}] - mh, \tag{6}$$

donde $(1 - m)$ es la probabilidad de hacer un pedido, $m + (1 - m)/2$ es el precio de demanda esperado para todos los pedidos que se hagan, $\hat{p}$ es el pago que recibe el productor en los estados de confirmación de la demanda, y h es el sacrificio de la riqueza en los estados de cancelación (que ocurren con una probabilidad de m). Bajo los supuestos de que $h = k$ y $\alpha = 1$, esto se reduce a

$$b_3 = \frac{(1 - v_2)^2}{2} - k, \tag{6'}$$

que es idéntico al cálculo del beneficio neto para la tecnología T_2 bajo la condición de referencia de la integración vertical (véase la ecuación [2]).

Por lo tanto, el plan de contratación III acompañado por las estipulaciones de $h = k$ y $\alpha = 1$ reproduce las condiciones de la inversión y la oferta eficientes de la integración vertical. Sin embargo, surgen problemas si $h < k$ o $\alpha < 1$. Además, la desventaja ocurre enteramente para el comprador, ya que el vendedor, por hipótesis, sale a mano con cualquiera de las relaciones contractuales que se obtengan. Así pues, *después* de la celebración del contrato, el comprador preferiría ofrecer un rehén de menor valor y no le importa que el rehén sea valuado por el productor, pero en el momento del contrato deseará asegurar al productor que se transferirá en los estados sin intercambio un rehén de k cuyo valor pleno realiza el productor ($\alpha = 1$). Si no se hace tal compromiso, aumentará el precio del contrato. Así pues, mientras que los productores preocupados sólo por la selección *ex ante* pueden tolerar valores de α menores que uno —véase el examen de las princesas feas en el apartado 4 de este capítulo—, no ocurre así cuando la preocupación es el oportunismo *ex post*. Si el productor no es diferente entre las dos princesas, cada una de las cuales es valuada idénticamente por el comprador, las preferencias del productor deberán ser tomadas en cuenta ahora.[10]

[10] Si se coloca un límite superior a la unidad sobre α, se impide la posibilidad de que el

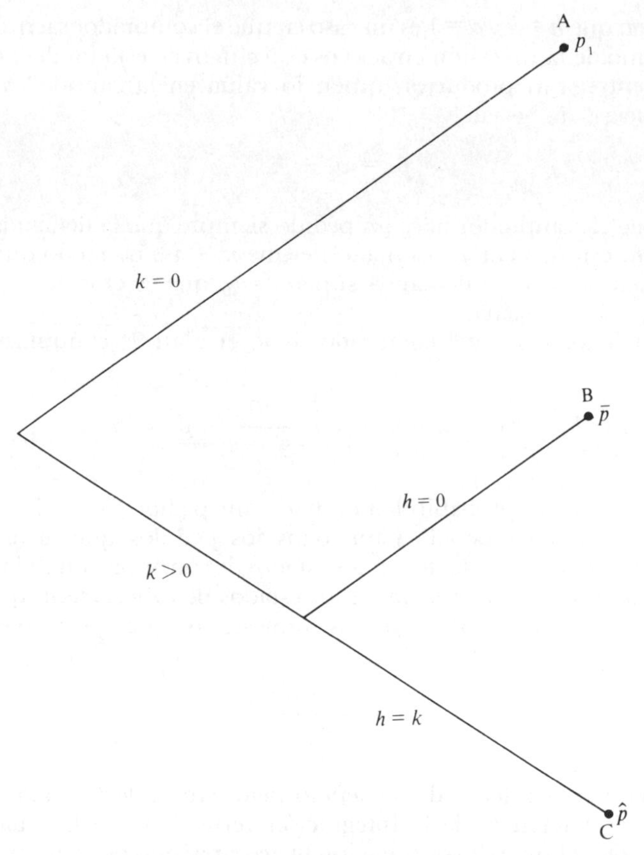

GRÁFICA VII-2. *Un esquema de contratación*

Resumiendo entonces, observamos que el contrato I imita la integración vertical, pero sólo bajo condiciones especiales de especificidad de los activos; el contrato II es inferior; y el contrato III genera el resultado de la integración vertical si $h = k$ y $\alpha = 1$. Además, advertimos que un aspecto importante del contrato III es el hecho de que el comprador acepta la entrega en todos los estados de la demanda donde la demanda realizada supera a $m = \hat{p} - h$. Dado que se paga siempre $\hat{p}$ al proveedor tras la ejecución, el comprador toma a veces la entrega cuando sus ingresos realizados (tras la reventa del producto) son menores que $\hat{p}$. Pero esto no señala la ineficiencia, ya que los pedidos no son confirmados jamás cuando el precio de demanda obtenido cae por debajo del costo marginal (v_2). De hecho, es precisamente por el aspecto del rehén que se obtiene la eficiencia y que el contrato III es superior al contrato II.

proveedor valúe a ese rehén más que el comprador. El intercambio tendría ganancias potenciales para todos los rehenes en que α supere a la unidad. En el contexto de las princesas feas podría justificarse el uso de rehenes de valor negativo (véase el apartado 4.1).

Lo anterior afecta a los esquemas de contratación analizados en el capítulo I, a los que se hace constante referencia a lo largo de este libro. Por conveniencia, en la gráfica VII-2 se reproducen (con algunos cambios menores) las elecciones de contratación básicas. Desde el principio era evidente que los precios (de empate) en los nudos A, B y C deben diferir: las tecnologías difieren y entre los nudos B y C difieren los riesgos. Pero hay otra diferencia entre los nudos B y C que puede determinarse sólo mediante el cálculo de los beneficios netos, como se explica en el texto: un contrato del nudo C conduce a una utilización superior de los activos.

El hecho de que los proveedores sean indiferentes entre los nudos B y C, porque puede proyectarse bajo cada condición un resultado de empate esperado, no significa entonces que los dos resultados puedan considerarse con un encogimiento de hombros. Por el contrario, tanto los compradores como la sociedad tienen interés en presenciar la realización de un resultado de nudo C. Eso no se aplica sólo al producto intermedio, que es el foco de este capítulo y el siguiente, sino también a la organización de los trabajadores (capítulo X) y a la oferta de capital (capítulo XII).

4. El compromiso del proveedor

Los proveedores son instrumentos pasivos en este modelo. Son indiferentes entre los contratos, ya que sus beneficios esperados son los mismos (cero) cualquiera que sea la elección del comprador. Lo que impulsa el argumento es el hecho de que los compradores pueden obtener mejores términos sólo si liberan a los productores de las pérdidas derivadas de la cancelación de pedidos. Los compradores no pueden conservar su pastel (el producto aportado por la tecnología eficiente a un precio de $\hat{p}$) y comérselo (cancelar sin costo). Las reducciones de precios no se otorgan gratuitamente.

Dado que se obtiene el grado óptimo si $h = k$ y $\alpha = 1$, el rehén ideal parecería ser un ofrecimiento de poder de compra generalizado: dinero. Un bono de seguridad por la cantidad de $h = k$ serviría a este propósito. La razón de que el argumento no termine aquí es que tal arreglo no asegura los intereses y la cooperación del proveedor. Tres razones pueden aducirse para esta condición: la cancelación mañosa, la valuación incierta y la contratación incompleta. Todas ellas derivan de la unión de la racionalidad limitada con el oportunismo.

4.1 *La cancelación mañosa*

Kenneth Clarkson, Roger Miller y Timothy Muris se han ocupado de la cancelación mañosa en su estudio de la negativa de los tribunales a aplicar las cláusulas del daño estipulado cuando la violación se ha inducido deliberadamente (1978, pp. 366-372). La violación inducida podría surgir cuando una de las partes retiene intencionalmente alguna información y sin embargo cumple el contrato al pie de la letra. O podría tratarse del cumplimiento superficial de las obligaciones cuando se necesita una cooperación más decidida (pp. 371-372); en cualquier caso, resulta costosa la detección o la prueba de la violación inducida (p. 371).

Esta explicación del cumplimiento selectivo de las cláusulas de liquidación de daños ha preocupado a otros juristas (Posner, 1979, p. 290), pero no se ha encontrado todavía una explicación más satisfactoria. Por lo menos, el punto de vista de Clarkson y otros refleja una sensibilidad hacia las sutilezas del oportunismo, por cuya razón es más complicado el ordenamiento privado que lo sugerido por el modelo sencillo del rehén. Entre otras cosas, el riesgo de expropiación al que se refieren otros autores puede explicar el uso de las princesas feas.

Supongamos entonces que las incertidumbres de la demanda son insignificantes, de modo que pueden pasarse por alto los riesgos de la cancelación de pedidos. Pero supongamos también que los compradores difieren en lo que respecta a los riesgos del crédito y que los productores se negarían a vender a los compradores riesgosos si pudieran hacerlo. Suponiendo que la diferencia existente entre los compradores más riesgosos y los menos riesgosos sea tan grande que resulta viable un equilibrio de separación,[11] los productores podrían exigir el otorgamiento de rehenes (o los compradores menos riesgosos podrían ofrecer rehenes) como un procedimiento de selección. Además, dado que los rehenes no pueden tener otro uso que el de la selección, un valor de $\alpha = 0$ realizaría ese propósito sin exponer al comprador a un riesgo de expropiación (basado, por ejemplo, en un tecnicismo legal). Específicamente, un rey que adora por igual a sus dos hijas y a quien se pide, para fines de la selección, que se otorgue un rehén, se le aconsejaría otorgar a la princesa fea.

4.2 *La valuación incierta*

El modelo supone que el valor de la inversión específica (k) está bien especificado. Esto no ocurre necesariamente. De hecho, quizá sea difícil que los compradores disciernan si las inversiones hechas en respuesta a los pedidos del primer periodo son de la cantidad o la clase que reclaman los productores. Ése no es un problema grave si el lado de la producción del mercado está competitivamente organizado y puede pasarse por alto la posibilidad de las fugas. Pero cuando no puede presumirse tal cosa, surge la posibilidad de expropiación de los compradores. Los productores pueden fingir una competencia de entrega (pretender que han invertido en activos específicos una cantidad k cuando sólo han comprometido $k' < k$) y expropiar bonos para los que $h = k$ forzando un incumplimiento o invocando un tecnicismo.

El peligro es especialmente grande si el productor, quien conserva la posesión de los activos pretendidamente específicos, puede preservar los valores de los activos integrándose hacia adelante en el mercado del comprador

[11] Los atributos de la selección *ex ante* se examinan brevemente en Williamson (1982, pp. 6-9). Sin embargo, la evaluación de un equilibrio de selección es algo complejo y no resulta fundamental para el argumento principal. Véase un estudio de los problemas del equilibrio de la selección en Michael Rothschild y Joseph Stiglitz (1976) y en John Riley (1979a y 1979b).

tras tomar posesión del rehén. Aunque el productor está mal preparado para realizar las funciones de la etapa sucesora, la posesión de activos especializados de la etapa I reduce efectivamente los costos que de otro modo acompañarían a la entrada a la etapa II *de novo.*

En realidad, el comprador que ofrece un rehén y reconoce un riesgo de expropiación forzada ajustará los términos originales para reflejar ese riesgo. Específicamente, los contratos apoyados por rehenes en los que se cree que hay grandes riesgos de expropiación tendrán un precio menor que aquellos donde los mismos riesgos se consideren menores. Pero esto equivale a conceder que, en ausencia de salvaguardas adicionales, ni la transferencia del producto en términos del costo marginal ni el nivel y la clase de la inversión eficiente acompañarán seguramente a los contratos del tipo III. Evidentemente se plantean problemas de gobernación más profundos que los considerados por el modelo sencillo.

4.3 *Contratos incompletos/regateo*

Los contratos complejos son invariablemente incompletos, y muchos no son adaptables. Son dos las razones: muchas contingencias son imprevistas (e incluso imprevisibles), y a menudo son erradas las adaptaciones a las contingencias que se han reconocido y para las que se han acordado ajustes, quizá porque las partes adquieren durante la ejecución del contrato un conocimiento de la producción y la demanda más profundo que el que se tenía al principio (Nelson y Winter, 1982, pp. 96-136). Así pues, salvar las brechas instrumentales constituye una parte importante de la ejecución del contrato. El hecho de que esto se haga en forma fácil y eficaz, o por el contrario mediante acuerdos sucesivos sobre las adaptaciones y su ejecución, constituye una diferencia enorme en la evaluación de la eficacia de los contratos.

Así pues, aunque pudieran pasarse por alto los peligros del incumplimiento forzado, los productores que son completamente abiertos y francos en lo que respecta a la ejecución del contrato pueden encontrarse en posición de regatear —para expropiar así a los vendedores— porque los contratos son incompletos o de mala adaptación. En respuesta a esto surgen estructuras de gobernación especializadas que tienen el propósito y el efecto de promover adaptaciones armoniosas y preservar la continuidad de las relaciones de intercambio. El uso de terceros bien informados (arbitraje) y la exposición recíproca de activos especializados son dos posibilidades.

4.4 *Salvaguardas en especie*

Las dificultades de las garantías pecuniarias antes descritas no alteran la proposición de que los compradores pueden comprar el producto a los proveedores en términos mejores si ofrecen seguridades que si no las ofrecen. Pero plantea la posibilidad de que estas seguridades asuman formas distintas a las del rehén.

Supongamos que los compradores en cuestión no son meros conductores sino que incurren en gastos de producción y distribución antes de hacer entregas a los clientes. Supongamos además que los compradores tienen acceso a dos tecnologías, una de propósito enteramente general, mientras que la otra requiere inversiones en capital específico que sólo tienen valor en unión del servicio a las demandas finales del producto en cuestión. Supongamos por último que los costos trasladables (v) de la tecnología de propósito especial son menores que los costos trasladables de la tecnología de propósito general.

Entonces, los proveedores venderán el producto a precio menor a los compradores cuyas inversiones en ventas y servicio sean más específicas y no a los compradores cuyas inversiones específicas son menores, aunque no haya intercambio de rehenes tras la cancelación de un pedido. Ello ocurre porque tales compradores confirmarán luego los pedidos en estados de demanda más adversos que los afrontados por los compradores que no se encuentran en esa situación. Dicho de otro modo: los compradores que reducen sus costos trasladables haciendo inversiones específicas de ciertas transacciones presentan al proveedor un escenario de demanda más favorable que los compradores que no lo hacen. En este sentido, las inversiones específicas hacia adelante constituyen un compromiso creíble. Sin embargo, el contrato resultante no generará el resultado eficiente de la fijación de precios por el costo marginal. Eso sólo se logrará si se paga a los proveedores una compensación tras la cancelación de pedidos.

Tal defecto no implica que la negociación unilateral deba acompañarse siempre de transferencias de rehenes. Tal regla padece el riesgo de expropiación antes mencionado. En términos más generales, todas las alternativas de negociación viables pueden tener fallas. Una evaluación de las principales alternativas de organización incluiría presumiblemente las consideraciones siguientes:

1. Compensación plena tras la cancelación de pedidos, en cuyo caso los compradores están expuestos a riesgos de expropiación.
2. Los compradores invierten en activos específicos pero niegan la compensación, lo que crea un escenario de demanda más favorable pero todavía expone a los proveedores a un riesgo (reducido) de pérdidas no compensadas.
3. Como una concesión, los proveedores crean compromisos creíbles y hacen pagos parciales pero incompletos de rehenes tras la cancelación de pedidos.
4. La relación contractual se expande desarrollando arreglos de reciprocidad adecuados.
5. La transacción se consolida bajo la propiedad común, que es la alternativa de la integración vertical.

La viabilidad de las opciones 4 y 5 variará con las circunstancias. La reciprocidad se examina en el capítulo VIII, mientras que en el capítulo IV se examinaron las tasas de sustitución que acompañan a la integración vertical.

Aquí, como en otras partes, la elección informada entre alternativas complejas requiere el conocimiento detallado de las realidades institucionales de la vida económica Koopmans, 1957, p. 145). Deben ser evaluados los atributos de las partes contratantes, las tecnologías a las que tienen acceso y los mercados en los que operan.

5. Aplicaciones de la negociación unilateral

En la gráfica VII-2 se presentan esquemáticamente las tecnologías y las opciones contractuales antes mencionadas. Si $\hat{p} < p_1 < \bar{p}$, entonces los nudos pertinentes son A y C. El comprador pedirá al proveedor que utilice la tecnología de propósitos generales y pague p_1 al recibir el producto cuyos pedidos se confirman, o pedirá que el proveedor haga algunas inversiones específicas para las cuales ofrecerá salvaguardas el propio comprador. Por el contrario, si $\hat{p} < \bar{p} < p_1$, entonces los nudos pertinentes serán B y C: sólo se empleará la tecnología de propósitos especiales, respecto de la cual ofrecerán salvaguardas algunos compradores, mientras que otros no las ofrecerán.

El argumento de que los compradores pueden afectar los términos y el modo de la oferta ofreciendo (o negándose a ofrecer) rehenes tiene ramificaciones para la discriminación de los precios de Robinson-Patman y para el entendimiento del sistema de franquicias y de la fijación de precios en dos partes.

5.1 *Robinson-Patman*

La ley de Robinson-Patman ha sido interpretada como un esfuerzo "para privar a un comprador grande de [descuentos] excepto en la medida en que pudiera justificarse un precio menor debido a la disminución de los costos de un vendedor por defecto de la fabricación, la entrega o la venta en grandes *cantidades*, o debido al esfuerzo de buena fe que haga un vendedor para igualar el precio más bajo de un competidor".[12] El hecho de que $\hat{p}$ sea menor que $\bar{p}$ en el modelo del rehén no tiene orígenes en la cantidad ni en la competencia. Tampoco es algo contrario al interés público. De hecho, sería ineficiente e injustificado que un productor cobrara el mismo precio a dos clientes que ordenan una cantidad idéntica de producto, pero sólo uno de los cuales ofrece un rehén, si 1) se requieren inversiones en activos especializados para apoyar las transacciones en cuestión, o si 2) debido a una negativa a establecer un compromiso creíble, las transacciones de la segunda clase se producen con una tecnología de propósitos generales (pero de alto costo).

Los ingredientes faltantes evidentemente son el compromiso diferencial de compra (reflejado en la disposición a ofrecer rehenes) y los incentivos diferenciales para incumplir una vez que se han ofrecido los rehenes. La confusión se explica por la propensión a emplear la microteoría convencional (de estado estable) olvidando los aspectos del costo de transacción. La rectifica-

[12] *FTC v. Morton Salt Co.*, 334 U.S. 37 (1948); sin subrayado en el original.

ción de tal omisión comprende el examen del microanálisis de las transacciones, con referencia especial a la especificidad de los activos y los riesgos así creados, y la evaluación de contratos alternativos respecto de una *condición de referencia común*, donde el empate potencial es una norma útil. Una vez hecho eso, surge con frecuencia un entendimiento diferente de muchas prácticas de contratación no convencionales o poco familiares, muchas de las cuales se suponen ilegales.[13]

5.2 *Las franquicias*

Klein y Leffler (1981) sostienen que quizá se requiera que los receptores de franquicias hagan inversiones en capital específico de ciertas transacciones para salvaguardar el sistema de franquicias contra el deterioro de la calidad. Como dice Klein (1980), los otorgantes de franquicias pueden mejor

> [. . .] asegurar la calidad requiriendo a los receptores de franquicias ciertas inversiones en activos [. . .] específicos que a la terminación impliquen un castigo de pérdida de capital mayor que lo que podrían obtener si engañaran. Por ejemplo, el otorgante de franquicias puede requerir a los receptores que le renten a corto plazo el terreno donde se ubiquen sus instalaciones (en lugar de que sean propietarios). Este arreglo de arrendamiento crea una situación donde la terminación puede obligar al receptor de la franquicia a mudarse, lo que le impondrá una pérdida de capital hasta el monto de su inversión inicial no recuperable. Así se crea una forma de aval para disuadir el engaño del receptor de una franquicia [p. 359].

El arreglo equivale a la creación de rehenes que restablezcan la integridad de un intercambio.

A pesar de esa lógica, el uso de rehenes para disuadir a los receptores de franquicias del deseo de explotar las exterioridades de la demanda se considera a menudo una solución impuesta (de arriba a abajo). Quienes reciben franquicias están "indefensos": aceptan los términos del rehén porque no hay otra alternativa. Tales argumentos del poder se basan a menudo en un razonamiento *ex post*. El uso de los rehenes para apoyar el intercambio puede ser y a menudo es una solución eficiente del sistema, de modo que es independiente del origen de la propuesta, como puede verse en la siguiente secuencia revisada.[14]

Supongamos que un empresario desarrolla una idea clara, patentable, que vende directamente a diversos proveedores independientes, geográficamente dispersos, a cada uno de los cuales se le asigna un territorio exclusivo. Cada proveedor espera vender sólo a la población ubicada dentro de su territorio, pero todos descubren con sorpresa (y al principio con deleite) que también se

[13] Adviértase que el argumento se aplica sólo a las comparaciones de $\hat{p}$ contra $\bar{p}$, en actividades donde están incluidos los activos específicos. Este argumento no considera las propiedades de eficiencia de los diferenciales de precios de los clientes que tienen tal origen.

[14] La idea de que éste es un planteamiento conveniente del problema de la franquicia surgió de las pláticas que sostuve con Jeffrey Goldberg. Véase un desarrollo más completo en Goldberg (1982).

hacen ventas a una población móvil. Las compras de la población móvil no se basan en la reputación de los individuos receptores de las franquicias sino en las percepciones que tienen los clientes de la reputación del sistema. En esta forma surge una exterioridad de la demanda.

Así pues, si sólo se hicieran ventas a la población local, cada proveedor se apropiaría plenamente los beneficios de sus esfuerzos de promoción y mejoramiento de la calidad. La movilidad de la población perturba esta situación: en virtud de que el ahorro de costos resultante del deterioro de la calidad local va a dar a manos del operador local, mientras que los efectos adversos de la demanda se difunden por todo el sistema, los proveedores tienen ahora un incentivo para ganar gratuitamente a costa de la reputación del sistema. Habiendo vendido los derechos del territorio exclusivo, el empresario que originó el programa se siente indiferente a tales desarrollos inesperados de la demanda. Por lo tanto, el grupo de empresarios independientes que ha recibido franquicias deberá buscar una corrección, porque de otro modo se deteriorará el valor del sistema con desventaja individual y colectiva para ellos.

Bajo el escenario revisado, los receptores de franquicias crean entonces un agente que vigile la calidad o imponga otros castigos que disuadan el deterioro de la calidad. Una posibilidad es la de volver al empresario y contratarlo para que provea tales servicios. Sirviendo ahora como el agente de los receptores de franquicias, el empresario puede emprender un programa de revisiones de la calidad (se introducen ciertas restricciones a las compras, de modo que los receptores de franquicias deben comprar sólo a proveedores calificados, con inspecciones periódicas). El incentivo para la explotación de las exterioridades de la demanda puede desalentarse también exigiendo a cada receptor de franquicia que entregue un rehén y volviendo terminables las franquicias.[15]

Este escenario indirecto sirve para demostrar que es el *sistema* quien se beneficia del control de las exterioridades. Pero esto sólo confirma que el escenario normal donde el otorgante de las franquicias controla los términos contractuales no es un ejercicio arbitrario del poder. De hecho, si los receptores de franquicias reconocen que existe la exterioridad de la demanda desde el principio, si el otorgante de las franquicias se niega a considerar la exterioridad en el contrato original, y si resulta muy costosa la reforma del sistema de franquicias una vez celebrados los contratos iniciales, los receptores de franquicias pujarán menos por el derecho a un territorio. Por lo tanto, no debe concluirse que los otorgantes de franquicias que reconocen la exterioridad de la demanda por adelantado y la toman en cuenta estén imponiendo términos objetables *ex ante* a reacios receptores de franquicias. Sólo están tomando medidas para obtener el valor completo de la franquicia. Aquí, como en otras partes, los contratos deben examinarse en su totalidad.

[15] La terminación es una amenaza creíble sólo si el tenedor de la franquicia que engaña al sistema sufre una pérdida de capital. Éste es el mensaje básico de Klein y Leffler (1981). Por lo tanto, no funcionaría si se permitiera que el tenedor de una franquicia terminada la vendiera a un mejor postor, a menos que la inversión en capital específico asumiera la forma del conocimiento especializado del sistema por parte del tenedor de una franquicia, y luego se prohibiera que el tenedor de una franquicia terminada participara en calidad de propietario, consejero o empleado.

5.3 *Los precios de dos partes*

Victor Goldberg y John Erickson describen un interesante esquema de precios en dos partes que observaron en la venta de coque. El productor vendía coque al fundidor y era arrendador del terreno en que se erigía la planta del fundidor. Dado que el coque se vendía en "cerca de la cuarta parte del precio corriente en el mercado para el coque de calidad equivalente" (1982, p. 25), Goldberg y Erickson conjeturaron que "la renta estaba por encima del nivel del mercado y que el contrato estaba destinado a asegurar que el fundidor continuara sus operaciones" (p. 25). Suponiendo que los costos marginales son mucho menores que el promedio, tal arreglo puede interpretarse como un arreglo en que las partes están tratando de encontrar precios eficientes que se aproximen a los del modelo del rehén.

Los precios de los servicios públicos, donde los suscriptores pagan costos de instalación *ex ante,* tienen también interesantes atributos de precios en dos partes.[16] El riesgo de que los vendedores expropien a los compradores al recibir el pago adelantado puede mitigarse creando un tercero especializado, al que podemos llamar la comisión reguladora (Goldberg, 1976a). La utilización de los servicios públicos puede tener un precio que se aproxime más al costo marginal.

En términos más generales, Goldberg y Erickson conjeturan que los esquemas de precios no lineales están más difundidos de lo que suele creerse. Además, señalan que tales arreglos son a menudo muy sutiles y requerirán un conocimiento detallado de los contratos para su investigación (1982, pp. 56-57).

6. Schwinn

Aunque los problemas planteados en el caso Schwinn[17] no son precisamente los mismos que los problemas de las franquicias antes descritos, se asemejan mucho. Dado que este caso despliega un tipo de razonamiento del costo anterior a la transacción, será instructiva la consideración de los argumentos del gobierno contra las restricciones de las franquicias empleadas por Schwinn, para considerar luego una construcción alternativa.

6.1 *Las objeciones*

Arnold, Schwin and Co., es un antiguo productor de bicicletas de calidad. Esta empresa decidió imponer restricciones a los receptores de sus franquicias en 1951, cuando su participación en el mercado estadunidense ascendía a 22%. Los distribuidores autorizados, quienes antes estaban obligados a proveer servicios mínimos (publicidad, ensamblado, mantenimiento de un inventario de bicicletas y partes de repuesto, provisión de personal de reparti-

[16] Alvin Klevorick me sugirió esta posibilidad.

[17] *United States v. Arnold, Schwinn and Co.,* 388 U.S. 365 (1967).

ción calificado, etc.), quedaban ahora impedidos para revender bicicletas Schwinn a distribuidores no autorizados. La restricción trataba de impedir el acceso de productos Schwinn a las casas de descuento. Aunque su participación en el mercado bajó luego sostenidamente (hasta 13% en 1961), Schwinn impuso esa restricción durante el decenio siguiente. El gobierno inició un juicio, reclamando que la restricción era anticompetitiva. Su escrito de demanda contenía la teoría siguiente:

> En las industrias cuyos productos son muy diferenciados, una marca particular —como las bicicletas Schwinn— tiene a menudo su mercado propio, en cuyo interior es muy importante la competencia para el consumidor y debiera preservarse [...] Los grandes esfuerzos de Schwinn para excluir a los detallistas no autorizados de la venta de sus bicicletas sugieren que, en ausencia de estas restricciones, habría una distribución más amplia de estos bienes al menudeo, con los consiguientes beneficios públicos de la competencia de menudeo (incluida la rebaja del precio).[18]

El escrito de alegatos del gobierno repetía concepciones similares:

> La premisa del programa de franquicias de Schwinn es que ésta es una marca distintiva que atrae un precio más elevado, es decir, que disfruta de un margen de protección frente a la competencia de otras marcas. En la medida en que esta premisa sea correcta, es claro que el único control plenamente eficaz sobre el precio de menudeo de las bicicletas Schwinn es el que imponga la competencia entre los proveedores y los distribuidores de Schwinn.[19]

El gobierno reveló también la animosidad con la que consideraba la diferenciación del producto:

> O la bicicleta Schwinn es en efecto un producto superior por el que estaría dispuesto el consumidor a pagar más, en cuyo caso no habría necesidad de crear una imagen de calidad mediante el instrumento artificial de desalentar la competencia en el precio de distribución del producto, o no tiene una calidad superior y se está engañando al consumidor haciéndole creer tal cosa por su precio de menudeo elevado y uniforme. En ningún caso justificaría el grave daño que se causa a la competencia,[20] el interés privado del fabricante en el mantenimiento de una imagen de precio elevado.

Y el gobierno expresó su postura acerca de los méritos de la integración vertical por comparación de las restricciones verticales:

> Aunque la amenaza de integración no careciera por completo de credibilidad en las circunstancias del caso, diríamos que no era una defensa apropiada contra la acusación de restricción del intercambio. En primer lugar, una regla que trate a los fabricantes que asumen la función de distribución con mayor lenidad que a

[18] Escrito de demanda de los Estados Unidos en 14, *United States v. Arnold, Schwinn & Co.*, 388 U.S. 365 (1967).

[19] Escrito de alegatos de los Estados Unidos en 26, *United States v. Arnold, Schwinn & Co.*, 388 U.S. 365 (1967).

[20] *Ibid.*, 47.

quienes imponen restricciones a los distribuidores independientes sólo refleja el hecho de que, aunque la integración en la distribución puede beneficiar a veces a la economía conduciendo al ahorro de costos, los acuerdos que se celebran para mantener los precios de reventa o para imponer restricciones territoriales de duración ilimitada o limitaciones de venta del tipo comprendido aquí, no han producido jamás economías comparables.[21]

Así pues, las opiniones del gobierno sobre la diferenciación del producto y las restricciones de las franquicias pueden reducirse a las tres proposiciones siguientes: 1) los productos diferenciados pueden clasificarse como aquellos para los que se justifica un premio en el precio y aquellos para los que no se justifica tal premio; 2) independientemente de que la diferenciación sea real o inventada, la competencia de precios de una misma marca es esencial para la protección de los intereses del consumidor, y 3) aunque a veces la integración vertical genera economías, no puede decirse lo mismo de las restricciones verticales.[22]

6.2 *Una interpretación alternativa*

El gobierno no prestó ninguna atención a la posibilidad de que Schwinn hubiese identificado una posición conveniente y viable en una industria competitiva y de que las restricciones que había introducido fuesen necesarias para preservar la viabilidad de tal posición. Por el contrario, el gobierno dedicó todos sus poderes de convencimiento a la descripción de una ofensa anticompetitiva imaginada. Pasó por alto las diferencias posiblemente existentes entre los clientes y sus ramificaciones en la comercialización. Tal formulación simplista no es satisfactoria.

Los compradores más atraídos por Schwinn son presumiblemente aquellos para quienes es grande el costo de oportunidad del tiempo o son relativamente ineptos en lo tocante al autoensamblado y el servicio. Por ejemplo, los abogados de elevados honorarios y otros consultores que cobran a sus clientes por hora pagarán varias veces el precio vigente por un corte de pelo, acudiendo a las peluquerías que atienden mediante cita, en lugar de unirse a la cola de un establecimiento donde se atiende por turno (Becker, 1965, p. 493).

[21] *Ibid.*, 50.

[22] Richard Posner, quien reconoce haber participado en el caso Schwinn por parte del gobierno, sostiene que su análisis de los problemas en ese momento "reflejó el pensamiento prevaleciente entonces, sobre la restricción de la distribución, entre los economistas" (Posner, 1977, p. 3). Acepto que había (y hay) ideas económicas aplicables a las posturas adoptadas en el escrito de alegatos de la Schwinn, pero yo vacilaría en afirmar que tal era el pensamiento de los economistas. Dado que el escrito de alegatos no aclara las fuentes de su razonamiento económico (el de Preston es el único artículo de economía que se ocupa de las restricciones verticales citado en el escrito de los alegatos de los Estados Unidos en 49, *United States v. Arnold, Schwinn and Co.*, 388 U.S. 365 [1967]), ya que Preston discute expresamente una serie de propósitos económicos legítimos que pueden servirse mediante las restricciones verticales (Preston, 1965, pp. 507-519), dado que la obra de Telser sobre la racionalidad de las restricciones se encontraba en el dominio público en ese momento (Telser, 1960, 1965), y dado que expresamente critiqué el escrito de alegatos cuando se estaba elaborando, creo que la atribución de Posner es demasiado general.

El argumento se generaliza a la adquisición de bienes de consumo durables. Se economiza tiempo si el cliente no tiene que buscar una marca que posea las propiedades requeridas y puede localizar y visitar fácilmente una tienda que venda la marca. Y se ahorra un tiempo adicional si el artículo viene previamente ensamblado, está razonablemente libre de problemas, y es confiablemente servido en lugares convenientes.

Tal marca de bicicletas será atractiva también para los clientes que sean particularmente ineptos en lo tocante al autoensamblado y las reparaciones, aunque su costo de oportunidad del tiempo puede estar por debajo del promedio. En tal situación, a pesar de los costos unitarios bajos, el costo de oportunidad total es grande, ya que es el producto del costo unitario por el tiempo gastado. Así pues, dos clases de clientes responderán positivamente a la imagen de Schwinn: quienes son mecánicamente ineptos y quienes, aunque capaces, tengan un costo de oportunidad del tiempo elevado por unidad.

Sin embargo, esto sólo demuestra que las ventas de bicicletas Schwinn con franquicia atraerán a algunos clientes. No sabemos así si Schwinn debiera vender a todos los que lleguen, permitiendo que los distribuidores determinen si ofrecerán o no el conjunto de servicios que les otorgará la franquicia. Si Schwinn actuara de ese modo, los clientes que tengan los atributos antes descritos irían presumiblemente a la tienda con franquicia; quienes no los tengan, podrían ir a otra parte. Dado que, en un mundo de racionalidad ilimitada es necesariamente mejor un margen amplio de libertad —en este caso, más métodos de compra— que uno estrecho, la inclinación natural de la política económica sería la de dejar que los clientes decidieran la cuestión por sí mismos.

Sin embargo, pueden articularse varias justificaciones en apoyo de las restricciones de la franquicia. Primero, puede deteriorarse la imagen de calidad de Schwinn sin restricciones de las ventas; segundo, aunque las imágenes de la calidad no se deterioren, la viabilidad de las franquicias puede depender de las restricciones de las ventas; tercero, los costos del cumplimiento forzado de los contratos de distribución aumentan en un sistema de distribución mixto.[23] La imagen de calidad de Schwinn depende en parte de consideraciones objetivas: las bicicletas Schwinn compradas a distribuidores autorizados provienen de un conjunto asegurado de atributos de ventas y servicio.

Pero la imagen puede verse afectada también por la información transmitida oralmente. Si se dice a los clientes potenciales: "compré una bicicleta Schwinn y fue un fiasco", pero no se les dice que la bicicleta se compró en una tienda de descuentos y mal ensamblada, de modo que las garantías de Schwinn estaban así viciadas, la confianza del cliente en Schwinn se deteriorará fácilmente. Dicho de otro modo, la reputación de calidad sólo

[23] Aunque quizá no sea aplicable al caso Schwinn, una cuarta justificación puede basarse en la asignación injusta de los costos de demostración: los clientes podrían examinar las bicicletas Schwinn en tiendas de franquicia —decidir el modelo, las características, etc., que se desean comprar— y comprar luego en la casa de descuento, donde se evitarían en gran medida los costos de demostración. Esa podría ser una preocupación más seria cuando se comercializaran bienes más caros, tales como los automóviles.

podrá preservarse si los bienes y servicios se venden en condiciones restringidas.[24] Adviértase en este sentido que el incentivo para invertir en reputación comercial rodeando las transacciones de una infraestructura institucional ocurre sólo en un mundo de racionalidad limitada.

Aunque la imagen de calidad de las ventas con franquicia no se vea afectada por las ventas fuera de franquicia, deberá examinarse la viabilidad comercial de los receptores de franquicias, la que depende de sus volúmenes de venta. Supongamos que se determina que un distribuidor con franquicia necesita vender un número mínimo de bicicletas para salir a mano. Supongamos además que Schwinn ubica cuidadosamente a sus tenedores de franquicias conociendo estas necesidades de volúmenes de venta.[25] Por último, supongamos que el sistema es inicialmente viable pero luego surgen ventas con descuentos. Los operadores de franquicias marginales dejarán de ser viables al poco tiempo. En consecuencia, estará en peligro la seguridad de las tiendas Schwinn de servicio conveniente. Declinará el interés de los clientes, y otros tenedores de franquicias viables se volverán marginales. El deterioro, aunado a la rebaja de la imagen de calidad antes descrita, genera el riesgo de que deje de ser viable el modo de la franquicia, y los clientes para quienes tal diferenciación rinde ganancias netas tendrán que ocurrir al mercado no diferenciado.

La tercera justificación de las restricciones de la franquicia comprende los costos de vigilancia. Aquí el argumento es que resulta menos costosa la vigilancia de sistemas sencillos que la de sistemas más complicados. La causalidad (responsabilidad) es difícil de trazar (atribuir) en los sistemas complejos. Si pueden ofrecerse pocas "excusas", tendrán que hacerse menos verificaciones de la veracidad. Aunque no sugiero que ésta haya sido una consideración primordial en el caso de Schwinn, podría ser pertinente para el diseño de otros sistemas de comercialización. De nuevo, éste es un problema sólo en un mundo de racionalidad limitada, ya que los sistemas carentes de fricciones se vigilan solos.

Consideremos finalmente si Schwinn se integrará hacia adelante en la distribución de menudeo si se prohíben las restricciones a las ventas hechas a distribuidores sin franquicia. Si los costos de las ventas integradas de Schwinn fuesen idénticos a los de sus tenedores de franquicias, eso ocurriría presumiblemente. Sin embargo, hay varias razones para creer que no es así. Primero, los distribuidores con franquicia no se dedicaron sólo a la venta y el servicio

[24] El hecho de que 20% de las ventas autorizadas de Schwinn se hiciera en tiendas —B.F. Goodrich, tiendas de departamentos y ferreterías— que no proveían el servicio, podría tomarse como una "prueba" de que el riesgo arriba mencionado es insignificante. Véase el escrito de alegatos de los Estados Unidos en 43-44, *United States v. Arnold, Schwinn and Co.,* 388 U.S. 365 (1967). Pero hay tres consideraciones mitigantes: 1) mientras que 20% de las ventas sin servicio podría ser permisible, 40% quizá no lo fuese; 2) las tiendas descritas tienen atributos de reputación diferentes de los que tienen las casas de descuento, de modo que podrían apoyar las ventas en forma más completa, y 3) el juicio de los empresarios sobre tales cuestiones merece cierto grado de respeto indisputado.

[25] Esto debe esperarse sin duda. Los otorgantes de franquicias subastarán de ordinario los lugares de franquicias donde se esperen rendimientos mayores que los competitivos, a menos que tales subastas resulten costosas.

de las bicicletas Schwinn; también se manejaron otras marcas.[26] Además, muchos tenedores de franquicias vendían productos distintos de las bicicletas. Suponiendo que las ventas de varias marcas y varios productos sean necesarias para que los distribuidores cubran sus costos, la integración hacia adelante requeriría que Schwinn realizara algunas actividades no deseadas y quizá no disponibles. La diversificación hacia otros productos en los que Schwinn no tenía pericia o familiaridad es la actividad no deseada. Además, la venta de otras marcas podría plantear algunas dificultades de disponibilidad porque los fabricantes de otras bicicletas podrían sospechar, con razón, que sus marcas serían discriminadas y despreciadas si las vendieran los empleados de Schwinn.

Por otra parte, aunque no existiera esa clase de desventajas, todavía podríamos preguntarnos si Schwinn podría proveer incentivos para los administradores de los lugares de ventas integrados para promover la actuación al mismo nivel que se obtiene cuando se usan las franquicias. Deben hacerse consideraciones de estímulos positivos y negativos. Las desventajas de los incentivos asociadas a los modos de organización burocráticos constituyen otro impedimento para la integración de Schwinn hacia adelante (véase el capítulo VI).

La conclusión es que, si se dan las peores consecuencias (es decir, se

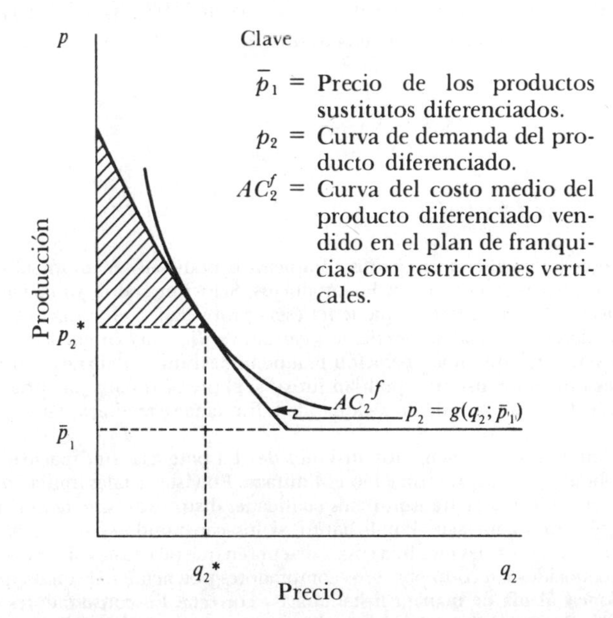

GRÁFICA VII-3 *Consecuencias de la prohibición de restricciones en las franquicias*

[26] Schwinn exigía que sus tenedores de franquicias mostraran las bicicletas Schwinn "con una posición igual y tan prominente como la de cualquiera bicicleta competidora". Escrito de alegatos de Arnold, Schwinn & Co., Apéndice 1, en 57, n. 89, *United States v. Schwinn & Co.*, 388 U.S. 365 (1967).

derrumba el sistema de franquicias, Schwinn no puede integrarse hacia adelante económicamente, y se desvanece la imagen de la marca Schwinn), la prohibición de las restricciones de la franquicia originará pérdidas económicas reales de la clase representada en la gráfica VII-3. La curva de demanda de las bicicletas Schwinn está dada aquí por $p_2 = g(q_2 ; \bar{p}_1)$, donde $\bar{p}_1$ es el precio al que se venden otras bicicletas (el que se toma como dado). La curva AC_2^f es el costo medio de las ventas y el servicio de las tiendas de franquicia. Tal como se traza en la gráfica, la franquicia apenas sale a mano (cubre todos sus costos, incluida una tasa de rendimiento justa) a un precio y una cantidad de p_2^*, q_2^*, respectivamente. Suponiendo que los costos de la oferta de bicicletas no diferenciadas no aumenta por la franquicia de la Schwinn, las ganancias (o pérdidas) netas de bienestar realizadas por el ofrecimiento (o el retiro) de la marca Schwinn estarán dadas por la región sombreada del excedente del consumidor.

La argumentación del gobierno, que omitió los aspectos del costo de transacción en favor de la construcción de la empresa como función de producción, dejó de lado muchas consideraciones pertinentes para llegar a una evaluación económica correcta de lo que está en juego.[27] Schwinn ilustra la exageración observada durante la época poco hospitalaria de la persecución de los monopolios. Dado que en la tradición de la teoría aplicada de los precios no había lugar para las prácticas de contratación no convencionales (o "no entendibles", en la terminología de Coase [1972, p. 67]), los méritos de estas prácticas se rechazaron o descartaron.

[27] Si los clientes tuviesen conocimientos completos o pudiesen ser informados sin costo de todos los atributos pertinentes de todos los productos, Schwinn podría anunciar simplemente que estaba proveyendo una bicicleta que tenía estas propiedades, el anuncio sería registrado entre los compradores potenciales, los clientes podrían verificar la existencia de estas condiciones (aunque la verificación es una operación redundante en un mundo de conocimiento completo), y quienes valúen los atributos podrían juzgar si el premio estaba justificado. La diferenciación del producto en un mundo de racionalidad ilimitada se realizaría así suavemente y sin fallas.

Pero los consumidores no tienen estos atributos de alta potencia: su capacidad para recibir, almacenar, recobrar y procesar información es limitada. En vista de tales limitaciones, Schwinn no afronta sólo el problema de transmitir sus cualidades distintivas, sino también el problema de lograr que se crea su imagen. Por lo tanto, si los consumidores se ven ocasionalmente engañados, porque a veces se les dice una cosa y descubren que no es así, y si los casos de fraude o engaño no son conocidos sin costo por otros compradores potenciales, de modo que las reputaciones no se ponen al día de manera instantánea y correcta, los consumidores se mostrarán suspicaces cuando los vendedores les dicen que su marca tiene cualidades "superiores".

En un mercado de consumidores ilimitadamente racionales, Schwinn afronta tres problemas de información interrelacionados. Primero, necesita informar a los consumidores los atributos distintivos que se propone proveer. Segundo, necesita proveer una infraestructura institucional que impida el deterioro de estos atributos. Tercero, necesita alcanzar ambas metas en una forma económica. El gobierno no parece haber percibido nada de esto.

VIII. COMPROMISOS CREÍBLES II: APLICACIONES BILATERALES

El modelo del rehén que se estudió en el capítulo anterior se aplica aquí al intercambio bilateral. El problema es el mismo que abordamos antes: considerando los riesgos de expropiación de la atadura, el comprador y el vendedor pueden tratar de *expandir* la relación contractual más allá de sus límites "naturales", creando así una *relación de confianza mutua*.

Un procedimiento para salvaguardar las transacciones donde los proveedores hacen inversiones específicas es la inversión, por parte de los compradores, en activos específicos en ciertas transacciones en la etapa siguiente. *Ceteris paribus,* se señalan en esta forma, a los proveedores, proyecciones de la demanda más favorables. Sin embargo, persiste un riesgo residual de pérdidas por cancelaciones no compensadas. Por lo tanto, las inversiones hacia adelante en un régimen de intercambio unilateral no bastan para alcanzar el óptimo pleno del intercambio. Aunque no siempre es viable o eficaz, el intercambio unilateral se sustituye a veces por el intercambio bilateral debido a esa razón. Como antes vimos, tal expansión de la relación contractual puede producir a veces un óptimo pleno (o algo cercano).

En el apartado 1 se examinan (sustituciones de) la reciprocidad y el intercambio. En el apartado 2 se extiende el modelo simple del rehén al intercambio bilateral. En el apartado 3 se examinan los intercambios petroleros. En el apartado 4 aparecen las conclusiones aplicables a este capítulo y el precedente.

1. La reciprocidad

1.1 *General*

La reciprocidad transforma una relación de oferta unilateral —donde A vende X a B— en una relación bilateral, en la que A acepta comprar Y a B como condición para hacer la venta de X y ambas partes entienden que la transacción continuará sólo mientras se observe una reciprocidad. Así se expande la relación contractual resultante. Aunque se cree generalmente que la venta recíproca es anticompetitiva (Stocking y Mueller, 1957; Blake, 1973), otros autores la consideran más favorablemente. George Stigler ofrece la siguiente justificación afirmativa de la reciprocidad:

> Se justifica la reciprocidad cuando los precios no pueden variar libremente para satisfacer las condiciones de la oferta y la demanda. Supongamos que una empresa está tratando con una industria de colusión que está fijando los precios. En esta industria colusoria, una empresa estaría dispuesta a vender a un precio menor que el del cártel si puede eludir la detección. Su precio puede reducirse en efecto

comprando al cliente-vendedor a un precio inflado. Aquí, la reciprocidad restablece la flexibilidad de los precios.[1]

Sin embargo, dado que muchas industrias no satisfacen los requisitos de la colusión oligopólica en los precios (Posner, 1969; Williamson, 1975, capítulo XII), y que la reciprocidad se observa a veces en ellas, ésta tiene presumiblemente también otros orígenes. El rompimiento del empate es uno. Otro es el de los posibles beneficios de la reciprocidad de una estructura de gobernación ventajosa. Ambos pueden distinguirse por el tipo de producción que se venda.

La explicación del rompimiento del empate se aplica cuando la empresa B, que está comprando un producto especializado de A, pide que A compre un producto estandarizado de B a condición de que B satisfaga los términos del mercado. En igualdad de otras circunstancias, los agentes de adquisiciones de A tenderán a aceptar. Observa F. M. Scherer que "la mayoría de los 163 ejecutivos que respondieron a una encuesta de 1963 afirmaron que las compras de sus empresas se otorgaban sobre la base de la reciprocidad sólo cuando fuesen iguales el precio, la calidad y las condiciones de entrega" (1980, p. 344).

Ocurre el caso más interesante cuando la reciprocidad incluye la venta del producto especializado a B, condicionada a la adquisición de producto especializado de B. Aquí el argumento es que la reciprocidad puede servir para igualar la exposición de las partes, disminuyendo así el incentivo del comprador al abandono del intercambio, dejando que el proveedor traslade activos especializados a un valor alternativo muy reducido. En ausencia de un rehén (u otra seguridad de que el comprador no se retirará), es posible que jamás se realice la venta del producto especializado de A a B. El compromiso del comprador con el intercambio se pone de manifiesto con mayor claridad por su inclinación a aceptar la exposición recíproca de activos especializados. Así se mitigan los riesgos de la defección.

Las originales (1968) Orientaciones para la Fusión del Departamento de Justicia de los Estados Unidos usaron un enfoque totalmente diferente. Aunque el tema eran las fusiones de conglomerados, la preocupación por la reciprocidad como una práctica contractual era general. El lenguaje es instructivo:

> *a*) Dado que la compra recíproca (es decir, el hecho de favorecer a un cliente al hacer compras de un producto que vende el cliente mismo) es una práctica mercantil económicamente injustificada que confiere una ventaja competitiva a la empresa favorecida, sin relación con los méritos del producto, el Departamento combatirá de ordinario toda fusión que genere un peligro importante de compra recíproca [...]
>
> *c*) A menos que ocurran circunstancias excepcionales, el Departamento no aceptará, como justificación de una fusión que genere un peligro importante de la

[1] Informe del Grupo de Trabajo del Presidente sobre la Productividad y la Competencia, reproducido en la Cámara de Compensación Comercial, *Trade Regulation Reporter*, 24 de junio de 1969, núm. 419, p. 39.

compra recíproca, la aseveración de que la fusión producirá economías, porque entre otras razones cree el Departamento que en general las empresas involucradas pueden lograr economías equivalentes mediante otras fusiones.

Las Orientaciones son dignas de mención en varios sentidos. Por una parte, tienen claramente su origen en la tradición inhospitalaria: la reciprocidad, como otras prácticas de contratación no convencionales, es una "práctica mercantil económicamente injustificada". Segundo, y relacionado con lo anterior, las Orientaciones están informadas por la tradición tecnológica: se hace referencia a los "méritos del producto" (una norma tecnológica), mientras que no se mencionan los "méritos de la transacción" (un problema de la gobernación). Tercero, las Orientaciones afirman que las economías pertinentes pueden realizarse sin plantear riesgos de reciprocidad: de ordinario pueden realizarse economías socialmente valuadas (tecnológicas) encontrando fusiones sustitutas donde están ausentes los riesgos de la reciprocidad. Se olvida simplemente la posibilidad de que la contratación no convencional, uno de cuyos ejemplos es la reciprocidad, genere economías valuadas. Tales economías son evidentemente tan implausibles que ni siquiera tienen que admitirse en principio los beneficios contractuales potenciales antes de descartarlas.

Aquí es pertinente destacar los interesantes conceptos de Lon Fuller acerca de la reciprocidad, aunque sean mucho más generales que los empleados aquí:

> Creo que debemos discernir tres condiciones para la eficacia óptima de la noción del deber. *Primero,* la relación de reciprocidad de donde surge el deber debe derivar de un acuerdo voluntario entre las partes inmediatamente afectadas; ellas mismas "crean" el deber. *Segundo,* las actuaciones recíprocas de las partes deben tener un valor igual en cierto sentido. Aunque la noción de la asunción voluntaria apela por sí sola fuertemente al sentido de justicia, la apelación se ve reforzada cuando se le añade el elemento de la equivalencia [...] *Tercero* [...] la relación del deber debe ser reversible en teoría y en la práctica [...]
>
> Cuando preguntamos en cuál clase de sociedad es más probable que se den estas condiciones, la respuesta es sorprendente: en una sociedad de negociantes económicos [Fuller, 1964, pp. 22-23].

Para evitar que el argumento del rehén se considere irreflexivamente como una defensa del intercambio recíproco en general, adviértase que se aplica sólo cuando *ambas* partes ponen en condiciones de riesgo algunos activos especializados. Cuando sólo una de las partes, o ninguna, invierte en activos especializados, es evidente que la práctica de la reciprocidad tiene otros orígenes.[2]

[2] F. M. Scherer (1980, pp. 344-345) analiza algunas objeciones contra el intercambio. Otra objeción es que la reciprocidad se convierte en un hábito burocrático que resulta conveniente para los agentes vendedores y compradores, de modo que los terceros se ven discriminados en sus esfuerzos de ventas. Véase Williamson (1975, pp. 163-164).

1.2 *Los intercambios*

Aunque el intercambio recíproco entre no rivales puede justificarse ocasionalmente, el intercambio de productos entre rivales nominales es seguramente más desconcertante y problemático. Las empresas que se presumen en competencia directa debieran vender productos a los mismos terceros y no entre sí. Dado que los beneficios neoclásicos no se imputan plausiblemente al intercambio continuo de producto entre rivales, la política pública hacia los intercambios ha sido fundamentalmente negativa y aun hostil.

Varias distinciones son útiles en la consideración de los intercambios. Primero, el comercio entre rivales —a corto o largo plazos, unilateral o bilateral— es viable sólo si el producto es fungible. No ocurre así en el caso de muchos bienes y servicios diferenciados, de modo que para tales productos no se plantea jamás el problema del comercio entre rivales. Segundo, los acuerdos de abastecimiento a corto plazo se distinguen convenientemente de los acuerdos a largo plazo. Los primeros pueden explicarse como una "excepción ocasional", por la que un rival venderá el producto a otro a corto plazo, para llenar lagunas y proveer un alivio temporal contra las deficiencias inesperadas del producto (ocasionadas por cambios de la demanda o de la oferta). Reconociendo que el zapato puede estar en el otro pie la próxima vez, las empresas que de otro modo son rivales pueden ayudarse mutuamente en momentos de crisis. Presumiblemente, la política pública puede reconocer el mérito de tales intercambios y considerarlos inobjetables, mientras que carezcan de un patrón y no originen así una "red de interdependencia". Sin embargo, el intercambio a largo plazo entre los rivales es mucho menos consistente con la noción de la rivalidad directa efectiva. Por lo menos, tales arreglos deberán ser examinados.

La existencia de incentivos de eficiencia para que los rivales se provean productos recíprocamente a largo plazo depende en un principio de la realización potencial de ahorros en el costo de producción. Ello requiere que las economías de escala sean grandes en relación con el tamaño de los mercados geográficos, y que los efectos de reputación específicos de cada empresa desborden los límites del mercado geográfico. Lo primero es obvio, ya que en ausencia de las economías de escala es de presumirse que cada empresa proveería en todas partes sus propias necesidades a largo plazo. En cambio, cuando las economías de escala son significativas, cada mercado soportará sólo un número limitado de plantas de tamaño mínimo eficiente.

Pero la fungibilidad y las economías de escala no garantizan que tales ventas generarán ganancias. Ello ocurrirá sólo si el valor del producto (idéntico) vendido por los rivales supera al del producto vendido por el proveedor local. Aquí se trata de saber si los efectos de reputación valiosos dejarán de aprovecharse si los rivales son incapaces de obtener el producto local en términos favorables. Así pues, las empresas que poseen reputaciones valiosas que se extienden más allá de su mercado local para incluir mercados distantes son las que encontrarán atractivo el abasto a largo plazo de sus rivales.[3]

[3] Las valuaciones del efecto de reputación pueden ser ilusorias o reales. Las valuaciones reales asumen la forma de una conveniencia de los clientes (precios, términos de contratación), o del conocimiento seguro de las características del producto.

Aun suponiendo que se satisfacen las condiciones de la fungibilidad, las economías de escala y el efecto de reputación, ello sólo establece que el comercio *unilateral* a largo plazo entre los rivales puede generar economías. Los mismos argumentos no pueden justificar los acuerdos (de intercambio) *bilaterales.* De hecho, la defensa habitual de los intercambios —que habrá una transportación cruzada ineficiente si cada empresa debe proveer en todas partes a sus propias necesidades— suprime convenientemente la alternativa obvia, que no es la ausencia de todo intercambio sino el intercambio unilateral a largo plazo. Presumiblemente, el hecho de no abordar tales cuestiones en forma directa y demostrar dónde tienen ventajas los intercambios sobre las formas del intercambio unilateral más convencional y familiar, explica la actitud suspicaz u hostil con la que suelen considerarse los intercambios. El argumento que surge de este capítulo es que los intercambios bilaterales ofrecen ventajas potenciales sobre el intercambio unilateral *si* la exposición resultante de los activos específicos de ciertas transacciones establece un compromiso creíble sin plantear al mismo tiempo riesgos de expropiación.

El tipo de activo específico que se pone en riesgo por el intercambio unilateral a largo plazo, pero que se ve protegido por un acuerdo de intercambio recíproco a largo plazo, es el de un activo dedicado. Describimos antes los activos dedicados como adiciones discretas a la capacidad generalizada que no se crearía si no existiese la perspectiva de vender una gran cantidad de producto a un cliente particular. La terminación prematura del contrato por parte del comprador dejaría al proveedor con un gran exceso de capacidad que sólo podría eliminarse a precios de ganga. Ese riesgo se reduciría exigiendo a los compradores que entregaran un rehén, pero se crearía otro: el proveedor podría maniobrar para expropiar el rehén. En términos más generales, no se comprometen plenamente los intereses del proveedor para adaptarse con eficiencia a la nuevas circunstancias. El intercambio recíproco apoyado por inversiones separadas pero concurrentes, en activos específicos, provee una salvaguarda mutua contra esa segunda clase de riesgos. Los rehenes así creados tienen además la interesante propiedad de que *jamás se intercambian.* Por el contrario, cada parte conserva la posesión de sus activos dedicados, para el caso de una terminación prematura del contrato.

El argumento habitual de que los intercambios se justifican porque evitan costosos entrecruzamientos no resuelve los problemas antes descritos, y por sí misma no es una justificación adecuada del uso generalizado de los intercambios. Si sólo se realizaran ahorros en el costo de transportación, el intercambio unilateral sería suficiente. De hecho, las empresas que compran y venden productos a sus rivales tienden a crear un intercambio central en el que las ofertas y demandas se hagan corresponder por obra de un subastador. En tales circunstancias, sólo por accidente terminarían las empresas vendiéndose unas a otras. Pero cuando los activos son dedicados, *es claramente importante la identidad de las partes.* Los intercambios de esa clase no pasarán por un mercado de subastas sino que se negociarán con cuidado entre las partes. En tales circunstancias, la reciprocidad es así un instrumento para la promoción de la continuidad de una relación de intercambio específica con efectos de atenuación del riesgo.

2. Extensión del modelo del rehén

Supongamos que las dos empresas participan en el intercambio bilateral atado y que ambas tienen inversiones en activos específicos de k en apoyo de la otra. Supongamos además que cada empresa incurre en costos de producción trasladables de v_2 y que $\hat{p}$ es el precio al que se intercambia el producto. Para decidir si acepta la entrega o cancela un pedido, una empresa debe considerar no sólo la ganancia neta de la adquisición sino también la ganancia neta del abasto. Sea que la ganancia neta de la compra y la venta del producto esté dada por b_B y b_S, respectivamente. La ganancia combinada de la reciprocidad esté dada entonces por $b_R = b_S$. Los beneficios netos de la aceptación de la entrega en el mercado de compra estarán dados por

$$b_B = p - \hat{p}, \tag{1}$$

mientras que los beneficios netos de la venta simultánea del producto (dado que ya se han fijado activos específicos en la cantidad k) están dados por

$$b_S = \hat{p} - \nu_2. \tag{2}$$

Los beneficios netos de la ausencia de cancelación —es decir, de un intercambio recíproco continuo (dado que la contraparte no abandona)— son entonces

$$b_R = (p - \hat{p}) + (\hat{p} - \nu_2) = p - \nu_2, \tag{3}$$

los que serán positivos mientras que la realización de la demanda en el mercado para el que se compra el producto supere el costo marginal de su propia producción.

Aunque en estas expresiones no aparece por ninguna parte el término del activo específico, k, ello no quiere decir que sea irrelevante. Supongamos entonces, como antes, que la demanda en ambos mercados se distribuye uniformemente en el intervalo de 0 a 1. Entonces los beneficios netos esperados de la reciprocidad serán positivos sólo si la probabilidad del intercambio bajo el criterio del intercambio recíproco (es decir, $1 - \nu_2$), multiplicada por la ganancia esperada del intercambio remunerativo $(1 - \nu_2)/2$, supera el valor de los activos no rescatables, k. Por lo tanto, debe satisfacerse la desigualdad $(1 - \nu_2)^2/2 - k > 0$.

Más significativo es el hecho de que los beneficios de la venta del producto estarán dados por $b_S = \hat{p} - \nu_2$ sólo si se comprometen activos específicos en apoyo del intercambio. Por ejemplo, si una de las partes del intercambio empleara la tecnología de propósitos generales, T_1, los beneficios netos derivados de la provisión del producto por el que se recibe $\hat{p}$ serían $b'_S = \hat{p} - \nu_1$. El criterio para evaluar si debe cancelarse o no sería entonces $b'_R = p - \nu_1$, el que aconsejaría la cancelación en los estados de demanda donde $p < v_1$. Una de las partes del intercambio bilateral encontraría así atractiva la cancelación bajo circunstancias en las que la otra parte desearía el intercambio del producto porque ha hecho inversiones en activos específicos. La exposición simétrica de los activos específicos evita ese resultado.[4]

Alternativamente, las cuestiones pueden presentarse como sigue. Como antes, sea $b_B = p - \hat{p}$ los beneficios netos obtenidos del intercambio unilateral por el comprador si decide aceptar la entrega y $b_S = \hat{p} - v_2$ la ganancia neta obtenida por el vendedor al hacer la entrega. Supongamos que $\hat{p} = 2$ y $v_2 = 1$, y que hay tres estados posibles: $p = 4$, $p = 2 - \epsilon$, y $p = 0$. Corresponde al comprador la decisión de aceptar o rehusar la entrega. Los rendimientos asociados a cada par de decisión y realización de la demanda son:

	aceptar b_B, b_S	*rehusar* b_B b_S
$p = 4$	2, 1	0, 0
$p = 2 - \epsilon$	$-\epsilon$, 1	0, 0
$p = 0$	−2, 1	0, 0

La elección eficiente del vendedor consiste en entregar en los dos estados de realización de la demanda más favorables y cerrar, ahorrando así costos variables, si $p = 0$. Pero si el comprador consulta sólo sus propios beneficios al decidir si acepta o rehúsa la entrega, aceptará la entrega sólo en el estado de la demanda más favorable y la rehusará si $p = 2 - \epsilon$ o si $p = 0$, ya que $b_B < 0$ en ambos casos.

La extensión de la transacción, de un intercambio unilateral a un intercambio bilateral, cambia los rendimientos de tal manera que se elimina esta ineficiencia. Ahora, el rendimiento para ambas partes está dado por $b_R = p - v_2$. Los rendimientos correspondientes afrontados por ambas partes son ahora idénticos y están dados por:

	aceptar b_R	*rehusar* b_R
$p = 4$	3	0
$p = 2 - \epsilon$	$1 - \epsilon$	0
$p = 0$	− 1	0

El producto se intercambiará entonces en los dos estados de la demanda más favorable, pero la producción se acabará si $p = 0$, que es el resultado eficiente.

[4] La simetría es una condición suficiente pero no necesaria para que las partes evalúen idénticamente los beneficios netos de la ausencia de cancelación. Otras relaciones de intercambio con esta misma propiedad podrían elaborarse concebiblemente. (Por ejemplo, si una de las partes invierte en activos específicos más que la otra, podría lograrse una evaluación idéntica de los beneficios netos de la ausencia de cancelación si la parte que tiene el grado menor de inversión en activos (cuyos costos trasladables $v_1 > v_2$) vendiera en un mercado de producto final donde la distribución de la demanda, denotada por $p + \Delta$, fuese tal que $p + \Delta - v_1 = p - v_2$).

La reciprocidad puede considerarse entonces como una reacción a las tensiones inherentes (y las ineficiencias resultantes) que ocurrirían bajo un régimen de intercambio unilateral. La insistencia de la política pública en que cualquier cosa que no sea el intercambio unilateral es "antinatural" y presuntamente antisocial está sin duda errada.

3. Intercambios petroleros

"La tarea de ligar los conceptos a las observaciones exige un conocimiento abundante y detallado de las realidades de la vida económica" (Koopmans, 1957, p. 145). El fenómeno de los intercambios petroleros ha desconcertado a los economistas durante largo tiempo. Este fenómeno aparece rutinariamente en los juicios e investigaciones contra el monopolio. En la demanda planteada en 1973 por la Comisión Federal de Comercio de los Estados Unidos contra las más grandes empresas petroleras se afirmaba que los intercambios ayudaban a mantener una red de interdependencias entre tales empresas, lo que ayudaba a generar un resultado oligopólico en una industria que estaba relativamente desconcentrada de acuerdo con los criterios normales de la estructura del mercado.[5] El estudio más reciente sobre *The State of Competition in the Canadian Petroleum Industry* también considera objetables los intercambios.[6] Además, este estudio canadiense contiene documentos —contratos, memorandos internos de las compañías, cartas, etc.— y testimonios en apoyo de su tesis de que los intercambios son instrumentos para la extensión y el perfeccionamiento del monopolio entre las principales empresas petroleras. Tal prueba de los detalles y propósitos de la contratación suele ser confidencial y por ende inaccesible. Pero resulta claro que un conocimiento detallado es pertinente —y a menudo esencial— para una evaluación microanalítica de los aspectos de costo de transacción del contrato.

3.1 *Las pruebas del estudio canadiense*

El volumen V del estudio canadiense se ocupa del sector de la refinación. Se elaboran argumentos y se presentan pruebas en apoyo de la aseveración de que los arreglos de abasto entre las empresas permiten que los refinadores principales perfeccionen las restricciones oligopólicas en los cuatro sentidos siguientes:[7] 1) tales acuerdos revelan conocimientos valiosos acerca de los

[5] FEC *v. Exxon et al.*, Docket No. 8934 (1963).

[6] Robert J. Bertrand, Q. C., director de Investigación coordinó el estudio de ocho volúmenes titulado *The State of Competition in the Canadian Petroleum Industry* (Quebec, 1981). Todas las referencias de este capítulo corresponden al vol V., *The Refining Sector*. En adelante nos referiremos aquí al estudio canadiense.

[7] El estudio canadiense sostiene que "un examen detenido del interés [de las grandes refinerías] y sus acciones revela que los arreglos de refinación trataban de restringir la competencia. La recolección de información, el intento de controlar las empresas más pequeñas, la imposición de un "honorario de entrada", el uso de restricciones al crecimiento de las etapas posteriores, no son características que esperaríamos normalmente en un mercado competitivo" (V: 76).

planes de inversión y comercialización de los rivales (p. 56); 2) las empresas líderes pueden controlar a las empresas secundarias manipulando los términos del intercambio (pp. 49-50); 3) la competencia se deteriora al condicionar el abasto al pago de un "honorario de entrada" (pp. 53-54), y 4) los acuerdos de intercambio imponen límites al crecimiento y el abasto complementario (pp.51-52).

Las dos primeras restricciones no aprueban el escrutinio más rudimentario en el terreno de la comparación institucional. Por ejemplo, suponiendo que el intercambio entre rivales es eficiente y que se permiten los acuerdos de abasto unilateral (si no es que el intercambio), continuarán presumiblemente las revelaciones de información objetables que se atribuyen a los intercambios, ya que los planes de inversión y comercialización serán inevitablemente revelados en el proceso. Por lo tanto, evaluados en términos institucionales comparados, la objeción a la revelación de información se considera justificadamente como una objeción al intercambio de cualquier clase a largo plazo. Los intercambios entre empresas no son el único culpable.

Está igualmente errada la sugerencia de que los intercambios son anticompetitivos porque permiten que las empresas obtengan ventajas de negociación injustas. Siempre debe esperarse que las empresas aprovechen las ventajas de negociación legalmente permitidas por sus posiciones. Si no puede demostrarse que los intercambios son diferentes de las negociaciones unilaterales en lo relacionado con el regateo, esa objeción también debe desecharse.

En cambio, las objeciones del honorario de entrada y la restricción de la comercialización son más sustanciales y ameritan una reflexión.

a. *Honorarios de entrada*

La objeción contra los honorarios de entrada afirma que tal exigencia tiene consecuencias de exclusión. En el estudio canadiense se demuestra como sigue que tales honorarios se requieren como una condición de la negociación o, por lo menos, de la venta del producto a precios favorables (pp. 53-54; sin cursivas en el original).

> En la siguiente cita de la Gulf pueden encontrarse pruebas de un entendimiento de que se requiere un honorario relacionado con la inversión para ser aceptado en la industria:
>
> > Creemos que la industria petrolera aceptará en general, así sea con renuencia, a un participante que ha pagado su entrada para participar en el juego; la entrada es en este juego el capital para la refinación, distribución y venta de los productos (Documento # 71248, sin fecha, Gulf).
>
> La importancia de la cita reside tanto en la noción de que se requería un "honorario de entrada" como en la noción de que la industria fija las reglas del "juego". El significado de la "libre entrada" y de las reglas del "juego" tal como las entiende la industria pueden encontrarse en los tratos efectivos entre compañías donde sur-

ge la mención explícita de un "honorario de entrada". Estos casos demuestran las reglas que se estaban aplicando, las reglas a las que se refería la Gulf. Las compañías que no habían pagado un "honorario de entrada", es decir, las compañías que no habían hecho una inversión suficiente en capacidad de refinación o en una red de comercialización *no recibirán ningún abasto o serán castigadas en los términos del acuerdo de abasto.* [Sin cursivas en el original.]

b. *Restricciones en la comercialización*

El estudio canadiense señala que los intercambios se condicionaron al crecimiento y a las restricciones territoriales y considera objetables ambas medidas. En ambos sentidos se cita el acuerdo de intercambio Imperial-Shell, en cuyos términos proveía producto la Imperial a la Shell en las Provincias Marítimas y recibía producto en Montreal (p. 51):

> El acuerdo entre la Imperial y la Shell, firmado originalmente en 1963, se renegoció en 1967. En julio de 1972, la Imperial hizo esto porque la Shell había venido creciendo con demasiada rapidez en las Provincias Marítimas. En 1971-1972, la Imperial había expresado su insatisfacción con el acuerdo a causa de las políticas de comercialización de la Shell. La Shell señaló: "Su actitud actual [de la Imperial] es que hemos construido un mercado con sus instalaciones, somos agresivos y los estamos amenazando todo el tiempo, y no van a ayudarnos y de hecho van a ponerse tan duros como puedan con nosotros" (Documento # 23633, sin fecha, Shell).

La Imperial renovó el acuerdo con la Shell sólo tras imponer un castigo en el precio si la expansión excedía a las "tasas de crecimiento normales" y además estipuló que "en general no se permitirá que la Shell obtenga producto de terceros" para abastecer a las Provincias Marítimas (p. 52).

También la Gulf Oil adoptó la postura de que los rivales que recibieran producto bajo los acuerdos de intercambio deberían restringirse a un crecimiento normal: "Los acuerdos de procesamiento (y los acuerdos de intercambio) sólo deberán aceptarse después de considerar la economía general de la Corporación y deberán proveer a los competidores de los volúmenes requeridos sólo para el crecimiento normal."[8] Además, buscó y obtuvo seguridades de que el producto proveído por la Gulf sería usado sólo por el receptor y no se desviaría hacia otras regiones ni se entregaría a otras empresas (p. 59).

3.2 *Interpretaciones*

Estas prácticas están sujetas a varias interpretaciones. Una de ellas afirma que los honorarios de entrada y las restricciones de la comercialización son anticompetitivos. Otra interpretación dice que sirven a los propósitos de la eficiencia, sobre todo por los honorarios de entrada. Una tercera interpretación asegura que hay efectos mixtos.

[8] El estudio canadiense (p. 59) identifica la fuente como Documento # 73814, enero de 1972, Gulf.

a. *La tradición de la inhospitalidad*

Las dos tradiciones contractuales opuestas de la evaluación de las prácticas contractuales no convencionales o poco familiares son la tradición del derecho común y la tradición antimonopólica o inhospitalaria. La primera presume que las irregularidades contractuales sirven a propósitos económicos afirmativos, mientras que la tradición antimonopólica (o inhospitalaria) mantiene una suspicacia profunda de propósitos anticompetitivos.[9]

La tradición de la inhospitalidad pertenece a la rama monopólica del contrato y está apoyada por la idea generalizada de que la organización económica está tecnológicamente determinada. Las economías de escala y las inseparabilidades tecnológicas explican la organización de la actividad económica dentro de las empresas. Toda otra actividad se organiza apropiadamente mediante los intercambios del mercado. Las transacciones legítimas del mercado estarán medidas enteramente por el precio; las relaciones contractuales restrictivas indican la intención anticompetitiva.

Los autores del estudio canadiense están evidentemente persuadidos de los méritos de esa tradición. Todo comercio a largo plazo entre rivales de esa clase es sospechoso. Y los intercambios, que representan una forma de contratación irregular si no es que antinatural, son especialmente objetables. Los intercambios no sólo facilitan la revelación de información y permiten el doblamiento de los músculos de la negociación, sino que se usan punitivamente contra los independientes no integrados a los que, por no haber pagado un honorario de entrada, se les niega el producto en términos de paridad. Además, las restricciones de la comercialización asociadas a los intercambios son patentemente ofensivas.

b. *Una evaluación de la eficiencia*

Al revés de lo que ocurre con la tradición de la inhospitalidad, el enfoque del costo de transacción se encuentra en la tradición del derecho común. Se mantiene una orientación institucional comparada (Coase, 1964). Los "defectos" son entonces objetables sólo cuando pueden describirse alternativas viables superiores. Dado que la revelación de información y la negociación señaladas por los autores del estudio canadiense continúan bajo el intercambio unilateral, se hacen a un lado y se centra la atención en los honorarios de la entrada y las restricciones de la comercialización.

1. *Honorarios de entrada.* El problema de los honorarios de entrada es el que interesa especialmente a este capítulo. Los acuerdos de intercambio a largo plazo permiten que las empresas obtengan producto en los mercados geográficos donde su propia producción es viable porque las economías de escala son grandes en relación con sus propias necesidades. Sin embargo, la cantidad del producto en cuestión puede ser sustancial. En consecuencia, las empresas

[9] Véase el capítulo I, nota, y el texto adjunto.

con las que se celebran acuerdos de intercambio construirán y mantendrán plantas más grandes. A resultas de tales acuerdos se hacen inversiones específicas en activos dedicados.

Si los acuerdos de abasto fuesen unilaterales y el comprador no pudiera o no quisiera ofrecer un rehén, presumiblemente se negociarían contratos de la clase descrita en el capítulo VII como tipo II, cuyo precio de transacción sería $\bar{p} = \nu_2 + k/(1 - \bar{p})$. En cambio, si se extiende el contrato para incluir el comercio bilateral en lugar del comercio unilateral, el contrato pasará a ser del tipo III. Aunque los acuerdos de intercambio estipulan los flujos físicos del producto, el precio efectivo es $\hat{p} = \nu_2 + k$, que es menos que $\bar{p}$. Además, las partes tienen el incentivo de intercambiar producto mientras que el precio de demanda obtenido en ambas regiones supere a ν_2, que es el criterio del abasto al costo marginal.[10] Suponiendo que las demandas de las dos regiones están altamente correlacionadas, las partes llegarán normalmente a decisiones comunes sobre la conveniencia del comercio.[11]

2. *Restricciones de comercialización.* Las restricciones de abasto y crecimiento examinadas por el estudio canadiense pueden considerarse en tres formas. Primero, pueden considerarse como medios para la protección del acuerdo de intercambio contra la defección unilateral. Segundo, tales restricciones pueden servir a los propósitos de la división estratégica del mercado. Tercero, las restricciones pueden servir para regularizar los mercados. Estas posibilidades no son mutuamente excluyentes.

Sólo el primer propósito es compatible con una interpretación de eficiencia. Aquí el argumento es que las restricciones de la comercialización ayudan a preservar los incentivos simétricos. Tal simetría podría perturbarse si una de las empresas recibiera producto de terceros en su región deficitaria. Tal empresa podría encontrarse entonces en posición de enfrentar a un proveedor con otro. O la simetría podría colocarse bajo tensión si una de las partes recibiera producto de la otra de manera que empezara a crecer "excediendo lo normal", en cuyo caso podría estar dispuesta a construir su propia planta y terminar con el acuerdo de intercambio. Las restricciones de comercializa-

[10] Esto supone costos comunes, cuya condición se aproximará normalmente en los intercambios de producto entre empresas de un mismo país donde los precios de los factores son muy similares.

[11] Sin embargo, debe reconocerse la posibilidad de que el contrato pierda su alineación. Si una de las empresas de un acuerdo de intercambio opera mucho más cerca de sus líneas de capacidad que la otra, esta última incurriría en costos de terminación mucho mayores que la primera. Es posible que así se explique el hecho de que "durante la renegociación de un acuerdo de compraventa recíproca que cubría a Montreal y las Provincias Marítimas", la Shell anotara que la Imperial le había indicado que "no estaba satisfecha con el monto de la inversión de la Shell en las Marítimas" (p. 54). Además de la inversión en refinación en Montreal, que la Shell interpretaba como una inversión " por intercambio" en las Marítimas, la Imperial quería que la Shell realizara inversiones directas en una red de distribución por las Marítimas (p. 54). En ese sentido, la Shell observó que aunque no había realizado grandes inversiones propias en las Marítimas, "hemos invertido en Montreal y por intercambio hemos invertido en las Marítimas, de modo que hemos pagado un honorario de entrada, aunque no hemos pagado por una red de distribución". El estudio canadiense (p.54) identifica la fuente como el documento # 23633, sin fecha, Shell.

ción que ayudan a impedir tales resultados alientan a las partes a participar en intercambios que podrían ser inaceptables de otro modo.

c. *Una posición mixta*

Las explicaciones monopólicas suelen ofrecerse cuando los economistas, abogados u otros observadores interesados encuentran prácticas contractuales que no entienden. Dado que "lo desconocemos [este campo], el número de prácticas ininteligibles tiende a ser muy grande, y es frecuente el uso de la explicación monopólica" (Coase, 1972, p. 67). Una presunción refutable en el sentido de que las prácticas contractuales no convencionales están sirviendo a propósitos económicos afirmativos, antes que a propósitos monopólicos, sería más útil para el derecho y la economía antimonopólicos que la presunción de la inhospitalidad que ha estado prevaleciendo hasta hace no mucho tiempo.[12]

La presunción de que los intercambios tienen propósitos de eficiencia podría disputarse por una de tres razones, o por todas ellas. Primero, podría afirmarse que los intercambios son sólo una estratagema para negar el producto a los rivales no integrados. La negativa de la venta a empresas no integradas en términos $\bar{p}$ apoyaría esa afirmación. (Sin embargo, es poco realista que los compradores que no han hecho compromisos creíbles esperen recibir un producto a $\hat{p}$.) Segundo, podría demostrarse que el mercado en cuestión tiene algunas propiedades estructurales problemáticas. Aquí se trata de saber si se satisfacen las condiciones requeridas para el poder de mercado, sobre todo la alta concentración aunada a las altas barreras que impiden la entrada.[13] En tercer lugar podrían dejar de satisfacerse las condiciones necesarias para la eficiencia. Los factores favorables para la interpretación de la eficiencia son los siguientes: el intercambio debe ser a largo plazo; la cantidad de producto intercambiado debe representar una fracción importante de la capacidad de la planta; pero las economías de escala de la planta deben ser grandes en relación con la cantidad de producto intercambiado. Los intercambios de una pequeña cantidad de producto donde las economías de escala son insignificantes son mucho más problemáticos.

En realidad, los intercambios podrían servir al mismo tiempo a propósitos

[12] En realidad, ésta es una simplificación excesiva. La legislación antimonopólica se ha resistido a declarar ilegales por sí mismas a las restricciones contractuales. Sin embargo, como vimos en el capítulo VII, se aproximó peligrosamente a dar este paso en *U.S. v. Arnold, Schwinn and Co.*, 388 U.S. 365 (1967). La actitud prevaleciente en los años sesenta hacia la ejecución de las restricciones contractuales se caracteriza correctamente como inhospitalaria. Es ilustrativo el enfoque de la reciprocidad que aparece en las Orientaciones de la Fusión de 1968, citado y analizado antes, en 1.1.

[13] Hay un acuerdo creciente en el sentido de que las condiciones estructurales que deben satisfacerse antes de que se consideren seriamente las pretensiones del comportamiento anticompetitivo estratégico son la concentración muy elevada unida a las barreras que impiden la entrada (Williamson, 1977, pp. 292-293; Joskow y Klevorick, 1979, pp. 225-231; Ordover y Willig, 1981, pp. 307-308). Véase el análisis de estas cuestiones en el capítulo XIV.

de eficiencia y propósitos anticompetitivos o antisociales por otras razones.[14] Aquí como en otras partes, donde se plantean tasas de sustitución, hay necesidad de evaluarlas.

4. Conclusiones

Estos dos capítulos sobre los compromisos creíbles mantienen y desarrollan la postura de que el ordenamiento privado se usa ampliamente para gobernar complejas relaciones contractuales. Tal ordenamiento se opone así a la tradición del centralismo legal. En lugar de emplear un enfoque contractual de reglas, se destaca el concepto del contrato como un marco. En consecuencia, las disputas no se llevan al litigio rutinariamente; el contrato y los tribunales se usan en última instancia (Llewellyn, 1931). Tal recurso final protege contra los abusos patentes, de los que la frase "el poder es derecho" constituye un ejemplo elemental. Pero el recurso final no implica una capacidad para hacer ajustes frecuentes y finos en las relaciones continuas a fin de volver a colocar a las partes en una posición de negociación sobre la cambiante curva de contrato.

Por lo tanto, en lugar de mantener la presunción de que los tribunales "funcionan bien", el enfoque adoptado aquí reconoce que el ordenamiento judicial experimenta a menudo graves limitaciones. Dado que la severidad de tales limitaciones varía con las circunstancias, un enfoque analítico para el estudio del contrato reconocerá necesariamente las diferentes capacidades de gobernación y necesidades. El estudio del contrato se extiende así apropiadamente más allá de las reglas legales para incluir una evaluación comparativa de las transacciones en relación con estructuras de gobernación alternativas. Especialmente interesante resulta el uso de estructuras de gobernación bilaterales para la aplicación de contratos no convencionales en los que son especialmente grandes las necesidades de adaptación y continuidad de las partes.

Este capítulo y el anterior establecen lo siguiente:

1. *Rehenes*. Contra la opinión prevaleciente de que los rehenes constituyen un concepto extraño de escasa o ninguna importancia práctica para la contratación contemporánea, el uso de rehenes en apoyo del intercambio es generalizado y económicamente importante. Pero la creación de rehenes es sólo parte de la historia. También deben considerarse los riesgos de la expropiación y las condiciones potenciales de la mala adaptación. En respuesta a tales

[14] Un uso posiblemente antisocial de los intercambios que ha surgido recientemente es la práctica de las compañías petroleras de California que usan los intercambios para fijar un precio bajo al crudo producido en tierras públicas. Se ha alegado que "las grandes compañías petroleras se esforzaron al máximo para reducir el precio del crudo pesado, incluido un complicado arreglo de trueque que permitía "el intercambio de crudo a precio entre las propias compañías sin comprarlo ni venderlo en una transacción de efectivo que revelaría su verdadero valor de mercado" (Jackson y Pasztor, 1984, p. 30). Las compañías petroleras insisten en que así servían a los propósitos de la eficiencia.

condiciones surgen complejas estructuras de gobernación, una de las cuales es el intercambio recíproco.

2. *Especificidad de los activos.* La organización de la actividad económica se ve grandemente influida por el grado en que las transacciones examinadas estén apoyadas por activos específicos de las partes. Estos capítulos reafirman la proposición básica de que las estructuras de gobernación deberán ligarse a los atributos subyacentes de las transacciones en una forma discriminante si han de realizarse los propósitos de eficiencia de la organización económica, y establecen que, entre dos compradores, si uno entrega un rehén en apoyo de las inversiones de los proveedores en activos específicos, mientras que el otro no lo hace, los proveedores ofrecerán mejores términos al primero, *ceteris paribus*.

3. *Contratación en su totalidad.* No todas las transacciones plantean riesgos de defección, y quizá no se puedan salvaguardar todas las que hacen tal cosa. Sin embargo, cuando los riesgos potenciales de los contratos son evidentes para las partes desde el principio, los estudios del contrato y de las instituciones contractuales empiezan supuestamente "por el principio". Esto tiene ciertas ramificaciones para la evaluación de la importancia del dilema de los prisioneros y para el entendimiento de la administración de justicia.

a) *El dilema de los prisioneros.* A pesar de los beneficios de la cooperación, se cree generalmente que el logro de la cooperación se frustra por la lógica insalvable del dilema de los prisioneros. En realidad, siempre ha sido evidente que la defección puede disuadirse si se alteran convenientemente los pagos. Pero esa estratagema se considera poco viable, o se descarta por otra razón, de modo que el dilema persiste o se recurre a "las normas exógenas del comportamiento cooperativo [a las que] se adhieren los actores" (Hirschman, 1982, p. 1470). Opino que debe prestarse mayor atención a la posibilidad de elaborar estructuras de incentivos superiores *ex ante.* Una razón importante para su omisión es el hecho de que el estudio de las instituciones contractuales ha ocupado un lugar muy secundario en la agenda de la investigación. A resultas de esta actitud despreocupada han pasado inadvertidos algunos incentivos sutiles incorporados a las prácticas de contratación no tradicionales, de modo que se ha exagerado ampliamente la importancia práctica del dilema de los prisioneros para el estudio del intercambio.

b) *La justicia.* La noción de que se exigen rehenes como una condición para la provisión del producto en términos favorables tiene la apariencia de un ejercicio arbitrario del poder: la parte más fuerte "exige" un rehén a la parte más débil, la que acepta porque no tiene alternativa. De hecho, una evaluación de las alternativas contractuales en términos institucionales comparados revela que los propósitos de la eficiencia se ven a menudo servidos por los rehenes y que interesa a ambas partes el logro de ese resultado. No sólo puede inducirse a los productores a invertir en la tecnología más eficiente, sino que también puede inducirse a los compradores a aceptar la entrega siempre que las realizaciones de la demanda superan al costo marginal. En términos más generales, los contratos deben examinarse *en su totalidad*, con atención especial a sus aspectos de gobernación. Los principios de la justicia o la competencia que se aplican a la relación existente entre las partes en la etapa de ejecución sin examinar la relación de negociación *ex ante* son incompletos en el mejor de los casos y con frecuencia están errados.[15] Las partes de un contrato no deben aspirar a conservar su pastel (el precio bajo) y comérselo a la vez (ausencia de rehenes).

[15] Aquí son pertinentes las ideas de Robert Nozink sobre la justicia: "El hecho de que una distribución sea justa depende de la forma como se haya producido. En cambio, los principios de justicia *del momento actual* afirman que la justicia de una distribución se determina por la forma como se distribuyen las cosas (quién tiene qué)" (1975, p. 153; cursivas en el original). En lo que Nozick llama el enfoque del momento actual olvida la negociación *ex ante* y evalúa la justicia sólo en términos de los resultados. Al advertir que la justicia se administra de este modo, las negociaciones iniciales se harán en términos diferentes de los que se aceptarían si las partes recibieran la seguridad de que todo el contrato quedaría sujeto a revisión en la evaluación de los méritos de una relación contractual.

Sin embargo, persisten dos problemas difíciles para la adopción de la noción de la justicia como una negociación comprensiva: la distribución inicial de los recursos y la competencia de las partes para evaluar contratos complejos. El contrato debiera usarse para este propósito sólo si no puede lograrse por medios directos la redistribución más eficaz de la riqueza, y entonces sólo tras de considerar las respuestas adaptables antes mencionadas. A veces podrá justificarse la protección del consumidor cuando se piensa que hay graves problemas (reales o inventados) en el procesamiento de la información.

IX. LA ORGANIZACIÓN DEL TRABAJO I

La organización del trabajo es el tema de este capítulo y el siguiente. En este capítulo se imputa la justificación económica de la jerarquía al costo de transacción. En el capítulo x se examinarán las salvaguardas de la estructura de gobernación asociadas a los mercados internos de mano de obra.

Quienes creen que las ventajas del costo de transacción de la jerarquía sencilla son obvias, podrán omitir este capítulo y pasar directamente al siguiente.[1] Sin embargo, conviene señalar que los méritos económicos de la jerarquía han sido disputados recientemente por los economistas radicales y otros. Así pues, lo que antes se daba por sentado vuelve a examinarse convenientemente. Dado que los economistas radicales son los principales responsables de la acusación de que la jerarquía carece de un propósito económico redentor, este capítulo se concentra en los problemas presentados y analizados por esa literatura.

En el apartado 1 se bosqueja la explicación radical de la jerarquía. En el apartado 2 se introducen algunos aspectos olvidados del costo de transacción. En el apartado 3 se hace una descripción de seis modos de trabajo alternativos que difieren en términos del contrato, la propiedad y la jerarquía. En el apartado 4 se comparan los atributos de eficiencia de tales modos. En el apartado 5 se examinan los enfoques del estudio de la organización basados en el poder.

1. La explicación radical de la jerarquía

La explicación radical de la jerarquía se reduce a esto: 1) todos los propósitos legítimos de la organización en términos de la eficiencia pueden discernirse por referencia a la teoría neoclásica de la empresa; 2) la teoría neoclásica no toma en cuenta la jerarquía; en consecuencia, 3) la hipótesis alternativa —que la jerarquía opera al servicio del poder— gana.

Las contribuciones originales de Stephen Marglin (1974) y Katherine Stone (1974) son fundamentales para la crítica radical.[2] Marglin examina la posible justificación de la jerarquía en términos de la eficiencia por referencia al tratamiento de la división del trabajo de Adam Smith y en términos del desplazamiento histórico de los modos no jerárquicos por los modos jerárquicos. A la interrogante de "¿qué hacen los jefes?" contesta Marglin: los jefes explotan a los trabajadores y la jerarquía es el instrumento de organización para el logro de este resultado.

[1] Véase en Williamson (1975, cap. III) un enfoque anterior de la jerarquía sencilla menos extenso que el que aparece aquí.

[2] Véase en Bowles y Gintis (1976, cap. III) un resumen de los argumentos radicales donde destacan los ensayos de Marglin y de Stone.

1.1 *La fabricación de alfileres*

Afirma T. S. Ashton que es lamentable el examen de la organización del trabajo en el contexto de la fabricación de alfileres:[3] la fabricación de automóviles no es económicamente importante ni tecnológicamente interesante. Pero el ejemplo de la fabricación de alfileres tiene varias ventajas. Por una parte, la tecnología es simple. No sólo son relativamente sencillas las tareas y la instrumentación, sino que las etapas sucesivas de la fabricación de alfileres son tecnológicamente separables. Por lo tanto, no hay lugar para descartar de entrada ciertos tipos de modos de trabajo no jerárquicos a causa de los "imperativos de la tecnología". Por el contrario, un gran conjunto de modos de organización son tecnológicamente viables, y puede afirmarse que las transacciones son más determinantes que la tecnología.

Segundo, el ejemplo de la fabricación de alfileres tiene la ventaja de ser ya familiar para los científicos sociales. De hecho, sería difícil citar otro caso donde se consideren tan claramente establecidas las economías derivadas de la especialización de la mano de obra. No sólo analiza Smith detalladamente el proceso de producción, sino que Charles Babbage (1835, pp. 175-183) y Ashton (1925) ofrecen descripciones más completas aún. Tercero, y relacionado con lo anterior, aunque durante largo tiempo se pensó que no era controversial el uso que hace Smith del ejemplo de la fabricación de alfileres para ilustrar las ventajas de la especialización del trabajo, afirma Marglin que el análisis que hace Smith de los modos alternativos de la organización de la fabricación de alfileres es incompleto y a favor de la jerarquía. Así pues, se debate con fervor si la fabricación de alfileres debe organizarse en forma jerárquica.

Convendrá recordar en detalle el análisis de la división del trabajo que hace Smith en el contexto de la fabricación de alfileres. Observó Smith que

> [...] en la forma en que se realiza ahora este negocio, no sólo es una actividad peculiar todo el trabajo, sino que se divide en varias ramas, la mayoría de las cuales son también actividades peculiares. Un hombre saca el alambre, otro lo endereza, un tercero lo corta, un cuarto lo afila, un quinto lo aplana en la parte superior para recibir la cabeza, la fabricación de la cabeza requiere dos o tres operaciones distintas; la colocación de la cabeza es una actividad especial; otra es el blanqueado de los alfileres; incluso es una actividad por sí misma la colocación de los alfileres en el papel; y así el importante negocio de la fabricación de un alfiler se divide en cerca de dieciocho operaciones distintas, las que en algunas fábricas son ejecutadas todas por manos distintas, aunque en otras un mismo hombre ejecutará a veces dos o tres de tales operaciones. He visto una pequeña fábrica de esta clase donde sólo estaban empleados diez hombres, de modo que

[3] Ashton (1925, p. 281) observó que en "los libros de texto y los exámenes escolares se ha otorgado al comercio de los alfileres de hace más de un siglo una prominencia que dista mucho de justificar el lugar que realmente ocupa entre las actividades económicas. A pesar de lo que dice Babbage, la fabricación de alfileres no constituye la ilustración ideal de la división del trabajo, y podemos secundar la lamentación del doctor Clapham de que 'Adam Smith no haya ido unas cuantas millas más allá de Kirkcaldy, a la fábrica Carron, para ver cómo producían y cargaban sus cañones, en lugar de su tonta fábrica de alfileres'".

algunos de ellos ejecutaban dos o tres operaciones distintas. Pero aunque eran muy pobres, y por lo tanto poco conocedores de la maquinaria necesaria, cuando se lo proponían podían fabricar entre todos cerca de doce libras de alfileres por día. Hay en una libra más de cuatro mil alfileres de tamaño mediano. Por lo tanto, esas diez personas podían hacer entre todas más de cuarenta y ocho mil alfileres por día. Así que cada persona, haciendo una décima parte de cuarenta y ocho mil alfileres, podía considerarse productora de cuatro mil ochocientos alfileres diarios. Pero si todas ellas hubiesen trabajado en forma separada e independiente, y sin que ninguna de ellas hubiese sido adecuada para esta actividad peculiar, es seguro que no habrían podido hacer veinte alfileres cada una, quizá ni siquiera un alfiler por día [Smith, 1922, pp. 6-7].

Smith identifica como sigue los factores responsables de las ventajas imputables a la división del trabajo:

> Este gran incremento de la cantidad de trabajo que el mismo número de personas puede realizar a resultas de la división del trabajo se debe a tres circunstancias diferentes; primero, al aumento de la destreza de cada trabajador particular; segundo, al ahorro del tiempo que suele perderse al pasar de una especie de trabajo a otra; por último, a la invención de gran número de máquinas que facilitan y abrevian el trabajo y permiten que un hombre haga el trabajo de muchos [p. 9].

Varias cosas son dignas de mención en estas observaciones. Por una parte, Smith es impreciso acerca de las relaciones de organización y propiedad existentes entre los trabajadores de la pequeña fábrica en cuestión, aunque podemos inferir que los trabajadores estaban sujetos a una relación de autoridad y que la planta y el equipo eran propiedad de un administrador-propietario capitalista que dirigía el trabajo. Segundo, sólo se considera una alternativa a la organización fabril de la clase descrita. La alternativa es que cada hombre trabaje "en forma separada e independiente", de modo que cada alfiler se fabrique por separado, desde el principio hasta el final, antes de que se inicie el trabajo en el alfiler siguiente. Intencionalmente o no, la comparación está inclinada así a favor de los modos fabriles de la organización.

Como señala Marglin (1974, p. 38), la fabricación separada de cada alfiler individual es algo absurdo. Pueden obtenerse economías de la destreza y del tiempo de preparación sustituyendo la fabricación separada por el procesamiento en hornadas: "Parece haber sido tecnológicamente posible la obtención de economías de reducción del tiempo de preparación *sin* especialización. Un trabajador, con su esposa y sus hijos, podría haber procedido de tarea en tarea, sacando primero alambre suficiente para centenares o millares de alfileres, estirándolo luego, cortándolo, y así sucesivamente con cada operación sucesiva, obteniendo así las ventajas de la división de la producción total en tareas separadas." De hecho, en opinión de Marglin, la "división del trabajo capitalista" tipificada por el famoso ejemplo de la fabricación de alfileres de Adam Smith, no fue el resultado de la búsqueda de una organización del trabajo *tecnológicamente* superior, sino de la búsqueda de una *organización* que garantizara al empresario un *papel* esencial en el proceso de producción, como integrador de los esfuerzos separados de sus trabajadores en un producto vendible en el mercado" (1974, p. 34; sin cursivas en el original).

1.2 *El poder*

Como antes vimos, el familiar marco neoclásico de la función de producción, en el que la economización se lograba principalmente mediante la igualación de las tasas marginales de transformación a los precios relativos de los factores, es claramente nocivo para la proposición de la importancia de la forma organizativa. Marglin reconoce esto y parece conceder que la organización jerárquica genera economías de otras clases. Por lo tanto, describe Marglin como sigue el éxito de la fábrica (jerarquía) sobre el sistema de trabajo a domicilio:

> La aglomeración de los trabajadores en fábricas fue un resultado natural del sistema de trabajo a domicilio (debido a sus contradicciones internas, si se quiere) cuyo éxito tenía poco o nada que ver con la superioridad tecnológica de la maquinaria a gran escala. La clave para el éxito de la fábrica, al igual que su aspiración, fue la sustitución del control del proceso de producción de los trabajadores por el control de los capitalistas; la disciplina y la supervisión podían reducir los costos, y los redujeron, *sin* ser tecnológicamente superior [1974, p. 46; cursivas en el original].

Otras ventajas de productividad de la jerarquía, por comparación con el sistema de trabajo a domicilio, son el hecho de que la jerarquía permite una apropiación más completa de los beneficios de la innovación (Marglin, 1974, p. 48) y el hecho de que sirve para frenar "los hurtos y engaños semejantes" (p. 51).

A pesar de las consecuencias de productividad y eficiencia de tales clases, los economistas radicales afirman que la jerarquía carece de un propósito social redentor. Por una parte, las ganancias de la productividad imputables a la disciplina son involuntarias. Presumiblemente, la desutilidad del trabajo compensa con creces las ganancias de la producción resultantes de la disciplina.[4] En segundo lugar, aunque la jerarquía puede frenar las desventajas de transacción asociadas a los modos no jerárquicos, tales desventajas se consideran evidentemente poco importantes o se explican por defectos institucionales remediables. Como un ejemplo de esto último, Marglin sostiene (1974, p. 49) que el sistema de patentes podría modificarse en formas que viciaran las ventajas innovativas asignadas ahora a la jerarquía por el sistema de patentes. En consecuencia, su respuesta a la interrogante: "¿Es la autoridad jerárquica realmente necesaria a elevados niveles de la producción?" parece ser principalmente negativa. Aunque la jerarquía puede favorecer la acumulación de capital (p. 34), la unión de la organización jerárquica del trabajo con una extensa división del trabajo es artificial y tiene por objeto el propósito explotador de '¡divide y vencerás!' antes que el de la eficiencia" (p. 39).

[4] No se considera aquí la posibilidad de que los trabajadores perciban los beneficios de la supervisión, ni la posibilidad de que la supervisión se imponga por consentimiento mutuo para evitar que haya arrimadizos entre los miembros de una fuerza de trabajo interdependiente. Alchian y Demsetz (1972) señalan que tal consentimiento mutuo motiva a la "empresa capitalista clásica".

Los economistas radicales no afirman sólo que la jerarquía carece de una justificación de eficiencia imperiosa, sino también que la historia de la jerarquía apoya la hipótesis alternativa, a saber, que la jerarquía surgió al servicio del poder capitalista sobre los trabajadores. La interpretación que hace Stone (1974) de la transformación de la industria siderúrgica a fines del siglo XIX desarrolla el argumento en una forma que tanto Samuel Bowles y Herbert Gintis (1979) como Marglin (1974) encuentran decisiva. Los economistas radicales afirman también que los modos de trabajo no jerárquicos no sólo son más eficientes sino que producen mayor satisfacción en el trabajo (Bowles y Gintis, 1979, pp. 78-81).

En el apartado 5 se interpreta la transformación de la industria siderúrgica en términos del costo de transacción, mientras que la satisfacción del trabajo se difiere para el capítulo siguiente. El problema fundamental, y mi interés principal aquí, es una evaluación de los modos de trabajo alternativos en términos del costo de transacción. Si, como se alega, la jerarquía no sirve a los propósitos de la eficiencia, la hipótesis de la relación de poder es más vigorosa. Pero si la jerarquía sirve para economizar los costos de transacción, deberemos considerar seriamente una explicación alternativa de los sucesos históricos a los que se refieren Marglin y Stone.

2. Aspectos del costo de transacción

Recordemos que en el mapa cognoscitivo del contrato presentado en el capítulo II se distinguen dos ramas de la economía del costo de transacción: una rama de gobernación, donde interesa la toma de decisiones adaptables, secuencial, y una rama de medición donde los problemas son imputables a la repercusión de la información. En realidad, las dos condiciones suelen unirse (Alchian, 1984, p. 39). Mi estudio de la organización de los mercados intermedios del producto se ocupa principalmente de la gobernación. Si existen problemas de medición, se supone que varían directamente con la especificidad de los activos.

Mi análisis de la organización del trabajo y de las organizaciones corporativas en este capítulo y los siguientes toma también en cuenta otros aspectos de la medición. De los dos, el lado de la gobernación sigue siendo la fuente principal de las implicaciones refutables, pero la atención expresa a la medición es más importante e incluso esencial.

2.1 *La transformación fundamental*

La explicación radical de la fabricación de alfileres y de la organización del trabajo no toma en cuenta la especificidad de los activos y sus ramificaciones organizativas. Aun suponiendo que las máquinas usadas en la fabricación de alfileres fuesen intercambiables de una fábrica a otra de modo que no hubiese ninguna especificidad de los activos físicos, el equipo de una fábrica de alfileres tendría rasgos de especificidad del sitio (no estaría "sobre ruedas").

Además, es plausible que los trabajadores desarrollaran conocimientos y habilidades específicos de la empresa.[5] Dada una especificidad no trivial de los activos en algunos aspectos del sitio o de los activos humanos, las estaciones sucesivas operarían después en una relación de intercambio bilateral *ex post* entre sí. A pesar de que al principio pudo haber existido una condición de gran número de solicitantes, si la transformación fundamental ocurrió luego, la configuración final deberá requerir una estructura de gobernación especializada.

En realidad, los economistas radicales no son los únicos culpables de no reconocer esa condición y su importancia organizativa. Pero se encontraban claramente en mejor posición que los economistas de inclinación ortodoxa para ocuparse de tales cuestiones. Marglin y otros autores habían pasado ya a un nivel de análisis más microanalítico en sus esfuerzos por evaluar la organización del trabajo. Implícitamente, la transacción se había convertido en la unidad básica del análisis. El paso siguiente era la aplicación del análisis institucional comparado a las estructuras alternativas viables de la organización. Sin embargo, se quedaron cortos y se conformaron con afirmar que los modos de organización no jerárquicos tienen buenas propiedades de eficiencia, si no superiores.

2.2 *La medición*

Las dificultades de la medición que nos interesan, sobre todo en este capítulo y los siguientes, son imputables a una condición de repercusión de la información. Una de las partes de una transacción tiene un conocimiento más completo que la otra; la superación de esta condición asimétrica es costosa y origina un riesgo de negociación. Los mercados fallan a veces por esta razón (Akerlof, 1970). Pero no es la única posibilidad, ni siquiera la principal. A menudo ocurren respuestas organizativas que sirven para mitigar el riesgo.

Pueden distinguirse dos respuestas: una respuesta de incentivo y otra de medición. La respuesta de incentivo relaja la conexión existente entre las recompensas de un indicador de la actuación imperfectamente observado, lo que debilita el incentivo del engaño. Por ejemplo, los trabajadores a destajo tienen incentivos para deteriorar la calidad más fuertes que los incentivos de los trabajadores por horas. La respuesta de medición puede incluir el rediseño del producto o la reorganización de la tarea. En ambos casos se trata de mostrar con más precisión los atributos verdaderos.

Aunque los economistas radicales consideran el tortuguismo, el hurto y el deterioro de la calidad como efectos de redistribución del ingreso, el hecho

[5] La fabricación de alfileres requiere la adquisición de habilidades especiales: cortar, aguzar, enderezar, etc. No es obvio que estas actividades ocupen mucho o poco tiempo; conjeturo que las habilidades necesarias se aprenden rápidamente. En todo caso, muchas de tales habilidades son presumiblemente transferibles a las empresas rivales en la fabricación de alfileres. Por lo tanto, si la industria de los alfileres no está concentrada, la especialización de las habilidades no será necesariamente un fuerte impedimento para el desplazamiento de los activos humanos. Sin embargo, las características del equipo humano pueden complicar eso y favorecer una relación de empleo a más largo plazo.

es que de aquí surgen numerosas consecuencias para la asignación de los recursos. Por una parte, las inversiones en productos y tecnologías que estén más sujetos a tales pérdidas se verán relativamente discriminadas. En segundo lugar, los mercados negros en los que se comercia el producto hurtado son ineficientes. En tercer lugar, los esfuerzos que se hacen para vigilar tales pérdidas requieren el uso de recursos reales. Ocurren nuevas distorsiones porque los sistemas que están más sujetos al tortuguismo y el hurto inducirán ajustes salariales que castigan a los trabajadores menos inclinados a tales engaños. (No es por accidente que predominen en algunas ocupaciones quienes tienen pocos escrúpulos. Los más escrupulosos simplemente no aguantan.)

3. Un marco institucional comparativo

3.1 *Supuestos*

Afirma Marglin que la naturaleza no experimental de las ciencias sociales contribuye al descuido continuo de la organización interna. Si no ocurriera así, se diseñarían y probarían experimentalmente otros modos de organización, incluidos los modos de trabajo igualitario (Marglin, 1974, pp. 33-34). Aunque acepto que tiene gran mérito la prueba experimental de esa clase, creo que puede descubrirse mucho acerca de la eficiencia de los modos de trabajo alternativos mediante una evaluación abstracta de sus propiedades de transacción. Por lo menos, el análisis *a priori* de los atributos de transacción de modos alternativos debiera permitir una gran delimitación de los problemas empíricos.

Dado que los modos alternativos se encontrarán en una paridad tecnológica y de localización, convendrá especificar en primer término las características de manufactura común asociadas a cada uno de ellos. Uno de los problemas más graves de la literatura de los modos de trabajo es el hecho de que tales supuestos se hacen raramente explícitos. Los supuestos siguientes se mantendrán en esta sección y las dos siguientes y, excepto cuando se diga lo contrario, se aplicarán en todos los modos:

1. El equipo especializado, siempre que pueda utilizarse a la capacidad de diseño, facilita la fabricación de alfileres a bajo costo. Al colocar el equipo en su lugar se incurre en costos de instalación no triviales.
2. Los trabajadores adquieren destreza por las operaciones repetidas de la misma clase, aunque esto está sujeto a rendimientos decrecientes.
3. Para ahorrar en los gastos de la transportación, es conveniente que todas las operaciones de la fabricación de alfileres se completen en un lugar común, de modo que todo el trabajo se realice bajo el mismo techo, a excepción del sistema de trabajo a domicilio.
4. El edificio común es rentado y, cualesquiera que sean los arreglos de propiedad y utilización de las estaciones, no surgen problemas respecto de los pagos de la renta del edificio.
5. Las etapas sucesivas de la manufactura son separables en el sentido de

que la colocación de un inventario de contingencia entre ellas permite que el trabajo de cada etapa proceda independientemente de la otra.
6. La línea de producción está equilibrada en el siguiente sentido muy especial: las estaciones de trabajo están diseñadas de tal modo que, en ausencia de hechos inesperados, se asegura un flujo sostenido de producto intermedio entre las estaciones colocando en cada estación un solo trabajador plenamente ocupado.
7. Las transacciones de mercado para el producto intermedio son muy costosas.
8. Los trabajadores empleados bajo cada modo constituyen una muestra al azar de la población técnicamente calificada de la que forman parte.
9. La inversión de reposición ocurre rutinariamente y se omite la inversión para fines de la expansión.

Los primeros cuatro supuestos son relativamente indiscutibles. El quinto supuesto (la separabilidad) significa que las diferencias existentes entre los modos de trabajo dependen de consideraciones de transacción antes que tecnológicas. La unión de esto con la condición de un hombre en cada estación (supuesto 6) significa efectivamente que la tecnología asociada al sistema del trabajo a domicilio no es inferior; más bien, la misma tecnología es viable y común para todos los modos.

Como se señaló antes, el supuesto de un hombre en cada estación es muy especial. Sirve para concentrar la atención en los problemas del costo de transacción, hasta ahora descuidados, y suprime las consideraciones tecnológicas, cuya importancia se había exagerado previamente. La corrección del equilibrio mediante la estratagema de un hombre en cada estación produce un resultado poco "representativo". Sin embargo, es digno de mención que los mismos atributos de costo de transacción de la organización del trabajo que este instrumento ayuda a aislar aparecen también en el contexto de las estaciones de varias personas. En consecuencia, conservaremos el supuesto a lo largo del capítulo. Las observaciones de Pat Hudson acerca de la organización y la tecnología, así como su evaluación de la protoindustrialización, son instructivas: "podrían obtenerse considerables economías de costos [...] sin el cambio técnico" (1981, p. 46). De hecho, afirma Hudson, y luego lo demuestra, "gran parte del desarrollo fabril inicial ocurrió para alcanzar economías y eficiencias organizativas, y no por los dictados tecnológicos" (Hudson, 1981, p. 46).[6]

El supuesto de que los mercados del producto intermedio funcionan mal centra la atención en las propiedades de transacción de la organización *interna*. Si las alternativas de mercado del intercambio interno pudieran ejercitarse a escaso costo, la elección entre modos alternativos internos se volvería menos importante, ya que siempre puede obtenerse el alivio del mercado

[6] Conviene comparar las opiniones de Hudson con las de otro historiador económico, S. R. H. Jones (1982). En otra parte (Williamson, 1983) he afirmado que la utilización de la tecnología por parte de Jones no basta para explicar la organización del trabajo. Su análisis no comparativo no es persuasivo.

cuando los modos internos amenazan con dejar de funcionar. El supuesto 7 descarta esa posibilidad.

El supuesto de que los trabajadores empleados bajo cada modo constituyen una muestra al azar de la población impide la posibilidad de que los trabajadores combinen sus preferencias hacia los modos de trabajo de manera discriminante. Así pues, aunque ciertos modos de trabajo pueden ser competitivamente viables si se equipan con trabajadores dotados de atributos *especiales*, esto es impedido por la estimulación de la asignación aleatoria, en cuyos términos se evalúan todos los modos en lo tocante a una fuerza de trabajo común.

El supuesto 9 permite dejar de lado los problemas de la nueva inversión; se centra la atención en los atributos de operación y adaptación de modos alternativos. Ello tiene dos ventajas. Primero, las propiedades de inversión de arreglos alternativos de la propiedad han sido investigadas en el marco neoclásico. Los estudios de Vanek (1970), Meade (1972) y Furubotn (1976) confirman que los modelos de propiedad colectiva están afectados por los problemas de la inversión. Segundo, los atributos de operación y adaptación de modos de trabajo alternativos han sido relativamente descuidados en la literatura anterior. La omisión de la inversión de los atributos de la actuación examinados sirve para compensar ese desequilibrio.

Veamos ahora una descripción de los modos alternativos. Se describen seis modos diferentes primero en términos de la propiedad y luego en términos de la contratación. Para los fines del costo de transacción y para los fines del estudio de la jerarquía, los términos de la contratación son más importantes. Pero la propiedad es la forma más familiar de la descripción de los modos de trabajo, de modo que la emplearemos primero.

3.2 *Modos alternativos/propiedad*

Consideraremos tres tipos de relaciones de propiedad de las estaciones —empresarial, propiedad colectiva, y capitalista—, con dos variantes cada uno.

a. *Modos empresariales*

Los modos empresariales son aquellos en los que cada estación es propiedad de un especialista, quien la opera.

1. *El sistema de trabajo a domicilio.* Un comerciante-coordinador provee las materias primas, es propietario de los inventarios del trabajo en proceso, y celebra contratos con los empresarios individuales, cada uno de los cuales desempeña una de las operaciones básicas en su hogar, usando su propio equipo. El material se mueve de una estación a otra (de casa en casa) en lotes bajo la dirección del comerciante-coordinador.

Landes ha descrito el sistema de trabajo a domicilio como sigue:

Los comerciantes-fabricantes "entregan" materias primas —lana cruda, hilo, rodillos metálicos, según el caso— a trabajadores aldeanos dispersos, para que las conviertan en productos terminados o semiterminados. A veces, el trabajador era responsable de más de un paso en el proceso de producción: el hilado y el tejido eran una combinación típica. Pero el sistema era compatible también con la división del trabajo más refinada, y en la manufactura de cuchillería de Solingen o de Thiers, o en los trabajos de clavos de Iserlohn, el proceso manufacturero se fragmentaba hasta en una docena de etapas, mientras que cada taller aldeano se especializaba en una de ellas. El trabajo a domicilio fue un paso importante en el cambio hacia el capitalismo industrial. Por una parte, aproximó la organización industrial a la moderna división entre los empleadores que son dueños del capital y los trabajadores que venden su mano de obra. En realidad, la mayoría de los trabajadores eran propietarios de su telar y los fabricantes de clavos eran propietarios de su forja. Pero no eran empresarios independientes que vendieran sus productos en el mercado abierto; más bien eran contratistas, generalmente atados a un empleador particular, a quien aceptan proveer una cantidad dada de trabajo a un precio estipulado por adelantado [Landes, 1966, p. 12].

2. *El modo federado.* Las estaciones se localizan una al lado de la otra en una instalación común. El producto intermedio se transfiere entre las etapas de acuerdo con un contrato. Para evitar la necesidad de la supervisión o la coordinación continua, se introducen inventarios de contingencia en cada estación. Sujeto a la condición de que los inventarios de contingencia no bajen más allá de los niveles prescritos, en cuyo caso se impondrán castigos, cada trabajador trabaja a su propio paso.

Es incierto y quizá dudoso que se haya usado alguna vez este modo. Por lo tanto, aunque Landes (1966, p. 14) observa que la práctica de "arrendar espacio y energía en una fábrica a artesanos individuales, cada uno de los cuales conducía su propia empresa", era común en la Inglaterra del siglo XIX, no está claro si se intercambiaba producto intermedio entre las estaciones o si cada estación era autónoma.

Hudson observa también que "la mayoría de los primeros talleres laneros eran ocupados y administrados, si no es que enteramente financiados, por pequeños fabricantes [. . .] antes que por ricas empresas mercantiles" y explica esto por "el hecho de que el tamaño y el costo de una fábrica competitiva eran pequeños en la rama de la lana hasta bien entrado el siglo XIX. Más importante era el hecho de que el arrendamiento y el arrendamiento múltiple de las fábricas era algo común durante todo el periodo" (1981, p. 48). De nuevo, no está claro si cada arrendamiento era autónomo o había comercio entre las estaciones. En principio, sin embargo, es posible que haya habido comercio.

Además, conviene considerar el modo federado como un desarrollo evolutivo, así sea sólo en términos hipotéticos. Por una parte, ilustra el uso del análisis comparado microanalítico en la investigación de las propiedades de nuevas formas de organización. Una vez descrito un modo abstracto, se establecen con relativa facilidad sus propiedades de incentivo y contratación en relación con otros modos. Por otra parte, el modo federado tiene la atractiva propiedad de preservar una autonomía considerable para los trabajadores.[7] En consecuencia, se favorecen presumiblemente las relaciones de trabajo igualitarias.

b. *Propiedad colectiva*

Las estaciones de trabajo son aquí una propiedad común de todo el grupo de trabajadores.

3. *El en-comunal.* Aunque las estaciones son de propiedad común, cada hombre tiene derecho al producto asociado a sus propios esfuerzos. Para facilitar la adquisición de la destreza y economizar en los costos de la instalación, cada trabajador se ocupa en un proceso de manufactura en lote. El movimiento ordenado del producto se logra haciendo que los trabajadores se muevan entre las estaciones sucesivas a intervalos prescritos (por hora, por día, por semana, o el periodo que parezca más apropiado), cada uno llevando su propio inventario de trabajo en proceso consigo y vendiendo su producto final en el mercado.

Se usa el prefijo "en" para enfatizar que éste es un sistema de cada hombre para sí mismo.[8] Así pues, aunque los trabajadores unen sus recursos respecto de la propiedad de la planta y el equipo y se hacen movimientos ordenados entre las estaciones por calendario, no hay especialización entre los trabajadores. Esa reunión de la propiedad común con una regla de cada hombre para sí mismo es lo que Harold Demsetz (1967, p. 54) ha descrito en otra parte como el modo comunal. Como sería de esperarse, la combinación de la propiedad comunal con la apropiabilidad "en" conduce a resultados de ejecución mixtos. Pero no se puede concluir que la propiedad colectiva sea inferior a la propiedad privada porque haya defectos en el modo en-comunal. Si pueden crearse modos colectivos, tales como el grupo de colegas, dotados de mejores propiedades que el en-comunal, debieran tomarse en cuenta.[9]

4. *Grupos de colegas,.* Se obtiene el mismo arreglo de propiedad que en el modo en-comunal, pero no se compensa a los trabajadores de acuerdo con su propio producto sino que se les paga el producto medio del grupo.[10] Los

[7] Un modo menos autónomo sería la transferencia del trabajo a domicilio a la fábrica. En lugar de que cada estación de trabajo celebrara contratos con la estación predecesora y la estación sucesora, todos los contratos estarían mediados por un agente central, el comerciante-coordinador. Dado que las propiedades de eficiencia sencilla de este modo son sustancialmente idénticas a las del sistema de trabajo a domicilio, excepto en lo relacionado con el gasto de transportación, el modo federado, con una contratación bilateral entre las estaciones, tiene propiedades más interesantes. Freudenberger y Redlich (1964, p. 394) conjeturan: "Muy probablemente, los primeros talleres consolidados, de administración central, eran poco más que arreglos de trabajo a domicilio concentrados."

[8] Alternativamente, podría usarse el prefijo "en/s", para hacer referencia a cada persona para sí misma. Para abreviar, uso "en".

[9] Demsetz estaba pensando en el uso de la tierra, más que en la manufactura de lotes de piezas, en su estudio de la propiedad comunal. Conjeturo que el grupo de colegas tiene de ordinario propiedades superiores también a las del modo en-comunal para el uso de la tierra.

[10] No hay necesidad de especificar el producto medio del grupo. Cualquiera de una diversidad de programas de remuneración de producto no marginal podrá funcionar.

trabajadores pueden rotar entre las estaciones o especializarse en una o más estaciones. Además, a fin de evitar la necesidad de una discusión en el grupo total siempre que deba hacerse una adaptación o asegurar una coordinación mejor entre los miembros en lo tocante a los descansos en el trabajo, las tasas de producción variables, etc., los grupos de colegas pueden elegir "líderes" temporales que tomen decisiones de operación —pero no estratégicas— a nombre del grupo. Sin embargo, es importante que el liderazgo rote entre los miembros del grupo para evitar las relaciones jerárquicas rígidas.[11] Ernest Mandel (1968, p. 677) ha propuesto en ese espíritu un sistema de autoadministración "en el que todos se turnarán para realizar el trabajo administrativo y donde se abolirán las diferencias entre 'director' y 'dirigido'". La combinación de una regla de repartición no marginal de la productividad con la toma democrática de las decisiones es lo que caracteriza la organización del grupo de colegas.[12]

c. *Modos capitalistas*

Bajo los modos capitalistas, una sola de las partes es la propietaria de los inventarios de todas clases (materias primas, producto intermedio, bienes terminados), de la planta y el equipo.

5. *Contratación interna.* El modo de organización de la contratación interna ha sido descrito sucintamente por Buttrick de la manera siguiente:

> Bajo el sistema de la contratación interna, la administración de una empresa proveía espacio de piso y maquinaria, aportaba materia prima y capital de trabajo, y se encargaba de la venta del producto final. Pero la brecha que mediaba entre la materia prima y el producto terminado no la llenaban empleados pagados ordenados en una jerarquía descendente [. . .] sino contratistas [internos] a quienes se delegaba el trabajo de producción. Estos contratistas contrataban sus propios empleados, supervisaban el proceso del trabajo, y recibían un pago a destajo [negociado] de la compañía [Buttrick, 1952, pp. 201-202].

El sistema de contratación interna permite que un capitalista dotado de un conocimiento técnico relativamente escaso emplee con productividad su capital al mismo tiempo que limita su participación a la negociación de contratos con contratistas internos, la inspección y coordinación del flujo de producto intermedio, y la asunción de responsabilidad por las ventas finales.[13] Howard Gospel observa que la contratación interna se usó ampliamente en los sistemas de proceso en lotes del siglo XIX (sin fecha, p. 7), pero no se empleó jamás en los ferrocarriles o en las industrias de proceso continuo (p. 9). Robert Eccles (1981) sostiene que la industria de la construcción se encuentra organizada todavía según los principios de la contratación interna.

[11] Branko Horvat incluye también la rotación en su análisis de la "empresa socialista" (1982, p. 244). Sin embargo, como veremos en el capítulo X, resulta difícil de lograr el ideal de la rotación.

[12] Véanse mayores detalles en Williamson (1975, cap. III).

[13] Véase una evaluación de los límites de la contratación interna en Williamson (1975, pp. 96-99). El apartado 6.1 del capítulo V analiza brevemente esta condición.

6. *La relación de autoridad.* La relación de autoridad comprende la propiedad capitalista del equipo y los inventarios aunados a una relación de empleo entre el capitalista y el trabajador. La relación de empleo es, intencionadamente, una forma incompleta de la contratación. Se asegura la flexibilidad porque el empleado está dispuesto a aceptar la autoridad en lo que se refiere a las asignaciones de trabajo, con la única condición de que el comportamiento exigido caiga dentro de la "zona de aceptación" del contrato. La participación en una organización bajo el modo de la relación de autoridad incluye así un acuerdo "de que dentro de algunos límites (definidos en forma explícita e implícita por los términos del contrato de empleo) [el empleado] aceptará como premisas de su comportamiento las órdenes e instrucciones que le dé la organización" (March y Simon, 1958, p. 90). En lugar de distribuir la autonomía contractual de un contratista interno, quien está sujeto sólo a restricciones de operación muy laxas (por ejemplo, que se satisfagan normas mínimas de calidad y que los inventarios de contingencia no bajen de los niveles prescritos más de cierto porcentaje del tiempo), el trabajador está sujeto ahora a una supervisión mucho más detallada.

3.3 *Modos alternativos, la contratación*

Deben distinguirse diferencias contractuales de dos clases. La primera y más importante compara los modos alternativos en términos de su grado de utilización de detalle contractual para coordinar la producción. Ésa es la distinción subrayada aquí y en el apartado 4. La segunda se refiere a la relación de negociación entre los agentes contratantes; este aspecto se examinará en al apartado 3.4.

Los seis modos alternativos examinados en este capítulo difieren significativamente en el grado de utilización de la contratación comprensiva. Para tres de los modos, la contratación (y recontratación) es la base exclusiva del intercambio del producto y el ajuste de las fases. En los otros tres modos se usa el contrato para proveer un marco sujeto a modificaciones en los intervalos de la renovación contractual. Pero en el contexto de ese marco, las operaciones diarias están gobernadas por un proceso administrativo. Llamaremos contratación continua y contratación periódica, respectivamente, a los dos estilos de organización diferentes.

a. *La contratación continua*

Ambos tipos de modos empresariales (trabajo a domicilio y modo federado), así como la contratación interna, utilizan ampliamente la contratación. El repartidor de trabajo y el capitalista sirven como el agente de contratación común en el primero y el tercero de los casos, mientras que los trabajadores del modo federado celebran contratos bilaterales con los propietarios de las estaciones previas y posteriores. Una característica común de los modos de contratación es el hecho de que cada trabajador mantiene una autonomía considerable y, una vez fijados los términos del contrato, reclama una corriente de beneficios bien definida. Dado que las ganancias de un agente se logran con frecuencia a expensas de otro, las relaciones entre las partes son altamente calculadoras.

Los problemas de tales modos de contratación son de dos clases. Primero, ¿podrá describirse, negociarse y ejecutarse a bajo costo el contrato complejo que se requiere? Las consideraciones de la racionalidad limitada impiden la realización de la contratación comprensiva. Dada la falta de viabilidad de tal contratación completa, tendrán que afrontarse los riesgos de la contratación incompleta.

Dado que las relaciones de negociación entre estaciones sucesivas son necesariamente de números pequeños, abundan los problemas del monopolio bilateral. En realidad, se considera una relación recurrente a largo plazo entre las partes. En consecuencia, se desalienta la búsqueda miope, desenfrenada, de metas secundarias. Pero no es realista esperar que las partes autónomas se adapten a circunstancias imprevistas, por ende no planeadas, en una forma de maximización del beneficio sin arreglar primero sus reclamaciones respectivas sobre las corrientes de beneficio mediante una negociación intensa, de interés propio. La mera transferencia de una transacción hacia afuera del mercado y su organización interna no armoniza el intercambio por sí sola. La perspectiva y la realidad de tal negociación recurrente es un impedimento grave para los modos de trabajo autónomos, de contratación interna.

b. *Contratación periódica*

No hay intercambio de producto intermedio entre los miembros de las empresas en-comunales, de modo que casi no hay ocasiones para contratar bajo ese modo. Sin embargo, podrían negociarse contratos *ad hoc* si los trabajadores quedaran inhabilitados, ya que los inventarios de trabajo en proceso quedarían de otro modo ociosos. También tendrán que celebrarse acuerdos sobre la inversión original, la reinversión y el mantenimiento. Aunque éstas no son cuestiones triviales, no surgen los problemas de la contratación recurrente que aparecen en conexión con las operaciones diarias en cada uno de los modos de contratación antes descritos.

Los miembros de los grupos de colegas tienen una necesidad menor aún de la contratación. El trabajo que deje de hacer un trabajador inhabilitado será completado por sus asociados. En realidad, tendrían que acordarse los términos de la afiliación y la separación de los miembros. Pero no ocurriría ninguna contratación bilateral entre estaciones sucesivas sobre cuestiones operativas. Para ajustar las relaciones entre estaciones se recurre a la toma democrática de decisiones, efectuada por el líder rotante o por un acuerdo del grupo en pleno.

La contratación bajo la relación de autoridad tiende a ser más completa, ya que debe haber un entendimiento explícito e implícito en lo tocante a la zona de aceptación de la relación de empleo (Barnard, 1938; Simon, 1957). Pero una vez logrado un acuerdo, éste es esencialmente un modo no contractual. En el marco de ese contrato bastante general se hacen adaptaciones operativas por las que el jefe y el trabajador convienen esencialmente en "hablar y escuchar". Las decisiones estratégicas que afectan la configuración global de la empresa se dejan principalmente a discreción del jefe.

3.4 *El grado de la jerarquía*

El grado de la jerarquía suele evaluarse en lo que se refiere a la toma de decisiones. Cuando la responsabilidad de la realización de adaptaciones se concentra en uno o unos cuantos agentes, la jerarquía es relativamente grande. En cambio, cuando las adaptaciones quedan en manos de agentes individuales o están sujetas a la aprobación colectiva, la jerarquía es ligera. Un procedimiento menos común de caracterización de la jerarquía, que sin embargo es útil, se relaciona con los términos contractuales. Si uno o unos cuanto agentes son responsables de la negociación de todos los contratos, la jerarquía contractual es grande. En cambio, si cada agente negocia cada fase por separado, la jerarquía contractual es débil.[14] Aunque hay una correlación de lugar fuerte y positiva entre los dos procedimientos de caracterización de la jerarquía en los modos de trabajo investigados aquí, la correlación no es perfecta. Es quizá interesante el hecho de que la propiedad se correlaciona imperfectamente con las jerarquías de ambas clases. Usando E, Co, y Cap para denotar el modo empresarial, el modo colectivo y el modo capitalista respectivamente, y usando llaves para denotar los empates (o casi empates), el ordenamiento de lugar de los modos, desde el menos jerárquico hasta el más jerárquico en lo tocante a los términos contractuales y la toma de decisiones, es el siguiente:

Grado de jerarquía (de menos a más)

	Contractual		*Toma de decisiones*
(1)	{ Federado (E) En-comunal (Co) Grupo de colegas (Co)	(1)	{ Federado (E) En-comunal (Co)
(2)	Trabajo a domicilio (E)	(2)	{ Trabajo a domicilio (E) Contratación interna (Cap)
(3)	{ Contratación interna (Cap) Relación de Autoridad (Cap)	(3)	Grupo de colegas (Co)
		(4)	Relación de autoridad (Cap)

[14] Adviértase en este sentido que el término de "jerarquía contractual" se refiere a la relación existente entre los agentes contratantes, no a la utilización de la contratación para efectuar adaptaciones. Los modos descritos antes como periódicos pueden tener (y algunos tienen sin duda) fuertes propiedades jerárquicas en los intervalos de renovación del contrato.

No hay ningún agente central de contratación en los modos de organización federado, en-comunal o grupo de colegas, así que está completamente ausente una relación contractual jerárquica. En cambio, hay un agente central en los otros modos. Aunque no es sencilla la caracterización de la relación jerárquica entre el agente central y los trabajadores, puede hacerse una descripción plausible de las relaciones existentes entre el trabajo a domicilio, la contratación interna y la relación de autoridad en términos de la fuerza de negociación de los trabajadores frente al agente central en el intervalo de renovación del contrato. Eso varía con 1) la medida en que los trabajadores han adquirido habilidades y conocimientos específicos de la empresa, 2) la organización colectiva entre los trabajadores, y 3) la propiedad de los activos físicos.

La adquisición de habilidades es la misma bajo los tres modos que cuentan con agente central, ya que cada uno de ellos comprende la especialización en un grado idéntico. Es posible que la organización colectiva sea ligeramente más fuerte bajo la relación de autoridad, ya que los trabajadores son aquí menos autónomos que bajo el trabajo a domicilio (en el que se dispersan) y la contratación interna (en la que se apropian corrientes de beneficios separables). Bajo el sistema de trabajo a domicilio, cada trabajador es propietario de sus activos físicos, pero el agente central es el propietario de las estaciones en ambos casos bajo la relación de autoridad y la contratación interna. El resultado es que la jerarquía contractual es débil en el trabajo a domicilio, mientras que la relación de autoridad y la contratación interna son un poco más fuertes en ese aspecto.

Consideremos ahora la jerarquía de la toma de decisiones. No hay ninguna relación de mando entre los miembros del modo federado y el modo en-comunal. El primero está gobernado por reglas y relaciones contractuales bilaterales; el segundo está gobernado por reglas y por una toma democrática de las decisiones. Existe una relación de mando relativamente débil en el modo de la contratación interna y el modo del trabajo a domicilio. El agente central de los contratos puede apelar a los trabajadores para que se adapten al cambio de las circunstancias de manera coordinada, pero los contratos gobiernan porque ha sido extensamente delegada la responsabilidad de las cuestiones de operación. Así pues, es posible que se necesiten la negociación y los sobornos si han de efectuarse algunos cambios favorecidos por el agente central en el ínterin. El grupo de colegas reconoce los beneficios de una estructura de mando mediante la designación de un líder que coordine los asuntos diarios. Sin embargo, la posición de líder rota regularmente y las decisiones estratégicas se toman sólo después de una discusión del grupo en pleno. Prevalece efectivamente la toma democrática de las decisiones. La relación de autoridad postula al principio que una relación de superior-subordinado gobernará en aspectos operativos y estratégicos. En realidad, la zona de aceptación de la relación de empleo, en la que los trabajadores aceptarán órdenes sin resistencia, está limitada por el acuerdo formal e informal. Pero una jerarquía de modo es un rasgo prominente de la relación de autoridad.

Aunque los modos capitalistas son más jerárquicos que los modos de la propiedad colectiva desde un punto de vista contractual, la jerarquía más decisiva para los fines de la actuación es la jerarquía de la toma de decisiones. La relación observada entre la propiedad y la jerarquía es muy débil en lo que respecta a la toma de decisiones. Los modos menos jerárquicos, el federado y el en-comunal, difieren en lo tocante a la propiedad (la propiedad empresarial y la propiedad colectiva, respectivamente). Los modos del grupo de colegas, el trabajo a domicilio y la contratación interna tienen grados de jerarquía intermedios, y cada uno de ellos pertenece a una clase de propiedad diferente. Aunque el modo más jerárquico en la toma de decisiones es el modo capitalista, la siguiente jerarquía de mando más fuerte tiene una propiedad colectiva.

4. Una evaluación institucional comparada

Dejando de lado los atributos socioeconómicos de la empresa ¿difieren sistemáticamente los modos de trabajo alternativos en lo tocante a la eficiencia? En primer término se propone un conjunto de criterios de eficiencia sencillos. Luego se intentan algunos ordenamientos generales de los modos de trabajo en lo relacionado a tales criterios.

4.1 *Criterios de eficiencia sencillos*

Ninguna de las 11 medidas de eficiencia que se describen más adelante deja de ser familiar. Cada una de ellas se reconocerá como una dimensión pertinente de la eficiencia, pero además, en un momento u otro, las ramificaciones de cada una para la organización del trabajo han sido discutidas ya por otros autores. Lo que ha faltado es una visión panorámica de los problemas. Ninguno de los modos ha sido evaluado sistemáticamente en lo tocante a los 11 criterios. Tampoco se han intentado comparaciones entre los modos en términos de los criterios.

Los 11 indicadores de la eficiencia se agrupan convenientemente en tres tipos: los atributos asociados al flujo del producto, la eficiencia con la que se asignan los trabajadores a las tareas, y las propiedades de incentivos de los modos alternativos. Adviértase que cada una de las 11 tesis de la actuación que siguen son de la clase de *ceteris paribus*.

a. *El flujo de producto*[15]

El gasto en transportación, los requerimientos de inventarios contingentes y las "fugas" de producto en etapas sucesivas del procesamiento son las cuestiones que evaluaremos aquí.

[15] Estas economías del flujo de producto se mencionan a menudo como la razón de la sustitución del sistema de trabajo a domicilio por el sistema fabril. Véase Babbage (1835, pp. 135, 213, 219) y a Freudenberger y Redlich (1964, p. 395). Sin embargo, como veremos más adelante, la cuestión es mucho más compleja.

1. *Gasto en transportación.* El transporte físico de los inventarios de trabajo en proceso, de una estación a la siguiente, es costoso. *Ceteris paribus,* se favorecen los modos que economizan el gasto en transportación.
2. *Inventarios de contingencia.* La separabilidad temporal entre estaciones de trabajo sucesivas se efectúa mediante la creación de un inventario de contingencia. Se favorecen los modos que economizan el nivel de los inventarios de contingencia.
3. *Fugas entre fases.* Las fugas entre fases se refieren a las pérdidas efectivas o potenciales de producto durante la manufactura. Se favorecen los modos que desalientan a costo bajo el hurto o disuaden el ocultamiento de los verdaderos atributos del producto intermedio a medida que se transfiere el producto entre las etapas.

b. *Atributos de la asignación*

Surgen problemas de asignación de tres clases. Primero, tenemos la cuestión de la asignación de trabajadores a las estaciones de trabajo. Luego está el problema del liderazgo, y por último, el problema de la contratación con especialistas que no son operadores.

4. *Asignaciones de estaciones.* Los talentos serán utilizados en forma efectiva en la medida en que se asignen los trabajadores a tareas para las que estén relativamente bien dotados. Éste es un problema de la especialización de los trabajadores. En el caso normal en que los trabajadores no están igualmente dotados para todas las tareas, se favorecen los modos que hacen asignaciones analíticas de empleos sobre la base de la ventaja comparativa.
5. *El liderazgo.* Los modos varían en el grado en que se requiera la coordinación y en la eficacia con la que se hagan las asignaciones del liderazgo. Se favorecen los modos que economizan en las necesidades de coordinación y hacen asignaciones de liderazgo analíticas.
6. *La contratación.* Aquí se trata de la capacidad para agregar las demandas y contratar con especialistas para servir a las necesidades de muchas estaciones (por ejemplo, los especialistas en mantenimiento).[16] Se favorecen los modos donde tal contratación se logra fácilmente.

c. *Atributos de incentivos*

Los incentivos diferenciales de estado estable e intertemporales originan algunos cambios en la actuación. Resultan especialmente interesantes los siguientes:

[16] Entre las ventajas de la fábrica identificadas por Baines (1835, p. 460) y por Babbage (1835, pp. 214-215) se encontraba el hecho de que permitía que los especialistas desempeñaran funciones de mantenimiento en varias máquinas colocadas en el mismo lugar.

7. *Intensidad del trabajo.* La intensidad del trabajo se refiere a la cantidad de energía productiva gastada en la tarea. Se favorecen los modos que desalientan el tortuguismo de los trabajadores.
8. *Utilización del equipo.* Se trata de saber si se utiliza el equipo con el cuidado apropiado. Se favorecen los modos que desalientan el abuso y el descuido del equipo.
9. *Sensibilidad ante el choque local.* Los choques locales son aquellos que afectan la estación de trabajo de un individuo. Tales son, por ejemplo, los paros del trabajo debidos a descomposturas de las máquinas o enfermedad de los trabajadores. Se favorecen los modos que facilitan la recuperación rápida.
10. *Innovación local.* Las innovaciones locales comprenden mejoramientos del proceso en estaciones individuales. Se prefieren los modos que promueven los cambios de los procesos que economizan el costo local.
11. *Sensibilidad ante el sistema.* Aquí nos interesa la capacidad para responder a las crisis del sistema y para reconocer e implantar innovaciones en el sistema (de proceso, producto u organización).[17] Se favorecen los modos que se adaptan fácilmente al cambio de las circunstancias del mercado y permiten que se hagan mejoras a los sistemas sin necesidad de una extensa renegociación contractual.

4.2 *Comparaciones de la eficiencia*

Aunque hay algunas dimensiones para las que se hacen con facilidad las clasificaciones de eficiencia mejor o peor (por ejemplo, el modo del trabajo a domicilio tiene las peores características de gasto de transportación; el modo en-comunal, donde los trabajadores se mueven sucesivamente entre las estaciones y se apropian los frutos de su propio trabajo, tiene las mejores propiedades de intensidad de trabajo y fugas entre las fases, pero es el peor en lo que respecta a la utilización del equipo; la relación de autoridad tiene las mejores propiedades de sensibilidad al sistema, etc.), se gana poco con el uso de un sistema de clasificación en cuatro grupos (mejor, bueno, malo, peor) en lugar de un ordenamiento más sencillo de dos variables en el que se asigna el valor de 0 a los modos malos o peores.[18]

En el cuadro IX-1 aparecen asignaciones bivariadas para cada una de las dimensiones sencillas de la eficiencia, donde se agrupan los modos de acuerdo con el tipo de propiedad. Aquí no se intenta ninguna justificación deta-

[17] Estos elementos podrían tratarse como categorías de la actuación separadas. Los ordenamientos de los modos por las dimensiones del choque sistématico y de la innovación sistématica son sustancialmente idénticos; de aquí surge la categoría compuesta de la sensibilidad sistémica.

[18] Véase en Williamson (1976) un sistema anterior de clasificación que utilizaba las cuatro asignaciones. S. H. Udy Jr. (1970) y Amartya Sen (1975, cap. III) trataron de evaluar la eficiencia de diversos modos de organización mediante el ordenamiento de sus propiedades de eficiencia. Ambos autores se ocupan de problemas más amplios del desarrollo económico (Udy desde un punto de vista antropológico) que los tratados aquí, y ambos tienen una pertinencia inmediata limitada para una evaluación de la manufactura en lotes, aunque Sen podría extenderse en esa dirección.

CUADRO IX-1. *Propiedades de eficiencia sencilla de modos alternativos, agrupamientos de la propiedad*

	Atributos del flujo de producto			*Atributos de la asignación*			*Atributos de los incentivos*				
Modo	*Gastos de transportación*	*Inventarios de contingencia*	*Fugas de interfases*	*Estación*	*Liderazgo*	*Contratación*	*Intensidad del trabajo*	*Utilización del equipo*	*Sensibilidad local*	*Innovación*	*Sensibilidad al sistema*
Empresarial											
Trabajo a domicilio	0	0	0	1	1	0	1	1	0	1	0
Federado	1	0	0	1	0	0	1	1	0	1	0
Colectivo											
En-comunal	1	0	1	0	1	0	1	0	0	0	0
Grupo de colegas	1	1	1	0	0	1	0	1	1	1	1
Capitalista											
Contratación interna	1	0	0	1	1	1	1	0	0	1	0
Relación de autoridad	1	1	1	1	1	1	0	1	1	0	1

llada de las asignaciones, pero puede consultarse al respecto a Williamson (1976, pp. 30-50). Sin embargo, la mayoría de las asignaciones son transparentes o evidentes en los análisis de las comparaciones de la propiedad y de la contratación que aparecen más adelante.

a. *Comparaciones de la propiedad*

El modo del trabajo a domicilio y el modo federado, que son los modos de la propiedad empresarial, tienen atributos más bien pobres en lo que respecta al flujo del producto, atributos mixtos en materia de asignación, y son indistinguibles en lo tocante a los incentivos. Dado que el modo federado comprende la concentración de las estaciones de trabajo en una localización común, se realizan economías de los gastos de transportación en relación con el modo del trabajo a domicilio. Sin embargo, son elevados los inventarios de contingencia en ambos, aunque las razones difieren. En el trabajo a domicilio, los inventarios son elevados porque cada estación trabaja con su propio calendario (sujeto a acuerdos de producción diaria o semanal), y el producto se mueve en embarques discretos. En el modo federado son elevados los inventarios de contingencia para reducir la dependencia temporal de las etapas predecesoras, las que están ligadas por contratos bilaterales. Los inventarios de contingencia pequeños conducirán presumiblemente a numerosas disputas si, como suele ocurrir, resulta costosa la evaluación de la responsabilidad por las fallas de la entrega.

Son elevadas las fugas entre las fases de ambos modos empresariales. En conexión con el modo del trabajo a domicilio se reportan problemas crónicos de hurtos y de calidad (Babbage, 1835, pp. 135, 219; Freudenberger y Redlich, 1964, p. 395; Marglin, 1974, p. 51). El hurto no es un problema para el modo federado, pero el control de calidad sí lo es. No sólo hay un incentivo para que cada etapa deteriore la calidad, sino que surgen problemas complejos de atribución cuando se registran quejas.[19]

El trabajo a domicilio tiene ventajas de liderazgo sobre el modo federado porque hay un agente contratante central. Sin embargo, la ubicación dispersa de las etapas dificulta el ejercicio del liderazgo en lo tocante a la contratación, la sensibilidad local o la sensibilidad al sistema. Por lo tanto, el trabajo a domicilio no recibe una calificación mejor que la del modo federado en tales dimensiones.

Los dos modos de la propiedad colectiva tienen atributos de flujo del producto generalmente bueno, propiedades de asignación más bien malas, y propiedades de incentivos muy diferentes. El modo en-comunal tiene mayores requerimientos de inventarios de contingencias, porque cada trabajador se mueve sucesivamente entre todas las etapas, llevando consigo su propio

[19] Por ejemplo, si la colocación de una cabeza en un alfiler depende de la forma en que se saque y se enderece el alambre, pero no del aguzamiento, si el aguzamiento precede a la colocación de la cabeza en orden de progresión, y si el descuido en la operación del aguzamiento puede traducirse en alfileres, quizá no sea fácil la determinación de la responsabilidad: ¿estuvo defectuoso el enderezado, o los alfileres chuecos se deben al manejo descuidado del aguzador?

inventario de trabajo en progreso. Suponiendo que los costos de instalación no son insignificantes, cada trabajador permanecerá en cada etapa durante un periodo considerable. Por lo tanto, los requerimientos de inventarios son correspondientemente grandes.

El modo en-comunal tiene excelentes incentivos de intensidad del trabajo, ya que cada trabajador se apropia los frutos de sus propios esfuerzos. En cambio, el grupo de colegas está sujeto a los abusos de los arrimadizos. (Aunque una selección cuidadosa de los candidatos a formar parte del grupo de colegas podría servir para frenar tales abusos, ello violaría el supuesto de la asignación aleatoria.) En otros sentidos, sin embargo, el grupo de colegas tiene propiedades de incentivos superiores a las del modo en-comunal. Ello ocurre porque tal grupo es un modo cooperativo, mientras que el modo en-comunal tiende a la suboptimización agresiva.

Tal suboptimización es especialmente evidente en el caso de la utilización del equipo. Los beneficios imputables a la utilización cuidadosa del equipo son obtenidos principalmente por otros, mientras que los costos de la utilización intensiva o descuidada se trasladan principalmente a otros; los incentivos adversos proliferan. Tendría que realizarse y vigilarse una negociación compleja para alterar ese resultado adverso. En cambio, los miembros del grupo de colegas no experimentan tales incentivos para el uso miope del equipo. Los aspectos de la suboptimización frente a la cooperación de los dos modos explican también otras diferencias de los incentivos.

La relación de autoridad tiene atributos de flujo de producto superiores a los del otro modo capitalista, el de la contratación interna. En ausencia de castigos por los inventarios excesivos de trabajo en proceso, los contratistas tienen el incentivo de acumular tales inventarios a fin de obtener una autonomía de operación mayor. Por contrato, la relación de autoridad no necesita recurrir a los castigos pecuniarios para movilizar los inventarios: el decreto será suficiente. Y puede tener inventarios bajos gracias a sus atributos superiores en el campo de la sensibilidad. Las fugas entre fases constituyen también un problema para la contratación interna, ya que los contratistas tienen un incentivo para suboptimizar (deteriorar la calidad) que no opera entre los empleados por horas.[20]

La contratación interna y la relación de autoridad tienen atributos de asignación uniformemente buenos. Pero tienen propiedades de incentivos muy diferentes, sobre todo porque los contratistas internos tienen mayor autonomía, se apropian los frutos de sus propios esfuerzos en mayor medida, y tienen que ser sobornados para adaptarse cooperativamente, mientras que los empleados que trabajan en un modo de relación de autoridad tienden menos a la búsqueda agresiva de metas y no se resisten a las adaptaciones porque no poseen los derechos de propiedad requeridos. Así pues, los contratistas internos trabajan intensamente e introducen innovaciones locales, pero

[20] El pago a destajo bajo la relación de autoridad crea incentivos para los trabajadores que se aproximan más a los de la contratación interna. En términos más generales, los trabajadores pagados a destajo tienen menos incentivos para actuar cooperativamente que los trabajadores pagados por hora cuando se proponen adaptaciones. Este tipo de limitación del pago al destajo no ha recibido la atención que merece.

CUADRO IX-2. *Propiedades de eficiencia sencilla de modos alternativos, grupos de contratación*

Modo	*Atributos del flujo de producto*			*Atributos de la asignación*			*Atributos de los incentivos*				
	Gastos de transportación	*Inventarios de contingencia*	*Fugas de interfases*	*Estación*	*Liderazgo*	*Contratación*	*Intensidad del trabajo*	*Utilización del equipo*	*Sensibilidad local*	*Innovación*	*Sensibilidad al sistema*
Modos de contratación continua											
Trabajo a domicilio	0	0	0	1	1	0	1	1	0	1	0
Federado	1	0	0	1	0	0	1	1	0	1	0
Contratación interna	1	0	0	1	1	1	1	0	0	1	0
Modos de contratación periódica											
En-comunal	1	0	1	0	1	0	1	0	0	0	0
Grupo de colegas	1	1	1	0	0	1	0	1	1	1	1
Relación de autoridad	1	1	1	1	1	1	0	1	1	0	1

responden en medida mucho menor a los requerimientos de la adaptación local o de sistema. De igual modo, dado que los contratistas internos no son dueños del equipo, puede ocurrir una mala utilización.

Específicamente, el horizonte de tiempo pertinente al que se refieren los contratistas internos es la fecha de terminación del contrato, Se harán reparaciones generadoras de beneficios que recuperan con creces los costos durante el intervalo del contrato, pero se diferirán las reparaciones cuyos beneficios pueden obtenerse sólo si el contratista gana la licitación de contratos sucesivos.[21] Así se demorarán las reparaciones del equipo de grandes proporciones y se dejarán en manos del capitalista en el intervalo de renovación del contrato. Incluso las reparaciones menores se pospondrán a medida que se aproxima la fecha de terminación del contrato.

b. *Comparaciones contractuales*

Consideremos ahora el cuadro IX-2, donde aparecen los mismos ordenamientos, sólo que aquí se agrupan los modos por sus atributos contractuales. Las características destacadas son las siguientes: 1) los modos de contratación continua tienen generalmente malos atributos de flujo de producto y atributos uniformemente malos en materia de sensibilidad local y sistémica; 2) los modos de contratación continua son uniformemente buenos en la asignación de estaciones, intensidad del trabajo e innovación local; 3) los modos de contratación periódica tienen atributos de flujo de producto generalmente buenos; y 4) aunque algunos modos de contratación periódica son buenos en materia de asignación y de incentivos, no sería posible afirmar que los modos de contratación periódica pertenezcan a ninguna de estas categorías generales.

c. *Agregación*

La agregación para obtener una calificación de eficiencia general para cada modo requiere el examen de la importancia relativa de los 11 indicadores de la eficiencia. Esto variará obviamentee entre las industrias. Pero supongamos que todos esos indicadores tienen el mismo peso y que se obtiene una calificación compuesta tomando la suma de hileras para cada uno. Surgen los ordenamientos siguientes:

[21] Esto supone que los contratistas internos no son compensados por las reparaciones que rinden beneficios más allá de la fecha de terminación del contrato ni se les rembolsa el tiempo ocioso si el capitalista debiera hacer reparaciones durante el intervalo del contrato. Lo primero plantea difíciles problemas de estimación del beneficio, mientras que la compensación del tiempo ocioso crearía incentivos para una utilización poco cuidadosa del equipo.

Modo	*Suma de hileras*
En-comunal	4
Trabajo a domicilio	5
Federado	5
Contratación interna	6
Grupo de colegas	8
Relación de autoridad	9

Incluso tomando en cuenta que los ordenamientos son muy generales, varias relaciones interesantes ameritan un comentario:

1. El modo en-comunal, que otorga a los trabajadores el mayor grado de variedad de empleos y parece grandemente favorecido por Marglin,[22] es el modo menos eficiente. Aunque es posible imputar la inexistencia del modo en-comunal a los esfuerzos perniciosos de intereses creados por eliminarlo, una explicación más plausible es que este modo se hunde por sus propias desventajas de eficiencia.

2. Los modos menos jerárquicos, en lo que respecta a la contratación y la toma de decisiones (véase antes el apartado 3.4), tienen las peores propiedades de eficiencia. En cambio, tanto el grupo de colegas como la relación de autoridad recurren ampliamente a una jerarquía de toma de decisiones, lo que de hecho explica en gran medida la actuación superior de cada uno de estos modos. Así pues, la hostilidad a la jerarquía carece de un fundamento institucional comparado. Es posible que haya tipos de jerarquías más y menos preferidos, pero la jerarquía misma es inevitable si no se sacrifica la eficiencia.[23]

3. Aparte del modo en-comunal, los modos de contratación periódica tienen propiedades de eficiencia superiores a las de los modos de contratación continua.

4. Los modos se listan aproximadamentre en el mismo orden en que han aparecido a través de la historia. Aunque puede sostenerse que los modos posteriores desplazaron a los anteriores porque los "intereses" estaban decididos a acabar con la autonomía, una hipótesis alternativa es que los modos sucesores tienen propiedades de eficiençia superiores a las de los modos predecesores. La progresión del trabajo a domicilio a la contratación interna y la relación de autoridad son especialmente dignas de mención en ese sentido.

5. El ordenamiento de los seis modos en términos de los diferenciales de poder entre el jefe y los trabajadores resulta difícil debido a la carencia de una métrica del poder. Sin embargo, tenemos la impresión de que existe una correlación de lugar positiva entre la eficiencia en la suma de hileras y el

[22] Véanse las observaciones de Marglin citadas antes, en el apartado 2.

[23] Louis Putterman, quien promovería un uso más extenso de los modos participativos, está de acuerdo (1982). Véase un breve análisis en Williamson (1981); véase también a Macneil (1974, p. 699).

poder. Al mismo tiempo, esa correlación no es perfecta. (El trabajo a domicilio, que otorga al jefe mayor poder que el grupo de colegas o el modo federado, tiene propiedades de eficiencia peores que ambos.) La prueba más adecuada de que el poder está impulsando los resultados organizativos sería una demostración de que los modos eficientes que sirven para concentrar el poder desplazan a los modos más eficientes donde el poder se encuentra distribuido más igualitariamente.[24]

5. El poder y la eficiencia

El argumento de que los modos sucesivos de organización representan adelantos de la eficiencia frente a los modos anteriores plantea a la literatura de la economía radical un dilema que fue evidente incluso para Karl Marx. Reseñaré aquí algunas de las tensiones consiguientes.

5.1 *Orígenes de la división del trabajo*

Al principio de su capítulo sobre la división del trabajo y la manufactura, describe Marx una organización en la que un capitalista emplea a varios artífices. Inicialmente cada artífice, con el auxilio de uno o dos aprendices, "construye todo el bien, de modo que realiza en sucesión todas las operaciones necesarias [...] en su antiguo estilo artesanal" (Marx, 1967, p. 337). Excepto por lo que toca a la propiedad del taller, eso parece corresponder al modo de organización en-comunal. Esto continúa hasta que cambian las circunstancias externas. Por ejemplo, "es posible que deba entregarse en un lapso dado una cantidad mayor del artículo" (p. 377). A resultas de los cambios, el trabajo se reorganiza temporalmente. "En lugar de que se permita a cada hombre realizar todas las operaciones en sucesión, estas operaciones se convierten en operaciones aisladas y desconectadas, realizadas una tras otra; cada una se asigna a un artífice diferente. [...] Esta repartición accidental se repite, desarrolla sus propias ventajas, y gradualmente se petrifica en una división sistemática del trabajo" (p. 337). Así pues, la división del trabajo resultante parece surgir como una respuesta de eficiencia al cambio de las circunstancias, más que como una conjura capitalista para dividir y conquistar.

5.2 *La declinación del trabajo a domicilio*

De igual modo, Harry Braverman reporta que las fases iniciales del capitalismo industrial "se caracterizaron por un esfuerzo sostenido de parte del

[24] Los problemas se discuten más detalladamente en el capítulo X, donde se examinan el grupo de colegas (empresa socialista) y la relación de autoridad (empresa capitalista). Horvat cree que hay necesidad de prohibir las empresas capitalistas porque la empresa socialista "no puede sobrevivir fácilmente en un ambiente capitalista, cualquiera que sea su eficiencia *potencial*" (1982, p. 455; cursivas en el original).

capitalista [...] para comprar mano de obra en la misma forma que compraba sus materias primas [...] Este intento asumió la forma de una gran variedad de sistemas de subcontratación y de 'trabajo a domicilio'" (1974, pp. 60-61). Braverman añade que "los sistemas de subcontratación y de 'trabajo a domicilio' estaban plagados de problemas de irregularidad de la producción, pérdida de materiales en tránsito y por hurtos, lentitud de la manufactura, falta de uniformidad e incertidumbre acerca de la calidad del producto. Pero sobre todo estaban limitados por su incapacidad para cambiar los procesos de producción" (p. 63). No resulta así sorprendente que tales formas tempranas de la organización fuesen sustituidas por otras que tenían mejores atributos de flujo de producto, asignación de tareas e incentivos. De nuevo, sin embargo, los cambios son impulsados por la eficiencia; para llegar a tales resultados no se necesita una conjura perniciosa de dividir y conquistar.

También resulta instructiva la explicación que hace Hudson de las diferencias existentes entre las ramas de la lana y los estambres de la industria textil en lo relacionado con los hurtos y la organización. Observa Hudson que los fraudes eran responsables de "considerables ineficiencias y desequilibrios en la economía" bajo el sistema del trabajo a domicilio a fines del siglo XVIII. Eran más severas en la rama de los estambres que en la de las lanas, sobre todo porque había menos trabajadores asalariados en las lanas "y los que había allí, estaban estrechamente supervisados en talleres pequeños. Pero en la rama de los estambres, los peinadores de la lana solían hurtar la lana de sus empleadores y los hiladores hilaban un hilo 'falso' o corto. Al ponerse de acuerdo con los operarios lograban a menudo que estos robos continuaran con impunidad" (Hudson, 1981, p. 50). La facilidad diferencial de los hurtos contribuyó a la transición más rápida hacia la producción fabril en la rama de los estambres (p. 52).

5.3 *Molinos de agua y de mano*

Marglin reseña la controversia de los molinos de mano y los molinos de agua en la Inglaterra feudal y observa que la centralización del maquinado bajo los molinos de agua tenía ventajas de ejecución contractual sobre el molino manual: "Debe de haber sido muy difícil impedir que el campesino 'hurtara' la porción de grano que correspondía 'justamente' al propietario si la operación de la molienda ocurría dentro del propio hogar del campesino. Bloch menciona los juicios legales que seguían sombríamente su curso interminable e infructuoso, dejaban a los inquilinos siempre como los perdedores', pero también *ocasionaban gran costo de tiempo, esfuerzo y dinero* para el propietario" (1974, p. 56; sin cursivas en el original). A pesar de los costos antes mencionados, Marglin interpreta la prohibición de los molinos manuales como un ejercicio del poder y una manifestación del conflicto de clases (pp. 55-58), ya que el molino manual era, en su opinión, un instrumento del mismo nivel tecnológico que el molino de agua.

Hay dos problemas. Primero, si los molinos hidráulicos tuviesen sólo beneficios de vigilancia y no ofrecieran ventajas tecnológicas sobre los molinos manuales, la solución obvia para la molienda del grano habría sido la concentración de todos los molinos manuales en un lugar central, insistiendo en su uso allí. Dado que los molinos manuales eran costos fijos, la inversión en equipo nuevo se habría evitado de ese modo. Pero en segundo lugar, y más importante, la evaluación de la elección de la técnica de molienda en términos de la tecnología frente a la energía resulta inaceptable si operan las diferencias del costo de transacción, como evidentemente operaban.

Pueden asociarse al molido manual del grano local desventajas de costo de transacción de dos clases. Primero, la compensación efectiva diferirá de la compensación reportada en favor de los miembros de la población campesina que estén más dispuestos a mentir, engañar y robar. Entre otras cosas, tal sistema de compensación se ve afectado por incentivos de selección adversos. En segundo lugar, y relacionado con lo anterior, el hurto del grano provocará que los propietarios se protejan: una vigilancia que es costosa y que se incluye debidamente en el cálculo social.

Esto no quiere decir que la medición sea una bendición sin reservas y no puede llevarse al exceso. Ello puede ocurrir y a veces ocurre. Pero estos problemas no son los que examina Marglin sino que surgen en unión de la economía de la atmósfera (Williamson, 1975, pp. 37-38) y al distinguir entre la cooperación superficial y la consumada (pp. 69-70). Ésas son cuestiones importantes de las que se ocupa legítimamente la organización del trabajo. Se consideran tales cuestiones brevemente en el capítulo x, pero se requiere un estudio mucho más completo.

5.4 *Contratación interna en la siderurgia*

El más importante de los estudios históricos a los que se refieren Bowles y Gintis (1976) es el artículo de Stone, donde se examina la transformación de la industria siderúrgica. Según Stone, la organización de la industria siderúrgica a fines del siglo XIX correspondía aproximadamente al sistema de la contratación interna descrito y analizado antes. La Asociación Amalgamada de Trabajadores del Hierro, el Acero y el Estaño, que era el sindicato al que pertenecían los trabajadores calificados y se dice que era el más fuerte de los sindicatos de su época, daba a "los trabajadores calificados una autoridad sobre todos los aspectos de la producción de acero" (Stone, 1974, p. 64). Como era de esperarse, surgieron el regateo y la inflexibilidad costosos a los que está sujeta la contratación interna. Se desarrolló una ineficiencia de operación y se reprimieron las innovaciones. Entre los ejemplos citados por Stone (1974, pp. 64-65) se incluyen los siguientes:

1. El consentimiento y la aprobación del comité ejecutivo de cada departamento era algo necesario para que se cubriera un puesto vacante.
2. Los detalles del trabajo estaban sujetos a constantes acuerdos.
3. La producción por trabajador estaba restringida.
4. Los procedimientos de la producción estaban prescritos: la "proporción de chatarra que podría usarse en la operación de un horno estaba

fijada; la calidad del hierro crudo estaba establecida; con algunas excepciones, estaba prohibido el uso de ladrillos refractarios por los pudeladores; el trabajo de los ayudantes estaba definido".

5. Quizá para perfeccionar y mantener su monopolio sobre los empleos, se prohibía a los trabajadores calificados que enseñaran a otros trabajadores.
6. No podían hacerse cambios en la planta física sin la aprobación del comité ejecutivo del sindicato, lo que impedía que la compañía obtuviera mayor productividad de la mano de obra mediante la reorganización o la mecanización de las tareas manuales.
7. Se desalentaban las innovaciones ahorradoras de mano de obra: "Las numerosas innovaciones introducidas entre 1860 y 1890, la más notable de las cuales fue el convertidor Bessemer, incrementaron el tamaño y la capacidad de los hornos y los molinos, pero casi no se sustituía a los hombres por las máquinas."

Las ineficiencias resultantes eran evidentes para las compañías. Andrew Carnegie y Henry Clay Frick decidieron enfrentarse al sindicato en la fábrica que tenía Carnegie en Homestead, donde se encontraba presuntamente la rama más fuerte de la Asociación Amalgamada. En 1892 se ordenó un paro, y Frick anunció que la fábrica operaría en adelante sin sindicato. Surgió la violencia cuando los miembros del sindicato se enfrentaron a los esquiroles y los agentes de Pinkerton. El apoyo de los gobiernos estatales y federales ayudó al triunfo de Carnegie y Frick. Ya fuese envalentonadas por el éxito de Carnegie y Frick, o porque se dieron cuenta de que su viabilidad competitiva dependía también de que pudieran desembarazarse de la Asociación Amalgamada, otras compañías siderúrgicas desafiaron y derrotaron al sindicato. El número de miembros de la Asociación, que alcanzó su nivel máximo de 25 000 en 1892, bajó a 10 000 en 1898. Para 1910 no había un solo sindicato en toda la industria siderúrgica. Stone resume como sigue los efectos del derrumbe del poder de los trabajadores calificados:

> El decenio siguiente a la derrota de Homestead presenció avances sin precedente en cada etapa de la fabricación de acero. Jamás se ha igualado ese ritmo de la innovación en la siderurgia. Las carretillas eléctricas, la máquina de moldeo, la mezcladora Jones y las calderas mecánicas móviles transformaron el horno alto. Las grúas eléctricas móviles en el convertidor Bessemer, y el cargador Wellman en el horno abierto, eliminaron casi todos los aspectos manuales de la producción de acero; y los carros eléctricos y las mesas de ascenso y descenso hicieron de la laminación una operación continua [Stone, 1974, p. 66].

Pero la eliminación del control sindical sobre los métodos de trabajo no aseguraba a la industria siderúrgica que su fuerza de trabajo se organizaría en adelante eficientemente. Tal eficiencia requería la creación de nuevas estructuras institucionales. Las medidas tomadas parecen haber sido diseñadas principalmente para 1) proveer incentivos afirmativos para la productividad, 2) ligar los intereses de los trabajadores a la empresa a largo plazo, 3) desarrollar las habilidades laborales requeridas entre los trabajadores inexpertos, y 4) organizar el trabajo para impedir la subsecuente pérdida del control por parte de la compañía. Stone interpreta las diversas medidas tomadas para la realización de estos objetivos como perniciosas y probatorias de una continua lucha de clases entre trabajadores y empleadores. Pero hay otra posibilidad: que el incentivo para desafiar al sindicato en primer lugar y los esfuerzos que luego se hicieron para organizar a los trabajadores estaban conectados principalmente al logro de la eficiencia, cuyas recompensas se difundieron por toda la sociedad, una vez que los nuevos métodos fueron imitados por los rivales y que las tasas de rendimiento bajaron a niveles competitivos.

Dicho de otro modo: si la Asociación Amalgamada no hubiese prohibido las ganancias de la eficiencia y reducido los incentivos de la eficiencia, el desafío planteado por Carnegie al sindicato se interpretaría verosímilmente como una lucha por el poder puro, con el propósito de redistribuir el ingreso en contra de los trabajadores y a favor del capital. Pero en vista de los grandes avances de la eficiencia reportados por Stone, no puede rechazarse la hipótesis de la eficiencia (o una hipótesis de eficiencia y poder combinados). Los esfuerzos que se hicieron para organizar a los trabajadores después del episodio de Homestead son también generalmente consistentes con la hipótesis de la eficiencia.

Sin embargo, afirma Stone que los beneficios de la reorganización antes descritos podrían haberse realizado sin los efectos adversos, opresivos, de la jerarquía. Sostiene que "un sistema de rotación de las tareas, donde los propios trabajadores se asignaran el trabajo, habría sido un método de organización de la producción igualmente racional y eficaz" (Stone, 1974, p. 66) Aunque no se dan los detalles de tal arreglo organizativo, el arreglo de la rotación parece corresponder al sistema en-comunal[25] descrito en el apartado 3 evaluado antes. Podría decirse que el modo en-comunal tiene las peores propiedades de eficiencia de los seis modos examinados en este capítulo, pero no parece fuera de duda que está saturado de atributos de incentivos adversos y de mala adaptación.

5.5 *Integración hacia adelante en el empacado de la carne*

El enfoque del poder para la integración vertical parece suponer que todo lo que pueda integrarse se integrará. Por lo menos, tal es el resultado que obtuvimos William Ouchi y yo cuando tratamos de interpretar las opiniones de Charles Perrow sobre la integración (Williamson y Ouchi, 1981, pp. 321-324). Evidentemente, se cree que los sistemas más integrados son más poderosos que los sistemas menos integrados. Branco Horvat es explícito sobre este punto: "Las corporaciones buscan la integración vertical a fin de controlar los precios y otras condiciones de la oferta.[. . .] Las corporaciones

[25] Sin embargo, es posible que Stone intente por el contrario la organización de un grupo de colegas con arreglos de rotación.

en expansión constante tratan de *interiorizar todas* las decisiones referentes a la producción, la compra, la venta y el financiamiento" (1982, pp. 15-16; sin cursivas en el original).

En cambio, la hipótesis de la eficiencia sostiene que la integración vertical ocurrirá selectivamente y no de manera comprensiva, que la integración vertical errada puede sostenerse raras veces, y que los modos más eficientes sustituirán finalmente a los modos menos eficientes, aunque los intereses creados puedan demorar a veces el desplazamiento. En el capítulo V examinamos las pruebas existentes sobre la hipótesis de la selectividad.

A fines del siglo XIX se desarrolló en la industria empacadora de carne una confrontación muy interesante entre la eficiencia y el poder. Aquí, además, el poder estaba alineado *contra* la integración.

Gustavus Swift creía que la práctica de embarcar ganado vivo del Oeste hacia los mercados del Este, en lugar de sacrificarlo y aderezarlo, era innecesariamente cara. Propuso entonces que se realizaran economías sacrificando los animales en el Oeste y enviando la carne al Este en carros refrigeradores. En el Este se recibiría y distribuiría la carne a partir de una red de frigoríficos. Esto no involucraba sólo inversiones en activos especializados, cuyo valor sería limitado si fallara la estrategia de Swift, sino que se encontró con una oposición decidida:

> Los ferrocarriles, alarmados ante la perspectiva de perder su negocio de transporte de ganado en pie, que era un productor de ingresos mayores aún que los del grano del Oeste enviado por las rutas del Este, se negaron a construir los carros refrigerados. Cuando Swift empezó a construir sus propios carros, la Eastern Trunk Line Association se negó a moverlos. Sólo recurriendo a la Grand Trunk, que entonces estaba fuera de la Asociación, pudo llevar Swift sus carros al Este. Al mismo tiempo, hubo de combatir los boicoteos de los mayoristas locales, quienes en 1886 formaron la National Butchers' Protective Association para luchar contra "el monopolio". Estos carniceros trataron de explotar un prejuicio existente contra la carne fresca de animales sacrificados días o aun semanas atrás, a más de mil millas de distancia [Chandler, 1977, p. 300].

A pesar de la oposición de los ferrocarriles y los carniceros, prevalecieron la "alta calidad y los bajos precios" de Swift, combinados con una "programación cuidadosa" (p. 300). Otros empacadores advirtieron pronto que "si querían competir con Swift en el mercado nacional tendrían que seguir su ejemplo" (p. 301). Evidentemente, la eficiencia superó así la resistencia de los poderosos intereses creados, aunque esto no quiere decir que Swift haya ganado fácilmente. Si los avances de la eficiencia hubiesen sido mucho menores, o los intereses creados hubiesen estado mejor organizados, el poder pudo haber derrotado a Swift. Sin embargo, creo que las *grandes* diferencias de la eficiencia colocaban bajo gran tensión a los intereses creados. (El aforismo de que "si no puedes derrotar a tus enemigos, únete a ellos" es a menudo el método utilizado por tales intereses para amortiguar sus daños.)

6. Observaciones finales

Observa Victor Goldberg que "el conflicto y la lucha son [...] elementos fundamentales de la visión radical del mundo, de modo que es muy natural que surjan en sus análisis los problemas del poder". Afirma además que la "lección que los no radicales deben obtener de la explicación radical es que el poder debe tomarse en serio" (1980, p. 269). Mi tesis principal es que hay algún mérito en todas las explicaciones que incrementan nuestro entendimiento de fenómenos complejos. El problema principal del poder es el hecho de que el concepto se encuentra tan deficientemente definido que el poder puede invocarse y se invoca para explicar casi todo. Tal enfoque poco disciplinado hacia el estudio de fenómenos complejos de la ciencia social es poco satisfactorio. Se necesita con urgencia un esfuerzo serio en el terreno de la operatividad para evaluar correctamente el poder.

En realidad, el análisis de la eficiencia debe refinarse también. Sin embargo, ha venido surgiendo una estrategia sistemática para la evaluación de las consecuencias de diversos modos de la contratación en términos del costo de transacción. La evaluación institucional comparada de diversos modos internos que se intenta aquí comprende:

1. La determinación de los lugares donde el comercio es viable y donde no lo es. Esto requiere que las tareas se describan con un detalle microanalítico suficiente para revelar cuáles partes de la tarea son tecnológicamente separables.
2. La identificación de los modos de trabajo alternativos y la descripción de su operación en detalle suficiente para permitir la evaluación de sus propiedades de costo de transacción.
3. La identificación del conjunto pertinente de las dimensiones de la actuación respecto de las cuales habrán de evaluarse los diversos modos.

Este capítulo demuestra que cada paso puede ejecutarse y que pueden evitarse los defectos particulares de los estudios anteriores (porque no se identificaron las interfases, porque las comparaciones de los modos eran innecesariamente restringidas, o porque se omitieron algunas de las dimensiones pertinentes de la actuación). Aunque centro la atención en una tarea bastante sencilla —la fabricación de alfileres—, se trata obviamente de la tarea que debe considerarse, dada la historia de la literatura de los modos de trabajo. De hecho, si no examinara la fabricación de alfileres, se plantearían seguramente algunos problemas de incomparabilidad entre mi evaluación y los estudios anteriores.

Sin embargo, no debe exagerarse la incomparabilidad de las tareas. La organización de cualquier actividad de manufactura en lotes plantea problemas de costo de transacción muy similares. Además, aunque la tecnología puede ser más determinante de los modos de trabajo (como en el caso de la refinación de petróleo) o menos determinante (como en el caso de la organización de una oficina legal) cuando se consideran actividades manufactureras distintas del proceso en lotes, se aplica generalmente el mismo enfoque microanalítico en la evaluación de los modos de trabajo. Ello comprende la identificación de las dimensiones de costo de transacción pertinente, la descripción de modos alternativos para la organización de las transacciones en cuestión, y la realización de una evaluación institucional comparada. Así pues, aunque variaran tanto los modos como los atributos del costo de transacción entre las actividades, la estrategia de investigación microanalítica e institucional comparada tiene una aplicabilidad amplia.[26]

Uno de los resultados notables de este capítulo es la conclusión de que la propiedad se relaciona sólo débilmente con la jerarquía. Eso se aplica en términos contractuales y de la jerarquía del mando. Además, si se permite la agregación sencilla, los modos que tienen los peores atributos de la actuación son aquellos que tienen las propiedades jerárquicas más débiles. Por lo tanto, se plantea deficientemente el problema de la organización óptima del trabajo cuando se enuncia en términos de la jerarquía o su ausencia. Por el contrario, debiéramos preguntarnos si prestamos una atención excesiva a la jerarquía (y ello genera efectos secundarios adversos), y si los nombramientos para las posiciones jerárquicas se hacen en una forma que promueve la eficiencia y provoca el respeto general. Mi examen de estas cuestiones continúa en el capítulo siguiente.

[26] Conjeturo que este enfoque será preferido por los estudiosos de la organización que: 1) se interesan por los fenómenos reales de la organización, 2) adoptan una orientación comparativa, y 3) creen que el microanálisis es importante. En cambio, quienes examinan la organización económica en términos no comparativos y quienes no están convencidos de que los detalles sean importantes, tenderán a permanecer escépticos. Un artículo de próxima publicación de Raymond Russell ("Employee Ownership and Internal Governance", en *Journal of Economic Behavior and Organization*) y un libro (*Sharing Ownership in the Workplace*) son ilustrativos de la primera situación. Russell se interesa grandemente por los detalles de la organización del trabajo y me ha escrito lo siguiente: "Dado que he dedicado la mayor parte de los últimos 12 años a la investigación de empresas propiedad de los empleados, tenía gran interés por defender mi campo contra algunas oberservaciones e implicaciones desalentadoras que encontré en su libro. Sin embargo, entre más analizaba con usted versiones sucesivas del artículo, más consistentemente veía estas organizaciones en términos transaccionales" (comunicación personal). Por supuesto, me siento alentado por tales acontecimientos. Como señalo en un libro próximo (titulado *Economic Organization*), mis propias opiniones sobre la discreción administrativa se vieron transformadas en forma profunda y permanente cuando leí, a fines de los años sesenta, el influyente libro de Alfred D. Chandler Jr., titulado *Strategy and Structure*.

El enfoque de la organización de la firma legal que publicarán próximamente Ronald Gilson y Robert Mnookin ("Sharing Among the Human Capitalists: And Economic Analysis of the Corporate Law Firm and How Partners Share Profits", en *Stanford Law Review*) ilustra también la aplicación del análisis de las transacciones, en términos de economía comparada, a la actividad no manufacturera.

X. LA ORGANIZACIÓN DEL TRABAJO II

En virtud de que la economía neoclásica toma como ciertas las instituciones, la organización del trabajo interesa sobre todo por su relación con el poder monopólico. El control de la entrada (mediante sindicatos, licencias, etc.,) resulta así interesante, pero el análisis microeconómico de la organización del trabajo escapa a los límites del análisis ortodoxo. En cambio, tanto el enfoque del costo de transacción como el enfoque socialista de la organización del trabajo sostienen que las estructuras de gobernación dentro de las cuales se organiza el trabajo tienen importantes ramificaciones económicas y sociales. Aquí desarrollaremos el enfoque del costo de transacción.

En el apartado 1 se identifican algunos de los problemas fundamentales de los que debiera ocuparse una teoría de la organización del trabajo. Así como las dimensiones de las transacciones del mercado de producto intermedio son decisivas para la evaluación de sus necesidades de gobernación, las dimensiones de las transacciones del mercado laboral son decisivas para el estudio de la organización laboral. En el apartado 2 se examinan las dimensiones y las necesidades de gobernación de las transacciones del mercado laboral. En los apartados 3 y 4 se consideran los sindicatos. En el apartado 5 se examina el dilema de la cooperativa de producción. La cuestión de la dignidad se considera brevemente en el apartado 6. En el apartado 7 se resumen las implicaciones principales del enfoque del costo de transacción.

1. Problemas fundamentales

Una tesis fundamental de este libro es que una teoría común del contrato se aplica a las transacciones de todos tipos, incluidas las transacciones del mercado laboral. Pero la organización del trabajo es una cuestión muy complicada. Ninguno de los enfoques existentes para el estudio de la organización laboral es adecuado, lo que quiere decir que el estudio de estas cuestiones se basa convenientemente desde varios puntos de vista.[1] La economía del costo de transacción se centra en algunos aspectos de la eficiencia. Entre las áreas en las que podrían obtenerse beneficios potenciales mediante la organización colectiva se encuentran la determinación de salarios y beneficios, el incremento de la productividad mediante el desarrollo de los activos humanos, el arreglo de las disputas, la adaptación eficaz y el respeto por la dignidad.

Un enfoque analítico de la organización del trabajo reconocerá que las magnitudes de tales beneficios varían con las circunstancias. Uno de los propósitos de este capítulo es la determinación de la variación de las ganancias potenciales. Ello conduce a dos interrogantes relacionadas: ¿cuáles son las necesidades de estructura de gobernación de diferentes transacciones?

[1] En el apartado 3 se consideran algunos de los principales enfoques de la organización del trabajo que ayudan al estudio de los temas.

¿Cuáles son las ramificaciones para la organización sindical? Además de los beneficios, deberán considerarse los riesgos potenciales de la organización colectiva. También se evaluarán brevemente estos riesgos.

2. Un enfoque abstracto

Aunque a veces se afirma que hay un procedimiento preferido para la organización del trabajo, una inspección casual revela que la organización del trabajo es muy variada. Una explicación de las diferencias incrementaría sin duda nuestro entendimiento. El enfoque del costo de transacción se basa en la proposición de que las estructuras de gobernación del trabajo deben corresponder a los atributos de las transacciones laborales en una forma analítica si ha de lograrse una economización del costo de transacción. Si se usa una estructura sencilla para gobernar una transacción compleja, es de esperarse que surgirán consecuencias perturbadoras —y quizá una fractura de la relación—, mientras que si se usa una estructura compleja para gobernar una transacción sencilla se incurrirá en costos excesivos. La orientación de eficiencia empleada aquí es generalmente consistente con la opinión de Frank Knight en el sentido de que

> [...] los hombres en general, y dentro de ciertos límites, quieren comportarse económicamente, hacer que sus actividades *y su organización* sean "eficientes" en lugar de dispendiosas. Este hecho debe subrayarse; y una definición adecuada de la ciencia de la economía [...] podría hacer explícito que la pertinencia principal del análisis se encuentra en su relación con la política social, la que suponemos dirigida hacia el fin indicado de incrementar la eficiencia económica, de reducir el desperdicio (Knight, 1941, p. 252; sin cursivas en el original).

2.1 *Las dimensiones*

a. La gobernación

Recordemos que las dimensiones principales para la descripción de las transacciones son la frecuencia, la incertidumbre, y la especificidad de los activos. Las transacciones que nos interesan aquí son recurrentes. Por lo tanto, dejaremos a un lado la frecuencia y haremos hincapié en la incertidumbre y la especificidad de los activos.

Por las razones anotadas antes, las transacciones del mercado laboral para las que se valúa la continuidad entre la empresa y el trabajador son aquellas para las que se desarrolla una condición de activos humanos específicos de la empresa. Adviértase en este sentido que la adquisición de habilidades es una condición necesaria pero no suficiente para la aparición de la especificidad de los activos. La naturaleza de las habilidades también es importante. Los médicos, los ingenieros, los abogados, etc., poseen habilidades valiosas por las que esperan ser compensados, pero tales habilidades no plantean por sí solas un problema de gobernación. Si tales habilidades no se profundizan y especializan en un empleador particular, ni el empleador ni el empleado tendrán un interés productivo en el mantenimiento de una relación de empleo continua. El empleador puede contratar fácilmente un sustituto y el empleado puede trasladarse a un empleo alternativo sin pérdida de valor productivo.[2]

La mera profundización de las habilidades mediante la experiencia en el trabajo no plantea tampoco un problema por sí sola. Las habilidades mecanográficas pueden incrementarse con la práctica, pero si son igualmente valuadas por los empleadores actuales y los potenciales no hay necesidad de crear una protección especial para una relación de empleo vigente. En cambio, el conocimiento del sistema de archivo de una empresa particular puede ser muy específico (no transferible). En el último caso, la continuidad de la relación de empleo es una fuente de valor adicional.[3]

Así pues, mientras que el razonamiento neoclásico conecta las habilidades con la productividad y la compensación, el razonamiento del costo de transacción introduce consideraciones de la organización. En forma específica, las habilidades adquiridas en el trabajo y que son imperfectamente transferibles entre los empleadores deben *incorporarse a una estructura de gobernación protectora* porque de otro modo se sacrificarán valores productivos si se termina involuntariamente la relación de empleo.[4] Este argumento se relaciona con el de Gary Becker (1962) en el sentido de que las estructuras de la compensación varían en forma sistemática con la especificidad de los activos humanos, pero se distinguen convenientemente ambos argumentos. El de Becker es correcto, pero olvida ciertas características organizativas importantes de la relación del empleo. Las reglas que gobiernan los puntos de entrada, las escalas de los empleos, las aglomeraciones, los procedimientos de resolución de las quejas, etc., forman parte de la relación de empleo concebida ampliamente (Doeringer y Piore, 1971), pero no las trata Becker. La economía del costo de transacción sostiene que las estructuras de gobernación deben elaborarse con mayor cuidado a medida que aumenta el grado de especificidad de los activos humanos.

La segunda dimensión en la que se basa el estudio de las transacciones del mercado laboral es la de la incertidumbre. Al igual que en el caso de las transacciones del mercado del producto intermedio, un incremento de la

[2] Esto omite los problemas de transición que pueden asociarse a la reubicación del empleo. Todos los empleados experimentan tales problemas, de modo que buscan una protección contra el despido arbitrario. Pero luego se trata de saber cuáles salvaguardas *adicionales* se justifican. Eso dependerá de la especificidad de los activos humanos.

[3] Alfred Marshall estaba consciente de esta condición:

> El empleado principal de una empresa conoce a los hombres y las cosas, cuyo uso podría vender en algunos casos a empresas rivales a un precio alto. Pero en otros casos es de una clase que sólo tiene valor en el negocio donde se encuentra; y luego su salida lesionaría a la empresa tal vez en varias veces el valor de su sueldo, mientras que él no obtendrá probablemente ni la mitad de ese sueldo en otra parte [Marshall, 1948, p. 626].

[4] Aquí la preocupación se refiere a lo que llamara Knight "los problemas internos de la corporación, la protección [. . .] de los miembros y los partidarios contra las propensiones predatorias recíprocas" (1965, p. 254).

incertidumbre paramétrica es problemático sobre todo para las transacciones en que hay una gran especificidad de los activos humanos. Dejando de lado los posibles costos de transacción,[5] ninguna de las partes se interesa por la continuidad de las transacciones en que la especificidad de los activos es insignificante. Es posible que, por lo tanto, los incrementos de la incertidumbre paramétrica se reflejen en los términos originales en que se arreglen tales negociaciones. Pero la gobernación de las transacciones en que la especificidad de los activos es escasa no se verá afectada de otro modo.

En cambio, las transacciones en las que se valúa la continuidad se ven sometidas a mayor presión a medida que aumenta la incertidumbre paramétrica. Tales transacciones tendrán que adaptarse con mayor frecuencia o extensión para restablecer una posición en la cambiante curva de contrato. Por lo tanto, tales contratos se negociarán con mayor cuidado. De igual modo, como veremos en el apartado 3, es posible que se acorte el intervalo de renovación del contrato. Cualquiera que sea la extensión del intervalo del contrato, la administración tendrá una mayor latitud de ajuste (por ejemplo, estará menos limitada por las reglas de trabajo) cuando la incertidumbre sea más grande. A fin de evitar que tal latitud se ejerza irresponsablemente, las salvaguardas procesales que aseguren una consideración temprana y equitativa de las quejas se vuelven más importantes.

Hasta aquí, el argumento repite en general lo que dijimos antes a propósito de los mercados de producto intermedio. Sin embargo, la organización del trabajo plantea complicaciones adicionales que no hemos encontrado antes. Tales complicaciones surgen en relación con la medición del producto del trabajo.

b. *La medición*

Aunque los problemas de la medición referentes a la selección *ex ante y la* ejecución *ex post* se relacionan con la organización del trabajo, aquí hacemos mayor hincapié en la última clase. Los problemas de organización del equipo de trabajo a los que se refieren Alchian y Demsetz (1972) y los problemas de los que se ocupa Ouchi al distinguir entre el "control del comportamiento" y el "control de la producción" (1978, pp. 174-175) son las cuestiones que nos interesan. La complicación de la que se ocupan Alchian y Demsetz tiene su origen en una condición de inseparabilidad tecnológica. Tal condición fue reconocida antes por Marx (1967, vol. 1, cap. XIII) y la ilustran Alchian y Demsetz con el ejemplo de la carga manual:

> Dos hombres cargan conjuntamente los camiones. Sólo observando el peso total cargado por día, resulta imposible la determinación de la productividad marginal

[5] Estos costos de transición se concentran asimétricamente del lado del empleado en la transacción. Surgen en particular en unión de los efectos perturbadores de la vida familiar y social que producen a veces la terminación del empleo y la búsqueda de uno nuevo. La protección contra los despidos arbitrarios se justifica así incluso para los empleos no específicos. Sin embargo, siempre que se respeten los requerimientos a corto plazo, no puede decirse que la empresa tenga un interés simétrico en la prevención de las renuncias inexplicadas.

de cada persona [. . .] Por definición, la producción corresponde a un equipo de trabajo y no es la *suma* de los productos separables de cada uno de sus miembros [1972, p. 779].

Cuando las tareas son inseparables en ese sentido, no puede evaluarse la productividad individual midiendo la producción. Se requiere una evaluación de los insumos. A veces puede inferirse observando la intensidad con la que trabaja un individuo, el aspecto subrayado por Alchian y Demsetz. Se crea un monitor para desalentar el tortuguismo. Sin embargo, la evaluación de los insumos es a menudo mucho más sutil que la mera contabilidad del esfuerzo. ¿Coopera el empleado en la elaboración y ejecución de respuestas complejas a circunstancias inesperadas, o atiende a metas propias o locales a expensas de los demás?[6] Estas dudas son especialmente grandes cuando los miembros del equipo desarrollan relaciones de trabajo idiosincrásicas entre sí, en cuyo caso no puede ser sustituido ningún miembro particular sin que haya efectos perturbadores de la productividad de la unidad. En tales circunstancias tienden a surgir equipos más complejos en los que se alientan la motivación mutua y el monitoreo interno.

c. *Una correspondencia provisional*

Haciendo que k_0 y k_1 representen el grado bajo y el grado alto de la especificidad de los activos humanos, y que S_0 y S_1 representen relaciones de trabajo separables e inseparables, respectivamente, se propone tentativamente la siguiente clasificación de las estructuras de gobernación interna:[7]

[6] Alchian y Demsetz examinan una condición relacionada en el contexto de los artistas y los profesionales, donde

> [. . .] al observar las actividades de un hombre no se obtiene una buena clave para saber lo que esté pensando efectivamente [. . .] Resulta difícil administrar y dirigir a un abogado en la preparación y la presentación de un caso. [. . .] La dirección detallada en la preparación de un caso legal requeriría en detalle mucho mayor que el monitor preparar el caso por sí mismo [1972, p. 788].

Se trata aquí menos de la inseparabilidad entre los trabajadores que de la ambigüedad en la creatividad con la que se aplica un individuo. Estos problemas de la medición se vuelven progresivamente más difíciles en los estratos más altos de la jerarquía de la administración. Sin embargo, se aplican en cierta medida casi en todas partes. En mi enfoque de la organización del trabajo que aparece más adelante, mantengo efectivamente constante la creatividad. Un análisis más completo examinaría una clasificación del trabajo en tres clases —especificidad de los activos, separabilidad y creatividad—, en lugar de la clasificación en dos clases que utilizo yo.

[7] El estudio más reciente de Alchian considera también los aspectos de la separabilidad y la especificidad de los activos:

> La producción en equipo vuelve difícil, pero no imposible, la mensurabilidad de los productos *marginales*. Incluso sin la producción en equipo, es posible que la contribución de una persona en un intercambio no sea económicamente medible en todas las características pertinentes. Si una de las partes puede ganar haciendo tortuguismo en su actuación, esto *significa* que la otra parte es "específica" para el tortuguista por efecto de las circunstancias. Este modo de expresión destaca la especificidad de un recurso para otro, pero oscurece

1. k_0, S_0: mercado instantáneo interno

Los activos humanos que son no específicos y separables están experimentando de continuo pruebas de mercado para sus empleados. Ni los trabajadores ni las empresas tienen un interés de eficiencia en el mantenimiento de la asociación. Los trabajadores pueden desplazarse entre los empleadores sin pérdida de productividad, y las empresas pueden obtener sustitutos sin incurrir en costos de iniciación.[8] Por lo tanto, no se elabora ninguna estructura de gobernación especial para sostener la relación. Por el contrario, la relación de empleo termina cuando hay insatisfacción en cualquiera de las partes. Puede decirse que existe una relación laboral de mercado instantáneo interno. Aquí se incluyen, por ejemplo, los trabajadores agrícolas migratorios y los empleados de custodia. Los empleados profesionales cuyas habilidades son no específicas (ciertos dibujantes e ingenieros) también entran en esta categoría. Tales empleos parecen ser de la clase que tenía en mente Arthur Okun cuando hizo referencia al uso de "corredores" que ayuden a proveer la mano de obra cuando "las tareas [...] requieren trabajadores no calificados (como los trabajadores agrícolas) o trabajadores transitorios (como auxiliares de oficina), o requieran habilidades formalmente calificadas (como ocurre cuando los sindicatos certifican a los artesanos en la construcción, la estiba y la impresión)" (1981, p. 63).

2. k_0, S_1: equipo primitivo

Aunque los activos humanos no son específicos, la producción individual no puede medirse fácilmente. Ésta es la organización del equipo a la que se refieren Alchian y Demsetz (1972). Aunque la composición de tales equipos puede alterarse sin pérdida de productividad, la compensación no puede determinarse fácilmente sobre una base individual. El papel de mero corretaje descrito antes se extiende entonces para incluir la supervisión. Como observa John Pencavel, "el padrone* italiano de principios del siglo... no sólo adelantaba crédito a los inmigrantes mal informados y desempeñaba el

la significación de la medición de la actuación. Por otra parte, si se destaca la medición de la actuación, se oscurece la significación de la expropiabilidad de las cuasi rentas de los recursos interespecíficos de la coalición. Aunque la medición no plantease problema alguno, el comportamiento oportunista puede ocurrir claramente porque la ejecución de los contratos no cuesta nada, aunque presumo que sin sustanciales cuasi rentas de recursos específicos expropiables, no es probable que el engaño descaradamente desafiante constituya un problema grave [1984, p. 39].

Por lo tanto, podríamos definir la empresa en términos de dos características: la detectabilidad mediable de la actuación de los *insumos* en la producción en equipo y la oportunidad para el expropiación de las cuasi rentas de recursos interespecíficos.

[8] Observa Arthur Ross: "Hasta los años veinte, los empleadores no hacían esfuerzos particulares para conservar a sus trabajadores. [...] Mientras que los trabajadores no calificados fuesen sustituibles, el empleador no sufría una gran pérdida cuando el empleado renunciaba" (Ross, 1958, p. 911).

* Tramitador de empleos para inmigrantes

papel de intermediario entre los trabajadores y los empleadores, sino que a veces actuaba también como capataz y pagador", y el *jamadar* de la India "contrata y supervisa a los trabajadores de la industria de la construcción" (1977, pp. 251-252, n. 5). Más generalmente, está asociada la unión del empleo a una asignación de vigilancia. La estructura se llama de equipo primitivo para distinguirla del equipo de relación que se describe más adelante, en el apartado 4.

3. k_1, S_0: mercado de obligación

Aquí hay una cantidad considerable de aprendizaje específico de la empresa, pero las tareas se miden fácilmente.[9] La experiencia tecnológica idiosincrásica (descrita, por ejemplo, por Doeringer y Piore, 1971, pp. 15-16), y la experiencia organizativa idiosincrásica (convenciones contables y de procesamiento de datos, interiorización de otras reglas y procedimientos complejos, etc.) contribuyen a la especialización de los activos. El "modelo de cuota" del empleo de Okun se aplica aquí, ya que se incurre en costos fijos para calificar a un trabajador en un empleo productivo de la empresa (Okun, 1982, pp. 49-77). Tanto la empresa como los trabajadores se interesan por el mantenimiento de la continuidad de tales relaciones de empleo. En consecuencia, se elaborarán salvaguardas procesales y castigos monetarios, tales como el pago por terminación, para desalentar el despido arbitrario. Y se otorgará a tales trabajadores el retiro con premio y otros beneficios para desalentar las renuncias inoportunas (Mortenson, 1978).

4. k_1, S_1: equipo de relación

Los activos humanos son aquí específicos de la empresa e incluyen un importante aspecto de equipo. Esto se aproxima a la forma de organización del "clan" de Ouchi (1980b). La empresa perseguirá aquí en gran medida el condicionamiento social para asegurar que los empleados entiendan los propósitos de la empresa y se dediquen a ellos, y se otorgará a los empleados una considerable seguridad en el empleo, lo que los protegerá contra la explotación. La adaptación efectiva en el contexto de un equipo cooperativo resulta especialmente difícil e importante. Una sensación de que los administradores y los trabajadores están "unidos" promueve todos estos propósitos.

Se dice que la corporación japonesa tiene tales atributos (Dore, 1973; Clark, 1979; Gibney, 1982), y tanto Ouchi (1981) como Freed Foulkes (1981) afirman que algunas grandes corporaciones estadunidenses también los han

[9] El texto supone implícitamente que la producción puede medirse sin dificultad. Éste es el supuesto formulado en la literatura del principal y el agente, donde la producción está dada por $X = X(a, \theta)$, donde a son las acciones realizadas por el agente y θ es el estado del mundo. Desde luego, el supuesto de que la calidad de la producción se conoce sin costo es una conveniencia analítica. Es bien sabido que hay bienes y servicios en los que no se satisface este supuesto (March y Simon, 1958, p. 145; Barzel, 1982). Yoram Barzel (1982), Douglass North (1981) y Kenney y Klein (1983) atribuyen en gran medida la organización fuera del mercado o asistida por el mercado a las dificultades de la medición de la calidad.

	k_0	k_1
S_0	Mercado instantáneo interno	Mercado de obligación
S_1	Equipo primitivo	Equipo de relación

GRÁFICA X-1. *Organización eficiente del trabajo*

forjado. Además de una estructura de gobernación en la que se proveen y respetan salvaguardas del empleo, sostiene Foulkes que las prácticas "ferozmente igualitarias" —el mismo estacionamiento, los mismos beneficios médicos, la misma cafetería, y oficinas espartanas— para administradores y trabajadores contribuyen a "un alto grado de lealtad de los empleados, una tasa baja de rotación y ausentismo, y un grado bajo de resistencia al cambio técnico" (1981, p. 90).

En la gráfica X-1 se resume la combinación antes descrita de estructuras de gobernación interna con atributos de transacción interna. Desde luego, la descripción de las transacciones internas en términos binarios, de dos variables, es una gran simplificación. Sin embargo, opera el marco general y pueden hacerse refinamientos según se necesite. (Por ejemplo, de presumirse que surgirán estructuras de gobernación interna mixta para servir a las transacciones que asumen valores de k y S intermedios, más bien que extremos.)

El examen anterior no hace referencia explícita a la organización sindical. Sin embargo, tiene ramificaciones importantes para las actitudes mostradas por las empresas hacia los sindicatos y para la estructura de la relación del empleo entre los empleados sindicalizados. Estos problemas se desarrollan en el apartado 3. Pero antes consideraremos si los riesgos de expropiación planteados por los trabajadores vician el argumento de que la organización del mercado y la organización interna difieren en lo que respecta a la apropiación.

2.2 *La expropiación realizada por los trabajadores*

Éste es un argumento errado: el traslado de una transacción, del mercado a la empresa, sólo reubica un riesgo de expropiación, pero deja intacto el riesgo de la negociación. Aquí se razona que los activos apropiables que no son obtenidos por la contraparte en una transacción del mercado de producto intermedio están expuestos a un riesgo equivalente de expropiación por los empleados de la empresa si se intenta la integración. Dado que no hay una protección segura para los activos específicos, se derrumba la justificación de la integración vertical en términos del costo de transacción.

Aclararemos los problemas dividiendo el argumento en partes:

1. ¿Cuáles activos están sujetos a expropiación?
2. ¿En cuáles sentidos, si acaso, difieren los contratos de empleo de los contratos comerciales?
3. ¿Cuáles son las ramificaciones para la gobernación corporativa?

a. *Activos que pueden expropiarse*

Quizá esté fuera de duda el que los empleados disputarán su parte de las cuasirentas incorporadas en el capital humano. Esto tiene un límite superior bien definido. El argumento de la expropiación no hace referencia a eso sino a las inversiones hechas por los proveedores de capital (propietarios del capital social; tenedores de deuda a largo plazo). Las inversiones específicas del sitio en planta y equipo y el capital físico idiosincrásico son candidatos.

La magnitud de tales activos apoyados por el capital y por la deuda podría superar ampliamente el monto del capital humano específico de la empresa. Pero la ausencia de derechos de propiedad en los empleos, el límite superior de la expropiación de los trabajadores es la cantidad de capital humano específico de la empresa. Los empleados se arriesgan —de hecho, invitan— a la terminación si sus demandas exceden ese límite.[10] Por lo tanto, dejando de lado las consideraciones del derecho de propiedad, las cuasirentas potencialmente apropiables a las que tienen acceso los empleados son las que se reflejan en los activos humanos. Está claro que ésta es una magnitud menor que la exposición total de la cuasirenta, la que incluye el capital físico específico de ciertas transacciones.

b. *Contratos de empleo*

Los contratos de empleo y los contratos comerciales difieren en el siguiente sentido fundamental:

[10] En realidad, los empleados sucesores podrían repetir el ejercicio. Sin embargo, cada nuevo grupo de empleados puede ser excluido cuando sus demandas superen a las cuasirentas incorporadas en el capital humano.

> Aun cuando el acuerdo colectivo lista ciertas ofensas, o las partes negocian las reglas de la planta, los administradores pueden añadir de ordinario otras ofensas o reglas. Las reglas prescritas por los administradores están sujetas a la revisión arbitral, pero llevan consigo una validez presunta y se sostendrán mientras se relacionen razonablemente con el logro de una operación eficiente y el mantenimiento del orden y no sean manifiestamente injustas o no afecten innecesariamente los derechos de los empleados.
>
> Los administradores tienen derecho también a exigir que se obedezcan sus órdenes y pueden disciplinar a los empleados por negarse a obedecer incluso órdenes impropias. Casi todos los árbitros sostienen que un empleado debe obedecer primero y luego buscar una defensa a través del procedimiento de corrección, excepto cuando la obediencia lo exponga a graves riesgos contra la salud y seguridad [Summers, 1976, p. 502].

La adquisición del mismo bien o servicio con un proveedor autónomo carece ordinariamente de ese aspecto de mando y control, pero requiere un consentimiento mutuo antes de que puedan efectuarse adaptaciones.

La organización interna puede así adaptarse con mayor eficacia que la del intercambio entre empresas al cambio de las circunstancias del mercado y la tecnología. Los contratos de empleo no sólo contemplan tal flexibilidad mediante la provisión de "zonas de aceptación" en las que se cumplirán las órdenes sin resistencia, sino que en circunstancias extremas pueden ejecutarse algunas órdenes que excedan el alcance de la relación de autoridad. Los acuerdos comerciales no tienen el mismo grado de sensibilidad, ya que la celebración de un contrato comercial que otorgue a los compradores un control efectivo sobre los activos de un vendedor hará que se corran riesgos de abuso, si no es que la expropiación, de los activos. Estos problemas se asemejan a los que abordamos en el capítulo VI.

Esta cuestión puede plantearse de la siguiente forma: "Cuando varias personas están participando en un proceso de toma de decisiones, y estos individuos tienen las mismas metas operativas, las diferencias de opinión se resolverán predominantemente mediante procesos analíticos [...] Pero cuando las metas no se comparten [...] se llegará a la decisión principalmente mediante procesos de negociación" (March y Simon, 1958, p. 156). En las actividades que caen dentro de la zona de aceptación, se presume la aquiescencia, si no es que la comunidad de metas, de modo que predominan los procesos analíticos. La negociación prevalece más entre las partes contratantes autónomas siempre que se hacen esfuerzos para volver a colocar a las partes en una posición sobre la cambiante curva de contrato.

El resultado es que las oportunidades existentes para el regateo, más bien que la adaptación, son mucho mayores en los contratos comerciales que en los contratos de empleo. En consecuencia, sobreviven las ventajas de la organización interna sobre la organización del mercado antes mencionadas.

c. *La gobernación*

En el capítulo XII se examinan en detalle los problemas de la gobernación corporativa. Baste observar aquí que la gobernación corporativa debe ser sensible a los riesgos de la expropiación. Los derechos de propiedad sobre los empleos, los usos de la deuda corporativa y la institución de la quiebra, y el control de la junta de directores son factores influyentes.

3. La organización sindical

Los sindicatos son organizaciones complejas, tienen muchas facetas y sirven a muchos propósitos. Aquí se examinarán sobre todo los aspectos de la eficiencia desde el punto de vista del ordenamiento privado. También se consideran otros aspectos, incluido un análisis del poder.

3.1 *El ordenamiento privado*

Katherine Stone ha examinado recientemente el desarrollo del derecho laboral estadunidense en el periodo posterior a 1945, con atención especial al modelo del "pluralismo industrial" para el que "la negociación colectiva es el autogobierno de administradores y trabajadores" (1981, p. 1511). Afirma Stone que este modelo distorsiona los problemas en lugar de aclararlos porque "se basa en un supuesto falso: el supuesto de que los administradores y los trabajadores tienen igual poder en el lugar de trabajo" (1981, p. 1511).

Me parece instructivo el examen del desarrollo del derecho laboral como un ejercicio del ordenamiento privado. Aunque los pluralistas industriales a quienes critica Stone —especialmente los profesores Schulman y Cox entre los académicos del derecho laboral, el magistrado Douglas de la Suprema Corte, y Arthur Goldberg como un abogado laboral— tratan a la fuerza de trabajo en una forma más agregada que la que me parece aconsejable, todos ellos parecen reconocer los beneficios de una orientación de ordenamiento privado. Además, dado que no se ha definido en ninguna parte un criterio del "poder igual en el lugar de trabajo", no puedo vislumbrar cómo se habrían organizado los mercados laborales si las figuras principales hubiesen adoptado el modelo preferido por Stone.

Schulman interpreta la Ley Wagner como un "mero marco legal" dentro del cual puede proceder el ordenamiento privado de trabajadores y administradores (1955, p. 1000). En realidad, esta ley hace expresa referencia a la conveniencia de crear "una igualdad de poder de negociación entre empleadores y empleados".[11] Stone ve aquí un llamado a la reforma política, en la que interviene activamente el derecho "para modificar la definición de los derechos de propiedad a fin de crear una verdadera igualdad" (1981, p. 1580). Dado que la igualación del poder es un criterio ambiguo, los pluralistas industriales se concentraron más bien en metas realistas: las reformas eficientes y viables.

La institución del arbitraje se encuentra en el centro del pluralismo industrial. Como dice Stone:

[11] 29 U.S.C. párrafo 151 (1976).

> En el modelo pluralista industrial, las disputas por las violaciones de los acuerdos colectivos no se someten a un tribunal administrativo o judicial. Más bien se someten al mecanismo de resolución de las disputas que las partes han creado por sí mismas en esta minidemocracia: el arbitraje privado [...]
>
> Un corolario de esta descripción del mundo industrial es la prescripción de que los procesos del estado —los tribunales judiciales y administrativos— debieran dejarse afuera. El lugar de trabajo [...] se vuelve [...] un islote con reglas propias cuyos mecanismos autorregulados no deberán ser perturbados por la intervención judicial ni por otros observadores externos [Stone, 1981, p. 1515].

Luego añade Stone que "la resolución judicial de las disputas laborales [...] era inaceptable porque imponía una solución no contractual a las partes" (1981, p. 1524). Además, afirma Stone que todas las ventajas presuntas del arbitraje voluntario —la pericia especial de los árbitros, la informalidad de los procedimientos arbitrales, la flexibilidad del remedio arbitral— podrían obtenerse asignando esta responsabilidad a la Junta Nacional de Relaciones Laborales y no a un árbitro escogido por ambas partes (Stone, 1981, p. 1531).

En realidad, las partes perderían el control del árbitro en el proceso. Pero Stone no considera eso una desventaja. No vislumbra consecuencias adversas porque tiene confianza en la burocracia de la Junta Nacional de Relaciones Laborales[12] y porque prefiere un resultado judicial: "Si el arbitraje desempeña la función de un juez en una minidemocracia, en teoría debiera interpretar el árbitro el lenguaje del acuerdo escrito, *en lugar de agradar a las partes*" (Stone, 1981, p. 1552, n. 238; cursivas en el original).

Pero supongamos que tanto las partes inmediatas como la sociedad en general se benefician en una relación de intercambio más eficiente. Si se promueve el placer de las partes restableciendo una posición en la cambiante curva de contrato, y si ello se realiza mejor mediante el arbitraje voluntario que mediante un enfoque legalista (o de letra pequeña) al contrato, no es extraño que las partes prefieran el ordenamiento privado.

De hecho, si se hubiera adoptado el modelo judicial preferido por Stone, las partes probablemente habrían reconocido los problemas y habrían redefinido su relación en forma apropiada. En lugar de someterse a las ineficiencias del centralismo legal, las partes tratarían de elaborar ordenamientos privados. Y si tales esfuerzos se ven resistidos y derrotados por el poder judicial, las partes responderán seguramente evitando las tecnologías y las relaciones de trabajo en las que se valúe la continuidad.

De nuevo, es pertinente el esquema de contratación sencillo presentado en el capítulo I. Recordemos que las partes deben llegar primero a una decisión sobre la realización de inversiones específicas. Si $k = 0$, se obtiene una relación de contratación de mercado discreta. Si se toma en cambio una decisión de $k > 0$, deberá tomarse una nueva decisión acerca de salvaguardar o no la transacción con una estructura de gobernación protectora. Los pluralistas

[12] No se mencionan las posibilidades de que la resolución de las disputas industriales por parte de la Junta Nacional de Relaciones Laborales sea prolongada, lo cual originaría voluminosos expedientes y una gran burocracia, de modo que los empleados públicos de carrera podrían expresar sus preferencias políticas en lugar de concentrarse en las necesidades de las partes.

industriales creían que era útil "agradar a las partes", de modo que se elaboró una estructura de gobernación especializada, destinada a armonizar los intereses y promover la continuidad. Stone rechaza eso en favor del litigio. Pero si la insistencia en el litigio echa una carga de ineficiencia sobre las partes, como puede afirmarse que ocurre, es de esperarse que se hagan esfuerzos para evitar ese resultado. Una posibilidad es el retorno a una relación laboral no específica ($k = 0$).

3.2 *Las numerosas facetas de los sindicatos*

La concepción dominante de los sindicatos los presenta como organizaciones cuyo propósito principal es la elevación de los salarios: lo que Richard Freeman y James Medoff (1979) llaman la cara monopólica del sindicalismo. Sin embargo, hay una apreciación creciente de que: 1) los sindicatos sirven a propósitos importantes y que 2) las funciones desempeñadas por los sindicatos *varían sistemáticamente con la naturaleza de la tarea*. Éstas son las cuestiones que nos interesan especialmente aquí.

Una de las razones por las que el rostro monopólico del sindicalismo ha recibido tanta atención en relación con otros aspectos es el hecho de que el análisis monopólico encaja bien en la economía neoclásica. Otra razón es que la negociación salarial de confrontación es una noticia mucho más interesante que la gobernación cotidiana, carente de matices. Pero ninguna de estas razones justifica el olvido de las otras dos caras del sindicalismo: la eficiencia y la voz. La eficiencia plantea problemas de gobernación en el campo del costo de transacción (Williamson, Wachter y Harris, 1975), mientras que Freeman (1976) y Freeman y Medoff (1979) se han ocupado de la voz. Las tres caras del sindicalismo —el monopolio, la eficiencia y la voz— deben reconocerse para evaluar correctamente la organización del trabajo. Además, dentro de cada una de estas tres caras hay algunas facetas distinguibles, cuyo tratamiento separado contribuirá a una evaluación más informada del sindicalismo.

a. *El rostro monopólico*

Aparte de la discriminación del precio, el monopolio se manifiesta como una condición de escasez artificial. Pueden identificarse por lo menos tres tipos de sindicatos que aspiran a elevar los salarios, presumiblemente mediante el control de la oferta: sindicatos clasistas, sindicatos de oficios y sindicatos industriales.

El primer tipo representaba a los trabajadores como un grupo en relación con los empleadores como un grupo. Los esfuerzos realizados en los Estados Unidos para lograr la organización sindical por tales lineamientos durante el siglo XIX (Sindicato Laboral Nacional, Caballeros del Trabajo) no tuvieron éxito. Un problema sustancial de tal enfoque del sindicalismo es que se omiten o descuidan las diferencias económicas existentes entre los trabajadores y los empleos. En cambio, los sindicatos de oficios se organizan por lineamientos mucho más estrechos. Los aspectos de la organización y los atributos de la negociación salarial del sindicato pueden ajustarse a la naturaleza del empleo mucho más plenamente si se adopta el modelo del sindicato de oficios. El examen que hace Glenn Porter de la historia inicial de los sindicatos laborales resulta instructivo:

> Los trabajadores ferrocarrileros fueron los primeros en lograr canales genuinos de negociación colectiva y ventilación de las quejas a través de sus sindicatos nacionales, las hermandades ferroviarias. Como muchas otras organizaciones laborales estadunidenses, estos sindicatos fueron inicialmente sociedades de beneficios sociales y mutuos. Pero en el decenio de 1870 ya se estaban convirtiendo en sindicatos modernos. Como muchos de los sindicatos de oficios que formara la Federación Norteamericana del Trabajo en el decenio de 1880, las hermandades ferroviarias obtenían fuerza económica del hecho de que sus miembros tenían habilidades poco comunes y difíciles de sustituir. Una huelga de tal sindicato era una amenaza real para los empleadores porque resultaba muy difícil de romper con trabajadores externos ("esquiroles" en el lenguaje sindical). Además, los trabajadores ferroviarios eran también vitales porque controlaban el uso y el mantenimiento de un equipo caro. La triste historia de los sindicatos que trataron de incluir a todos los trabajadores del país, tales como el Sindicato Laboral Nacional y los Caballeros del Trabajo, indicaba que resultaba muy difícil, si no es que imposible, la creación y el mantenimiento de los sindicatos cuando los miembros no tenían habilidades económicas poco comunes como los trabajadores ferroviarios y los miembros de los sindicatos de oficios que formaron la Federación Norteamericana del Trabajo en el decenio de 1880. Los sindicatos generales afrontaron también otras dificultades. Gerald Grob sostuvo convincentemente, en *Workers and Utopia* (1961), que los miembros y los líderes de tales sindicatos que no eran de oficios compartían una renuencia ideológica a la aceptación del sistema salarial [Porter, 1973, pp. 34-55].

Los sindicatos industriales surgieron en los Estados Unidos después de la promulgación de la Ley Wagner. Dado que requerían la asistencia del proceso político, estos sindicatos carecían evidentemente de las ventajas naturales de la destreza o la eficiencia. Al revés de lo que ocurría en los sindicatos de oficios, los sindicatos industriales estaban organizando trabajadores cuyos empleos requerían escasa habilidad. Por tal razón, el control de la entrada —por ejemplo, mediante licencias— resultaba difícil. En consecuencia, los trabajadores de tales industrias no podían lograr e imponer negociaciones salariales supracompetitivas sin la asistencia política, porque los "rivales potenciales" de sus empleos destruirían tales salarios. Además, los sindicatos industriales tenían relativamente menos que ofrecer en términos de los beneficios de eficiencia, ya que las estructuras de gobernación sencillas eran adecuadas para servir a las necesidades de eficiencia de la relación del empleo en las tareas que requieren escasa especificidad de los activos humanos.

Así pues, el rostro monopólico del sindicalismo hace que se destaque el control de la entrada. Tal control puede efectuarse selectivamente mediante las licencias entre los sindicatos de oficios, o más generalmente con el apoyo del proceso político, como en el caso de los sindicatos industriales. Sin embargo, el sindicalismo clasista parece viable sólo mediante un cambio político más masivo en el que el capitalismo se vea sustituido por el socialismo. Tanto Stone (1981, pp. 1579-1580) como Branko Horvat (1982) parecen estar de acuerdo con esta última conclusión.

b. *La eficiencia*

Los sindicatos pueden servir a los fines de la eficiencia por lo menos en dos sentidos. Por una parte, los sindicatos pueden desempeñar ciertas funciones básicas de agencia. Además, lo que es más importante, los sindicatos pueden servir a importantes propósitos de gobernación.

1. *La agencia.* El argumento del sindicato como agente ha sido esgrimido por Joseph Reid y Roger Faith (1980), y ha sido discutido por Freeman y Medoff bajo el rubro de las prácticas de personal y los beneficios de los empleados (1979, pp. 82-84). Los sindicatos pueden servir como fuente de información acerca de las necesidades y preferencias de los empleados (por ejemplo, en las prestaciones accesorias) y ayudar a los empleados en la evaluación de las ofertas complejas de salarios y beneficios. Así pues, aunque es improbable, ya no digamos ineficiente, que los trabajadores individuales evalúen los paquetes de compensación alternativos, los sindicatos "contratan abogados, actuarios y otros expertos que se requieren para la elaboración de estos análisis" (Freeman y Medoff, 1979, p. 83).

La actuación de agencia para los sindicatos es algo puramente instrumental que permite a las partes obtener e imponer sus negociaciones preferidas. Virtualmente todos los tipos de trabajadores pueden beneficiarse del uso de un agente para el desempeño de esas funciones. Los trabajadores de las empresas no sindicalizadas reconocerán de ordinario los beneficios y a menudo desarrollarán una maquinaria (incluido un medio colectivo para cubrir los costos) para su realización.

2. *La gobernación.* Mientras que los beneficios de agencia de los sindicatos se aplican en términos muy generales, los beneficios de gobernación se aplican en una forma más selectiva. De hecho, ésta es la fuente de gran parte del contenido predictivo del enfoque del costo de transacción. El argumento básico ya nos es familiar: tanto el empleador como el empleado valúan la continuidad de la relación de empleo en las tareas que incluyen la adquisición de importantes habilidades específicas de ciertas transacciones, mientras que las tareas para las que carece de importancia la adquisición de habilidades o el propósito general no crean los mismos intereses de continuidad.

Gary Becker, a quien se debe gran parte del trabajo pionero sobre el capital humano, reconoció que los intereses de la continuidad se manifestarían en programas de incentivos. Como dice Becker:

> Un plan de pensión con privilegios creados incompletos castiga a los empleados que renuncian antes de la jubilación y así provee un incentivo —a menudo muy poderoso— para no renunciar. Al mismo tiempo, los planes de pensión "asegu-

ran" a las empresas contra las renuncias, ya que se les otorga una suma fija —la porción no invertida de los pagos— siempre que renuncia un trabajador. Se requiere un seguro para los empleados específicamente adiestrados porque su rotación impondría pérdidas de capital a la empresa [Becker, 1965, p. 18].

Dale Mortensen (1978) ha refinado posteriormente el estudio de estos problemas.

Sin embargo, las ramificaciones de la organización colectiva sólo se reconocieron en 1975. El argumento básico es éste:

> Aunque a cada trabajador le interesa negociar individualmente o como parte de un pequeño equipo, para adquirir y explotar posiciones monopólicas, es claro que no le interesa al sistema que los empleados se comporten de esa manera. La negociación oportunista no sólo absorbe recursos reales, sino que las adaptaciones eficientes se demorarán y quizá se olvidarán para siempre. Por lo tanto, esto sugiere que la relación de empleo se transformará de tal manera que los intereses de los sistemas prevalecerán más plenamente y se realizarán los objetivos siguientes: 1) se reducen los costos de la negociación, 2) la estructura salarial interna se racionaliza en términos de las características objetivas de las tareas, 3) se alienta la cooperación consumada antes que la superficial, y 4) se emprenden sin riesgo de explotación las inversiones de tipos idiosincrásicos que constituyen una fuente potencial de monopolio [Williamson, Wachter y Harris, 1975, p. 270].

La organización colectiva puede ponerse al servicio de cada uno de esos propósitos.

El interés mutuo de trabajadores y empresas en la protección de la relación de empleo contra la explotación por la otra parte debiera haber originado "sindicatos de compañía" en la época anterior a la Ley Wagner. Aunque hubo evidentemente algunos avances por tales lineamientos, su difusión fue escasa. No está claro si esa situación reflejaba la falta de conocimiento de los beneficios, la aprehensión por los potenciales usos monopólicos de la organización colectiva, o el hecho de que los beneficios de la eficiencia eran raras veces cuantiosos.[13] En todo caso, si los beneficios potenciales de la organización colectiva varían directamente con la especificidad de los activos humanos, las empresas donde era mayor la especificidad de los activos humanos eran las que confrontaban un dilema en la formación del sindicato de compañía. En cambio, las empresas donde era insignificante la especificidad de los activos humanos no experimentaban tal dilema: podían obtenerse escasas ganancias, mientras que eran claros los riesgos del monopolio.

Surgen así dos proposiciones verificables del examen de la organización colectiva en términos de la gobernación: 1) el incentivo para la organización de los trabajadores de producción dentro de una estructura de gobernación colectiva aumenta con el grado de la especificidad de los activos humanos, y 2) el grado de elaboración de una estructura de gobernación interna variará directamente con el grado de especificidad de los activos humanos. El análisis del costo de la transacción pronostica así que surgirán los sindicatos tempranamente en industrias tales como los ferrocarriles, donde las habilida-

[13] Véase antes, nota 8.

des son muy específicas, y surgirán tardíamente en industrias tales como las de trabajadores agrícolas migratorios, donde las habilidades no son específicas. También pronostica que la estructura de gobernación (escalas de empleos, procedimientos de corrección, escalas de pagos) estará más elaborada en las industrias de mayor especificidad que en las industrias de menor especificidad (la siderurgia contra la industria automotriz es un ejemplo). Los datos preliminares parecen apoyar ambas proposiciones. La cita de Porter que aparece en el apartado 3.2.a es pertinente en la primera proposición. Las observaciones de Cox acerca de la activación de la maquinaria arbitral cuando surgen disputas se aplican a la segunda proposición:

> El hecho de otorgar al sindicato un control sobre todas las reclamaciones que surjan bajo el acuerdo colectivo es mucho más consistente con la naturaleza funcional de un acuerdo de negociación colectiva [...] Cuando se permite que un individuo lleve una reclamación al arbitraje siempre que se sienta insatisfecho con el ajuste elaborado por la compañía y el sindicato [...] se desalienta la clase de cooperación consuetudinaria entre la compañía y el sindicato que es normalmente el signo de las relaciones industriales sanas: una relación donde se tratan las reclamaciones como problemas que deben resolverse y los contratos son sólo orientaciones en una relación humana dinámica. Cuando [...] la reclamación individual pone en peligro los intereses grupales, al sindicato corresponde resolver la competencia llegando a un acomodo o estableciendo un equilibrio [Cox, 1958, p. 24].

Otro aspecto del arbitraje, menos conocido pero igualmente aplicable, es el hecho de que el arbitraje "otorga a los administradores [...] un método barato para determinar cuándo están dejando de seguir, los supervisores de nivel inferior, los deseos de los administradores de más alto nivel. Si las [reglas laborales] que han sido aceptadas por los administradores incrementan efectivamente la productividad, es importante su observancia para la empresa" (Vogel, 1981, p. 24). El comportamiento arbitrario y caprichoso de los capataces perjudica los intereses de la empresa a largo plazo. Se preferirán naturalmente las prácticas que disuadan la suboptimación. En términos más generales, "los empleadores que saben que sus acciones están sujetas a la revisión arbitral tratarán de evitar la disciplina injustificada, en primera instancia la articulación de reglas, la instrucción de los capataces, la investigación cuidadosa y otros controles de la administración" (Summers, 1976, pp. 507-508). La creación de una unidad de gobernación para prevenir los abusos miopes favorece así los intereses de los trabajadores y de los administradores.

c. *La voz*

Freeman y Medoff (1979) describen el lado político del sindicalismo bajo el rubro de "voz", originado en el libro de Albert Hirschman (1970) donde distingue el autor a la salida y la voz como medios alternativos de organización de la actividad económica. Hirschman considera la salida como el medio económico habitual para la expresión de las preferencias, mientras que la voz es el proceso político relativamente descuidado para influir sobre los resultados. Los consumidores, los trabajadores, los votantes, etc., votan con su dinero o con sus pies en el primer caso. En cambio, la voz incluye el diálogo, la persuasión y el esfuerzo organizativo sostenido.

Freeman y Medoff imputan los efectos de eficiencia, distribución y organización social a la concepción del sindicalismo basada en la voz colectiva. Sin embargo, los beneficios de eficiencia que imputan a la voz son esencialmente los que se describieron antes en relación con la agencia y la gobernación. Pero hay una diferencia. Mientras que la concepción del sindicalismo basada en la voz atribuye aspectos de gobernación benéfica a la organización sindical en términos muy generales, el enfoque del costo de transacción (o gobernación) pronostica que tales efectos variarán con las necesidades de continuidad de las partes. Como vimos en el apartado 2 anterior, tales necesidades de continuidad son mayores cuando los activos humanos son más específicos. Sin embargo, la contratación en el mercado instantáneo seguirá siendo eficaz cuando las habilidades de los activos humanos no sean específicas y los insumos sean separables. Evidentemente, la concepción del sindicalismo basada en la voz sostiene otra cosa, ya que imputa beneficios de eficiencia a los sindicatos en todas las circunstancias, incluida la contratación del mercado instantáneo. En principio, podría tenerse así una prueba analítica del enfoque de la gobernación frente al enfoque de la voz, en lo referente al sindicalismo, examinando los beneficios de eficiencia de la organización colectiva asociados con la celdilla k_0, S_0 (el caso en que los activos son no específicos y separables).

Pero los méritos de la concepción del sindicalismo basada en la voz no dependen por completo de las ramificaciones de la eficiencia. También deben tomarse en cuenta las consideraciones distributivas. Se han imputado a los sindicatos efectos de dos clases. El primero es la distorsión monopólica convencional asociada a los incrementos de los salarios sindicales. El aspecto relativamente descuidado sobre el que Freeman y Medoff llaman la atención, claramente asociado con la concepción del sindicalismo basada en la voz, es que la desigualdad del ingreso —dentro de una empresa o dentro de una industria— disminuye entre los trabajadores organizados.

El efecto social de los sindicatos, de acuerdo con el enfoque de la voz colectiva, es que los sindicatos son instituciones políticas que representan la voluntad de sus miembros y los intereses políticos de las personas de menores ingresos y discriminadas. Esto último podría disputarse, pero es evidente que los sindicatos son importantes para el proceso político en materia de salud, de seguridad, y en otros aspectos sociales. Tales efectos serían difíciles de obtener bajo la concepción de los sindicatos basada en la agencia que ubica la actividad sindical a nivel de una planta o empresa. La unión de los intereses sindicales a niveles políticos tenderá a beneficiarse de la organización sindical compuesta (o jerárquica), presuntamente apoyada por la concepción del sindicalismo basada en la voz colectiva.

3.3 *El poder*

La afirmación o sugerencia de que el poder, antes que la eficiencia, es responsable de las decisiones de organizar las relaciones de intercambio de una forma y no de otra, aparece en gran parte de los comentarios de la ciencia social sobre la organización del trabajo. Sin embargo, raras veces se define el poder. Esto se debe en parte al hecho de que se cree generalmente que el poder "puede ser difícil de definir [...] pero no es tan difícil de reconocer" (Pfeffer, 1981, p. 3). Sin embargo, creo que gran parte de lo que se "reconoce" como poder se debe a la observación de los contratos individuales en un estado *ex post*, en lugar de considerar el *conjunto* de contratos pertinentes en su *totalidad*, como lo requiere el análisis institucional comparado.

A veces, lo que se llama poder se reduce a una preferencia por otra distribución del ingreso. Quienes tienen menores recursos tendrían mayor "poder" de compra si esto se lograra. Pero la organización del trabajo no se verá necesariamente afectada por esa razón. En realidad, es probable que cambie la composición de los bienes y servicios. Pero la organización del trabajo no cambiará necesariamente. En efecto, si la eficiencia está impulsando resultados organizativos, algunos modos que son eficientes bajo una distribución del ingreso permanecerán normalmente eficientes bajo otra distribución.[14] Dado que las ganancias mutuas están disponibles en potencia siempre que se pasa de una configuración menos eficiente a otra más eficiente, es obvio el incentivo para la elección de modos más eficientes.

Las cuestiones que deben aclararse para evaluar la literatura del poder son las siguientes: 1) el riesgo no diversificable, 2) los efectos de reputación, 3) el proceso competitivo, y 4) el control de los trabajadores sobre la intensidad y la calidad del insumo de trabajo. Un error comúnmente observado en la literatura del poder es la creencia de que el poder agregado puede inferirse determinando cuál de dos contendientes ganará en una confrontación *aislada*.

a. *El riesgo no diversificable*

Branko Horvat contrasta a los propietarios con los trabajadores en lo referente a la asunción de riesgos como sigue: "El propietario puede dispersar los riesgos adquiriendo una cartera de acciones diversificadas, mientras que el trabajador tiene sólo un poder de trabajo y un empleo" (1982, p. 447). Varias observaciones son pertinentes aquí. Primero, hay un estrecho sentido técnico en el que es correcta la noción de que la mano de obra no es diversificable. Aparte de las prohibiciones legales contra la servidumbre, no es viable un mercado de capital humano donde se diversifiquen los riesgos mediante la compra y la venta de acciones sobre las corrientes de ingresos individuales. "Por ejemplo, no podemos vender un pedazo de nosotros mismos si somos abogados de Cincinnati y comprar una porción de un carpintero en San Diego" (Gordon, 1974, p. 447).

[14] Sin embargo, véase el examen de Putterman (1982, pp. 156-157).

Pero en segundo lugar, es posible que los trabajadores escojan entre las habilidades de propósitos generales y las habilidades específicas de una empresa. Los trabajadores que escojan lo primero estarán calificados para trabajar para un gran número de empleadores. Sólo quienes inviertan muy fuertemente en la adquisición de habilidades específicas de una empresa podrá decirse que tienen "un poder de trabajo y un empleo". Aun aquí, de ordinario es factible un empleo alternativo, aunque con niveles de productividad reducidos. Además, y algo más importante, los trabajadores que acepten el empleo específico de una empresa reconocerán presumiblemente los riesgos e insistirán en que se rodeen tales empleos con estructuras de gobernación protectoras. Un poder de trabajo y un empleo considerados en abstracto y un poder de trabajo y un empleo incorporados en una estructura de gobernación protectora tienen connotaciones muy diferentes.

b. *Efectos de reputación*

La visión instantánea del trabajador contra la empresa en términos del poder omite las consecuencias futuras. Cada confrontación se considera por separado, y el trabajador es inevitablemente el perdedor en todos los casos. El trabajador está acabado y debe encontrar otro empleo. La empresa contrata un sustituto en el ejército de reserva de los desempleados.

Ese escenario es defectuoso en dos sentidos. Primero, hay un supuesto implícito de que la empresa no experimenta costos de dislocación cuando termina un empleado. Pero eso es cierto sólo si la especificidad de los activos humanos es insignificante y todos los efectos de equipo humano son de la clase del grupo primitivo. Segundo, supone que los trabajadores no tienen opciones de empleo, de modo que no escogen entre las alternativas observando las prácticas diferentes. Pero como señala Arthur Okun, "en ausencia de un contrato explícito, los solicitantes buscarán información con otros trabajadores acerca de la actuación anterior de los empleadores. Los solicitantes están obligados a juzgar al empleador, en parte, por su reputación" (1981, p. 51). Las empresas que tienen mejores reputaciones serán presuntamente capaces de contratar trabajadores en mejores términos, *ceteris paribus.* (De nuevo, es pertinente aquí la comparación de $\hat{p}$ con $\bar{p}$ del capítulo I.)

Pero los efectos de reputación son asuntos sutiles. La posibilidad de que la empresa utilice su reputación en una forma estratégica amerita una consideración. Así pues, el argumento de que los trabajadores y los empleadores tienen un interés mutuo en la continuidad de la relación de empleo cuando son grandes las inversiones realizadas en activos humanos específicos de ciertas transacciones, podría disputar alegando que el trabajador es uno de muchos y que el empleador obtendrá ventajas estratégicas poniendo de ejemplo a uno o varios trabajadores, para enseñar así una lección al conjunto. El argumento de la simetría está así errado porque olvida esta disparidad fundamental. Dicho de otro modo, la proposición de que ambas partes pueden perder cuando renuncia o termina un empleado dotado de importantes habilidades específicas de ciertas transacciones —el empleado pierde porque no puede tomar otro empleo sin pérdida de valor productivo; el empleador pierde a causa de los costos de la perturbación y del adiestramiento que requiere el sustituto— es correcta en sí misma pero no va suficientemente lejos. Omite los aspectos estratégicos y por esa razón deber ser sustituida por una evaluación estratégica de la relación de empleo donde las asimetrías se reconozcan y se tomen explícitamente en cuenta.

La importancia de los efectos de reputación ha sido examinada por Christian von Weizsacker en relación con lo que llama el principio de la extrapolación:

> Uno de los mecanismos más eficaces con que cuenta la sociedad para reducir el costo de producción de la información es el principio de la extrapolación. Entiendo por tal el fenómeno de que los individuos extrapolan el comportamiento de otros a partir de las observaciones del pasado y que esta extrapolación es estabilizadora porque provee un incentivo para que otros realicen estas expectativas [...] Observando el comportamiento de otros en el pasado, podemos pronosticar confiadamente su comportamiento en el futuro sin incurrir en nuevos costos [...]
>
> [Este] principio de extrapolación está profundamente arraigado en la estructura del comportamiento humano. De hecho, existe también en las sociedades animales [...] la lucha entre dos polos no produce sólo información acerca de las fuerzas relativas en el presente, sino también acerca de la fuerza relativa en el futuro [Weizsacker, 1980b, pp. 72-73].

Estas cuestiones han sido estudiadas más formalmente por David Kreps y Robert Wilson, quienes se ocupan de la credibilidad de las amenazas predatorias. Demuestran estos autores que cuando hay incertidumbre acerca de los beneficios de la empresa dominante y cuando ésta se enfrenta reiteradamente a una secuencia de oponentes, "ninguno de los cuales tiene capacidad para promover una reputación" (Kreps y Wilson, 1980, p. 58), el comportamiento punitivo se vuelve una política mucho más atractiva.

Una serie de paralelos entre la empresa dominante y los rivales pequeños por una parte, y el empleador y numerosos empleados individuales por otra parte, sugieren la transferencia de ese razonamiento al contexto del empleo. Así pues: 1) los recursos del empleador son mucho más extensos que los del empleado típico, 2) los empleados individuales pueden tener dificultades para evaluar los rendimientos de negociaciones alternativas para los empleadores, y 3) los empleados individuales pueden considerarse como una secuencia de oponentes, cada uno de los cuales está incapacitado para desarrollar una reputación compensadora. Pero los paralelos son incompletos. Específicamente, mientras que la empresa dominante trata con *rivales* y espera no tener nuevos tratos con los competidores potenciales, el empleador trata con *proveedores* y tiene necesidades continuas de contratación de trabajadores. Esa diferencia puede ser decisiva.

Eso no quiere decir que un empleador no pueda enseñar una lección a muchos empleados poniendo de ejemplo a uno o varios. Dado que todos los empleados que han realizado inversiones específicas de ciertas transacciones son vulnerables a la explotación, un empleador puede inducir a todos los empleados a aceptar términos inferiores, a través de medidas punitivas selectivas pero conspicuas. Sin embargo, la referencia a los empleados actuales señala un límite importante de ese tipo de comportamiento. Entre los empleadores que planean mantenerse continuamente en el negocio, los empleados de la generación siguiente pueden aprender también, y la lección es aquí muy diferente de la recibida por los empleados actuales.

Específicamente, los empleadores que tienen la reputación de explotar a los empleados actuales no podrán inducir en lo sucesivo, a los empleados nuevos, a aceptar el empleo en los mismos términos. Es posible que deba pagarse un premio salarial; o quizá deban redefinirse las tareas para eliminar los aspectos específicos de ciertas transacciones; o tal vez deban otorgarse garantías contractuales contra los abusos futuros. Tomando en consideración esas posibilidades, la estrategia de explotación de las inversiones específicas de los empleados actuales se restringe efectivamente a las circunstancias en que: 1) las empresas son efímeras, 2) las empresas están jugando juegos terminales, y 3) el aprendizaje intergeneracional es insignificante. Pero cuando las empresas se encuentran continuamente en el mercado del empleo y las generaciones sucesoras aprenden, los esfuerzos que se hagan para explotar a los empleados actuales son miopes y provocarán presumiblemente reacciones protectoras.

Sin embargo, hay buenas razones para que los empleados se organicen de tal manera que frustren incluso los esfuerzos de una sola vez o los esfuerzos errados que se hagan para explotar las inversiones de los trabajadores específicas en ciertas transacciones. Por una parte, así podrá reducirse la exposición a los empresarios miopes o efímeros y a los juegos terminales. En segundo lugar, los efectos de la reputación intergeneracional podrán aplicarse con mayor seguridad a las empresas continuas mediante la creación de una maquinaria institucional para el registro y la comunicación de incidentes de expropiación. En tercer lugar, los empleadores pueden reconocer los méritos de las negociaciones justas con los empleados pero carecer de capacidad para comunicarlos a los superiores de primera línea. La organización colectiva de los trabajadores (sindicatos) tiene ventajas en cada uno de estos sentidos.

c. *El proceso competitivo*

La sugerencia de que los empleadores, y no los empleados o la sociedad en general, son los ganadores siempre que se implantan prácticas de trabajo más eficientes, supone que los trabajadores carecen de poder de negociación y se olvida el proceso competitivo. Sin embargo, los cambios de las reglas de trabajo que se hacen durante un contrato están sujetos normalmente al arbitraje. Y los cambios que se hacen durante las negociaciones de renovación del contrato forman parte de un paquete mucho más grande donde se elaboran las tasas de sustitución.

El olvido del proceso competitivo es especialmente lamentable. Supongamos entonces que puede identificarse una práctica más eficiente y que en un principio el empleador se apropia todo el incremento de la eficiencia. Aunque los trabajadores no se encuentran en mejor posición (de hecho, dependiendo de los detalles, algunos podrán ser despedidos y necesitarán encontrar un nuevo empleo), la sociedad puede ganar en dos sentidos. Primero, los recursos ahorrados por reorganización del trabajo pueden emplearse productivamente en otros usos. Segundo, los beneficios inmediatos obtenidos por la empresa serán raras veces permanentes. Por el contrario, el escenario descrito antes en relación con la industria siderúrgica[15] aparecerá normalmente: otros detectarán e imitarán las reformas importantes, y los precios bajarán a medida que los márgenes vuelvan a sus niveles anteriores.[16] En consecuencia, se obtienen nuevos incrementos de la eficiencia de asignación.

d. *La discreción de los trabajadores*

La sugerencia de que el poder de negociación de los trabajadores se limita a una dimensión —reportarse a trabajar o irse a la huelga— es común pero está errada. Por ejemplo, observa Stone que "la disponibilidad del arbitraje obligatorio para lograr que un sindicato abandone la huelga [. . .] significaba que se habían retirado las armas económicas del sindicato" (1981, p. 1539). De hecho, sin embargo, "lo que desea la empresa cuando contrata un empleado es la actuación productiva [. . .] Quiere comprar calidad de trabajo y no sólo tiempo en el empleo" (Okun, 1981, p. 63).[17] En consecuencia, los empleados actualmente explotados no carecen totalmente de recursos. Los empleados actuales que se ven "obligados" a aceptar términos inferiores pueden ajustar la calidad a la desventaja de un empleador predatorio. Estos problemas se han abordado antes al distinguir entre la cooperación consumada y la cooperación superficial (Williamson, 1975, p. 69). Por necesidad, el contrato de empleo es un acuerdo incompleto, y la actuación varía con la forma en que se ejecute. La cooperación consumada es una actitud laboral afirmativa por la que se llenan las lagunas, se toma la iniciativa, y se ejerce el juicio en una forma instrumental. La cooperación superficial considera al trabajo de acuerdo con las reglas y la actuación en forma mínimamente aceptable en otros sentidos. Como observan Peter Blau y Richard Scott:

> El contrato obliga a los empleados a desempeñar sólo un conjunto de deberes de acuerdo con normas mínimas y no asegura su esfuerzo para alcanzar una actuación óptima [. . .] La autoridad legal no puede despertar la disposición del empleado para dedicar su ingenio y su energía a la realización de sus tareas al máximo de su capacidad [. . .] Promueve la observación de las instrucciones y la disciplina, pero no alienta a los empleados a esforzarse, aceptar responsabilidades o ejercer la iniciativa [Blau y Scott, 1969, p. 140].

[15] Véase el capítulo V apartado 4.2.

[16] No se supone una ausencia de poder monopólico. Sólo supongo que los cambios de la organización del trabajo no incrementan el poder de mercado preexistente, de modo que los márgenes de beneficio volverán de ordinario a los niveles anteriores cuando la adaptación se haya completado.

[17] Como observara Alfred Marshall: "aunque estuviese rígidamente fijo el número de horas [de trabajo] en el año, lo cual no ocurre, la intensidad del trabajo seguiría siendo elástica" (1948, p. 438, n. 1).

De hecho, la mayoría de los contratos —laborales, de bienes intermedios y otros— son incompletos en aspectos importantes, por cuya razón los proveedores disfrutan de discreción. Los compradores "abusan" así de los proveedores demandando una actuación estricta, de acuerdo con la letra del contrato sólo por azar.

4. Aspectos problemáticos de la organización sindical

Lo anterior subraya los beneficios de la organización colectiva. Tales beneficios son especialmente grandes cuando la fuerza de trabajo adquiere (o los administradores quieren inducir a los trabajadores para que adquieran) un capital humano específico de la empresa. Pero hay beneficios de eficiencia adicionales, de agencia sencilla, que la organización colectiva puede proveer virtualmente en todas las empresas.

Los sindicatos son la forma de organización colectiva prevaleciente en las economías capitalistas. El hecho de que el sindicato no se haya introducido antes, o no haya sido recibido sin resistencia, quizá se debe al hecho de que, además de los beneficios antes mencionados, hay también costos potenciales. Aquí examinaremos algunos de los más obvios.

4.1 *Poder monopólico*

La organización colectiva puede permitir que los trabajadores mejoren los términos que obtienen en cuanto a la disposición de la cuasirenta imputable al capital humano específico de la empresa. Si, contra lo que sostiene el argumento del apartado 2.2, los trabajadores adquieren derechos de propiedad sobre los empleos, podrán obtenerse ciertas mejoras de tales términos —por lo menos a corto plazo— mediante la expropiación de los costos fijos en la planta y la infraestructura organizativa. Reconociendo tal potencialidad de expropiación, las empresas y las industrias en las que son mayores las inversiones en capital no humano durable serán más resistentes a la organización sindical, *ceteris paribus*.

4.2 *La oligarquía*

La ley de hierro de la oligarquía afirma que "es la organización la que origina el dominio de los elegidos sobre los electores, de los mandatarios sobre los mandantes, de los delegados sobre los delegadores. Quien dice organización, dice oligarquía" (Michels, 1962, p. 365). A pesar de los esfuerzos que se hacen para debilitar esta ley, hasta ahora ha resistido la derogación. Como dice Seymour Lipset, el hombre moderno afronta un dilema irresoluble: "no puede tener grandes instituciones tales como el Estado nacional, los sindicatos, los partidos políticos o las iglesias, sin entregar el poder efectivo a los pocos que se encuentran en la cima de estras instituciones" (1962, p. 15).

Los líderes de los sindicatos, como los líderes de otras grandes organizaciones, se encuentran así a menudo en una posición de arraigo o de persecución de sus propios intereses.

Eso es obvio a veces, como ocurre cuando el líder sindical se roba los pagos de jubilación y hospitalización de los miembros. Pero también puede ser sutil, y puede verse influido por las reglas institucionales del juego. El análisis reciente de la elección de los intervalos de renovación del contrato, hecho por Aoki, es un posible ejemplo de la última situación.

El problema de éste: ¿cuál es el intervalo apropiado para la renegociación de los contratos? Hay grandes ventajas, desde el punto de vista de la eficiencia, en la concentración de los aspectos duros de la negociación de la relación en los periodos de renovación del contrato, usando procesos analíticos para la realización de adaptaciones durante la ejecución del contrato. Los contratos a largo plazo ofrecen la ventaja aparente de reducir los procesos de negociación e incrementar los procesos analíticos, pero eso puede se engañoso. Si el contrato básico se aparta de las realidades económicas, una parte o la otra tenderá a presionar para aliviar su situación durante la ejecución del contrato. En consecuencia, vacilará la presunción de que las partes cooperarán durante el periodo que media entre las renovaciones del contrato.

Sin embargo, Aoki señala una interesante regularidad empírica que distingue las prácticas de contratación de Alemania y Japón frente a las de los Estados Unidos: en los dos primeros países los contratos se renegocian de ordinario a intervalos de un año, mientras que en los Estados Unidos el intervalo usual es de tres años (Aoki, 1984, p. 148). ¿Cómo se explica la diferencia?

Una posibilidad es que las perturbaciones económicas sean más grandes y frecuentes en Alemania y Japón. Ésa es la explicación de la incertidumbre: probablemente, los contratos que experimentan mayor incertidumbre debieran renegociarse con mayor frecuencia que los contratos que experimentan menos incertidumbre. Sin embargo, Aoki prefiere una explicación que imputa la diferencia a una decisión de la Junta Nacional de Relaciones Laborales. La doctrina del "obstáculo contractual" impide que se desafíe al sindicato actual "durante el término de un contrato existente, con un máximo de tres años en el caso de los contratos que rijan por más de tres años " (1984, p. 148). Afirma Aoki que los contratos de tres años resultantes protegen a los sindicatos actuales a expensas de la eficiencia (pp. 148-150). Independientemente de que esta tesis sea correcta o no, debemos examinar la posibilidad de que los resultados oligárquicos influyan sobre las reglas del juego.[18]

[18] Otro aspecto problemático del sindicalismo es lo que llama William Fellner el "Oligopolio de Clase 3". Tal condición comprende una colusión entre las empresas de una industria (o entre un subconjunto de empresas) apoyada por la "ayuda activa de un agente externo" (Fellner, 1965, p. 47). Véase en Williamson (1968) un ejemplo en el que el Sindicato de Mineros Unidos y las grandes minas de carbón bituminoso parecen haberse unido en tal relación. Sin embargo, éste no parece ser el resultado común.

4.3 *La heterogeneidad*

Se necesitan estructuras de gobernación laboral más complejas a medida que se profundizan las inversiones en el capital humano específico de la empresa, *ceteris paribus*. Tomando esto en cuenta, y dada la heterogeneidad de la fuerza de trabajo típica, es posible que deba obtenerse una serie de negociaciones en lugar de una sola negociación aplicable a toda la fuerza de trabajo. Entre otras cosas, un solo sindicato que opera bajo un acuerdo uniforme tendrá dificultad para agregar las preferencias de sus miembros dispares. Pero la negociación de términos distintivos viola los propósitos igualitarios de los sindicatos. Las empresas y los sindicatos japoneses han mitigado el problema separando las actividades divergentes a través de una extensa contratación secundaria y mediante la creación de subsidiarias (Aoki, 1984, p. 142). Quienes quisieran que las empresas y los sindicatos estadunidenses imitaran a sus colegas japoneses más de cerca, pero no están dispuestos a aceptar al mismo tiempo la subcontratación japonesa (y las prácticas relacionadas que facilitan la discriminación), debieran reconocer las tensiones.

5. El dilema de la cooperativa de productores

Este libro se ocupa sobre todo de la evaluación de los modos de organización capitalistas. Aunque el enfoque subyacente al estudio de la organización se aplica también a los modos no capitalistas, se intentan pocas aplicaciones de tal clase. El breve análisis de las cooperativas de productores que sigue no remedia esta situación. Sólo plantea problemas que requieren mayor estudio. El dilema básico es éste: si las cooperativas de productores mitigan las desventajas que muchos científicos y comentaristas sociales imputan a la relación de autoridad, ¿por qué es tan poco prometedora la experiencia de las cooperativas de productores?

No intentaremos aquí una respuesta definitiva a esa interrogante. De hecho, dado que el modo de la cooperativa de productores está experimentando todavía algunos refinamientos, como lo revela el experimento de Mondragón que ha estado en proceso durante casi 30 años en el país vasco de España (Bradley y Gelb, 1980, 1982), no podemos hacer una determinación final. Pero la historia anterior de las cooperativas de productores ha sido decepcionante. Las grandes esperanzas con las que se iniciaron se han frustrado (Kanter, 1972; Manuel y Manuel, 1979). ¿Cuáles han sido las razones?

Bowles y Gintis (1976, p. 62) observan que las cooperativas de trabajadores ofrecían una alternativa viable a la relación de autoridad y "constituían una parte difundida e influyente del movimiento laboral ya en el decenio de 1840. [. . .] El movimiento cooperativo alcanzó un nivel máximo poco después de la guerra civil pero fracasó porque no pudo reunir suficiente capital". Luego citan a Groben en estos términos:

> Aun cuando disponía de fondos, el deseo de obtener beneficios se volvía a veces tan intenso que muchas cooperativas se convirtieron en compañías por acciones. Los

accionistas decidieron entonces pagar salarios bajos. No eran poco importantes las discriminaciones practicadas por los competidores, quienes temían el éxito de las empresas cooperativas [Bowles y Gintis, 1976, p. 62].

Ellerman describe las "tendencias degenerativas" de las corporaciones que eran propiedad de los empleados en una forma similar (1982, p. 39).

Horvat plantea el dilema en forma directa: "Si las empresas administradas por los trabajadores son realmente más eficientes que sus [...] similares [...] capitalistas, ¿por qué no superan a estas últimas en el mercado?" (1982, p. 455). Su respuesta es que "una empresa administrada por los trabajadores no puede sobrevivir fácilmente en un ambiente capitalista, cualquiera que sea su eficiencia *potencial*" (p. 455; cursivas en el original). Hay tres razones para ello (p. 456): 1) es difícil que las cooperativas de productores obtengan crédito bancario y comercial, 2) las cooperativas no pueden retener a los administradores superiores, quienes se ven inducidos a marcharse ante los ofrecimientos de una paga mejor en las empresas capitalistas, y 3) las cooperativas exitosas experimentan la degeneración antes descrita porque los fundadores se resisten a compartir los frutos de su éxito con los recién llegados.

Horvat sugiere una analogía biológica en apoyo al primer punto: "la economía capitalista se comporta como un organismo que ha experimentado el trasplante de un órgano y que espontáneamente rechaza el tejido extraño" (1982, p. 456). Sin embargo, creo que el crédito bancario y comercial se describe en forma más correcta por una analogía física. Se asemeja más a los fragmentos de hierro en un campo magnético. La perspectiva de altos rendimientos (ajustados por el riesgo) ejerce una atracción irresistible sobre las reservas líquidas. En realidad, las exhortaciones locales en favor de la discriminación pueden ser temporalmente eficaces. Pero los capitalistas de riesgo no tienen principios en su búsqueda de beneficios. El capital revela una tendencia inexorable hacia la igualación de los rendimientos en el margen.

Un problema financiero más grave, que no menciona Horvat y sí Putterman (1982, p. 158), es el acceso al financiamiento bancario a largo plazo y el capital de riesgo. El problema no reside en el hecho de que se niegue a las cooperativas un acceso igual a tales fondos, sino en los riesgos especiales que plantea la forma cooperativa. Deben distinguirse los riesgos del registro y de la expropiación. Sólo estos últimos son problemáticos a largo plazo.

Considerando las dificultades de la evaluación de los méritos de cualquier empresa nueva *ex ante*, los inversionistas se sienten siempre temerosos al principio. Pero eso es característico de todas las empresas nuevas. Empezar en pequeño y crecer mediante la retención de las ganancias es entonces un escenario común. Dado que los trabajadores que se ven atraídos hacia las cooperativas quizá trabajarán por un salario menor,[19] una vez eliminada la

[19] En realidad, las compras de empresas en quiebra por parte de los trabajadores son casos especiales. En tales circunstancias, es posible que los trabajadores experimentados estén dispuestos a sacrificar las cuasirentas en vista de las alternativas sombrías. Sin embargo, resulta instructivo que los empleados de la planta Weirton de la National Steel Corporation en Virginia Occidental acepten una reducción de 32% en sus salarios y prestaciones como parte de su esfuerzo de compra: "Cerca de 7 400 trabajadores por horas representados por el Sindicato

opresión de la relación de autoridad, la mayor rentabilidad que así resulta es una clara ventaja.[20] Una vez manifestada, la atracción magnética de los fondos antes descrita debiera materializarse.

Pero eso supone que la empresa cooperativa y la empresa capitalista no plantean riesgos de expropiación claramente diferentes al financiamiento a largo plazo con deuda y especialmente con capital de riesgo. Estos problemas se entienden mejor en el contexto del examen de la gobernación corporativa del capítulo XII. Aquí basta observar que, mientras que la forma capitalista de la organización puede tolerar la intervención externa para incluir hasta el cambio de administración mediante la concentración de la propiedad accionaria para efectuar un apoderamiento, esto es contrario a la concepción cooperativa de la empresa. *Ceteris paribus,* la propiedad accionaria está sujeta a mayores riesgos en la empresa cooperativa.[21] La forma cooperativa de la organización experimenta una grave limitación (comparativa) a este respecto.

Sin embargo, Horvat ofrece otras dos razones; ambas referentes al comportamiento de los administradores y estrechamente relacionadas entre sí: la incapacidad de las cooperativas para retener buenos administradores, y la resistencia de los fundadores a compartir. El reciente enfoque de los problemas de administración en una empresa administrada por los trabajadores, hecho por Putterman, resulta instructivo. Observa Putterman que

> [...] mientras que el sistema de mercado *permitirá* la existencia de empresas administradas por los trabajadores al lado de las empresas capitalistas, es posible que las empresas administradas por los trabajadores no sean plenamente viables, y es probable que tales empresas sean incapaces de alcanzar sus posibilidades plenas, bajo tal coexistencia, mientras que el talento empresarial encuentre su mejor trato en la forma competidora. Quizá sea necesario que el control democrático se convierta en un principio social fundamental, implantado a través de una legislación en la medida en que no se establezca por el mero peso de la adopción como una norma social, antes de que el sistema administrado por los trabajadores capte el talento administrativo, se ocupe del beneficio más amplio de la fuerza de trabajo en conjunto, y coopere en la multiplicación de las habilidades y la educación de la fuerza de trabajo que pudieran hacer de la administración misma un recurso más común, promoviendo así el éxito de las formas de organización altamente participativas. En otras palabras, la empresa administrada por los trabajadores podría ser

Siderúrgico Independiente (ISU) aceptarían una reducción salarial de 14.1% y eliminarían 6 de 11 días festivos, una semana de vacaciones pagadas y otras prestaciones. Además, el sindicato renunció a un ajuste del costo de la vida (COLA) a cambio de un plan de repartición de beneficios que proveería los únicos incrementos de la compensación durante una congelación salarial de seis años" (*Business Week,* 5 de septiembre de 1983, p. 35).

[20] Advierte Putterman que el éxito puede no ser inmediato a causa de los problemas de la iniciación (1982, pp. 150-151). Sin embargo, muchas cooperativas tuvieron un buen comienzo. Sus problemas surgieron más tarde.

[21] Como dice Puterman, "si los accionistas valúan su control de votación sobre las políticas de la empresa, y si las empresas administradas por los trabajadores no pueden (en principio) compartir tal control con sus accionistas, los costos de la obtención de capital social serán mayores para la empresa administrada por los trabajadores" (1982, p. 158). Una posible adaptación consiste en que las empresas administradas por los trabajadores se especialicen en industrias y tecnologías donde esté limitada la exposición de los activos específicos.

mejor para la mayoría de los trabajadores a largo plazo, pero sería inalcanzable mientras que la minoría de los trabajadores para quienes *no* ocurra esto se vea atraída al servicio del capital [Putterman, 1982, pp. 157-158].

Evidentemente, el argumento es que los administradores calificados generan elevadas exterioridades. Dado que pocos administradores, si acaso, están dispuestos a hacer los sacrificios personales necesarios para que la empresa administrada por los trabajadores sea viable, se requiere la intervención legislativa para la realización del óptimo social. Deben corregirse los defectos de la naturaleza humana tal como la conocemos.

Sin embargo, como ocurre con todas las propuestas de reforma, no se trata de saber si hay defectos sino de saber si tales defectos son remediables. ¿Cuál es la probabilidad de que la reforma genere ganancias netas? Dado que algunos modos viables de la organización socialista se aplican ya en Yugoslavia y otras partes, presumiblemente debiera hacerse un esfuerzo mayor para evaluar sus beneficios y sus costos.[22]

6. La dignidad

Supongamos, en aras del argumento, que no se ejecutan de inmediato las reformas políticas preferidas por los economistas radicales y otros. ¿Habrá otras medidas que puedan y deban tomarse para mitigar la opresión de la relación de autoridad en el ínterin? Mi examen de esa cuestión se hace en dos partes. En primer término examinaremos la literatura de la satisfacción y la alineación del trabajo. Luego consideraremos el problema más general de la dignidad.

6.1 *Satisfacción/alienación del trabajo*

No podemos leer la literatura de los economistas radicales y la sociología del trabajo sin impresionarnos por el hecho de que el trabajo se organice a veces opresivamente, de modo que se requieren ciertos esfuerzos para remediar esa condición. Pero gran parte de la literatura tiene otra cualidad: padece una carencia de comprobaciones en la realidad. Cuando afrontan un conflicto entre lo que dicen los trabajadores en respuesta a los cuestionarios y lo que hacen en el mercado, muchos comentaristas sociales otorgan un peso desmesurado a los cuestionarios.[23] En cambio, la mayoría de los economistas dirían

[22] La evaluación de los modos del trabajo que hicimos en el capítulo IX, en términos institucionales comparados, reveló que los grupos de colegas tienen ventajas, por lo menos en las organizaciones pequeñas. Sin embargo, a medida que aumenta el tamaño de los grupos de colegas, surge inevitablemente una tensión oligárquica.

[23] Véase, por ejemplo, *Work In America* (1973, p. 13). Tenemos la impresión de que, cuando algunos observadores no obtienen la respuesta que andan buscando desde el principio, las preguntas se modificarán y las respuestas se reinterpretarán hasta obtener el resultado deseado (*Work In America*, 1973, pp. 14-15). Se reportan algunos programas innovadores como el de la Lincoln Electric, que tienen una historia de 50 años de éxitos (pp. 107-108), sin preguntar-

que las preferencias se revelan por las elecciones efectivas. Consideraremos el estudio siguiente de los trabajadores de la línea de ensamblado en una planta de la General Motors ubicada en Massachusetts, reportado por Amitai Etzioni:

> Un estudio de los empleos anteriores de los trabajadores indica que estaban mucho mejor en su empleo anterior de acuerdo con seis criterios de satisfacción del empleo; 87.4% había tenido antes un empleo donde se determinaba el ritmo individualmente; 72% había tenido trabajos no repetitivos; cerca de 60% había tenido empleos que requerían algunas habilidades y adiestramiento; y 62.7% había estado en libertad total o parcial para determinar cómo debería hacerse su trabajo [. . .] Optaron por dejar estos empleos y tomar los frustrantes empleos de la línea de ensamble, básicamente porque los nuevos empleos ofrecían un ingreso más alto y más seguro. Tres cuartas partes de los trabajadores reportaron que las razones que los llevaron a la nueva planta eran primordialmente económicas. Las diferencias salariales se aproximaban a 30% [Etzioni, 1975, pp. 34-35].

En realidad, todos preferirían una paga mejor y mejores condiciones de trabajo. Sin embargo, ante la necesidad de algunas elecciones, los atributos valiosos se ajustarán al margen. Excepto cuando puede demostrarse que el trabajo se ha organizado en una forma inferior de modo que pueden encontrarse modos de trabajo más satisfactorios sin sacrificio de la eficiencia, las quejas referentes a las prácticas de trabajo prevalecientes, donde los trabajadores han sacrificado voluntariamente una satisfacción mayor en el trabajo por una paga mayor, tienen un propósito incierto.[24] Sin embargo, Paul Blumberg sostiene que "casi no hay un solo estudio en toda la literatura que no demuestre un incremento de la satisfacción [. . .] o de la productividad cuando hay un aumento genuino en el poder de toma de decisiones de los trabajadores. Creo que los hallazgos de tal consistencia son raros en la ciencia social [. . .] El trabajador participativo es un trabajador comprometido".[25]

---

se jamás si los empleados de Lincoln constituyen una muestra aleatoria de la población ni por qué no usa Lincoln esta innovación organizativa exitosa (ni la imitan otras empresas) para diversificarse y convertirse en un factor grande y decisivo en el escenario empresarial estadunidense. Algunos problemas de los "convencionales", como los que experimentó la General Motors en Lordstown (*Work In America*, 1973, pp. 19, 38) se reportan como si fuesen ventanas al futuro. Pero si los problemas se desvanecen, como ocurrió en Lordstown, la atención se dirige a otra parte. De igual modo, mientras que la reorganización del proceso de ensamblado automotriz en la planta de la Volvo en Kalmar recibió amplia cobertura al principio, su historia posterior ha sido mucho menos explorada.

[24] Dado que el ensamblado automotriz es una de las tareas más rutinarias, el empleo manufacturero anterior ocupará necesariamente un lugar más alto en lo referente a la satisfacción del empleo, para la mayoría de los trabajadores automotrices. Pero la consideración básica es que la evaluación compuesta de un empleo es una función de los salarios, la seguridad en el empleo y la satisfacción en el mismo. Cuando se centra la atención exclusivamente en el último renglón, se pasan por alto las tasas de sustitución. Los empleados de la General Motors rechazaron categóricamente el empleo inferior en términos de la satisfacción del trabajo sin recibir ninguna compensación en términos de salarios y de seguridad en el empleo. La adecuación de esta compensación puede disputarse alegando que la valuación social de la satisfacción del empleo supera a la valuación privada, pero ésa es una argumentación que se presta a grandes conjeturas.

[25] Bowles y Gintis (1976, pp. 79-80) citan este pasaje. Horvat cita también a Blumberg en el sentido de que "la participación incrementa la productividad" (1982, p. 207).

Curiosamente, las pruebas que relacionan la satisfacción del empleo con la productividad revelan escasa o ninguna asociación entre ambas (March y Simon, 1958, pp. 48, 50; Vroom, 1964, pp. 181-186; Katz y Kahn, 1966, p. 373; Gallagher y Einhorn, 1976, pp. 367-371). La reseña hecha por Scott del trabajo empírico realizado por la escuela de las relaciones humanas concluye con la osada afirmación de que "varios decenios de investigación no han demostrado ninguna relación clara entre la satisfacción del trabajo y la productividad" (1981. p. 90). Gallagher y Einhorn concluyen su reseña de esa literatura con esta observación: "Creemos que el agrandamiento y el enriquecimiento del trabajo pueden ser instrumentos útiles para los administradores. Pero finalmente no se trata de saber si estos programas funcionan, sino *bajo cuáles condiciones* serán más eficaces" (1976, p. 373; sin cursivas en el original). Y la reciente reseña hecha por Gunzberg de los cambios ocurridos en los modos de trabajo de Suecia concluye que ha resultado difícil la evaluación de las consecuencias económicas de las prácticas participativas. Así pues, aunque tales prácticas han tenido, en opinión de Gunzberg, resultados positivos en el campo de la psicología social, "no incrementan el valor de los bienes y servicios, y sí pueden aumentar su costo" (Gunzberg, 1978, p. 45).

Creo que el diseño óptimo del empleo raras veces incluirá la eliminación de la jerarquía. Por el contrario, comprende una atenuación de las asperezas de la jerarquía y la concesión de un grado mayor de participación interesada para los trabajadores que lo deseen. Pero no es por accidente que la jerarquía es ubicua dentro de todas las organizaciones de cualquier tamaño. Ello no ocurre sólo en el sector privado lucrativo sino también en el sector privado no lucrativo y en el sector público. Ocurre también a través de las fronteras nacionales y es independiente de los sistemas políticos. En suma, hay una retórica de invectiva contra la jerarquía, pero la lógica de la eficiencia y las pruebas históricas revelan que los modos no jerárquicos son por lo general efímeros. Putterman, entre otros, evidentemente está de acuerdo (1982).

6.2 *Los valores de la dignidad*

La discusión de los beneficios de la participación arroja serias dudas acerca de la posible justificación de los esfuerzos en búsqueda de la participación en el campo de la rentabilidad. Sin embargo, esa conclusión general podría refutarse arguyendo que los estudios realizados hasta la fecha no son suficientemente analíticos. Aunque la participación no rinda beneficios detectables en general, un examen de las tareas con mayor detalle microanalítico revelará que algunas tareas se benefician regularmente de la participación. Además, algunos de los beneficios de la participación podrían aparecer en el cálculo social, aunque el cálculo privado no los registre.

El problema más general consiste en saber si la inclusión de la dignidad como un atributo subyacente de la naturaleza humana puede justificarse. ¿Por qué ocurriría así? ¿Cuáles son las implicaciones refutables?

Estos problemas escapan a los límites de nuestro trabajo. Sin embargo, creo que el capitalismo se inclina a subvaluar la dignidad y que a veces pueden crearse salvaguardas institucionales que ayuden a corregir la condición. Algunas de las salvaguardas procesales recomendadas por los especialistas en el derecho laboral (Summers, 1976, pp. 503-522) son ejemplos de tales medidas.

Observa Jerry Mashaw que la trama unificadora del enfoque de los "derechos naturales" al proceso debido "es la percepción de que deben considerarse los efectos del proceso sobre los participantes, no sólo la racionalidad de los resultados sustantivos" (1985, p. 182). "En un nivel intuitivo, todos sentimos que el proceso importa independientemente del resultado [. . .] Distinguimos entre el hecho de perder y el hecho de ser tratados injustamente" (p. 183). Es probable que tal intuición se encuentre detrás de la observación de Karl Llewellyn: "En ningún sistema legal se pueden hacer cumplir todas las promesas; la gente y los tribunales son demasiado sensatos" (1931, p. 738).

No es fácil separar todo esto. Sin embargo, pueden distinguirse dos niveles de argumentación. El nivel inferior se refiere al cálculo de la rentabilidad y sostiene que la suboptimización remediable de los administradores (por ejemplo, los supervisores de primera línea) debiera corregirse. El nivel superior comprende el imperativo moral kantiano de no tratar jamás a nadie como un mero instrumento (Mashaw 1985, p. 144; Pincoffs, 1977, pp. 175-179). El primero de tales propósitos se realizará mediante el uso juicioso de las salvaguardas institucionales. Suponiendo que los niveles superiores de la jerarquía organizativa están conscientes de las tendencias conductistas de los niveles inferiores de la administración antes descritas, la miopía puede evitarse (hasta cierto punto) usando el cálculo de la rentabilidad global de la empresa como una base para derivar apropiadas restricciones de supervisión. Es de esperarse que los que toman las decisiones de nivel superior puramente calculadores, pero informados, implanten reformas organizativas.

Ahora habría necesidad de saber cuán lejos del imperativo moral kantiano se quedarán tales reformas. Horvat expresa de este modo la objeción socialista contra el capitalismo: "Las relaciones entre personas se expresan y experimentan como relaciones entre cosas. [. . .] Los hombres se evalúan recíprocamente como evalúan los objetos" (1982, pp. 90-91). Los economistas, que tienen un conocimiento profundo del capitalismo y sus matices, debieran tratar de encontrar una respuesta bien meditada. Resulta fácil la salvaguarda de los valores específicos de la empresa en el capital humano. Pero ¿cuáles valores de la dignidad, además de los anteriores, debieran apoyarse? ¿Cuáles son las ramificaciones institucionales comparadas? ¿Cuáles son las tasas de sustitución?

7. Conclusiones

Recordemos el esquema de contratación del apartado 4 del capítulo I, donde se distinguen los nudos A, B y C. Las principales implicaciones del enfoque del costo de transacción a la organización laboral, desarrolladas en este capítulo, pueden resumirse con referencia a ese esquema como sigue:

1. Las transacciones del mercado laboral ubicadas en el nudo A utilizan activos humanos que no son específicos. Por lo tanto:
   a. No se necesita una estructura de gobernación especializada para tales transacciones laborales. La contratación de mercado discreta caracterizará a las transacciones de esa clase. Los trabajadores agrícolas migratorios constituyen un ejemplo.
   b. Dado que la organización de trabajadores no específicos (fungibles) no genera economías de ninguna clase, los administradores (actuando como el agente del capital) se resistirán normalmente a los esfuerzos de sindicalización. En tales industrias, los sindicatos se organizarán tardíamente, si es que aparecen, y a menudo requerirán el apoyo del proceso político.
   c. Las estructuras de gobernación (puntos de entrada, escalas de ascenso, procedimientos de corrección, reglas de antigüedad, etc.) serán relativamente primitivas, independientemente de que los trabajadores de esta clase estén organizados o no.
2. Las transacciones del mercado de trabajo de la clase del nudo B exponen a los activos humanos especializados a riesgos de expropiación y son inestables.
   a. Los trabajadores aceptarán tales empleos sólo cuando se les pague un premio salarial.
   b. Los empleos de esta clase tenderán a ser rediseñados. Se sacrificarán los atributos idiosincrásicos (en cuyo caso el empleo revertirá al nudo A), o se creará una estructura de gobernación protectora (los atributos estarán protegidos bajo el nudo C).
3. Las transacciones del mercado laboral de la clase del nudo C son aquellas para las que se ha acordado recíprocamente una organización colectiva (a menudo en forma de un sindicato). Tal estructura protege a los trabajadores contra los riesgos de expropiación, protege a los administradores contra las renuncias indeseables, y permite que las adaptaciones a las circunstancias cambiantes se hagan en forma indiscutida (principalmente cooperativa)
   a. Los empleos de esta clase son candidatos para la sindicalización temprana, ya que de ese modo pueden obtenerse ganancias recíprocas.
   b. Las estructuras de gobernación asociadas a tales empleos serán muy refinadas.

Pero mientras que el enfoque del costo de transacción a la organización laboral es fuente de numerosas implicaciones refutables, por sí solo no es adecuado para responder a todas las interrogantes pertinentes que interesan legítimamente al estudio de la organización laboral. Por una parte, la materia del poder no está lo suficiente desarrollada. Además, aunque se admite la importancia de la dignidad, el enfoque de cálculo orientado hacia la eficiencia que mantiene la economía del costo de transacción no puede abarcar todo el conjunto de interrogantes introducidas por la consideración de la dignidad. Por último, se omiten posibles aspectos de desequilibrio.

XI. LA CORPORACIÓN MODERNA

Se acepta en forma virtualmente unánime que la corporación moderna es una institución económica compleja e importante. El acuerdo no es tan firme en lo que respecta a sus atributos y a la forma y la razón por las que ha evolucionado sucesivamente para asumir su configuración actual. Aunque admito que han operado diversos factores, creo que la corporación moderna debe entenderse principalmente como el producto de una serie de innovaciones organizativas que han tenido el propósito y el efecto de economizar los costos de transacción.

Adviértase que no estoy afirmando que la corporación moderna debe entenderse exclusivamente en tales términos. Es claro que han influido otros factores, uno de los cuales es la búsqueda de ganancias monopólicas mientras que otro es el de los imperativos de la tecnología. Sin embargo, tales factores afectan principalmente las participaciones del mercado y el tamaño absoluto de las unidades tecnológicas específicas; la distribución de la actividad económica entre empresas y mercados, y la organización interna de la empresa (incluidos su tamaño agregado y su forma), no se explican en esos términos, excepto quizá en formas triviales. Dado que la forma y la composición son cuestiones fundamentales, una teoría de la corporación moderna que no se ocupe de ellas será bastante incompleta, en el mejor de los casos.

Específicamente, el estudio de la corporación moderna debe ir más allá de la integración vertical para abordar y explicar consistentemente los aspectos siguientes de la organización de la actividad económica: ¿cuáles propósitos económicos se satisfacen con la adopción generalizada de la creación de divisiones? ¿Cuáles son las consecuencias de la organización interna para el antiguo dilema planteado por la separación de la propiedad y el control? ¿Podrá resolverse el "enigma" del conglomerado? ¿Se aplicarán consideraciones similares a la evaluación de la empresa multinacional? ¿Podrá encontrarse una explicación de la asociación registrada entre la innovación tecnológica y la inversión extranjera directa?

Se toman como dadas las características legales fundamentales de la corporación: la responsabilidad limitada y la transferibilidad de la propiedad. El hecho de que no se discutan no quiere decir que se consideren irrelevantes o poco interesantes. Sin embargo, este capítulo se concentra en la organización interna de la corporación. Dado que cualquiera de varias estructuras internas es consistente con estas características legales, evidentemente reside en otra parte la explicación de las innovaciones organizativas específicas efectivamente adoptadas. Entre las más importantes de tales innovaciones, que se examinan aquí, se encuentran el desarrollo de la organización de los trabajadores de línea y de equipo realizada por los ferrocarriles; la integración selectiva hacia adelante de los fabricantes, en la distribución; el desarrollo de la forma corporativa con divisiones; la evolución del conglomerado y la aparición de la empresa multinacional. Los tres primeros cambios han sido estudiados por los historiadores empresariales, entre los que destacan las contribuciones de Chandler (1962; 1977).

En el apartado 1 se examina la organización ferroviaria del siglo XIX. En el apartado 2 se describe e interpreta la estructura multidivisional. En el apartado 3 se abordan la organización de conglomerados y la organización multinacional. La proposición central que se repite en todo momento es ésta: la forma de la organización es importante.

1. La organización de los ferrocarriles

El decenio de 1840 marcó el inicio de una gran oleada de cambio organizativo que ha conducido a la corporación moderna (Chandler, 1977). Según Stuart Bruchey, el comerciante veneciano del siglo XV habría entendido la forma de organización y los métodos de administración de las personas, los registros y las inversiones usados por los comerciantes de Baltimore en 1790 (1956, pp. 370-371). Tales prácticas siguieron siendo evidentemente muy útiles hasta después del decenio de 1840. Los dos avances más importantes fueron la aparición de los ferrocarriles y, en respuesta, la integración hacia adelante de los fabricantes, en la distribución. En el capítulo V se describió e interpretó la integración selectiva hacia adelante. Todavía no hemos examinado la experiencia de los ferrocarriles.

Aunque varios desarrollos tecnológicos —tales como el telégrafo (Chandler, 1977, p. 189), el desarrollo de la maquinaria de proceso continuo (pp. 252-253), el refinamiento de la fabricación de partes intercambiables (pp. 75-77) y las técnicas relacionadas de la producción en masa (cap. VIII)— contribuyeron a los cambios de la organización en la segunda mitad del siglo, ninguno fue más importante que los ferrocarriles (Porter y Livesay, 1971, p. 55). No sólo plantearon los ferrocarriles sus propios problemas de organización, sino que el incentivo para la integración hacia adelante de la manufactura, en la distribución, habría sido mucho menor sin la transportación barata, confiable, en todo tiempo, provista por los ferrocarriles.

La aparición y la importancia presunta de los ferrocarriles han sido cuestiones muy interesantes para los historiadores económicos. Pero con muy pocas excepciones se ha olvidado la importancia organizativa de los ferrocarriles por oposición a su importancia tecnológica. Por ejemplo, Robert Fogel (1964) y Albert Fishlow (1965) "investigaron el ferrocarril como una actividad de construcción y como un medio de transporte, pero no como un arma de organización. Como en el caso de la mayoría de los economistas, se olvidó el funcionamiento interno de las organizaciones ferroviarias. Esto parece ser el resultado que un supuesto implícito de que carece de importancia la forma de la organización usada para el logro de un objetivo" (Temin, 1981, p. 3).

Sin embargo, el éxito económico de los ferrocarriles significó algo más que la sustitución de una tecnología (los canales) por otra (los rieles). También debió prestarse atención a los aspectos de la organización. Como dice Chandler:

> El movimiento seguro, regular y confiable de bienes y pasajeros, así como el mantenimiento y la reparación continuos de las locomotoras, el equipo rodante y las vías, los terraplenes, las estaciones, las casas de máquinas y otros equipos, requirieron la creación de una organización administrativa considerable. Ello implicó el empleo de un conjunto de administradores que supervisaran estas actividades funcionales en una extensa área geográfica, y la designación de un mando administrativo de ejecutivos medios y altos que monitoreara, evaluara y coordinara el trabajo de los administradores responsables de las operaciones consuetudinarias. También implicó la formulación de nuevos tipos de procedimientos administrativos internos y de controles contables y estadísticos. En consecuencia, los requerimientos operativos de los ferrocarriles demandaban la creación de las primeras jerarquías administrativas de las empresas estadunidenses [1977, p. 87].

En realidad, eso puede discutirse. Después de todo, los mercados realizan muchas de tales funciones. ¿Qué hubo en los "requerimientos operativos" de los ferrocarriles que condujo al desplazamiento de los mercados por las jerarquías? ¿Se aplica un razonamiento similar a otros sistemas de transporte, tales como los camiones?

Las unidades ferroviarias "naturales", tal como evolucionaron inicialmente, eran líneas de unos 80 kilómetros de largo. Esos ferrocarriles empleaban cerca de 50 trabajadores y estaban administrados por un superintendente y varios administradores de actividades funcionales (Chandler, 1977, p. 96). Eso fue adecuado mientras que los flujos de tráfico carecieron de complicaciones y prevalecieron los viajes cortos. Sin embargo, la realización total de los ferrocarriles solamente podría llevarse a cabo con el incremento de las densidades del tráfico y la introducción de viajes más largos. ¿Cómo podría lograrse tal cosa?

En principio, los sistemas sucesivos podrían unirse por contratos de un extremo a otro. Sin embargo, los contratos resultantes serían estrictamente bilaterales, ya que eran considerables las inversiones de ambas partes en activos específicos del sitio. Tendrían que afrontarse dificultades contractuales de dos clases. No sólo tendrían que ponerse de acuerdo los ferrocarriles sobre la forma como debieran afrontarse diversas operaciones complejas —utilización, determinación de los costos y mantenimiento del equipo; adaptación cooperativa a las perturbaciones inesperadas; asignación de la responsabilidad por las quejas de los clientes, las quiebras, etc.—, sino que tendrían que resolverse los problemas de la contratación de los clientes con un conjunto de proveedores autónomos de un extremo al otro.

Había varias posibilidades. Una era la paciencia: la maravilla del mercado resolvería las cosas. Otra sería el movimiento al extremo opuesto y la coordinación mediante una planeación comprensiva. Una tercera sería la elaboración de innovaciones organizativas ubicadas en un punto intermedio.

David Evans y Sanford Grossman interpretan la respuesta de los ferrocarriles en términos del mercado. Observan que "los sistemas de mercado, donde la propiedad está dispersa entre numerosas empresas e individuos que persiguen su interés propio, han demostrado una notable capacidad para coordinar la provisión de bienes y servicios" (1983, p. 96), y específicamente aplican este argumento a los ferrocarriles:

La experiencia de los ferrocarriles en el siglo XIX [. . .] demuestra la forma en que el sistema de mercado alienta la coordinación física. Muchas compañías separadas construyeron segmentos de nuestro sistema ferroviario a mediados del siglo XIX. Interconectándose entre sí y permitiendo que productos y pasajeros se transfirieran fácilmente entre los ferrocarriles, estas compañías pudieron incrementar sus ingresos y sus beneficios [Evans y Grossman, 1983, p. 103].

Evans y Grossman apoyan esto por referencia al estudio de George Taylor e Irene Neu, quienes reportaron que el tráfico entre la ciudad de Nueva York y Boston se movía con facilidad , en 1861, sobre rieles que eran propiedad de cuatro compañías diferentes (Taylor y Neu, 1956, p. 19). También citan estos autores a Chandler en apoyo a su argumento de que "el mercado provee fuertes incentivos para la coordinación física sin la propiedad común" (Evans y Grossman, 1983, p. 104, n. 22).

Pero es evidente que en la organización ferroviaria hay algo más que la "coordinación física". De otro modo, las unidades ferroviarias naturales de 50 millas de extensión habrían permanecido intactas. Y hay también en la organización ferroviaria algo más que una propiedad unificada. Por ejemplo el ferrocarril de Western y Albany, que apenas tenía más de 150 millas de extensión y estaba construido en tres secciones, cada una de ellas operada como una división separada con su propio conjunto de administradores funcionales, experimentó varios problemas graves (Chandler, 1977, pp. 96-97). En consecuencia, se creó una nueva forma de organización que hizo surgir la primera "estructura administrativa formal manejada por administradores asalariados de tiempo completo" de los Estados Unidos (pp. 97-98).

Esa estructura se perfeccionó progresivamente. Chandler caracteriza la innovación organizativa desarrollada finalmente por los ferrocarriles como "el concepto de organización descentralizada de línea y dirección". Se establecía ahora que "los administradores en la línea de autoridad eran responsables del ordenamiento de los trabajadores mezclados en la función básica de la empresa, mientras que otros administradores funcionales (los ejecutivos de mando) eran responsables de la fijación de las normas" (Chandler, 1977, p. 106). Se definieron las divisiones geográficas, y los superintendentes encargados recibieron la responsabilidad del "movimiento diario de los trenes y el tráfico por una delegación expresa de autoridad" (p. 102). Los superintendentes de división se encontraban en la "línea de autoridad directa que va del presidente al superintendente general" (p. 106), y los administradores funcionales dentro de las divisiones geográficas —que se ocupaban de la transportación, la fuerza motriz, el mantenimiento de la vía, los pasajeros, la carga y la contabilidad— informaban a tales superintendentes y no a sus superiores funcionales de la oficina central (pp. 106-107). Esa organización administrativa permitió que los ferrocarriles individuales operaran miles de millas de vías para 1883.[1]

En realidad, esto está todavía muy lejos de la planeación central. Además, las dificultades contractuales planteadas por la coordinación y la utilización

[1] Cada uno de los diez ferrocarriles más grandes operaba más de 8 000 kilómetros de vías en 1893 (Chandler, 1977, p. 168).

eficiente a las que se refiere Chandler no eran los únicos factores que suscitaron la respuesta del sistema general. Chandler otorga también gran importancia a los propósitos estratégicos perseguidos (1977, cap. v). Pero estos últimos también tienen orígenes contractuales: incapacitados para controlar los precios y asignar el tráfico mediante la organización de diversas empresas, los ferrocarriles debieron fusionarse. Aunque se cree generalmente que la colusión expresa o tácita es cosa fácil de lograr —John Kenneth Galbraith opina que "la empresa, en colaboración tácita con otras empresas de la industria, tiene el poder suficiente para fijar y mantener los precios" (1967, p. 200)—, la experiencia refuta reiteradamente tal idea. La historia de los fracasos de cárteles entre los ferrocarriles es especialmente instructiva. Los primeros ferrocarriles desarrollaron una serie de estructuras de relación entre empresas cada vez más refinadas, tratando de frenar la competencia de precios. Hubo primero alianzas informales que funcionaron bien hasta que "el volumen del tráfico empezó a bajar y las presiones competitivas aumentaron". Al iniciarse la depresión de 1873, surgió una "búsqueda de tráfico cada vez más desesperada. [. . .] Se intensificó la rebaja secreta de los precios. Pronto, los ferrocarriles estaban reduciendo abiertamente sus tarifas". Enseguida, los ferrocarriles decidieron "transformar las alianzas débiles, tenues, en federaciones fuertes, cuidadosamente organizadas, bien administradas" (Chandler, 1977, pp. 134, 137). Aumentó el número de miembros de las federaciones, y surgieron otras federaciones en otras regiones geográficas. Sin embargo, como observara Albert Fink, quien encabezaba la mayor de tales federaciones, "el único lazo que une a este gobierno es la inteligencia y la buena fe de las partes que lo componen" (Chandler, 1977, p. 140). A fin de corregir esa debilidad, Fink instó a los ferrocarriles a buscar una legislación que diera carácter legal a las acciones de la federación.

La ausencia de sanciones legales significa que los miembros leales del cártel deben imponer castigos a quienes se desvían en el mercado. Si no pueden localizarse tales acciones disciplinarias (sobre todo las reducciones de precios), sufrirán todos los miembros del cártel, leales y traidores por igual. Ésa es una limitación muy severa (aunque poco destacada) de la eficacia de los cárteles. En virtud de que no surgía la legislación nacional, Fink y sus asociados "descubrieron con dolor que no podían confiar en la inteligencia y la buena fe de los ejecutivos ferrocarrileros" (Chandler, 1977, p. 141). Al final, los ferrocarriles se fusionaron. Evidentemente, los potentes incentivos de la propiedad autónoma constituían una tentación demasiado fuerte para engañar en una industria cuyos costos fijos eran sustanciales.

La industria ferroviaria progresó así desde las unidades pequeñas, autónomas, con 80 kilómetros de vía, hasta sistemas de varios centenares y finalmente varios millares de kilómetros de vía. La coordinación del mercado se vio sustituida así por la organización administrativa en alto grado:

> Las líneas de carga rápidas, las cooperativas, y finalmente los departamentos de tráfico de los ferrocarriles más grandes habían completado la transformación de la coordinación del mercado a la coordinación administrativa en la transportación terrestre estadunidense. Desapareció una multitud de agentes comisionistas, trans-

bordadores de cargas y compañías de transportación rápida, así como las compañías de diligencias y las líneas de transportación por canales, ríos, lagos y costas. En su lugar surgió un pequeño número de grandes empresas ferroviarias de muchas unidades [...] Para el decenio de 1880 se había completado virtualmente la transformación iniciada en el decenio de 1840 [Chandler, 1977, p. 130].

En realidad, la economía del costo de transacción no pronostica detalladamente la configuración final. Sin embargo, debe señalarse que: 1) las unidades tecnológicas eficientes eran muy pequeñas en relación con las unidades económicas eficientes en esta industria, lo que quiere decir que los factores organizativos, antes que los tecnológicos, fueron responsables de la creación de sistemas grandes; 2) la economía del costo de transacción pronostica que surgirán graves problemas cuando se trate de coordinar sistemas autónomos caracterizados por la especificidad de los sitios mediante un contrato,[2] y 3) los límites de los cárteles tienen también orígenes organizativos y se ponen en evidencia cuando se plantean los problemas de la organización entre empresas en términos contractuales. El razonamiento del costo de transacción pronostica también que la industria de la transportación camionera, que no tiene la misma especificidad de sitios (principalmente las vías), diferirá de la industria ferroviaria en algunos aspectos importantes. (De hecho, la ausencia de inversiones de sitio específico en la industria del transporte camionero la convierte en un candidato mucho mejor que los ferrocarriles para ilustrar el argumento de Evans y Grossman en el sentido de que la coordinación del mercado es una maravilla.[3] Si las ideas de Chandler son correctas, la industria ferroviaria ilustra la importancia de la jerarquía.)

La operación de sistemas ferroviarios grandes fue posible sólo cuando se resolvieron las complicaciones administrativas que superaron ampliamente las que afrontaran las empresas pioneras. Como veremos más adelante, la estructura jerárquica elaborada por los administradores ferroviarios era generalmente consistente con los principios de la descomposición jerárquica eficiente enunciados por Simon. Por ejemplo, las actividades de apoyo (la dinámica de la menor frecuencia) se separaron de las operaciones (la dinámica de la mayor frecuencia), y las conexiones dentro de cada una de tales clases de actividad eran más fuertes que las conexiones existentes entre ellas. Esa innovación organizativa, en opinión de Chandler, allanó el camino para la empresa moderna.

[2] Otros tipos de activos específicos influyeron también sobre la organización ferroviaria. En particular, aunque las locomotoras de vapor eran activos sobre ruedas, requerían una cantidad extraordinaria de mantenimiento preventivo y correctivo. Un mercado de reventa de locomotoras de vapor se veía afectado por los conocimientos adquiridos incorporados en los mecánicos familiarizados con los atributos peculiares de cada una de tales locomotoras. (En cambio, la locomotora de diesel era menos peculiar en lo tocante al costo de mantenimiento.)

[3] El transporte camionero es también un candidato para la eliminación de regulaciones mucho más adecuado que los ferrocarriles. En realidad, nadie está pidiendo un retorno de los ferrocarriles a su situación regulada de 1980. Sin embargo, puede pronosticarse que habrá mayor insatisfacción por la eliminación de las reglas de los ferrocarriles que en el caso de los camiones, al examinar las características de su costo de transacción. Véase Christopher Conte, "Push for Tighter U. S. Supervision of Railroads Is Threat to Success of Reagan Deregulators", en *Wall Street Journal,* 7 de enero, 1985, p. 50.

2. La innovación de la forma M

2.1 *La transformación*

La innovación organizativa más importante del siglo xx fue el desarrollo de la estructura multidivisional en los años veinte. Sin embargo, ese desarrollo fue escasamente apreciado hasta 1960. Los textos de administración más destacados exaltaban las virtudes de la "departamentalización básica" y de las "relaciones de autoridad entre la línea y el mando", mientras se olvidaba la importancia especial de la creación de divisiones.[4]

El señero estudio de Chandler sobre la historia empresarial, *Strategy and Structure*, simplemente omitió esta literatura de la administración. Sostenía Chandler la tesis de que "el cambio ocurrido en la organización empresarial planteaba un reto al análisis comparado" y observaba que "el estudio de la innovación [organizativa] parecía proveer el foco apropiado para tal investigación" (Chandler, 1962 [edición de 1966], p. 2). Habiendo identificado la estructura multidivisional como una de las más importantes de tales innovaciones, Chandler procedió a rastrear su origen, identificar los factores que la hicieron surgir, y describir la difusión subsecuente de esa forma de organización. Tras la aparición del libro de Chandler, ya no se podía afirmar que la forma de la organización careciera de importancia.

Las figuras más destacadas en la creación de la estructura multidivisional (o forma M) fueron Pierre S. du Pont y Alfred P. Sloan; el periodo fue el inicio de los años treinta; las empresas fueron la Du Pont y la General Motors; y la tensión organizativa del enfrentamiento de la adversidad económica bajo la antigua estructura fue la ocasión para la innovación en ambos casos. Sin embargo, las estructuras de las dos compañías eran diferentes.

La Du Pont estaba operando bajo la estructura centralizada, funcionalmente departamentalizada o unitaria (forma U). En cambio, la General Motors había sido administrada más bien como una compañía tenedora (forma H) por William Durant, cuyo genio para la percepción de oportunidades de mercado en la industria automotriz (Livesay, 1979, pp. 232-234) no se aplicaba evidentemente a la organización. John Lee Pratt, quien fungió como ayudante de Durant como presidente del Comité de Asignaciones cuando la Du Pont adquirió acciones de la General Motors, observó que "bajo el régimen del señor Durant nunca pudimos poner las cosas bajo control" (Chandler, 1966, p. 154). Una de las razones principales fue que el Comité Ejecutivo, integrado por los gerentes de división, estaba muy politizado: "Cuando uno de ellos tenía un proyecto, ponderaba su apoyo a sus colegas; si ellos votaban por su proyecto, él votaría por los de ellos. Era una especie de negociación" (Pratt, citado por Chandler, 1966, p. 154).

Chandler resume los defectos de la empresa grande de forma U en estos términos:

> La debilidad inherente de la compañía centralizada, de operación funcionalmente departamentalizada [. . .] fue decisiva sólo cuando la carga administrativa de los

[4] El enfoque de estas cuestiones por Harold Koontz y Cyril O'Donell (1955) es representativo.

> ejecutivos principales aumentó hasta el punto de que no pudieran manejar eficientemente sus responsabilidades empresariales. Esta situación surgió cuando las operaciones de la empresa se volvieron demasiado complejas, y los problemas de la coordinación, evaluación y formulación de las políticas se volvieron demasiado intrincados para que un pequeño número de altos funcionarios se encargara de las actividades empresariales a largo plazo y de las actividades de administración operativa a corto plazo [1966, pp. 382-383].

La capacidad de los administradores para manejar el volumen y la complejidad de las demandas que afrontaban se vio sujeta a tensiones e incluso se derrumbó. Incapaces para identificarse significativamente con la realización de metas globales o para contribuir a tal realización, los administradores de cada una de las partes funcionales atendían mejor a lo que percibían como metas secundarias operativas (Chandler, 1966, p. 156). En el lenguaje de la economía del costo de transacción, se alcanzaron los límites de la racionalidad cuando la estructura de forma U padecía una sobrecarga de comunicación mientras que la búsqueda de metas secundarias por las partes funcionales (ventas, ingeniería, producción) era en parte una manifestación de oportunismo.

La estructura de forma M inventada por Du Pont y Sloan comprendía la creación de divisiones operativas semiautónomas (principalmente centros de beneficios), organizadas por líneas de productos, de marca o geográficas. La operación de cada división se manejaba separadamente. Sin embargo, se requería algo más que un cambio de las reglas de la descomposición para que la forma M fuese plenamente eficaz. Du Pont y Sloan crearon también una oficina general "integrada por varios ejecutivos generales poderosos y por grandes equipos asesores y financieros" (Chandler, 1977, p. 460) para que vigilara la actuación de las divisiones, asignara los recursos entre ellas, y desarrollara la planeación estratégica. Chandler resume las razones del éxito de la innovación de forma M:

> La razón básica de su éxito era simplemente el hecho de que liberaba claramente a los ejecutivos responsables del destino de toda la empresa de las actividades operativas más rutinarias, de modo que contaban con el tiempo, la información y aun el compromiso sicológico necesarios para la planeación y la evaluación a largo plazo [. . .]
>
> [La] nueva estructura dejaba las grandes decisiones estratégicas, referentes a la asignación de los recursos existentes y a la adquisición de nuevos recursos, en manos de un equipo de generalistas de alto nivel. Liberado de los deberes operativos y las decisiones técnicas, un ejecutivo general tendía a reflejar en menor medida la posición de sólo una parte del todo [1966, pp. 382-383].

En contraste con la compañía tenedora —que es también una forma de divisiones pero tiene escasa capacidad de oficinas generales y por ende es poco más que una cubierta corporativa—, la organización de forma M añade 1) una capacidad de planeación estratégica y asignación de recursos y 2) un aparato de vigilancia y control. En consecuencia, se reasignan los flujos de efectivo entre las divisiones para favorecer los usos de alto rendimiento, y los instrumentos de incentivos y controles internos funcionan en forma discriminada. En suma, la corporación de forma M asume muchas de las propiedades de un mercado de capital en miniatura (y se considera convenientemente como tal),[5] o sea un concepto de la corporación mucho más ambicioso que lo sugerido por el término de "compañía tenedora".

2.2 *Una interpretación del procesamiento de la información*

Sin embargo, la mayoría de los exámenes recientes de la corporación prestan escasa atención a la arquitectura de la empresa y se concentran por entero en los incentivos. Pero el hecho es que la forma de la organización es importante incluso en una empresa donde no existan problemas de incentivos imputables al oportunismo. Aquí podríamos citar los estudios de W. Ross Ashby (1960) y Herbert Simon (1962).

Ashby estableció que todos los sistemas adaptables que tienen capacidad para responder a una distribución bimodal de las perturbaciones —tanto las perturbaciones de grado como las de clase— se caracterizarán por una retroalimentación doble. En la gráfica XI-1 aparece el modelo rudimentario. Las perturbaciones de grado se manejan en el círculo de retroalimentación primaria (o parte operativa), dentro del contexto de las reglas de decisión existentes. Las perturbaciones de clase comprenden ajustes a largo plazo en los

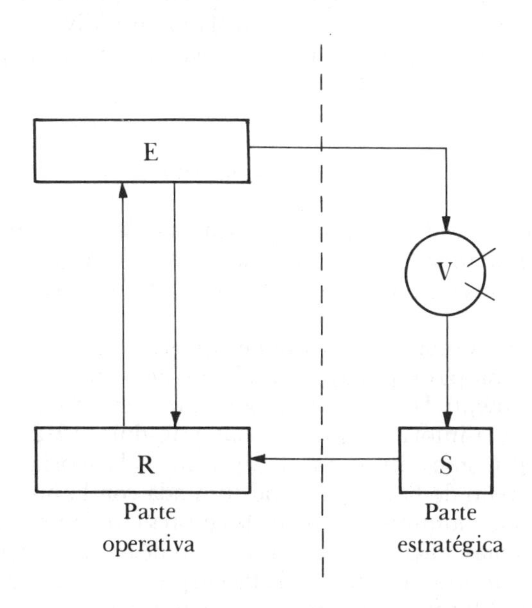

GRÁFICA XI-1. *Retroalimentación doble*

[5] Richard Heflebower (1960) y Armen Alchian (1969) imputan las funciones de asignación de recursos y de control del mercado de capital a la corporación de forma M.

que se introducen cambios de parámetros o se desarrollan reglas nuevas en el círculo de retroalimentación secundaria (o estratégica). El segundo círculo de retroalimentación se necesita porque el repertorio del círculo primario es limitado, lo que constituye una concesión a la racionalidad limitada. Los sistemas evolutivos que están sujetos a tales perturbaciones bimodales desarrollarán necesariamente, bajo la selección natural, dos retroalimentaciones fácilmente distinguibles (Ashby, 1960, p. 131).

El análisis que hace Simon de la división organizativa de la toma de decisiones en la empresa tiene el mismo espíritu. Desde "el punto de vista del procesamiento de la información, la división del trabajo significa la factorización de los medios laborales del sistema total de decisiones que deben tomarse en subsistemas relativamente independientes, cada uno de los cuales puede diseñarse con una preocupación mínima por su interacción con los demás" (Simon, 1973, p. 270). Eso se aplica a los aspectos técnicos y temporales de la organización. En ambos sentidos, se trata de reconocer y hacer efectivas las condiciones de la división. Eso se logra agrupando las partes operativas en entidades separables dentro de las cuales hay interacciones fuertes y débiles, y estableciendo distinciones temporales entre los aspectos estratégicos y los operativos.

Los problemas se dividen así de tal manera que la dinámica de alta frecuencia (o de corto plazo) se asocia a las partes operativas, mientras que la dinámica de baja frecuencia (o de largo plazo) se asocia al sistema estratégico (Simon, 1962, p. 477). Las distinciones operativas y estratégicas corresponden a los niveles más altos y más bajos de la jerarquía organizativa, respectivamente. Además, corresponden a los circuitos de retroalimentación primaria y secundaria mencionados por Ashby.

2.3 *La gobernación*

La creación efectiva de divisiones requiere algo más que la mera descomposición. De otro modo, la forma H habría sido una respuesta adecuada para las tensiones que surgen a medida que se intensifica la estructura de forma U (no divisible).

De hecho, en el mundo de la teoría de equipos, donde se supone que los administradores comparten preferencias idénticas, el problema de la organización es precisamente la división de la empresa en unidades eficientes de procesamiento de la información (Marshak y Radner, 1972; Geanakoplos y Milgrom, 1984). Como vimos en el capítulo II, la teoría de los equipos combina el supuesto de la racionalidad limitada con la búsqueda de metas altruistas. Pero si los administradores de la empresa son oportunistas, deberán afrontarse problemas adicionales de alineación de los incentivos, revisión de las decisiones, auditoría, resolución de las disputas, etc. Quienes inventaron la estructura de la forma M estaban conscientes de tales necesidades y las tomaron en cuenta.

El oportunismo puede asumir varias formas en la empresa de forma H. Por una parte, es improbable que las subsidiarias que tengan derechos preferentes a sus propios ingresos devuelvan tales recursos al centro en lugar de "reinvertirlos".[6] Además, el circuito de retroalimentación secundaria tiene una competencia limitada para la evaluación del desempeño, de modo que los costos tienden a aumentar. Si las subsidiarias se ven aliviadas además de las pruebas del mercado, gracias al subsidio cruzado de la corporación, aparecerán otros excesos de costos. Por último, puede surgir la toma de decisiones partidistas, de clase, que Pratt imputara a la General Motors en la época de Durant.

La estructura de la forma M retira a los ejecutivos de la oficina general de injerencia partidista en las partes funcionales y asigna responsabilidades operativas a las divisiones. Además, la oficina general está apoyada por un equipo elitista que tiene la capacidad necesaria para evaluar el desempeño

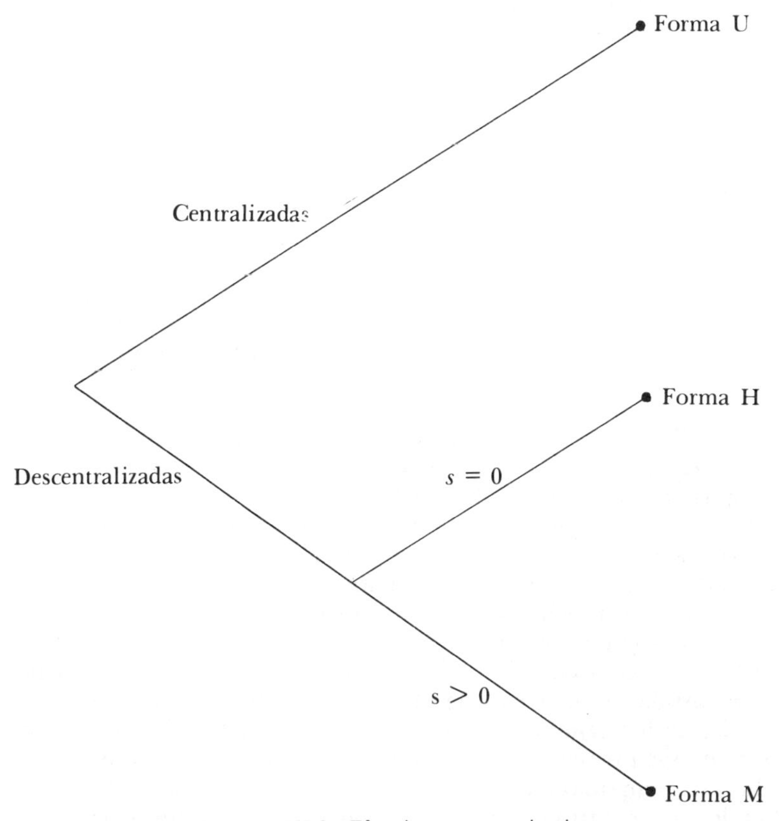

GRÁFICA XI-2. *Elecciones organizativas*

[6] En realidad, la empresa de forma H podría alentar a cada división a invertir en las demás. Sin embargo, se plantean graves problemas de despliegue de la información, evaluación, auditoría, etc., donde una agencia central puede disfrutar de ciertas ventajas; o sea que la asignación interna de recursos entre las divisiones puede beneficiarse del apoyo de una oficina general.

divisional. Por lo tanto, no sólo se altera la estructura de las metas en favor de consideraciones aplicables a toda la empresa, sino que el mejoramiento de la base de información permite asignar premios y castigos a las divisiones en forma más selectiva, y los recursos pueden reasignarse dentro de la empresa, de los usos menos productivos a los usos más productivos. Surge así un concepto de la empresa como un mercado de capital interno.

La formación efectiva de varias divisiones incluye entonces a la oficina general en el siguiente conjunto de actividades: 1) la identificación de actividades económicas separables dentro de la empresa; 2) la concesión de un carácter semiautónomo (de ordinario como un centro de beneficios) a cada una de ellas; 3) la vigilancia de la eficiencia de cada división; 4) el otorgamiento de incentivos; 5) la asignación de flujos de efectivo a usos de alto rendimiento, y 6) la implantación de la planeación estratégica (diversificación, adquisición, privación, y actividades relacionadas) en otros sentidos. La estructura de forma M *combina* así el concepto de la formación de divisiones con una capacidad de control interno y de toma de decisiones estratégicas.

2.4 *Un isomorfismo*

Aunque las correspondencias económicas sean imperfectas, tiene algún interés señalar que las estructuras de forma U, de forma H y de forma M tienen cierta relación formal con los esquemas de contratación básica presentados en el capítulo I. La gráfica XI-2 muestra las relaciones paralelas.

Mientras que los esquemas de contratación se desarrollaron en términos de dos tecnologías de producción ($k = 0$ $k > 0$), la distinción organizativa que debe hacerse se establece entre dos tecnologías de procesamiento de la información (la centralización y la descentralizada, respectivamente). Dadas las condiciones requeridas[7] y suponiendo la ausencia de oportunismo, las tecnologías descentralizadas de $k > 0$ generarán un resultado superior. Pero las tecnologías descentralizadas de $k > 0$ plantean también graves peligros de oportunismo. Si no pueden forjarse salvaguardas, no podrán obtenerse los beneficios plenos de las tecnologías en cuestión.

La condición de $s = 0$ refleja una negativa a salvaguardar un contrato en el que se encuentren en peligro los activos no desplazables. La correspondencia organizativa es la empresa de forma H. La condición de $s > 0$ refleja una decisión de proveer una gobernación protectora. La empresa de forma M es la contrapartida organizativa de las salvaguardas contractuales. Así pues, sólo se logran los beneficios plenos de la organización descentralizada con $k > 0$ cuando se provee la gobernación de la forma M con $s > 0$.

De hecho, la analogía de la contratación puede llevarse adelante considerando a los inversionistas que aportan capital a una empresa como la contraparte de los proveedores de productos intermedios en el contexto de la

[7] Las condiciones previas en el caso de la tecnología de producción especifican la estructura fortuita de la demanda. En el caso de la tecnología de información, se trata del tamaño y la complejidad de la empresa. (La estructura de forma M no se necesita en las empresas pequeñas y sencillas.)

contratación no convencional. Recordemos que los proveedores de productos intermedios estaban dispuestos a emplear cualquier tecnología y aceptarían cualquier contrato para el que pudiera proyectarse el cubrimiento de los costos. Lo mismo se aplica a los proveedores de capital, quienes invierten en cualquier empresa con cualquier forma de organización en términos tales que pueda proyectarse una tasa de rendimiento competitiva (ajustada por el riesgo). Pero esto sólo refleja el resultado de un proceso de mercado competitivo. Más útil para nuestros propósitos actuales es lo siguiente: aunque las empresas que emplean una tecnología de información inferior (forma U), o que no salvaguardan la tecnología superior contra los peligros del oportunismo (forma H), todavía pueden recaudar capital si su línea de productos es suficientemente fuerte (por ejemplo, si disfruta de la protección de patentes), podrían realizar tal recaudación en términos mejores si emplearan una tecnología de información superior, apoyada por salvaguardas, que es lo que la estructura de forma M añade a la descentralización.

3. Aplicaciones: el conglomerado y la empresa multinacional

Como vimos en los capítulos anteriores, la tradición inhospitalaria consideraba presuntamente ilegales las prácticas de contratación no convencionales. Las formas internas de la organización no convencional han sido consideradas también con profunda suspicacia. La misma orientación tecnológica hacia la organización económica informó claramente a los dos enfoques. A menos que pudiera discernirse una justificación tecnológica clara para las prácticas de contratación o la estructura organizativa en cuestión, los especialistas antimonopólicos se apresurarían a hablar de propósitos y efectos antisociales. La economía del costo de transacción considera de otro modo las formas no convencionales de la organización del mercado y la organización interna. Por una parte, las preocupaciones por la competencia debieran reservarse para el subconjunto de condiciones donde exista una condición de poder monopólico previo. Por otra parte, debe admitirse la posibilidad de que se realicen economías del costo de transacción. Por lo tanto, en lugar de considerar las innovaciones organizativas con suspicacia y hospitalidad, tales innovaciones deberán evaluarse por sus méritos. Las economías reales de todas clases, incluido el costo de transacción, merecen respeto.

3.1 *El conglomerado*

La forma organizativa del conglomerado ha sido objeto de diversas interpretaciones. Aquí bosquejaremos algunas de ellas, tras de lo cual sugeriremos una interpretación del costo de transacción. Luego se examinarán brevemente las tasas de sustitución.

a. *Interpretaciones anteriores*

Las oficinas de la lucha antimonopólica fueron las primeras que presentaron una evaluación desfavorable del conglomerado. La Comisión Federal de Comercio afirmó:

> Con el poder económico que obtiene mediante su operación en muchos campos diversos, el conglomerado gigantesco puede alcanzar una posición casi inexpugnable. Amenazado por la competencia en cualquiera de sus diversas actividades, el conglomerado puede vender por debajo del costo en ese campo, compensando sus pérdidas con los beneficios obtenidos en sus otras líneas: una práctica que frecuentemente se explica como el enfrentamiento de la competencia. La corporación conglomerada se encuentra así en posibilidad de atacar con gran fuerza a las empresas pequeñas [Comisión Federal de Comercio de los Estados Unidos, 1948, p. 59].

Robert Solo caracterizó luego a la corporación conglomerada como un "fenómeno verdaderamente peligroso" y sostuvo que "quizá subvierta la eficacia de la administración y la lógica de la organización durante varias generaciones" (1972, pp. 47-48). Otros autores afirmaron que el gran conglomerado era un peligro para la competencia "en todas las líneas del comercio en cada sección del país" (Blake, 1973, p. 567). La economía de fantasmas se puso de moda. Por ejemplo, se describió reiteradamente a Procter and Gamble como una "omnipresencia ominosa" en un tribunal.[8] Incluso quienes antes consideraban con mayor simpatía la forma del conglomerado la veían como un enigma (Posner, 1972, p. 204).

Morris Adelman (1961) hizo una interpretación más favorable. Observó que la forma de organización conglomerada tenía atractivas propiedades de diversificación de la cartera. ¿Pero por qué habría de aparecer el conglomerado en los años sesenta y no mucho tiempo antes? Después de todo, las compañías tenedoras, muy anteriores al conglomerado, pueden lograr la diversificación de la cartera. Y los accionistas individuales, mediante los fondos mutualistas y de otras maneras, pueden diversificar sus propias carteras. En el mejor de los casos, la tesis de la diversificación de la cartera es una explicación muy incompleta de la oleada de fusiones conglomeradas de la posguerra.[9]

b. *Una interpretación del mercado de capital interno*

Como antes vimos, Alfred P. Sloan Jr. y sus asociados de General Motors fueron de los primeros que percibieron los méritos de la estructura de la

[8] Esta frase fue reiteradamente usada por los peritos economistas de la actora en *Purex v. Procter and Gamble,* un juicio privado antimonopólico en el que Purex afirmaba que los recursos de Procter and Gamble perjudicaban a Purex en su rivalidad con Clorox. El tribunal de distrito falló en contra de Purex. 419 F. Supp. 931 (C.D. Cal. 1976).

[9] La diversificación interna no es un sustituto perfecto de la diversificación conglomerada porque la bancarrota tiene costos reales que la empresa puede reducir mediante la diversificación de su cartera, algo que no pueden hacer los individuos. Sin embargo, los costos de la bancarrota no han aumentado grandemente en los últimos 30 años, de modo que tales diferencias no explican la aparición del conglomerado durante ese intervalo.

forma M. Pero mientras que el concepto de la formación de divisiones fue bien entendido y cuidadosamente ejecutado dentro de General Motors, esos mismos ejecutivos tuvieron la idea fija de que la General Motors era sólo una compañía automotriz.

Por ejemplo, Sloan afirmó que el "tetraetilo de plomo estaba claramente fuera del campo de la GM. Era un producto químico y no un producto mecánico. Y debería ir al mercado como parte de la gasolina, de modo que requería un sistema de distribución de gasolina".[10] Por lo tanto, aunque la GM conservó una posición de inversión, la Ethyl Corporation se convirtió en una entidad libre en lugar de una división operativa (Sloan, 1964, p. 224). De igual modo, aunque Durant había adquirido la Frigidaire, cuya participación en el mercado de refrigeradores pasaba de 50% en los años veinte, se permitió el deterioro de la posición a medida que los rivales desarrollaron posiciones de mercado en otros aparatos importantes (radios, estufas, lavadoras, etc.), mientras que la Frigidaire se concentró en los refrigeradores. La sugerencia de que la GM entrara al mercado de los acondicionadores de aire "no nos entusiasmó, y la propuesta no fue [...] adoptada" (Sloan, 1964, p. 361). Como concluyen Richard Burton y Artur Kuhn, "la injerencia profunda y miope de la GM en el sector automotriz de la economía [impidió] el reconocimiento de las oportunidades de diversificación de productos existentes en otras áreas de mercado, incluso en líneas de productos donde la GM había alcanzado ya una penetración sustancial" (1979, pp. 10-11).

La forma de organización del conglomerado, donde la corporación asumía conscientemente un carácter diversificado y alimentaba sus diversas partes, requería evidentemente un rompimiento conceptual en la mente de Sloan y otros líderes empresariales de antes de la guerra. Tal cosa ocurrió gradualmente, más por evolución que intencionalmente (Sobel, 1974, p. 377), e incluyó a un nuevo grupo de innovadores de la organización, uno de los cuales era Royal Little (Sobel, 1974). El crecimiento natural de conglomerados, que ocurriría a medida que se refinaban las técnicas de administración de diversos activos, se aceleró cuando se volvió cada vez más severa la lucha antimonopólica contra las fusiones horizontales y verticales. Las adquisiciones de conglomerados —en términos de números, activos adquiridos, y como proporción de las adquisiciones totales— crecieron rápidamente, de modo que las fusiones "puras" de conglomerados, que en el periodo de 1948-1953 constituían sólo 30% de los activos adquiridos por fusión, habían aumentado a 49% en 1973-1977 (Scherer, 1980, p. 124).

Como se describe más ampliamente en otra parte (Williamson, 1975, pp. 158-162), el conglomerado se entiende mejor como un producto lógico de la forma M de organización de los asuntos económicos complejos. Así pues, una vez reconocidos los méritos de la estructura de forma M para el manejo de líneas de productos separables, aunque relacionados (por ejemplo, una serie de divisiones automotrices o una serie de divisiones químicas), resultaba natural su extensión al manejo de actividades menos estrechamente relacionadas. Eso no quiere decir que la administración de una diversidad de pro-

[10] Citado por Burton y Kuhn (1979, p. 6).

ductos no tenga sus propios problemas. Pero la lógica básica de la forma M, donde se distinguen las decisiones estratégicas y operativas y se separan las responsabilidades, continuó aplicándose. Conviene considerar los conglomerados donde se respetan los principios de organización de la forma M como mercados de capital internos donde se concentran los flujos de efectivo provenientes de diversas fuentes y se dirigen hacia los usos de alto rendimiento.

Sin embargo, el conglomerado no es sólo notable por el hecho de que permite que la estructura de forma M avance de ese modo hacia la diversificación. Igualmente interesantes son las consecuencias sistémicas imprevistas que surgieron como un subproducto. Por ejemplo, una vez aclarado que la corporación podía manejar diversos activos en forma eficaz, era obvia la posibilidad de una fusión mediante la compra. En el capítulo XII examinaremos las cuestiones sugeridas aquí.

c. *Las tasas de sustitución*

Se reserva el término "forma M" para las empresas con divisiones donde la oficina general se ocupa de la auditoría y la revisión periódicas de las decisiones y se mezcla activamente en el proceso de asignación de los recursos internos. Por lo tanto, los flujos de efectivo están sujetos a una competencia de inversión interna en lugar de reinvertirse automáticamente en su fuente. La evaluación afirmativa del conglomerado como un mercado de capital en miniatura presume que la empresa opera en tal forma. No todos los conglomerados operaron así. En particular, las empresas que en los años sesenta eran llamadas conglomerados "go-go" no respetaban los principios de la forma M. Sus méritos —si es que tenían algunos— residían presumiblemente en otra parte.

Sin embargo, dado que la lógica organizativa de la estructura de forma M es muy profunda —ya que sirve para economizar la racionalidad limitada (la interpretación de procesamiento de información) y para salvaguardar el proceso de asignación interna de recursos contra los peligros del oportunismo (que es lo que agrega el concepto de la oficina general)—, resulta muy sospechosa la justificación de las estructuras conglomeradas donde se violan los principios de la forma M. De hecho, era de esperarse que los conglomerados "go-go" se desbarataran cuando los azotara la adversidad, como ocurrió a fines de los años sesenta. Tales empresas consideraron necesaria su reorganización por los lineamientos de la forma M, la simplificación de sus líneas de productos, o ambas cosas.

Adviértase en este sentido que el conglomerado de la forma M afronta un dilema de profundidad o alcance. Como dicen Alchian y Demsetz, "la producción eficiente con recursos heterogéneos no se debe al hecho de tener *mejores* recursos sino de conocer más *correctamente* la productividad relativa de tales recursos" (1972, p. 786; cursivas en el original). Es claro que la diversificación puede llegar a excesos. A medida que se llega al límite de la capacidad para participar conscientemente en la asignación interna de los recursos, surgen algunos problemas de mala asignación y de oportunismo.

El hecho de que las empresas conglomeradas participen voluntariamente en la eliminación de algunas unidades se explica tal vez por esa condición.

No se quiere sugerir con esto que se hayan extinguido a resultas de la forma conglomerada las oportunidades existentes para la expresión de preferencias administrativas en formas opuestas a las preferencias de los accionistas. La continua tensión existente entre los intereses de los administradores y los intereses de los accionistas se refleja en numerosos esfuerzos realizados por los administradores para proteger a sus empresas contra la absorción (Cary, 1969; Williamson, 1979; Benston, 1980). Sin embargo, los cambios ocurridos en la organización interna han aliviado las preocupaciones administrativas. Un estudio de las instituciones económicas del capitalismo que no tome en cuenta los cambios ocurridos en la forma de la organización y sus ramificaciones en el mercado de capital pasará naturalmente por alto la posibilidad de que el dilema de control corporativo planteado por Berle y Means haya sido aliviado después en mayor medida por las reformas organizativas internas que por las reformas regulatorias o externas.[11]

3.2 *La empresa multinacional*

El análisis de la empresa multinacional (EMN) que sigue se ocupa principalmente de los avances recientes, y entre ellos destacan los aspectos organizativos, sobre todo los asociados con la transferencia de tecnología en las industrias manufactureras. Como ha señalado Mira Wilkins, la inversión extranjera directa, expresada como porcentaje del PNB, fluctuó entre 7 y 8% en 1914, 1929 y 1970 (Wilkins, 1974, p. 437). Sin embargo, estaba cambiando el carácter de esta inversión y consiguientemente la estructura de la organización en la que se realizó esta inversión. No es por accidente que el término de EMN no se haya acuñado en 1914 ni en 1929, sino que tenga un origen mucho más reciente.

La razón del valor en libros de las inversiones extranjeras en las manufacturas estadunidenses por comparación con todas las demás (petróleo, comercio, minería, servicios públicos) ascendía a 0.47 en 1950, y aumentó a 0.71 en 1970 (Wilkins, 1974, p. 329). De igual modo, "lo que impresionaba a los europeos acerca de las plantas estadunidenses en Europa y los Estados

[11] Sin embargo, continúa la hostilidad contra la forma conglomerada. Véase Samuel Loescher (1984). De igual modo, la División Antimonopólica del Departamento de Justicia de los Estados Unidos opinó en 1978 que no debería permitirse a la Occidental Petroleum la adquisición de la Mead Corporation porque de este modo la Mead podría hacer inversiones "eficaces y rentables" en plantas nuevas, con desventaja para sus rivales menos eficientes. Véase en Williamson (1979, pp. 69-73) un análisis del uso gubernamental del "litigio creativo" para disuadir las fusiones conglomeradas.

Las reservas antimonopólicas se aplican siempre que una empresa adquirente se caracteriza correctamente como miembro de un grupo muy reducido de participantes potenciales (Williamson, 1975, pp. 165-170). De igual modo, aunque los conglomerados muy grandes podrían considerarse objetables desde un punto de vista político populista, tales argumentos debieran presentarse en forma francamente política (en lugar de encubrirlos con apariencias económicas) y tratarse en el contexto de las empresas gigantescas en general.

Unidos [en 1929] era la producción en masa, la estandarización y la administración científica; en los años sesenta, los europeos estaban subrayando que la superioridad estadunidense se basaba en la ventaja tecnológica y administrativa, y que estos conocimientos se estaban exportando por la vía de la inversión directa" (Wilkins, 1974, p. 436).

La difusión de la corporación multinacional en el periodo de la última posguerra ha originado un escrutinio considerable, cierto desconcierto, e incluso alguna alarma (Tsurumi, 1977, p. 74). Una de las razones de este disturbio es el hecho de que los problemas de la economía del costo de transacción y de la forma de la organización hayan sido relativamente descuidados en los esfuerzos de evaluación de la actividad de la EMN.[12]

La forma de la organización es relevante en dos sentidos relacionados. En primer término tenemos la cuestión de las tasas de inversión basadas en los Estados Unidos contra las tasas de la inversión basadas en el extranjero. Yoshi Tsurumi informa en este sentido que la tasa de la inversiones extranjeras directas de empresas estadunidenses aumentó rápidamente después de 1953, alcanzó su nivel máximo a mediados de los años sesenta, y luego se ha nivelado y reducido (Tsurumi, 1977, p. 97). En cambio, el modelo de las inversiones extranjeras directas de empresas extranjeras se ha retrasado frente al de las inversiones estadunidenses en cerca de un decenio (pp. 91-92).

Recordemos que el conglomerado usa la estructura de forma M para extender la administración de activos, de las líneas de comercio especializadas a las diversificadas. La contraparte de la EMN es el uso de la estructura de forma M para extender la administración de activos a partir de una base nacional para incluir las operaciones extranjeras. Así pues, la estrategia de la forma M nacional para la fragmentación de estructuras empresariales complejas en unidades de operación semiautónomas se aplicó más tarde a la administración de subsidiarias extranjeras. La transformación de la corporación por los lineamientos de la forma M llegó antes a los Estados Unidos que a Europa y otras partes. Por esa razón, las corporaciones estadunidenses estaban mejor calificadas que las empresas de base extranjera para realizar inversiones extranjeras directas en una fecha temprana. Sólo cuando las empresas de base extranjera asumieron la estructura de forma M, apareció la capacidad de administración multinacional. El modelo de las inversiones extranjeras directas registrado por Tsurumi y mencionado antes es consistente con las diferencias temporales de las empresas estadunidenses y extranjeras en la adopción de la estructura de forma M.

Pero el hecho de que las corporaciones estadunidenses poseyeran una capacidad de forma M antes que sus similares extranjeras no demuestra que la usaran para organizar la inversión extranjera. John Stopford y Louis Wells han estudiado ese problema. Informan que las inversiones extranjeras iniciales se organizaban de ordinario como subsidiarias autónomas, pero la organización divisional dentro de una estructura de forma M aparecía invariablemente a medida que aumentaban el tamaño y la complejidad de las operaciones extranjeras (Stopford y Wells, 1972, p. 21). La transformación

[12] Una excepción importante es la obra de Buckley y Casson (1976).

seguía de ordinario la organización de las operaciones nacionales de acuerdo con la forma M (p. 24). La adopción de una estrategia "global" o una "perspectiva mundial" —en la que "la planeación estratégica y las principales decisiones de políticas" se toman en la oficina central de la empresa (p. 25)— podía lograrse sólo dentro de un marco multidivisional.

Más interesante aún es el hecho de que las inversiones extranjeras directas de las empresas estadunidenses se han concentrado en pocas industrias. Las industrias manufactureras que han hecho sustanciales inversiones directas extranjeras sin las de productos químicos, medicinas, automóviles, procesamiento de alimentos, electrónica, maquinaria eléctrica y no eléctrica, metales no ferrosos y hule. En cambio, las industrias del tabaco, los textiles y vestidos, muebles, impresos, vidrios, acero y aviones han hecho escasas inversiones extranjeras directas (Tsurumi, 1977, p. 87).

En este sentido resulta interesante la explicación "dual" de la empresa multinacional formulada por Stephen Hymer. Observa Hymer que la inversión extranjera directa "permite que las empresas transfieran capital, tecnología y habilidad organizativa de un país a otro. Es también un instrumento para la restricción de la competencia entre empresas de diferentes naciones" (Hymer, 1970, p. 443).

Hymer tiene razón sin duda cuando afirma que la EMN puede servir a ambos propósitos, y es obvio que pueden encontrarse ejemplos de ambas clases. Sin embargo, conviene preguntarnos si el carácter global de la inversión de la EMN, en términos de su distribución entre las industrias, es más consistente con los propósitos de eficiencia a los que se refiere Hymer (transferencia de capital, tecnología y habilidad organizativa) o con la hipótesis de la restricción oligopólica, La adopción de una orientación del costo de transacción revela que el patrón observado en la inversión es más consistente con la parte de la eficiencia de la explicación doble de Hymer.

Por una parte, los propósitos oligopólicos pueden realizarse probablemente por la inversión en cartera aunada a un grado limitado de injerencia de la administración en la segregación de los mercados. Dicho de otro modo, la inversión extranjera directa y la organización de subsidiarias extranjeras dentro de una estructura de forma M no se necesitan para la implantación de restricciones competitivas. Además, si las restricciones competitivas fuesen principalmente responsables de tales inversiones, es probable que todas las industrias concentradas —como las del tabaco, el vidrio y el acero— participarían en la creación de EMN, más que las industrias asociadas al rápido progreso técnico. Por último, aunque muchas de las principales empresas estadunidenses participantes en la inversión extranjera directa disfrutaban de "poder de mercado", no todas ellas estaban en tal situación.

En cambio, el modelo de las inversiones extranjeras directas señalado por Tsurumi parece consistente con una interpretación de la economía del costo de transacción. El estudio realizado en 1971 por Raymond Vernon, de las 500 corporaciones de *Fortune,* revelaba que 187 de ellas tenían una consistencia multinacional. Los gastos de IDE como porcentaje de las ventas eran mayores en esas 197 empresas que en las demás del grupo de *Fortune.* Además, de acuerdo con Vernon, las empresas que se volvían multinacionales tendían a ser innovadoras tecnológicas en el momento de realizar sus inversiones extranjeras directas iniciales.

Esto plantea la cuestión de los atributos de empresas y mercados para la realización de la transferencia tecnológica. Las dificultades de la transferencia tecnológica a través del mercado son de tres clases: reconocimiento, revelación y organización de equipo (Arrow, 1962; Williamson, 1975, pp. 31-33, 203-207; Teece, 1977).[13] El reconocimiento es quizá la más severa de las tres dificultades. En realidad, las empresas extranjeras pueden dejar de percibir a veces las oportunidades existentes para la aplicación de avances tecnológicos originados en otras partes. Pero las empresas nacionales emprendedoras que han logrado el avance tienden a identificar por lo menos algunas de las aplicaciones potenciales en el exterior.

Supongamos entonces que se dejan de lado los problemas del reconocimiento y consideremos la revelación. Los esfuerzos que se hacen para transformar la tecnología por contrato pueden fracasar a causa de la "paradoja de la información". Existe un problema muy grave de asimetría de la información, por cuya razón la parte menos informada (el comprador, en este caso) debe estar al acecho de las representaciones oportunistas del vendedor.[14] La asimetría puede superarse a veces mediante una suficiente revelación *ex ante* (y luego, las verificaciones de la veracidad), pero eso puede trasladar la dificultad en lugar de resolverla. La paradoja fundamental de la información es el hecho de que "su valor para el comprador se desconoce mientras no cuente con la información, pero entonces la habrá adquirido en efecto sin costo alguno" (Arrow, 1971, p. 152).

Supongamos que los compradores conceden valor a la información que posee el vendedor y están dispuestos a pagar por ella. Está entonces claro el incentivo para la negociación, y esto bastará en algunos casos. Es posible que la fórmula de un compuesto químico o los planos de un aparato especial sea todo lo que se necesita para realizar la transferencia. Con frecuencia, sin embargo, el conocimiento nuevo se distribuye difusamente y está mal definido (Nelson, 1981). Cuando se distribuye la información requerida entre varios individuos, quienes entienden su especialidad sólo en una forma tácita, intuitiva,[15] no podrá elaborarse un contrato sencillo para la transferencia de tecnología.

Pero la transferencia no cesará necesariamente porque no sean viables los contratos sencillos. Si los beneficios de la transferencia tecnológica son suficientemente grandes, el intercambio podrá lograrse mediante un comercio

[13] El material que sigue se basa en Williamson y Teece (1980). Nuestro argumento es similar al de Buckley y Casson (1976).

[14] Los mercados de la información tienden a ser especialmente costosos o riesgosos cuando se intenta la transmisión a través de una frontera nacional. Las diferencias del idioma complican naturalmente el problema de la comunicación, y las diferencias de la base tecnológica agravan tales dificultades. Si además las diferencias culturales alientan la suspicacia, como suele ocurrir, es posible que falte la confianza necesaria para apoyar el intercambio de información. No sólo serán más complejas y costosas las negociaciones contractuales por esa razón, sino que la ejecución estará sujeta a procedimientos más formales y costosos que bajo un régimen de mayor confianza.

[15] Véase, sobre este punto, Polanyi (1962).

complejo o a través de la inversión extranjera directa. Las circunstancias determinarán la alternativa empleada. Si sólo se considera una transferencia tecnológica de una sola vez (o muy ocasional), la inversión extranjera directa es una respuesta algo extrema.[16] La alternativa contractual compleja es la negociación de una venta atada donde se transfieran en paquete la tecnología y los conocimientos asociados. Dado que los conocimientos se concentran en los activos humanos que ya están familiarizados con la tecnología, esto incluye la creación de un "equipo consultor" por parte del vendedor para acompañar la transferencia de tecnología física, a fin de superar las dificultades iniciales y familiarizar a los empleados de la empresa extranjera, mediante la enseñanza y la demostración, con las particulares de la operación.[17]

En virtud de que muchas de las contingencias surgidas en la ejecución de tales contratos serán imprevisibles, y de que será muy costosa la elaboración de respuestas *ex ante* apropiadas para otros, tales contratos de consultoría están sujetos a considerables tensiones. Cuando se considera una sucesión de transferencias, o sea, cuando cambia la frecuencia de ocasional a recurrente, la contratación compleja puede conducir a la inversión extranjera directa. Una relación de intercambio más armoniosa y eficiente —mejor revelación, una conciliación más fácil de las diferencias, una adaptación cultural más completa, una organización y reforma del equipo más eficaz— resulta previsiblemente de la sustitución del comercio bilateral por una relación de gobernación interna en las circunstancias de intercambio recurrentes donde los activos —un ejemplo de los cuales es la transferencia tecnológica compleja— tengan un carácter muy específico.

El resultado es que, aunque continuarán seguramente el desconcierto y las preocupaciones por las EMN,[18] una interpretación del fenómeno basada en el costo de transacción revelará los siguientes aspectos conspicuos de la inversión multinacional: 1) la concentración reportada de la inversión extranjera directa en las industrias manufactureras donde la transferencia tecnológica tiene una importancia especial; 2) la organización de tales inversiones dentro de estructuras de forma M, y 3) la cronología diferencial de la inversión extranjera directa entre las empresas manufactureras estadunidenses y extranjeras (cuya diferencia tiene también su origen en la forma de la organización).[19]

[16] Ésta es una implicación del razonamiento del costo de transacción donde la dimensión de la frecuencia tiene un poder explicativo.

[17] Sobre la importancia de la observación en el sitio y la enseñanza en el trabajo, véase Polanyi (1962), Doeringer y Piore (1971, pp. 15-16), y Williamson, Wachter y Harris (1975).

[18] Véanse algunos resúmenes y contribuciones a esta literatura de fecha reciente, en Caves (1982) y en Hennart y Wilkins (1983).

[19] El argumento puede extenderse para explicar observaciones tales como las de Mansfield, Romeo y Wagner (1979), quienes inidican que las empresas usan subsidiarias para transferir su tecnología más nueva en el extranjero pero recurren a las licencias o las empresas conjuntas para la tecnología antigua. El argumento del costo de transacción es que la tecnología antigua está mejor definida, de modo que se reduce con mayor facilidad al contrato y requiere un conocimiento menos específico de la empresa para una transferencia eficaz.

4. Observaciones finales

Entre economistas y otros investigadores se acepta generalmente la proposición de que la corporación moderna es una institución económica importante y compleja. Tal acuerdo se explica principalmente por la influencia del tamaño de las empresas más grandes. Sin embargo, no se entienden bien los factores económicos que se encuentran detrás del tamaño, la forma y la actuación de la corporación moderna.

El enigma no tiene un origen reciente. Edward Mason lamentaba, hace más de 20 años, que "el funcionamiento del sistema corporativo no se ha explicado adecuadamente hasta ahora. [. . .] El hombre de acción puede contentarse con un sistema que funcione. Pero quien reflexione sobre las propiedades o las características de este sistema no puede dejar de preguntarse por qué funciona y si continuará funcionando" (1959, p. 4). Creo que la situación mencionada por Mason se debe en gran medida a dos tradiciones intelectuales diferentes (pero relacionadas). La primera sostiene que los aspectos estructurales de la corporación son irrelevantes. La teoría neoclásica de la empresa que se difunde en los libros de texto de teoría intermedia es consistente con esta concepción. Las diferencias estructurales se suprimen al describir a la empresa como una función de producción a la que se ha asignado un objetivo de la maximización del beneficio. La segunda tradición tiene sus raíces en la política pública: la tradición inhospitalaria a la que me referí antes. Se cree aquí que los aspectos estructurales distintos de la corporación se deben a intrusiones no deseadas (anticompetitivas) en los procesos de mercado.

El enfoque del costo de transacción difiere de los dos anteriores. Al contrario de lo que ocurre con el análisis neoclásico, se sostiene específicamente que la organización interna es importante. Al revés de lo que ocurre con la tradición inhospitalaria, se presume que las diferencias estructurales surgen primordialmente en aras de la economía del costo de transacción.

La evolución progresiva de la corporación moderna registra la huella de la economía del costo de transacción en cada etapa. Los ferrocarriles, que fueron "las primeras empresas modernas" (Chandler, 1977, p. 12), diseñaron la estructura de líneas y equipo cuando la coordinación de sistemas totales por contrato se derrumbó y las estructuras más antiguas y más sencillas no pudieron manejar las redes resultantes. Los costos de transacción, más bien que la tecnología, estaban guiando claramente estos avances. La integración hacia adelante, de la manufactura a la distribución, se popularizó a principios del siglo. Como vimos en el capítulo v, la integración ocurrió en forma selectiva más bien que comprensiva, y en una forma generalmente consistente con el razonamiento del costo de transacción.

Las dos formas corporativas principales que se observan en 1920 eran la estructura funcional (o forma U) y la compañía tenedora (forma H). Ambas experimentaron la ineficiencia interna y las distorsiones de la discreción administrativa a medida que aumentaban el tamaño y la complejidad de las empresas. Considerando la organización interna dentro de la perspectiva contractual, los contratos implícitos eran demasiado embrollados por una parte (el caso de la forma U) y demasiado incompletos por otra parte (la condición de forma H). Ante la necesidad de retroceder o desarrollar un nuevo conjunto de relaciones contractuales internas, los innovadores organizativos elaboraron la estructura de forma M.

La estructura resultante reconoció la imposibilidad esencial de la descomposición, rectificando así la condición de centralización excesiva existente en la empresa de forma U. Además, la forma M realizaba una división entre la toma de decisiones operativas y estratégicas, y reservaba las últimas para la oficina general. Se requería la provisión de un incentivo interno y una capacidad de control para la oficina general, porque de otro modo se disiparían los beneficios potenciales de la división del esfuerzo. Tal capacidad había faltado en la organización de forma H y contribuía así a una actuación problemática.

Este argumento se asemeja al problema de las dos tecnologías analizado en capítulos anteriores. Las dos tecnologías reseñadas aquí son los modos de organización centralizados y descentralizados. La primera corresponde a la forma U; la segunda puede ser H o M. La diferencia contractual entre las últimas dos formas es el hecho de que las salvaguardas contra el oportunismo se desarrollan más ampliamente en la forma M. Los inversionistas estarán probablemente dispuestos a proveer capital en términos superiores a una corporación grande, de forma M diversificada, más que a una empresa de forma H equivalente. En la medida en que la forma M sea en efecto la selección natural, que incluye la competencia en el mercado de capital, se favorece este resultado.

La innovación de forma M introducida por la General Motors y la Du Pont (y luego imitada por otras empresas) sirvió así a propósitos técnicos e internos de la gobernación, ya que sirvió para economizar la racionalidad limitada y para atenuar el oportunismo. Específicamente, las decisiones operativas ya no tenían que enviarse a la cima sino que se resolvían a nivel divisional, lo que aliviaba la carga de la comunicación. Las decisiones estratégicas estaban reservadas para la oficina general, lo que reducía el insumo político partidista en el proceso de asignación de recursos. Y las técnicas de auditoría y control internos a las que tenía acceso la oficina general servían para superar la fragmentación de la información y permitían el ejercicio de controles finos sobre las partes operativas.

La estructura de forma M, originalmente adoptada por empresas de líneas comerciales relativamente especializadas, se extendió luego al manejo de activos diversificados (el conglomerado) y de inversiones extranjeras directas (EMN). En el primer caso está incluida una sustitución de alcance por profundidad, cuando la empresa interioriza selectivamente algunas funciones asociadas de ordinario con el mercado de capital. La actividad de la EMN ha sido también selectiva, ya que se concentra en las industrias más progresistas en el terreno tecnológico, donde se observan mayores tasas de IDE y la transferencia de tecnología plantea quizá mayores dificultades. Este modelo de la inversión extranjera directa no puede explicarse por una hipótesis de monopolio, pero sí es consistente con el razonamiento del costo de transacción.

En realidad, la interpretación de la corporación moderna presentada en este capítulo y en otras partes de este libro se ocupa sólo de los aspectos más destacados. Hay lugar para un necesario refinamiento. Sin embargo, ya es éste un avance para la solución del enigma de racionalidad mencionado por Mason, que ha desconcertado a otros estudiosos de la corporación moderna. La proposición básica es ésta: la forma de la organización debe tomarse en serio. Una vez reconocido lo anterior, la economía del costo de transacción se convierte en una parte muy importante del argumento.

XII. LA GOBERNACIÓN CORPORATIVA

El esquema actual presentado en el capítulo I, al que he recurrido reiteradamente, se aplica aquí a la gobernación corporativa. Éstos son los problemas principales que se tratarán en este capítulo: ¿Cuáles necesidades de la gobernación se satisfacen mediante la creación de una junta de directores? ¿Cuáles son las consecuencias de la representación amplia de todos los "interesados" en la junta de directores? ¿Qué relación existe entre la discreción administrativa y la forma organizativa?

Me ocuparé de la primera interrogante examinando la relación existente entre la empresa y cada uno de los grupos relacionados —trabajadores, capitalistas, proveedores, clientes, la comunidad y los administradores— en términos contractuales. Creo que la junta de directores debe considerarse primordialmente como una salvaguarda de la estructura de gobernación entre la empresa y los propietarios del capital social, y secundariamente como una salvaguarda de la relación contractual entre la empresa y sus administradores. Aunque otros interesados podrían ser invitados a veces a la junta para el propósito limitado de compartir la información en forma oportuna y creíble, la asignación de otros propósitos más amplios a la junta incluye dilemas con dudosos beneficios netos. La mayoría de los interesados podrían perfeccionar su relación con la empresa en la fase de la contratación en la que obtendrán su mayor ganancia ambas partes.

En el apartado 1 se describe el problema general del control corporativo y varias propuestas para una representación expansiva en la junta de directores. En el apartado 2 se aplica el enfoque contractual a cada uno de los grupos principales de interesados. En el apartado 3 se examina la relación existente entre los administradores y la junta. En el apartado 4 se analiza la discreción administrativa en relación con la forma organizativa. Al final aparecen las conclusiones.

1. Antecedentes

Los observadores del escenario corporativo han luchado durante largo tiempo con el dilema del control corporativo. Originalmente se expresó en términos de la tensión existente entre la propiedad difusa y la administración. Luego se amplió la definición para considerar los problemas de la creación de un mecanismo para asegurar que la administración corporativa haga lo correcto para "trabajadores, proveedores, clientes y propietarios, al mismo tiempo que sirve a los intereses públicos" (Mason, 1958, p. 7).

El gran tamaño de la corporación fue el argumento principal del desafío lanzado por Berle y Means (1932) a la tesis de que los accionistas controlaban a la corporación moderna. Dado que el gran tamaño de las empresas modernas conducía a menudo a una propiedad difusa, los administradores asumían deliberadamente el control efectivo. Berle y Means se preguntaron entonces si, en tales circunstancias, había "alguna razón para suponer que quienes controlan una corporación moderna optarán también por operar en interés de los propietarios" (1932, p. 121). Difícilmente podría descartarse la posibilidad de que los administradores operaran la corporación en su propio interés.[1]

Otros investigadores ampliaron la investigación y examinaron el papel de otros interesados. Sus opiniones reflejan a veces sólo sus preferencias políticas. Sin embargo, a menudo se apoyan en una referencia implícita a las fallas del mercado. Aunque los accionistas pueden haber tenido alguna vez ciertos derechos exclusivos sobre la junta de directores, tal situación se ha convertido ya en un anacronismo, sobre todo porque los mercados de las economías modernas se desvían progresivamente del ideal neoclásico. Dado que los mercados imperfectos proveen un alivio muy poco satisfactorio contra el mal funcionamiento de la corporación, todos los interesados requieren un acceso directo a la gobernación corporativa para que no se olviden ni perjudiquen sus intereses legítimos.

La concepción de la gobernación corporativa basada en las fallas del mercado ha sido elaborada por referencia a la eficacia de los mercados de valores por comparación con los mercados de factores. Por ejemplo, E. C. B. Gower observa que "los trabajadores forman parte de la compañía" y lamenta que esta condición sea olvidada por el derecho mercantil de Gran Bretaña (1969, p. 10). Sostiene Gower que la teoría legal mantiene una ficción de amo-sirviente, lo que "es irreal porque pasa por alto el hecho indudable de que los empleados son miembros de la compañía para la que trabajan, en mayor medida que los accionistas a quienes la ley insiste en considerar como sus propietarios" (Gower, 1969, p. 11). Masahiko Aoki opina también que "la asociación de accionistas individuales [. . .] puede ser efímera" y acepta que los "empleados forman parte de la empresa para la que trabajan en medida mucho mayor" que la mayoría de los accionistas (1983, p. 5). Summers está de acuerdo:

> Si se concibe la corporación [. . .] como una institución operativa que combina todos los factores productivos para la conducción de un negocio, los empleados que aportan la mano de obra son tan miembros de esa empresa como los accionistas que aportan el capital. De hecho, es posible que los empleados tengan en la empresa una inversión mucho mayor por sus años de servicio, una capacidad mucho menor para retirarse, y un interés mayor en el futuro de la empresa que muchos de los accionistas. En una corporación concebida así, los directores empleados no tienen más conflicto de intereses que los directores accionistas [1982, a. 170].

[1] Si los observadores externos a quienes se venden acciones prevén las consecuencias conductistas de la disolución de la propiedad el precio de venta de tales acciones reflejará la potencial discreción administrativa. Algunos observadores del escenario corporativo concluyen entonces que la preocupación de Berle y Means es irrelevante. La discreción administrativa es simplemente un costo de la disolución, pero un costo que se compensa con creces por las ganancias. Sin embargo, hay una inconsistencia al admitir que la discreción administrativa es importante mientras se insiste en que el comportamiento de la empresa sigue el modelo de la maximización del beneficio. Si la discreción administrativa es real y varía, entre otras cosas, con la forma de la organización, así debiera reconocerse, lo que quiere decir que la preocupación de Berle y Means sigue siendo importante, a pesar de la previsión *ex ante*.

La aplicación de esa lógica sugiere que otras personas con intereses de largo plazo en la empresa también merecen una representación en la junta de directores. Esto iría más allá de la propuesta de E. Merrick Dodd (1932) en el sentido de que los directores de una corporación debieran fungir como fiduciarios de todos los interesados —accionistas, clientes, proveedores, comunidad— en la corporación. Lo que Robert Dahl ha llamado la "administración de grupos de intereses" asignaría expresamente ciertos escaños en la junta de directores a todos los interesados: "La junta de directores podría integrarse así con una tercera parte de representantes elegidos por los empleados, un tercio de representantes de los consumidores y un tercio de delegados del gobierno federal, estatal y local" (Dahl, 1970, p. 20).[2] Los accionistas quedan conspicuamente exluidos de la propuesta.

2. Una evaluación contractual

El estudio de la contratación corporativa se complica por las interdependencias existentes dentro de los contratos y entre ellos mismos; los cambios ocurridos en un conjunto de términos requieren de ordinario ciertos ajustes en otros conjuntos. Sin embargo, será más útil el examen de los contratos de los intereses en un forma secuencial antes que plenamente interactiva. Luego examinaré los efectos de la interacción.

2.1 *El marco*

Recordemos el esquema de dos tecnologías del capítulo I. Una es la tecnología de propósitos generales: una tecnología útil para un gran conjunto de transacciones, de modo que no incluye ninguna exposición de activos específicos de ciertas transacciones. Tales recursos pueden trasladarse fácilmente si cualquiera de las partes rescinde el contrato. En cambio, la tecnología de propósitos especiales incluye activos específicos de ciertas transacciones. Esos activos no pueden trasladarse con facilidad o sin costo si el contrato termina prematuramente o se perturba de otro modo la continuidad de la relación de intercambio. Utilizando k como una medida de los activos específicos de ciertas transacciones, las transacciones que usan la tecnología de propósitos generales son aquellas donde $k = 0$. Cuando las transacciones usan una tecnología de propósitos especiales, $k > 0$. Tales intercambios experimentan una transformación fundamental, de modo que asumen los atributos de la dependencia bilateral.

Aunque la contratación clásica del mercado basta para las transacciones donde $k = 0$, la gobernación del mercado sin asistencia plantea algunos peligros siempre que los activos específicos de ciertas transacciones se colocan

[2] Dahl no está a favor de esta solución de la gobernación corporativa. Su solución preferida es la autoadministración de los trabajadores. Sin embargo, sostiene que "la administración de grupos de intereses sería un avance sobre los arreglos actuales, y quizá se conformen con eso los estadounidenses, si es que ha de reformarse la corporación en absoluto" (1970, p. 23).

a riesgo, porque las partes tendrán entonces un incentivo especial para salvaguardar las inversiones. Sea que s denote la magnitud de cualquiera de tales salvaguardas. Una situación donde $s = 0$ es aquella en que no se proveen salvaguardas. Se obtendrá una condición de salvaguarda completa si $s = k$. Por supuesto, la negación de una salvaguarda contractual se manifestará en el precio. Si $\bar{p}$ es el precio al que la empresa obtiene un bien o servicio cuando $s = 0$, y si $\hat{p}$ es el precio del mismo bien o servicio cuando $s > 0$, entonces $\bar{p} > \hat{p}$, *ceteris paribus*.

Lo que se llama un nudo A en la gráfica I-2 se obtiene si $k = 0$. El nudo B es el resultado de $k > 0$, $s = 0$. Y el nudo C corresponde a $k > 0$, $s > 0$.

Todo lo anterior se relaciona con la rama de la gobernación de la economía del costo de transacción. Sin embargo, la rama de medición es a menudo pertinente (y está disponible, como veremos más adelante). Así pues, a pesar de las salvaguardas de intercambio de la clase del nudo C, pueden existir circunstancias especiales en las que se obtendrían beneficios adicionales si se revelara más ampliamente una información pertinente para el intercambio. A veces, la revelación permitirá que el receptor prevea con mayor eficacia los eventos futuros y planee consiguientemente. A veces, tal revelación reducirá las asimetrías informativas cuya existencia hará que la parte menos informada sospeche de las afirmaciones de la parte más informada, de modo que se producirá un costoso estancamiento contractual.

Sin embargo, conviene repetir que tales revelaciones no se necesitan si los activos no son específicos. Los planes de inversión no dependen en tales circunstancias del intercambio bilateral. Y cuando ninguna de las partes se interesa por la continuación de su relación con la otra, un costoso esfuerzo para reducir las asimetrías informativas tampoco servirá a ningún propósito útil de la veracidad.

2.2 *Aplicaciones*

Consideraremos dos clases de participación en la junta de directores: la participación en la votación y la participación para obtener información exclusivamente. La participación en la votación invita a los interesados a participar en lo que Eugene Fama y Michael Jensen (1983) llaman la ratificación de las decisiones corporativas y la vigilancia posterior del desempeño de la corporación. La participación informativa permite que los interesados observen la planeación estratégica y reciban la información que sirve de base a las decisiones, pero no otorga derecho de voto sobre las inversiones o la administración. Tales responsabilidades se reservan para el subconjunto de votación de la junta.[3]

[3] El otorgamiento de participación informativa a un grupo de interés podría realizarse mediante directorios de dos niveles, pero más a menudo asume la forma de entendimientos implícitos entre los miembros del directorio. En principio, los miembros son iguales, pero un subconjunto entiende que su participación útil se limita a la provisión y recepción de información. Como observa Oliver Hart, tal práctica no asegura la difusión completa de la información (1983, p. 23). Sin embargo, esta forma de participación asegura quizá una difusión de la información más completa que cuando hay ausencia de participación.

a. *La mano de obra*

Quienes apoyan la codeterminación consideran inadecuada la participación para propósitos informativos. Afirman que la codeterminación debe extender la influencia de los trabajadores para incluir "cuestiones generales de las inversiones, la planeación de mercado, las decisiones referentes a la producción, etc." (Schauer, 1973, p. 215).[4]

Este argumento está claramente errado en cuanto se aplica a los trabajadores dotados de habilidades y conocimientos de propósitos generales (nudo A). Tales trabajadores pueden renunciar y ser remplazados sin pérdidas productivas para el trabajador o para la empresa.[5] En consecuencia, consideremos a los trabajadores que hacen inversiones específicas de la empresa y se ubican en los nudos B o C. De ordinario puede presumirse que los trabajadores y las empresas reconocerán los beneficios de la creación de una estructura de gobernación especializada para salvaguardar los activos específicos de la empresa. Si no se otorgan tales salvaguardas, se provocarán demandas de aumentos salariales. De igual modo, como vimos en el capítulo VII, las decisiones de utilización ineficientes derivarán de resultados del nudo B. Por lo tanto, los propósitos de la eficiencia se verán promovidos si la mano de obra de la clase $k > 0$ se ubica en el nudo C mediante la alineación de los incentivos y la creación de estructuras de gobernación bilateral especializadas que respondan a las necesidades de la empresa y los trabajadores en este nexo contractual.

Consideremos entonces la relación entre los trabajadores del nudo C y la junta de directores en los aspectos informativos. Una dificultad crónica de los acuerdos laborales a largo plazo es el hecho de que habrá una mala asignación si se fijan primero los salarios y después determinan los administradores los niveles de empleo en forma unilateral. La ineficiencia fue advertida primero por Wassily Leontief (1946) y luego ha sido precisada por Robert Hall y David Lilien (1979) y por Masahiko Aoki (1984). Aunque los salarios y el empleo se establezcan desde el principio, es posible que el acuerdo pierda su alineación durante la ejecución del contrato, con perjuicio para el miembro menos informado del par contratante. Tal resultado podría evitarse impartiendo más información a los trabajadores. La participación de los trabajadores en la junta de directores para propósitos informativos es un medio para el logro de tal resultado. De hecho, Aoki afirma que "el verdadero valor de la codeterminación se encuentra en el hecho de que es un instrumento para compartir una información importante y correcta" (1984, p. 167).

[4] No quiero implicar a Schauer, Gower, Aoki y Summers en este enfoque expansivo de la participación de los trabajadores.

[5] Ésta es una simplificación excesiva. Supone el traslado fácil y olvida los costos de la transición, incluida la repercusión sobre la familia. Como observa Knight, "los trabajadores están ligados a sus hogares, y aun a su trabajo, por lazos sentimentales para los cuales carecen de sentido los hechos del mercado" (1965, p. 346). Supondré que tales efectos son constantes entre los activos humanos específicos (o varían directamente con ellos). En consecuencia, lo importante es el grado de especificidad de los activos humanos.

La participación de los trabajadores en las juntas de directores puede ser especialmente importante durante los periodos de adversidad efectiva o alegada, sobre todo cuando las empresas piden la colaboración de los trabajadores. La participación de los trabajadores en la junta directa podría mitigar el escepticismo de los trabajadores al promover el intercambio de información creíble.[6] La inclusión de Douglas Fraser en la junta de la Chrysler durante la recuperación de la compañía es una ilustración.

Sin embargo, tal práctica no cuenta con un apoyo generalizado. Algunos de los oponentes temen que sea difícil la resistencia a la transformación de los papeles informativos en una participación en la toma de decisiones. Pero también es posible que los beneficios informativos de la participación de los trabajadores no se aprecien adecuadamente.[7]

b. *Los propietarios*

El término de "propietarios" suele reservarse para los accionistas, aunque los tenedores de deuda asumen a veces esta calidad. Como quiera que se describan, los proveedores de financiamiento guardan una relación peculiar con la empresa: toda su inversión en la empresa se coloca potencialmente al azar. En cambio, los activos productivos (planta y equipo; capital humano) de los proveedores de materias primas, mano de obra, productos intermedios, energía eléctrica, etc., permanecen normalmente en posesión de los proveedores. Por lo tanto, si se ubican en el nudo A, estos proveedores pueden trasladar sin costo sus activos a usos más productivos. Los proveedores de financiamientos deben asegurar su pago o de otro modo cambiar sus inversiones para efectuar el traslado.[8] En consecuencia, los proveedores de finan-

[6] Como señala Hart, si sólo es la empresa la que puede considerar las conversiones (en dinero) del estado del mundo, y no los trabajadores, sus "salarios no podrán depender directamente del estado del mundo. Porque si el contrato dice que los salarios deberán bajar en los tiempo malos, la empresa estará interesada siempre en decir que los tiempos son malos" (1983, p. 3). En realidad, hay ciertos límites. A medida que se vuelve disponible la información *ex post*, las empresas que falsean descaradamente las condiciones reales serán conocidas y llevarán en adelante un estigma. Los términos *ex ante* se ajustarán luego en su perjuicio.

[7] En una reciente nota de reseña jurídica se afirma que los beneficios informativos llegarán a los accionistas incluyendo al sindicato en el directorio. Nota, "An Economic and Legal Analysis of Union Representation on Corporate Boards of Directors", 130 U. Pa. L. Rev. 919 (1982). El autor sostiene que tal participación trataría de "reducir la capacidad de los administradores para manejar la corporación de acuerdo con sus propios intereses y no de acuerdo con los intereses de los accionistas". *Idem*, p. 956. Si esto es cierto, nos preguntamos por qué algunos accionistas perspicaces no han reconocido los beneficios y exigido la participación sindical. ¿Es que se ignoran las ganancias? ¿Están los administradores actuales tan bien pertrechados que pueden frustrar tales esfuerzos? ¿O se verán contrarrestadas las ganancias por los costos que no se registran?

[8] En efecto, los proveedores de financiamiento se encuentran sujetos a dos riesgos: primero, proveen poder de compra generalizado que puede ser robado o expropiado de otro modo; segundo, los fondos pueden usarse para sostener inversiones específicas de la empresa. Los proveedores de otros insumos específicos de la empresa —mano de obra, materias primas, productos intermedios— afrontan riesgos de la segunda clase, pero su exposición en el primer sentido se limita de ordinario a la cantidad de crédito a corto plazo que se otorgue.

ciamiento se ubican siempre, en efecto, en la rama $k > 0$. Sólo queda por saber si sus inversiones están bien (nudo C) o mal (nudo B) protegidas.

1. *Capital social.* Un mercado de acciones bien desarrollado permite que los accionistas terminen con facilidad su propiedad vendiendo sus acciones, pero no se infiere de aquí que los accionistas como un grupo tengan un interés limitado en la empresa. Lo que está a disposición de los accionistas individuales puede no estar a disposición del conjunto de accionistas. Algunos estudiosos de la gobernación advierten sólo una relación atenuada entre los accionistas y la corporación, pero tal concepción se basa en una falacia de composición. Los accionistas como un grupo guardan una relación peculiar con la empresa. Son los únicos interesados voluntarios cuya relación con la corporación no se renueva periódicamente. (El público puede considerarse como un interesado involuntario cuya relación con la corporación es indefinida.) Los trabajadores, los proveedores del mercado de productos intermedios, los tenedores de deuda y los consumidores tienen oportunidades para renegociar las condiciones cuando se renuevan los contratos. En cambio, los accionistas invierten durante toda la vida de la empresa[9] y sus derechos se ubican al final de la hilera en caso de una liquidación.

Los accionistas son también peculiares porque sus inversiones no se asocian a activos particulares. El carácter difuso de sus inversiones coloca a los accionistas con una desventaja enorme en la elaboración de la clase de salvaguardas bilaterales asociadas normalmente al nudo C. Dada la variedad enorme, se aplican aquí en grado superlativo las reservas habituales sobre la viabilidad de la contratación comprensiva *ex ante*. Además, en la medida en que los eventos no pueden tomarse en cuenta e incluirse en el contrato en el momento de la renovación, porque el contrato de propiedad subsiste durante toda la vida de la empresa, las partes parecen encontrarse en un estancamiento de la contratación. Cuando no hay ninguna forma de protección, los accionistas se ubican inevitablemente en el nudo B.

Recordemos que los proveedores ubicados en el nudo B demandan un premio a causa del peligro de expropiación planteado por tales contratos. Ese premio puede considerarse como un castigo impuesto a la empresa por su incapacidad para elaborar salvaguardas del nudo C. El incentivo de la empresa para obtener un alivio del castigo está fuera de duda (Jensen y Meckling, 1976, p. 305). ¿Qué hacer?

Una posibilidad sería que los empresarios aportaran directamente todo su capital social, con sus propios fondos o con los fondos de amigos y familiares que los conocen y confían en ellos, de modo que pueden aplicar sanciones que no están al alcance de otras personas. Pero esto impondría un severo límite a la cantidad de capital social disponible. Además, no podrá aumentarse la cantidad del financiamiento con deuda para compensar tales restricciones.[10]

[9] El contrato celebrado entre la empresa y los accionistas se ajusta a veces mediante ciertos cambios en la escritura constitutiva de la empresa. Sin embargo, estos cambios parecen iniciados principalmente por los administradores, a quienes favorecen con frecuencia. (Véase más adelante, el análisis de los paracaídas dorados en la nota 24.)

[10] Además, los tenedores de deuda se resistirán a invertir en activos no desplazables, de modo

Una segunda posibilidad es el invento de una estructura de gobernación que los tenedores del capital social reconozcan como una salvaguarda contra la expropiación y la administración demasiado deficiente. Supongamos que se crea una junta de directores (directorio) que: 1) se elige por los votos proporcionales de los tenedores de acciones negociables, 2) tiene poder para cambiar a los administradores, 3) tiene acceso oportuno a las medidas internas de la actuación, 4) puede autorizar auditorías profundas para propósitos especiales de seguimiento, 5) conoce las propuestas importantes de inversión y operación antes de que se implanten, y 6) en otros sentidos guarda con los administradores de la empresa una relación de revisión y vigilancia de las decisiones.[11] Tal estructura de gobernación podría mover la relación del nudo B, que se obtendrá de otro modo, hacia un resultado de nudo C, con los beneficios consiguientes.

El directorio surge así en forma endógena, como un instrumento de salvaguarda de las inversiones de quienes afrontan un riesgo de expropiación difuso pero importante porque los activos en cuestión son numerosos, mal definidos, y no pueden protegerse en una forma bien enfocada, específica de ciertas transacciones. Así considerado, el directorio debe verse como un instrumento de gobernación de los accionistas. La participación de otros interesados depende de su relación contractual con la empresa.

Tal protección de los accionistas puede complementarse con otras medidas y a menudo ocurre tal cosa. Las restricciones establecidas en la escritura constitutiva de la empresa y los requerimientos de revelación de la información son algunos ejemplos. Las empresas reconocen las necesidades de controles de los accionistas, y muchas de ellas tratan responsablemente de proveerlos.[12] Pero algunos administradores practican "juegos finales" (decisiones estratégicas no reveladas de actuar y huir antes de que puedan tomarse medidas correctivas), y ciertos administradores individuales suelen revelar la información en forma selectiva o distorsionar los datos. Pueden forjarse frenos adicionales contra tal ocultamiento y distorsión, para dar mayor confianza a los accionistas. Puede afirmarse que un comité de auditoría integrado por directores externos y una certificación de informes financieros por una firma

---

que la empresa invertirá en mayor medida en planta y equipo de propósitos generales (desplazable), en relación con lo que ocurriría si pudiera obtener financiamiento de capital social en términos del nudo C.

[11] Fama y Jensen describen un proceso de cuatro pasos: "1) *iniciación:* generación de propuestas para la utilización de los recursos y la estructuración de los contratos; 2) *ratificación*; elección de las iniciativas de decisión que habrán de implantarse; 3) *implantación*: ejecución de las decisiones ratificadas, y 4) *monitoreo*: medición de la actuación de los agentes de decisión y la implantación de las recompensas" (1983, p. 303). Estos autores asignan los pasos de la iniciación y la implantación a los administradores, y los de ratificación y monitoreo al directorio (p. 313). Véase también el análisis que hacen FitzRoy y Mueller (1984) de la relación existente entre los accionistas y la corporación. Estos autores consideran que "si se eliminaran de las acciones comunes los derechos de votación, los accionistas demandarían una enunciación contractual más explícita de las condiciones y las cantidades" de los dividendos (FitzRoy y Mueller, 1984, p. 40).

[12] Diamond (1983) examina los intereses de las partes en la revelación de la información. Williamson (1979) analiza los abusos cometidos en la escritura constitutiva de las corporaciones.

contable acreditada promueven tales propósitos. Otra posibilidad es la revelación requerida de los informes financieros a una dependencia pública facultada para investigar. La eficiacia de tales instrumentos resulta difícil de juzgar.[13]

2. *Los prestamistas.* Bajo ciertas circunstancias atípicas, los prestamistas pueden merecer también una representación en el directorio. Al revés de lo que ocurre con los accionistas, los prestamistas suelen hacer préstamos a corto plazo para propósitos mercantiles generales o préstamos a largo plazo contra activos dados en garantía. La prueba de que la empresa es ahora financieramente sana, aunada al vencimiento corto, provee protección a los prestamistas a corto plazo. Tales prestamistas no necesitan una representación adicional. Los prestamistas que hacen préstamos a largo plazo suelen garantizarse con activos durables. Si los activos no pueden desplazarse fácilmente, los prestamistas requieren de ordinario un financiamiento parcial mediante avales de acciones. Por lo tanto, los prestamistas a largo plazo suelen alinear cuidadosamente los incentivos y protegerse con salvaguardas de la clase asociada al nudo C (Smith y Warner, 1979).

Sin embargo, como observa Mervyn King, las empresas de los países donde el mercado de valores se encuentra escasamente desarrollado se ven obligadas a recurrir más ampliamente al endeudamiento (1977, p. 156). En tales circunstancias resulta más difícil la provisión de salvaguardas adecuadas. A medida que aumenta la exposición al riesgo, estos tenedores de deuda se preocupan más por los detalles de las decisiones operativas y los planes estratégicos de la empresa: contando con razones más altas de deuda a capital social, los acreedores se asemejan más a los accionistas, de modo que se incrementan las consultas entre los administradores y sus acreedores principales. En tales circunstancias puede justificarse una presencia bancaria con derecho a voto en el directorio. Más generalmente, una presencia bancaria puede resultar apropiada para las empresas que experimenten la adversidad, pero esa situación deberá cambiar a medida que surja la recuperación.

3. *Una digresión sobre el financiamiento óptimo.* El análisis anterior sugiere que la forma del financiamiento de una inversión variará sistemáti-

[13] Sin embargo, George Stigler ha hecho un esfuerzo interesante para evaluar el efecto de la Comisión de Valores y Seguros (SEC). Describe Stigler la prueba básica como "la sencillez misma [. . .] Tomamos todas las emisiones nuevas de acciones industriales con un valor superior a 2 500 000 dólares en 1923-1928 y superior a cinco millones de dólares en 1949-1955, y medimos los valores de estas emisiones [. . .] en cinco años subsecuentes [. . .] en relación con el promedio del mercado" (1964, p. 120). La actuación pre-SEC y post-SEC de las nuevas emisiones en relación con la actuación del mercado a intervalos de un año es la siguiente (donde la primera cifra es la medida pre-SEC y la segunda es la media post-SEC): después de un año, 81.9 contra 81.6; después de dos años, 65.1 contra 73.3; después de tres años, 56.2 contra 72.6; después de cuatro años, 52.8 contra 71.9; y después de cinco años, 58.5 contra 69.6. Stigler declara que la SEC no tuvo ningún efecto porque estas diferencias son estadísticamente significativas sólo en el tercero y el cuarto años.

Este argumento tiene dos problemas. Primero, no se necesitan pruebas de significación estadística cuando, como en el caso de Stigler, se miden los atributos de una población entera, no los de una muestra. Segundo, una prueba más interesante sería la determinación del cambio de las tasas de rendimiento de las acciones a raíz de la regulación. El mejoramiento de la revelación de información debiera reducir las tasas medias, *ceteris paribus.*

camente con los atributos de los activos. Por las razones enunciadas en el capítulo II, no se aplicará la distinción habitual entre el costo fijo y el costo variable. Más bien, el criterio decisivo es la capacidad de desplazamiento. De acuerdo con el enfoque utilizado aquí, el financiamiento con capital social variará directamente con el grado en que los activos no puedan desplazarse. En cambio, las teorías del financiamiento que no establecen la distinción de la especificidad de los activos pronostican que no habrá tal asociación. El teorema de Modigliani-Miller (1958), según el cual el costo de capital es independiente de la estructura de capital de la empresa, se opone así al enfoque de la especificidad de los activos y la estructura de la gobernación.

c. *Los proveedores*

El hecho de que los proveedores de materias primas y productos intermedios tengan un interés en una empresa depende de que hayan hecho inversiones sustanciales en activos durables que no puedan desplazarse sin sacrificar el valor productivo si la relación con la empresa termina prematuramente. El mero hecho de que una empresa haga muchos negocios con otra no demuestra que corran riesgos por esa sola razón los activos específicos. En el peor de los casos, los proveedores ubicados en el nudo A experimentan moderados gastos de transición si se termina la relación. Para salvaguardar sus intereses no se necesita la gobernación bilateral especializada ni la participación en el directorio. Basta la protección otorgada por el mercado.

Los proveedores que hagan sustanciales inversiones específicas de la empresa en apoyo de un intercambio demandarán un aumento del precio (como en el nudo B, donde el precio de equilibrio proyectado es $\overline{p}$) o salvaguardas de gobernación especiales (como en el nudo C). Los pagos por avances y el uso de rehenes para apoyar el intercambio son ilustraciones de las salvaguardas del nudo C. Un acuerdo para arreglar las disputas mediante el arbitraje y no mediante el litigio se encuentra también en el espíritu de la gobernación del nudo C. (Aquí se estudian las cuestiones desarrolladas en capítulos anteriores, donde se examinan las relaciones de gobernación entre proveedores y compradores.)

Considerando la variedad de instrumentos de gobernación ampliamente aplicables a los que tienen acceso las empresas y sus proveedores, no hay ninguna base general para otorgar a los proveedores una protección adicional mediante la participación en el directorio. Por supuesto, podría haber algunas excepciones cuando esté en juego un gran volumen de negocios y se necesite una base de información común para coordinar la planeación de la inversión.[14] De ordinario, sin embargo, la estructura de la gobernación que

[14] La ventaja de la información es el hecho de que el proveedor conocerá los planes del comprador y podrá juzgar los méritos del proceso interno de toma de decisiones. Un gran fabricante japonés informó que tenía en el directorio a un gran proveedor (quien era casi un socio) para compartir la información pero no la toma de decisiones. Si los votos minoritarios carecen de importancia mientras que la revelación de información creíble es altamente apreciada, se gana poco (de hecho puede perderse) extendiendo la franquicia.

forjen la empresa y el proveedor en el momento del contrato (y que ayudan a sostener mediante una red de relaciones entre las empresas) proveerá una protección adecuada. La participación en el directorio, si es que hay alguna, deberá restringirse a la participación informativa.

d. *Los clientes*

La protección principal para los clientes ubicados en el nudo A es generalmente la opción de llevar su negocio a otra parte. Los productos que tienen efectos demorados sobre la salud constituyen una excepción, y los bienes de consumo durables pueden plantear también algunos problemas especiales. Pero la participación en el directorio no se sugiere claramente por ninguna de estas razones.

Los riesgos sanitarios plantean algunos problemas si los consumidores están mal organizados en relación con la empresa y carecen de la información pertinente. Si los consumidores pueden organizarse sólo con dificultad, porque no se conocen entre sí o por la facilidad del viaje gratis, es posible que no surja una estructura de gobernación bilateral entre la empresa y los consumidores. Es posible que se justifique en cambio la protección brindada por terceros. Una oficina reguladora, equipada para recibir quejas y examinar los productos en lo tocante a los riesgos sanitarios, podría servir para infundir confianza en tales mercados.

Es dudoso que la participación de los consumidores en el directorio provea una protección adicional. ¿Quiénes son los consumidores representativos? La representación simbólica puede crear sólo una confianza injustificada.[15]

Surgen problemas similares de organización e ignorancia de los consumidores en el caso de los bienes de consumo durables. Esto es cierto cuando el bien de consumo durable no requiere ningún servicio de mantenimiento o cuando lo requiere en gran medida.[16] Entre los tipos de protección del consumidor disponibles se encuentran los nombres registrados, las garantías y los grupos de arbitraje. Los compradores que escogen el nudo B están buscando presumiblemente ciertas gangas. Tales compradores inclinarán las protecciones adicionales en favor de un precio más bajo. Implícitamente aceptarán un riesgo mayor y deberán aceptar algunas decepciones ocasionales. Sin embargo, hay otros consumidores que aprecian las protecciones en el nudo C. Algunos estarán dispuestos a pagar un premio por un producto de nombre registrado. Los nombres registrados extienden efectivamente el horizonte de planeación de una empresa y crean incentivos para que la empresa se com-

[15] Como opina Reinier Kraakman, a propósito de una cuestión relacionada de selección de directores, dado que los "administradores corporativos tienen [. . .] en gran medida libertad para controlar la selección y la duración de los directores, los abogados y los contadores externos [. . .] puede resultar un juego de niños la selección de participantes corruptos o cautivos en la empresa" (1984, p. 863). Es concebible que los defensores "profesionales" de los consumidores alivien tales problemas. Pero el reconocimiento del subconjunto de profesionales calificados plantea ciertos problemas difíciles.

[16] Un radio de estado sólido que se repone en lugar de repararse cuando empieza a fallar es un ejemplo de lo primero; un automóvil es un ejemplo de lo último.

porte "más responsablemente".[17] (En realidad, los clientes deben cuidarse de las empresas que se forjan una reputación para explotarla después en perjuicio de los consumidores de percepción lenta.)[18] Las garantías son formas explícitas de protección posterior, y muchas de ellas están disponibles en términos opcionales. Los grupos de arbitraje para los consumidores, de reciente introducción, son también sensibles a las necesidades de protección del consumidor. Los consumidores preocupados por el trato durante el periodo de servicio concentrarán presumiblemente sus compras en las marcas que dispongan de arbitraje.

Es posible que se requieran otras innovaciones que ofrezcan protección a los consumidores en forma selectiva. Pero con la posible excepción de los clientes grandes con necesidades informativas especiales, no se justifica en general la inclusión de los consumidores en el directorio.

e. *La comunidad*

El interés de la comunidad en la corporación es un tema muy amplio. Consideraré aquí dos problemas: las exterioridades y los riesgos de la apropiación.

Las exterioridades surgen comúnmente cuando las partes en cuestión no guardan entre sí una relación contractual. La contaminación es un ejemplo. Las correcciones pueden interpretarse como un esfuerzo de la comunidad para imponer un contrato donde no existía ninguno. Por ejemplo, la comunidad puede gravar a la empresa con un impuesto de contaminación (un precio), o puede estipular que deberán satisfacerse las regulaciones de abatimiento de la contaminación como una condición de la operación.

Un problema crónico en esta área es el de la obtención de conocimientos para basar una política informada de control de la contaminación. Las empresas poseen a menudo el conocimiento necesario y pueden revelarlo sólo en una forma selectiva o distorsionada. La participación del público en el directorio podría reducir concebiblemente la mala información. Pero el reme-

[17] Surgen ciertos problemas cuando las empresas establecidas, aparentemente comprometidas con una industria, deciden reducir sus pérdidas y retirarse. El mercado de las computadoras domésticas aporta una ilustración reciente. Andrew Pollack describe la decisión de Texas Instruments de retirarse:

> La batalla perdida de Texas Instruments Inc. en el mercado de las computadoras domésticas ha afectado gravemente las finanzas de la compañía, su reputación y sus empleados. Pero también sufrirá más de un millón de otras personas: los propietarios de las computadoras domésticas 99A de Texas Instruments.
>
> Es probable que estas personas afronten dificultades mucho mayores para lograr que sus máquinas sean reparadas y para encontrar programas nuevos y equipo auxiliar, tales como los instrumentos de almacenamiento de datos y las impresoras, para usarlos con las máquinas ("Texas Instruments' Pullout", *New York Times,* 31 de octubre de 1983, Dl, col. 3).

Los compradores de la Tl99A, que habían obtenido una ganga implícita con la Texas Instruments, pero que no recibieron ninguna compensación cuando se tomó la decisión del retiro, fueron los perdedores.

[18] Véase un análisis general de los problemas de información en Beales, Craswell y Salop (1981).

dio se obtendría a un costo elevado si la corporación se viera así politizada o desviada de su propósito principal de servir como un instrumento de economía. Es posible que los castigos contra la mala información, aunados a la persuasión moral, fueran más eficaces. Ésta es un área donde quizá no existan elecciones buenas fuera de toda duda.

Los riesgos de expropiación constituyen una justificación menor aún para la participación del público en los directorios. Las comunidades construyen a menudo infraestructuras durables para apoyar una planta nueva o las inversiones de renovación de empresas antiguas. La expropiación es posible si la empresa puede capitalizar estas inversiones públicas y obtener una ganancia con la venta de la instalación. Tales preocupaciones son mucho mayores si la empresa hace inversiones de propósitos generales antes que especiales. Las comunidades que hacen inversiones en apoyo de una empresa deberán examinar entonces el carácter de las inversiones que haga la empresa misma.

Como en otros casos, los peligros de la expropiación se mitigarán si las partes pueden ubicarse en el nudo C. La insistencia en que la empresa haga inversiones especializadas se asemeja al uso de rehenes en apoyo del intercambio. En general, la protección especialmente elaborada del nudo C, antes que la participación del público en el directorio, resulta muy recomendable como la base principal de la salvaguarda de las inversiones comunitarias.

f. *La administración*

Hay un grupo de interés que curiosamente no se menciona en la mayoría de las discusiones de la gobernación corporativa: el de los administradores. Es posible que los analistas supongan que los administradores desempeñan un papel de medición entre grupos de intereses opuestos.[19] Y algunos críticos sostienen que los administradores están ya representados en exceso en los asuntos de la empresa: la participación de los administradores en el directorio es el problema, no la solución. En el apartado 3 de este capítulo analizaremos estas cuestiones.

2.3 *La contratación en su totalidad*

Supongamos que se otorga la participación con votación en el nudo B. Supongamos además que los grupos de intereses ubicados en el nudo C solicitan el derecho al voto. Dos argumentos podrían esgrimirse en apoyo de la propuesta: un espíritu de generosidad justifica la inclusión del nudo C, y los propósitos democráticos se alentarían mediante la ampliación del directorio en esa forma. ¿Cuáles son los costos?

Un costo obvio es el de la provisión de información. Surgen enormes necesidades educativas si se quiere que los grupos de intereses especializados sean participantes bien informados en el directorio. Los representantes de

[19] Ésta es la posición de Aoki (1984, cap. VIII). Véase también Berle (1959, p. 8).

cada grupo de interés especializado tendrían que aprender mucho acerca del carácter y la agenda globales de la corporación. Tal participación corre también el riesgo de desviar a los que toman las decisiones estratégicas de sus propósitos principales obligándolos a atender las quejas al nivel operativo. Así se desperdicia un recurso valioso. Sin embargo, es más grave la perspectiva de que la inclusión de los intereses partidistas en el directorio invite al oportunismo. Si participara en las decisiones a nivel del directorio un grupo de interés que hubiese llegado a un acuerdo bilateral con la corporación, ganaría una palanca para extraer concesiones adicionales de la corporación durante la ejecución del contrato. El oportunismo es especialmente probable cuando muchos grupos de intereses partidistas están representados en el directorio y la negociación es viable. Por la misma razón, es posible que los activos de la corporación se disipen en el apoyo a las "causas meritorias" con las que simpaticen los grupos de intereses especializados.

Además, la participación "injustificada" en las decisiones del directorio por parte de tales grupos de intereses tan mal preparados provocará subsecuentes adaptaciones en otras partes que traten con la empresa. Por un lado, quienes reciben peticiones para que provean un financiamiento corporativo de propósitos generales ajustarán adversamente los términos en que otorgarán tal financiamiento. Además, se ajustarán los contratos bilaterales afectados por la desviación, la distorsión y la disipación de los activos corporativos. No sólo diferirán los términos (precios) originales en previsión de los esfuerzos posteriores de un grupo de interés para obtener "mejores" tratos, sino que tenderán a reducirse también las salvaguardas bilaterales. La gobernación del nudo C avanzará así hacia el nudo B. En los casos extremos, las tecnologías y las injerencias de propósitos especiales cederán el lugar a las de propósitos generales, de modo que surgirá la gobernación del nudo A. Dado que la participación en el directorio de grupos de intereses ubicados en el nudo A carece de propósito económico, resulta ingenuo creer que podrá extenderse sin costo alguno la franquicia del directorio.

Por lo tanto, la ampliación de la franquicia no consiste sólo en una redistribución de la riqueza en contra de quienes tenían antes la franquicia y a favor de quienes ahora la reciben. Si no existe la perspectiva de que se corregirá un defecto contractual otorgando un sitio en el directorio a un grupo de interés que antes no estaba representado, la ampliación de la franquicia tendrá dos efectos desfavorables: los términos del financiamiento futuro se ajustarán adversamente, y los términos de la negociación bilateral entre la empresa y el grupo de interés afectado tenderán a deteriorarse. Aquí, como en otras partes, deberá examinarse la contratación en su totalidad y no en un solo momento.

Pero la participación informativa no parece plantear preocupaciones igualmente graves. Por lo tanto, en la medida en que la participación informativa promueva la confianza contractual y disuada los posibles abusos (de la clase discutida en el apartado 3.4, más adelante), tal participación resulta muy recomendable.

3. Los administradores como un grupo de interés

3.1 *La contratación de los administradores*

Una gran dificultad de la concepción del contrato de los administradores con la corporación como los contratos de otros grupos de intereses deriva de la percepción de los administradores en el control efectivo de la corporación. En lugar de ser agentes responsables ante los accionistas, los administradores operan la empresa tomando muy en cuenta sus propios intereses. Toda propuesta de mejoramiento de sus términos de empleo resulta automáticamente sospechosa, porque se cree que los administradores sólo están añadiendo otra alfombra a sus nidos ya bien mullidos. Esta sección suspenderá el juicio sobre tal punto y tratará a los administradores como otros grupos de intereses: ¿cuáles son los atributos del contrato celebrado entre los administradores y la corporación, y cuáles debiera tener?

Dado que los administradores ubicados en el nudo A no exponen ningún activo humano específico de la empresa, no se necesita ninguna gobernación especializada. Como cualquiera otro grupo de interés con atributos de nudo A, tales administradores buscan en el mercado la protección básica. Pero los administradores que desarrollan una relación de activos específicos de la empresa con la empresa están ubicados en los nudos B o C.

Los administradores que contraten con la empresa en una forma de nudo B recibirán una compensación corriente más elevada que la otorgada a quienes reciben una protección de gobernación interna de una clase de nudo C. Ése es el conocido resultado de $\bar{p} > \hat{p}$. ¿A cuáles tipos de protección de la gobernación tienen acceso los administradores ubicados en el nudo C? Las respuestas son poco claras, debido en parte a la relativa novedad de la proposición de que las estructuras de gobernación promueven el interés recíproco de las partes contratantes. Tales estructuras han sido omitidas, o bien, como ocurre en el caso de los sindicatos, han sido tratadas como instrumentos del poder mediante los cuales mejoran los trabajadores sus salarios *a expensas de la empresa*. En realidad, eso ocurre a veces. Pero la organización colectiva de los trabajadores puede reducir también los riesgos de la contratación, en beneficio de ambas partes, si los trabajadores desarrollan habilidades específicas de la empresa en el curso de su empleo.

Se aplica el mismo enfoque general al estudio de las relaciones contractuales entre los administradores y la empresa, pero hay dificultades adicionales. Mientras que la organización laboral ha sido objeto de reiterados estudios, y se ha descrito cuidadosamente gran parte de la microanalítica pertinente,[20] la contratación de los administradores ha recibido una atención mucho menos sistemática. Hay varias razones para ello. Los contratos de los administradores tienden a forjarse individualmente y no en forma colectiva, y no están sujetos al escrutinio público. Las protecciones o los procedimientos utilizados por un administrador agraviado no suelen organizarse formalmente y su estudio resulta más difícil por esa razón. Además, el trato de la empresa y sus

[20] Véase a Doeringer y Piore (1971).

administradores como entidades contractuales separadas resulta progresivamente más difícil a medida que se revisan estratos más altos de la administración. Por ejemplo, si no existe un comité de compensación independiente, el entendimiento del contrato existente entre la empresa y el administrador se complica por el hecho de que los administradores redactan aparentemente sus propios contratos con una mano y los firman con la otra. De igual modo, los administradores se ven alentados a menudo, por buenas razones, para que piensen en sí mismos y en la empresa como una sola unidad. Como dice Alan Fox: "A los administradores de alto nivel, cuyas decisiones no pueden vigilarse de modo fácil o rápido, se les trata como miembros de una fraternidad de alta confianza", porque de otro modo se deterioraría su entrega moral (1974, pp. 170-171). No sería consistente con esa concepción de los administradores el desarrollo de una maquinaria formal de solución de las quejas a la que pudieran acudir en busca de alivio y corrección.

Sin embargo, es cierto que los administradores a quienes se pide que hagan inversiones específicas de las empresas obtendrán presumiblemente condiciones diferentes (mejores) si se ubican en el nudo C en lugar del nudo B. ¿Cuáles clases de protección están disponibles?

3.2 *Los esquemas de compensación*

Tanto la empresa como sus administradores deben reconocer los méritos de la elaboración de paquetes de compensación que disuadan los despidos apresurados y las renuncias indeseadas. Exigir a las empresas el pago de indemnizaciones a los despedidos, y a los administradores sacrificar sus derechos no establecidos por la ley en caso de renuncia, puede servir para salvaguardar algunos activos específicos. El fenómeno reciente de los "paracaídas dorados" se aplica a la evaluación de la compensación en varios sentidos.

Los paracaídas dorados son indemnizaciones para los administradores principales que dependen de un cambio "adverso" en la propiedad de las acciones comunes de la empresa, de ordinario a resultas de adquisiciones hostiles. La aparición y el refinamiento de técnicas de adquisición exponen a los administradores a nuevos riesgos. Los administradores principales son despedidos a menudo después de las adquisiciones. Aunque se conserve a los administradores, la adquisición perturba a menudo sus expectativas de carreras. Ante tales peligros, los administradores tratarán de renegociar sus contratos para protegerse de los riesgos.

El paracaídas dorado puede considerarse como una solución. Si ocurre un cambio de propiedad adverso, el administrador principal no tiene que esperar a que lo despidan para recibir una indemnización. Por el contrario, el administrador puede tomar la decisión. Los administradores tienen así la opción de "salirse" y recibir una indemnización mayor que la que podrían reclamar después de un despido "normal" (independiente de un cambio de propiedad). Sin tal protección, los nuevos administradores podrían imponer tareas denigrantes a los antiguos para obligarlos a renunciar sin ninguna indemnización.

Concediendo que se justifica la indemnización por iniciativa propia, ¿cómo se explica la existencia de un premio en tal caso? La defensa del premio reside probablemente en las diferencias existentes entre los despidos del empleo normal y los despidos que ocurren en ocasión de las adquisiciones. Los despidos del empleo normal tienen por lo general una causa y activan alguna protección (así sea difusa) bajo una maquinaria interna de proceso legal.[21] Después de las adquisiciones, existe a menudo una atmósfera de suspicacia y hostilidad recíprocas, y los nuevos administradores se preocupan por la posibilidad de que los anteriores saboteen la transición. Los despidos que ocurren después de las adquisiciones no guardan por lo común ninguna relación con el desempeño del trabajo y están relativamente desprotegidos por una maquinaria interna.[22] En vista de los mayores riesgos, las indemnizaciones mayores por las rescisiones que ocurren en ocasión de las adquisiciones supuestamente se justifican.[23]

Pero tal explicación sólo establece que las indemnizaciones del paracaídas dorado superarán a las indemnizaciones de las rescisiones normales. Se requiere cierta idea de la magnitud de los paracaídas dorados. Éstos debieran variar directamente con la medida de la inversión específica de la empresa que un administrador haya colocado en riesgo. El valor absoluto de la pensión y otros beneficios que sacrificaría el ejecutivo que renuncia voluntariamente es una medida de tales inversiones. La ausencia de castigos por la renuncia voluntaria demuestra a primera vista que las habilidades del administrador son de propósitos generales antes que específicos de la empresa. La protección del paracaídas dorado para tales administradores es injustificada y refleja probablemente una manipulación de los beneficiados.[24]

[21] Estos problemas se examinan brevemente en el capítulo VI, donde se revisa sumariamente la manera como la organización informal ayuda a sostener el debido proceso interno.

[22] La adquisición suspende efectivamente muchos de los beneficios del proceso legal de la organización interna hasta que se alcance un nuevo conjunto de acuerdos implícitos.

[23] Jensen expresa su desconcierto con "los contratos de paracaídas dorados [...] [que] sólo reditúan cuando el administrador deja su empleo y así crea un conflicto innecesario entre los accionistas y los ejecutivos. Los accionistas actuales y la compañía adquirente desearán conservar los servicios de un administrador que posea conocimientos y habilidades valiosas. [...] Una compañía puede eliminar este problema condicionando la recompensa a la transferencia del control y no a la salida del administrador de la compañía" (1984, p. 118).

Esta propuesta me desconcierta. Parece suponer que: 1) los administradores actuales no se sentirán descontentos ante una adquisición, o 2) si están descontentos, *a*) no cambiarán su comportamiento o *b*) podrán ser sobornados para que no cambien su comportamiento después de la adquisición. No se ofrecerían paracaídas dorados en absoluto si se dieran (1) o (2*a*). En consecuencia, (2*b*) es el supuesto operativo. Careciendo de una mecánica, no es obvio que los pagos de paracaídas dorados de suma fija, realizados luego de los cambios de control, inducirían confiablemente a un comportamiento invariable. Por el contrario, esto parece muy importante, de modo que la práctica actual del paracaídas dorado es una respuesta enteramente racional ante las tensiones del empleo provocadas por la adquisición.

[24] Los ejecutivos de empresas especializadas (monopolios o empresas que sirven a posiciones muy especiales) tienen mayores probabilidades de obtener paracaídas dorados que los de industrias organizadas competitivamente, donde la experiencia adquirida en una empresa se transfiere parcialmente a otra.

Se requiere con urgencia una evaluación sistemática de la variedad de las condiciones de los paracaídas dorados. Una variedad considerable en las provisiones del paracaídas dorado se pone en evidencia en el siguiente artículo del *Wall Street Journal:*

Adviértase que la ausencia de una respuesta de nudo C para los administradores ubicados en la rama $k > 0$ provocará una nueva negociación de nudo B. En realidad, es posible que los administradores actuales, cuyos activos humanos están comprometidos, estén imposibilitados para insistir en que se ajuste su compensación para reflejar los riesgos adicionales. Pero la generación siguiente de administradores a quienes se pida que asuman tareas en la rama $k > 0$ no tendrá tales ataduras. Si no se obtiene un arreglo de nudo C, estos administradores insistirán en un incremento de la compensación del nudo B que refleje el riesgo de la adquisición. Tales administradores tendrán entonces mucho que perder si se materializa la amenaza de adquisición. No sólo carecen del alivio del paracaídas dorado, sino que sus grandes sueldos del nudo B estarán ahora en peligro. por lo tanto, esos administradores destinarán energías extraordinarias a la frustración del esfuerzo de adquisición. En consecuencia, no beneficia a los accionistas negar el paracaídas dorado a los administradores de $k > 0$.

3.3 *Participación en el directorio*

Supongamos que se han corregido debidamente los incentivos. ¿Podrá mejorar la empresa incluyendo a los administradores en el directorio? Este planteamiento de la cuestión presume que la función central del directorio es la

---

El modesto plan de AVX Corp., un fabricante de componentes electrónicos de Creat Neck, N. Y., daría al presidente Marshall Gutler nueve meses de sueldo de alrededor de 100 000 dólares si es despedido en una adquisición. Por su parte, el plan de Beneficial Corp cubre a 250 ejecutivos "clave" y otorga a cada uno de ellos tres años de sueldos y beneficios si ellos deciden que sus empleos se han alterado tras un cambio de control; la empresa de servicios financieros diversificados se niega a estimar el costo total potencial de su plan, pero sólo cinco de sus ejecutivos más altos ganaban casi 1 600 000 dólares en el año fiscal de 1982 y podría superar fácilmente la suma de 40 millones de dólares.

Ciertos planes cubren a los directores además de los ejecutivos. A principios de este año, justo antes de que Brunswick Corp., peleara una oferta de adquisición de Whittaker Corp., su directorio aprobó paracaídas para los directores externos de 55 años o más con cinco años de servicio. Votó a favor del pago de sus sueldos anuales (22 000 dólares) y los beneficios de la compañía de por vida si optaban por "retirarse" en conexión con una adquisición hostil; los 11 funcionarios más altos de esta compañía de salud, recreación y tecnología, algunos de los cuales eran también directores, recibieron paracaídas que les garantizaban hasta cinco años de salarios en el mismo paquete [...]

Las compañías ofrecen diversas razones para instituir los paracaídas dorados. La mayoría de tales compañías implican por lo menos que sus planes asegurarán que los ejecutivos principales no se opondrán arbitrariamente a las ofertas de adquisición que remuneren a los accionistas, pero algunas las presentan francamente como medidas contrarias a la adquisición. Por ejemplo, los directores de Grey Advertising Inc., otorgaron el año pasado a su presidente, Edward H. Meyer, un paracaídas de tres millones de dólares como parte de varios cambios que "pueden volver a la compañía menos susceptible a un intento exitoso de adquisición", volviendo más cara tal adquisición. En el momento de su adopción, el paracaídas de Meyer valía cerca de 8% del valor total de las acciones comunes de la compañía [Klein, 1982, p. 56].

Es sin duda cuestionable que todos estos planes sean igualmente meritorios. ¿Ataca de nuevo la manipulación egoísta de administradores y directores?

salvaguarda de los intereses de los accionistas. Tal concepción del directorio ha sido descrita por otros autores como el "modelo del monitoreo". Kenneth Andrews afirma que el modelo del monitoreo es simplista, exageradamente formal y contraproducente (1982, pp. 44-46). Paul MacAvoy y sus colaboradores sostienen que los esfuerzos serios que se realicen para implantar el modelo del monitoreo podrían tener un "efecto negativo generalizado [. . .] sobre la asunción del riesgo" (MacAvoy y otros, p. c-24).

Por supuesto, ambas posturas pueden ser correctas. Pero ni Andrews ni MacAvoy y sus colaboradores presentan una concepción alternativa del directorio donde se describa un sentido claro de propósito contractual. El modelo favorito de Andrews es lo que llama el "directorio participativo". Se invita a los miembros externos del directorio a unirse a los administradores para incrementar la calidad de las decisiones estratégicas. Pero tal participación puede tener un costo elevado si tiene que sacrificarse la objetividad. Como observa. Donald Campbell, si un "sistema administrativo se ha comprometido por adelantado con la corrección y eficacia de sus reformas, no podrá tolerar el aprendizaje del fracaso" (1969, p. 410). Esa propensión defensiva es el origen de la tendencia a echar dinero bueno al malo. Puede ser preferible una postura menos informada pero más escéptica, por parte de los observadores externos.

Dado que los administradores disfrutan enormes ventajas informativas gracias a su posición de tiempo completo y su conocimiento interno, el directorio participante se convierte fácilmente en su intrumento. A pesar de los diversos controles existentes contra la discreción de los administradores, descritos por MacAvoy y sus colaboradores,[25] es posible que resulten sacrificados en consecuencia los intereses de los accionistas, y de hecho los intereses de todos los intercambios principales.[26]

El rechazo del modelo participativo a favor de un modelo de control de la clase de ratificación de decisiones y monitoreo no implica que debiera excluirse por completo a los administradores. Mientras no se trastorne la relación de control básico del directorio de la corporación, la participación de los administradores en el directorio provee tres beneficios. Primero, permite que el directorio observe y evalúe el proceso de toma de decisiones y sus resultados. El directorio obtiene así un conocimiento superior de la competencia de los administradores que puede ayudar a evitar los errores de las designaciones o a corregirlos con mayor rapidez. Segundo, el directorio debe hacer elecciones entre propuestas de inversión alternativas. La participación de los administradores puede provocar una información más abundante y profunda que una presentación formal. Por último, la participación de los administradores puede ayudar a salvaguardar la relación de empleo entre

[25] Véase una crítica del proceso de arreglo *ex post* en el que se basa MacAvoy, en FitzRoy y Mueller (1984).

[26] Considerando la contratación en su totalidad, todos los grandes grupos de intereses se preocupan por la viabilidad de la empresa. Como dice Alchian, "quienes sean vulnerables a una amenaza de pérdidas [si la coalición se debilita] no tratarán sólo de preservar la coalición sino también de reducir la posibilidad de esa amenaza de los otros miembros de la coalición de expropiar la cuasi renta del recurso específico" (1983, p. 9).

los administradores y la empresa, lo que constituye una función importante en vista de la insuficiencia de los procedimientos formales existentes para la atención de las quejas.

Sin embargo, de acuerdo con la concepción contractual presentada aquí, se trata de propósitos complementarios. En la medida en que la participación de los administradores permite que las revisiones de los méritos se hagan con mayor responsabilidad y sirvan para salvaguardar una relación de empleo que de otro modo estaría expuesta a un riesgo excesivo, los administradores podrán sumarse a los miembros principales. Pero la función principal del directorio sigue siendo la provisión de una estructura de gobernación para la protección de los accionistas. La participación de los administradores no debe volverse tan extensa que perturbe el propósito básico del directorio. Cuando ello ocurre, la discreción de los administradores se volverá, tarde o temprano, en busca de sus propios intereses, o de metas menores.

3.4 *La centralidad de los administradores*

Lo dicho hasta aquí revela apenas el hecho de que los administradores están centralmente implicados en todos los contratos. Por el contrario, se mantiene la ficción de que todos los contratos se celebran con una entidad legal llamada "la empresa". No sólo se evalúa en forma instrumental la relación contractual existente entre la empresa y cada uno de los grupos de intereses, sino que se mantiene en todo momento una orientación simétrica. Se aplica así uniformemente el mismo aparato contractual a cada grupo de interés. Al revelar sus atributos, se obtiene directamente el nudo contractual apropiado al que debe asignarse un grupo de interés.

Se discute ampliamente que la relación de los administradores con la empresa sea instrumental en gran medida, ya no digamos en su totalidad. Más a menudo se considera a los administradores como los poseedores del poder. Se examinan así consideraciones estratégicas antes que instrumentales. La discreción y los abusos de los administradores se convierten en el centro de la atención.

Este libro emplea y traza principalmente las consecuencias de una perspectiva de eficiencia (instrumental). Esto resulta instructivo, como lo ilustran las numerosas percepciones que proporciona tal concepción, ilustradas más recientemente por la interpretación de los paracaídas dorados. Pero así como se puede insistir en que los mercados son maravillosos y aceptar al mismo tiempo sus fallas (así sean relativas) —"los mercados, aunque imperfectos, son maravillosos"—, también se puede adoptar una orientación de eficiencia con ciertas concesiones al comportamiento estratégico. Tales concesiones se necesitan específicamente para evaluar la relación contractual de los administradores en la empresa.

La centralidad de los administradores los distingue de todos los demás grupos de intereses. Esta diferencia ha sido reconocida antes y es responsable de gran parte de la literatura de la administración puesta en marcha por Berle y Means (1932). El punto principal es aquí el siguiente: gracias a su situación estratégica, los administradores pueden presentar (seleccionar, digerir, distorsionar, manipular) la información en formas favorables para su propia agenda. Aunque está sujeta a limitaciones de las clases que se examinarán más adelante, en al apartado 4, la discreción administrativa no es nada despreciable (Williamson, 1964; Alchian, 1965).

Aquí se subraya una ramificación de la centralidad algo estrecha pero olvidada hasta ahora. Esto incluye la posibilidad de que un grupo de interés que obtiene lo que considera un arreglo bilateral bien informado con la corporación se vea expuesto luego a riesgos imprevistos porque los administradores celebran arreglos bilaterales con otros grupos de intereses en una forma estratégica.

Por ejemplo, supongamos que se pide a los trabajadores que hagan inversiones específicas de la empresa en capital humano, y que se realiza en consecuencia en arreglo de nudo C (con un salario de $\hat{w}$ y salvaguardas s). Supongamos que se celebra también un acuerdo de empleo entre la empresa y los administradores, y que este acuerdo contiene incentivos de alta potencia. Así se provee una participación extensa en los beneficios. Y supongamos por último que se negocia un contrato entre la empresa y sus clientes, de una clase $\bar{p}$. Ésta es una situación problemática.

Así pues, en lugar de pedir a los clientes que provean salvaguardas (las que servirían para alejar la probabilidad de una cancelación y para mitigar las pérdidas consiguientes) a cambio de un precio menor ($\hat{p}$), los administradores de la empresa proveedora aceptan los altos riesgos implicados por una negociación de nudo B. Si no se presenta una demanda adversa, el cliente aceptará el precio de $\bar{p}$ y el vendedor obtendrá un beneficio mayor. Pero si aparecen circunstancias adversas, la entrega se cancelará y el vendedor soportará todos los costos. Se obtendrán así beneficios bajos.

Si hay incentivos de alta potencia, los administradores participarán activamente cuando se obtengan resultados favorables, y evidentemente resultarán castigados cuando llegue la adversidad. Sin embargo, considerando los compromisos de los trabajadores con activos específicos, pueden ser vulnerables a las peticiones de apoyo, para salvar así su empleo. Las consecuencias de la adversidad serán soportadas entonces por los trabajadores y no por los administradores, de modo que el conjunto de contratos resultante colocaría a los administradores en una postura de "si cae águila gano yo, si cae sol pierdes tú".

Este resultado es más probable en la medida en que: 1) los contratos laborales sean de largo plazo, 2) los activos humanos sean más específicos de la empresa, y 3) se crea que los administradores son más oportunistas. Esto último puede inferirse a veces de la experiencia anterior, aunque los efectos de la reputación pueden ser elusivos, como veremos en el capítulo XV. Sin embargo, cuando los incentivos de los administradores son más potentes, es evidente que se requieren mayores precauciones. En tales circunstancias puede justificarse la insistencia en la revelación contractual y las reformas de los contratos para eliminar las inconsistencias estratégicas entre fases contractuales sucesivas. Podría surgir entonces la participación informativa.

4. La discreción administrativa y la forma de la organización

Los derechos del capitalismo de *laissez-faire* se resisten a afrontar el tema de la discreción administrativa, y a veces se muestran esquizofrénicos al respecto. Concentrándose en cualquier momento dado, suelen negar la existencia de la discreción administrativa. Pero comparando las prácticas actuales con las del pasado, los mismos defensores señalan con orgullo el desarrollo de técnicas nuevas que han colocado la discreción administrativa bajo un control más efectivo.

En realidad, es posible que la condición anterior sea irremediable: es posible que los instrumentos correctivos a los que tenían acceso los inversionistas en el pasado se hayan utilizado al máximo. Pero es inconsistente el empleo del *mismo* modelo neoclásico —según el cual la empresa se caracteriza como una función de producción a la que se imputa continuamente la maximización irrestricta del beneficio antes y después. Se necesita en cambio una concepción de la empresa donde se expresen las oportunidades de la discreción administrativa como una función de los instrumentos de control. Tal concepción genera un respeto mayor por las innovaciones organizativas sucesivas que tienen propiedades de control superiores y que atenúan la discreción administrativa.

La discreción administrativa puede asumir muchas formas, algunas muy sutiles. Algunos administradores individuales pueden operar con desgano; pueden perseguir metas secundarias opuestas a los propósitos de la corporación; pueden hacer manipulaciones en provecho propio. Tales distorsiones se vuelven más severas cuando hay colusiones. Berle y Means, Mason y otros observadores del escenario corporativo conocían bien éstas y otras manifestaciones de la discreción administrativa. Pero no se advirtió la vasta transformación de la forma corporativa entre 1930 y 1960, así como sus consecuencias sobre la discreción administrativa. La estructura anterior de la corporación, centralizada, organizada en términos funcionales, unitaria (o de forma U), fue sustituida progresivamente por la estructura multidivisional (o de forma M).

En el capítulo XI se describen los efectos directos de la innovación de forma M sobre la actuación corporativa. Por una parte, el paso de una forma funcional a otra divisional ayudó a racionalizar la toma de decisiones. La confusión de propósitos que caracterizaba a la empresa de forma U, donde resultaban difíciles de rastrear la causalidad y la responsabilidad, fue sustituida por una estructura divisional donde se subrayaba la separación de las partes semiautónomas. En consecuencia, hubo una definición más clara de los propósitos y un ahorro de los costos de la información.

También mejoraron los incentivos cuando se separó a la oficina general de las cuestiones operativas. Lo que habían sido injerencias partidistas a corto plazo, de los altos ejecutivos que encabezaban antes las actividades funcionales (por ejemplo, manufactura, comercialización, financiamiento) fueron sustituidas por una toma de decisiones estratégicas, a largo plazo. La oficina general otorgó preferencia a los objetivos de la empresa sobre las responsabilidades divisionales. Se perfeccionó una competencia para vigilar la actuación de las divisiones, asignar los recursos a usos más valiosos, y usar incentivos y controles internos en una forma selectiva. De esta manera, la organización de forma M atenuó la discreción administrativa en empresas que habían tenido la forma U.

Pero la atenuación de la discreción administrativa no implica su eliminación. Más bien, el argumento es relativo. Aunque en un grado reducido, es de esperarse que la discreción administrativa sobreviva a tales efectos directos. Sin embargo, resulta interesante observar que la innovación de forma M tuvo también ciertos efectos indirectos que operan sobre la discreción administrativa mediante la competencia en el mercado de capital.[27]

Se ha señalado a menudo que las ofertas sustituyeron crecientemente a las contiendas entre rivales como una técnica de adquisición desde finales de los años cincuenta.[28] ¿Cómo se explica esto? Gregg Jarrell y Michael Bradley afirman que los costos de las contiendas entre rivales aumentaron por las nuevas regulaciones.[29] Las adquisiciones se explican así como la respuesta a un cambio inducido por la regulación en el precio relativo de los métodos de obtención del control.

Ésa es una hipótesis interesante, pero sería más firme si las contiendas entre rivales se hubiesen empleado ampliamente y con éxito para desafiar a los administradores antes de tales cambios de las reglas. De hecho, las contiendas entre rivales no fueron numerosas nunca y de ordinario fracasaban. Además, aunque la regulación de las contiendas entre rivales podría alentar una mayor utilización de las adquisiciones, ¿por qué se asociaría un cambio a este instrumento (antes inferior) con un número mayor de contiendas por el control corporativo y un grado de éxito mayor?

En principio, la adquisición por oferta fue siempre viable. Creo que no se empleaba antes porque todavía no existía una estructura corporativa propicia para la adquisición. Específicamente, la reorganización de la corporación,

[27] Aquí es aplicable el enfoque clásico hecho por Manne (1965) del mercado del control corporativo.

[28] Como observan Greg Jarrell y Michael Bradley, "las ofertas de adquisiciones en efectivo eran muy raras en los Estados Unidos antes de los años sesenta, pero surgieron en el escenario financiero a mediados de este decenio, en un periodo de gran conglomeración corporativa" (1980, p. 371, n. 1).

[29] Estos autores citan la obra de Peter Dodd, quien

> [...] asoció el repentino surgimiento de las ofertas en efectivo como un instrumento de adquisición con las expansiones sucesivas de 1955 y 1964 (Enmienda de las Leyes de Valores) de las reglas de la SEC que gobiernan las contiendas entre rivales [...] Estos cambios de las reglas incrementaron el uso de la oferta de efectivo para lograr un cambio en la administración [Jarrell y Bradley, 1980, p. 371, n. 1].

En realidad, sin embargo, la contienda entre rivales no había sido jamás un instrumento eficaz. Como señala Henry Manne (1965, p. 114): "El más dramático y conocido de los instrumentos de adquisición es la contienda entre rivales; es también la más cara, la más incierta y la menos usada de las técnicas." Entre 1956 y 1960 sólo 9 de las 28 contiendas entre rivales por el control tuvieron un éxito completo (Hayes y Taussig, 1967, p. 137). Las contiendas entre rivales que buscan menos el control que las ventajas de negociación parecen haberse puesto de moda más recientemente.

de una estructura de departamentos funcionales a una estructura de divisiones, tuvo consecuencias profundas para el control corporativo. La concepción de la empresa como una estructura de gobernación y no como una función de producción es la clave para el entendimiento del fenómeno de la adquisición mediante la oferta.

La ventaja principal de una empresa de forma M sobre una empresa de forma U, por lo que toca a la adquisición, es la capacidad de un adquiridor de forma M para "digerir" su adquisición. A la empresa adquirida se le asigna normalmente la calidad de centro de beneficios y luego queda sujeta a los procesos internos de incentivos, control y asignación de recursos de la corporación. La empresa no trata de integrar comprensivamente los nuevos activos a los antiguos. Dado que las empresas de forma M separan la toma de decisiones operativas de la toma de decisiones estratégicas, la oficina general no busca ni necesita la misma familiaridad con las partes operativas que deben tener los administradores de las empresas de forma U. La mayor competencia de la empresa grande de forma M para administrar los activos existentes se aplica así también a la administración de los activos adquiridos.

En realidad, las preferencias de los administradores y las preferencias de los accionistas no se vuelven perfectamente consonantes a resultas de la organización de forma M y la activación asociada del mercado de capital. La continua tensión existente entre los intereses de los administradores y los intereses de los accionistas se hace evidente en los numerosos esfuerzos de los administradores actuales para proteger sus empresas contra la adquisición (Cary, 1969; Easterbrook y Fischel, 1981). Sin embargo, los cambios ocurridos en la organización interna han aliviado ciertas preocupaciones legítimas por la discreción administrativa. Cuando se caracteriza la corporación como una función de producción, y no como una estructura de gobernación, se pasan por alto tales consecuencias. Así se subestiman la vitalidad de la corporación moderna y su importancia como una institución económica del capitalismo.

5. Observaciones finales

La composición y las funciones de la junta de directores han sido motivo de controversia por lo menos desde el debate sostenido por Dodd y Berle en 1932.[30] Los comentarios recientes muestran escasas señales de convergencia. Por ejemplo, Andrews (1982) está a favor del modelo participativo, en el que el directorio está relacionado con la administración de la empresa, y considera legalista el modelo del monitoreo. Y Dahl cambiaría radicalmente la composición del directorio a favor de los empleados. El enfoque contractual se opone a ambos.

Veamos las opiniones de Dahl sobre la composición del directorio:

> No veo por qué un directorio elegido por los empleados no podría seleccionar administradores tan competentes como los seleccionados por un directorio escogi-

[30] Dodd inició el debate con su artículo de 1932, "For Whom Are Corporate Managers Trustees?" Dodd favorecía una concepción amplia, lo que no ocurría con Berle.

> do por los bancos, las compañías de seguros o los propios administradores. El directorio de una empresa autónoma podría contratar un equipo de administradores a plazo, como lo hace ahora a menudo un directorio de un fondo mutualista, y también podría despedirlos si fuesen incompetentes. Si la "motivación del beneficio" es todo lo que se me ha enseñado ¿quién estaría más interesado en el incremento de los ingresos de una empresa que los empleados, si los administradores fuesen responsables ante ellos y no ante los accionistas? [Dahl, 1970, p. 21].

Dahl supone evidentemente que los fondos mutualistas y las empresas manufactureras son equivalentes. No se menciona la posibilidad de que los trabajadores forjen estructuras de gobernación superiores en la fase contractual entre los trabajadores y la empresa. Y se omiten los riesgos de expropiación que introducirían los procedimientos de Dahl.

El enfoque contractual considera estas cuestiones de manera diferente. Así pues, los fondos mutualistas se distinguen por el hecho de que la propiedad puede liquidarse instantáneamente a valores de mercado objetivos y las evaluaciones del desempeño del fondo mutualista son fáciles. En cambio, el precio de las acciones de una empresa manufacturera no está apoyado por una cartera diversificada de valores evaluados por separado, sino por sus propias perspectivas de desempeño. Las evaluaciones comparativas de tales perspectivas son a menudo difíciles. De igual modo, mientras que los trabajadores pueden forjar a menudo una estructura de gobernación bilateral sensiblemente afinada en la fase contractual entre la empresa y los trabajadores, tal cosa resulta mucho más difícil para los tenedores de acciones. Careciendo de control sobre el directorio, los accionistas son vulnerables a la expropiación. Algunos economistas, y muchos que no lo son, sostienen sin embargo la opinión de que "no por la lógica, sino por la historia, los propietarios del capital se han convertido en los propietarios de la empresa" (Lindblom, 1977, p. 105). A pesar de la opinión prevaleciente, Richard Cyert y James March nos invitan a considerar en forma más simétrica la organización económica: "¿Por qué ocurre que en nuestros momentos cuasigenéticos nos sentimos inclinados a decir que en el principio había un administrador y reclutó trabajadores y capital?" (1963, p. 30). Son más fuertes aún las observaciones de Paul Samuelson sobre la simetría existente entre la contratación de mano de obra por parte de los capitalistas y la contratación de capital por parte de los trabajadores, formuladas en el contexto de los modelos marxistas sin cambio técnico: "En un mercado de competencia perfecta, no importa realmente quién contrate a quién: por lo tanto, dejemos que los trabajadores contraten el 'capital'" (1975, p. 894).

Podemos evaluar si tiene una lógica contractual la gobernación corporativa adoptando el enfoque de Cyert y March y de Samuelson. Supongamos entonces que un grupo de trabajadores desea crear oportunidades de empleo sin invertir ellos mismos capital social en la empresa. Supongamos además que la empresa en cuestión necesita una serie de insumos, entre los que se incluyen las inversiones en activos durables no desplazables. Podemos imaginar a los trabajadores acercándose a varios proveedores de insumos y pidiendo su participación. Los insumos de propósitos generales se contratan fácilmente y sin riesgo. Los insumos de propósitos especiales presentan una oferta en términos de $\bar{p}$ o de $\hat{p}$, según se establezcan o no salvaguardas de gobernación. Considerando los problemas antes descritos de la construcción de una salvaguarda bien enfocada para el capital social (que se usa por definición para financiar los activos difusos pero específicos), los proveedores de tal capital ofrecen inicialmente préstamos a un precio de $\bar{p}$. Tras advertir que éste es un resultado muy ineficiente, los trabajadores que están organizando la empresa inventan una nueva salvaguarda de propósitos generales, a la que llaman directorio, y la ofrecen a los proveedores de capital social. Reconociendo que se reducen así los riesgos de expropiación, los proveedores de capital social reducen sus términos de participación a $\hat{p}$. También se convierten en los "propietarios" de la empresa. Este resultado no se produce por la historia sino por la lógica.

A modo de resumen, el argumento presentado en este capítulo se reduce a lo siguiente:

Primero, quienes se asocian a la empresa en una relación de nudo A no tienen necesidad de una gobernación de apoyo, ya sea conectada al directorio o de otro modo. Para tales partes, la medición del mercado es suficiente.

Segundo, quienes se asocian a la empresa en una relación de nudo C ya han elaborado una gobernación bilateral que se ajusta a las necesidades peculiares de la transacción. A menos que haya grandes lagunas o defectos en la gobernación bilateral, será innecesaria la participación en el directorio. La ocasión principal para la inclusión en el directorio de quienes tienen una gobernación de nudo C se relaciona con la información. Los trabajadores pueden participar a veces, sobre todo cuando una empresa está experimentando dificultades y pide compensaciones. También pueden participar los proveedores mezclados en un proyecto específico de una empresa a gran escala.

Tercero, quienes tienen una relación contractual de nudo B tienen la mayor necesidad de una gobernación correctiva. Por su propia naturaleza, la relación contractual existente entre los accionistas y la empresa resulta difícil de salvaguardar. Es de esperarse que si se provee a los accionistas de una capacidad para monitorear los asuntos de la empresa y para sustituir a los administradores en una crisis, se facilitará la obtención de financiamiento con capital social en términos superiores. Por esa razón, el directorio debe considerarse principalmente como un instrumento de gobernación de los accionistas. Además, en el contexto de todas las relaciones contractuales, conviene a todos los interesados que el derecho de votación se reserve a quienes guarden con la empresa un relación contractual de nudo B.

Resulta difícil elaborar estructuras de gobernación para los administradores cuya relación con la empresa es muy específica. La presencia de los administradores en el directorio puede mejorar la cantidad y la calidad de la información y conducir a decisiones superiores. Pero tal presencia no debe perturbar la relación de control básico del directorio con la corporación.

La constitución de los directorios de la mayoría de las grandes corporaciones y su operación son en general consonantes con tal prescripción. Pero hay algunas diferencias importantes. Los administradores desempeñan a menudo, en la gobernación, un papel más grande que el aconsejado por el marco contractual; los directorios se ven presionados a menudo para ir más allá de un papel de monitoreo y adoptar un papel participativo; y las corporaciones se encuentran bajo una presión económica y política para extender el derecho de voto en el directorio a varios grupos de intereses. En teoría, los dos primeros de estos fenómenos pueden explicarse por la eficacia del arreglo *ex post* (Fama, 1980). Otra explicación afirma que las desviaciones reflejan la presencia continua de la discreción administrativa: los administradores actuales se sienten más seguros y tienen mayor latitud en los directorios participativos que dominan.

En el último caso, adviértase que he supuesto en todo momento que, una vez logrado el arreglo, se respetarán en lo sucesivo todas las negociaciones del nudo C. Se omite así la posibilidad de que cambien las circunstancias y ocurran alejamientos del espíritu del contrato, si no de la letra. Por ejemplo, la decisión de una comisión reguladora de fijar tarifas a un nivel que rinda una tasa de ganancia justa puede debilitarse si las empresas reguladas no tienen una necesidad recurrente de los mercados de capital en busca de capital de expansión y renovación.[31] Lo mismo se aplica a los accionistas de una empresa que no tenga necesidad de financiamiento de capital social. Los administradores pueden haber apoyado con entusiasmo las salvaguardas de la estructura de gobernación para los accionistas cuando se obtuvo el financiamiento inicial de capital social a fin de beneficiarse de términos más favorables, pero luego pueden preferir el alivio de las presiones del monitoreo implicadas por tal negociación de nudo C. Si no se necesita capital social adicional, podrán alternarse la composición y el carácter del directorio en perjuicio de los accionistas.[32] En realidad, hay algunos frenos contra tales distorsiones. Pero como observan FitzRoy y Mueller (1984), son poco verosímiles las afirmaciones en el sentido de que los procesos de arreglo *ex post* son eficaces siempre y en todas partes.[33]

[31] En consecuencia, un servicio público financiado con deuda a mediano plazo que se renueva de continuo está menos sujeto a la fijación punitiva de tarifas que otro servicio público equivalente que usa una deuda a muy largo plazo y no tiene necesidad de renovar el financiamiento. En otras palabras, la manera como se afecte el proceso de fijación de las tarifas es un factor que debe considerarse en los cálculos de los servicios públicos.

[32] Un avance reciente, potencialmente problemático, que debe examinarse en el campo de la gobernación corporativa, es el uso de Planes de Acciones para los Empleados (ESOP) para la compra de acciones de la compañía y su entrega a manos seguras. Esta práctica se realiza a solicitud de los administradores y con el consentimiento de sus empleados (o por lo menos con el consentimiento de los líderes de los empleados de la compañía). El objetivo aparente es la disuasión de las adquisiciones hostiles, para aliviar así a los administradores de las presiones de la competencia en el mercado de capital. Esto tiene dudosos beneficios sociales. Parecería ser un uso inesperado y antisocial de los ESOP, que disfruta ahora de ventajas fiscales.

[33] Véase en Holmstrom y Ricart i Costa (1984) un estudio reciente de esta cuestión.

XIII. LA BÚSQUEDA DE FRANQUICIAS EN EL MONOPOLIO NATURAL

La oferta monopólica es comúnmente eficiente cuando las economías de escala son grandes en relación con el tamaño del mercado, pero también plantea algunas dificultades de organización. Como observa Milton Friedman, "no hay, desafortunadamente, ninguna solución buena para el monopolio técnico. Sólo hay una elección entre tres males: el monopolio privado no regulado, el monopolio privado regulado por el Estado y la operación gubernamental" (1962, p. 128).

En realidad, se ha propuesto una cuarta solución, surgida de una serie de ensayos imaginativos originados en Chicago.[1] El hecho de que Friedman caracterizara al monopolio privado no regulado como un mal se debió a su supuesto de que la propiedad monopólica privada implicaba la fijación de los precios en términos monopólicos. La respuesta de Chicago —elaborada sucesivamente por Demsetz (1968), Stigler (1968) y Posner (1972)— es que el precio monopólico no es una consecuencia necesaria de una condición de monopolio privado no regulado. Tal resultado puede evitarse usando una subasta *ex ante* para otorgar la franquicia monopólica a la empresa que ofrezca proveer el producto en los mejores términos.

En este capítulo examinaremos los detalles contractuales de los esfuerzos tendientes a implantar la subasta de franquicias, en general y respecto a la televisión por cable (CATV). Como ocurre en la mayoría de los problemas complejos de la organización económica, no hay ninguna solución que sea la mejor para todos los propósitos. La eficacia de la subasta de franquicias como una respuesta organizativa a los problemas planteados por el monopolio natural varía con las circunstancias, entre las que destaca la condición de especificidad de los activos, como sería de esperarse.

Mi examen de la subasta de franquicias para el monopolio natural se divide en cinco partes. En el apartado 1 se bosquejan algunos antecedentes. En el apartado 2 se describe el esquema sencillo de subasta de franquicias propuesto por Demsetz. En el apartado 3 se consideran las dificultades contractuales de la implantación de tal esquema para el CATV. El estudio de los problemas complejos de la organización económica mediante el empleo de casos particulares se trata en el apartado 4 (y en el apéndice). Luego siguen las observaciones finales.

[1] Sorprendentemente, tales ensayos y esta cuarta solución no se mencionan en la reciente reseña de *Chicago Economics*, de Melvin Reder, donde se relatan numerosos casos en que se reformularon algunos problemas económicos (y de otra clase) con ventaja dentro de la tradición de Chicago (Reder, 1982).

1. Introducción

Hace 20 años, Coase delineó sucintamente un enfoque institucional comparado para la regulación:

> La consideración de un sistema óptimo puede proveer técnicas de análisis que de otro modo habrían pasado inadvertidas y, en ciertos casos especiales, puede avanzar mucho hacia el encuentro de una solución. Pero en general su influencia ha sido perniciosa. Ha alejado la atención de los economistas de la cuestión principal, que es la manera como *los arreglos alternativos funcionarán efectivamente en la práctica.* Ha llevado a los economistas a obtener conclusiones para la política económica a partir de un estudio de un extracto de una situación de mercado. No es por accidente que en la literatura [...] encontramos una categoría de "falla del mercado", pero no una categoría de "falla del gobierno". Mientras no se advierta que estamos escogiendo entre arreglos sociales que son todos más o menos fracasos, no es probable que avancemos mucho [Coase, 1964, p. 195; sin cursivas en el original].

En gran medida a resultas de críticas de esta clase, originadas muchas de ellas en Chicago, el estudio de la regulación ha sido considerablemente modificado. Mientras que la referencia a las fallas del mercado se conjugaba anteriormente como una condición suficiente para la intervención gubernamental, luego se ha venido advirtiendo que la regulación tiene sus propios problemas. Además, los límites del mercado se perciben ahora como menos severos que en la época intervencionista de los años sesenta. El estudio de la contratación en su totalidad, en el que se consideran tanto la contratación *ex ante* como la ejecución *ex post,* revela que a menudo pueden elaborarse contratos complejos que respondan a las necesidades de las partes.

La literatura de la subasta de franquicias para el monopolio natural reconoce los límites de la regulación pero se ocupa de los problemas de la contratación en una forma muy incompleta. Específicamente, no examina cómo "funcionarán en la práctica los arreglos alternativos" o lo hace en forma demasiado optimista. En consecuencia, los defensores de la subasta de franquicias confían demasiado en la eficacia de esa alternativa organizativa. Las aplicaciones sostenibles en un contexto (cuando hay una ligera especificidad de los activos) se extienden sin espíritu crítico a circunstancias en las que no son sostenibles (cuando la especificidad de los activos es sustancial).

Pero esto no significa que la literatura en cuestión haya tenido una repercusión indeseable sobre la política pública. Puede afirmarse que la eliminación de regulaciones en el transporte camionero y en las aerolíneas se benefició con la perspectiva presentada en la literatura de la subasta de franquicias. Las inversiones consideradas aquí son realmente "activos sobre ruedas", de modo que carecen de especificidad. Pero no puede aplicarse un razonamiento similar, sin modificación alguna, a la generación de energía eléctrica o los sistemas de televisión por cable. En virtud de que los activos son en ambos casos de larga duración e inmóviles, se requiere una atención específica a los atributos de los contratos preliminares, antes de que pueda tomarse la decisión de seguir adelante con la eliminación de regulaciones.

Así pues, aunque los límites de la regulación son numerosos, la mera demostración de que la regulación tiene fallas no establece que la regulación sea un modo inferior de organización de la actividad económica. Las fallas de la regulación varían con el tipo de la actividad regulada y con la forma de la regulación intentada, pero debemos evaluar las propiedades de la alternativa propuesta, no sólo en general sino también específicamente respecto de la actividad en cuestión. Si el modo propuesto falla en sentidos similares o diferentes, es posible que sean ilusorias las supuestas ventajas de la eliminación de las regulaciones.

Entre los factores pertinentes para una evaluación de los modos alternativos de organización de los servicios del monopolio natural se encuentran los siguientes: 1) los costos de la determinación y la agregación de las preferencias de los consumidores mediante el interrogatorio directo; 2) la eficacia de la subasta escalar; 3) el grado de desarrollo de la tecnología; 4) la incertidumbre de la demanda; 5) el grado en que los proveedores actuales adquieren habilidades peculiares; 6) la medida en que esté involucrado un equipo especializado, de larga duración, y 7) la susceptibilidad del proceso político a las presentaciones oportunistas y la proclividad diferencial de los modos a hacer tales presentaciones. (Especialmente pertinente en este último sentido es la tendencia de la regulación, una vez aplicada, a adquirir facultades auxiliares, expandiendo así su jurisdicción, a menudo con consecuencias nocivas. De hecho, creo que esta tendencia es uno de los defectos más graves de la regulación.) Entre mayor sea la confianza que se tenga en la contratación y en la eficacia de la competencia —tanto al principio como en los momentos de renovación del contrato—, más se tenderá a favorecer los modos del mercado. Por lo tanto, se favorece relativamente alguna forma de regulación cuando se duda de que la contratación incompleta produzca los resultados deseados y cuando los procesos competitivos tiendan a derrumbarse.

Dado que existen algunas variantes dentro del modo del mercado y el modo de la regulación, se justifican las evaluaciones selectivas dentro de los modos y entre ellos. De igual modo, no se justifica un veredicto definitivo acerca de la provisión de un servicio particular de monopolio natural. Es posible que el mejor modo en una etapa inicial del desarrollo de una industria ya no lo sea más tarde, cuando prevalezca un grado de incertidumbre menor. Dado que pueden plantearse difíciles problemas de transición al pasar de un modo al otro, esto debiera reconocerse y tomarse expresamente en cuenta desde el principio.

2. El esquema sencillo de la subasta de franquicias

Demsetz sostiene que aun cuando las consideraciones de la eficiencia pueden determinar que sólo haya un proveedor en una industria de monopolio natural, el precio de mercado no regulado no mostrará necesariamente algunos elementos de monopolio. El análisis convencional no distingue entre el número de licitadores *ex ante* y la condición de la oferta *ex post*. Aunque las economías de escala pueden decretar que haya un solo proveedor *ex post*, la competencia del gran número puede ser viable en la etapa de la licitación inicial. Cuando un gran número de agentes calificados presentan licitaciones no colusorias para convertirse en proveedores de la actividad de costo decreciente, el precio resultante no reflejará necesariamente el poder monopólico. El defecto del análisis convencional es su omisión de esta etapa inicial de la subasta de franquicias.

Debe distinguirse entre las subastas de franquicias que comprenden pagos de sumas fijas y aquellas donde se otorga la franquicia al licitante que se comprometa a proveer el servicio al precio unitario más bajo. Cuando se otorga una franquicia exclusiva al licitante no colusorio que pague la suma fija más alta para obtener el negocio, se capitalizan efectivamente los beneficios monopólicos que derivarán de allí. Pero el producto o servicio para el que se otorgue tal franquicia tendrá precios fijados en términos monopólicos. Para evitar ese resultado, se prefiere el criterio del precio unitario más bajo para el otorgamiento de la franquicia. Stigler, entre otros, evidentemente considera persuasivo el argumento (1968, pp. 18-19; 1974, p. 360).

Demsetz ilustra el argumento examinando un ejemplo hipotético donde el Estado obliga a los propietarios de automóviles a comprar placas cada año, cuyas placas se producen en condiciones de costos decrecientes. Para simplificar el argumento, Demsetz prescinde de "*complicaciones irrelevantes*, tales como la durabilidad de los sistemas de distribución, la incertidumbre y el comportamiento irracional, todos los cuales pueden justificar o no el uso de comisiones reguladoras, pero ninguna de las cuales es relevante para la teoría del monopolio natural; dado que esta teoría depende sólo de una creencia, el precio y la produccción se encontrará en los niveles monopólicos si, debido a las economías de escala, sólo una empresa puede producir el producto" (1968, p. 57; sin cursivas en el original).[2] Siempre que haya muchos licitantes calificados y no colusorios para el contrato anual y que el contrato se otorgue a la parte que ofrezca la provisión al precio unitario más bajo, "el precio ganador diferirá insignificativamente del costo unitario de producción de las placas"(Demsetz, 1968, p. 61).

Además, Demsetz y otros creen evidentemente que el argumento no se invalida cuando se extiende el caso sencillo para incluir complicaciones tales como la durabilidad y la incertidumbre del equipo. La durabilidad del equipo no conducirá necesariamente a la duplicación dispendiosa de las instalaciones porque, si un proveedor potencial ofreciera términos superiores, las instalaciones distributivas de la línea troncal podrían transferirse del proveedor original a la empresa sucesora (Demsetz, 1968, p. 62). La posibilidad de

[2] El argumento es válido en la medida en que el enfoque de Demsetz del monopolio natural se limita a una crítica de las discusiones elementales de libros de texto. Pero es evidente que Demsetz y otros autores afirman también que tal enfoque es aplicable en el mundo real. Las "complicaciones irrelevantes" mencionadas en el texto están notoriamente presentes cuando se intenta esta última aplicación. Como veremos más adelante, la supuesta superioridad de la subasta de franquicias es mucho más difícil de demostrar cuando están presentes estas condiciones.

que se justifique la regulación para afrontar con mayor eficacia la incertidumbre se afronta con la observación de que "en el mercado se celebran satisfactoriamente contratos a largo plazo para la provisión de [servicios privados] sin el auxilio de la regulación" (p. 64).

El tema dominante que surge, a pesar de ocasionales refutaciones, [3] es que la licitación de franquicias para los monopolios naturales tiene propiedades atractivas. Es una solución de mercado que evita muchas de las deficiencias de la regulación. Tienen claramente este espíritu las observaciones finales de Demsetz en las que registra su "creencia de que la rivalidad del mercado abierto disciplina con mayor eficacia que los procesos reguladores de la comisión" (1968, p. 65).

2.1 *La objeción de la fijación de los precios por el costo marginal*

Lester Telser refuta el enfoque del monopolio natural de Demsetz alegando que la subasta de franquicias no asegura que los precios de la producción se fijarán eficientemente en términos del costo marginal.

> [Demsetz] deja en los lectores la impresión de que se conforma con una situación en la que se impide a la empresa la obtención de un rendimiento monopólico y no se ocupa de la eficiencia. Por lo tanto, él quiere decir que no es necesaria la regulación directa de una industria sujeta a un costo medio decreciente si se le impide que obtenga un rendimiento monopólico. [...] Aquí hay un error. La controversia se refiere a la regulación para asegurar la eficiencia y promover el bienestar público. No se refiere a la tasa de rendimiento [Telser, 1969, pp. 938-939].

También puede decirse que Demsetz no identifica la función de bienestar social pertinente ni evalúa sus resultados en términos de bienestar. Este hecho, aunado a la posibilidad de que la subasta de franquicias no conduzca a la fijación de precios eficientes por el costo marginal, constituye en opinión de Telser una deficiencia grave del enfoque de Demsetz.

Demsetz ha respondido a estas críticas afirmando que la fijación de los precios por el costo marginal tenía una importancia secundaria para su ensayo (1971, p. 356). Aunque un estudio completo del problema del monopolio natural requeriría la inclusión de la determinación eficiente de los precios, su artículo original no pretendía ser completo (p. 356). Además, Demsetz considera dudoso que la regulación genere precios más eficientes que los de un esquema de subasta debidamente elaborado (pp. 360-361).

Para los fines de este capítulo, sugiero que se deje de lado la cuestión de la determinación de los precios por el costo marginal y se examinen en cambio las fricciones asociadas a la subasta de franquicias, las que apenas se mencionan en los exámenes anteriores. Dado que la corrección de las lagunas del "proceso de subasta vagamente descrito" por Demsetz —que Telser (1971, p.

[3] Demsetz se muestra más cauto acerca de los méritos de la subasta de franquicias y destaca las dificultades de su argumento en su respuesta a la crítica de Telser (Demsetz, 1971).

364) menciona pero no investiga— comprende la elaboración progresiva de una maquinaria administrativa, resultan inciertas las ventajas de la subasta de franquicias sobre la regulación. Si, a pesar de tal maquinaria, las propiedades de la regulación en lo que respecta a la relación existente entre precios y costos son probablemente superiores a las de la subasta de franquicias, las supuestas ventajas de tal subasta serán más sospechosas aún.

2.2 *Las complicaciones irrelevantes*

Las complicaciones irrelevantes —durabilidad e incertidumbre del equipo— mencionadas y descartadas por Demsetz en el contexto de un ejemplo de las placas automotrices son realmente los problemas fundamentales. En realidad, el análisis de estado estable del tipo que emplea Demsetz genera a veces fructíferas ideas con amplias aplicaciones. Sin embargo, creo que los problemas interesantes de la *elección institucional comparada* se ocultan en gran medida cuando se plantean las cuestiones en términos de estado estable. Las advertencias de Frank Knight en este sentido tienen una aplicación general, aunque se expresen en un contexto institucional diferente (1965, pp. 267-268). El argumento básico, que se aplica al interés de Knight por saber si importa la organización interna, y a la preocupación de Demsetz por los modos de contratación del mercado, es éste: aparte de las tasas de convergencia, cualquiera de una gran diversidad de modos de organización alcanzará resultados igualmente eficientes si se dan las condiciones del estado estable.[4] Sin embargo, cuando el ambiente operativo se caracteriza por un grado no trivial de incertidumbre, se justifica la atención consciente a los atributos *iniciales* y de *adaptabilidad* de los modos alternativos..

El examen que hace Demsetz de la subasta de franquicias destaca el aspecto del precio de oferta inicial y, como veremos más adelante, trata la cuestión de la adaptabilidad en una forma bastante limitada y optimista. Será evidente que la subasta de franquicias para los servicios públicos bajo la incertidumbre afronta muchos de los mismos problemas que los críticos de la regulación asocian a la regulación; como dice Goldberg (1976), los problemas son inherentes a las circunstancias.

3. Precisiones sobre la subasta de franquicias

Convendrá examinar los contratos de franquicias de tres tipos: los contratos definitivos que parecen ser el tipo de contrato considerado por Stigler; los

[4] Consideremos en este sentido si, desde el punto de vista de la eficiencia de la asignación, importa realmente que se otorguen las franquicias sobre la base de una cuota de suma fija y no mediante el criterio del precio de oferta más bajo. Creo que las distorsiones monopólicas comúnmente asociadas al primer modo de contratación tenderán a desvanecerse si hay condiciones de estado estable. La razón es que las condiciones de estado estable facilitan la discriminación de los costos bajos, de modo que el cliente marginal será abastecido en términos del costo marginal, también los clientes podrán organizar más eficazmente su segmento del mercado y negociar hasta llegar a un resultado eficiente.

contratos a largo plazo, incompletos, preferidos por Demsetz; y los contratos a corto plazo, recurrentes, aconsejados por Posner.

3.1 *Contratos definitivos*

Las opiniones de Stigler sobre la subasta de franquicias se limitan principalmente a un apoyo del enfoque anterior de estas cuestiones a manos de Demsetz. Simplemente observa Stigler que "los monopolios naturales están regulados a menudo por el Estado. Observamos que los clientes pueden subastar el derecho a la venta de electricidad, usando al Estado como el instrumento de realización de la subasta, para economizar así los costos de transacción. La subasta [...] consiste en una promesa de vender barato" (1968, p. 19). Dado que no indica lo contrario, Stigler quiere aparentemente que tal subasta se considere como una alternativa seria de la regulación en circunstancias de mercado efectivas, es decir, en condiciones de incertidumbre en el mercado y la tecnología. El hecho de que no se haga referencia a la subasta recurrente sugiere también que el esquema de subasta propuesto es de la variedad de una vez por todas.[5]

Pueden distinguirse dos tipos de contratos de una sola vez: los contratos completos de reclamaciones contingentes y los contratos incompletos. Los primeros requieren que cada uno de los licitantes especifique los términos (precios) en los que esté dispuesto a proveer el servicio ahora y, si deben cambiarse los precios en respuesta a inciertos eventos futuros, los términos condicionales bajo los cuales proveerá el servicio en el futuro. Se aprecia generalmente que los contratos completos de esta clase plantean complicaciones que imposibilitan su redacción, negociación y ejecución (Radner, 1968). En los capítulos anteriores se han discutido las desventajas subyacentes de las transacciones en este caso.

Dado que no son viables los contratos completos de reclamaciones contingentes, podrían considerarse los contratos incompletos de una sola vez. Pero la falta de plenitud contractual no carece de costos. Los contratos incompletos de una sola vez son viables en el sentido de que se satisfacen las restricciones de la racionalidad limitada, pero plantean ciertos riesgos al incrementar el riesgo del oportunismo. Aquí los problemas son sustancialmente los que examinaremos más adelante en relación con los contratos incompletos a largo plazo.

3.2 *Contratos incompletos a largo plazo*

Evidentemente, Demsetz piensa que las franquicias otorgadas sean a largo plazo, con adaptaciones a los eventos que se logran permitiendo la renegociación de los términos sujetos a cláusulas punitivas (1968, pp. 64-65). Por

[5] Sin embargo, es posible que, en opinión de Stigler, se aplique la tesis de Demsetz sobre la renegociación o la licitación. Más adelante comentaremos el tratamiento de estas cuestiones a manos de Demsetz.

supuesto, tal renegociación sería innecesaria si las partes del contrato pudieran convenir, desde el principio, cómo tratar los eventos imprevistos y resolver los conflictos mediante el empleo de una regla de decisión de maximización del beneficio conjunto, para compartir luego las ganancias de la adaptación resultante. Pero los acuerdos generales en tal sentido no tienen una ejecución automática, a menos que ambas partes conozcan plenamente las consecuencias de los beneficios y puedan recurrir, a costo bajo, a un árbitro imparcial. En ausencia de esto, cada una de las partes se inclinará a manipular los datos en una forma favorable a sus intereses, cuando ocurran sucesos imprevistos.

En realidad, la búsqueda agresiva del interés propio con espíritu miope se ve atenuada por la existencia de sanciones informales y por la apreciación de las partes de que el acomodo rinde beneficios a largo plazo (Macaulay, 1963). Pero los riesgos del oportunismo no se desvanecen por tales razones. Entre los problemas que pueden preverse cuando se negocian contratos incompletos a largo plazo, en condiciones de incertidumbre, se encuentran los siguientes: 1) el criterio del otorgamiento inicial tiende a ser artificial u oscuro; 2) tenderán a surgir problemas de ejecución en la relación de precios a costos, en otras actuaciones, y en aspectos políticos, y 3) es improbable que haya una paridad de licitación entre los tenedores actuales de las franquicias y los rivales potenciales en el momento de renovación del contrato. Consideremos estas condiciones por su orden.

a. *El criterio artificial u oscuro del otorgamiento inicial*

La promesa de "proveer barato" sólo será un compromiso bien definido cuando se especifique bien la calidad del servicio y las licitaciones valuadas por escalares posean méritos económicos. Posner reconoce lo anterior y propone que una encuesta previa determine las preferencias de los suscriptores en lo tocante a la calidad. La mecánica incluye

> [...] una "sesión abierta", en la que todos los solicitantes de franquicias estén en libertad de entrevistarse con los residentes del área durante cierto tiempo. Ésta no sería una encuesta: los solicitantes tratarían de obtener compromisos efectivos de los suscriptores potenciales. Al final del periodo de solicitación, se compararían los compromisos recibidos por los diversos solicitantes y se otorgaría la franquicia al solicitante cuyos ingresos garantizados fuesen mayores, de acuerdo con los compromisos de los suscriptores. De este modo, el voto de cada suscriptor se ponderaría por su disposición a pagar, y el solicitante triunfador sería aquel que fuese preferido por el conjunto de los suscriptores en una competencia libre con los demás solicitantes. A fin de conservar honesto el proceso de solicitación, se exigiría a cada solicitante el compromiso previo de que, en caso de triunfar, proveyera el nivel de servicio a la tasa ofrecida en su solicitud [Posner, 1972, p. 115].

Así se evitan los problemas de comparabilidad que se plantearían de otro modo si se permitiera la variación del precio y la calidad en la etapa de la competencia final. La solicitación previa no sólo impide que el nivel de la calidad sea fijado por un organismo político, sino que elimina también la necesidad de escoger entre combinaciones dispares de precio y calidad, por criterios inciertos, en la competencia final.

Por imaginativo que sea este proceso de solicitación previa propuesto por Posner, es obvio que no es practicable. Por una parte, supone que los suscriptores son capaces de evaluar abstractamente los paquetes de calidad y precio, y tienen el tiempo y la inclinación necesarios para hacerlo, lo que plantea un problema de racionalidad limitada.[6] Por otra parte, el proceso agrega las preferencias en forma arbitraria.[7] Por último, supone que los suscriptores demandarán que los triunfadores provean el nivel de servicio a la tasa ofrecida o que en caso contrario puedan obtener una compensación. Esto plantea algunos problemas de ejecución que examinaremos en el apartado siguiente.[8]

Si además varían con las demandas periódicas los precios del servicio —una medida que a menudo tiene propiedades de racionamiento eficiente de la capacidad para los servicios públicos—, deberá solicitarse una tarifa compleja de precios de carga variable, más bien que un solo precio de licitación más bajo. Las licitaciones de vectores valuados plantean claramente algunas dificultades para la determinación del triunfador.

Se concluye que, aunque el otorgamiento de las franquicias puede reducirse al criterio del precio de licitación más bajo, tal criterio puede resultar artificial si el futuro es incierto y el servicio en cuestión es complejo. Tales otorgamientos tienden a ser arbitrarios o a plantear el riesgo de que las licitaciones "temerarias" sean presentadas por quienes se encuentren mejor preparados o más inclinados a asumir riesgos políticos. Esto también plantea algunos problemas de ejecución que examinaremos enseguida.

[6] No tiene ninguna fuerza de convencimiento la observación de que "los clientes afrontan y superan [tales problemas] todos los días, al escoger entre productos que difieren en calidad y en precio" (Posner, 1972, p. 115). Ni siquiera se plantean problemas peculiares de la oferta de servicios naturales monopólicos. Por ejemplo, la variación de la calidad del abasto de electricidad puede incluir variaciones del voltaje o interrupciones potenciales del abasto, cuyas implicaciones serían difíciles de evaluar. En segundo lugar, pueden plantearse problemas de precios variables de la carga, poco familiares para la mayoría de los consumidores. En tercer lugar, deberán afrontarse algunos problemas de elección colectiva que no se plantean para la mayor parte de los bienes de consumo al decidir sobre el abasto de electricidad. En cuarto lugar, los efectos de interacción a largo plazo entre el precio de la electricidad y los sustitutos y complementos son bastante fuertes, aunque difíciles de discernir en el contexto de las solicitaciones hipotéticas.

[7] Por ejemplo, si el paquete de precio y calidad A gana la competencia, según el criterio de Posner, sobre las combinaciones de precio y calidad B, C, D y E, donde A es un modo de precio alto y calidad alta, mientras que los modos B a E son todos variantes de una combinación de precio bajo y calidad baja, ¿se deducirá de aquí que el paquete A es socialmente preferible?

[8] Surgen problemas similares en lo tocante a cuáles de los miembros de la comunidad deberán ser proveídos del servicio y con cuáles costos de conexión: ¿se conectará a todos los solicitantes a una cuota fija? ¿Sólo se conectará a quienes vivan en áreas donde el servicio conectado pase de cierto límite? ¿Se conectará a todos los que paguen sus propios costos marginales? Aunque el organismo contratante puede estipular un criterio único, ¿será este criterio óptimo y deberá permanecer fijo durante toda la duración del contrato?

b. *Problemas de ejecución*

Aunque los problemas de otorgamiento del contrato, de las clases descritas antes, estuviesen ausentes o pudiesen descartarse como cosa mínima, todavía afrontaríamos algunos problemas de ejecución del contrato. Es en la etapa de la ejecución y en relación con la renovación del contrato que se vuelve especialmente evidente la convergencia de la solicitud de franquicias con la regulación de los servicios públicos.

Para los propósitos de este apartado, supongo que existe una fuerte presunción de que el ganador de la subasta será el proveedor del servicio público durante todo el periodo que dure el contrato. Solamente en el caso de un mal desempeño obvio y persistente se tratará de sustituir al ganador de la franquicia.

El supuesto se apoya en las consideraciones siguientes. Primero, el otorgamiento de un contrato a largo plazo prevée claramente que el ganador será el proveedor durante un periodo considerable. Una razón prominente para celebrar el contrato a largo plazo es el otorgamiento de incentivos para que el proveedor instale activos de larga duración.[9] Si cualquier falla ligera en la actuación de acuerdo con las expectativas del otorgante ocasionara la rescisión de la franquicia, el contrato a largo plazo sería una ficción y se viciarían sus propósitos de inversión.

La perspectiva de demoras y gastos de litigios desalienta también todo esfuerzo de desplazamiento del tenedor de una franquicia. Además, aunque tal esfuerzo tuviera éxito, se incurriría en costos de transición no triviales. (Los que examinaremos en el apartado siguiente.) Por último, los organismos otorgantes de franquicias, como otras burocracias, se resisten a aceptar la comisión de errores y no les agradan las acusaciones en tal sentido. Como dice Eckstein, los tomadores de decisiones públicamente responsables "adquieren intereses políticos y sicológicos en sus propias decisiones y desarrollan una actitud de justificación, antes que la crítica, a ese respecto" (1956, p. 223). Dado que el desplazamiento puede interpretarse como una admisión pública del error, es de esperarse que los organismos otorgantes de franquicias prefieran negociar una solución de "transacción" cuando confronten un mal desempeño.

Cuando se ejecutan los contratos a largo plazo en condiciones de incertidumbre, las subastas de precio fijo tienden a ser poco satisfactorias. Si el ambiente se caracteriza por una incertidumbre en la tecnología, la demanda, las condiciones de la oferta de factores locales, la inflación, etc., surgirán divergencias entre precios y costos o indeterminaciones.

En realidad, algunas de estas divergencias pueden reducirse introduciendo una fórmula de flexibilidad de los precios (Fuller y Brauch 1964, pp. 77-78; Goldberg, 1976b, p. 439). El ajuste por los cambios del precio en

[9] El procedimiento de contratación a corto plazo preferido por Posner considera que la transferencia de los activos de larga duración debería ser del ganador de la franquicia a una empresa sucesora. Así se obtendrían incentivos de inversión apropiados. Por las razones que se exponen más adelante, en el apartado *c*, me siento escéptico acerca de las propiedades del procedimiento de transferencia de activos descrito por Posner.

respuesta a algún índice de precios es una posibilidad. Pero es una corrección relativamente rudimentaria, difícilmente satisfactoria cuando haya un cambio técnico rápido o cuando las condiciones locales se desvíen significativamente de la población del índice. Se ajustarán con más precisión los precios a los costos si, en lugar de contratos de precio fijo, se negocian contratos de margen sobre el costo (o de repartición de los costos). Sin embargo, aparecerán entonces todas las dificultades asociadas a la ejecución de contratos de defensa de la clase de repartición de costos (Scherer, 1964; Williamson, 1967a). Son especialmente severos los problemas de la auditoría y los incentivos defectuosos. (Se advertirá que éstos son defectos asociados a la regulación. La subasta de franquicias trata de superarlos.)

Una carencia de especificidad en el contrato en lo tocante a la calidad del servicio y una ausencia de procedimientos de monitoreo y contabilidad otorga cierta latitud a los tenedores de franquicias durante la ejecución del contrato. A pesar de las seguridades *ex ante* en contrario, raras veces puede obligarse a los tenedores de franquicias a respetar el espíritu de un acuerdo si los ingresos netos sólo aumentan adhiriéndose a la letra del contrato (CTIC, 1972a, p. 11). Además, las normas técnicas no tienen por sí mismas una aplicación automática; la aplicación requiere la creación de un aparato de vigilancia (CTIC, 1973, p. 7). Dado que es improbable que los consumidores individuales posean los datos o la competencia necesarios para evaluar selectivamente la calidad del servicio (Goldberg, 1976), y dado que se economizarán los costos de instalación y de especialización de la mano de obra asignando a un organismo especializado la función de evaluación de la calidad, se justifica la centralización. Pero de nuevo debe advertirse la convergencia hacia la regulación.[10]

Además, es posible que no baste la mera especificación de una norma de calidad común para todos los licitantes. Supongamos, por ejemplo, que un licitante propone que alcanzará la meta de calidad especificada mediante la instalación de equipo de alta calidad y gran duración, que un segundo licitante propone que contará con equipo de apoyo para el caso de una descompostura, y que un tercero afirma que hará grandes inversiones en personal de mantenimiento. Aunque sólo uno de ellos pueda satisfacer plenamente los requerimientos, tanto los suscriptores como el organismo otorgante de la franquicia pueden carecer de la capacidad *ex ante* necesaria para determinar de quién se trata. Obviamente, no se quiere la franquicia al postor de precio más bajo sólo para descubrir que no es capaz de actuar como lo ha prometido. Aunque las cláusulas punitivas de los contratos pueden ayudar a evitar tales resultados, ocurre a menudo —como lo sugiere la historia de los contratos de la defensa— que los receptores de franquicias pueden renegociar las condiciones en su beneficio.

Las ambigüedades contables, aunadas a la renuencia de los organismos

[10] El Centro de Información de la Televisión por Cable expresa esta cuestión como sigue:

> Las normas técnicas no se aplican por sí solas. La aplicación requiere la prueba del sistema, la evaluación de las pruebas, y la decisión sobre las acciones correctivas que se requieran. Estas actividades se suman a la carga administrativa de la regulación (CTIC, 1973, p. 7).

otorgantes de franquicias a permitir que los tenedores de franquicias fracasen, permiten que tales tenedores usen los datos contables en forma estratégica —para incluir la amenaza de la quiebra— durante las renegociaciones. La introducción de técnicas de control de monitoreo y contabilidad puede impedir tales resultados, pero esa medida une entonces al tenedor de la franquicia y al organismo integrante en una relación semirreguladora.

Cuando la renegociación es común y quizá vital para la operación rentable de una franquicia, las habilidades políticas asumen una importancia especial. Es improbable que sometan licitaciones ganadoras los proveedores potenciales que posean habilidades superiores en cuanto al abasto de costo mínimo pero que son relativamente ineptos para tratar con la burocracia otorgante de las franquicias y para influir en el proceso político.[11] En la medida en que las habilidades políticas superen a las habilidades económicas objetivas, se ponen en tela de duda las ventajas de las franquicias sobre la regulación.

De hecho, si los tenedores de franquicias están sujetos a controles de beneficios menos estrictos que las empresas reguladas (cuando estas últimas están sujetas a restricciones de la tasa de rendimiento), es posible que las franquicias alienten una mayor participación política. Aquí el argumento es que el incentivo para invertir recursos privados a fin de influir sobre las decisiones políticas varía directamente con el grado en que puedan apropiarse privadamente las ventajas resultantes, y que las empresas con franquicias tienen una ventaja de apropiación en este sentido.[12]

c. *La paridad de la licitación en la renovación del contrato*

La paridad de la licitación en la renovación del contrato se verá perturbada si los ganadores obtienen grandes ventajas sobre los perdedores. Pueden distinguirse ventajas de tres clases: económicas, administrativas y políticas. Las ventajas económicas tienen su origen en la transformación fundamental: un fenómeno de contratación que se introdujo primero en el capítulo II y que ha aparecido después en diversos contextos de la contratación. Las ventajas administrativas surgen en relación con la valuación de activos y los problemas relacionados que surgen en la transferencia de una franquicia. En el apartado 3.3 examinaremos algunos problemas de ambas clases.

La CATV es todavía una industria joven, y muchas comunidades deberán

[11] Adviértase que una fusión entre quienes poseen calificaciones económicas y quienes poseen habilidades políticas genera en estas circunstancias ganancias privadas y probablemente sociales. Tal fusión ocurrió en efecto en el caso particular examinado en el apéndice de este capítulo.

[12] Esto supone que la regulación no es una farsa y que el crecimiento de la administración está estrictamente limitado bajo la regulación. Adviértase también que el argumento supone que las ganancias *marginales* netas de la influencia ejercida sobre el proceso político son mayores bajo el modo de la franquicia. Véase un análisis de la política y la regulación en Alfred Kahn (1971, pp. 326-327).

solicitar todavía renovaciones. Como sería de esperarse, ha venido aumentando entre los tenedores actuales de las franquicias el interés por obtener inmunidad contra los rivales en la fecha de renovación de la franquicia. Los acuerdos originales para someterse a la disciplina de la competencia y los beneficios hipotéticos de la competencia son meros artificios; la realidad es que la competencia es una camisa de fuerza. A pesar de las ventajas de la situación ¿para qué someterse a la amenaza de una negativa de renovación y al escrutinio que implicaría tal competencia por la renovación? Inevitablemente se descubrirían algunos escándalos. Considerando las dificultades administrativas y los desafíos legales que acompañarían a la ausencia de renovación ¿para qué realizar tal ejercicio? Tales preocupaciones han tocado una cuerda política sensible. El Senado de los Estados Unidos ha aprobado una ley que otorgaría "preferencia sustancial al tenedor inicial de la franquicia" a cambio de un acceso rentado a capacidad de canales hasta por 15% del sistema (Price, 1983, p. 32). Independientemente de que este proyecto o alguno parecido se convierta finalmente en una ley, es seguramente dudosa la perspectiva de que los políticos permitan una competencia irrestricta basada en los méritos, para la renovación de la franquicia (Cohen, 1983). Sólo los que padecen de inocencia política lo creerían. La experiencia de las franquicias de Oakland, California, comentada en el apéndice, corrobora lo anterior.

3.3 *Los contratos recurrentes a corto plazo*

Una gran ventaja de la contratación recurrente a corto plazo sobre la contratación a largo plazo es el hecho de que los contratos a corto plazo facilitan la toma de decisiones adaptables, secuenciales. Así se evitan los requerimientos de que las contingencias sean comprensivamente descritas y las adaptaciones apropiadas a cada una se elaboren por adelantado. En cambio, se permite el desarrollo futuro y se introducen adaptaciones, en los momentos de renovación del contrato, sólo a los eventos que en efecto se materialicen. Dicho de otro modo, los puentes se cruzan de uno (o unos pocos) a la vez, a medida que ocurren hechos específicos. Por comparación con el requerimiento de la contratación de reclamaciones contingentes de que se genere el árbol de las decisiones por entero, de modo que todos los puentes posibles se crucen por adelantado, el procedimiento de toma de decisiones adaptables, secuenciales, economiza grandemente la racionalidad limitada.

Además, bajo el supuesto de que la competencia es eficaz en el momento de la renovación del contrato, se evitan los riesgos de la contratación incompleta que afectan a los contratos a largo plazo incompletos. El hecho de que no se definan apropiadamente los términos contractuales origina, a lo sumo, un mal desempeño durante el transcurso del contrato corriente a corto plazo. De hecho, reconociendo que en el futuro cercano habrá una nueva competencia, es posible que los licitantes ganadores se sientan más inclinados a cooperar con la autoridad otorgante de la franquicia, si se observan algunas deficiencias contractuales específicas, en lugar de usar tales ocasiones para obtener ventajas de negociación temporales.[13] Así se frenará también el oportunismo.[14]

Sin embargo, la eficacia de la contratación recurrente a corto plazo depende más que nada del supuesto de que *se obtiene la paridad entre los licitantes en el momento de la renovación del contrato.*[15] Posner se plantea esta cuestión:

> El hecho de que la planta de la compañía del cable dure normalmente más que su franquicia plantea una interrogante: ¿no estará la compañía del cable en posibilidad de superar a cualquier solicitante nuevo que habría de construir una planta a partir de cero? ¿Y no será así ineficaz el método de negociación después de la primera ronda? No necesariamente: al pujar por la franquicia sobre la base de los costos del equipo nuevo, los solicitantes nuevos no tendrán por necesidad una desventaja importante frente al poseedor de la franquicia actual. Por ejemplo, una vez que se otorga la franquicia a un solicitante nuevo, éste podría negociar para comprar el sistema del poseedor actual de la franquicia, quien afrontará la pérdida de la parte no amortizada de su inversión si su sucesor construye un sistema nuevo. En la medida en que la vida económica de una planta de cable se considere un problema cuando la franquicia es de corta duración, tal problema podrá resolverse incluyendo en la franquicia la condición de que el beneficiario venda su planta (con sus mejoras) al sucesor, a su costo original depreciado, si así lo desea el sucesor [Posner, 1972, p. 116].

Esto me parece demasiado optimista. Por una parte los problemas de valuación del equipo tenderán a ser más complejos que lo sugerido por las observaciones de Posner. En segundo lugar, Posner se concentra exclusivamente en el capital no humano: no se reconoce en ninguna parte la posibilidad de que existan también problemas con el capital humano. En realidad, los beneficios de los activos humanos que se producen durante la ejecución

[13] Esto supone que los ganadores de las franquicias no son operadores efímeros sino que tratan de permanecer en la actividad durante largo tiempo. En igualdad de circunstancias, es de esperarse que la autoridad otorgante de la franquicia continúe con el abastecedor actual o cambie a otro proveedor en el momento de la renovación del contrato dependiendo de su experiencia con el abastecedor actual durante el periodo del contrato.

[14] Consideraciones similares afectan la actuación del organismo otorgante de la franquicia. Posner lo expresa de este modo:

> Si la duración de la franquicia [...] es larga, es posible que las partes no hayan previsto todas las circunstancias que podría requerir la modificación de sus términos. Éste es un problema común a todos los contratos, pero aquí surge la peculiaridad de que una de las partes contratantes no es una parte interesada sino un organismo público encargado de velar por el interés de las otras partes (los suscriptores). La experiencia de las oficinas reguladoras sugiere que no puede darse por supuesto que tal organismo representará fielmente el interés del consumidor. Cuando la compañía del cable pide una modificación del contrato en virtud de un cambio inesperado de las circunstancias, el organismo público puede reaccionar en forma ineficaz o perversa [Posner, 1972, pp. 115-116].

En los contratos de corta duración, "no necesita considerarse [...] ninguna modificación de los términos" (p. 116), en cuyo caso se evitan las distorsiones mencionadas.

[15] Véanse algunas ideas anteriores de la paridad de la licitación y su ausencia en los momentos de renovación del contrato en Peacock y Rowley (1972, p. 242) y Williamson (1975, pp. 26-35).

del contrato y que dan a los tenedores actuales de la franquicia una ventaja sobre los competidores potenciales, se reflejarán en la competencia de licitación original si se prevén. Pero la "compra interna" puede ser riesgosa, y las propiedades de rastreo del precio de tales estrategias son fácilmente inferiores a la fijación del precio por el costo medio en lo que respecta a la asignación de los recursos. El resultado es que la licitación recurrente (digamos a intervalos de cuatro años) está plagada de indeterminaciones contractuales.

Por supuesto, la preocupación por la valuación de la planta y el equipo se ve mitigada si las inversiones en cuestión son relativamente no especializadas. Conjeturo que así ocurre en el ejemplo de las placas de automóviles de Demsetz. Si, sólo con modificaciones menores, un equipo de propósitos generales (para cortar, estampar, pintar, etc.) puede producir eficientemente las placas, un tenedor de franquicia que no pueda ganar la renovación del contrato podrá emplear productivamente la mayor parte del mismo equipo para otros propósitos, mientras que el nuevo ganador puede modificar, con escaso costo, su propia planta y equipo para producir eficientemente el requerimiento anual.

En cambio, la preocupación por la planta y el equipo no presenta ningún problema si su vida útil se agota durante el intervalo de ejecución del contrato. Sin embargo, como sugieren las observaciones de Posner y como se acepta generalmente, resulta ineficiente la instalación de una planta y equipo de tan corta duración.

Además, al revés de lo que ocurre con los fabricantes de placas de Demsetz, la mayoría de los servicios públicos (gas, agua, electricidad, teléfono) requieren la instalación de una planta y equipo *especializados*. Lo mismo se aplica al CATV. Dado que la construcción de sistemas paralelos es dispendiosa y su exigencia colocaría a los licitantes externos en desventaja en el momento de renovación del contrato, es evidente que deberá encontrarse algún método para la transferencia de activos de los tenedores de la franquicia actual a las empresas sucesoras.

Afirma Posner que este problema puede manejarse estipulando que la planta y el equipo se vendan a la empresa sucesora, si ésta lo desea, al costo original menos de la depreciación. Consistente con su hincapié en las elecciones fundamentales, de política económica, Posner omite los detalles. Por desgracia, los detalles son problemáticos.

Por una parte, la empresa predecesora puede manipular el costo original. Por la otra, aunque se especifiquen procedimientos contables para la depreciación en los términos de la franquicia original, la ejecución puede disputarse todavía. En tercer lugar, el costo original menos la depreciación fija en el mejor de los casos un límite superior —y quizá ni siquiera eso, dado que no se enfrentan los problemas de la inflación— sobre la valuación de la planta y el equipo. Es posible que el nuevo tenedor de la franquicia ofrezca menos, en cuyo caso seguirá un costoso regateo. Por último, aunque no surjan disputas, los procedimientos de Posner sólo proveen una regla legal para la transferencia de los activos. No se ocupa de las propiedades económicas de los procedimientos en lo tocante a los incentivos y la utilización de la inversión.

La aceptación de los registros contables de los costos originales depende en parte de que el equipo se haya comprado en términos competitivos. El tenedor original de la franquicia que se integra hacia atrás de la provisión de equipo, o que obtiene una rebaja de un proveedor de equipos, puede manipular los precios en perjuicio de los licitantes rivales en el momento de la renovación del contrato. Además, y relacionado con lo anterior, el costo original deberá incluir también el gasto de mano de obra en la instalación de la planta y el equipo. Pero en la medida en que sea clara la asignación de mano de obra entre las categorías de operación y de capital, el ganador original podrá capitalizar ciertos gastos de mano de obra en perjuicio de los sucesores potenciales. Podría emplearse la auditoría para limitar tales distorsiones, pero esto tiene la apariencia de una regulación. Además, aunque se haga con cuidado, es probable que los resultados sean disputados. En la medida en que la información sobre la valuación verdadera se distribuya asimétricamente en perjuicio de terceros, la carga de la demostración de una capitalización excesiva recaerá pesadamente sobre el nuevo proveedor potencial.

El acuerdo sobre las reservas de depreciación, que son notoriamente difíciles de definir (sobre todo si el caer en desuso es un problema y los gastos de mantenimiento pueden manipularse en forma estratégica), plantea problemas similares. Por lo tanto, es probable que surja un arbitraje costoso, debido a la valuación y la depreciación del equipo original.[16] Se obtendrán así valuaciones básicas de carácter regulatorio.

[16] El cabildo de Los Ángeles previó tales dificultades en su ordenanza sobre el otorgamiento y la ejecución de franquicias (Ordenanza núm. 58 200). La ordenanza estipula que el cabildo tiene derecho a comprar la propiedad de una franquicia o encontrar un comprador, y establece además que

> [. . .] si tal franquicia expira por disposición legal, el cabildo estará facultado, mediante una declaración formulada no menos de un año antes de la expiración del término de la franquicia, para comprar y tomar la propiedad de tal servicio público, y si el cabildo ejerce su derecho bajo tal opción pagará al titular de la franquicia el valor justo de la propiedad de tal servicio en los términos establecidos aquí. *d*) El término de "valor justo" empleado aquí deberá entenderse como el valor razonable de la propiedad de tal servicio, tomando en cuenta su condición de reparación y su adaptabilidad y capacidad para el uso originalmente buscado. El precio que pagará el cabildo por cualquier servicio se basará en el costo efectivo de la propiedad, menos la depreciación ocurrida a la fecha de la compra, tomando en cuenta el carácter obsoleto y la eficiencia de sus unidades para realizar las funciones que les corresponden; no se tomará en cuenta el valor de la franquicia, el prestigio comercial, la capacidad de ganancia, el costo incrementado de la reposición o el valor incrementado del derecho de paso o la indemnización de daños por razón de la terminación. *e*) La valuación de la propiedad de tal servicio cuya compra se proponga a la terminación de la franquicia en los términos establecidos aquí, o de algún otro modo, será determinada por una junta de tres árbitros, uno de los cuales será designado por el cabildo, otro por el tenedor de la franquicia, y el tercero por los dos árbitros anteriores. Dichos árbitros serán designados en el término de treinta días luego de la declaración del cabildo de que desea comprar la propiedad de tal servicio o encontrar un comprador. Si los árbitros en cuestión no rinden su fallo en el término fijado, se designará una nueva junta de tres árbitros como se indicó antes. La junta de árbitros entrará de inmediato en funciones. Toda vacante que se produzca en la junta de árbitros será llenada por la parte que haya hecho la designación original del lugar vacante. *f*) Si el titular de la franquicia no designa un árbitro dentro de los treinta días siguientes a la declaración

De hecho, es previsible que la valuación de los activos físicos sea más severa bajo la subasta de franquicias que bajo la regulación. Por una parte, los ingresos de la empresa regulada son un producto de la tasa básica y la tasa de rendimiento obtenida. Es claro que la empresa regulada puede mostrarse conciliatoria acerca de la tasa básica si recibe a cambio buenas concesiones en la tasa de rendimiento. Además, la oficina reguladora y la empresa regulada tenderán a unirse en una larga serie de negociaciones. Los errores cometidos por cualquiera de las partes en una ronda son menos graves si pueden remediarse en la siguiente revisión de la tasa (o si, en una crisis, puede preverse un alivio temporal). Hay más en juego con la valuación de activos bajo la subasta de franquicias, ya que los grados de libertad de la tasa de rendimiento y de la tasa intertemporal no existen. En consecuencia, es de esperarse una negociación más agresiva que conduzca al litigio.

Una dificultad relacionada del esquema de valuación de activos físicos de Posner es el hecho de que sólo fija un límite superior. Sin embargo, en la medida en que la adquisición en tales términos se deja al arbitrio de la empresa sucesora, hay escasa razón para esperar que prevalezca esa cifra. Sin estipular más, la empresa sucesora ofrecería presumiblemente comprar la planta y el equipo especializados a su valor en su mejor uso alternativo (sin franquicia). Eso sería normalmente una pequeña fracción del depreciado costo original. Las empresas predecesoras y sucesoras confrontan así un gran intervalo de negociación para llegar a un acuerdo de intercambio. Dado que no existen fuerzas competitivas suficientes para impulsar a las partes hacia un acuerdo único, es de esperarse un regateo adicional (lo que constituye un costo social). Los detalles, omitidos por Posner, son importantes, aunque también sean irritantes. La transferencia sin friccciones que parece postular Posner no puede existir en los términos descritos.

Pueden elaborarse ciertos esquemas de valuación de activos y subasta de franquicias, concebiblemente superiores, para mitigar esos problemas.[17] Sin

---

del cabildo de su deseo de comprar la propiedad de tal servicio o de encontrarle un comprador, o en caso de la muerte o la renuncia del árbitro designado por tal titular, si sus sucesores o representantes no designan un árbitro para llenar tal vacante en el término de diez (10) días, o en el caso de que los dos árbitros designados por el cabildo y el titular de la franquicia, en los términos aquí establecidos, no designen a un tercer árbitro dentro de los sesenta (60) días siguientes de la declaración del cabildo de su deseo de comprar la propiedad de tal servicio, o encontrar un comprador, a solicitud del cabildo, del titular en cuestión luego de transcurridos (5) días del aviso dado por escrito a la otra parte, tal árbitro será designado por el magistrado presidente del Tribunal Superior del Estado de California, en el Condado de Los Ángeles, y los árbitros así designados tendrán las mismas facultades y obligaciones que si hubiesen sido designados en la forma antes descrita. *g*) El fallo de los árbitros deberá entregarse al oficial mayor de la ciudad mencionada en el curso de los tres (3) meses siguientes a su nombramiento, y podrá ser dado por una mayoría de los árbitros.

Véase en CTIC (1972a, pp. 16-17) un análisis de las valuaciones de franquicias de una clase similar en conexión con el otorgamiento de franquicias de CATV por la ciudad de Nueva York.

[17] Una posibilidad es que cada uno de los licitantes, en el momento de renovación del contrato, indique su valuación de activos al presentar su postura sobre la calidad y el precio del servicio. Se plantea aquí el problema de que las valuaciones de los activos y las licitaciones de los servicios no son independientes. Los titulares de las franquicias estarán dispuestos a pagar caro por los activos si en el proceso pueden cobrar un precio elevado.

embargo, es obvio que compete a quienes creen que puede hacerse efectiva la competencia de los grandes números en el momento de renovación del contrato la presentación de los detalles operativos requeridos. Sin tal especificidad, debemos considerar dudosa la afirmación de que la reasignación de los activos físicos a bajo costo puede efectuarse en el momento de la renovación del contrato para los servicios de franquicia que requieren la instalación de planta y equipo especializados y de larga duración. Por el contrario, los gastos no triviales de regateo y litigio parecen afectar la propuesta de Posner.

Además, también deben afrontarse algunos problemas de activos humanos que Posner y Demsetz ni siquiera mencionan. Surge de nuevo la cuestión de la fungibilidad. En la medida en que las habilidades de operación de la franquicia estén ampliamente disponibles, o en que los empleados de la empresa tenedora de la franquicia se enfrenten a los licitantes rivales y a los propietarios actuales en términos idénticos, no aparecerán problemas de esta clase. Pero si los individuos y los grupos pequeños obtienen habilidades y conocimientos especializados no triviales a resultas del adiestramiento y la experiencia en el empleo, se viola la primera de esas condiciones. Si además los empleados se oponen a la transferencia de la propiedad en la competencia de la subasta, los rivales estarán en desventaja.

En los capítulos anteriores hemos discutido la cuestión de la incapacidad de desplazamiento de la mano de obra. Vimos allí que en ocasiones surgen algunas diferencias importantes entre los trabajadores expertos e inexpertos en los sentidos siguientes: 1) las peculiaridades del equipo, derivadas de la existencia de un equipo muy especializado o incompletamente estandarizado, aunque sea común, sólo se "revelan" a los trabajadores expertos; 2) las economías del procesamiento peculiares se inventan o "adoptan" por los administradores y trabajadores en contextos operativos específicos; 3) se elaboran acomodos de grupos informales, imputables a la adaptación mutua entre las partes que tienen un contacto recurrente, y se perturban cuando se altera la composición de los miembros, quizá en detrimento de la actuación del grupo, y 4) se desarrollan peculiaridades de la comunicación (en lo tocante, por ejemplo, a los canales y los códigos de la información), pero sólo tienen valor en un contexto operativo cuando las partes están familiarizadas entre sí y comparten un lenguaje común.

En consecuencia, a menudo es ineficiente el desplazamiento total o extenso del grupo de trabajadores y administradores expertos empleados por el ganador de la franquicia inicial. Resulta costosa la familiarización de otro grupo con las peculiaridades de la operación y el desarrollo de las habilidades requeridas para la producción y comunicación en equipo. En consecuencia, los empleados actuales, los únicos que poseen el conocimiento peculiar necesario para la realización de una oferta de costo mínimo, se encuentran estratégicamente ubicados para obstruir un esfuerzo de reasignación de la franquicia.

Podrían explorarse otros esquemas (véase la nota anterior), algunos de los cuales podrían tener propiedades atractivas. Sin embargo, es obvio que hay que reflexionar mucho sobre la mecánica del proceso de valuación de activos antes de que pueda considerarse completo el esquema de licitación.

Sin embargo, la desventaja de costos antes mencionada sólo ocurrirá en la medida en que los empleados actuales traten diferentemente con los propietarios actuales y los licitantes externos. La ventaja estratégica que disfrutan en relación con los empleados inexpertos pero por lo demás calificados podrá ejercerse por igual contra el propietario actual y sus licitantes rivales. La cuestión se reduce entonces a saber si los propietarios actuales y potenciales son tratados diferentemente en el momento de renovación del contrato.[18] Conjeturo que así ocurrirá. La razón principal es que los entendimientos *informales* (acerca de la seguridad del empleo, las expectativas de ascensos y otros aspectos del proceso interno legítimo) resultan mucho más fáciles de alcanzar y aplicar en circunstancias familiares que en otras.[19]

Esto no quiere decir que los empleados no harán tratos con los interesados externos, sino sólo que tales tratos resultarán más costosos porque requerirán mucha más atención al detalle explícito, o porque habrá un riesgo mayor asociado a un acuerdo informal (incompletamente especificado) con intereses externos. Cuando se buscan detalles adicionales, los interesados externos estarán en desventaja frente a los interesados internos, porque habrán aumentado los costos del acuerdo. En cambio, si se pide a los empleados que confíen en que el interesado externo se comportará "responsablemente", o si el interesado externo acepta la interpretación dada por los empleados a acuerdos incompletos cuando surjan acontecimientos imprevistos que no cubre expresamente el contrato de empleo, los riesgos implicados son grandes y los premios correspondientes se sumarán, directa o indirectamente, al precio de la licitación. En consecuencia, los atributos peculiares del empleo, aunados a la incapacidad de los interesados externos para llegar a acuerdos equivalentes a un costo igual, colocan a los tenedores originales de la franquicia en ventaja en el momento de la renovación del contrato. Así pues, las consideraciones del capital humano agravan las dificultades de licitación planteadas por los problemas de la valuación de los activos físicos. Por lo tanto, también por esta razón resulta sospechosa la afirmación de que puede esperarse la paridad de la licitación en el momento de la renovación del contrato. En otras palabras, si los ganadores originales de la competencia de

[18] En este sentido resulta pertinente la siguiente pregunta: ¿Por qué habrán dejado de aprovechar plenamente, los empleados actuales, su ventaja peculiar sobre los empleados inexpertos durante el periodo de ejecución del contrato, en cuyo caso no habrá ninguna ganancia peculiar sin liquidar que deba considerarse diferencialmente en el momento de la renovación del contrato? En este sentido es pertinente una distinción entre el comportamiento de negociación de equilibrio móvil y de negociación discreta. Por una parte, puede haber en el sistema algunos ajustes, los que se toleran durante el periodo de operación pero cuya enmienda es posible en el momento de la renovación del contrato. Por otra parte, se requiere la acción colectiva para apropiarse las ganancias peculiares. Los dueños de la empresa pueden elaborar un *modus vivendi* con los administradores y los representantes de los trabajadores donde administradores y trabajadores, a cambio del apoyo a la propiedad (lo que incluye la seguridad del empleo, los emolumentos, etc.), se abstienen conscientemente de absorber toda la ganancia peculiar. Reconociendo que el "liderazgo" actúa en esto en conjunto, una reserva de ganancia peculiar no liquidada tiene ventajas estratégicas.

[19] Véase en Gouldner (1954) un análisis sociológico de algunos de los problemas de la sucesión. Macneil observa que "los elementos de confianza demandados por las opiniones o las relaciones de los participantes vuelven importante la identidad, y por ende vuelven improbable la transferencia sencilla" (1974, p. 791).

la licitación obtienen ventajas no triviales en ciertos aspectos de la información y de la organización informal durante la ejecución del contrato, ya no podrá presumirse la existencia de una paridad de licitación en el momento de la renovación del contrato. Más bien, lo que fuera una situación de licitación de grandes números, en el momento del otorgamiento de la franquicia original, *se convierte en algo equivalente a una situación de negociación de pequeños números* en el momento en que debe renovarse la franquicia. Se obtiene así una transformación fundamental.

Por supuesto, podría argüirse que la ventaja del titular de la franquicia se prevería desde el principio, en cuyo caso los beneficios descontados por el equivalente a la certeza se reducirán a cero por la competencia de los grandes números para la franquicia original. Pero ésta no es una respuesta enteramente satisfactoria. Por una parte, cuando se fija un precio inferior al costo para la franquicia inicial (quizá incluso un precio negativo) y al nivel del costo alternativo en el momento de la renovación del contrato, puede generarse con facilidad una utilización deficiente de los recursos. Además, las estrategias de compra interna son riesgosas. El precio de oferta alternativo puede verse influido por los términos que fije el otorgante de la franquicia en rondas subsecuentes, incluso algunos que pueden volver obsoletas las ventajas del aprendizaje acumulado del tenedor actual.

3.4 *Un resumen*

Los esquemas de subasta de una sola vez, con un contrato de reclamaciones contingentes, no son viables y pueden plantear riesgos de ejecución. Los contratos incompletos a largo plazo, del tipo previsto por Demsetz, alivian el primero de estos problemas pero agravan el segundo. Surge toda una serie de dificultades conocidas desde hace largo tiempo por los estudiosos de los contratos de la defensa y por ende de la regulación. El resultado es que la subasta de franquicias para contratos incompletos a largo plazo es una empresa mucho más dudosa que lo sugerido por el análisis de Demstez.

La propuesta de Posner en el sentido de que se mantengan cortos los términos de la franquicia trata de superar los problemas de adaptabilidad asociados a los contratos incompletos a largo plazo, pero su análisis es insuficientemente microanalítico o crítico de las deficiencias de los contratos a corto plazo para revelar sus defectos. La limitación fundamental del argumento es que, a pesar de las estipulaciones procesales de Posner (1972, p. 116), no puede presumirse confiadamente la paridad de la licitación en el momento de la renovación del contrato entre el ganador original y las empresas sucesoras rivales. Por el contrario, hay razones para dudar de tal paridad, en cuyo caso no podrán tenerse las propiedades de adaptabilidad y de precio ligado al costo que Posner asocia a la contratación recurrente[20] en los términos carentes de fricciones (o de costo bajo) que describe.

[20] El argumento básico es que "cada licitante sometería un plan de servicio y una lista de tarifas. Mientras haya más de un licitante y se impida la colusión entre ellos —condiciones cuya obtención no es insuperablemente difícil—, el proceso de reducción de las tarifas y el mejoramiento del servicio eliminaría los precios y los beneficios monopólicos" (Posner, 1972, p. 115).

En realidad, algunas de las dificultades que afectan la propuesta de Posner pueden mitigarse introduciendo un extenso aparato de regulación y arbitraje. La evaluación de las instalaciones de planta y equipo, la auditoría de los registros contables relacionados, el arbitraje de las disputas surgidas entre el tenedor de la franquicia y las empresas rivales por las valuaciones de los activos físicos, son algunas ilustraciones. Pero entonces la subasta de franquicias y la regulación tienen sólo una diferencia de grado.

En vista de lo anterior, quizá no deba sorprendernos que la propuesta de la licitación recurrente de Posner no haya sido ampliamente adoptada. Por el contrario, la mayoría de las franquicias de CATV duran de 10 a 15 años, y el carácter incompleto del contrato se ha manejado mediante la elaboración progresiva de una estructura de regulación (CTIC, 1972c, pp. 9-12), un resultado que quizá refleje el deseo de los operadores de CATV de aislarse de los rigores de la competencia. Sin embargo, creo que el avance hacia la regulación se explica también por los defectos de la actuación asociados a los otorgamientos de franquicias CATV, causados en parte por el carácter incompleto de la contratación (CTIC, 1972c, p. 9).

Sin embargo, los defectos derivados del carácter incompleto del contrato, antes descritos, podrían remediarse quizá mediante el refinamiento progresivo de las franquicias de CATV en el futuro. La estipulación de castigos apropiados por el desempeño poco satisfactorio y el establecmiento de complejas respuestas condicionales ante sucesos contingentes podrían servir para promover la adaptación eficiente y mitigar los gastos del regateo. Pero el refinamiento del contrato en estos sentidos tiene sus costos, y los organismos otorgantes de franquicias carecen a menudo de la decisión necesaria para imponer los castigos prescritos.[21] Muchos de los límites de la subasta de franquicias antes descritos eran evidentes para los estudiosos de la regulación hace 80 años:

> La regulación no termina con la formulación y adopción de un contrato satisfactorio, algo que es en sí mismo una tarea formidable. Si eso fuera todo, unos cuantos hombres sabios y honestos podrían supervisar, una vez en cada generación, los términos de una franquicia en forma apropiada, y nada más sería necesario. Es una falacia corriente, y la práctica común en la vida pública estadunidense, el supuesto de que una constitución, un estatuto o una escritura constitutiva, una vez redactada debidamente por ciudadanos inteligentes y adoptada por un público alerta, tendrá una ejecución automática y el deber de los buenos ciudadanos terminará con la promulgación de algunos de tales planes bien madurados. Pero la experiencia reiterada ha demostrado —lo que debiera haber sido evidente siempre— la inutilidad absoluta de tal camino, y las consecuencias desastrosas de la utilización de un documento escrito para los fines de una administración viviente. Ocurre con la franquicia lo que ocurre con la constitución, el estatuto o la escritu-

[21] Adviértase, además, que no sólo se encuentran los remedios contractuales entre "los más débiles que puede brindar el sistema legal sino que incluso tales remedios se enfrentan a una multitud de doctrinas y técnicas" (Macneil, 1974, p. 730). Mientras no se logre cambiar las creencias de los otorgadores de franquicias y del sistema legal, resulta fatuo pretender que podrá inducirse a los tenedores de franquicias a comportarse en formas ideales mediante la introducción de un conjunto complejo de cláusulas punitivas.

ra constitutiva. Se ha descubierto que tal acuerdo no tiene una ejecución automática. [Además, la] administración puede omitir el cumplimiento de las partes esenciales de un contrato encomendado a su autoridad ejecutiva; y los procesos legales [. . .] son frecuentemente inevitables mucho tiempo antes de la expiración de la franquicia [Fisher, 1907, pp. 39-40].

A riesgo de simplificar demasiado, la regulación puede describirse contractualmente como una forma muy incompleta de la contratación a largo plazo en la que: 1) se asegura al regulado una tasa de rendimiento justa en general, a cambio de lo cual: 2) se introducen sucesivamente ciertas adaptaciones a las circunstancias cambiantes sin el costoso regateo que acompaña a tales cambios cuando las partes del contrato disfrutan de una autonomía mayor. La obtención de ganancias netas dependerá entonces de la medida en que los efectos negativos de lo primero (que pueden controlarse en cierto grado por la realización de auditorías y la movilización de la competencia en las fuerzas del mercado de capital) se vean contrarrestados por las ganancias de lo último. Esto tiende a variar con el grado en que la industria esté sujeta a las incertidumbres del mercado y de la tecnología.

4. Un caso particular

El nivel del detalle requerido para la evaluación de la eficacia de un modo organizativo variará con las circunstancias. Es evidente que existen algunas áreas regulatorias para las que son innecesarios los detalles antes descritos. Sin embargo, el nivel del detalle con el que se conduce gran parte del diálogo regulatorio es a menudo demasiado agregado para determinar "cómo funcionarán efectivamente en la práctica los arreglos alternativos", lo que indentifica Coase como la "cuestión principal" en la cita que aparece al principio del capítulo.

Los defensores de la subasta de franquicias no opinan lo mismo. Posner declara que la exposición de "los detalles de regulaciones y propuestas particulares [. . .] sólo servirían para oscurecer los puntos básicos" (1972, p. 98). Más generalmente, el "enfoque económico de la ley" con el que se ha asociado a Posner, quien lo ha promovido grandemente, tiene deficiencias características en ciertos aspectos microanalíticos. El enfoque económico defendido por Posner tiene su origen intelectual, por lo menos en los aspectos antimonopólicos, en Aaron Director y sus discípulos (Posner, 1975, p. 758, n. 6). Como he observado en otra parte, esta tradición recurre en gran medida a la ficción de la ausencia de fricción o invoca selectivamente las consideraciones del costo de transacción (Williamson, 1974a; 1974b). Por poderoso y útil que sea en el salón de clases y como un freno contra las prescripciones laxas de la política pública, este enfoque conduce fácilmente a "soluciones" extremas e insostenibles.[22] Lo que Arthur Leff ha llamado un "enfoque legal para la

[22] Posner considera el ensayo clásico de Coase, "The Problem of Social Cost" (1960), como la puerta de entrada al "nuevo campo de la ley y la economía" (1975, p. 760). Es digno de mención el hecho de que este ensayo importante e influyente se divide en dos partes: la primera presenta

economía" (1975), donde aparecen los costos de transacción de manera más prominente y sistemática, es un complemento necesario (y a veces un sustituto) de la tradición Director-Posner.

Pueden aplicarse pruebas de tres clases para evaluar si tiene méritos el análisis microanalítico de la clase que aquí se intenta. Debemos preguntarnos si, a resultas de tales esfuerzos, nuestro entendimiento de un fenómeno económico complejo es más profundo o diferente del anterior. Segundo, podemos preguntarnos si la explicación encaja en un esquema general o ha sido forjada en una forma aparentemente *ad hoc* para adecuarla a las circunstancias. Ésta es la prueba de la búsqueda de patrón del conocimiento a la que se refería Hayek (1967, pp. 40, 50-58). Aunque difieren los detalles, la integración vertical, la contratación no convencional de bienes intermedios, la relación de empleo, la gobernación corporativa y la regulación son variaciones del mismo tema, de acuerdo con el argumento desarrollado en este capítulo y en los anteriores. Por último, podemos apelar a los datos.

El análisis microanalítico produce implicaciones en un nivel agregado y subagregado. Por ejemplo, la teoría pronostica que la organización colectiva aparecerá antes en las empresas cuyos trabajadores adquieren capital humano específico de la empresa (o en las industrias concentradas, donde los trabajadores adquieren un capital humano específico de la industria). Ése es un pronóstico razonablemente agregado. También pronostica que se observarán estructuras de gobernación más finamente forjadas para los trabajadores en los sindicatos donde sea mayor la especificidad de los activos humanos. Ésa es una implicación más microanalítica.

Las implicaciones microanalíticas pueden verificarse a veces mediante el empleo de variables sustitutas de las que se disponga por cualquier razón. Pero el examen detallado del fenómeno en cuestión que corresponda a un nivel del análisis tiene ventajas obvias. A menudo requerirá la realización de estudios de casos particulares. Como observan P. T. Bauer y A. A. Walters, "la complejidad, la inestabilidad y la variación local de muchos fenómenos económicos implican que el establecimiento o el entendimiento de las relaciones requiere el complemento del análisis mediante una observación extensa, y también que la investigación deberá ampliarse a menudo más allá de la información estadística, a la observación directa y el uso de fuentes primarias" (1975, p. 12). El estudio del otorgamiento de franquicias de CATV en Oakland, California, tal como aparece en el apéndice de este capítulo, tiene ese espíritu. La complejidad de este problema de contratación supera en varios órdenes de magnitud el ejemplo de las placas automotrices de Demsetz. No es sorprendente entonces que se obtenga un entendimiento diferente de la subasta de franquicias.

El estudio del CATV de Oakland no es sólo microanalítico sino que tiene un punto de concentración. Las observaciones potenciales proliferan cuando se examinan los aspectos microanalíticos. ¿Cuáles deberán registrarse y cuáles

---

un mundo sin fricciones; la segunda modifica el análisis anterior para considerar las fricciones. Gran parte de la literatura siguiente, incluida la que se ocupa de la licitación de franquicias, se preocupa en gran medida o totalmente del mundo sin fricciones o se ocupa de las fricciones en una forma limitada o demasiado optimista.

quedarán fuera? Un análisis que desarrolle los detalles contractuales pertinentes para la teoría es evidentemente más instructivo. Tales detalles pueden aparecer a veces por accidente, como en el estudio canadiense de los intercambios petroleros del capítulo VIII, pero es preferible que se busquen deliberadamente.

Sin embargo, el caso del CATV de Oakland no es representativo. Por el contrario, en Oakland se encontraron más problemas que los habituales. ¿Se viciará el estudio por esa razón? No lo creo. Como observamos antes, el "estudio de ejemplos extremos provee a menudo claves importantes para lo esencial de la situación" (subpanel de Ciencias del Comportamiento, 1962, p. 5). Sujetas a las condiciones de que sólo podrán intentarse inferencias cualitativas y de que el sistema responda a las perturbaciones en forma coherente, tales observaciones ofrecen un procedimiento relativamente económico para la obtención de ideas acerca de las propiedades de una organización compleja. El estudio de un caso particular que se examina aquí se usa sólo para obtener inferencias generales, y el proceso burocrático-político no es corrupto ni está fuera de control. El estudio introduce así un elemento de verificación de la realidad que hasta ahora faltaba en la evaluación de la subasta de franquicias para los monopolios naturales.

Por supuesto, así como una golondrina no hace verano, un solo estudio de un caso particular no aclara definitivamente la subasta de franquicias para el CATV. Pero tampoco es tal estudio simplemente "una observación". Los datos no son sólo pertinentes, ya que se recolectan teniendo en mente sobre todo las necesidades de la teoría, sino que puede desarrollarse un conjunto de observaciones, cuya consistencia interna puede examinarse, en el estudio de un caso particular concentrado. Esto responde al espíritu de la observación de Koopmans en el sentido de que la economía se encuentra en desventaja frente a las ciencias naturales en lo tocante a la realización de una "experimentación significativa, pero las oportunidades existentes para la introspección y observación directas de los que toman las decisiones individuales constituyen una fuente muy necesaria de datos que en alguna medida contrarrestan la desventaja" (Koopmans, 1957, p. 140).

5. Observaciones finales

Cualquiera que sea su origen, el costo de las buenas intenciones debe evaluarse. El enfoque institucional comparado para el estudio de la organización económica está diseñado precisamente para eso.

Este capítulo examina la eficacia de los esquemas de subasta de franquicias como una alternativa a la regulación en la provisión de servicios públicos cuando hay economías no triviales asociadas a la oferta monopólica. Concediendo que la regulación es muy imperfecta, evaluada en términos de un ideal abstracto, ¿bajo qué condiciones será la subasta de franquicias una solución muy superior a la oferta de los servicios públicos "tradicionales"?

Seguramente, nadie disputaría que la "forma correcta de la consideración del problema es la selección del mejor tipo de contrato" (Demsetz, 1968, p.

68). Pero también necesitamos instrucciones sobre la forma de proceder. Aunque quizá pueden descartarse algunos modos de contratación en razón de la eficiencia de la asignación,[23] los casos más interesantes requieren un examen de las propiedades de eficiencia de contratos alternativos ejecutados en condiciones de incertidumbre. Al revés de lo que ocurre en la práctica normal, debe prestarse atención a los detalles de la transacción si se quieren exponer los problemas reales. Además, se verifican convenientemente las propiedades operativas de los modos de contratación abstractos *examinando uno o más casos efectivos* donde se utilicen modos diferentes.

Las evaluaciones microanalíticas de los atributos de contratación abstracta de la subasta de franquicias producen un veredicto poco claro. Cuando se requieren grandes inversiones en activos específicos durables y los contratos están sujetos a incertidumbres tecnológicas y de mercado, la subasta de franquicias requiere en la práctica la elaboración progresiva de un sistema de administración que difiere principalmente en el nombre, más que en la clase, del aparato asociado a la regulación que trata de sustituir.[24] Es elemental que *un cambio de nombre carece de importancia en el campo institucional comparado.*[25]

Sin embargo, no se sugiere así que la subasta de franquicias para bienes o servicios producidos en condiciones de costos decrecientes no sea viable jamás, ni se implica que la regulación o la propiedad pública existentes no puedan sustituirse jamás por la subasta de franquicias con ganancias netas. Considerando la facilidad con la que pueden desplazarse los activos físicos, la eliminación de regulaciones parecería tener algunos méritos en el caso del transporte camionero. La subasta de franquicias podría justificarse también en el caso de las aerolíneas de servicio local, y posiblemente en el caso del servicio postal. El licitante ganador en cada caso puede ser desplazado sin plantear graves problemas de valuación de activos, ya que la planta básica (terminales, oficinas postales, almacenes, etc.), pueden ser propiedad del gobierno, mientras que otros activos tendrán un mercado de segunda mano. Por lo tanto, no es que la subasta de franquicias carezca totalmente de

[23] Por ejemplo, el otorgamiento de una franquicia al licitante que pague la suma fija más grande servirá para capitalizar los beneficios monopólicos pero, por lo menos durante la transición, generará un precio mayor y una producción menor que el otorgamiento de la franquicia al licitante que ofrezca el abastecimiento al precio más bajo.

[24] Una limitación clara de la regulación, a la que está presumiblemente menos sujeta la licitación de franquicias, es la inclinación de los reguladores a expandir en forma progresiva el alcance de la regulación para incluir las actividades "auxiliares". Más generalmente, es posible que la mayor autonomía y el mayor grado de especialización asociados a la regulación por comparación con los organismos otorgantes de franquicias, tengan algunas consecuencias desfavorables de rigidez a largo plazo. En particular, los organismos reguladores tienden a oponerse vigorosamente a todo lo que amenace con su desaparición.

[25] Como ha observado Donald Dewey, "el desdén y el desprecio por la regulación [entre los economistas] es casi universal" (1974, p. 10). Aunque gran parte de la regulación es en efecto despreciable, creo que *algunos* de los problemas para los que se ha elaborado la regulación son realmente intratables en el sentido de que *todos* los modos de organización viables están erizados de dificultades. En consecuencia, deben considerarse con escepticismo los argumentos favorables a los modos del mercado donde tales dificultades no se afrontan francamente.

méritos, sino que quienes la han propuesto han sido insuficientemente selectivos en su apoyo.[26]

Entre las aplicaciones del enfoque general que se han hecho después se encuentra la reciente evaluación de las propuestas para eliminar regulaciones hecha por Paul Joskow y Richard Schmalensee (1983). Las aseveraciones de que tal eliminación de las regulaciones puede efectuarse con facilidad se someten a un cuidadoso escrutinio institucional comparado. Dado que gran parte de la industria se caracteriza por la posesión de activos durables, específicos de ciertas transacciones, Joskow y Schamalensee concluyen que la subasta de franquicias sin asistencia no es una alternativa organizativa viable. La imposición de escenarios de eliminación de regulaciones a través del cedazo del análisis microeconómico es el instrumento que permite adquirir la potencia analítica. La misma estrategia está disponible en términos más generales.[27]

[26] William Baumol y Robert Willing no sólo están de acuerdo con el argumento general sino que también se refieren a las aerolíneas y al servicio postal como ejemplos de industrias con "capital sobre ruedas", de modo que "sus costos fijos pueden superar considerablemente a sus costos de infraestructura" (1981, p. 407), y así se alivian en gran medida las dificultades económicas asociadas a las industrias de costos fijos inmóviles. Ya que el uso dado por Baumol y Willing a los costos de infraestructura corresponde, en el léxico de la economía del costo de transacción, a una condición de especificidad de activos, parece haber un acuerdo creciente sobre las circunstancias en las que puede presumirse que la licitación de franquicias es eficaz y aquellas en las que no puede presumirse tal cosa. (Quizá deba advertirse que restrinjo el argumento a las aerolíneas de servicio local, mientras que Baumol y Willing incluyen las líneas troncales, pero la diferencia es principalmente de grado.)

[27] La eliminación de la regulación en los ferrocarriles es un candidato obvio. Véase la nota 3 del capítulo XI.

APÉNDICE

La experiencia de licitación de franquicias en la CATV de Oakland

El estudio de un caso particular que se presenta enseguida no pretende ser representativo, pero revela que muchos de los problemas de las franquicias que se examinan en el capítulo XIII no son puramente imaginarios.[1] El estudio indica la importancia de la evaluación de las propuestas para eliminar la regulación en favor de alternativas de mercado en términos más microanalíticos y revela que, en la práctica, la licitación de franquicias para la CATV (y presumiblemente para otros servicios públicos) tiene muchas de las cualidades de la regulación.

1. La experiencia

El 19 de junio de 1969, el cabildo de la ciudad de Oakland, California, aprobó una ordenanza municipal que se ocupaba de la concesión de franquicias para la televisión de antenas comunitarias. Las características principales de la ordenanza, para los fines de este apéndice, eran:[2]

[1] Debe destacarse que muchas de las preocupaciones de las franquicias mencionadas por el Centro de Información de la Televisión por Cable son consonantes con las enunciadas en el apartado 3. Entre las preocupaciones y las recomendaciones del CTIC se encuentran las siguientes (CTIC, 1972a):

1. El periodo de renovación ha resultado ser de gran presión sobre el cabildo, y el operador del cable amenaza a menudo con retirar el servicio de inmediato si no se promete la renovación (p. 16).
2. La oficina otorgante de la franquicia [. . .] deseará incluir provisiones de recompra como parte de su esfuerzo por asegurar la continuidad del servicio. Las provisiones deberán incluir [. . .] un método para la evaluación o terminación (S.4, p. 6).
3. El derecho de transferencia deberá limitarse a las etapas iniciales del desarrollo de los sistemas, y quizá debiera prohibirse estrictamente antes de la construcción, para evitar el tráfico de los otorgamientos de franquicias (p. 17).
4. Deberán presentarse periódicamente los resultados del desempeño del sistema y de las pruebas, para asegurar la calidad del sistema (p. 24).
5. [La regulación diaria comprende] la consideración de las quejas de los consumidores y la transmisión de las peticiones de incrementos de las tarifas (p. 25).
6. Una vez desarrollado un procedimiento para la consideración de los cambios de las tarifas, los cambios propuestos deberán medirse por el patrón de lo que sea justo para el sistema y para el público suscriptor (p. 30).
7. Una de las áreas más descuidadas de las ordenanzas ha sido la del cumplimiento. Mecanismos tales como el arbitraje, la provisión de terminación de arrendamientos y la capacidad para recurrir a los tribunales ayudarán a establecer el tipo de sistema de cable que desea la comunidad (p. 45).

[2] Ciudad de Oakland, Ordenanza No. 7989 C.M.S., 19 de junio de 1969.

1. El otorgamiento de la franquicia no sería exclusivo.
2. La duración de la franquicia no excedería de veinte años.
3. El cabildo estaba autorizado para rescindir una franquicia por falta de cumplimiento, tras un aviso con treinta días de anticipación y una audiencia pública.
4. El tenedor de la franquicia debería presentar al cabildo un estado financiero anual completo, y el cabildo tendría derecho a inspeccionar los registros del tenedor.
5. El cabildo tendría el derecho de adquirir el sistema CATV al costo de reproducción.
6. El oficial mayor del cabildo estaría autorizado para ajustar, arreglar o transigir cualquier controversia que pudiera surgir entre el cabildo, el tenedor de la franquicia o los suscriptores, aunque las partes agraviadas podrían apelar al cabildo.
7. El incumplimiento de los requerimientos temporales de la franquicia sería una causal de rescisión.
8. Dado que el incumplimiento de los requerimientos temporales produciría daños de evaluación costosa, se impondría una multa automática de setecientos cincuenta dólares diarios por cada día que el titular de la franquicia tardara en instalar el sistema del plazo de tres años fijado en la concesión.
9. Toda propiedad del titular de la franquicia que quedara abandonada en el lugar pasaría a ser propiedad del cabildo.
10. El titular de la franquicia debería obtener una fianza de cien mil dólares y renovarla anualmente.
11. Las propiedades del titular de la franquicia quedarían sujetas a la inspección del cabildo.
12. El sistema de CATV se instalaría y mantendría de acuerdo con las "normas más altas y mejor aceptadas" de la industria.

1.1 *La operación del proceso de licitación*

Las anteriores eran las reglas básicas de la autoridad legislativa y la operación. Pero en lugar de solicitar licitaciones de inmediato, el Departamento de Servicios Generales inició una serie de discusiones preliminares con los candidatos a la obtención de franquicias.[3] Simultáneamente, se pidió a grupos de la comunidad su consejo sobre los tipos de servicios a ofrecer. El diálogo resultante trataba de obtener información acerca del costo, las características de la demanda, las capacidades técnicas, etc., que ayudaría a definir el "servicio básico", lo que más tarde se estipularía en el contrato. Así se facilitaría la comparación entre los licitantes de un servicio estandarizado.

Diez meses más tarde, el 30 de abril de 1970, el cabildo de Oakland informó

[3] Mark Leh, gerente asistente de Servicios Eléctricos del Departamento de Servicios Generales de Oakland, me describió el periodo del diálogo.

a cinco solicitantes que recibiría sus peticiones enmendadas para construir, operar y mantener una franquicia no exclusiva del sistema CATV dentro de la ciudad. Las características principales de la invitación, para los fines de este apéndice, eran:[4]

1. Se proveerían dos sistemas:
   a. El sistema A, que es el sistema básico, permitiría al suscriptor recibir toda la banda de radio FM y doce canales de TV distribuidos como sigue: nueve canales locales fuera del aire; uno o más canales de emisión local de nueva creación; y un canal asignado a la ciudad y al distrito escolar. El pago de un cobro mensual "x" más las cuotas de conexión (véanse los renglones 5 y 6 más adelante) permitirían que el suscriptor recibiera el sistema A.
   b. El sistema B proveería una programación especial y otros servicios. Sin embargo, no se especificaba la composición de la programación y de los otros servicios. Los cobros por el sistema B serían determinados más tarde por el titular de la franquicia con la aprobación del cabildo.
2. Se atendería a todas las áreas ubicadas dentro de los límites de la ciudad de Oakland.
3. La duración de la franquicia sería de quince años.
4. El titular de la franquicia haría pagos anuales al cabildo, por valor de 8% de los ingresos brutos o de 125 000 dólares, la suma que fuese mayor.[5]
5. Se estipularon cuotas de conexión para cuatro clases de clientes,[6] comunes para todos los licitantes. Se estipuló además que no se cobrarían cuotas adicionales a los suscriptores por los apagadores o convertidores necesarios para recibir el sistema A.
6. La licitación básica consistía en la designación de la cuota mensual "x", que se cobraría a cada suscriptor por el primer aparato de TV t FM de su vivienda, con una cuota mensual adicional de 0.2 "x" que pagaría por cada aparato adicional en su vivienda. Esto facultaría al suscriptor para recibir el sistema A.
7. El titular de la franquicia proveería al distrito urbano y escolar cierto número de conexiones y servicios gratuitos, entre ellos las instalaciones de estudios para la emisión de hasta veinte horas semanales de programación.
8. Se instalaría un sistema de cable doble, y cada uno de los cables sería capaz de transportar el equivalente de treinta y dos canales de video. Se estipuló una serie de especificaciones técnicas mínimas acerca de la calidad de la señal, las características del cable, los métodos de instalación, los controles automáticos, etcétera.
9. Los requerimientos de servicios se describieron en términos generales. Los detalles serían definidos por el titular de la franquicia, sujeto a la aprobación del cabildo.
10. El sistema estaría completo en un 25% en el plazo de dieciocho meses contado

[4] Ciudad de Oakland, "Invitación a la presentación de solicitudes enmendadas para una franquicia del sistema de televisión de antena comunitaria", 30 de abril de 1970.

[5] La cifra de 125 000 dólares se acumuló en sucesivos incrementos anuales de 25 000 dólares, a partir de cero en 1970, hasta llegar a 125 000 dólares en 1975, continuando a ese nivel en lo sucesivo.

[6] Las cuatro clases de clientes eran: clientes no comerciales alojados en edificios de menos de cuatro unidades de vivienda; clientes no comerciales alojados en apartamentos de varias unidades, moteles, hoteles; clientes comerciales; y clientes especiales, incluidos los usuarios de baja densidad. El costo de la instalación era de 10 dólares para los suscriptores no comerciales alojados en edificios de menos de cuatro unidades de vivienda.

a partir de la aceptación de la franquicia, con un 25% adicional completado en cada uno de los periodos semestrales subsiguientes, de modo que el sistema estaría completo en su totalidad en el plazo de tres años.

11. Cada año podrían presentarse propuestas para la elevación de las tasas a los suscriptores. (No se presentaron criterios de indización o de otra clase.)

1.2 *Aceptación de la licitación*

El 1 de julio de 1970 se presentaron las licitaciones, la más baja de las cuales era la presentada por Focus Cable of Oakland, Inc., donde se estipulaba una "x" (véanse los rubros 1 y 6 anteriores) de 1.70 dólares por mes.[7] La siguiente licitación más baja fue la de Cablecom-General del Norte de California, que fijaba una tasa de 3.48 dólares.[8] La licitación de la Tele Promp Ter Corporation tenía una cifra de 5.95 dólares (Libman, 1974, p. 34).

Focus Cable informó al cabildo en el momento de su licitación que Tele-Communications, Inc., de Denver, Colorado, cuya participación había sido vital para la calificación de Focus como solicitante, había optado por retirarse de la propuesta de Focus Cable.[9] Focus Cable reorganizó la corporación bajo las leyes de California e incluyó una copia de los Artículos de Incorporación, fechada el 1 de julio de 1970, con su solicitud. En virtud de que Focus había presentado la licitación más baja (por un factor de dos), era el único licitante local y representaba a una minoría étnica,[10] el cabildo se resistía a rechazar su propuesta por falta de capacidad financiera y de calificaciones técnicas. Sin embargo, era evidente que el otorgamiento de la franquicia a Focus plantearía algunos peligros.

Tales peligros parecieron mitigarse grandemente cuando Tele Promp Ter Corporation propuso, el 16 de julio de 1970, que participaría en una empresa conjunta con Focus Cable para construir y desarrollar la franquicia de Oakland. Como parte de la empresa conjunta, Tele Promp Ter aceptó proveer todo el financiamiento necesario para el proyecto.[11] No se reveló por qué estaba Tele Promp Ter dispuesta a hacer esto por una cuota mensual menor de 30% de su propia licitación. Presumiblemente, sin embargo, la perspectiva de ganar rendimientos sustanciales en el sistema B fue uno de los factores.[12] En una carta fechada el 21 de julio de 1970, Focus Cable informaba al

[7] Solicitud enmendada de una franquicia para construir, operar y mantener un sistema de televisión de antena comunitaria dentro de la ciudad de Oakland, presentada por Focus Cable of Oakland, Inc., 1 de julio de 1970.

[8] Memorando del oficial mayor al cabildo, 28 de septiembre de 1970, p. 3.

[9] Véase antes, nota 7.

[10] La participación de un grupo minoritario en el cable —en la propiedad, el empleo y la programación— se destaca en la literatura de la CATV (CTIC, 1972c, p. 13). La Comisión Federal de Comunicaciones requiere que los operadores del cable establezcan planes de acción afirmativos (CTIC, 1972a, p. 34).

[11] Carta de Leonard Tow, vicepresidente de Tele Promp Ter Inc., a Harold Farrow de Focus Cable, 16 de julio de 1970.

[12] La tarifa del sistema B no se incluyó en la licitación original sino que habría de negociarse más tarde. Tal como sucedieron las cosas, y como probablemente debiera haberse previsto, la mayoría de los suscriptores optaron por recibir el sistema B, a una tarifa considerablemente mayor que la del sistema A.

cabildo de Oakland que "el financiamiento propuesto por Tele Promp Ter para Focus proveerá la conjunción ideal de los inversionistas locales, la pericia en CATV y el poder financiero global para desarrollar en la mejor forma posible la franquicia de CATV en Oakland".[13] La contribución de Focus a esta conjunción ideal fueron sus atributos de inversionista local.

El acuerdo entre Focus y Tele Promp Ter establecía que cada una de estas empresas tendría una propiedad igual al principio, pero Tele Promp Ter convertiría esto a un interés mayoritario inmediatamente y podría ejercer opciones, después del primer año, que le darían la propiedad de 80% del acervo de capital existente.[14] Se pensó que la participación de Tele Promp Ter garantizaría la terminación de las negociaciones. Un informe del oficial mayor y el jefe del Departamento Jurídico del Cabildo, fechado el 28 de septiembre de 1970, concluía lo siguiente:[15]

> Una parte del concepto de los sistemas A y B en las especificaciones era, mediante solicitudes competitivas, la obtención de una tasa suficientemente baja en el sistema A que alentara el desarrollo temprano del sistema B. Los técnicos creen que la tasa baja propuesta por Focus motivaría tal desarrollo. De igual modo, la tasa baja asegurará la utilización más amplia del sistema A por parte de las familias de todos los estratos económicos.
>
> Focus es el licitante que ha presentado la tasa mensual básica más baja para los suscriptores. Se ha preguntado si Focus satisface las especificaciones en vista de los cambios ocurridos en su organización. Desde un punto de vista legal, el cambio organizativo no hace que Focus no merezca nuevas consideraciones por parte del cabildo. Los técnicos creen que los acuerdos propuestos entre Focus y Tele Promp Ter, con las garantías adicionales de Tele Promp Ter, producirán una útil combinación de representación local inicial con una de las empresas de CATV más grandes y mejor calificadas de los Estados Unidos.

Focus Cable y Tele Promp Ter Corporation celebraron un Acuerdo de suscripción el 21 de septiembre de 1970, en previsión del otorgamiento de la franquicia. Los organizadores de Focus pagarían 200 acciones a 10 dólares cada una.[16] Además el acuerdo establecía:

> La corporación comprará equipo y productos a TPT [Tele Promp Ter] para usarlo en sus actividades en preferencia a otras fuentes en la medida en que la calidad y el acabado de tal equipo y tales productos sean comparables a los de otras fuentes. Si TPT vendiera tal equipo o tales productos a la corporación, el precio no excederá de una cantidad que sea razonablemente comparable al de equipos y productos similares obtenidos de un proveedor independiente y no muy lejano.[17]

El acuerdo de suscripción establecía también la opción de Tele Promp Ter para adquirir una posición de propiedad de 80% a un precio de opción de 10

[13] Carta de Focus Cable al oficial mayor de Oakland, 21 de julio de 1970.

[14] Acuerdo de restricción de transferencias y compras de acciones, 21 de septiembre de 1970, Apéndice A del Acuerdo de Suscripción de Focus Cable of Oakland, Inc.

[15] Véase la nota 8 anterior.

[16] Véase el Acuerdo de Suscripción, nota 14 anterior, p. 2.

[17] *Ibid.*, p. 12.

dólares por acción.[18] La compra de 800 acciones a 10 dólares por acción daría así a Tele Promp Ter una posición de 80% de propiedad por un desembolso de 8 000 dólares.

El cabildo de la ciudad de Oakland otorgó la franquicia de CATV a Focus Cable el 10 de noviembre de 1970.[19] Focus Cable aceptó la franquicia el 23 de diciembre de 1970.[20]

1.3 *Ejecución de la franquicia*

El 10 de marzo de 1971, Focus Cable solicitó para el sistema B una tarifa de 4.45 dólares mensuales, la que se aprobó al día siguiente.[21] La tarifa combinada para el sistema A y el sistema B ascendió así a 6.15 dólares por mes.

La construcción, que debería terminarse el 28 de diciembre de 1973, no avanzó con la rapidez calculada en las especificaciones de la franquicia, se suscribieron al servicio menos familias de las esperadas, y los costos aumentaron. Focus Cable apeló al cabildo para que se renegociaran los términos de la franquicia. Se buscó una reducción del periodo de castigo y de la cuota de castigo; se pidió una extensión del periodo de construcción; y se propuso una reducción de los requerimientos del cable. El equipo técnico de la Oficina de Servicios Generales resumió los cambios solicitados como sigue:

> Focus pide que la nueva construcción se limite a un configuración de cable troncal doble con un solo cable alimentador; que se otorgue una extensión de dos años para la construcción; que sólo se atienda 90% de las familias al final de los dos años, mientras que al restante 10% sólo se le servirá bajo condiciones especificadas; que la activación del sistema de cable doble se difiera hasta que se desarrolle una demanda adecuada; que se condonen los pagos de daños por las demoras de la construcción; que continúen las tasas de 1.70 dólares por los servicios básicos y 6.15 dólares por los servicios ampliados pero se incrementen las tasas adicionales fijadas; que los servicios de ampliación a los suscriptores se reduzcan de 38 a 30 canales; y que se reduzcan las asignaciones al aspecto de la ciudad y las escuelas.[22]

Los técnicos consideraron luego cuatro opciones: 1) insistir en el cumplimiento de los términos de la franquicia original; 2) negociar un acuerdo revisado con Focus; y terminar la franquicia, para lo cual 3) se solicitarían propuestas de otros operadores de cable comercial, o 4) se pasaría la franquicia a la propiedad pública. La primera opción se rechazó porque requeriría gran esfuerzo para que la ciudad "obtuviera un resultado satisfactorio de un operador recalcitrante. Proliferarían las quejas de los ciudadanos por el servicio, cuya solución requeriría un esfuerzo enorme, de modo que podrían

[18] Véase la nota 14 anterior, p. 6.

[19] Ordenanza núm. 8246 C.M.S. de la ciudad de Oakland, 10 de noviembre de 1970.

[20] Declaración de Leonard Tow, tesorero de Focus Cable of Oakland, a la ciudad de Oakland, 23 de diciembre de 1970.

[21] Resolución núm. 51477 C.M.S., del cabildo de Oakland, 11 de marzo de 1971.

[22] Carta de la Oficina de Servicios Generales a la Oficina del oficial mayor, 5 de abril de 1974, página 1.

surgir algunos litigios".[23] La tercera opción se rechazó porque se consideró improbable que otros operadores proveyeran algo más que los "requerimientos mínimos del Informe y Orden de Televisión por Cable de 1972 [...] una capacidad de 28 canales, cierta capacidad de dos sentidos, tres canales para el uso local, y una programación local 'significativa'", cuyos ofrecimientos se consideraron "mucho menores que los que se obtendrían con las revisiones recomendadas en la planta de Focus".[24] Además, se rechazó la propiedad pública por razones filosóficas y financieras.[25] Consiguientemente se propuso la segunda opción, que el cuerpo técnico consideraba una solución de transacción.[26]

En el curso de la revisión de los problemas de Focus Cable, el equipo de técnicos informó que Focus pretendía haber invertido hasta la fecha 12 600 000 dólares, y estimaba Focus que esta suma aumentaría a 21 400 000 dólares si se completara el sistema doble. Los técnicos cuestionaron estas cifras y ofrecieron su propia estimación de 18 684 000 dólares como el costo de capital del sistema doble completo. Como contraste, la estimación original de Focus ascendía a 11 753 000 dólares. Los técnicos atribuyeron el aumento con respecto a la estimación inicial a "posibles malos manejos de las actividades de construcción; la inflación, que se agravaba por el hecho de que Focus no estaba cumpliendo el calendario de construcción original; y una subestimación, por parte de Focus, del kilometraje y los costos unitarios necesarios para la construcción del sistema de Oakland".[27]

Dado que ya se había completado y proveído de cable doble a 55% del sistema, o sea 700 kilómetros, los técnicos recomendaron que se completara el sistema como un sistema de cable doble. Pero el segundo cable sólo sería energizado en una fecha posterior. Así se reduciría la capacidad de canales del sistema B y se esperaba una reducción de las asignaciones en el espectro urbano y escolar. El suscriptor del servicio ampliado (ahora designado A/B) recibiría 12 canales en el sistema A y 18 canales en el sistema B.[28] Los técnicos estaban también de acuerdo con la propuesta de que se otorgara una extensión de dos años para la construcción y que se intentara sólo el 90 y no el 100% de la cobertura.[29] Además, los técnicos recomendaron que Focus pagara al cabildo 240 000 dólares por ingresos perdidos, debido a la demora, durante el periodo de 1973 a 1976, y que todas las demoras posteriores a diciembre de 1976 se evaluaran a la tasa de 250 en lugar de 750 dólares diarios.[30] Por último, los técnicos recomendaron que la tarifa mensual por la conexión inicial del sistema A permaneciera en 1.70 dólares y que la conexión inicial del sistema B permaneciera en 4.45 dólares (de modo que el sistema A/B permaneciera en 6.15 dólares), pero que la tarifa mensual sobre los aparatos

[23] *Ibid.*, anexo, p. 4.
[24] *Ibid.*, anexo, p. 5.
[25] *Ibid.*, anexo, p. 5.
[26] *Ibid.*, anexo, p. 8.
[27] *Ibid.*, anexo, p. 8.
[28] *Ibid.*, anexo, pp. 10-11.
[29] *Ibid.*, anexo, pp. 8-9.
[30] *Ibid.*, anexo, pp. 11-12.

adicionales para el sistema A aumentara de 0.34 a 1.70 dólares, y la tarifa para los aparatos adicionales del sistema B se fijara en 3.00 dólares.[31]

La "transacción" que surgió finalmente y fue aprobada por el cabildo tenía las disposiciones siguientes:[32] 1) Se permitió un cambio del sistema doble a un sistema de cable sencillo, entendiéndose que se instalaría una capacidad de transmisión adicional en el término de un año después de que se determinara que la "capacidad de transmisión adicional atraería ingresos suficientes para proveer una tasa de rendimiento anual, sobre la inversión bruta requerida, equivalente a 10% anual a lo largo de 10 años".[33] 2) La cuota mínima por la franquicia se aumentó 25 000 dólares en 1974 y así en cada uno de los años siguientes. 3) Los daños se evaluaron a la tasa de 250 dólares diarios a partir del 18 de diciembre de 1973, hasta la primera lectura de la franquicia enmendada —lo que se tradujo en un castigo de 36 000 dólares—, en lugar de 750 dólares diarios por todo el periodo a partir del 18 de diciembre de 1973, hasta la terminación del sistema, un castigo que habría sido mayor por un factor de 20 o más y que podría precipitar la quiebra. 4) Se aprobó un calendario de construcción diferido. Finalmente, 5) la tarifa mensual para las conexiones adicionales se aumentó de 0.34 a 1.70 dólares mensuales en el sistema A, y se fijó en 3.00 dólares mensuales en el sistema B.

El 30 de mayo de 1974, el cabildo promulgó una ordenanza que reflejaba la mayor parte de esos cambios.[34] Los abogados de Focus enviaron Cartas de Aceptación de Focus y de Tele Promp Ter el 14 de junio de 1974, así como un cheque de Tele Promp Ter Corporation, a la orden de la ciudad de Oakland, por valor de 36 000 dólares.

El 15 de noviembre de 1974, Focus Cable presentó un informe de sus progresos en el que aparecía que estaban conectados 11 131 suscriptores. Setecientos setenta de tales suscriptores tomaron el servicio básico a 1.70 dólares por mes (206 de los cuales tenían aparatos adicionales), y 10 361 tenían el servicio ampliado a 6.15 dólares por mes (974 de los cuales tenían aparatos adicionales). Eso representaba una tasa global de penetración de 36%.[35] La Oficina de Servicios Generales recomendó que se retuviera a Cable Dynamics, Inc., de Burlingame, California, como consultores para "elaborar y aplicar pruebas a fin de establecer el grado de cumplimiento" de los requerimientos técnicos de la franquicia.[36] Cable Dynamics estimó que los costos ascenderían aproximadamente a 10 750 dólares entre el otoño de 1974 y junio

[31] *Ibid.*, anexo, pp. 12-13.

[32] Memorando de la Oficina de Servicios Generales a la Oficina del oficial mayor donde se resumen las acciones acordadas por el cabildo en las sesiones de trabajo relacionadas con Focus Cable, 22 de abril de 1974.

[33] *Ibid.*, anexo I.

[34] Ordenanza núm. 9018 C.M.S. de la ciudad de Oakland, Ordenanza de enmienda núm. 8246 C.M.S., y Ordenanza núm. 7989 C.M.S., referente a la franquicia de un sistema de televisión de antena comunitaria, 30 de mayo de 1974. Las únicas excepciones importantes del compromiso descrito en el texto son las siguientes: la tarifa de la conexión adicional para el sistema B se fijó en 1.30 dólares por mes, y se estipuló que el sistema B no proveería menos de 18 canales de video.

[35] Anexo a la Carta de la Oficina de Servicios Generales al oficial mayor, 20 de noviembre de 1974.

[36] Carta, *Ibid.*, p. 2.

de 1976.[37] Focus aceptó rembolsar estos costos al cabildo siempre que no excediera de los 10 750 dólares.[38]

2. Una evaluación

Los procedimientos del otorgamiento de franquicias empleados por la ciudad de Oakland, especialmente en la etapa de remuneración inicial, no carecen de mérito. Por ejemplo, comparados con los de la ciudad de Nueva York, que otorgaron contratos a 20 años, no competitivos, a Manhattan Cable TV y a Tele Promp Ter, para la provisión de CATV en Manhattan,[39] el ejercicio de Oakland tenía la apariencia de una genuina competencia de licitación. Las especificaciones de las franquicias estaban estandarizadas y, por lo menos en cuanto al sistema A, cuidadosamente descritas. Así se facilitaba la competencia de licitación en términos de una promesa sencilla de vender barato (designando el valor "x" al que se proveerían los servicios del sistema A). Sin embargo, surgieron numerosos problemas, muchos de los cuales se previeron en la discusión de los contratos incompletos a largo plazo. Consideremos cada una de las desventajas antes descritas que afectan a veces a los otorgamientos de franquicias: 1) la artificialidad u oscuridad del criterio del otorgamiento inicial; 2) el surgimiento de problemas de ejecución en cuanto a precios, costos, otros desempeños, y términos políticos, y 3) la ausencia de una paridad de licitación en el momento de la renovación del contrato.

2.1 *El otorgamiento inicial*

El otorgamiento de la franquicia sobre la base de la licitación más baja de "x" para el abasto del servicio del sistema A simplificaba el criterio de la concesión, pero la promesa del abasto barato resultó falsa. La falta de atención al sistema B (que se trató como un servicio futurista y, excepto por los requerimientos de la capacidad, se dejó relativamente indefinido) en lo que se refería a la calidad y al precio puede haber contribuido a la licitación "temeraria" por parte de Focus. Pronto surgieron las manipulaciones en el otorgamiento de la franquicia.

Fue un error la consideración del sistema A, que proveía esencialmente señales mejoradas fuera del aire, como el "sistema básico", Más de 90% de los suscriptores tomaron el servicio A/B combinado, aunque el servicio adicional así obtenido era relativamente insignificante (sobre todo la importancia de las señales distantes). Sin embargo, la tarifa del servicio combinado era tres y media veces mayor que la del servicio básico del sistema A. No hay duda de que un esfuerzo más cuidadoso para evaluar desde el principio las preferencias de los suscriptores habría revelado que el sistema A carecía de atractivo. De hecho, dado que la mayoría de los tenedores potenciales de la

[37] Anexo a la carta, *Ibid.*
[38] Carta, véase la nota 25 anterior, p. 2.
[39] *New York Times*, 29 de julio de 1970, p. 1.

franquicia estaban experimentando con la provisión de servicios de CATV en otras áreas, resulta difícil entender la preocupación por los servicios del sistema A durante las extensas pláticas sostenidas antes del contrato entre los otorgantes de la franquicia y los titulares potenciales. No puede descartarse la posibilidad de que los técnicos hayan sido engañados en forma boba y deliberada durante estas pláticas previas.[40]

Como quiera que ello haya ocurrido —dadas las incertidumbres de la demanda y la tecnología asociadas a la CATV (CTIC, 1972c, pp. 5, 12) y la complejidad del servicio en cuanto a la calidad y la composición del producto—, la reducción del criterio del otorgamiento al precio de cotización más bajo para el sistema A generó una competencia tensa y quizá espuria.

2.2 *Las dificultades de la ejecución*

a. *Relaciones de precios y costos*

Resulta dudoso que la cotización de Focus, de 1.70 dólares mensuales para el sistema A, pueda considerarse cercana al "costo de producción por unidad", en vista de los factores siguientes: 1) la disparidad existente entre los precios de las cotizaciones hace surgir dudas acerca de la conducción de una competencia económicamente significativa; 2) los precios del sistema B, que parecen ser la dimensión más adecuada, se negociaron luego de la competencia de cotizaciones, y 3) los niveles correctos de los costos resultan difíciles de determinar, en parte porque la relación de abasto verticalmente integrado los oscurece, en parte porque las tasas inflacionarias han sido anormalmente elevadas durante el periodo de construcción, y en parte porque los técnicos carecen de facultades de auditoría. Es evidente que Focus y los técnicos de la Oficina de Servicios Generales, al igual que el cabildo, están involucrados en una relación de negociación a largo plazo por los precios y los costos donde intervienen los intereses políticos, los intereses burocráticos y la viabilidad de la franquicia.

b. *Otros atributos de la actuación*

La estipulación de que el sistema de CATV se instalara y mantuviera de acuerdo con las "normas más elevadas y mejor aceptadas" de la industria, aunada a las especificaciones técnicas, no generó un resultado de calidad bien definida.[41] La Oficina de Servicios Generales ha registrado tantas quejas

[40] Como dice Posner, resulta peligroso permitir que una oficina pública declare por sí misma las preferencias de los suscriptores en lo referente al servicio.

[41] Esto puede deberse en parte al hecho de que "una calidad de señal inicialmente elevada puede degradarse lentamente a través del tiempo, hasta el punto de que la calidad de la señal no sea aceptable" (CTIC, 1973, p. 9); y en parte a que la calidad de la señal es multidimensional y varía con la capacidad del sistema para recibir señales del aire y de microondas, así como los atributos de las cabezas y del cable (CTIC, 1973, pp. 19-24).

de los clientes en relación con la calidad[42] que los técnicos no se dan abasto para evaluar la calidad del servicio y han tenido que contratar a un consultor para que verifique el grado de cumplimiento del servicio con los requerimientos técnicos.

c. *La política*

Es incierto que la cotización ganadora de Focus incluyera la "compra interna". La inferencia de que hubo una compra interna está apoyada por las consideraciones siguientes: 1) La cotización más baja siguiente duplicaba la de Focus, mientras que la de Tele Promp Ter la superaba en más de tres veces. 2) La cronología y la naturaleza de la reorganización de Focus sugieren una estrategia oportunista a fin de que, una vez adentro, la autoridad otorgante de la franquicia se inclinara a trabajar con Focus y sus afiliados en términos de acomodo. 3) La autoridad otorgante de la franquicia consideró con simpatía la calidad de licitante local de Focus y evidentemente apoyaba el politiqueo.[43] Por último, 4) Este juicio se refuerza con las extensas renegociaciones emprendidas por Focus, con evidente éxito: los técnicos del cabildo aceptaron la mayor parte de las solicitudes de Focus, y el cabildo aprobó una "transacción" en la que se difería la energización del segundo cable (con una reducción de los servicios del sistema B a 18 canales); se incrementó ligeramente la cuota de la franquicia anual; se redujeron drásticamente los daños; se extendieron los plazos de la construcción y se incrementaron las tasas de las conexiones adicionales de los sistemas A y B.

2.3 *La adquisición o la transferencia sin fricciones*

Aunque la ordenanza respectiva consideraba la compra de la planta y el equipo del titular de la franquicia, era evidente que el cabildo no estaba dispuesto a perturbar la concesión original. Las razones parecen ser que el titular de la franquicia está estratégicamente ubicado para negociar —en

[42] La existencia de quejas de los clientes acerca de la calidad del servicio surgió en una entrevista con Mark Leh (véase la nota 8 anterior).

[43] Libman (1974) afirma que el otorgamiento de la franquicia de la CATV de Oakland al grupo Focus, a pesar de su falta de experiencia y de financiamiento adecuado, así como la ejecución posterior de la franquicia, parecen haber sido influidas por consideraciones políticas. Un caso más claro y escandaloso surgió en la competencia de la CATV de Johnnstown, Pensilvania, donde Irving Kahn, el anterior ejecutivo principal y presidente de Tele Promp Ter, el operador de TV por cable más grande del país, fue enjuiciado y condenado por soborno y perjurio. Kahn ha admitido también que sobornó a funcionarios públicos de Trenton, Nueva Jersey, para ganar sus votos. La política parece haber sido también un factor decisivo en el otorgamiento de franquicias de CATV en la ciudad de Nueva York. (Véase la nota 39 anterior.) No sabemos si esto se aplica más generalmente a las concesiones de CATV en ciudades grandes. La incidencia de la corrupción respecto al otorgamiento de franquicias para otros tipos de servicios está también en tela de duda.

términos de las interrupciones del servicio y de los gastos legales y de otras clases que incluiría la rescisión de la franquicia— y la consiguiente falta de decisión de las autoridades otorgantes de la franquicia. Esta falta de resolución parece imputable a la estructura de las remuneraciones en las oficinas. Imposibilitadas para apropiarse de las ganancias potenciales de la reasignación de la franquicia y poco dispuestas a aceptar sus errores, las oficinas prefieren el "acomodo" siempre que surjan dificultades de ejecución del contrato.

Las interrupciones y los gastos que se experimentarían a la terminación de la franquicia se explican presumiblemente, por lo menos en parte, por los problemas de activos físicos y humanos de las clases analizadas en el apartado 3. En vista de la ausencia de reglas para la valuación de la planta y el equipo de CATV que sean a la vez racionales, claras y de empleo barato, es de esperarse que surjan algunos problemas de valuación de activos.[44] Dado que todavía no se han elaborado tales reglas (y quizá no podrían haberse elaborado en forma realista) para la franquicia de Oakland, todo esfuerzo de adquisición de la planta física en cuestión afrontaría de hecho gastos legales y demoras.

El riesgo de las interrupciones del servicio y el mal funcionamiento relacionado aumentarían si los activos humanos asociados a la franquicia hubiesen adquirido, en un proceso de aprendizaje en el trabajo, peculiaridades de tareas no triviales. En virtud de que los técnicos del cabildo carecían de preparación en el área de CATV y evidentemente se resistían a solicitar cotizaciones de otros operadores experimentados en esa materia (posiblemente porque los técnicos no querían correr el riesgo de verse en aprietos si el nuevo operador resultara también deficiente), tendría que arreglarse la transferencia de activos si se intentara la propiedad del cabildo. El incentivo existente para el cambio del titular original de la franquicia se atenuaría en la medida en que no pudiera preverse una transferencia de tales activos humanos sin fricciones.

La conclusión es que, a pesar de las buenas intenciones, la licitación de franquicias de CATV *sin asistencia*, conducida y ejecutada en condiciones de incertidumbre, tiene propiedades dudosas. La oficina otorgante de la franquicia que asume una postura de acomodo sólo está legitimando el monopolio, mientras que un esfuerzo concertado para ejercer el control requiere que la oficina adopte una postura reguládora. Así se tensa la dicotomía

[44] En efecto, surgieron tales problemas. Por ejemplo, la estimación del sistema completo, hecha por Focus, superaba en casi tres millones de dólares a la de los técnicos del cabildo. Adviértase también que no conviene permitir que el titular de la franquicia se afilie a una empresa proveedora de equipo y productos para la construcción de la planta. Aquí se corre el riesgo de que se sobrefacturen los costos de la adquisición de estos bienes a fin de elevar la base de la tarifa de la franquicia y mejorar su posición de negociación durante las negociaciones de las tarifas. A pesar de las aseveraciones de que se adquirirá el equipo en términos competitivos, la vigilancia de ello resulta costosa, y por consecuencia sus violaciones son difíciles de probar. Los técnicos del cabildo de Oakland sospechan un aumento indebido de los costos del equipo en las estimaciones de valuación de la planta de Focus, pero admiten que no tienen pruebas concluyentes.

buscada entre los "controles reguladores" por una parte y las "fuerzas económicas naturales" por la otra. Se confunden las cuestiones cuando se caracterizan como "naturales" las soluciones del mercado que en efecto se apoyan en un aparato administrativo de considerable complejidad.[45]

[45] Posner emplea esta dicotomía en su análisis del monopolio natural de 1969, en el que afirma que "incluso en los mercados donde la eficiencia dicte el monopolio, debiéramos permitir que las fuerzas económicas naturales determinaran la conducción de las actividades y su desempeño, sólo sujetas a las restricciones de la política antimonopólica" (1969, p. 549). Sin embargo, no examina en estos términos el problema de la CATV, sino que está a favor del esquema de la licitación auxiliado por el mercado que se describió en el apartado 3, el que tiene formidables problemas administrativos asociados.

XIV. LA ACCIÓN ANTIMONOPÓLICA

La acción antimonopólica ha sido masivamente reformulada en los últimos 20 años. Eso se debe en gran parte a la persistente crítica económica originada en la microteoría recibida. Tenemos un ejemplo en la declinación de la teoría de la palanca de las conexiones (Posner, 1979, p. 929). Algunas reformas son imputables a una apreciación creciente de los costos de transacción. La política pública hacia la organización de la empresa y el mercado se transforma inevitablemente a medida que se afianza el concepto de la empresa como una estructura de gobernación, y gracias a los esfuerzos hechos para evaluar los contratos complejos en una forma institucional comparada.

En el apartado 1 se describen las transformaciones de la política pública aplicada a las fusiones. En el apartado 2 se examinan las reformas de la contratación no convencional. En los apartados 3 y 4 se estudian algunos de los problemas novedosos y difíciles del análisis y la ejecución planteados por el comportamiento estratégico. Luego vienen las observaciones finales.

1. La política de la fusión

En los capítulos IV y XI se han descrito los cambios ocurridos en la política pública aplicable a las fusiones verticales y conglomeradas. No hay necesidad de repetirlos aquí. Sin embargo, la proposición de que la política pública de las fusiones ha experimentado una transformación importante resulta difícil de apreciar sin un examen de los detalles. Aquí trataré de presentar algunos antecedentes.

1.1 *Los años sesenta*

En los años sesenta floreció el análisis del poder del mercado. Eso se debió en parte a la aparición de estudios teóricos, empíricos y de políticas, donde se destacaba la importancia de los obstáculos que impedían la entrada de nuevos competidores. Pero también se debió al hecho de que la economía antimonopólica era gravemente deficiente en otros dos sentidos. Primero, había una subvaluación general de los beneficios sociales de la eficiencia. Segundo, había una tendencia generalizada a considerar la eficiencia con criterios muy estrechos, sobre todo en términos tecnológicos. Apenas había surgido una conciencia de los costos de transacción, ya no digamos una sensibilidad a la importancia de la economización. Se afirmaba en cambio que la empresa era una función de producción a la que se había asignado un objetivo de maximización del beneficio.[1] Se pensaba que las fronteras eficientes de las empre-

[1] Coase ha descrito el periodo de 1950-1970 como la época de la aplicación de la teoría de los precios en la organización industrial. Los textos principales se preocupan por "el estudio de las políticas de precios y producción de las empresas, sobre todo en las situaciones oligopólicas (llamadas a menudo un estudio de la estructura del mercado)" (Coase, 1972, p. 62). Para estos propósitos, se concebía la empresa esencialmente como una función de producción.

sas estaban determinadas por la tecnología. En consecuencia, se creía que los esfuerzos tendientes a aclarar las estructuras de la empresa y el mercado que violaban tales fronteras "naturales" tenían su origen en el poder de mercado.

La situación existente se plasma en la opinión vertida por la Comisión Federal de Comercio en *Foremost Dairies,* donde se afirma que la prueba necesaria de la violación de la sección 7 "consiste en la demostración de que la empresa adquirente posee un poder significativo en algunos mercados o que su organización global le otorga una ventaja decisiva de eficiencia sobre sus rivales más pequeños".[2] Aunque Donald Turner, entre otros, se apresuró a calificar esto como una mala legislación y mala economía (1965, p. 1324), ya que protege a los consumidores en lugar de promover los efectos de bienestar de la competencia, la comisión aplicó su razonamiento en Procter and Gamble y lo conectó con las barreras de la entrada en la forma siguiente:

> Al destacar como lo hemos hecho la importancia de las ventajas de la escala como un factor que eleva las barreras que impiden la entrada de nuevos competidores a la industria de detergentes líquidos, rechazamos como especioso en derecho e infundado de hecho el argumento de que la comisión no debiera proscribir una fusión tan productiva de "eficiencias" a fin de proteger a las pequeñas empresas "ineficientes" de la industria. La respuesta breve a este argumento es que, en un procedimiento bajo la sección 7, la eficiencia económica o cualquiera otro beneficio social resultante de una fusión es pertinente sólo en la medida que pueda tender a promover o retardar el vigor de la competencia.[3]

El hincapié en las barreras que impiden la entrada y la escasa importancia concebida a las economías aparecen también en la opinión de la Suprema Corte. Observó la Corte que la adquisición de Clorox por Procter podría

> [...] tender a elevar las barreras que impiden las nuevas entradas. La publicidad es la principal arma competitiva para la comercialización exitosa de los detergentes. Clorox estaba limitada en esta área por su presupuesto relativamente pequeño y su incapacidad para obtener descuentos sustanciales. En cambio, el presupuesto de Procter era mucho mayor; y aunque no destinaría todo su presupuesto a la publicidad de Clorox, podría desviar una gran porción para afrontar la amenaza a corto plazo de un nuevo competidor. Procter podría emplear sus descuentos por volumen en la comercialización ventajosa de Clorox. Así pues, un nuevo competidor se resistiría mucho más a enfrentarse a la gigantesca Procter que a la Clorox, mucho menor.
>
> Las posibles economías no pueden usarse como una defensa de la ilegalidad.[4]

El escaso aprecio de las economías llegó a tal punto que los acusados hostigados negaron los incrementos de la eficiencia. Así, Procter and Gamble insistió en que su adquisición de Clorox era inobjetable porque el gobierno no podía establecer definitivamente que surgirían algunas eficiencias:

> [El gobierno no puede probar] ninguna ventaja en la adquisición o el precio de las materias primas o en la adquisición o el uso de las instalaciones manufactureras

En *Foremost Dairies, Inc.,* 60 F.T.C. 944, 1084 (1962). Sin cursivas en el original.

[3] Citado en Bork (1978, p. 254).

[4] *Federal Trade Commission v. Procter and Gamble Co.,* 386 U.S. 568, 574 (1967).

necesarias o en la compra de botellas o en los costos de transporte [...] No hay prueba de ningún ahorro en ningún aspecto de la manufactura. No hay ninguna prueba de que pudieran emplearse instalaciones manufactureras adicionales en la producción de Clorox. No hay ninguna prueba de que alguna combinación de las instalaciones manufactureras generaría algún ahorro, aunque tal combinación fuese viable.[5]

Esta evaluación distorsionada de las economías tenía que cambiar, y lo hizo, pero no antes de que el magistrado Stewart, en una opinión disidente de 1966, afirmara que "la única consistencia que puedo encontrar es que en el litigio [de la fusión] bajo la sección 7 gana siempre el gobierno".[6]

1.2 *Desarrollos posteriores*

Las reformas de la acción antimonopólica de los años setenta se originaron en las críticas de los años sesenta. Se incluyen allí: 1) la insistencia de la Escuela de Chicago en que las cuestiones antimonopólicas se estudiaran a través del enfoque de la teoría de los precios; 2) las críticas relacionadas del enfoque de las barreras que impiden la entrada; 3) la aplicación del modelo de equilibrio parcial de la economía de bienestar para evaluar las relaciones existentes entre el poder de mercado y la eficiencia, y 4) una reformulación de la teoría de la corporación moderna en la que surgieron algunas consideraciones de la economía del costo de transacción. Otro factor contribuyente fue la reorganización del departamento de economía de la División Antimonopólica. Mientras que los economistas sólo apoyaban anteriormente a los abogados en la preparación y el litigio de las controversias, ahora debían evaluar los méritos económicos de las acusaciones antes de su presentación.

Richard Posner (1979) había enunciado en otra parte el enfoque de la Escuela de Chicago. Aunque se puede refutar la presentación que hace Posner de la controversia de Harvard contra Chicago (tal como aparecía en los años sesenta), está claro que el enfoque de la teoría de la palanca a la contratación no convencional ha cedido progresivamente su lugar a la interpretación de la discriminación de los precios preferida por Aaron Director (y sus discípulos y colegas).

La Escuela de Chicago criticó también la preocupación de la política de la fusión por las barreras que impiden la entrada. Se registraron objetivos de dos clases. El primero sostenía que el modelo básico de las barreras a la entrada, enunciado por Bain (1956) y refinado por Franco Modigliani (1958), trataba de ser un modelo del oligopolio sin llegar a serlo. Como dijera Stigler, los modelos de las barreras a la entrada resolvían los problemas del oligopolio mediante el asesinato: "La capacidad de los oligopolistas para ponerse de acuerdo sobre el precio límite y vigilarlo es aparentemente independiente del tamaño y el número de los oligopolistas" (1968, p. 21). Dicho de

[5] El rechazo de las eficiencias apareció en el escrito de alegatos de Procter and Gamble como demandada en el litigio de Clorox. Véase Fisher y Lande (1983, p. 1582, n. 5).

[6] *United States v. Von's Grocery Co.*, 384 U.S. 270, 301 (1966) (Stewart, J., disidente).

otro modo, el modelo no se ocupaba de la mecánica de realización de la acción colectiva. Por el contrario, simplemente suponía que aparecería la coordinación requerida para obtener un precio límite. Como veremos más adelante, los modelos recientes de la tradición de la barrera a la entrada han evitado ese problema ubicando explícitamente el análisis en un marco de "monopolista asentado"/duopolio. El examen de los problemas de la entrada en este contexto más limitado tiene algunas ventajas analíticas, pero las aplicaciones fuera del contexto de la empresa dominante sólo son apropiadas cuando se demuestra que se satisfacen las condiciones necesarias para la coordinación oligopólica.

La otra objeción al análisis de la barrera a la entrada se refiere a los abusos de su razonamiento en el campo de la política pública. El impedimento de la entrada no existe si no puede describirse ninguna configuración estructural superior, expresada en términos de bienestar. Por obvio que esto pueda parecer ahora, no ocurrió siempre de ese modo. Hubo más bien una tendencia generalizada a considerar las barreras de todas clases como algo contrario al interés social. Pero como ha dicho Robert Bork, "el problema para la acción antimonopólica es la existencia de barreras *artificiales* a la entrada. Debe tratarse de barreras que no sean formas de la eficiencia superior y que sin embargo impidan que las fuerzas del mercado [...] operen para destruir las posiciones de mercado que no se basen en la eficiencia" (1978, p. 311; sin cursivas en el original).

La distinción existente entre los impedimentos a la entrada remediables e irremediables se convierte así en el centro de la atención. Se gana poco la política pública, y se corren riesgos considerables de malos resultados, cuando se atacan las condiciones irremediables. El tratamiento erróneo de las economías de escala ilustra la cuestión. Supongamos que existen economías de escala y que el mercado tiene un tamaño suficiente para sostener a la más grande de dos tecnologías. Dado que los resultados superiores serán imputables a la tecnología menos eficiente sólo en condiciones muy insólitas los beneficios sociales netos deberán imputarse presumiblemente a las condiciones de la economía de escala. Pero la descripción de tales economías como "barreras a la entrada" no invita a esa conclusión; por el contrario, se alientan los juicios de bienestar erróneos.

El hecho de que los beneficios de la eficiencia se tuviesen en tan baja estima en los años sesenta se explica en parte por la opinión generalizada de que, entre dos estructuras alternativas —una de las cuales presenta al mismo tiempo un mayor poder de mercado y una eficiencia mayor que la otra—, deberá preferirse invariablemente la estructura más competitiva. Esa concepción estaba apoyada por el supuesto implícito de que incluso los pequeños efectos anticompetitivos superarían seguramente a los beneficios de la eficiencia para llegar a una valuación neta. La opinión de la Comisión Federal de Comercio en el sentido de que "la eficiencia económica o cualquier otro beneficio social [es] pertinente sólo en la medida en que tienda a promover o retardar el vigor de la competencia"[7] —donde se define la competencia en términos estructurales— es una indicación clara de tal pensamiento.

[7] Véase antes, la nota 3.

La aplicación del modelo básico de equilibrio parcial de la economía del bienestar a una evaluación de las ventajas del poder de mercado frente a las economías reveló que el sacrificio de las economías a cambio de la reducción del poder de mercado se obtenía a un costo elevado (Williamson, 1968). Aunque siguen disputándose los méritos de ese marco (Posner, 1975, p. 821), el enfoque general, si no es que el marco mismo, ha sido empleado desde entonces por otros autores. Bain fue uno de los primeros en reconocer los méritos de una defensa de las economías en la evaluación de las fusiones (1968, p. 658). Wesley Liebeler (1978), Robert Bork (1978) y Timothy Muris (1979) han hecho un uso extensivo del modelo de la relación de equilibrio parcial en su insistencia en que la acción antimonopólica que no toma en cuenta esa relación está mal informada y es contraria al interés social.

Un argumento común contra el análisis de la relación afirma que los tribunales están mal preparados para evaluar las pruebas y los argumentos económicos de esta clase (Bork, 1978). De hecho, sin embargo, una sencilla actitud sensible ante los méritos de las economías basta para evitar el razonamiento invertido de *Foremost Dairies*. Y aunque los errores del tipo de Schwinn sólo se evitan reconociendo que las economías pueden asumir formas del costo de transacción al igual que formas tecnológicas, los errores de la "tradición inhospitalaria" también se vuelven menos probables una vez que se da ese paso. La evaluación distorsionada de las economías de los años sesenta parece haber sido completamente superada por la literatura de las economías como una defensa antimonopólica (Fisher y Lande, 1983).

En efecto, no sólo no se consideran ya las economías como una característica anticompetitiva, sino que las Orientaciones para la Fusión del Departamento de Justicia, de 1984, declaran expresamente que "algunas fusiones que el Departamento podría combatir de otro modo pueden ser razonablemente necesarias para alcanzar importantes eficiencias netas. Si las partes de la fusión establecen con pruebas claras y convincentes que una fusión alcanzará tales eficiencias, el Departamento considerará las eficiencias al decidir si combatirá la fusión" (Departamento de Justicia de los Estados Unidos, 1984, Sec. 3.5). En efecto, las empresas que están proponiendo una fusión son invitadas ahora a presentar pruebas de las eficiencias en apoyo de la fusión, en lugar de suprimir tales pruebas (el criterio del poder de mercado) o negar la existencia de toda eficiencia (la condición perversa en que había caído la evaluación de la fusión en los años sesenta). Se considerarán las economías tecnológicas y del costo de transacción (apartados 3.5 y 4.24).

Aunque tal enfoque de la acción de fusión otorga a una rama administrativa del gobierno lo que algunos observadores podrían considerar una discreción excesiva, no hay elecciones sin costo. Sólo el tiempo dirá si los abogados y los economistas de la División Antimonopólica serán capaces de separar las pretensiones de eficiencia reales de las falsas, de modo que las leyes que rigen las fusiones se apliquen con ganancias sociales netas. Sin embargo, me siento cautelosamente optimista ante tal resultado.[8]

[8] Aunque yo no aconsejaría que se presentara y se llevara a cabo activamente una defensa completa de las economías en un tribunal si el Departamento decide combatir una fusión y el caso se lleva a juicio, el hecho de permitir que la demandada presentara las economías al

2. La contratación no convencional

La tradición inhospitalaria a la que me referí antes[9] sostenía que los modos no convencionales de la contratación eran presuntamente anticompetitivos. Además, el argumento era muy general. No se hacía ningún esfuerzo para delimitar las aplicaciones a un subconjunto de actividad donde se pensaba que las preocupaciones anticompetitivas eran especialmente severas. Más bien se afirmaba que las restricciones contractuales de clientes, territorios, y otras relacionadas, eran presuntamente ilegales, sin distinción alguna.

Esa posición se basaba en dos argumentos. El argumento afirmativo sostenía que los rivales, los distribuidores, los clientes, etc., se colocan de alguna manera "en desventaja" cuando se emplea la contratación no convencional. Eso se apoyaba en la idea de que las economías auténticas asumen una forma tecnológica, de modo que se realizan plenamente dentro de las empresas. Puesto que no se gana nada con la introducción de términos no convencionales en los intercambios del mercado, se presumía que el uso de restricciones contractuales tenía propósitos y efectos anticompetitivos.

Ambas líneas de argumentación están relacionadas y erradas. La noción de que todas las economías pertinentes tienen un origen tecnológico es la más obviamente errada de las dos. En el mejor de los casos es una ficción conveniente, como es de seguro evidente en el esquema de contratación del capítulo I (al que se ha hecho referencia repetidas veces a lo largo del libro).

Cuando se prohíben las restricciones contractuales en las actividades apoyadas por inversiones específicas se insiste, en efecto, en que todos los contratos $k > 0$ sean de la clase del nudo B. Eso es obvio que resulta ineficiente cuando se pueden obtener salvaguardas contractuales eficaces de la clase del nudo C. Además, conviene reiterar que la estructura del precio y la de la gobernación se determinan simultáneamente, en una relación consistente en lo que se refiere a su estructura interna.

Esto último introduce la contratación en sus consideraciones de la integridad. Se concluye fácilmente, al examinar un contrato en un punto del tiempo, que una de las partes del intercambio se ve afectada por la restricción —la parte restringida se comportaría de manera diferente si se eliminara tal restricción. Por ejemplo, los titulares de franquicias optarían con frecuencia por comprar insumos (productos; piezas de repuesto) a proveedores no autorizados, si se permitiera tal cosa. Eso demuestra supuestamente que la insistencia del fabricante en que sólo se compre a los proveedores autorizados es unilateral y anticompetitiva.

Tal concepción miope no reconoce que los términos de la franquicia original reflejan las restricciones asociadas. Por supuesto, es atractivo tener el pastel (precio bajo) y comérselo también (ausencia de restricciones), pero tanto la teoría como la práctica del contrato impiden tal cosa.

---

tribunal como parte de la justificación de su fusión podría tener efectos saludables. Esa propuesta, y algunas de las complicaciones que la acompañan, se examinan en otra parte (Williamson, 1968, pp. 113-114, y 1977, pp. 727-729).

[9] Véase el texto de la nota 9 del capítulo I, donde se adelanta una enunciación franca de la posición inhospitalaria.

El caso Schwinn, discutido en 1966 y decidido en 1967, refleja tales confusiones. En el apartado 6 del capítulo IV examinamos los argumentos principales y sus premisas. Con una excepción, no los repetiremos aquí. Sin embargo consideremos de nuevo las opiniones del gobierno sobre la integración vertical frente a las restricciones verticales: "una regla que trata con mayor tolerancia a los fabricantes que asumen por sí mismos la función de distribución que a quienes imponen restricciones a los distribuidores independientes sólo refleja el hecho de que, aunque la integración en la distribución beneficia a veces a la economía al generar ahorros de costos, los acuerdos celebrados para el mantenimiento de los precios de reventa o para imponer restricciones territoriales de duración ilimitada o limitaciones de establecimientos del tipo involucrado aquí nunca han producido economías comparables".[10] La clara preferencia de los modos de organización internos sobre los modos del mercado es consonante con la preocupación prevaleciente entonces por los aspectos tecnológicos y la omisión correspondiente de los costos de transacción.

Esa orientación no soportó la crítica subsecuente. El razonamiento errado de Schwinn sólo se corrigió un decenio más tarde, cuando la Suprema Corte decidió el caso de GTE-Sylvania. Sostuvo la Corte que

> las restricciones [verticales], en formas variables, se usan ampliamente en nuestra economía de libre mercado. [Además, mientras que] hay una opinión académica y una autoridad judicial sustanciales en apoyo de su utilidad económica, hay escasa autoridad en contraste. Desde luego, en este caso no se ha demostrado, en términos generales o en lo que respecta al acuerdo de Sylvania, que las restricciones verticales tengan o sea probable que tengan un "efecto pernicioso sobre la competencia", o que "carezcan [...] de toda virtud redentora" [...] En consecuencia, concluimos que debe revocarse la regla específica de *Schwinn*.[11]

La base intelectual para la evaluación de los méritos de modos de organización alternativos experimentó evidentemente cambios sustanciales en el intervalo de los diez años transcurridos entre estas dos opiniones. En consecuencia, se transformó la política pública.[12] Son también de esperarse

[10] Alegatos de los Estados Unidos en 58, *Unites States v. Arnold Schwinn and Co.*, 388 U.S. 365 (1967).

[11] *Continental T.V. Inc. et al. v.* GTE *Sylvania Inc.* 433 U.S. 36, 45 (1977). Tanto Richard Posner como Donald Turner, quienes habían colaborado en la redacción de los alegatos de Schwinn ante la Suprema Corte, se convencieron de que sus opiniones anteriores eran incorrectas y ayudaron a persuadir a la Corte para que se revocara su fallo anterior en el caso de GTE-Sylvania.

[12] George Stigler piensa de otro modo. Opina: "los economistas tienen sus glorias, pero no creo que el cuerpo de la legislación antimonopólica estadunidense se encuentre entre ellas. [...] Algunos casos parecen refinados y sensatos (por ejemplo, la decisión de la Sylvania, ampliamente aclamada), pero ¿por qué no habría de ocurrir esto con una fluctuación al azar?" (Stigler, 1982, p. 7).

Debe hacerse una distinción entre el lanzamiento de una moneda al aire y las decisiones razonadas. Si la Suprema Corte sólo decidiera los casos y no escribiera opiniones, podrían inferirse correctamente algunas fluctuaciones aleatorias. Después de todo, los estudiantes le atinan a veces en los exámenes de alternativas múltiples. Pero los estudiantes que tienen que desarrollar temas en exámenes escritos están sujetos a una revisión más extensa y profunda. No resulta fácil el desarollo de medidas de significación estadística para esos tipos de pruebas

revisiones subsecuentes de la política pública en cuanto a la discriminación de los precios, las restricciones de las franquicias, la reciprocidad, los sistemas de puntos de base, la contabilidad en bloque, etc., si la investigación reciente sobre estas cuestiones es igualmente persuasiva.[13]

Pero no debe concluirse que tales restricciones carezcan de problemas, so pena de que las defensas de las restricciones verticales se conviertan en la nueva ortodoxia. Por una parte, tenemos la advertencia habitual de que las restricciones verticales se usan a veces para apoyar los cárteles horizontales. El mantenimiento del precio de reventa, por ejemplo, puede servir a los fines del cártel de distribuidores; y las restricciones verticales pueden servir también para regularizar un cártel de fabricantes (la doctrina de las prácticas facilitantes). Pero los problemas son más profundos.

Consideremos por ejemplo una restricción vertical que tiene dos efectos: 1) ayuda a mitigar los efectos del viaje gratuito y así restablece los incentivos para el desempeño de actividades valiosas de promoción y de ventas y servicios relacionados, y 2) sirve como un instrumento de la discriminación de precios. El primer efecto favorece generalmente al interés público. El segundo puede hacerlo también, pero no necesariamente. Como he señalado en otra parte, los esfuerzos que se hacen para monetizar el excedente de los consumidores pueden generar ganancias privadas netas y pérdidas sociales netas si son sustanciales los costos de transacción consiguientes (Williamson, 1975, pp. 11-13). Específicamente, deben distinguirse tres efectos de la discriminación de precios: 1) se monetiza lo que había sido el excedente de los consumidores en un régimen de precios uniformes (llamemos a esto V_1); 2) el ingreso neto aumenta además por la venta de producto adicional permitida por la discriminación del precio (llamemos a esto V_2, y supongamos, por conveniencia, que la discriminación de precios es perfecta), y 3) se incurre en costos de transacción al introducir y vigilar la práctica por la que se logra la discriminación perfecta de los precios (llamemos a esto T). Se obtendrán entonces ganancias privadas netas si $\Delta\pi = V_1 + V_2 - T > 0$, pero sólo se obtendrá una ganancia social si $\Delta W = V_2 - T > 0$. Debe admitirse entonces la posibilidad de que $\Delta\pi > 0$ y $\Delta W < 0$. La monetización del excedente de los consumidores sobre el producto intramarginal es el factor problemático que genera este resultado mixto.[14]

más profundas. Pero no hay duda de que un argumento cuidadosamente razonado debe merecer mayor crédito que una "observación singular" del género volado o de la elección múltiple. (En cambio, las decisiones escasamente razonadas pero correctas pueden ser una indicación de la fluctuación aleatoria: decisiones correctas y meras palabras no serán suficientes.)

[13] Véanse las discusiones de los capítulos VII y VIII sobre Robinson-Patman, restricciones de las franquicias, y reciprocidad. Sobre los puntos de base, véase a David Haddock (1982). Sobre la contabilidad en bloque, véase a Kenney y Klein (1983).

[14] En realidad, $V_2 - T$ subestima la ganancia global; deben añadirse los beneficios sociales obtenidos al eliminar el viaje gratis. Sin embargo, supongamos que todavía se obtiene una pérdida social neta después de esa corrección. ¿Debiera prohibirse una restricción vertical que genere una pérdida social neta por comparación de la norma de intercambio discreto de la contratación del mercado? No necesariamente. Por una parte, es posible que la norma de la contratación discreta del mercado no sea la adecuada. Si la negociación de una restricción no genera precios uniformes sino que provoca el uso de una restricción inferior que tenga propie-

3. El comportamiento estratégico

Es enormemente complejo el estudio del comportamiento estratégico, o sea, de los esfuerzos de las empresas establecidas para tomar posiciones avanzadas en relación con los rivales efectivos o potenciales así como para responder punitivamente a los rivales nuevos. Los primeros modelos de las barreras que impiden la entrada destacaban la toma de posiciones *ex ante*.[15] Las investigaciones más recientes sobre la fijación predatoria de los precios han hecho hincapié en las respuestas *ex post*.[16]

Entre las objeciones que se han formulado o podrían formularse contra los primeros modelos de las barreras de entrada y las aplicaciones relacionadas a la fijación predatoria de los precios se encuentran las siguientes: 1) no se enuncian con cuidado las condiciones estructurales previas; 2) se supone, pero no se demuestra, que la obstrucción de la entrada es más atractiva que su aceptación; 3) se concentra la atención en los costos totales, pero la composición de los costos y las características de los activos son fundamentales y han sido omitidas; 4) son débiles los incentivos para dedicarse a la depredación, y 5) se afirman, pero raramente se analizan, las asimetrías de los costos existentes entre las empresas establecidas y los rivales potenciales. La investigación reciente ha avanzado con cada una de estas objeciones.

3.1 *Condiciones estructurales previas*

Como antes vimos, los primeros modelos de las barreras que impiden la entrada trataban de ser modelos del oligopolio. Pero no se examinaba la forma en que los oligopolistas lograban una concurrencia efectiva de la acción del mercado en cuanto a precios, niveles de producción, inversiones, etc. Por lo tanto, era cuestionable la pertinencia de tales modelos fuera del contexto de la empresa dominante.

Los modelos recientes de la tradición de las barreras han abandonado esencialmente la pretensión oligopólica. En cambio, se plantean los problemas en un contexto duopólico entre un "monopolista asentado" y un rival potencial. Quienes aplicarían tales modelos al oligopolio tendrían presumiblemente la pesada carga de demostrar la posibilidad de su transferencia.

Se ha tenido un cuidado similar en la evaluación de las aseveraciones de depredación. Existe aquí el peligro de que se abuse del proceso legal para desalentar la rivalidad legítima. Hay un acuerdo creciente acerca de que las

---

dades de bienestar peores, la prohibición resultará contraproducente. Por otra parte, podría justificarse una regla específica que permita todas las restricciones verticales si, desde el punto de vista de la teoría de la decisión estadística, una regla de razón es demasiado costosa y otros esfuerzos de definición de filtros (de la clase propuesta por Easterbrook [1984]) son problemáticos. En ningún caso se justifica un retorno a la tradición de la inhospitalidad en razón de las "complicaciones" a las que hago referencia.

[15] Éste fue el énfasis principal, pero los supuestos conductistas acerca de la determinación de los precios en el periodo posterior a la entrada también intervinieron necesariamente.

[16] Sin embargo, debe reconocerse que las respuestas *ex post* varían con las inversiones *ex ante*.

condiciones estructurales previas que deben satisfacerse antes de que se tomen en serio las aseveraciones de la depredación son la concentración muy elevada y las barreras que impiden la entrada (Williamson, 1977, pp. 292-293). Joskow y Klevorick (1979, pp. 225-231), y Ordover y Willig (1981), están de acuerdo y proponen una prueba de "dos niveles" para la fijación depredatoria de los precios. El subconjunto de las industrias cuyo comportamiento estratégico amerita el escrutinio de la política pública parecería ser entonces el siguiente: 1) la situación del monopolista asentado y el duopolista; 2) los monopolios regulados; 3) las industrias de empresa dominante, y 4) lo que William Fellner ha llamado el "oligopolio del caso 3" (1949, pp. 47-49), una industria donde un agente externo (por ejemplo, un sindicato) aplica la acción colectiva.[17]

3.2 *La nacionalidad de la disuasión previa a la entrada*

En principio, la entrada puede impedirse en cualquiera de tres formas: 1) expandiendo la producción y la inversión en el periodo anterior a la entrada, para desalentar así el intento de entrar; 2) mediante la amenaza de respuestas agresivas después de la entrada, y 3) imponiendo desventajas de costos a los rivales. Más adelante nos ocuparemos de las dos últimas. La primera tiene el espíritu de Bain y Modigliani y ha sido examinada más recientemente por Avinash Dixit, quien modela el problema de la entrada en un contexto duopólico (1979, 1980). Eso le permite desplegar y evaluar simultáneamente la rentabilidad y la viabilidad de lograr que el monopolista asentado adopte cualquiera de tres posturas: 1) se comporte como monopolista sin restricciones; 2) aumente la producción y la inversión para disuadir la entrada, y 3) acepte la entrada asumiendo una posición de liderazgo de Stackelberg frente al rival. Dixit demuestra que la disuasión de la entrada es óptima cuando los costos fijos —de hecho, las inversiones durables específicas de la empresa— tienen un grado "intermedio", de modo que puede descartarse la queja de que la disuasión de la entrada es un resultado impuesto, más que derivado, si se satisfacen las condiciones requeridas.

3.3 *Costos, activos y credibilidad*

El modelo convencional de las barreras a la entrada supone que los rivales potenciales tienen acceso a la misma curva de costo total medio a largo plazo que las empresas establecidas. Pero se ignora la composición de los costos entre específicos y no específicos. Ello plantea la anomalía siguiente: las empresas existentes y los rivales potenciales son indistinguibles si todos los

[17] Se ha afirmado que el Sindicato de Mineros Unidos desempeñó esta función en la industria del carbón bituminoso (Williamson, 1967b).

costos son no específicos. La única política "efectiva" para la disuasión de la entrada cuando todos los costos son no específicos consiste en la igualación del precio con el costo total, lo que quiere decir que la disuasión de la entrada carecerá de propósito. El papel básico de los costos de infraestructura en la disuasión de la entrada resulta evidente en un examen de la formulación del problema de la entrada a manos de Dixit (1979).

Incluso concediendo que la disuasión de la entrada es óptima a veces, surge otra interrogante acerca de la magnitud de la distorsión que puede provocar un monopolio en razón de la asimetría temporal (el monopolista asentado tiene activos instalados desde el principio) y las condiciones del costo fijo. Schmalensee se ha ocupado recientemente de este problema y demuestra que el valor presente, antes de la entrada, de los beneficios excedentes que pueden obtener las empresas establecidas "no puede exceder del costo de capital (inicial) de una empresa de escala eficiente mínima", y que las economías de escala tienen en consecuencia escasa importancia cuantitativa desde el punto de vista del bienestar (1980, pp. 3, 8). Sin embargo, ese resultado es cuestionable porque omite los incentivos del efecto de reputación examinados más adelante, en el apartado 3.4.

Un problema relacionado al cual se le ha prestado atención es el de las amenazas creíbles. Esto se refiere al comportamiento posterior a la entrada que puede imputarse apropiadamente al monopolista asentado. Como observan Curtis Eaton y Richard Lipsey (1980, p. 721), las amenazas creíbles y las falsas asumen la misma forma, es decir, "si realizas la acción 'x', yo realizaré la acción 'y', lo que te hará lamentar 'x'". Pero las amenazas creíbles y no creíbles pueden distinguirse porque la parte que hace la amenaza realizará racionalmente la acción "y" sólo si se satisfacen las condiciones de la credibilidad. Si la respuesta Nash a "x" es en efecto la acción "y", la amenaza será creíble. Pero si a pesar de la amenaza ocurre "x", y los beneficios netos de la parte que formula la amenaza son mayores si se acomoda (realizando una acción "z" en lugar de "y"), la amenaza se percibirá como falsa antes que creíble. Dado que tales amenazas estarán vacías, Eaton y Lipsey han aconsejado que el análisis del comportamiento estratégico se concentre por entero en las amenazas para las que se satisface la credibilidad. La traducción de ese argumento a los términos de la inversión revela que el monopolista asentado debe invertir en *activos específicos de ciertas transacciones*, durables, si quiere conservar un mercado y disuadir la entrada de rivales.

3.4 *Efectos de la reputación*

La evaluación original de los beneficios de la depredación a manos de Robert Bork, el criterio de Areeda-Turner para la evaluación de la depredación, la medida de la distorsión del bienestar de Schmalensee,y el enfoque de las amenazas creíbles de Eaton y Lipsey se ocupan del problema de la entrada y la depredación en un contexto muy estrecho. Una empresa grande, establecida, afronta una amenaza de entrada bien definida, y su respuesta se evalúa enteramente en ese contexto bilateral. La racionalidad de la muerte de un rival (Bork, 1978), o de la disuasión de una empresa igualmente eficiente (que todavía no ha hecho compromisos irreversibles), se convierte en el foco de la atención (Eaton y Lipsey, 1980; 1981). Pero si el comportamiento punitivo transmite señales a ésa y otras empresas —en periodos futuros, en otras áreas geográficas, y posiblemente en otras líneas de comercio—, es posible que tales análisis subestimen el conjunto pleno de efectos a los que recurra el depredador potencial en su decisión de disciplinar a un rival. Para evaluar esto se requiere que el problema de la depredación se examine en un contexto más rico donde se admiten las asimetrías de la información y los efectos de la reputación.

Aunque sus análisis no hacen referencia a la composición de los costos —en particular, se omite la distinción entre costos específicos y no específicos—, y por esta razón son incompletos, los artículos recientes de David Kreps y Robert Wilson (1982), y Paul Milgrom y John Robert (1982), realizan un avance considerable en ese campo. Como dicen Milgrom y Roberts,

> La depredación surge como una estrategia racional, de maximización del beneficio [. . .] no porque resulte directamente rentable la eliminación del rival particular en cuestión, sino porque ello puede disuadir a los futuros rivales potenciales. Este efecto de disuasión se produce porque, al practicar la depredación, la empresa establece un prestigio como depredador [1982, p. 281].

Estos autores desarrollan el argumento en un marco intertemporal de la teoría de los juegos en el que se relaja el supuesto habitual de la información completa. El hecho de que los rivales potenciales se encuentren en la incertidumbre acerca de la interpretación del comportamiento de la empresa establecida resulta básico para su argumento. Como observan Milgrom y Roberts:[18]

> Hay numerosas razones para la existencia de este elemento de incertidumbre. Por una parte, los rivales que entran podrían estar [inseguros] acerca del juego en el que están participando. Por ejemplo, podría ocurrir que la empresa establecida pudiera participar efectivamente en algún juego más grande. [. . .] Otra posibilidad es que, en el juego que en realidad se desarrolla, la empresa establecida pueda comprometerse previamente a seguir un curso de acción agresivo y lo haya hecho así. Otros escenarios incluyen el hecho de que los rivales consideren que la empresa no se está comportando como un agente plenamente racional de la teoría de los juegos [Milgrom y Roberts, 1982, p. 303].

Y concluyen con la observación de que los actos de "depredación tendrán que practicarse raras veces. La amenaza creíble de depredación disuadirá a todos, menos a los rivales más duros" (Milgrom y Roberts, 1982, p. 304).

Así pues, la aseveración de que la depredación es irracional y puede descar-

[18] Kreps y Wilson expresan esto como sigue: "Si la situación se repite, de modo que convenga desarrollar una reputación, y hay alguna incertidumbre acerca de las motivaciones de uno o más de los jugadores, esa incertidumbre podrá afectar sustancialmente la actuación en el juego. No es necesario que haya mucha incertidumbre para que esto ocurra" (1982, p. 275).

tarse está evidentemente errada, o por lo menos tal parecería ser la postura juiciosa que debe mantenerse hasta que los enemigos de la depredación puedan demostrar los defectos de los enfoques recientes que presento.

Las aplicaciones nos llevan a preguntarnos si pueden reconocerse las circunstancias donde son fuertes los incentivos del efecto de reputación. Una consideración importante es el hecho de que se esté intentando la entrada local a un sector pequeño del mercado total donde la empresa establecida domine. La entrada exploratoria a un mercado geográfico local o a uno o unos cuantos productos relacionados de una línea mucho más amplia aumentaría presumiblemente el atractivo del envío de una señal predatoria. La probabilidad de que el comportamiento observado sea estratégico aumenta en la medida en que: 1) la respuesta se concentre intensamente en la perturbación local (se elabore con esmero para aplicarse sólo al mercado donde se intenta la entrada) y 2) vaya más allá de una mera respuesta defensiva (por ejemplo, manteniendo constante la producción frente al ingreso de rivales) para incluir un aspecto punitivo (por ejemplo, aumentando la producción en respuesta a la entrada de rivales).

3.5 *Asimetrías de los costos*

Areeda y Turner (1975) afirman que el "efecto predatorio" de una reducción de precios por una empresa dominante puede juzgarse por el hecho de que tal reducción excluya o no a un rival igualmente eficiente. Como he sostenido en otra parte, ése es un criterio peculiar para la evaluación de los beneficios de bienestar de los aumentos contingentes de la producción: "ahora está allí, ahora no está, según si el rival que ingresa haya aparecido o perecido" (Williamson, 1977, p, 339). Sin embargo, allí comenté los costos del rival que ingresa sólo de pasada (pp. 296, 303-304). Considerando la serie de desventajas estratégicas de costos que un nuevo rival experimenta o puede tener que soportar en relación con una empresa establecida, se concluye que ésta es una omisión lamentable.

Hay dos observaciones pertinentes que hacer, la primera de las cuales es que la historia es importante para la evaluación de los costos. Pueden surgir diferencias temporales en el costo de operación, el costo de capital y la curva de aprendizaje. La segunda observación, más importante, es que la empresa establecida puede ser responsable, por sus propias acciones, de las diferencias de costo adicional de todas esas clases.

Muchos de los problemas planteados aquí han sido desarrollados en otra parte (Williamson, 1968; Spence, 1981), y algunos se analizaron en capítulos anteriores. Baste observar aquí que el criterio del rival igualmente eficiente se adecúa en especial a las circunstancias estáticas donde puede presumirse que están ausentes las diferencias históricas y las asimetrías artificiales de los costos.[19] En la medida en que no se describan correctamente en esa forma las

[19] Todavía no surge un consenso sobre esta cuestión, pero existe una preocupación generalizada ante la posibilidad de que el criterio del costo marginal para la fijación de los precios sea

circunstancias efectivas, es posible que deban tomarse en cuenta las diferencias de costos para obtener una evaluación bien informada de la depredación.[20]

4. Dilemas insolutos

El estudio del comportamiento estratégico ha logrado avances notables durante los últimos cinco años. Sin embargo, subsisten varios problemas escabrosos, a saber: 1) si los esfuerzos que se hagan para frenar la depredación debieran concentrarse primordialmente en el precio y el nivel de la producción, o debieran incluirse otros aspectos de la rivalidad; 2) en la medida en que las reglas que gobiernan la depredación generen incentivos para que las empresas establecidas tomen una postura, debiera tomarse en cuenta tal postura al evaluar los méritos de reglas alternativas, y 3) si deberá otorgarse una protección a las víctimas de la "depredación errada".

4.1 *Las dimensiones*

Aunque no son independientes, el estudio del comportamiento estratégico se divide convenientemente en una parte *ex ante* y otra parte *ex post*. El comportamiento *ex ante* asume la forma de una inversión anterior a la entrada (en capacidad, IDE, promoción, el ofrecimiento de diversas marcas, etc.), mientras que el comportamiento *ex post* se refiere a adaptaciones específicas de las empresas dominantes, dependientes del comportamiento rival —en particular la nueva entrada. Se cree generalmente que el comportamiento estratégico agresivo en aspectos *ex post* es el más censurable, pero también aquí hay algunos factores que complican el caso.

La obra de Christian von Weizsacker sobre la innovación resulta instructiva en ese sentido. Distingue este autor entre las industrias progresistas y las maduras, y observa que las exterioridades positivas de la innovación son especialmente fuertes en una industria progresista, debido a la "posibilidad de generar la innovación siguiente" (1981, p. 150). Una evaluación de bienestar de los incentivos intertemporales para dedicarse a la innovación en una industria progresiva lleva a Weizsacker a concluir que "una acción de precios realizada por una empresa establecida, que por criterios razonables no se

---

defectuoso porque apela a argumentos de la economía del bienestar estático en busca de apoyo, mientras que la determinación predatoria de los precios es inevitablemente un problema intertemporal. Como resume William Baumol, el análisis estático de la clase empleada por Areeda y Turner es "inadecuado porque aleja la atención de los problemas más apremiantes involucrados [...] Williamson había identificado el meollo del problema cuando hizo hincapié sobre el aspecto intertemporal de la situación" (Baumol, 1979, pp. 2-3).

[20] F.M. Scherer comenta: "la entrada a mercados oligopólicos importantes, a una escala óptima mínima o cerca de ella, es algo [raro]. De hecho, es tan raro que de ordinario recibe considerable atención en la prensa especializada" (1980, p. 248). Muchos modelos de la fijación predatoria de los precios olvidan eso y afirman que sólo es socialmente valiosa la producción generada por un rival igual de eficiente.

considera una acción predatoria en una industria no progresista, [*a fortiori*] no podrá llamarse predatoria en una industria progresista" (Weizsacker, 1981, p. 210).

Ordover y Willig destacan un aspecto diferente. Sostienen estos autores que "la manipulación *ex post* del conjunto de productos puede ser con frecuencia una táctica anticompetitiva más eficaz que la reducción de los precios" (1981, p. 326). Se examinan dos tipos de tácticas. La primera se refiere a "la introducción de un producto nuevo que es un sustituto de los productos de la empresa rival y que pone en peligro su viabilidad al desviar sus ventas. La segunda táctica se emplea en el contexto de la rivalidad de los sistemas. Consiste en la restricción del abasto de componentes vitales para el uso del producto de la empresa rival por parte de los consumidores, aunada a la introducción de componentes de sistemas que permitan a los consumidores prescindir de los productos del rival" (Ordover y Willig, 1981, pp. 326-327). Pueden disputarse su criterio para la evaluación de la predación y la viabilidad de la implantación de sus reglas a los componentes complementarios de un rival, pero los problemas se han estructurado en forma útil. Los estudios posteriores usarán seguramente ese marco.

¿Pero qué se hará en el ínterin, cuando la ley confronte problemas que van mucho más allá de la teoría? Por ejemplo, SCM Corporation solicitó la rescisión obligatoria de la licencia en su queja de que la Xerox había excluido a la SCM del mercado de copiadoras sencillas.[21] Y Berkey Photo sostuvo que las innovaciones de productos sin aviso previo de la Kodak la colocaban en una desventaja injusta.[22] La Comisión Federal de Comercio también promovió algunos juicios de comportamiento estratégico bastante ambiciosos. Una estrategia colusiva de proliferación de marcas constituyó la base de su demanda contra los productores principales de cereales instantáneos (Kellogg, General Mills, General Foods y Quaker Oats).[23] Y la CFC acusó posteriormente a la Du Pont de hacer inversiones excluyentes en el mercado del bióxido de titanio.[24]

Fuera de los casos patentemente proteccionistas (algunos de los mencionados parecen serlo), no hay elecciones felices. Dicho de otro modo, proliferan los dilemas y nuestra capacidad para evaluarlos es muy primitiva. Así pues, aunque algunos rechazan tales demandas alegando que "los argumentos de los actores en los juicios de alta tecnología de los años setenta descansan implícitamente en una teoría atomística de la competencia que postula una economía organizada sin cambios tecnológicos, sin cambios en los gustos de los consumidores ni en la población, así como un futuro que no sea esencialmente diferente del pasado" (Conference Board, 1980, p. 18), se trata realmente de un error. El comportamiento estratégico es un problema económico interesante *sólo* en un contexto intertemporal en el que aparece la incerti-

[21] *SCM Corp. v. Xerox Corp.* (DC Conn 1978) 1978-2 Trade Cases Par. 62, 392.
[22] *Berkey Photo, Inc. v. Eastman Kodak Co.* (DC NY 1978) 1978-1 Trade Cases, Par. 62,092.
[23] *FTC v. Kellogg et al.*, Docket No. 8883.
[24] *FTC v. E.I. Du Pont de Nemours and Co.*, Queja, Dkt. 9108, 5 de abril de 1978. Quejas y órdenes de la Comisión Federal de Comercio 1976-1979, Par. 21,407.

dumbre. Los juicios de alta tecnología son patentemente de esa clase y puede argüirse que implican cálculos estratégicos en los que difieren las valuaciones privadas y sociales. Con razón, los tribunales se han mostrado cautelosos al avanzar en esa área. Suponiendo que esas cuestiones pueden revisarse a medida que se obtiene un entendimiento más profundo de los problemas y de la capacidad para tomar decisiones bien informadas, ése parecería ser el resultado responsable.

Sin embargo, tal cautela en la aplicación de la sección 2 de la Ley Sherman contra las quejas de comportamiento estratégico ilegal suele unirse a una vigilancia mayor en la aplicación de la sección 7 de la Ley Clayton. Aunque el estado primitivo de la situación actual hace muy difícil la comprobación concluyente de que los movimientos estratégicos de las empresas establecidas son en efecto predatorios, tal admisión no implica que el comportamiento estratégico carezca de problemas. Por el contrario, es un comportamiento profundamente problemático y las investigaciones recientes demuestran que podría ser incluso más sutil y grave de lo que se había creído previamente. En consecuencia, toda fusión que plantee problemas antimonopólicos cuando se evalúe en términos normales (no estratégicos) se vuelve más preocupante si los problemas estratégicos se profundizan al aprobarse la fusión. El uso profiláctico de la sección 7 en tales circunstancias parecería ser la respuesta en el ínterin, en espera de la resolución de los problemas de la sección 2 antes mencionados.

4.2 *La postura previa*

Sin embargo, una concentración primaria en el comportamiento del precio y la producción *ex post* no significa que las inversiones *ex ante* debieran omitirse por entero. De hecho, si han de intentarse algunas comparaciones comprensivas de las ramificaciones de bienestar de reglas de precios predatorias alternativas, presumiblemente debieran incluirse las consecuencias diferenciales *ex ante*, si es que existen.

Las formas en que las empresas tomarán una postura previa en relación con reglas diferentes han sido estudiadas por Spence (1977), Salop (1979); Dixit (1979; 1980), Eaton y Lipsey (1980; 1981) en relación con la disuasión de la entrada en general, y por Williamson (1977) cuando la disuasión de la entrada se aplica a la depredación. El argumento general es aquí que una "empresa establecida puede alterar el *resultado* en su beneficio, cambiando las condiciones iniciales. En particular, una elección irrevocable de la inversión le permite alterar su curva de costo marginal después de la entrada, y por ende el equilibrio después de la entrada" (Dixit, 1980, p. 96). Esa línea de razonamiento se ha aplicado al estudio de la depredación con el resultado siguiente: cada regla depredatoria de la determinación de los precios origina "ajustes de precios, producción e inversión antes de la entrada, por parte de las empresas dominantes cuyos mercados están sujetos a la invasión. Si se omiten los incentivos de las reglas por las que las empresas dominantes formulan *respuestas adaptables antes de la entrada, de una clase estratégica*, se perderá inevitablemente una parte importante del problema" (Williamson, 1977, p. 293; cursivas en el original).[25]

4.3 *La depredación errada*

Surge un problema difícil cuando se intenta la fijación predatoria de los precios en circunstancias en que no se satisfacen las condiciones estructurales previas descritas en el apartado 3. Diré que esa clase de acontecimientos constituyen una "depredación errada" porque incluso si el depredador pudiese excluir a un rival del mercado, sólo obtendría beneficios de poder de mercado muy transitorios. Un exceso considerable del precio sobre el costo sólo podrá sostenerse durante un periodo breve cuando los rivales son muchos y la entrada es fácil. Cuando ello ocurre, un intento de depredación es errado porque una evaluación correcta de los beneficios netos de la depredación "exitosa" revelará que tales beneficios son negativos.

Sin embargo, el hecho de que la depredación intentada esté errada no garantiza que no ocurrirá jamás. Cuando ocurra ¿debieran tener las víctimas el derecho de demandar la indemnización de los daños? La aplicación del tipo de razonamiento empleado por Joskow y Klevorick sugeriría una respuesta negativa. El riesgo es que muchos de los juicios iniciados por las empresas de industrias competitivas tendrían el propósito de liberar a tales empresas de una rivalidad legítima y no de la depredación intentada. Dado que la depredación errada será presumiblemente rara o por lo menos no repetida, los "falsos errores positivos, es decir, [. . .] los errores que involucran la designación de las reducciones de precios verdaderamente competitivas como predatorias" (Joskow y Klevorick, 1979, p. 223) parecían elevados y aconsejarían que no se permitieran los juicios de esa clase. Sin embargo, algunas empresas serían castigadas en consecuencia, y otros estudiosos de la depredación podrían evaluar los riesgos de manera diferente.

El procurador general de justicia asistente (ahora de nuevo profesor) William Baxter aconseja a los tribunales que avancen con cautela en las áreas del comportamiento estratégico. La investigación reciente ha sido sutil y refinada en gran medida, pero los problemas son enormemente complejos. Aunque pudieran aceptarse las reglas de derecho —por ejemplo, en lo que respecta a la fijación predatoria de los precios—, tendrían que afrontarse formidables problemas de ejecución (Baxter, 1983).

Sin embargo, la cautela en estas cuestiones no significa que el comportamiento estratégico quede para siempre fuera de la competencia de los organismos antimonopólicos. Creo que habrá nuevos avances en estas cuestiones y que se harán algunas aplicaciones, así sean limitadas.

[25] Sin embargo, no hay unanimidad en cuanto a tomar en cuenta estos efectos de posición previa. Algunos defensores recientes de la regla de fijación de los precios por el costo marginal del rival igualmente eficiente (McGee, 1980; Ordover y Willig, 1981) omiten las ramificaciones de las reglas alternativas en el campo de la posición previa. No sabemos si esto se debe al hecho de que consideren tales ramificaciones poco importantes o fuera del alcance del análisis responsable. Por el momento, está en tela de duda la cuestión de los incentivos para la toma de posiciones previas y su pertinencia para la evaluación de las reglas.

5. Observaciones finales

El de los años sesenta fue un decenio en que se presumía que los modos no convencionales de la organización económica tenían propósitos y efectos monopólicos. Los organismos antimonopólicos estaban preocupados por los grados de la concentración y las barreras de la entrada. Una formulación tan estrecha facilitaba la aplicación de la ley, pero a veces a costa de una evaluación de bienestar bien informada de los problemas. Tres factores contribuyeron a esta situación. Primero, por lo general se creía que la colusión oligopólica era fácil de realizar. Segundo, siempre que se descubrían barreras en la entrada, se consideraban anticompetitivas y antisociales, con una gran renuencia a reconocer la existencia de dilemas. Y tercero, se pensaba que la empresa se describía adecuadamente como una función de producción a la que se había asignado un objetivo de maximización del beneficio.

Estas concepciones tuvieron dos consecuencias desafortunadas. Por una parte, todo lo que contribuía al poder de mercado —a pesar de los beneficios compensatorios— se consideraba ilegal. Por la otra, las prácticas mercantiles no convencionales o poco familiares que se alejan de la contratación del mercado autónomo se consideraban también presuntamente ilegales. Si la forma "natural" de la mediación de las transacciones entre entidades tecnológicamente separables era la mediación del mercado, seguramente todo esfuerzo en la empresa para extender el control más allá de sus fronteras naturales (tecnológicas) debió ser motivado por un propósito estratégico.

Las cosas cambiaron en los años setenta, cuando se desarrolló una mayor apreciación de los beneficios de la eficiencia y se afirmó la empresa como una estructura de gobernación. La hostilidad perversa con la que se consideraban las diferencias de la eficiencia se vio sustituida por una valuación afirmativa de los beneficios de la eficiencia.[26] Y las prácticas mercantiles que antes eran sospechosas, porque no encajaban cómodamente en el enfoque de la empresa como una función de producción, se reinterpretaron en un contexto más amplio donde se introdujeron las economías del costo de transacción en forma implícita. En consecuencia, en los años setenta se eliminaron o corrigieron los errores y excesos de la ejecución que caracterizaron el tratamiento de la contratación no convencional en los años sesenta.

A pesar del avance logrado en estos aspectos, los organismos antimonopólicos no pueden regresar a una vida tranquila. Recientemente surgieron otros difíciles problemas antimonopólicos, relacionados con el comportamiento estratégico, y los criterios existentes para la evaluación de la legalidad de las prácticas estratégicas están siendo disputados activamente. Sin

[26] Sin embargo, la vigilancia es necesaria si se quiere evitar un retroceso. Por esta razón, el principal abogado del gobierno advirtió al tribunal, en *U.S. v. Occidental Petroleum* (Acción Civil No. C-3-78-288), que la adquisición de Mead por Occidental era objetable porque permitiría que Mead construyera una gran planta nueva, que era "la inversión más eficiente y barata", y que esto perjudicaría a los rivales de Mead.

Una de las ventajas de las directrices de las fusiones es que sirven para disciplinar el trabajo creativo de los abogados gubernamentales. Es de presumirse que los errores de Mead no se repetirán mientras se apliquen las directrices de las fusiones de 1984.

embargo, se han logrado avances importantes en varias áreas del comportamieto estratégico, y se preveen nuevos progresos. El estudio del comportamiento estratégico se ha aclarado en estos puntos importantes: 1) deben satisfacerse severas condiciones estructurales previas en cuanto a la concentración y las barreras de la entrada antes de que pueda afirmarse la existencia de un incentivo para el comportamiento estratégico; 2) en la evaluación de la clase de la entrada debe prestarse atención a las características de la inversión y de los activos: en particular, las inversiones irreversibles no triviales, específicas de ciertas transacciones, tienen efectos de disuasión especialmente fuertes; 3) la historia importa para la evaluación de la rivalidad, en lo relacionado con la ventaja de liderazgo disfrutada por un monopolista asentado y a la incidencia y la evaluación de los costos comparativos, y 4) los efectos de la reputación son importantes para la evaluación de la racionalidad del comportamiento predatorio.

Esto último afecta dos aspectos fundamentales del comportamiento estratégico. Por una parte, quienes afirman que este comportamiento puede pasarse por alto, a menos que existan condiciones de amenaza creíble con "información plena", han exagerado el argumento. Con esto no se sugiere que el estudio de las amenazas creíbles no pueda iluminar convenientemente el análisis del comportamiento estratégico. Pero si el conocimiento es imperfecto, las empresas dominantes podrán alterar las expectativas con amenazas falsas (y satisfaciendo objetivamente las condiciones de la credibilidad), en cuyo caso los compromisos previos no tienen que ser tan extensos como lo indicaría la literatura de la amenaza creíble. En segundo lugar, las evaluaciones miopes del comportamiento estratégico subestiman los incentivos existentes para incurrir en la depredación. Quienes se concentran en el incentivo existente para matar a un rival específico están omitiendo lo que a menudo puede ser el incentivo más fuerte, a saber: el desarrollo de una reputación que luego ayude a disuadir a esta empresa y a otras en periodos futuros, en otros mercados geográficos y en otras líneas de comercio.

XV. CONCLUSIONES

Las instituciones económicas del capitalismo son infinitamente variadas. Aunque este libro se ocupa de algunas de las más importantes, muchas otras no se han mencionado, mucho menos evaluado.

A pesar de la considerable diversidad, las instituciones económicas del capitalismo examinadas en capítulos anteriores revelan muchos elementos comunes. De hecho, gran parte de la integración vertical, muchas restricciones verticales del mercado, la organización del trabajo, la organización sindical, la corporación moderna (incluidos los aspectos conglomerados y multinacionales), la gobernación corporativa, la regulación y gran parte de la actividad antimonopólica son variantes del mismo tema. Se aplica reiteradamente el mismo esquema de contratación donde se reúnen la tecnología, el precio y la gobernación. Esto resulta agradable, porque la repetición de tal esquema refuerza la confianza en argumentos funcionales que de otro modo podrían parecer *ad hoc*.

Pero no todo encaja. Quedan por descubrir otras pautas. Sin embargo, conjeturo que la estrategia microanalítica general empleada aquí se aplicará en otra parte. Esto implica que se haga de la transacción la unidad básica del análisis, la determinación de los atributos subyacentes de las transacciones, y que el alineamiento de las instituciones (incentivos, controles, estructuras de gobernación) se lleve a cabo en una forma selectiva.

En el apartado 1 aparece una breve visión panorámica de la economía del costo de transacción. En los apartados 2 al 4 se presentan algunos de los problemas de economía, derecho y organización que requieren nuevas investigaciones. Al final aparece una posdata.

1. La economía del costo de transacción

John R. Hicks observa que, dado que la economía se ocupa de un mundo cambiante, "una teoría que ilumine las cosas correctas ahora puede iluminar las cosas erradas en otro momento. [Por lo tanto], no hay [...] ninguna teoría económica que nos dé todo lo que queremos en todo momento [...] Podemos rechazar [algún día] nuestras teorías actuales, no porque estén erradas, sino porque se han vuelto inadecuadas" (1976, p. 208). A mediados de los años sesenta, si no es que antes, el mundo cambiante al que se refería Hicks estaba planteando tensiones de dos clases.

Una de ellas era la de los excesos de la política pública.[1] Como dijera el magistrado Stewart en 1966: "la única consistencia que puedo encontrar es

[1] Los temas de la "reindustrialización" y la "política industrial" que en una época anterior se habrían escuchado como toques de clarín, se consideran así con escepticismo y se someten a una crítica dura. Las buenas intenciones ya no bastan.

que en el litigio [de la fusión] bajo la sección 7, el gobierno siempre gana".[2] Aunque los excesos de la actividad antimonopólica y la regulación en los años sesenta se aceptan ahora generalmente, los límites de la política pública estaban oscurecidos entonces por el optimismo prevaleciente de que "los problemas más intratables se solucionarían ante el ataque resuelto de gente inteligente, comprometida" (Morris, 1980, p. 23). El enfoque institucional comparado admite y trata de evaluar las "fallas" de todas clases. La economía del costo de transacción tiene ese espíritu.

También estaban surgiendo tensiones acerca de la separación creciente entre la teoría pura y las aplicaciones. George Feiwel cita y resume la posición de Michio Morishima sobre este punto como sigue:

> [Morishima] atribuye la continua frustración que ha afectado al desarrollo de la teoría económica durante los últimos 30 años o más a la "incapacidad de los teóricos económicos para realizar una investigación general, sistemática, de los mecanismos efectivos de la economía y la organización económica, a pesar de estar conscientes de que sus propios modelos son poco apropiados para el análisis de la economía real" [Feiwel, 1983, p. 48A].

En realidad, algunos autores rebatirían el consejo de Morishima para que los teóricos "hagan un esfuerzo serio hacia la institucionalización de la economía, a fin de frenar la rapidez del avance hacia la matematización y el desarrollo de la teoría económica de acuerdo con los conocimientos existentes sobre las organizaciones económicas, la estructura industrial y la historia económica".[3] Sin embargo, cada vez se acepta en mayor medida la idea de que logrará un equilibrio más adecuado cuando se les dé un lugar prominente a las instituciones en el análisis.[4] La economía del costo de transacción tiene un carácter expresamente institucional. Sin embargo, mantiene un fuerte compromiso con la racionalidad deliberada, y alienta la perspectiva de una formalización progresiva. Parece ser compatible en general con la tarea de investigación considerada por Morishima.

1.1 *Rudimentos*

La economía del costo de transacción es un enfoque institucional comparado para el estudio de la organización económica donde se convierte la transacción en la unidad básica del análisis. Es interdisciplinaria, ya que incluye algunos aspectos de la economía, el derecho y la teoría de la organización. Tiene un alcance y una aplicación relativamente grandes. Queda implícito que toda relación, económica o de otra clase, que asuma la forma de un problema de contratación o que pueda describirse como tal, puede evaluarse

[2] *United States v. Von's Grocery Co.* 384 U. S. 270, 301 (1966) (Stewart, J., disidente).

[3] Citado de Feiwel (1983, p. 118A).

[4] Esto es especialmente cierto en la arena de la política pública. Por esta razón afirma Coase que "tenemos menos que temer de los institucionalistas que no son teóricos que de los teóricos que no son institucionalistas" (1964, p. 296).

con ventaja en los términos de la economía del costo de transacción. La mayoría de las relaciones de contratación explícitas se toman en cuenta en este caso, al igual que muchas implícitas.

Por comparación con otros enfoques empleados en el estudio de la organización económica, la economía del costo de transacción: 1) es más microanalítica, 2) está más consciente de sus supuestos conductistas, 3) introduce y desarrolla la importancia económica de la especificidad de los activos, 4) recurre más al análisis institucional comparado, 5) considera a la empresa como una estructura de gobernación y no como una función de producción, y 6) otorga mayor peso a las instituciones contractuales *ex post*, con énfasis especial en el ordenamiento privado (por oposición al ordenamiento judicial). Se obtiene un gran número de implicaciones refutables cuando se enfocan de este modo los problemas de la organización económica.

Como antes vimos, la economía del costo de transacción sostiene la conjetura refutable de que la variedad organizativa surge primordialmente al servicio de la economización del costo de transacción. Este enfoque debe distinguirse no sólo del enfoque tecnológico aplicado a la organización económica, sino también de los enfoques del poder que imputan formas no convencionales de organización a los propósitos monopólicos o los intereses de clase.

En realidad, la variedad organizativa sirve a veces a varios propósitos simultáneamente. Pero eso no quiere decir que todas las explicaciones sean iguales. Suponiendo que las hipótesis alternativas deben evaluarse por referencia al criterio de las implicaciones refutables, la hipótesis del costo de transacción se juzgará presumiblemente de acuerdo con ese criterio comparativo. La estrategia básica para la obtención de implicaciones refutables —repetida con algunas variaciones a lo largo del libro— es ésta: se asignan transacciones de atributos diferentes a estructuras de gobernación que difieren en sus costos de organización y sus competencias, para realizar un apareamiento selectivo (principalmente en términos de la economización del costo de transacción).

Se distinguen los costos de transacción *ex ante* y *ex post*. Los costos *ex ante* son aquellos en que se incurre al preparar y negociar los acuerdos. Estos varían con el diseño del bien o servicio que se va a producir. Los costos *ex post* incluyen los de instalación y operación de la estructura de gobernación a la que se asigna el monitoreo y a la que se canalizan las disputas; los costos de la mala adaptación en que se incurre cuando no se restablecen las posiciones sobre la cambiante curva de contrato; los costos de regateo originados por los ajustes (o su ausencia); y los costos del aseguramiento de los compromisos. Las condiciones de incertidumbre a las que están sujetas las transacciones y el contexto del intercambio (costumbres, tradiciones, hábitos, institucionales legales) en el que se realizan las transacciones influyen sobre los costos *ex ante* y *ex post* de la contratación, pero tales aspectos se toman generalmente como dados. (Sin embargo, pueden obtenerse nuevas implicaciones relajando esa restricción.)

A pesar de tales simplificaciones, el enfoque resultante es muy complejo. Eso se refleja a menudo en el carácter fragmentario del análisis. Sin embargo, se hacen esfuerzos reiterados para localizar y evaluar los contratos (y el proceso de contratación) en su totalidad.

1.2 *Una digresión sobre la neutralidad del riesgo*

Los dos supuestos conductistas a los que hace reiterada referencia la economía del costo de transacción son la racionalidad limitada y el oportunismo. El primero sostiene que los agentes humanos son deliberadamente racionales, pero sólo en forma limitada. Es obvio que esto es cierto e influye masivamente sobre la forma como se concibe el tema del contrato. El segundo afirma que los agentes humanos no cumplirán confiablemente sus promesas sino que violarán la letra y el espíritu de un acuerdo cuando así convenga a sus propósitos. Esa visión sombría de la naturaleza humana alerta a las partes contratantes (y a quienes estudian las prácticas de la contratación) para que se cuiden de las contingencias. En realidad, las sospechas y las precauciones se llevan a veces a excesos (véase más adelante, el apartado 1.3b). Pero una sana consideración del oportunismo es esencial para el entendimiento de los propósitos servidos por los modos complejos de la organización económica.

Un tercer supuesto conductista que también se emplea, pero al que no se hace referencia tan frecuentemente, amerita una atención separada. Tal es el supuesto de la neutralidad del riesgo. Al revés de lo que ocurre con los otros dos supuestos, éste es patentemente contrario a los hechos.

Los supuestos contrarios a los hechos suelen justificarse por los frutos del modelo resultante (Friedman, 1953). Ésa es parte de la justificación en este caso. Pero el argumento principal es realmente diferente.

De hecho, hay tres defensas para el supuesto de la neutralidad del riesgo. Por una parte, este libro hace gran hincapié en los mercados de productos intermedios. Ésas son transacciones entre empresas más bien que entre individuos. La mayoría de las empresas se diversifican hasta cierto punto, pero además los propietarios de las empresas pueden diversificar de ordinario sus activos financieros con facilidad. Por lo menos en cuanto a esta clase de actividad, el supuesto de la neutralidad del riesgo puede ser una aproximación cercana.[5] En segundo lugar, y relacionado con lo anterior, si son grandes los castigos por la incapacidad de soportar el riesgo, las partes tendrán grandes incentivos para forjar estructuras dotadas de propiedades superiores de asunción del riesgo. Cuando el supuesto de la neutralidad del riesgo facilita el análisis y capta las tendencias centrales, las excepciones pueden tratarse por separado, si no siempre, por lo menos a menudo.

Pero en tercer lugar, la razón más apremiante para invocar la neutralidad del riesgo es el hecho de que este supuesto ayuda a revelar algunos aspectos fundamentales de la eficacia que pasan inadvertidos o se entienden mal cuando se emplean los supuestos de la aversión al riesgo. Compárese, por

[5] En realidad, esto pasa por alto las actitudes de los administradores hacia el riesgo, las que para algunos propósitos pueden tener la máxima importancia, sobre todo para las transacciones organizadas internamente. Véase un breve examen en el apartado 4 del capítulo VI.

ejemplo, el enfoque del costo de transacción aplicado a la organización del mercado laboral con el de la tradición de la contratación implícita (Azariadis, 1975; Baily, 1974; Gordon, 1974). Este último enfoque utiliza la aversión al riesgo para explicar los salarios rígidos pero no dice nada acerca de la forma en que se organizan los mercados laborales y no tiene ninguna explicación paralela para los precios rígidos de los mercados de productos intermedios. El enfoque del costo de transacción neutral al riesgo trata asimétricamente los salarios y los precios y se ocupa, como debe hacerlo, de las estructuras de gobernación que determinan los salarios y los precios (Wachter y Williamson, 1978).

O considérese el interesante examen que hace Robert Townsend (1982) de los contratos de varios periodos en mercados de productos intermedios. Introduce Townsend el modelo básico como sigue: "Consideremos una economía que sólo tiene dos [. . .] agentes, uno de ellos con aversión hacia el riesgo" (p. 1170). Si no hay una aversión al riesgo diferencial, la contratación en varios periodos desaparece en el modelo de Townsend.[6] Pero es evidente que la contratación en varios periodos aparecerá en un mundo neutral al riesgo en donde los activos específicos corran un riesgo.[7] Las estructuras de gobernación que surgen en apoyo de los contratos de varios periodos también se someten al escrutinio cuando los atributos de las transacciones, más bien que las actitudes de los participantes hacia el riesgo, se convierten en el centro de la atención. No es por accidente que los estudios de la doctrina legal (Landes y Posner, próxima publicación) y de la organización económica que evitan el supuesto de la aversión al riesgo y emplean el razonamiento del costo de transacción se preocupan más por las características institucionales que otros estudios.

La tercera justificación se reduce entonces a esto: la aversión al riesgo desvía a menudo la atención de los propósitos de la eficiencia fundamental y los aspectos institucionales relacionados que se disciernen con mayor facilidad y se evalúan más correctamente si se mantiene un supuesto de neutralidad al riesgo, por lo menos en esta etapa temprana del desarrollo de la nueva economía institucional.

1.3 *Algunas limitaciones*

Son dignas de mención tres clases de limitaciones: que la economía del costo de transacción es rudimentaria, que tiende a los excesos instrumentalistas, y que es incompleta. Consideremos cada una de estas limitaciones por su turno.

[6] Townsend desarrolla en efecto el argumento en dos etapas: *la primera* supone una aversión diferencial al riesgo e información plena; la segunda, una aversión diferencial al riesgo e información privada. Los contratos de varios periodos surgen en este modelo sólo para la segunda condición.

[7] Véanse, por ejemplo, los capítulos IV a VIII.

a. *El carácter rudimentario*

El carácter rudimentario de la economía del costo de transacción se pone de manifiesto por lo menos en cuatro formas: los modelos son muy primitivos, los intercambios están subdesarrollados, los problemas de medición son severos, y hay demasiados grados de libertad.

El carácter primitivo de los modelos se explica en parte por el hecho de que el análisis institucional comparado requiere a menudo que sólo se hagan distinciones básicas y que se realicen comparaciones sencillas. El cambio que sufren los argumentos verbales al traducirse a modelos formales no puede considerarse una ganancia (Simon, 1978, pp. 8-9). La formalización no se desea a cualquier costo.

A veces, sin embargo, los esfuerzos de formalización revelan brechas o ambigüedades que no reveló el argumento verbal. Las tasas de sustitución entre las economías del costo de producción (donde el mercado lleva a menudo la ventaja), las economías del costo de gobernación (donde la ventaja corresponde a la organización interna a medida que se profundizan progresivamente los compromisos con el intercambio bilateral) y los incentivos de alta potencia (donde el mercado pasa de nuevo al primer plano) no deben examinarse en forma secuencial sino completamente simultánea. Se han hecho algunos esfuerzos al respecto (Masten, 1982; Riordan y Williamson, próxima publicación; Grossman y Hart, 1984; Mann y Wissink, 1984; Hart y Moore, 1985), pero todavía queda mucho por hacer. Los factores responsables de las diferencias observadas en las tasas de sustitución —la tecnología (economías de escala o de alcance); la naturaleza de la rivalidad, incluida la progresividad; los atributos de los clientes, incluidas las competencias para la evaluación del producto; la eficacia de incentivos y controles; las viscisitudes e incertidumbres del mercado— deberán tomarse en cuenta en alguna etapa.

Las tres dimensiones principales para la descripción de las transacciones son la frecuencia, la incertidumbre y la condición de especificidad de los activos. Ninguna de ellas es fácil de medir, aunque los investigadores empíricos han encontrado medidas rudimentarias o aproximadas para cada una. Aunque la experiencia revelara algunos procedimientos para el empleo de la contabilidad y otros registros privados y públicos con mayor eficacia, se necesitaría una gran recolección de datos originales. (Por lo menos a corto plazo, es probable que la amplitud —más observaciones— sirva mejor a las necesidades de la economía del costo de transacción que la profundidad, o sea el empleo de datos menos abundantes pero más relevantes.)

Cada una de las características antes mencionadas —modelos primitivos, tasas de sustitución subdesarrolladas, dificultades de la medición— contribuye al exceso de grados de libertad disfrutado por la economía del costo de transacción. Esto puede afrontarse evitando el empleo de factores omitidos o no medidos cuando los datos y los modelos no se ajusten bien. Las anomalías y las contradicciones debieran impulsar a quienes emplean el análisis del costo de transacción al desarrollo de mejores modelos.

b. *El instrumentalismo*

Como ocurre más generalmente con los modelos económicos, los agentes humanos que pueblan la economía del costo de transacción son muy calculadores. Evidentemente, ésa no es una concepción atractiva o siquiera correcta de la naturaleza humana. En parte por esa razón, se piensa que la economía es una ciencia sombría. Pero la insistencia en la racionalidad es también la gran fuerza de la economía (Arrow, 1974). En realidad, a veces se exagera la racionalidad. La hiperracionalidad es principalmente una ficción o una patología. Pero no hay que afirmar que la única motivación humana confiable es la avaricia para reconocer que gran parte del éxito de la economía en relación con las otras ciencias sociales ocurre porque se presume que el espíritu calculador está presente en gran medida.

Por comparación con la ortodoxia, los agentes humanos de la economía del costo de transacción son a la vez menos y más calculadores. Son menos calculadores en la capacidad para recibir, almacenar, retirar y procesar información. Son más calculadores porque se inclinan al oportunismo. En conjunto, eso parece corresponder mejor a la naturaleza humana tal como la conocemos. Sin embargo, es obvio que es un precepto estrecho. Considera escasamente atributos tales como los de la amabilidad, la simpatía, la solidaridad, etc. De hecho, en la medida en que tales factores se reconocen, se enfatizan sus costos, más bien que sus beneficios. (Por ejemplo, como vimos en el capítulo VI, las propensiones hacia el perdón se consideran responsables de las limitaciones del tamaño de la empresa.) Los agentes humanos que pueblan las instituciones económicas del capitalismo carecen de compasión.

Sin embargo, esta concepción tan poco atractiva de la naturaleza humana genera numerosas implicaciones refutables. Además, la idea de que los individuos son oportunistas destruye la posibilidad de que forjen alianzas perdurables. Gran número de otras prácticas anómalas de contratación y organización aparecerán previsiblemente cuando se impute a las partes oportunistas que participan en el intercambio una capacidad de visión a mediano plazo. Al advertir que los beneficios de la cooperación surgirán confiablemente sólo cuando las alianzas se apoyen en seguridades mutuas, es de preverse que se harán algunos esfuerzos para establecer compromisos creíbles.

En realidad, tales alianzas son imperfectas y a veces se derrumban. De igual modo, su formación resulta más costosa en una sociedad de baja confianza que en una sociedad de alta confianza. Pero la racionalidad limitada más el oportunismo no implican una visión miope. Una gran cantidad de contratos creíbles "de mediano alcance" es compatible con una previsión de 20-50 (o incluso de 20-500).[8] Sin embargo, como veremos más adelante, en el

[8] A pesar de sus limitaciones, puede afirmarse que la caracterización del hombre capitalista en términos de la racionalidad limitada y el oportunismo es más correcta que una insistencia utópica en la "sinceridad, para una unidad completa entre el individuo y los papeles sociales; la noción de que, de algún modo, en una sociedad ideal no habría ningún conflicto entre lo que nos exigimos a nosotros mismos y nuestras respuestas a las demandas de la sociedad" (Arrow, 1974, pp. 15-16). Los problemas de la organización económica se simplificarían enormemente si no existiesen tales tensiones. La ley de hierro de la oligarquía trata de los errores de esa concepción. Los azares de la optimación deficiente y las necesidades de la comprobación de la veracidad son similares en los sistemas socialistas y capitalistas por igual.

apartado 4, una teoría más rica de la organización económica aguarda conceptos conductistas más profundos.

c. *El carácter incompleto*

La economía del costo de transacción es incompleta por lo menos en tres aspectos importantes. Por una parte, los modelos son muy parciales antes que generales. Aquí, como en otras partes, los modelos generales deben preferirse a los modelos especiales, *ceteris paribus*. Pero cuando los *cetera* no son *paria*, y si el pronóstico es el criterio al que nos referimos insistentemente, las teorías generales de la acción que hacen vaga referencia a la maximización de la utilidad, los fundamentos de los derechos de propiedad, etc., pero que son tautológicas en gran medida, se obtienen a un costo inaceptablemente elevado. En cambio, siempre deberán alentarse los modelos más generales que crean implicaciones más abundantes y más profundas.

Otro aspecto del carácter incompleto al que yo prestaría una atención especial es el estado subdesarrollado de la teoría de la burocracia. Por comparación con la literatura de las fallas del mercado, el estudio de las fallas burocráticas es muy primitivo. ¿Cuáles son los sesgos y las distorsiones a los que se inclina la organización interna? ¿Por qué surgen? ¿Cómo varían con la forma de la organización? Un entendimiento adecuado de la organización económica requiere evidentemente que se preste mayor atención a estas cuestiones. Sin embargo, yo subrayaría de nuevo que deben mantenerse los niveles institucionales comparados.

Aunque la economía del costo de transacción se ocupa insistentemente de las condiciones del contrato *ex ante* y *ex post* (referidas a veces como el estudio de la contratación en su totalidad), normalmente examina cada nexo de negociación por separado. En consecuencia, pueden perderse de vista o subestimarse las interdependencias existentes entre una serie de contratos relacionados, aunque sean útiles para mostrar las características fundamentales de cada contrato. A veces debe prestarse mayor atención a las ramificaciones multilaterales del contrato. (El análisis del traslado del riesgo sin negociación, del capítulo XII, es un ejemplo.)

2. La economía

La economía del costo de transacción reconoce que la tecnología y la propiedad de los activos son importantes, pero afirma que ninguno de estos factores es determinante de la organización económica, ni lo son en conjunto. Más bien, el estudio de la organización económica debe ir más allá de la tecnología y la propiedad para incluir un examen de los incentivos y la gobernación. La economía del costo de transacción sostiene que la transacción es la unidad básica del análisis y otorga un énfasis especial al estudio de la gobernación.

Así pues, aun manteniendo constante la tecnología, tres cosas ocurren cuando se transfiere una transacción del mercado y se coloca bajo una propiedad unificada: la propiedad cambia, los incentivos cambian, y las estructuras de gobernación cambian. El primer cambio —el de la propiedad— ocurre por definición. Aunque se mantengan constantes las reglas de los incentivos formales (por ejemplo, los precios de transferencia) entre la empresa y el mercado, los incentivos *efectivos* cambian a resultas de un cambio en la propiedad de los activos. En consecuencia, las reglas formales tienden a adaptarse. En cualquier caso aparecerá una nueva estructura de gobernación para apoyar la integridad de la relación de cambio interna. Además, todo lo anterior variará como una función de la naturaleza y el grado de especificidad de los activos. Evidentemente, el estudio de la organización económica es una empresa mucho más compleja que la que se considera en una formulación de la función de producción.

2.1 *Aplicaciones probables*

Como resulta evidente en los capítulos anteriores, se han hecho aplicaciones de la economía del costo de transacción en los campos de la organización industrial, la economía laboral y el estudio de la corporación moderna. Tales aplicaciones no necesitan repetirse aquí. Más interesantes resultan las aplicaciones hechas en otras áreas.

Una de las más obvias y naturales es la aplicación de la economía del costo de transacción a los sistemas económicos comparados. El libro reciente de Stephen Sacks (1983), sobre la autoadministración yugoslava, es un ejemplo. Como se revela en la reseña de las reformas económicas hechas en Yugoslavia durante la posguerra, elaborada por Horvat en 1972, las conexiones existentes entre la microanalítica del capitalismo y del socialismo son numerosas e importantes. El enfoque de Sacks lo confirma. Pero todavía queda mucho por hacer, como lo señala el propio Sacks.

En realidad, las conexiones pueden descubrirse a varios niveles. Koopmans, por ejemplo, considera el "carácter preinstitucional" del análisis de actividades como uno de sus atractivos: "La tecnología y las necesidades humanas son universales. El hecho de partir de estos elementos ha facilitado e intensificado los contactos y las interaciones profesionales entre los países de mercado y los socialistas" (Koopmans, 1977, pp. 264-265). Sin embargo, creo que el empleo exclusivo de la tecnología y las necesidades humanas puede reducir la investigación. El estudio de las necesidades de los individuos se une convenientemente al estudio de la naturaleza humana. Además, aunque difíciles de articular, los contactos entre países capitalistas y socialistas en lo que respecta al estudio de las estructuras de gobernación —prestando atención a las semejanzas y las diferencias— contienen una promesa considerable para la profundización de nuestro entendimiento de tales materias.

Las aplicaciones de la economía del costo de transacción a la historia empresarial contienen también una promesa considerable. Esto no sugiere que las sucesivas innovaciones organizativas deban evaluarse exclusivamente en esta forma. Pero los modos viables de la organización económica —los que perduran, son imitados por los rivales, se difunden a otros sectores, se refinan y perfeccionan, y no dependen del proceso político para su protección contra modos alternativos— poseen de ordinario una ventaja de eficiencia.[9]

Otras aplicaciones en las que ya se ha avanzado pero que ameritan nuevas investigaciones incluyen el estudio de la organización familiar (Ben-Porath, 1980; Pollak, 1983), y las formas no lucrativas de la empresa (Hansmann, 1982; Fama y Jensen, 1983).

Un área en la que Klein y sus colaboradores han realizado avances importantes,[10] y para la que se adivinan nuevos progresos, es la de la economía del intermediario: el comerciante, el distribuidor, el titular de una franquicia. Un gran número de irregularidades contractuales que ocurren a ese nivel de la organización parecen tener el propósito y el defecto de economizar los costos de transacción

Un área a la que la economía del costo de transacción ha hecho sólo contribuciones limitadas pero que contiene una promesa considerable es la de las finanzas públicas. En realidad, se han examinado algunos aspectos de los contratos de la defensa en términos semejantes a los del enfoque del costo de transacción (Williamson, 1967a). Y también se han examinado en términos semimicroanalíticos los difíciles problemas de la información que afectan a la política de IDE (Arrow, 1971; Nelson, 1984). Pero si la elección y el diseño de las instituciones es todo lo que ocupa a las finanzas públicas, todavía deberán hacerse innumerables aplicaciones de la economía del costo de transacción. Los problemas de los incentivos y la gobernación resultan enormemente difíciles en un contexto político. Es probable que se necesite la tolerancia de una variación mayor en relación con las evaluaciones de la eficacia del sector privado.

2.2 *Necesidades de la investigación*

a. *Evaluaciones de los incentivos*

Dadas las condiciones previas requeridas, los modos de organización de semimercado e internos obtienen beneficios de gobernación en relación con las negociaciones del mercado autónomo. Sin embargo, los incentivos de alta potencia de los mercados se comprometen inevitablemente cuando se coloca una transacción bajo la propiedad unificada. Este libro otorga una atención desproporcionada a la gobernación por comparación con las características de incentivos de los modos capitalistas de la organización económica.[11]

Sin embargo, debe prestarse atención a ambos tipos de modos porque ello resulta esencial para la evaluación correcta de las instituciones económicas del capitalismo. Entre otras cosas, los procedimientos disponibles para el incre-

[9] Se necesita una reunión de la economía del costo de transacción con la economía evolutiva para evaluar esto más cuidadosamente.

[10] Véase a Kenney y Klein (1983) y las referencias citadas allí.

[11] Cuando se describe el capitalismo como un huracán de destruccción creativa (Schumpeter, 1942), se invierte este énfasis.

mento de la eficacia de los incentivos de la organización interna —mediante la semiseparación (que es uno de los propósitos principales de la estructura de forma M), rodeando las reglas y los procedimientos de operación de compromisos creíbles, para incrementar así la confianza— requieren un estudio concertado. Las evaluaciones institucionales comparadas de las propuestas formuladas para incrementar la eficacia de los incentivos se realizarán sólo cuando se establezcan los detalles microanalíticos pertinentes de los modos del mercado, semimercardo y administrativo. Éste es en parte un ejercicio conceptual. En parte es empírico. Es evidente que se necesita una cantidad de trabajo enorme.

b. *Los efectos de la reputación*

Los efectos de la reputación disuadirán la violación de la letra y el espíritu de un acuerdo en la medida en que: 1) las violaciones puedan hacerse del conocimiento público, 2) las consecuencias de la violación puedan discernirse plenamente (lo que permitirá, entre otras cosas, la distinción entre las razones reales y las razones falsas de la violación), y 3) las partes que experimentan u observan la violación castiguen al ofensor o a sus sucesores en "medida plena".

Ninguna de estas condiciones se satisface fácilmente. Por lo que toca a la primera, resulta costosa la publicidad de las violaciones. Además, incluso si pudiera hacerse sin costo un anuncio sencillo, habrá necesidad de proveer los detalles. ¿Es una reclamación falsa? ¿Cuál es la magnitud de los daños? ¿Tomó el demandante medidas apropiadas para mitigar los daños? ¿Cuáles eran las alternativas y cuándo se conocieron? La información a este segundo nivel resulta enormemente costosa de proveer y evaluar.

Fuera de los operadores efímeros, la tercera condición garantiza que se aplicarán castigos completos a las partes ofensoras. Una empresa bajo una sola propiedad y administración no puede escapar a los castigos asignados a una propiedad o administración anterior pidiendo perdón. Por el contrario, los pecados de los padres recaerán seguramente sobre los hijos, en cuyo caso las valuaciones de activos de una empresa reflejarán de continuo el comportamiento anterior (Kreps, 1984).

Estos problemas se refieren a los atributos conductistas de los actores humanos y se examinarán más ampliamente en el apartado 4. Baste observar aquí que los efectos de la reputación no son una panacea de la contratación. Deberán estudiarse los límites y las potencias de estos efectos (Carmichael, 1984).

c. *El consumidor*

Todo análisis de las instituciones económicas del capitalismo que no se ocupe de los mercados del producto final está incompleto. Éste es un tema muy vasto y complicado. Una evaluación informada de las prácticas del mercado de productos finales requerirá una gran cantidad de conocimientos detallados de tales prácticas. Aunque confío en que el enfoque desarrollado aquí tiene una generalidad considerable y me siento estimulado al saber que mi opinión es compartida por otros,[12] una aplicación a los mercados de productos finales escapa a los límites de este libro.

A pesar de fuertes características comunes, es inexacta la correspondencia existente entre los mercados de productos intermedios y los mercados de productos finales. Algunas de las diferencias son imputables a la facilidad diferente con la que las organizaciones jerárquicas pueden aliviar los límites de la racionalidad por comparación con los grupos pequeños (familias) y los individuos.

Las funciones de compra y contratación de las grandes organizaciones se asignan comúnmente a especialistas muy conocedores de las características técnicas, de mercado y contractuales de cada uno de muchos bienes y servicios comprados y vendidos. En consecuencia, las asimetrías de la información existentes entre las partes se ven grandemente aliviadas. En cambio, los consumidores individuales son incapaces de delegar en la misma forma, de modo que recurren en medida mucho mayor a las señales del mercado para inferir los atributos de los productos.

El empleo de marcas y la publicación actúan como señales. Pero las señales se usan a veces estratégicamente, [13] lo que complica la evaluación del bienestar. La posibilidad de que los consumidores obtengan señales más confiables, compactas, económicas, merece un estudio a fondo. La verdad en los préstamos tiene ese espíritu. ¿Podrán identificarse algunos casos destacados en los que se requieren esfuerzos para lograr la verdad en la publicidad?[14]

Otra característica del mercado de consumo que amerita un comentario es la evidente incapacidad del individuo típico para hacer elecciones probabilísticas en forma consistente. Se han documentado reiteradamente las propensiones a las que está sujeto gran número de individuos cuando se ocupan de cuestiones probabilísticas (Tversky y Kahneman, 1974). Son especialmente evidentes cuando se evalúan sucesos de baja probabilidad (Kunreuther y otros, 1978). Sin embargo, el hecho de que la mayoría de los individuos posean tales propensiones y limitaciones no implica que la mayoría de las organizaciones los manifestarán también. Si pueden distinguirse probabilistas más y menos competentes, y si la responsabilidad del procesamiento y la manifestación de las consecuencias de las elecciones probabilísticas se concentra en los tipos más competentes, se realizarán las economías de la especialización. Pero mientras que las organizaciones (corporaciones) pueden efectuar tal especialización con facilidad, los consumidores individuales están mucho más limitados. De nuevo, se sugiere por sí sola la posibilidad de que

[12] Me complace especialmente que los especialistas en la comercialización hayan mostrado un interés por este enfoque. En octubre de 1983 se organizó una conferencia de comercialización por el Instituto de la Ciencia de la Comercialización y el Centro para el Estudio de la Innovación Organizativa, en la Universidad de Pensilvania, para explorar estas cuestiones. Véase también Anderson y Schmittlein (1984).

[13] Los usos estratégicos de las marcas y la publicidad pueden dirigirse a los consumidores o a los rivales.

[14] Las prevenciones sanitarias que ostentan los cigarrillos constituyen un ejemplo.

la intervención de la política pública produzca (en promedio) mejores decisiones de los consumidores cuando se enfrentan a elecciones probabilistas. El aseguramiento es un candidato obvio.

3. El derecho

Ronald Gilson sugiere la idea novedosa y controversial de que los abogados empresariales debieran considerarse como "ingenieros del costo de transacción" (1984). Tal enfoque imputa un incremento de valor a la tarea del diseño de la transacción, que es un tema planteado reiteradamente en este libro.[15] El enfoque subraya y da contenido al aspecto afirmativo de la labor del abogado. La economía del costo de transacción figurará en forma más prominente si se adoptan tales ideas (Gilson, 1984, pp. 127-129).

La economía del costo de transacción destaca también en el reciente comentario metodológico de Robert Clark sobre la investigación legal. Clark propone un "estudio interdisciplinario de la evolución legal" que sea más microanalítico que las presentaciones históricas habituales del cambio legal. Tal enfoque "debiera ser más institucional y doctrinal que algunos de los interesantes trabajos teóricos recientes de los analistas económicos sobre la evolución del derecho común: su análisis de los sistemas de reglas legales y prácticas no legales debiera ser *detallado* en su atención sistemática a instituciones y doctrinas particulares" (Clark, 1981, p. 1238; sin cursivas en el original).[16]

Espero que en los capítulos anteriores haya dejado claro que los aspectos de la actividad antimonopólica, la regulación, la gobernación corporativa y el derecho laboral se benefician con la adopción de un punto de vista microanalítico en el que se destaquen los costos de transacción. Estoy seguro de que se avanzará en cada una de esas áreas para refinar las aplicaciones existentes y ocuparse de nuevos problemas. Sin embargo, mis observaciones se concentran aquí en las necesidades de investigación de la economía del costo

[15] Gilson (1984) afirma que describir el trabajo de un abogado empresarial como el de un ingeniero del costo de transacción tiene ramificaciones 1) para entender la relación existente entre lo que se considera típicamente como el "trabajo del abogado" y las funciones de transacción que suelen asignarse a otras profesiones, 2) para mejorar la posición competitiva de los abogados empresariales entre los profesionales, 3) para restructurar la preparación escolar del abogado empresarial, y 4) para entender la oleada actual de crítica cultural entre los abogados estadunidenses.

[16] Aquí son pertinentes las observaciones de Eli Devon sobre el papel del economista y las de Iredell Jenkins en su enfoque del derecho. Devon afirma que "hay muchos problemas complejos de la política económica cuya respuesta ignora el economista [...] Sobre tales problemas podría haber más entendimiento si los economistas se restringieran a sí mismos y se limitaran a tratar de explicar la naturaleza y la complejidad de las cuestiones, en lugar de aportar soluciones opuestas y ampliamente divergentes" (Devon, 1961, p. 46). Y Jenkins sostiene que el estudio del derecho se beneficiará de los esfuerzos que se hagan para "exponer la complejidad del problema y el marco en el que debe resolverse, aclarar lo que está en juego, llamar la atención sobre las repercusiones y consecuencias que no sean inmediatamente evidentes, y proteger la deliberación contra las apelaciones al sentimiento y la conveniencia mientras la guían hacia un resultado razonado y basado en principios" (Jenkins, 1980, p. 62).

de transacción en el área del contrato que es, despues de todo, el concepto unificador de la organización que ilumina todas esas áreas.

3.1 *La composición de la gobernación*

Aunque los investigadores del derecho contractual han refutado reiterada y vigorosamente la ficción de que los contratos se cumplen al pie de la letra y las disputas se presentan y se arreglan rutinariamente en los tribunales (Llewellyn, 1931; Macaulay, 1963; Macneil, 1974; Galanter, 1981; Kronman, 1985), esta tradición conserva un control firme sobre la investigación legal y, más aún, económico. Eso se explica en parte por el hecho de que la ficción del centralismo legal puro es una conveniencia analítica enorme. Pero la ausencia de una teoría del contrato alternativa, bien especificada, es probablemente la culpable principal.

Sin embargo, la investigación económica reciente ha avanzado con modelos de contrato donde se evita por completo el ordenamiento judicial. El ordenamiento privado puro sostiene que las partes no pueden recurrir a los tribunales o a otros terceros, sino que deben aplicar sólo los aspectos automáticos del contrato (Telser, 1981; Klein y Leffler, 1981). El modelo de los rehenes del capítulo VII se encuentra en esa tradición. Aunque instructiva, esta tradición rival es también una ficción. En la práctica, el contrato se ubica raras veces en alguno de esos extremos.

En realidad, a veces se afirma que los modelos de extremos polares son completamente adecuados.[17] Pero la prueba pertinente, se presume, es el hecho de que los fenómenos del alcance intermedio puedan entenderse mejor y se deriven implicaciones refutables mediante ese estudio directo de estas cuestiones. Tal como se encuentran las cosas ahora, los contratos de alcance intermedio son notoriamente intratables. Pero si allí reside la principal acción de contratación, podría afirmarse que las transacciones mixtas requieren más atención.[18] La economía del costo de transacción debe ayudar a informar tal tarea.

[17] Las opiniones de Friedman sobre la adecuación de "dos tipos 'ideales' de empresas: las empresas atomistamente competitivas, agrupadas en industrias, y las empresas monopólicas" (1953, p. 35) son ilustrativas.

[18] Patrick Atiyeh opina también que es aquí donde reside la acción del derecho contractual:

> El paradigma de la relación contractual ha cambiado de la transacción singular, discreta, a las relaciones; los riesgos del cambio futuro tienden a ajustarse mediante alguna especie de proceso semiadministrativo, en lugar de respetar la letra de algún contrato original.
>
> El resultado de éstos y otros factores ha sido que, en la práctica, las relaciones contractuales tienden cada vez más a ocuparse de las transacciones ejecutadas en todo o en parte. El derecho ha sido dominado cada vez más por lo que hacen las partes contratantes, y menos por lo que convinieron originalmente. Cada vez más, se trata un incumplimiento de contrato como algo más semejante a un accidente que a una negativa deliberada a aceptar un riesgo negociado. Es una situación errada, un caso en que algo ha salido mal, y donde debe hacerse algún ajuste equitativo para resolver un conflicto. Inevitablemente, este proceso ha hecho que se vuelva en varios sentidos a las ideas antiguas sobre la responsabilidad contractual. La declinación del modelo ejecutivo y el ascenso del contrato parcialmente ejecutado han in-

La estrategia básica es la que se describe y emplea en capítulos anteriores. Si las transacciones difieren en sus atributos, si las estructuras de gobernación se ajustan a las necesidades de las transacciones en una forma selectiva, y si puede usarse el ordenamiento privado y el ordenamiento judicial en combinación antes que separadamente, el estudio de los contratos se beneficiará del esfuerzo que se haga para identificar la *combinación* de estructuras privadas y públicas que sirva mejor a los propósitos de las partes (Kronman, 1985). El ejercicio requerirá un conocimiento profundo de las estructuras institucionales y de las necesidades objetivas de los contratos (Gilson, 1984).

3.2 *La doctrina del derecho contractual*

Observa Llewellyn: "En ningún sistema legal pueden ejecutarse forzadamente todas las promesas; los individuos y los tribunales tienen demasiado sentido común" (1931, p. 738). Eso está evidentemente apoyado por las consideraciones de lo justo: "Cuando examinamos las condiciones constructivas fundadas en los imprevistos, no el acuerdo, sino la justicia, es la meta de la investigación. Esto deriva de la imposibilidad y de la frustración; deriva del error" (p. 746). Las excepciones contractuales a las que se refiere Macneil tienen presumiblemente un origen similar:

> Un compromiso menos que total con el cumplimiento de las promesas se refleja en innumerables formas en el sistema legal. La más notable es la modestia de su compromiso correctivo; los remedios contractuales se encuentran generalmente entre los más débiles que el sistema legal puede aportar. Pero una multitud de doctrinas y de técnicas obstruyen incluso a estos remedios: imposibilidad, frustración, error, interpretación mañosa, discreción del jurado, consideración, ilegalidad, dureza, influencia indebida, inconciencia, capacidad, reglas de indemnización y de castigo, doctrinas de cumplimiento sustancial, posibilidad de rescisión, leyes de quiebras, estatutos de fraudes, para sólo nombrar algunas; casi toda doctrina contractual sirve para volver menos que completo el compromiso del sistema legal con el cumplimiento de las promesas [Macneil, 1974, p. 73].

Estoy persuadido de que la justicia a la que se refiere Llewellyn motiva cada una de esas cuestiones doctrinales, pero tales doctrinas reflejan también algunas consideraciones de la eficiencia. El argumento básico es este: entre un régimen de contratación en el que los acuerdos se hacen cumplir estrictamente, a solicitud de cualquiera de las partes, y un régimen donde la solicitud de cumplimiento estricto de una de las partes impondría un sacrificio "indebido" a la otra, se preferirá a este último, suponiendo que las excepciones del sacrificio indebido pueden distinguirse sin dificultad.

Tal enfoque al contrato invita a los tribunales a desarrollar doctrinas

cluido el resurgimiento de la importancia de los elementos gemelos del beneficio y la confianza. La noción de que los beneficios deben recompensarse justamente, y de que debe protegerse una confianza razonable ha cobrado de nuevo gran prominencia, a medida que han declinado la idea del contrato ejecutivo y la idea de la responsabilidad basada en la promesa [Atiyeh, 1979, pp. 713-714].

legales donde se consideren excepciones a la presunción normal del cumplimiento estricto. De acuerdo con este enfoque, los contratos deberán incrustarse en una estructura de gobernación en la que tengan mayor confianza las partes. Al advertir que el *proceso* de contratación se afectará (algunos contratos no se celebrarán; otros acuerdos se negociarán sólo a gran costo) si se permite en todas partes que el cálculo del beneficio neto privado sea plenamente determinante en el periodo *ex post*, la población contratante pide que se prohíba el cumplimiento literal cuando se den las condiciones requeridas. Se trata de lograr la transacción, la conciliación o el perdón cuando de otro modo se obtendrían resultados crueles o punitivos. Aunque eso se interpreta como un esfuerzo de los individuos y los tribunales para revisar la promesa por referencia a la justicia, la provisión de tales excepciones es compatible también con una ampliación de la eficiencia. Cuando se incrusta el contrato en un marco que elimina las sorpresas se obtienen beneficios de eficacia del tipo sistémico antes descrito.

Dado que hay numerosas fuentes de decepción contractual, y que no todas se corrigen, la interrogante decisiva es ésta: ¿cuáles sacrificios son indebidos? En otra parte (Williamson, próxima publicación) se relatan algunos esfuerzos muy preliminares para resolver este problema. Baste observar aquí que la apelación al razonamiento del costo de transacción ayuda a organizar los temas, pero queda mucho por hacer para alcanzar la consistencia doctrinal y la claridad.

3.3 *La contratación total*

Es evidente que los individuos no pueden comerse su pastel y conservarlo a la vez. La insistencia en el estudio de la contratación en su totalidad sirve para evitar esa falacia, la que aparece reiteradamente en el estudio del contrato. Consideremos el tratamiento que da Charles Fried al caso de *Batsakis v. Demotsis*, donde "la demandada, desesperada por obtener dinero poco después de la ocupación alemana de Grecia, pidió prestada cierta cantidad de dinero griego, que en aquellas circunstancias caóticas pudo haber equivalido a unos 50 dólares, a cambio de la promesa de pagar 2 000 más el interés normal con fondos que tenía en los Estados Unidos" (Fried, 1981, p. 109). Declara Fried que tal arreglo es "ofensivo para la decencia" y afirma que "Batsakis estaba obligado a ayudar a su compatriota en apuros". Fried no vacila "en absoluto en negar al mal samaritano su beneficio injusto" (1981, pp. 109-111).

Tal concepción del contrato podría soportar un escrutinio si pudieran delimitarse cuidadosamente las condiciones especiales a las que se aplica. Sin embargo, casi llega a invitar a los prestatarios a tener su pastel (un préstamo oportuno) y comérselo (la reforma *ex post* de los términos a su favor). Al advertir que los préstamos estarán sujetos a tal reforma, los malos samaritanos se negarán a hacerlo. Si no estamos dispuestos a obligar a Batsakis a ayudar, como no lo está Fried (1981, p. 111), tal enfoque del contrato negará recursos a quienes se encuentran en los grandes apuros *ex ante* a los que Fried otorgaría luego un alivio contractual *ex post*.

Supongamos que se aceptan los méritos de la contratación en su totalidad. Sin embargo, de seguro existirán límites para ese enfoque del cumplimiento contractual. ¿Dónde falla el razonamiento?

Algunos de estos problemas se plantean, pero no se resuelven, en mi análisis de los dilemas de la gobernación corporativa, al final del capítulo XII. Los problemas se traslapan también con los que surgen en los esfuerzos que se hacen para poner orden al estudio de la doctrina contractual, como vimos en el apartado 3.2 anterior. Pero una apreciación más clara de los límites de la contratación en su totalidad surgiría de la consideración de algunos problemas de la contratación con desequilibrio de la clase que se menciona más adelante, en el apartado 4.5.

4. La organización

Al revés de lo que ocurre con los economistas, los sociólogos se han ocupado desde hace largo tiempo de esta interrogante: "¿por qué hay tantas clases de organización?" (Hannan y Freeman, 1977, p. 936). Han surgido numerosas explicaciones interesantes de la diversidad organizativa, pero la explicación preferida aquí —que la diversidad organizativa surge al servicio de la economización del costo de transacción— no resultó natural para muchos especialistas de la teoría de la organización, quienes todavía se oponen a ella.

Sin embargo, creo que la economía del costo de transacción es pertinente para muchos de los temas que interesan a la teoría de la organización.[19] Es posible que se obtenga una teoría más rica de la organización al aplicar, refinar y delimitar el análisis del costo de transacción. Pero también fluyen algunas ganancias en la dirección contraria. La economía del costo de transacción puede beneficiarse con la infusión de un contenido organizativo mayor. En términos más generales, la economía debiera entablar un diálogo con la teoría de la organización.

Aquí son pertinentes las observaciones de Coase sobre la economía y las disciplinas contiguas. Coase opina: "el éxito de los economistas en la penetración de las otras ciencias sociales es una indicación de que poseen ciertas ventajas para el manejo de los problemas de tales disciplinas. Creo que una de tales ventajas es el hecho de que estudian el sistema económico como un sistema interdependiente unificado" (1978, p. 209). Sin embargo, añade Coase: "Una vez que algunos de estos practicantes han adquirido las verdades sencillas, pero valiosas, que la economía ofrece [. . .] los economistas que traten de trabajar en las otras ciencias sociales habrán perdido su ventaja principal y se enfrentarán a competidores que saben más acerca del tema que ellos mismos" (Coase, 1978, p. 210).

Las oportunidades de investigación que se bosquejan más adelante son algunas en las que parecerían llevar ventaja los especialistas en la teoría de la organización.

[19] Esta opinión es compartida por otros autores —véase, por ejemplo, Williamson Ouchi (1976) y W. Richard Scott (1981)— aunque es probablemente una opinión minoritaria.

4.1 *Ventajas de observación*

Las necesidades empíricas de la economía del costo de transacción son mucho más microanalíticas que las de la teoría aplicada de los precios. Pero la realización de observaciones microanalíticas puede ser una tarea agotadora, que requiere además habilidades especiales, Sin embargo, Koopmans afirma que

> [...] debemos aprovechar todas las pruebas que podamos obtener, directas e indirectas. Si, por comparación con otras ciencias, la economía se ve obstruida por obstáculos difíciles y quizá insuperables para llegar a la experimentación significativa, las oportunidades de la introspección directa de los tomadores de decisiones individuales, y la observación directa de tales decisiones, constituyen una fuente muy necesaria de pruebas que en alguna medida compensa la desventaja [Koopmans, 1957, p. 140].

Los especialistas en la teoría de la organización adiestrados para realizar observaciones microanalíticas llevarán evidentemente la ventaja en tal esfuerzo.

Sin embargo, quizá no sea fácil la realización de esa tarea en una forma compatible con las necesidades de la economía del costo de transacción. Por una parte, la teoría de la organización destaca con frecuencia las patologías organizativas, descuidando la anatomía y la fisiología. En realidad, todos estos aspectos son importantes, Además, la economía del costo de transacción debe sensibilizarse en algunos aspectos patológicos. Pero si la eficiencia desempeña el papel central que le he asignado, la anatomía y la fisiología de la organización requerirán mayor atención. En segundo lugar, las características microanalíticas de la organización que resultan especialmente interesantes para la economía del costo de transacción comprende la especificidad de los activos, la asimetría de la información, la incertidumbre (especialmente la sorpresa), el aparato de la gobernación formal e informal, y los incentivos. Pocos estudios de la organización se ocupan de tales cuestiones teniendo en mente las necesidades de la economía del costo de transacción. ¿Es un remedio viable? ¿Se justifica el esfuerzo?

4.2 *Desventajas de los incentivos*

En el capítulo VI se plantea esta interrogante: ¿por qué no puede hacer una gran empresa todo lo que puede hacer un grupo de pequeñas empresas y más? La respuesta que sugiero es que la organización interna no puede reproducir los incentivos de alta potencia de los mercados y está sujeta a desventajas burocráticas. Sin embargo, apenas se bosquejan los factores que se encuentran detrás de tales condiciones. Las maneras como las empresas pueden mejorar sus competencias de incentivos y burocráticas en relación con los mercados ameritan también una atención más consciente.

Aquí es pertinente la cuestión de quién administra a los administradores (Dalton, 1959), pero también es importante la investigación de asuntos tan mundanos como la decisión de las convenciones y los procedimientos de la contabilidad. ¿Están correctas las alineaciones de los incentivos? ¿Cuáles sesgos introducen? ¿Cuáles supuestos se mantienen acerca de la información y su procesamiento? ¿Son razonables? ¿Cuáles tasas de sustitución se establecen? ¿Se reconocen tales tasas? ¿Cuál es el límite efectivo de los diferenciales de incentivos dentro de una empresa? ¿Por qué? ¿Cuáles son las ramificaciones organizativas?

Éstas son cuestiones en las que los economistas (incluidos los especialistas en sistemas comparados) tienen evidentemente un gran interés, pero en las que parecerían llevar la ventaja los especialistas en la teoría de la organización.

4.3 *La innovación organizativa*

Las percepciones están cambiando, pero el estudio de la innovación organizativa no ha sido nunca más que un pobre pariente lejano del estudio de la innovación tecnológica. En realidad, Joseph Schumpeter incluyó la innovación organizativa entre las fuerzas motrices del capitalismo: "El impulso fundamental que pone y mantiene en movimiento al motor capitalista proviene de los nuevos bienes de consumo, los nuevos métodos de producción o transportación, los nuevos mercados, las nuevas formas de la organización industrial que crea la empresa capitalista" (Schumpeter, 1942, p. 83). Y Arrow observa: "Entre las innovaciones del hombre es una de las mayores y más tempranas el uso de la organización para la realización de sus fines" (1971, p. 224). Además, Arthur Cole opina que "si los cambios ocurridos en los procedimientos y las prácticas de los negocios fuesen patentables, las contribuciones del cambio empresarial al crecimiento económico de la nación se reconocerían tan ampliamente como la influencia de las innovaciones mecánicas o la entrada de capital del exterior" (Cole 1968, pp. 61-62). Chandler está evidentemente de acuerdo. En su opinión, "resultan economías mucho mayores de la coordinación cuidadosa del flujo a través de los procesos de producción y distribución que del aumento del tamaño de las unidades de producción o distribución en términos de las instalaciones de capital o el número de trabajadores" (Chandler, 1977, p. 490). Pero aparte del Centro de Investigación de la Historia Empresarial de Harvard, que se estableciera en 1948 y cerrara sus puertas un decenio después, no se ha realizado ningún esfuerzo concertado para aclarar la importancia de la innovación organizativa.

Por lo tanto, el registro de las innovaciones organizativas tiene pocas anotaciones. En gran parte se conecta con la tecnología y se concentra en ella. Un esfuerzo sistemático para identificar las innovaciones organizativas —tanto los éxitos como los fracasos— sería un recurso de investigación muy valioso.

Adviértase la referencia a los éxitos *y los fracasos*. La omisión de los fracasos se entiende sin dificultad. No es probable que los fracasos duren mucho o que se repitan con frecuencia; y también es posible que los innovadores prefieran enterrar sus errores que registrarlos. Sin embargo, la concentración de la atención en los fracasos ayudaría a evitar la conclusión errada de que la empresa moderna es una secuencia ininterrumpida de refinamientos afortunados. ¿Cuáles fueron las aberraciones? ¿Eran los fracasos previsibles, podían haberse identificado *ex ante* las fallas organizativas, o se destruyeron las innovaciones ante eventos imprevisibles? El papel de la competencia para la selección de las innovaciones de acuerdo con sus méritos económicos amerita también un tratamiento más completo. La conexión con la economía evolutiva (Nelson y Winter, 1983) será especialmente instructiva.

4.4 *Los valores de la dignidad y la confianza*

Tanto los abogados como los especialistas en la teoría de la organización, en particular los que están incrustados en el proceso de gobernación son más sensibles a los valores de la dignidad que la mayoría de los economistas. Aunque hay dificultades enormes en la tarea de volver operativa la dignidad, también es muy importante considerarla para la profundización de nuestro entendimiento de la organización económica.[20]

Nos preocupan los excesos instrumentalistas de dos clases. Uno es el hecho de que el hombre capitalista no es un humanista. Ésa no es una descripción aduladora ni enteramente correcta de la naturaleza humana. El segundo es el hecho de que la economía del costo de transacción debe colocarse en su perspectiva para que no se deshumanice. Cuando se aborda la organización económica en una forma exclusivamente instrumentalista se corre el riesgo de llegar a tratar a los individuos como instrumentos. Tales excesos del instrumentalismo deberán vigilarse.

Por una parte, como observa Leon Mayhew en su interpretación de Talcott Parsons, "detrás de los mercados utilitarios se encuentra una sociedad auténtica, una sociedad anterior a los contratos utilitarios celebrados entre los individuos, a los que regula [...] Los arreglos sociales que se encuentran detrás de los acuerdos utilitarios justifican la crítica y la limitación —es decir, la restricción— de los contratos privados en nombre y en aras de una sociedad más amplia" (Mayhew, 1984, p. 1289). Después de todo, la economización es un medio, no un fin.

En segundo lugar, el espíritu calculador puede interponerse en el camino de la confianza. Como ha repetido Arrow, la confianza tiene un lugar importante en la organización económica (1969, p. 62; 1971, p. 207; 1973, p. 24; 1974, p. 23). Por ejemplo, observa que

> [...] los elementos éticos intervienen en alguna medida en todos los contratos; sin ellos, ningún mercado podría funcionar. Hay un elemento de confianza en cada transacción; de ordinario, un objeto de valor cambia de manos antes de que lo haga el otro, y hay confianza en que en efecto se entregará el otro valor. No es adecuado argüir que hay ciertos mecanismos que puedan forzar el cumplimiento,

[20] Mis propios esfuerzos en este campo son a lo sumo sugerencias (Williamson, 1975, pp. 37-39; 1984a, pp. 210-212). La orientación calculadora que los economistas han aplicado con ventaja a otras materias podría ser una desventaja en este caso. Los especialistas en la teoría de la organización, menos comprometidos con el espíritu racional,tienen que cargar con un bagaje menor.

tales como la policía y los tribunales; éstos son servicios que se compran y se venden por sí mismos, y debemos preguntarnos por qué habrían de hacer en efecto lo que han prometido hacer por contrato [Arrow, 1973, p. 24].

Además señala Arrow que "la confianza y los valores similares, la lealtad y la sinceridad [...] no son bienes para los que un intercambio en el mercado abierto sea técnicamente posible o incluso significativo" (1974, p. 23).

Éstas son observaciones importantes. Pero ha resultado extraordinariamente difícil la tarea de volver operativa la confianza. Una orientación no calculadora podría ayudar a revelar los problemas.[21] Los teóricos de la organización parecen estar bien preparados para la tarea.

4.5 *La contratación de la mano de obra*

El estudio de la relación de empleo se complica por algunas consideraciones familiares que no se incluyen expresamente en el cálculo de la economía del costo de transacción. Si los trabajadores de habilidades generalizadas no son realmente móviles, a causa de los costos de dislocación que el traslado impondría a otros miembros de la familia, los trabajadores podrían desarrollar demandas de seguridad del empleo, proceso legal, etc., que pasaba por alto el cálculo anterior. En realidad, las empresas tienen incentivos para respetar las preferencias de seguridad de todas clases, ya se originen en el empleo o en la familia. Pero es obviamente más complicado cuando se introducen consideraciones familiares.

Una segunda dificultad se refiere a la eficacia de los efectos de reputación. Hay varios problemas potenciales. El más obvio consiste en saber si los observadores contemporáneos y las generaciones sucesoras entienden las dificultades contractuales con detalle suficiente para hacer evaluaciones bien informadas. La experiencia idiosincrásica entre el comprador y el vendedor que sólo conocen las partes inmediatas plantea un impedimento grave. Otro problema es el del sesgo de la competencia. Si, contando con el beneficio de la visión retrospectiva, los observadores pueden "ver a través" de las dificultades particulares de la transacción en cuestión, y si se creen demasiado listos para cometer tal error, podrán descontar excesivamente la experiencia de los demás.[22]

[21] Adviértase en este sentido que la confianza impone algunas tensiones a los esquemas contractuales básicos. La confianza no se necesita en el nudo A. Además, es absurdo asociar la confianza con el nudo B. (Los pagos son aquí frontales y consideran la violación. La interrogante: "¿cuánto debo pagarte para que me ames con profundo afecto?" es compatible con el nudo B, pero es ridícula.) El ofrecimiento y la recepción mutuos de compromisos creíbles tienen el espíritu del nudo C y son más compatibles con la confianza. Sin embargo, se preserva así una orientación semicalculadora, más calculadora que lo considerado normalmente por el término "confianza". Quizá debieran atenderse los aspectos conductistas y de gobernación que trascienden los marcos de negociación, incluso de la clase del nudo C. Los teóricos de la organización parecerían llevar la ventaja en tal tarea.

[22] La tendencia a descartar las experiencias de los demás tienen dos fuentes: 1) una propensión a sobrestimar la competencia propia (considérese la dificultad de los agentes humanos para aceptar que se encuentran debajo de la mediana), y 2) los errores imputables a la visión retros-

Surgen problemas más difíciles todavía si los castigos por la mala conducta en la ejecución del contrato son impuestos por las generaciones futuras y no por los contemporáneos. Pueden describirse fallas de tres clases por lo menos. Una se debe a la simple falla de la memoria. Los efectos de la reputación son a lo sumo imperfectos si los recursos institucionales adecuados se encuentran en jugadores que se han retirado o han sido desplazados de otro modo. De igual modo, las generaciones sucesoras de vendedores pueden pedir, a veces con razón, que no se les haga responsables de los pecados de sus padres. Pero si no puede distinguirse entre quienes merecen el perdón y quienes hacen reclamaciones falsas, y si hay una propensión a errar del lado de la caridad, el perdón puede permitir la repetición de los errores de contratación.[23] Por último, las generaciones sucesoras pueden recurrir a líderes para que las representen. Si los líderes han sido cooptados o corrompidos ¿de dónde surgen los castigos por el efecto de reputación?

La conclusión es que, si la naturaleza humana, tal como la conocemos, está sujeta a propensiones de las clases antes descritas, los vendedores escaparán a veces a los castigos del comportamiento oportunista durante la ejecución del contrato. En consecuencia, la apelación a los efectos de la reputación no justifica obviamente que los resultados del ordenamiento privado se consideren determinantes. Hay necesidad de delimitar los problemas.

5. Posdata

Schumpeter planteó esta interrogante: "¿Podrá sobrevivir el capitalismo?", Y aventuró su opinión: "No. No creo que podrá hacerlo" (1942, p. 61). La falta de apoyo intelectual para los méritos de los modos de organización capitalistas —de hecho, el escepticismo intelectual prevaleciente acerca de tales modos— fue uno de los factores que condujo a esa evaluación negativa (Shumpeter, 1942, cap. 13).

Cuarenta años no es un periodo largo en la evolución de la organización económica. Todavía es posible que se justifique la evaluación negativa de Schumpeter. Pero es obvio que la declinación del capitalismo no es inminente. Además, debe señalarse que la opinión intelectual ha mejorado en ese periodo. Eso se explica en parte por una apreciación más profunda de los propósitos servidos por las instituciones económicas complejas; pero es probable que el factor más importante haya sido la actuación económica. Cualquiera que sea la explicación, el anterior escepticismo intelectual acerca de los méritos del capitalismo ha dejado el lugar a un respeto moderado.

pectiva de 20-20, es decir, a la propensión a simplificar en exceso. Así pues, aunque los observadores pueden ser capaces de reconocer la misma dificultad si volviera a presentarse, no perciben el problema general del que forma parte y no podrán afrontar con la misma habilidad las variantes.

[23] El perdón puede complicar también el comercio dentro de una generación al igual que entre generaciones. Más ampliamente, si los vendedores pueden engañar varias veces a los compradores, deberán evaluarse los esfuerzos que se hagan para restringir el fraude o el engaño. La protección contractual de los menores es un ejemplo.

Dado que ninguna forma compleja de la organización económica, capitalista o no, deja de tener problemas, el respeto moderado es todo lo que se puede merecer. Por lo tanto, no se incurre en una inconsistencia cuando se consideran como maravillas algunas instituciones económicas, incluso como algo sublime, y al mismo tiempo se expresan algunas preocupaciones. Por el contrario, cualquier otra posición sería poco juiciosa.

Se justifica un respeto renuente también por otra razón: así se refuerza la perspectiva de que las instituciones económicas son siempre medios y nunca fines. Raras veces domina un modo de organización a otro en todos los aspectos pertinentes de la actuación. El elegir entre modos alternativos —por lo menos entre los "finalistas" que reseñamos involucra siempre las tasas de sustitución: los avances logrados en una o más medidas de la actuación se obtienen sólo con el sacrificio de otras. Eso es cierto aunque la comparación se haga entre los atributos de la eficiencia.[24] Se aplica *a fortiori* cuando se introducen algunos aspectos sociopolíticos.

Así pues, las preferencias entre modos alternativos pueden diferir, no porque se juzgue distinta la actuación en términos de cualquier dimensión de actuación particular, sino porque los individuos usan diferentes sistemas de ponderación para llegar a una evaluación agregada. Los sacrificios de la eficiencia que se hacen de manera voluntaria y bien informada para satisfacer otro propósito valioso son "meros costos". Pero los sacrificios involuntarios o mal informados son otra cosa.

La economía del costo de transacción sostiene que las instituciones microeconómicas desempeñan un papel fundamental, sutil y relativamente olvidado en la explicación de la actuación económica diferencial: a través del tiempo, dentro de las industrias y entre ellas, dentro de los estados nacionales y entre ellos, y en los sistemas sociopolíticos. La enorme disparidad de la valuación entre los factores tecnológicos y los factores organizativos, a la que hiciera referencia Hayek con tristeza en 1945, sigue vigente.

La economía del costo de transacción ayuda a moldear el estudio de la organización económica gracias a que requiere del analista un examen de los atributos microanalíticos de la organización donde reside la acción institucional comparada; a que revela algunos aspectos del costo de transacción hasta ahora olvidados, ya que insiste en que las evaluaciones no se hagan en términos abstractos sino institucionales comparados. Los modos "defectuosos" de la organización económica para los que no puede describirse ningún modo viable que sea superior, serán los ganadores mientras no aparezca algo mejor.

[24] Esto es especialmente evidente en las comparaciones que se hacen entre los modos en el capítulo IX.

BIBLIOGRAFÍA

Adelman, M. A., 1961, "The antimerger act, 1950-1960", en *American Economic Review*, 51 (mayo), pp. 236-244.

Akerlof, George A., 1970, "The market for 'lemons': Qualitative uncertainty and the market mechanism", en *Quarterly Journal of Economics*, 84 (agosto), pp. 488-500.

Akkerlof, George A., y Hajime Miyazaki, 1980, "The implicit contract theory of unemployment meets the wage bill argument", en *Review of Economic Studies*, 47 (enero), pp. 321-338.

Alchian, Armen, 1950, "Uncertainty, evolution and economic theory", en *Journal of Political Economy*, pp. 211-221.

——, 1959, "Costs and outputs", en M. Abramovitz y otros, *The Allocation of Economic Resources: Essays in Honor of Bernard Francis Haley*. Stanford, Calif.: Stanford University Press, pp. 23-40.

——, 1961, *Some Economics of Property*. RAND D-2316. Santa Mónica, Calif.: RANS Corporation.

——, 1965, "The basis of some recent advances in the theory of management of the firm", en *Journal of Industrial Economics*, 14 (diciembre), pp. 30-41.

——, 1969, "Corporate management and property rights", en H. G. Manne, comp., *Economic Policy and Regulation of Corporate Securites*, Washington, D. C.: American Enterprise Institute for Public Policy Research, pp. 337-360.

——, 1982, "First National Maintenance *vs.* National Labor Relations Board", manuscrito inédito.

——, 1983, "Specificity, specialization, and coalitions", manuscrito en borrador, febrero.

——, 1984, "Specificity, specialization, and coalitions", en *Journal of Economic Theory and Institutions*, 140 (marzo), pp. 34-49.

Alchian, Armen, y H. Demsetz, 1972, "Production, information costs, and economic organization", en *American Economic Review*, 62 (diciembre), pp. 777-795.

——, 1973, "The property rights paradigm", en *Journal of Economic History*, 33 (marzo), pp. 16-27.

Aldrich, Howard E., 1979, *Organizations and Environments*, Englewood Cliffs, N. J.: Prentice-Hall.

Anderson, Erin, y David Schmittlein, 1984, "Integration of the sales force: An empirical examination", en *The Rand Journal of Economics*, 15 (otoño), pp. 385-395.

Andrews, Kenneth, 1982, "Rigid rules will not make good boards", en *Harvard Business Review*, 60 (noviembre-diciembre), pp. 34-40.

Aoki, Masahiko, 1983, "Managerialism revisited in the light of bargaining-game theory", en *International Journal of Industrial Organization*, 1: 1-21.

——, 1984, *The Cooperative Game Theory of the Firm*, Londres: Oxford University Press.

Areeda, Philip, 1967, *Antitrust Analysis*, Boston: Little-Brown.

Areeda, Philip, y D. F. Turner. 1975. "Predatory pricing and related practices under section 2 of the Sherman Act", en *Harvard Law Review*, 88 (febrero), pp. 697-733.

Armour, H. O., y D. Teece. 1978. "Organizational structure and economic performance", en *Bell Journal of Economics*, 9: 106-22.

Arrow, Kenneth J. 1959. "Toward a theory of price adjustment", en Moses Abramovitz y otros, comps., *The Allocation of Resources*, Stanford, Calif.: Stanford University Press, pp. 41-51.

——, 1962, "Economic welfare and the allocation of resources of invention", en Oficina Nacional de Investigación Económica, comp., *The Rate and Direction of Inventive Activity: Economic and Social Factors*, Princeton, N. J.: Princeton University Press, pp. 609-625.

——, 1963, "Uncertainty and the welfare economics of medical care", en *American Economic Review*, 53 (diciembre), pp. 941-973.

——, 1964. "Control in large organizations", en *Management Science*, 10 (abril), pp. 397-408.

——, 1969, "The organization of economic activity: Issues pertinent to the choice of market versus nonmarket allocation", en *The Analysis and Evaluation of Public Expenditure: The PPB System*, vol. 1, Comité Económico Conjunto de los Estados Unidos, 91° Congreso, 1ª. sesión, Washington, D. C.: U. S. Government Printing Office, pp. 59-73.

——, 1971, *Essays in the Theory of Risk-Bearing*, Chicago: Markham.

——, 1973, *Information and Economic Behavior*, Estocolmo: Federación de Industrias Suecas.

——, 1974, *The Limits of Organization*, 1ª ed., Nueva York: W. W. Norton.

Ashby, W. Ross. 1956. *An Introduction to Cybernetics*, Nueva York: John Wiley and Sons.

——, 1960, *Design for a Brain*, Nueva York: John Wiley and Sons.

Ashton, T. S. 1925. "The records of a pin manufactory, 1814-21", en *Economica* (noviembre), pp. 281-292.

Atiyah, P. S. 1979. *The Rise and Fall of Freedom of Contract*, Oxford, Inglaterra: Claredon Press.

Auerbach, Jerrold. 1983. *Justice Without Law?*, Nueva York: Oxford University Press.

Axelrod, Robert. 1983. *The Evolution of Cooperation*, Nueva York: Basic Books.

Azardiadis, C. 1975. "Implicit contracts and underemployment equilibria", en *Journal of Political Economy*, 83 (diciembre): 1183-1202.

Babbage, Charles. 1835. *On the Economy of Machinery and Manufactures*, 4ª ed., reproducción ampliada de la acción de 1835 con la adición de *Thoughts on the Principles of Taxation* 3ª ed. (1982), Nueva York: A. M. Kelley, 1971. Tomado de la serie *Reprints of Economic Classics*.

Baily, M. N. 1979. "Wages and unemployment under uncertain demand", en *Review of Economic Studies*, 41 (enero): 37-50.

Baiman, Stanley. 1982. "Agency research in managerial accounting: A survey", en *Journal of Accounting Literature*, 1: 154-213.

Bain, Joe. 1956. *Barriers to New Competition*, Cambridge, Mass.: Harvard University Press.

——, 1958, *Industrial Organization*, Nueva York: John Wiley and Sons.

——, 1968, *Industrial Organization*, 2ª ed., Nueva York: John Wiley and Sons.

Baines, E. 1835. *History of the Cotton Manufacture in Great Britain*, 2ª ed. ilustrada, 1966, Londres: Biblio Distributors.

Banfield, E. C. 1958. *The Moral Basis of a Backward Society*, Nueva York: Free Press.

Barnard, Chester. 1938. *The Functions of the Executive*. Cambridge: Harvard University Press (15ª impresión, 1962).

Bartlett, F. C. 1932. *Remembering*, Cambridge, Inglaterra: The University Press.

Barzel, Yoram. 1982. "Measurement cost and the organization of markets", en *Journal of Law and Economics*, 25 (abril): 27-48.

Bauer, P. T., y A. A. Walters. 1975. "The state of economics", en *Journal of Law and Economics*, 18 (abril): 1-24.

Baumol, W. J. 1959. *Business Behavior, Value and Growth*, Nueva York: Macmillan.

——, 1968, "Entrepreneurship in economic theory", en *American Economic Review*, 58 (mayo): 64-71.

——, 1979, "Quasi-permanence of price reductions: A policy for prevention of predatory pricing", en *Yale Law Journal*, 89 (noviembre): 1-26.

Baumol, W. J., y R. D. Willig. 1981. "Fixed costs, entry barriers, and sustainability of monopoly", en *Quarterly Journal of Economics* (agosto): 405-31.

Baumol, W. J.; John Panzer y Robert Willig. 1982. *Contestable Markets*, Nueva York: Harcourt Brace Jovanovich.

Baxter, William. 1983. "Reflections upon Professor Williamson's comments", en *St. Louis University Law Review*, 27: 315-20.

Beales, Howard, Richard Craswell y Steven Salop. 1981. "The efficient regulation of consumer information", en *Journal of Law and Economics*, 24 (diciembre): 491-540.

Becker, G. S. 1962. "Investment in human capital: effects on earnings", en *Journal of Political Economy*, 70 (octubre): 9-49.

——, 1965, "Theory of the allocation of time", en *Economic Journal*, 75 (septiembre): 493-517.

Subpanel de Ciencias del Comportamiento, Comité Presidencial de Asesoría Científica. 1962. *Strengthening the Behavioral Sciences*, Washington, D. C.: U. S. Government Printing Office.

Ben-Porath, Yoram. 1980. "The F-connection: Families, Friends, and firms and the organization of exchange", en *Population and Devolopment Review*, 6 (marzo): 1-30.

Beston, George J. 1980. *Conglomerate Mergers: Causes, Consequences and Remedies*, Washington, D. C.: American Enterprise Institute for Public Policy Research.

Berle, Adolph A. 1959. *Power Without Property: A New Development in American Political Economy*, Nueva York: Harcourt, Brace.

Berle, Adolph A., y G. C. Means. 1932. *The Modern Corporation and Private Property*, Nueva York: Macmillan.

Blair, Roger, y David Kaserman. 1983. *Law and Economics of Vertical Integration and Control*, Nueva York: Academic Press.

Blake, Harlan M. 1973. "Conglomerate mergers and the antitrust laws", en *Columbia Law Review*, 73 (marzo): 555-592.

Blau, P. M., y R. W. Scott. 1962. *Formal Organizations*, San Francisco: Chandler.

Blumberg, Paul. 1969. *Industrial Democracy*, Nueva York: Schocken Books.

Bok, D. 1960. "Section 7 of the Clayton Act and the merging law and economics", en *Harvard Law Review*, 74 (diciembre): 226-355.

——, 1983, *Annual Report to the Board of Overseers*, Harvard University, Cambridge, Mass.

Bork, R. H. 1954. "Vertical integration and the Sherman Act: The legal history of an economic misconception", en *University of Chicago Law Review*, 22 (otoño): 157-201.

——, 1978. *The Antitrust Paradox*, Nueva York: Basic Books.

Bowles, Samuel, y Herbert Gintis. 1976. *Schooling in Capitalist America: Educational Reform and the Contradictions of Economic Life*, Nueva York, Nueva York: Basic Books.

Bradley, Keith, y Alan Gelb. 1980. "Motivation and control in the Mondragon experiment", en *British Journal of Industrial Relations*, 19 (junio): 211-231.

——, 1982, "The replicability and sustainability of the Mondragon experiment", en *British Journal of Industrial Relations*, 20 (marzo): 20-33.

Braverman, Harry. 1974. *Labor and Monopoly Capital: The Degradation of Work in the Twentieth Century*. Nueva York: Monthly Review Press.

Brennan, Geoffrey, y James Buchanan. 1983. "Predictive power and choice among regimes", en *Economic Journal*, 93 (marzo): 89-105.

Brennon, Timothy, y Sheldon Kimel. 1983. "Joint production and monopoly extensión through tying", EPO Discussion Paper 84-1, Departamento de Justicia de los Estados Unidos, Washington, D. C., noviembre.

Breyer, Stephen, 1982. *Regulation and Its Reform*. Cambridge, Mass.: Harvard University Press.

Bridgeman, Percy, 1955. *Reflections of a Physicist*. 2ª ed., Nueva York: Philosophical Library.

Brockman, Rosser H. 1980. "Commercial contract law in late nineteenth century Taiwan", en Jerome Alan Cohen, R. Randle Edwards y Fu-mei Chang Chen, comps., *Essays on China's Legal Tradition*, Princeton, N. J.: Princeton University Press, pp. 76-136.

Brown, D. 1924. "Pricing policy in relation to financial control", *Management and Administration*, 1 (febrero): 195-258.

Bruchey, Stuart W. 1956. *Robert Oliver, Merchant of Baltimore, 1783-1819*, Baltimore: Johns Hopkins Press.

Buchanan, James, 1975, "A contractarian paradigm for applying economic theory", en *American Economic Review*, 65 (mayo): 225-230.

Buckley, P. J., y M. Casson. 1976. *The Future of Multi-National Enterprise*, Nueva York: Holmes and Meier.

Bull, Clive. 1983. "Implicit contracts in the absence of enforcement and risk aversion", en *American Economic Review*. 73 (septiembre): 658-671.

Burton, R. H., y A. J. Kuhn. 1979. "Strategy follows structure: The missing link of their intertwined relation", ensayo de trabajo núm. 260, Fuqua School of Business, Universidad Duke, mayo.

Buttrick, J. 1952. "The inside contracting system", en *Journal of Economic History*, 12 (verano): 205-221.

Calabresi, Guido. *The Cost of Accidents*. N. Haven, Conn.: Yale University Press.

Campbell, Donald T. 1958. "Systematic error on the part of human links in communication systems", en *Information and Control*, 1: 334-369.

——, 1969, "Reforms as experiments", en *American Psychologist*, 24 (abril): 409-429.

Carlton, D. W. 1979. "Vertical integration in competitive markets under uncertainty", en *Journal of Industrial Economics*, 27 (marzo): 189-209.

Carmichael, H. L. 1984. "Reputations in the labor market", en *American Economic Review*, 74 (septiembre): 713-725.

Cary, W. 1969. "Corporate devices used to insulate management from attack", en *Antitrust Law Journal*, 39 núm. 1 (1969-1970): 318-333.

Caves, Richard E. 1980. "Corporate strategy and structure", en *Journal of Economics Literature*, 18 (marzo): 64-92.

——, 1982, *Multinational Enterprises and Economic Analysis*, Nueva York: Cambridge University Press.

Caves, Richard E., y Michael Porter. 1977. "Form estry barriers to mobility barriers", en *Quarterly Journal of Economics* 91 (mayo): 230-249.

Chandler, A. C., Jr. 1962. *Strategy and Structure*, Cambridge, Mass.: MIT Press. Subsecuentemente publicado en Nueva York: Doubleday and Co., 1966.

——, 1977, *The Visible Hand: The Managerial Revolution in American Business*, Cambridge, Mass.: Harvard University Press.

Chandler, A. D. Jr., y H. Daems. 1979. "Administrative coordination, allocation and monitoring: Concepts and comparisons", en N. Horn y J. Kocka, comps., *Law and the Formation of the Big Enterprises in the 19th and Early 20th Centuries*. Gotinga: Vandenhoeck and Ruprecht, pp. 28-54.

Cheung, Steve. 1969. "Transaction costs, risk aversion, and the choice of contractual arrangements", en *Journal of Law and Economics*, 12 (abril): 23-45.
———, 1983, "The contractual nature of the firm", en *Journal of Law and Economics*, 26 (abril): 1-22.
Clark, Robert. 1981. "The four stages of capitalism: Reflections on investiment management treatises", en *Harvard Law Review*, 94 (enero): 561-583.
Clark, Rodney. 1979. *The Japanese Company*, Nueva Haven, Conn.: Yale University Press.
Clarkson, Kenneth W.; Roger L. Miller y Timothy J. Muris. 1978. "Liquidated damages v. penalties", en *Wisconsin Law Review*, pp. 351-390.
Coase, Ronald H. 1952, "The nature of the firm", en *Economica* N. S., 4 (1937): 386-405. Reproducido en G. J. Stigler y K. E. Boulding, comps., *Readings in Price Theory*, Homewood, Ill,: Richard D. Irwin.
———, 1959, "The Federal Communications Commission", en *The Journal of Law and Economics*, 2 (octubre): 1-40.
———, 1960, "The problem of social cost", en *Journal of Law and Economics*, 3 (octubre): 1-44.
———, 1964, "The regulated industries: Discussion", *American Economic Review*, 54 (mayo): 194-197.
———, 1972, "Industrial organization: A proposal for research", en V. R. Fuchs, comp., *Policy Issues and Research Opportunities in Industrial Organization*, Nueva York: Oficina Nacional de Investigación Económica, pp. 59-73.
———, 1978, "economics and contiguous disciplines", en *Journal of Legal Studies*, 7: 201-211.
———, 1984, "The new institutional economics", en *Journal of Institutional and Theoretical Economics*, 140 (marzo): 229-231.
Cochran, T. C., 1948, *The Pabst Brewing Company*, Nueva York: New York University Press.
———, 1972, *Business in American Life: A History*. Nueva York: McGraw-Hill.
Cohen, Leslie P. 1983. "Cable-television firms and cities haggle over franchises that trail expectations", en *Wall Street Journal*, 28 de diciembre, p. 34.
Cole, A. H. 1968. "The entrepreneur: Introductory remarks", en *American Economic Review*, 63 (mayo): 60-63.
Coleman, James, 1982. *The Asymmetric Society*, Siracusa, N. Y.: Syracuse Un. Press.
Commons, John R. 1934. *Institutional Economics*, Madison: University of Wisconsin Press.
———, 1970, *The Economics of Collective Action*, Madison: University of Wisconsin Press.
Conference Board. 1980. *Strategic Planning and the future of Antitrust*. Antitrust Forum, núm. 90.
Cox, A. 1958. "The legal nature of collective bargaining agreements", en *Michigan Law Review*, 57 (noviembre): 1-36.
CTIC. 1972a. *How to Plan an Ordinance*, Washington, D. C.
———, 1972b, *A Suggested Procedure*, Washington, D. C.
———, 1972c, *Cable: An Overview*, Washington, D. C.
———, 1973, *Technical Standards and Epecifications*, Washington, D. C.
Cyert, R. M., y J. G. March. 1963. *A Behavioral Theory of the Firm*, Englewood Cliffs, N. J.: Prentice-Hall.
Dahl, R. A. 1968. "Power", en *International Encyclopedia of the Social Sciences*, Nueva York: Free Press, 12: 405-415.
———, 1970, "Power to the workers?", en *New York Review of Books*, 19 de noviembre, pp. 20-24.

Dalton, Melville. 1957. *Men Who Manage,* Nueva York: Wiley.

Davis, Lance E., y Douglass C. North. 1971. *Institucional Change and American Economic Growth.* Cambridge, Inglaterra: Cambridge University Press.

De Alessi, Louis. 1983. "Property rights, transaction costs, and Xefficiency", en *American Economic Review.* 73 (marzo): 64-81.

Debreu, Gerhard. 1959. *Theory of Value,* Nueva York: Wiley.

Demsetz, H. 1967. "Toward a theory of property rights", en *American Economic Review,* 57 (mayo): 347-359.

——, 1968a, "The cost of transacting", en *Quarterly Journal of Economics,* 82 (febrero): 33-53.

——, 1968b, "Why regulate utilities?", en *Journal of Law and Economics,* 11 (abril): 55-66.

——, 1969, "Information and efficiency: Another viewpoint", en *Journal of Law and Economics,* 12 (abril): 1-22.

——, 1971, "On the regulation of industry: A reply", en *Journal of Political Economy,* 79 (marzo/abril): 356-363.

Devon, Eli. 1961. *Essays in Economics,* Londres: Allen and Unwin.

Dewey, D. J. 1974. "An introduction to the issues", en H. J. Goldschmid, H. M. Mann y J. F. Weston, comps., *Industrial Concentration: The New Learning,* Boston: Little-Brown, pp. 1-14.

Diamond, Douglas. 1983. "Optimal release of information by firms", Centro de Investigación de los Precios de los Valores de la Universidad de Chicago, ensayo de trabajo núm. 102.

Diamond, P. 1971. "Political and economic evaluation of social effects and externalities: Comment", en M. Intrilligator, comp., *Frontiers of Quantitative Economics,* Amsterdam: North-Holland Publishing Company, pp. 30-32.

Diamond, P., y Eric Maskin. 1979. "An equilibrium analysis of search and breach of contract", en *Bell Journal of Economics,* 10 (primavera): 282-316.

Director, Aaron, y Edward Levi. 1956. "Law and the future: Trade regulation", en *Northwestern University Law Review,* 10: 281-317.

Dixit, A. 1979. "A model of duopoly suggesting a theory of entry barriers", en *Bell Journal of Economics,* 10 (primavera): 20-32.

——, 1980, "The role of investment in entry deterrence", en *Economic Journal,* 90 (marzo): 95-106.

——, 1982, "Recent developments in oligopoly theory", en *American Economic Review,* 72 (mayo): 12-17.

Dodd, E. Merrick. 1932. "For whom are corporate managers trustees?", en *Harvard Law Review,* 45 (junio): 1145-1163.

Doeringer, P., y M. Piore. 1971. *Internal Labor Markets and Manpower Analysis,* Lexington, Mass.: D. C. Heath.

Dore, Ronald. 1973. *British Factory - Japanese Factory,* Berkeley: University of California Press.

——, 1983, "Goodwill and the spirit of market capitalism", en *British Journal of Sociology,* 34 (diciembre): 450-482.

Downs, Anthony. 1967. *Inside Bureaucracy,* Boston: Little - Brown.

Easterbrok, Frank. 1984. "The limits of antitrust", en *Texas Law Review* 63 (agosto): 1-40.

Easterbrok, Frank, y Daniel Fischel. 1981. "The proper role of a target's management in responding to a tender offer", en *Harvard Law Review* 94 (abril): 1161-1204.

Eaton, C., y R. G. Lipsey. 1980. "Exit barriers are entry barriers: The durability of capital", en *Bell Journal of Economics,* 1 (otoño): 721-729.

——, 1981, "Capital, commitment, and entry equilibrium", en *Bell Journal of Economics*, 12 (otoño): 593-604.

Eccles, Robert. 1981. "The quasifirm in the construction industry", en *Journal of Economic Behavior and Organization*, 2 (diciembre): 335-358.

Eckstein, A. 1956. "Planning: The National Health Service", en R. Rose, comp. *Policy-Making in Britain*, Londres: Macmillan, pp. 221-237.

Ellerman, David P. 1982. "Theory of legal structure: Worker cooperatives", Manuscrito inédito, Asociación Cooperativa Industrial, Somerville, Mass.

Elster Jon. 1979, *Ulysses and the Sirens*, Cambridge, Inglaterra: Cambridge University Press.

Etizioni, A. 1975. *A Comparative Analysis of Complex Organizations*, Nueva York: Free Press.

Evans, David y Sanford Grossman. 1983. "Integration", en D. Evans, comp., *Breaking Up Bell*, Nueva York: North-Holland Publishing Co., pp. 95-126.

Fama, Eugene F. 1980. "Agency problems and the theory of the firm", en *Journal of Political Economy*, 88 (abril): 288-307.

Fama, Eugene F., y Michael C. Jensen. 1983. "Separation of ownership and control", en *Journal of Law and Economics*, 26 (junio): 301-326.

Feiwel, George. 1983. "Some perceptions and tensions in microeconomics", manuscrito inédito.

Feldman, J., y H. Kanter, 1965. "Organizational decision making", en J. March, comp., *Handbook of Organizations*, Chicago: Rand McNally, pp. 614-649.

Feldman, Martha S., y James G. March. 1981. "Information in organizations as signal and symbol", en *Administrative Science Quarterly*, 26 (abril): 171-186.

Feller, David E. 1973. "A general theory of the collective bargaining agreement", en *California Law Review*, 61 (mayo): 663-856.

Feller, W. 1957. *An Introduction to Probability Theory and Its Application*, Nueva York: John Wiley and Sons.

Feller, W. 1949. *Competition Among the Few*, Nueva York: Alfred A. Knopf.

Fisher, Alan, y Robert Lande. 1983. "Efficiency considerations in merger enforcement", en *California Law Review*, 71 (diciembre): 1580-1696.

Fisher, Stanley. 1977. "Long-term contracting, sticky prices, and monetary policy: Comment", en *Journal of Monetary Economics*, 3: 317-324.

Fisher, W. L. 1907. "The American municipality", en Commission on Public Ownership and Operation, comp., *Municipal and Private Operation of Public Utilities*, parte I, Nueva York, I: 36-48.

Fishlow, Albert. 1965. *American Railroads and the Transformation of the Antebellum Economy*, Cambridge, Mass.: Harvard University Press.

FitzRoy, Felix, y Dennis Mueller. 1985. "Cooperation and conflict in contractual organizations", en *Quarterly Review of Economics and Business*, 24: pp. 24-49.

Flaherty, T. 1981. "Prices versus quantities and vertical financial integration", en *Bell Journal of Economics*, 12 (otoño): 507-525.

Fogel, R. 1964. *Railroads and american Economic Growth: Essays in Econometric History*, Baltimore: Johns Hopkins Press.

Foulkes, Fred, 1981. "How top nonunion companies manage employees", en *Harvard Business Review* (septiembre-octubre): 90-96.

Fox, A. 1974. *Beyond Contract: Work, Power, and Trust Relations*, Londres: Faber and Faber.

Franko, Lawrence G. 1972. "The growth and organizational efficiency of European multinational firms: Some emerging hypotheses", en *Colloques international aux C. N. R. S.*, pp. 335-366.

Freeman, R. B. 1976. "Individual mobility and union voice in the labor market", en *American Economic Review*, 66 (mayo): 361-368.

Freeman, R. B., y J. Medoff. 1979. "The two faces of unionism", en *Public Interest* (otoño): 69-93.

Freudenberger, H., y F. Redlich. 1964. "The industrial development of Europe: Reality, symbols, images", en *Kyklos* 17: 372-403.

Fried, Charles. 1981. *Contract as Promise*, Cambridge, Mass.: Harvard University Press.

Friedman, L. M. 1965. *Contract Law in America*, Madison: University of Wisconsin Press.

Friedman, Milton. 1953. *Essays in Positive Economics*, Chicago: University of Chicago Press, 1953.

——, 1962, *Capitalism and Freedom*, Chicago: University of Chicago Press.

Fuller, Lon L. 1963. "Collective bargaining and the arbitrator", en *Wisconsin Law Review* (enero): 3-46.

——, 1964, *The Morality of Law*, Nueva Haven: Yale University Press.

Fuller, Lon L., y William Perdue. 1936. "The reliance interest in contract damages", en *Yale Law Journal*, 46: 52-124.

Fuller, Lon L., y R. Braucher. 1964. *Basic Contract Law*, St. Paul: West Publishing Co.

Furubotn, E. 1976. "Worker alienation and the structure of firm", en S. Pejovich, comp., *Governmental Controls and the Free Market*. College Station: Texas A and M University Press, pp. 195-225.

Furubotn, E. y S. Pejovich. 1972. "Property rights and economic theory: A survey of recent literature", en *Journal of Economic Literature*, 10 (diciembre): 1137-1162.

——, 1974, *The Economics of Property Rights*, Cambridge, Mass: Ballinger.

Galanter, Marc. 1981. "Justice in many rooms Courts, private ordering, and indigenous law", en *Journal of Legal Pluralism*. núm. 19, pp. 1-47.

Galbraith, J. K. 1967. *The New Industrial State*, Boston: HoughtonMifflin.

Gallagher, W. E. Jr., y H. J. Einhorn. 1976. "Motivation theory and job design", en *Journal of Business*, 49 (julio): 358-373.

Gauss, Christian. 1952. *"Introduction" to Machiavelli* (1952), pp. 7-32.

Geanakoplos, John, y Paul Milgrom. 1984. "Information, planning, and control in hierarchies", ensayo inédito, marzo. Georgescu-Roegen, Nicholas. 1971. *The Entropy Law and Economic Process*, Cambridge, Mass.: Harvard University Press.

Gestschow, George. 1982. "Loss of expert talent impedes oil finding by new Tenneco unit", en *Wall Street Journal*, 9 de febrero.

Gibney, Frank. 1982. *Miracle by Design*, Nueva York: Times Books.

Gilson, Ronald. 1984. "Value creation by business lawyers: Legal skills and asset princig", ensayo de trabajo núm. 18 del Programa de Derecho y Economía, Universidad de Stanford, California.

Goetz, Charles, y Robert Scott. 1981. "Principles of relational contracts", en *Virginia Law Review*, 67: 1089-1151.

——, 1983, "The mitigation principle: Toward a general theory of contractual obligation", en *Virginia Law Review*, 69 (septiembre): 967-1024.

Goffmann, E. 1969. *Strategic Interaction*, Filadelfia: University of Pennsylvania Press.

Goldberg, Jeffrey. 1982. "A theoretical and econometric analysis of franchising", tesis doctoral inédita, Universidad de Pensilvania.

Goldberg, Victor. 1976a. "Toward an expanded economic theory of contract", en *Journal of Economic Issues*, 10 (marzo): 45-61.

——, 1976b, "Regulation and administered contracts", en *Bell Journal of Economics*, 7 (otoño): 426-452.

———, 1980, "Bridges over contested terrain", en *Journal of Economic Behavior and Organization,* 1 (septiembre): 249-274.

Goldberg, Victor, y John E. Erikson. 1982. "Long-term contracts for petroleum coke", ensayo de trabajo núm. 206 del Departamento de Economía, Universidad de California, Davis, septiembre.

Gordon, Donald. 1974. "A neoclassical theory of Keynesian unemployment' en *Economic Inquiry,* 12 (diciembre): 431-459.

Gort, Michael. 1962. *Diversification and Integration in American Industry,* Princeton, N. J.: Princeton University Press.

Gospel, Howard. Sin fecha. "The development of labour management and work organization in Britain: A historical perspective", manuscrito inédito, Universidad de Kent, Inglaterra: Unidad de Historia Empresarial.

Gouldner, A. W. 1954 *Industrial Bureaucracy,* Glencoe, Ill.: Free Press.

———, 1961, "The norm of reciprocity", en *American Sociological Review,* 25 (mayo): 161-179.

Gower, E. C. B. 1969. *Principles of Modern Company Law,* Londres Stevens and Sons.

Granovetter, Mark. 1985. "Economic action and social structure: A theory of embeddedness", en *American Journal of Sociology.*

Green, Jerry. 1984. "Information in economics", en Kenneth Arrow y Seppo Honkapohja, comps., *Frontiers of Economics.* Londres: Basil Blackwell.

Grether, David, y Charles Plott. 1979. "Economic theory of choice and the preference reversal phenomenon", en *American Economic Review,* 69 (septiembre): páginas 623-238.

Grossman, Sanford J., y Oliver D. Hart. 1982. "Corporate financial structure and managerial incentives", en John J. McCall, comp., *The Economics of Information,* Chicago: The University of Chicago Press, pp. 107-40.

———, 1984, "The costs and benefits of ownership: A theory of vertical integration", manuscrito inédito, marzo.

Gunzberg, D. 1978. "On-the-job democracy", en *Sweden Now,* 12: 42-45.

Haddock, David. 1982. "Basing point pricing: Competitive vs. collusive theories", en *American Economic Review,* 72 (junio): 289-306.

Hall, Robert, y David Lilien. 1979. "Efficient wage bargains under uncertain supply and demand", en *American Economic Review,* 69 (septiembre): 868-879.

Hamburg, D. 1963. "Invention in the industrial laboratory", en *Journal of Political Economy,* 71 (abril): 95-116.

———, 1966, R and D: *Essays on the Economics of Research and Development,* Nueva York: Random House.

Hannan, Michael T., y John Freeman. 1977. "The population ecology of organizations", en *American Journal of Sociology,* 82 (marzo): 929-964.

Harris, Milton, y Artur Raviv. 1976. "Optimal incentive contracts with imperfect information", ensayo de trabajo núm. 70-75-76, Escuela de Graduados en Administración Industrial, Universidad Carnegie-Mellon, abril (revisado en diciembre de 1977).

Harris, Milton, y Robert Townsend. 1981. "Resource allocation under asymmetric information", en *Econometrica,* 49 (enero): 33-64.

Hart, Oliver. 1983. "Optimal labour contracts under asymmetric information: An introduction", en *Review of Economic Studies,* 50 (febrero): 3-36.

Hart, Oliver, y John Moore. 1985. "Incomplete contracts and renegotiation", enero, manuscrito inédito.

Hayek, F. 1945. "The use of knowledge in society", en *American Economic Review,* 35 (septiembre): pp. 519-530.

——, 1967, *Studies in Philosophy, Politics, and Economics,* Londres: Routledge and Kegan Paul.

Hayes, S. L., III, y R. A. Taussig. 1967. "Tactics of cash takeover bids", en *Harvard Business Review,* 46 (marzo-abril): 136-147.

Heflebower, R. B. 1960. "Observations on decentralization in large enterprises", en *Journal of Industrial Economics,* 9 (noviembre): 7-22.

Heimer, Ronald. 1983. "The origin of predictable behavior", en *American Economic Review,* 73 (septiembre): 560-595.

Hennart, Jean-François, y Mira Wilkins. 1983. "Multinational enterprise, transaction costs and the markets and hierarchies hypothesis", manuscrito inédito, Universidad International de la Florida.

Hicks, John R. 1976. "'Revolution' in Economics", en S. J. Latsis, comp., *Method and Appraisal in Economics,* Cambridge, Inglaterra: Cambridge University Press, pp. 207-218.

Hirschman, Albert O. 1970. *Exit. Voice and Loyalty,* Cambridge, Mass.: Harvard University Press.

——, 1982, "Rival interpretations of market society: Civilizing, destructive, or feeble?", en *Journal of Economic Literature,* 20 (diciembre): 1463-1484.

Hirschmeier, J., y T. Yui. 1975. *The Development of Japanese Business, 1600-1973,* Londres: George Allen and Unwin.

Hobbes, Thomas, 1928. *Leviathan, or the Matter, Forme, and Power of Commonwealth Ecclesiastical and Civil,* Oxford, Inglaterra: Basil Blackwell.

Holmstrom, B. 1979. "Normal hazard and observability", en *Bell Journal of Economics,* 10 (primavera): 74-91.

——, 1984, "Differential information, the market, and incentive compatibility", en Kenneth Arrow y Seppo Hankaphja, comps., *Frontiers in Economics,* Londres: Basil Blackwell.

Holmstrom, Bengt, y Joan E. Ricart i Costa. 1984. "Managerial incentives and capital management", ensayo de trabajo de la Escuela de Organización y Administración de Yale, serie D, núm. 4.

Horvat, Branko. 1982, *The Political Economy of Socialism,* Nueva York: M. E. Sharpe.

Hudson, Pat. 1981. "Proto-industrialization: The case of the West Riding World Textile Industry in the 18th and early 19th centuries", en *History Workshop,* (otoño): 34-61.

Hurwicz, Leonid. 1972. "On informationally decentralized systems", en C. B. McGuire y R. Radner, comps., *Decision and Organization,* Amsterdam: North-Holland Publishing Company, pp. 297-336.

——, 1973, "The design of mechanisms for resource allocation", en *American Economic Review,* 63 (mayo): 1-30.

Hymer, S. 1970. "The efficiency (contradictions) of multinational corporations", en *American Economic Review,* 60 (mayo): 441-448.

Inkeles, Alex. 1969. "Making men modern: On the causes and consequences of individual change in six developing countries", en *American Journal of Sociology,* 75 (septiembre): 208-225.

Jackson, Brooks, y Andy Pasztor. 1984. "Court records show big oil companies exchanged price data", en *Wall Street Journal,* 17 de diciembre, pp. 1, 30.

Jarrell, Gregg, y Michael Bradley. 1980. "the economic effect of federal and state regulation of cash tender offers", en *Journal of Law and Economics,* 23 (octubre): 371-394.

Jenkins, Iredell. 1980. *Social Order and the Limits of the Law*, N J.: Princeton University Press.

Jensen, Michael. 1983. "Organization theory and methodology", en *Accounting Review*, 50 (abril): 319-339.

Jensen, Michael, y William Meckling. 1976. "Theory of the firm: Managerial behavior, agency costs, and capital structure", en *Journal of Financial Economics*, 3 (octubre): 305-360.

——, 1979, "Rights and production functions: An application to labor-managed firms", en *Journal of Business*, 52 (octubre): 469-506.

Jewkes, J.; D. Sawers; y R. Stillerman. 1959. *The Sources of Invention*, Nueva York: St. Martin's Press.

Johansen, Leif. 1979. "The bargaining society and the inefficiency of bargaining", en *Kyklos*, 32: 497-521.

Jones, S. R. H. 1982. "The organization of work: A historical dimension", en *Journal of Economic Behavior and Organization*, 3 (junio):

Jöreskog, Karl G., y Dag Sörbom. 1982. LISREL V: *Analysis of Linear Structural Relationships by Maximum Likelihood and Least Squares Methods*, Chicago: National Educational Resources.

Joskow, P. L. 1980. "The political content of antitrust: Comment", en O. E. Williamson, comp., *Antitrust Law and Economics*, Houston, Tex.: Dame Publishers, pp. 196-204.

——, 1985, "Vertical integration and long-term contracts", en *Journal of Law, Economics and Organization*, 1 (primavera).

Joskow, P. L., y A. K. Klevorick. 1979. "A framework for analyzing predatory pricing policy", en *Yale Law Journal*, 89 (diciembre): 213-270.

Joskow, P. L., Richard Schmalensee. 1983. *Markets for Power*, Cambridge, Mass.: MIT Press.

Kahn, Alfred E. 1971. *The Economics of Regulation: vol 2. Institutional Issues.* Nueva York: John Wiley and Sons.

Kanter, Rosabeth Moss. 1972. *Community and Commitment*, Cambridge, Mass.: Harvard University Press.

Katz, Daniel, y Robert Kahn. 1966. *The Social Psychology of Organizations*, Nueva York: John Wiley and Sons.

Kauper, Thomas E. 1983. "The 1982 horizontal merger guidelines: Of collusion, efficiency, and failure", en *California Law Review*, 71 (marzo): 497-534.

Kenney, Roy, y Benjamin Klein. 1983. "The economics of block booking", en *Journal of Law and Economics*, 26 (octubre): 497-540.

Kessel, Rubin A. 1958. "Price discrimination in medicine, en *Journal of Law and Economics*, 1: 20-53.

King, Mervyn. 1977. *Public Policy and the Corporation*, Londres: Chapman and Hull.

Kirzner, Israel M. 1973. *Competition and Entrepreneurship*, Chicago: University of Chicago Press.

Kitagawa, Zentaro. 1980. "Contract law in general", en *Doing Business in Japan*, vol. 2, Tokio.

Klein, Benjamin. 1980. "Transaction cost determinants of 'unfair' contractual arrangements", en *American Economic Review*, 70 (mayo): 356-362.

Klein, Benjamin; R. A. Crawford, y A. A. Alchian. 1978. "Vertical integration, appropriable rents, and the competitive contracting process", en *Journal of Law and Economics*, 21 (octubre): 297-326.

Klein, Benjamin, y K. B. Leffler. 1081. "The role of market forces in assuring contractual performance", en *Journal of Political Economy*, 89 (agosto): 615-641.

Klein, Benjamin; Andrew McLaughlin, y Kevin Murphy. 1983. "The economics of resale price maintenance: The Coors case", ensayo de trabajo inédito, Departamento de Economía de UCLA.

Klein, Frederick C. 1982. "A golden parachute protects executives, but does it hinder or foster takeovers?", en *Wall Street Journal,* 8 de diciembre, p. 56.

Kleindorfer, Paul, y Gunter Knieps. 1982. "Vertical integration and transaction-specific sunk costs", en *European Economic Review,* 19: 71-87.

Knight, Frank H. 1941. "Review of Melville J. Herskovits, 'Economic anthropology'", en *Journal of Political Economy,* 49 (abril): 247-258.

——, 1965, *Risk, Uncertainty and Profit,* Nueva York: Harper and Row.

Kohn, Melvin. 1971. "Bureaucratic man: A portrait and an interpretation", en *American Sociological Review,* 36 (junio): 461-474.

Koontz, H., y C. O'Donnell. 1955. *Principles of Management: An Analysis of Managerial Functions,* Nueva York: McGraw-Hill.

Koopmans, Tjalling. 1957. *Three Essays on the State of Economic Science,* Nueva York: MacGraw-Hill.

——, 1974, "Is the theory of competitive equilibrium with it?", en *American Economic Review,* 64 (mayo): 325-329.

——, 1977, "Concepts of optimality and their uses", en *American Economic Review,* 67 (junio): 261-274.

Kornai, J. 1971. *Anti-equilibrium,* Amsterdam: North-Holland Publishing Company.

Kraakman, Reinier. 1984. "Corporate liability estrategies and the costs of legal controls", en *Yale Law Journal,* 93 (abril): 857-898.

Kreps, David M. 1984. "Corporate culture and economic theory", manuscrito inédito, Escuela de Graduados en Administración de Empresas, Universidad de Stanford, Calif.

Kreps, David M., y Robert Wilson. 1980. "On the chain-store paradox and predation: Reputation for toughness", ensayo de investigación GSB núm. 551. junio, Stanford, Calif.

——, 1982, "Reputation and imperfect information", en *Journal of Economic Theory,* 27 (agosto): 253-279.

Kronman, Anthony. 1985. "Contract law and the state of nature", en *Journal of Law, Economics and Organization,* 1 (primavera).

Kronman, Anthony, y R. A. Posner. 1979. *The Economics of Contract Law,* Boston: Little Brown.

Kuhn, Thomas S. 1962. *The Structure of Scientific Revolutions,* Chicago: University of Chicago Press.

Kunreuther, Howard y otros. 1978. *Protecting Against High-Risk Hazards: Public Policy Lessons,* Nueva York: John Wiley and Sons.

Landes, D. S., comp. 1966. *The Rise of Capitalism,* Nueva York: n.p.

Landes, William, y Richard Posner. 1985. "A positive economic analysis of products liability", en *Journal of Legal Studies.*

Langlois, Richard H. 1982. "Economics as a process", R.R. 82-21, Universidad de Nueva York.

——, 1984, "International organization in a dynamic context: Some theoretical considerations", en M. Jussawalla y H. Ebenfied, comps., *Communication and Information Economics.* Amsterdam: Elsevier.

Larson, H. M. 1948. *Guide to Business History,* Cambridge, Mass.: Harvard University Press.

Leff, A. A. 1975. "Teams, firms, and the aesthetics of antitrust", proyecto de manuscrito, febrero.

Leibenstein, H. 1968. "Entrepreneurship and development", en *American Economic Review*, 58 (mayo): 72-83.

Leontief, Wassily. 1946. "The pure theory of the guaranteed annual wage contract", en *Journal of Political Economy*, 54 (agosto): 392-415.

Levin, Richard. 1982. "The semiconductor industry", en Richard R. Nelson, comp., Government and Technical Progress, Nueva York, Pergamon Press, pp. 9-100.

Lewis, Tracy. 1983. "Preemption, divestiture, and forward contracting in a market dominated by a single firm", en *American Economic Review*, 73 (diciembre): 1092-1101.

Libman, J. 1974. "In Oakland, a cable-TV system fails to live up to promises", en *Wall Street Journal*, 25 de septiembre, p. 34.

Liebeler, W. C. 1978. "Market power and competitive superiority in concentrated industries", en UCLA *Law Review*, 25 (agosto): 1231-1300.

Lifson, Thomas B. 1979. "An emergent administrative system: Interpersonal networks in a Japanese general trading firm", ensayo de trabajo 79-55, Escuela de Graduados en Administración de Empresas de la Universidad de Harvard.

Lindblom, Charles E. 1977. *Politics and Markets: The World's Political-Economic Systems*, Nueva York: Basic Books.

Lipset, Seymour M. 1962. "Introduction" a Michels (1962).

Littlechild, Stephen. 1985. "Three types of market process", en R. Langlois, comp., *Economics as a Process*, Cambridge, Inglaterra: Cambridge University Press.

Livesay, H. C. 1979. *American Made: Men Who Shaped the American Economy*, Boston: Little-Brown.

Llewellyn, Karl N. 1931. "What price contract? An essay in perspective", en *Yale Law Journal*, 40 (mayo): 704-751.

Loescher, Samuel. 1984. "Bureaucratic measurement, shuttling stock shares and shortened time horizons", en *Quarterly Review of Economics and Business*, 24 (invierno): 8-23.

Lowe, Adolph. 1965. *On Economic Knowledge: Toward a Science of Political Economics*, Nueva York: M. E. Sharpe, repr. 1983.

Lowry, S. Todd. 1976. "Bargain and contract theory in law and economics", en *Journal f Economic Issues*, 10 (marzo): 1-19.

Macaulay, S. 1963. "Non-contractual relations in business", en American Sociological Review, 28: 55-70.

MacAvoy, Paul; Scott Cantor; Jim Dana; y Sarah Peck. 1983. "ALY proposals for increased control of the corporation by the board of directors: An economic analysis", en *Statement of the Business Roundtable on the American Law Institute's Proposed Principles of Corporate Governance and Structure: Restatement and Recommendations*, febrero.

Machiavelli, Nicolò. 1952. *The Prince*, Nueva York: New American Library.

Macneil, I. R. 1974. "The many futures of contracts", en *Southern California Law Review*, 47 (mayo): 691-816.

——, 1978, "Contracts: Adjustments of long-term economic relations under classical, neoclassical, and relational contract law", en *Northwestern University Law Review*, 72: 854-906.

Malmgren, H. 1961. "Information, expectations and the theory of the firm", en *Quarterly Journal of Economics*, 75 (agosto): 399-421.

Mandel, Earnest, 1968. *Marxist Economics Theory*, traducción inglesa de B. Pearce, edición revisada, vol. 2, Nueva York: Monthly Review Press.

Mann, Douglas, y Jennifer Wissink. 1984. "Inside vs. outside production", ensayo para discusión del CSOI núm. 170, Universidad de Pensilvania, junio.

Manne, Henry G. 1965. "Mergers and the market for corporate control", en *Journal of Political Economy*, 73 (abril): 110-120.

Mansfield, Edwin. 1962. "Comments on inventive activity and industrial R and D expenditure", en *The Rate and Direction of Inventive Activity*, Princeton, N. J.: Princeton University Press.

Mansfield, Ewin; A. Romeo; y Wagner. 1979. "Foreign trade and U.S. research and development", en *Review of Economics and Statistic*, 61 (febrero): 49-57.

Manuel, Frank E., Fritizie P. Manuel. 1979. *Utopian Thought in the Wastern World*, Cambridge, Mass.: Harvard University Press.

March, James G. 1973. "Model bias in social action", en *Review of Educational Research*, 42: 413-429.

——, 1978, "Bounded rationality, ambiguity, and the engineering of choice", en *Bell Journal of Economics*, 9 (otoño): 587-608.

March, James G., y Herbert A. Simon. 1958 *Organizations*, Nueva York: Wiley.

Marglin, Stephen A. 1974. "What do boses do? The origins and functions of hierarchy in capitalist production", en *Review of Radical Political Economic*, 6: 33-60.

——, 1984, "Knowledge and power", en Frank A. Stephen, comp., *Firms, Organization and Labour*, Londres: Macmillan.

Marris, R. 1964. *The Economic Theory of Managerial Capitalism*, Nueva York: Free Press.

Marris, R., y D. C. Mueller. 1980. "The corporation and competition", en *Journal of Economic Literature*, 18 (marzo): 32-63.

Marschak, J. 1968, "Economics of inquiring, communicating, deciding", en *American Economic Review*, 58 (mayo): 1-18.

Marschak, J., y R. Radner. 1972. *The Theory of Teams*, Nueva Haven, Conn.: Yale University Press.

Marshall, Alfred. 1948. *Principles of Economics*, 8ª ed., Nueva York: Macmillan.

Marx, K. 1967: *Capital* vol. 1, Nueva York: International Publishers.

Mashaw, J. 1985. *Due Process in the Administrative State*, Nueva Haven, Conn.: Yale University Press.

Mason, Edward. 1958. "The apologetics of managerialism", en *Journal of Business*, 31: 1-11.

——, 1959, *The Corporation in Modern Society*, Cambridge, Mass.: Harvard University Press.

Masten, Scott. 1982. *Transaction Costs, Institucional Choice, and the Theory of the Firm*, tesis doctoral inédita, Universidad de Pensilvania.

——, 1984, "The organization of production: Evidence from the aerospace industry", en *Journal of Law and Economics*, 27 (octubre): 403-418.

Mayer, Thomas. 1980. "Economics as a hard science", en *Economic Inquiry*, 18 (abril): 165-178.

Mayhew, Leon. 1984. "In defense of modernity: Talcott Parsons and the utilitarian tradition", en *American Journal of Sociology*, 89 (mayo): 1273-1305.

McCloskey, Donald. 1983. "The rhetoric of economics", en *Journal of Economic Literature*, 21 (junio): 481-517.

McGee, J. S. 1980. "Predatory pricing revisited", en *Journal of Law and Economics*, 23 (octubre): 289-330.

Meade, J. E. 1971. *The Controlled Economy*, Londres: George Allen and Unwin.

——, 1972, "The theory of labour managed firms and of profit sharing", en *Economic Journal*, 82 (primavera): 402-428.

Menger, Karl. 1963. *Problems in Economics and Sociology*, Traducción inglesa de F. J. Noch, Urbana: University of Illinois Press.

Merton, Robert. 1936. "The unanticipated consequences of purposive social action", en *American Sociological Review*, 1: 894-904.

Michels, R. 1962. *Political Parties*, Glencoe, Ill.: Free Press.

Milgrom, Paul y John Roberts. 1982. "Predation, reputation, and entry deterrence", en *Journal of Economic Theory*, 27 (agosto): 280-312.

Mirrlees, J. A. 1976. "The optimal estructure of incentives and authority within an organization", en *Bell Journal of Economics*, 7 (primavera): 105-131.

Mises, Ludwig von. 1949. *Human Action: A Treatise on Economics*, Nueva Haven, Conn.: Yale University Press.

Mnookin, Robert H., y Lewis Kornhauser. 1979. "Bargaining in the shadow of the law: The case of divorse", en *Yale Law Journal*, 88 (marzo): 950-997.

Modigliani, F. 1958. "New developments on the oligopoly front", en *Journal of Political Economy*, 66 (junio): 215-232.

Modigliani, Franco, y Merton Miller. 1958. "The cost of capital, corporation finance, and the theory of investment", en *American Economic Review*, 48 (junio): 261-397.

Monteverde, Kirk, y David Teece. 1982. "Supplier switching costs and vertical integration in the automobile industry", en *Bell Journal of Economics*, 13 (primavera): 206-213.

Morgenstern, Oskar. 1976. "Perfect foresight and economic equilibrium", en Andrew Schotter, comp., *Selected Economic Writings of Oskar Morgenstern*, Nueva York: NYU Press, pp. 169-183.

Morries, Charles. 1980 *The Cost of Good Intentions*, Nueva York: W. W. Norton.

Mortenson, Dale T. 1978. "Specific capital and labor turnover", en *Bell Journal of Economics*, 9 (otoño): 572-586.

Muris, T. J. 1979. "The efficiency defense under Section 7 of the Clayton Act", en *Case Western Reserve Law Review*, 30 (otoño): 381-432.

Myerson, Roger. 1979. "Incentive compatibility and the bargaining problem", en *Econometrica*, 47 (enero): 61-73.

Nader, R. M. Green, y J. Selijman. 1976. *Taming the Giant Corporation*, Nueva York: Norton.

Nelson, Richard R. 1972. "Issues and suggestions for the study of industrial organization in a regime of rapid technical change", en V. R. Fuchs, comp., *Police Issues and Research Opportunities in Industrial Organization*, Nueva York: Columbia University Press, pp. 34-58.

——, 1981. "Assessing private enterprise: An exegesis of tangled doctrine" en *Bell Journal of Economics* (primavera).

——, 1984, "Incentives for entrepreneurship and macroeconomic decline", en *Review of World Economics*, 120: 646-661.

Nelson, Richard R., y S. G. Winter. 1982. *An Evolutionary Theory of Economic Change*, Cambridge, Mass.: Harvard University Press.

North, Douglass, 1978. "Structure and performance: The task of economic history", en *Journal of Economic Literature*, 16 (septiembre): 963-978.

——, 1981, *Structure and Change in Economic History*, Nueva York: W. W. Norton.

Nozick, Robert. 1981. *Anarchy, State, and Utopia*, Nueva York: Basic Books.

Okun, A. 1975. "Inlation: Its mechanics and welfare costs", en *Brookings Papers on Economic Activity*, 2: 351-390.

——, 1981, *Prices and Quantities: A Macroeconomic Analysis*, Washington, D. C.: The Brookings Institution.

Olson, Mancur. 1982. *The Rise and Decline of Nations*, Nueva Haven, Conn.: Yale University Press.

Ordover, J. A., y R. D. Willig. 1981. "An economic definition of predatory product innovation", en S. Salop, comp., *Strategic Views of Predation*, Washington, D. C.: Comisión Federal de Comercio, pp. 301-396.

Ouchi, William G. 1977a "Review of Markets and Hierarchies", en *Administrative Science Quarterly*, 22 (septiembre): 541-549.

——, 1977b, "The relationship between organizational structure and organizational control", en *Administrative Science Quarterly*, 22: 95-113.

——, 1978, "The transmission of control through organizational hierarchy", en *Academy of Management Journal*, 21: 248-263.

——, 1980a, "Efficient boundaries", mimeografiado, Los Ángeles: Universidad de California, Los Ángeles.

——, 1980b, "Markets, bureaucracies, and clans", en *Administrative Science Quarterly*, 25 (marzo): 120-142.

——, 1981, *Theory Z*, Reading, Mass.: Addison-Wesley Press.

Palay, Thomas. 1981. "The governance of rail-freight contracts:A comparative institucional approach", tesis doctoral inédita, Universidad de Pensilvania.

——, 1984, "Comparative institucional economics: The governance of freight contracting", en *Journal of Legal Studies*, 13 (junio): 265-288.

——, 1985, "The avoidance of regulatory constraints: The use of informal contracts", en *Journal of Law. Economics and Organization*, 1 (primavera).

Panzar, John C., y Robert D. Willig. 1981. "Economies of scope", en *American Economic Review*, 71, núm. 2 (mayo): 268-272.

Parsons, Donald O., y Edward Ray. 1975. "The United States Steel consolidation; The creation of market control", en *Journal of Law and Economics*, 18 (abril): 181-219.

Pashigian, B. P. 1961. *The Distribution of Automobiles: An Economic Analysis of the Franchise System*, Englewood Cliffs, N. J.: Prentice-Hall.

Peacock, A. T., y C. K. Rowley. 1972. "Welfare economics and the public regulation of natural monopolies", en *Journal of Public Economics*, I: 227-244.

Pencavel, John. 1977. "Work effort, on-the-job screening, and alternative methods of remuneration", en R. G. Ehrenberg, comp., *Research in Labor Economics*, vol. 1. Greenwich, Conn.: JAI Press, pp. 225-258.

Penrose, Edith, 1959. *The Theory of Growth of the Firm*, Nueva York: John Wiley and Sons.

Perrow, Charles. 1983. *Normal Accidents: Living with High-Risk Technologies*, Nueva York: Basic Books.

Pfeffer, Jeffrey. 1978. *Organizational Design*, Northbrook, Ill.: AHM Publishing Corp.

——, 1981, *Power in Organizations*, Marshfield, Mass.: Pitman Publishing.

Phillips, Almarin. 1970. *Technological Change and Market Structure*, Lexington, Mass.: D.C. Heath.

Pincoffs, Edmund. 1977. "Due process, fraternity, and a Kantian injemation", en *Due process, Nomos*, 28: 160-195.

Polanyi, Michael. 1962. *Personal Knowledge: Towards a Post-Critical Philosophy*, Nueva York: Harper and Row.

Pollack, Andrew. 1983. "Texas Instruments' Pullout", en *New York Times*, 31 de octubre, p. Dl.

Pollak, Robert. 1983. "A transaction cost approach to households", manuscrito inédito, septiembre.

Porter, G. 1973. *The Rise of Big Business, 1860-1910*, Arlington Heights, Ill.: AHM Publishing Corp.

Porter, G., y H. C. Livesay. 1971. *Merchants and Manufacturers: Studies in the Changing Structure of Nineteenth Century Marketing*, Baltimore: Johns Hopkins Press.

Posner, R. A. 1969. "Natural monopoly and its regulation", en *Stanford Law Review*, 21 (febrero): 548-643.
——, 1970, "Cable television: The problem of local monopoly", memorando RAND RM-6309-FF, mayo.
——, 1972, "The appropriate scope of regulation in the cable television industry", en *The Bell Journal of Economics and Management Science*, 3. núm. 1 (primavera): 98-129.
——, 1974, "Theories of economic regulation", en *The Bell Journal of Economics and Management Science*, 5 núm 2 (otoño): 335-358.
——, 1975, "The economic approach to law", en *Texas Law Review*, 53 núm. 4 (mayo): 757-782.
——, 1976, *Antitrust Law*, Chicago: University of Chicago Press.
——, 1977, *Economic Analysis of Law*, Boston: Little-Rown.
——, 1979, "The Chicago School of antitrust analysis", en *University of Pennsylvania Law Review*, 126 (abril): 925-948.
Prescott, Edward, y Michael Visscher, 1980. "Organizational capital", en *Journal of Political Economy*, 88 (junio): 446-461.
Preston, Lee. 1965. "Restrictive distribution arrangements: Economic analysis and public standards", en *Law and Contemporary Problems*, 30: 506-534.
Price, Monroe E. 1983. "Cable interests aren't so wired into competition now", en *Wall Street Journal*, 18 de octubre, p. 32.
Putterman, Louis. 1982. "Some behavioral perspectives on the dominance of hierarchical over democratic forms of enterprise", en *Journal of Economic Behavior and Organization*, 3 (junio): 139-160.
——, 1984, "On some recent explanations of why capital hires labor", en *Economic Inquiry*, 22: 171-187.
Radner, Roy. 1968. "Competitive equilibrium under uncertainty", en *Econometrica*, 36 (enero): 31-58.
Rawls, John. 1983. "Political philosophy: Political not metaphysical", manuscrito inédito.
Reder, M. W. 1982. "Chicago economics: Permanence and Change", en *Journal of Economic Literature*, 20 (marzo): 1-38.
Reid, J. D., y R. C. Faith. 1980. "The union as its members agent", CE 80-9-6, Centro de Estudios de la Elección Pública, Blacksburg, Virginia.
Richardson, G. B. 1972. "The organization of industry" en *Economic Journal*, 82 (septiembre): pp. 883-896.
Riker, W. J. 1964. "Some ambiguities in the notion of power", en *American Political Science Review*, 58 (junio): 341-349.
Riley, John G. 1979a. "Informational equilibrium", en *Econometrica*, 47 (marzo): 331-353.
——, 1979b, "Noncooperative equilibrium and market singnaling", en *American Economic Review*, 69 (mayo): 303-307.
Riordan, Michael, y Oliver Williamson. 1986. "Asset especificity and economic organization", en *International Journal of Industrial Organization*.
Robbins, Lionel, comp. 1933. *The Common Sense of Political Economy, and Selected Papers on Economic Theory, by Philip Wicksteed*, Londres: G. Routledge and Sons, Ltd.
Robinson, E. A. G. 1934. "The problem of management and the size of firms", en *Economic Journal*, (junio): 240-254.
Romano, Roberta. 1894. "Metapolitcs and corporate law reform", en *Stanford Law Review*, 36 (abril): 923-1016.

Ross, Arthur. 1958. "Do we have a new industrial feudalism?" en *American Economic Review*, 48 (diciembre): 668-683.

Ross, S. 1973. "The economic theory of agency: The principal's problem", en *American Economic Review*, 63: 134-139.

——, 1977, "the determination of financial structure: The incentive signaling approach", en *Bell Journal of Economics*, 8 (primavera): 23-40.

Rothschild Michael, y Joseph Stiglitz. 1976. "Equilibrium in competitive insurance markets", en *Quarterly Journal of Economics*, 80 (noviembre): 629-650.

Sacks, Stephen. 1983. *Self-Management and Efficiency*, Londres: George Allen and Unwin.

Salop, S. 1979. "Strategic entry deterrence", en *American Economic Review*, 69 (mayo): 335-338.

Salop, S., y D. Scheffman. 1983. "Raising rival's costs", en *American Economic Review*. 73 (mayo): 267-271.

Samuelson, Paul. 1947. *Foundations of Economic Analysis*, Cambridge, Mass.: Harvard University Press.

——, 1957, "Wage and interest: A modern dissection of Marxian economic models", en *American Economic Review*, 47 (diciembre): 884-912.

Schauer, H. 1983. "Critique of co-determination", en G. Hunnius, G. Garson, y J. Case, comps., *Worker's Control*, Nueva York: Random House, pp. 210-224.

Schelling, Thomas C. 1956. "An essay on bargaining", en *American Economic Review*, 46 (junio): 281-306.

Scherer, F. M. 1964. *The Weapons Acquisition Process: Economic Incentives*, Boston: Division de Investigación, Escuela de Graduados en Administración de Empresas, Harvard.

——, 1980, *Industrial Market Structure and Economic Performance*, Chicago: Rand McNally.

Schamalensee, R. 1973. "A note on the theory of vertical integration", *Journal of Political Economy*, 81 (marzo/abril): 442-449.

——, 1978, "Entry deterrence in the ready-to-eat breakfast cereal industry", en *Bell Journal of Economics*, 9 (otoño): 305-327.

——, 1979, *The Control of Natural Monopolies*, Lexington, Mass.: Lexington Books.

——, 1980, "Economies of scale and barriers to entry", ensayo de trabajo Sloan núm. 1130-80, junio, Cambridge, Mass.

——, 1981, "Economies of scale and barriers to entry", en *Journal of Political Economy*, 89 (diciembre): 1228-1238.

Schneider, L. 1963. "Prefacio a Karl Menger (1963).

Schumpeter, J. A. 1942. *Capitalism. Socialism, and Democracy*, Nueva Yok: Harper and Row.

——, 1947, "The creative response in economic history", en *Journal of Economic History*, 7 (noviembre): 149-159.

——, 1961, *The Theory of Economic Development*, Nueva York: Oxford University Press.

Schwartz, Louis B. 1983. "The new merger guidelines: Guide to government discretion and private counseling or propaganda for revision of the antitrust law", en *California Law Review*, 71 (marzo): 575-603.

Scott, K. 1983. "Corporation law and the American Law Institute's Corporate Governance Project", en *Stanford Law Review*, 35 (junio): 927-953.

Scott, Richard. 1981. *Organizations*, Englewood Cliffs, N. J.: Prentice-Hall.

Selznick, Philip. 1948. "Foundations of the theory of organization", en *American Sociological Review*, 13 (febrero): 25-35.

Sen, Amartya. 1975. *Employment, Technology and Development*, Oxford, Inglaterra: Oxford University Press.
Shackle, G. L. S. 1961. *Decision, Order, and Time*, Cambridge, Inglaterra: Cambridge University Press.
Shavell, Steven. 1980. "Damage measures for breach of contract", en *Bell Journal of Economics*, 11 (otoño): 446-490.
Shepherd, W. G. 1984. "contestability vs. competition", en *American Economic Review*, 74 (septiembre): 572-587.
Shulman, Harry. 1955. "Reason, contract, and law in labor relations", en *Harvard Law Review*, 68 (junio): 999-1036.
Simon, Herbert A. 1957. *Models of Man*, Nueva York: John Wiley and Sons.
———, 1959, "Theories of decision making in economics and behavioral science", en *American Economic Review*, 49 (junio): 253-258.
———, 1961, *Aministrative Behavior*, 2ª ed., Nueva York: Macmillan. Publicación origin l: 1947.
———, 1962, "The architecture of complexity", en *Proceedings of the American Philosophical Society*, 106 (diciembre): 467-482.
———, 1969, *The Sciences of the Artificial*, Cambridge, Mass.: MIT Press.
———, 1972, "Theories of bounded rationality", en C. B. McGuire y Roy Radner, comps., *Decision and Organization*, Nueva York: American Elsevier, pp. 161-176.
———, 1973, "Applying information technology to organization design", en *Public Administrative Review*, 33 (mayo-junio): 268-278.
———, 1978, "Rationality as process and as product of thought", en *American Economic Review*, 68 (mayo): 1-16.
———, 1983, *Reason in Human Affairs*. Stanford: Stanford University Press.
Sloan, A. P. Jr. 1964. *My Years with General Motors*, Nueva York: MacFadden.
Smith, A. 1922. *The Wealth of Nations*. Londres: J. J. Dent and Sons.
Smith, Clifford, y Jerold Warner. 1979. "On financial contracting: An analysis of bond covenants", en *Journal of Financial Economics*, 7: 117-161.
Smith, V. 1974. "Economic theory and its discontents", en *American Economic Review*, 64 (mayo): 320-322.
Sobel, R. 1974. *The Enterpreneurs*, Nueva York: Weybrigth and Talley.
Solo, Robert. 1972. "New maths and old sterilities", en *Saturday Review*, 22 de enero, pp. 47-48.
Soltow, J. H. 1968. "The entrepreneur in economic history", en *American Economic Review*, 58 (mayo): 84-92.
Speidel, Richard E. 1981. "Court-imposed price adjustments under long-term supply contracts", en *Northwestern University Law Review*, 76 (octubre): 369-422.
Spence, A. M., 1977, "Entry, investment and oligopolistic pricing", en *Bell Journal of Economics*, 8 (otoño): 534-544.
—, 1981, "The learning curve and competition", en *Bell Journal of Economics*, 12 (primavera).
———, 1983, "Contestable markets and the theory of industry structure; A review article", en *Journal of Economic Literature*, 21 (septiembre): 981-990.
Spence, A. M. y Richard Zeckhauser. 1971. "Insurance, information, and individual action", en *American Economic Review*, 61 (mayo): 380-387.
Spiller, Pablo. 1985. "On vertical mergers", en *Journal of Law, Economics, and Organization*, 1 (otoño).
Stigler, George J. 1949. *Five Lectures on Economic Problems*, Londres: London School of Economics.
———, 1951, "The division of labor is limited by the extent of the market", en *Journal of Political Economy*, 59 (junio): 185-193.

——, 1963, "United States v. Loew's, Inc., A note on block booking", en *Supreme Court Review*, pp. 152-164.

——, 1964, "Public regulation and the security markets", en *Journal of Business*, 37 (marzo): 117-132.

——, 1968, *The Organization of Industry*, Homewood, Ill.: Richard D. Irwin.

——, 1974, "Free riders and colective action", en *Bell Journal of Economics*, 5 (otoño): 359-365.

——, 1982, "The economists and the monopoly problem", en *American Economic Review*, 72 (mayo): 1-11.

——, 1983, Comentarios en Edmund W. Kitch, comp., "The Fire of Truth: A Remembrance of Law and Economics at Chicago, 1932-1970", en *Journal of Law and Economics*, 26 (abril): 163-234.

Stiglitz, Joseph. 1974. "Incentives and risk sharing in sharecropping", en *Review of Economic Studies*, 41 (junio): 219-257.

——, 1975, "Incentives, risk, and information: Notes towards a theory of hierarchy", en *Bell Journal of Economics*, 6 (otoño): 552-579.

Stinchcombe, Arthur L. 1983. "Contracts as hierarchical documents", manuscrito inédito, Escuela de Graduados en Administración de Empresas de Stanford.

Stocking, George W., y Willard F. Mueller. 1957. "Business reciprocity and the size of firms", en *Journal of Business*, 30 (abril): 73-95.

Stone, K. 1974. "The origins of job structures in the steel industry", en *Review of Radical Political Economics*, 6 (verano): 61-97.

——, 1981, "The post-war paradigm in American labor law", en *Yale Law Journal*, 90 (junio): 1509-1580.

Stopford, John M., y Louis T. Wells, Jr. 1972. *Managing the Multinational Enterprise: Organization of the Firm and Ownership of the Subsidiaries*, Nueva York: Basic Books.

Stuckey, John. 1983. *Vertical Integration and Joint Ventures in the Aluminum Industry*, Cambridge, Mass.: Harvard University Press.

Summers, Clyde. 1969. "Collective agreements and the law of contracts", en *Yale Law Journal*, 78 (marzo): 537-575.

——, 1976, "Individual protection against unjust dismissal: Time for a statute", en *Virginia Law Review*, 62 (abril): 481-532.

——, 1980, "Worker participation in the U.S. and West Germany: A comparative study from an American perspective", en *American Journal of Comparative Law*, 28 (junio): 367-393.

——, 1982, "Codetermination in the United States: A projection of problems and potentials", en *Journal of Comparative Corporate Law and Security Regulation*, pp. 155-183.

Taylor, George, e Irene Neu. 1956. *The American Railroad Network*, Cambridge, Mass.: Harvard University Press.

Teece, D. J. 1976. *Vertical Integration and Divestiture in the U.S. Oil Industry*, Stanford, Calif.: Instituto de Estudios Energéticos de la Universidad de Stanford.

——, 1977, "Technology transfer by multinational firms", en *Economic Journal*, 87 (junio): 242-261.

——, 1980, "Economies of scope and the scope of the enterprise", en *Journal of Economic Behavior and Organization*, 1 núm. 3 (septiembre): 223-245.

——, 1981, "Internal organization and economic performance: An empirical analysis of the profitability of principal firms", en *Journal of Industrial Economics*, 30 (diciembre): 173-200.

——, 1982, "Towards an economic theory of the multiproduct firm", en *Journal of Economic Behavior and Organization*, 3 (marzo): 39-64.

Telser, Lester. 1960. "Why should manufacturers want fair trade?, en *Journal of Law and Economics*, 3: 86-104.

——, 1965, "Abusive trade practices: An economic analysis", en *Law and Contemporary Problems*, 30 (verano): 488-510.

——, 1969, "On the regulation of industry A note", en *Journal of Political Economy*, 77 (noviembre/diciembre): 937-952.

——, 1971, "On the regulation of industry: Rejoinder", en *Journal of Political Economy*, 79 (marzo/abril): 364-365.

——, 1981, "A theory of self-enforcing agreements", en *Journal of Business*, 53 (febrero): 27-44.

Telser, Lester, y H. N. Higinbotham. 1977. "Organized futures markets: Costs and benefit", en *Journal of Political Economy*, 85, núm. 6: 969-1000.

Temin, P. 1981. "The future of the new economic history", en *Journal of Interdisciplinary History*, 12, núm. 2 (otoño): 179-197.

Thompson, James D. 1967. *Organizations in Action* Nueva York: McGraw-Hill.

Townsend, Robert. 1982. "Optimal multiperiod contracts and gain from enduring relationships under private information", en *Journal of Political Economy*, 90: 1166-1186.

Tsurumi, Y. 1977. *Multinational Management*, Cambridge, Mass.: Ballinger.

Tullock, Gordon. 1965. *The Politics of Bureaucracy*, Washington: Public Affairs Press.

Turner, D. F. 1965. "Conglomerate mergers and Section 7 of the Clayton Act", en *Harvard Law Review*, 78 (mayo): 1313-1395.

Tversky, Amos, y Daniel Kahneman, 1974. "Judgment under uncertainty: Heuristics and biases", en *Science*, 185: 1124-1131.

Udy, S. H., 1970. *Work in Traditional and Modern Society*, Englewood Cliffs, N. J.: Prentice-Hall.

Unwin, G. 1904. *Industrial Organization in the Sixteenth and Seventeenth Centururies*, Oxford, Inglaterra: Oxford University Press.

USDJ (Departamento de Justicia de los Estados Unidos), 1982a, *Merger Guidelines-1968*, Cámara de Compensación Comercial, Informes de Regulación de Comercio, 9 de julio, para. 4510.

——, 1982b, *Merger Guidelines-1982*, Cámara de Compensación Comercial, Informes de Regulación de Comercio, 9 de julio, para. 4500.

Comisión Federal de Comercio de los Estados Unidos. 1948. *Report of the Federal Trade Commission on the Merger Movement: A Summary Report*, Washington, D. C.: U. S. Government Printing Office.

Vanek, Jaroslav. 1970. *The General Theory of Labor-Managed Market Economies*, Itaca, N. Y.: Cornell University Press.

Vernon, J. M., y D. A. Graham. 1971. "Profitability of monopolization by vertical integration", en *Journal of Political Economy*, 79 (julio/agosto): 924-925.

Vernon, R. 1971. *Sovereignty at Bay*, Nueva York: Basic Books.

Vogel. Ezraa F. 1981. *Japan as Number One: Lessons for America*. Nueva York: Harper and Row.

Vroom, Victor. 1964. *Work and Motivation*, Nueva York: John Wiley and Sons.

Wachter, Michael, y O. E. Williamson. 1978. "Obligational markets and the mechanics of inflation", en *Bell Journal of Economics*, 9 (otoño): 549-571.

Walker, Gordon, y David Weber. 1984. "A transaction cost approach to make-or-burg decisions", en *Administrative Science Quarterly*, 29 (septiembre): 373-391.

Wall, Joseph F. 1970. *Andrew Carnegie*, Oxford, Inglaterra: Oxford Inglaterra: Oxford University Press.

Walton, R. E. 1980. "Establishing and maintaining high comitment work systems" en J. R. Kimberly y R. H. Miles, comps., *The Organizational Life Cycle*, San Francisco: Jossey-Bass, pp. 208-290.

Warren-Boulton, F. R. 1967. "Vertical control with variable proportions", en *Journal of Political Economy*, 75 (abril): 123-138.

Wayne, L. 1982. "The airlines: Stacked up in red ink", en *New York Times*, 14 de febrero, sec. 3, pp. 1, 6.

Weick, K. E. 1969. *The Social Psychology of Organizing*, Reading, Mass.: Addison-Wesley.

Weizsacker, C. C. von. 1980a. "A welfare analysis of barriers to entry", en *Bell Journal of Economics*, 11 (otoño): 399-421.

——, 1980b, *Barriers to Entry*, Nueva York: Springer-Verlag.

White, Harrison. 1981. "Where do markets come from?", en *American Journal of Sociology*, 87 (noviembre): 517-547.

Wilkins, Mira. 1974. *The Maturing of Multinational Enterprise: American Business Abroad from 1914 to 1970*, Cambridge, Mass.: Harvard University Press.

Williamson, O. E. 1964. *The Economics of Discretionary Behavior: Managerial Objectives in a Theory of the Firms*, Englewood Cliffs, N. J.: Prentice-Hall.

——, 1967a, "The economics of defense contracting: incentives and performance", en *Issues in Defense Economics*. Nueva York: Oficina Nacional de Investigación Económica, pp. 217-256.

——, 1967b, "Hierarchical control and optimun firm size", en *Journal of Political Economy*, 75 (abril): 123-138.

——, 1968a, "Wage rates as a barrier to entry: The Pennington case in perspective", en *Quarterly Journal of Economics*, 82 (febrero): 85-116.

——, 1968b, "Economies as antitrust defense: The welfare tradeoffs", en *American Economic Review*, 58 (marzo): 18-35.

——, 1970, *Corporate Control and Business Behavior*, Englewood Cliffs, N. J.: Prentice-Hall.

——, 1971, "The vertical integration of production: Market failure considerations", en *American Economic Review*, 61 (mayo): 112-123.

——, 1973, "Markets and hierarchies: Some elementary considerations", en *American Economic Review*, 63 (mayo): 316-325.

——, 1974a, "Patent and antitrust law: Book review", en *Yale Law Journal*, 83 (enero): 647-661.

——, 1974b, "The economics of antitrust: Transaction cost considerations", en *University of Pennsylvania Law Review*, 122 (junio): 1439-1496.

——, 1975, *Markets and Hierarchies: Analysis and Antitrust Implications*, Nueva York: Free Press.

——, 1976, "Franchise bidding for natural monopolies - in general and with respect to CATV", en *Bell Journal of Economics*, 7 (primavera): 73-104.

——, 1977, "Predatory pricing: A strategic and welfare analysis and welfare analysis", en *Yale Law Journal*, 87 (diciembre): 284-340.

——, 1979a, "transaction-cost economics: The governance of contractual relations", en *Journal of Law and Economics*, 22 (octubre): 3-61.

——, 1979b, "Review of Book, 'The Antitrust Paradox: A Policy at War with Itself'", en *University of Chicago Law Review*, 46 (invierno): 526-531.

——, 1979c, "Assessing vertical market restrictions", en *University of Pennsylvania Law Review*, 12 (abril): 953-993.

——, 1979d, "On the governance of the modern corporation", en *Hofstra Law Review*, 8 (otoño): 63-78.

——, 1980, "The organization of work", en *Journal of Economic Behavior and Organization*, 1 (marzo): 5-38.

——, 1981a, "Cost escalation and contracting", Centro para el Estudio de la Innovación Organizativa, Universidad de Pensilvania, ensayo para discusión núm. 95, enero.

——, 1981b, "The economics of organization: The transaction cost approach", en *American Journal of Sociology*, 87 (noviembre): 548-577.

——, 1981c, "The modern corporation: Origins, evolution, attributes", en *Journal of Economic Literature*, 19 (diciembre): 1537-1568.

——, 1982, "antitrust enforcement: Where it has been; where it is going", en John Craven, com., *Industrial Organization, Antitrust, and Public Policy*, Boston: Kluwer-Nijhoff Publishing, pp. 41-68.

——, 1983a, "Organizational innovation: The transaction cost approach", en J. Ronen, comp., *Entrepreneurship* Lexington, Mass.: Heath Lexington, 101-134.

——, 1983b, "Organization form, residual claimants, and corporate control", en *Journal of Law and Economics*, 26 (junio): 351-366.

——, 1983c, "Credible commitments: Using hostages support exchange", en *America Economic Review*, 73 (septiembre): 519-540.

——, 1984, "The economics of governance: Framework and implications", en *Journal of Theoretical Economics*, 140 (marzo): 195-223.

——, 1984, "Corporate governance", en *Yale Law Journal*, 93 (junio).

——, 1984, "Perspectives on the modern corporation", en *Quarterly Review of Economics and Business*, 24 (invierno): 64-71.

Williamson, O. E., y William G. Ouchi. 1981. "The markets and hiearachies program of research: Origins, implications, prospects", en William Joyce and Andrew Van de Ven, comps., *Organizational Design*, Nueva York: Wiley.

Williamson, O. E.; Michael L. Wachter; y Jeffrey E. Harris. 1975. "Understanding the employment relation: The analysis of idiosyncratic exchange", en *Bell Journal of Economics*, 6 (primavera): 250-280.

Williamson, Scott R. 1980. "A selective history of the U. S. labor movement", tesis de licenciatura, Universidad de Yale.

Wilson, R. 1968. "The theory of syndicates", en *Econometrica*, 36: 119-132.

Winter, R. 1978. *Government and the Corporation*, Washington, D. C.: American Enterprise Institute for Public Policy Research.

Winter, S. G. 1971. "Satisfying, selection, and the innovating remnant", en *Quarterly Journal of Economics*, 85 (mayo): 237-261.

Work in America. 1973. Informe de un Grupo de Trabajo Especial al secretario de Salud, Educación y Bienestar, Cambridge, Mass.: MIT Press.

ÍNDICE

Diseño de forro: Laura Esponda Aguilar
Fotografía: Jupiterimages

La edición de *Las instituciones económicas del capitalismo,* de Oliver E. Williamson, consta de 500 ejemplares y fue impreso en noviembre de 2009 en Impresora y Encuadernadora Progreso, S. A. de C. V. (IEPSA), Calzada San Lorenzo, 244; 09830 México, D. F.